Die Entstehung des Wasserhaushaltsgesetzes vom 27.07.1957

Europäische Hochschulschriften

Publications Universitaires Européennes
European University Studies

Reihe II
Rechtswissenschaft

Série II Series II
Droit
Law

Bd./Vol. 4217

PETER LANG
Frankfurt am Main · Berlin · Bern · Bruxelles · New York · Oxford · Wien

Antje Weber

Die Entstehung des Wasserhaushaltsgesetzes vom 27.07.1957

PETER LANG
Europäischer Verlag der Wissenschaften

Bibliografische Information Der Deutschen Bibliothek
Die Deutsche Bibliothek verzeichnet diese Publikation in der Deutschen Nationalbibliografie; detaillierte bibliografische Daten sind im Internet über <http://dnb.ddb.de> abrufbar.

Zugl.: Kiel, Univ., Diss., 2005

D 8
ISSN 0531-7312
ISBN 3-631-54019-1

www.peterlang.de

Meinem Mann

Vorwort

Die vorliegende Arbeit wurde im Oktober 2004 von der rechtswissenschaftlichen Fakultät der Christian-Albrechts-Universität zu Kiel als Dissertation angenommen.

Ich danke meinem Doktorvater Prof. Dr. Werner Schubert für die wertvolle Unterstützung während der Erstellung der Arbeit. Prof. Dr. Walter Klappstein danke ich für die zügige Erstellung des Zweitgutachtens.

Mein Dank gilt Herrn Prof. Dr. Rüdiger Breuer und dem Institut für das Recht der Wasser- und Entsorgungswirtschaft an der Universität in Bonn. Sie gewährten mir Einsicht in die Originalunterlagen, ohne die die Arbeit nicht hätte entstehen können.

Von ganzem Herzen gilt mein Dank jedoch meinem Mann Steffen Weber, der mir während der gesamten Zeit der Promotion immer wieder zur Seite gestanden hat. Bei der Erstellung der Endfassung war er mir insofern behilflich, als er das Manuskript Korrektur gelesen hat. Ebenso hat er mir bei jedem Computerproblem zur Seite gestanden. Ich widme ihm diese Arbeit als Dank für seine Geduld und seine fortwährende liebevolle Unterstützung. Gleichfalls danke ich aufrichtig meinen Eltern, die während der Arbeit an der Dissertation immer an mich geglaubt und mich in jeder Hinsicht unterstützt haben.

Hamburg, März 2005

Antje Weber

Inhaltsverzeichnis

A: Einleitung

Der Wasserschatz gehört zu den Existenzgrundlagen des Menschen. Er ist die wichtigste Voraussetzung für jedes menschliche, tierische und pflanzliche Leben, für die Gesundheit von Mensch und Tier, für die Fruchtbarkeit des Bodens und für jede wirtschaftliche Produktion und Tätigkeit. Wasser kann durch den Menschen nicht vermehrt werden, ist aber als Nahrungsmittel, als Rohstoff und als Betriebsmittel unverzichtbar und bis heute unersetzlich. Aus diesem Grunde sind seine haushälterische Bewirtschaftung und der pflegliche Umgang mit ihm unverzichtbar.

Das Gesetz zur Ordnung des Wasserhaushaltes -Wasserhaushaltsgesetz- ist am 27.07.1957 verkündet worden und trat am 01.03.1960 in Kraft. Mit dem Erlass der Ausfüllungsgesetze der Länder ist dann ein einheitliches Gesamtwerk auf dem Gebiet des Wasserrechts entstanden.

Der Werdegang des WHG wird in den einschlägigen Gesetzeskommentaren lediglich im Überblick dargestellt. Eine ausführliche Darstellung seiner Entstehung ist bisher nicht erfolgt. Die folgende Arbeit soll insbesondere unter Verwendung nicht veröffentlichter Quellen einen Einblick in die schwierige Gesetzesarbeit in Bezug auf ein einheitliches Wasserrecht ermöglichen.

Das Wasserrecht in Deutschland kann auf eine lange Entstehungszeit zurückblicken. Genaue Kodifikationen erfolgten erst Ende des 19./Anfang des 20. Jahrhunderts. Die Bemühungen um ein einheitliches Wasserrecht wurden fast zeitgleich mit Erlass der ersten Wassergesetze aufgenommen. Dennoch waren sie aber bis zum Erlass des WHG nicht von Erfolg gekrönt. Der erste Teil der Arbeit soll daher einen groben Überblick über die geschichtliche Entwicklung des Wasserrechts in Deutschland geben.

Erste Erfolge im Bestreben um ein einheitliches Wasserrecht sind der Akademie für Deutsches Recht und ihrem Entwurf eines Reichswassergesetzes von 1941 zuzuschreiben. Mit ihrem Entwurf war es erstmals gelungen, ein Wassergesetz für ganz Deutschland zu schaffen. Auf Grund der noch bestehenden Unstimmigkeiten in Bezug auf die Neuerungen, die dieser Gesamtentwurf für das Wasserrecht brachte, und angesichts des Krieges kam es weder zu einer abschließenden Beratung des Entwurfes noch zu seiner Verabschiedung. Gleichwohl beschäftigt sich der zweite Teil mit der Arbeit der Akademie für Deutsches Recht und ihrem Entwurf eines Reichswassergesetzes, welches durchaus als wegweisend für das Wasserhaushaltsgesetz angesehen werden kann. Zur Verdeutlichung des Inhalts des Entwurfes wird auch noch kurz auf den Gegenentwurf des Wasserrechtsausschusses des Reichsverbandes der Deutschen Wasserwirtschaft einzugehen sein, welcher sich eingehend mit dem Entwurf eines Reichswassergesetzes befasste.

Bereits kurz nach Kriegsende wurden die Bemühungen um ein einheitliches Wasserrecht für Deutschland vor allem durch die Verwaltung für Wirtschaft aufgenommen und intensiv vorangetrieben. Dementsprechend waren fortführend die Vorarbeiten für ein einheitliches Wassergesetz darzustellen, welche vor allem in den Wasserrechtsausschüssen der wasserwirtschaftlichen Verbände und dem Länderausschuss „Wasser“ stattfanden. Eine nicht unwesentliche Rolle im Rahmen der gemeinsamen Schaffung eines Wassergesetzes kam dem Interministeriellen Ausschuss Wasser (IMA) zu. Die drei bizonalen Verwaltungen für Wirtschaft, Verkehr und Ernährung, Landwirtschaft und Forsten hatten im Mai 1948 eine Vereinbarung abgeschlossen, im Interesse eines einheitlichen Wassergesetzes zusammenzuarbeiten. Die Vorstellung der Arbeit und der Aufgaben des IMA ist elementar zum Verständnis der Problematik, die die Schaffung eines einheitlichen Wasserrechtes mit sich brachte. Schon deshalb war es wichtig, auch im weiteren Verlauf der Arbeit immer wieder auf die Vermittlung des IMA und seine Besprechungen einzugehen.

Der Hauptteil der Arbeit beschäftigt sich dann mit dem genauen Werdegang des WHG, von den Teilgesetzentwürfen der einzelnen Ministerien hin zu einem Wassergesetz. Hierbei wurde versucht, darzustellen, wie einseitig die Teilgesetzentwürfe die ihnen zugewiesene Materie des Wasserrechts regelten und welche Schwierigkeiten bei den Versuchen der Zusammenführung zu einem Gesetz auftraten. Mit Ausnahme des Grundwasserschutzgesetzes des Bundeswirtschaftsministeriums hat es letztlich auch keiner der Teilentwürfe geschafft, einen wichtigen Einfluss auf das letztlich erlassene WHG auszuüben. Das Reinhaltegesetz und der Entwurf eines Hygienegesetzes sind dann einen eigenen Weg gegangen, welcher nur mäßig zum Erfolg führte.
Bei den Beratungen über den Entwurf eines Wasserhaushaltsgesetzes war vor allem auf die Regelungen der Benutzungsbefugnisse, welche einem neuen Grundsatz unterstellt wurden, einzugehen. Anhand einzelner Vorschriften werden darüber hinaus weitere Detailprobleme beschrieben, welche für die Beteiligten von besonderer Bedeutung waren. Mit Hilfe der Darstellung ihrer teilweise sehr intensiven Beratung soll der Gang des Gesetzgebungsverfahrens beleuchtet und die Schwierigkeiten bei der Erstellung eines Wassergesetzes aufgezeigt werden. Hervorzuheben war hierbei besonders der Versuch, zwischen den teilweise weit auseinandergehenden Ansichten der Beteiligten einen für das Gesetz gängigen Kompromiss zu finden. Abschließend waren dann noch einmal die wichtigsten Vorschriften des WHG darzustellen, um einen Vergleich mit den Anfängen der Gesetzgebungsarbeit zu ermöglichen.

Im zweiten Schwerpunkt der Arbeit war dann auf die Probleme während der Entstehung des WHG einzugehen. Hierbei waren vor allem die Problematiken der Rahmengesetzgebung, der Regelung der Eigentumsverhältnisse, des Rechtes an den Bundeswasserstraßen und die umstrittene Frage der Vereinheitlichung des Wasserrechts darzulegen. Mit Hilfe der Darstellung soll erklärt werden, warum einige Materien keinen Eingang in das WHG fanden. Darüber hinaus soll erörtert werden, ob das WHG in seiner Gestaltung überhaupt als eine Vereinheitlichung des Wasserrechts angesehen werden kann. In diesem Zusammenhang wird noch kurz auf die Landeswassergesetze einzugehen sein. Ihre Regelungsinhalte und die Umsetzung der Vorgaben des WHG werden am Beispiel von Schleswig-Holstein, Rheinland-Pfalz und Nordrhein-Westfalen dargelegt.

Zum Abschluss werden im letzten Teil noch einmal die vorgenommen Änderungen des WHG und die weitere gesetzliche Entwicklung aufgezeigt.

B: Die Entwicklung des Wasserrechts in Deutschland bis 1934

I. Bedeutung und Begriff des Wasserrechts

Der Begriff „Wasserrecht" in seiner objektiven Bedeutung umfasst die Summe der Rechtsnormen, die die Eigentums- und Nutzungsverhältnisse am Wasser regeln.[1] Seit jeher bestand ein intensives Bedürfnis am Ausgleich der Nutzungsinteressen des einzelnen und der Allgemeinheit am Wasser als zentraler Lebensgrundlage. Das Wasserrecht regelte dazu schon seit seinem Bestehen wasserwirtschaftliche Nutzungen wie den Ausbau, die Unterhaltung der Gewässer und die Übertragung von Sonderrechten. Es diente aber auch der Abwehr von Gefahren durch Überschwemmungen oder Überflutungen.[2] Ein Bestandteil des Wasserrechts war zudem die rechtliche Behandlung von Abschwemmungen, Anlandungen und Inselbildungen und die Regeln des Uferrechts. In der neueren Entwicklung etablierte sich mehr und mehr das Bedürfnis nach rechtlichem Schutz der natürlichen Zusammensetzung des Wassers und der Ergiebigkeit des Wasserhaushalts.

Das Wasserrecht übt wegen der hohen Bedeutung des Wasservorkommens einen elementaren Einfluss auf das das individuelle und gemeinschaftliche Leben aus. Wasser dient neben der Trinkwasserversorgung der Reinigung und Energieerzeugung, als Verkehrsweg und Nahrungsspender, in der Landwirtschaft zur Be- und Entwässerung und der Industrie als Rohstoff.

II. Das ältere Wasserrecht

Für die Frühzeit bis zur Völkerwanderung ergaben sich keine Hinweise einer wasserrechtlichen Differenzierung, da nur eine geringe Siedlungsdichte bestand und nur einfacher Ackerbau sowie spärlicher Handel betrieben wurde. Hinzu kam der außerordentliche Wasserreichtum Germaniens.
Mit der Entwicklung des Fernhandels und der zunehmenden Sesshaftigkeit entstanden die ersten Ansätze einer rechtlich geregelten Gewässernutzung. So wurden in Deutschland bis zur Rezeption die oberirdischen Gewässer nach der Schiffbarkeit unterschieden. Damit verhielt sich das deutsche Wasserrecht differenziert zum römischen Recht, welches in *flumina privata* und *publica* unter-

---

[1] Schneider - Erler/Kaufmann/Werkmüller; Handwörterbuch zur Deutschen Rechtsgeschichte, V. Band, S. 1156.
[2] Schneider - Erler/Kaufmann/Werkmüller; Handwörterbuch zur Deutschen Rechtsgeschichte, V. Band, S. 1156.

schied und diese danach einteilte, ob sie beständig flossen (*publica*) oder nicht (*torrentia*).[3]

1. Die schiffbaren Ströme

Die schiffbaren Ströme waren seit der fränkischen Zeit mehr und mehr unter die Schutzherrschaft der königlichen Zentralgewalt geraten, welche Abgaben für das sichere Geleit und die Schiffbarkeit verlangte. Es war jedoch weiterhin der freie Gemeingebrauch an den schiffbaren Strömen möglich, nur für bestimmte Nutzungen höherer Art musste eine Bewilligung und eine Abgabenleistung erbracht werden.
Mit der constitutio de regalibus von 1158 wurde die Inanspruchnahme des kaiserlichen Stromregals für alle schiffbaren Ströme festgelegt. Dies wurde mit der libri feudorum, die die constitutio enthielt, fortgesetzt, so dass das Stromregal in Deutschland gefestigt und zum Beginn eines hoheitlichen Wasserregimes wurde. Aus diesen Stromregalen leiteten sich u. a. Schifffahrts-, Fähr-, Floß-, Brücken-, Fischerei-, Hafen- und Mühlenregale ab, welche alle eine Abgabenpflicht begründeten. Zusätzlich enthielten sie das Recht des Regalinhabers, andere von den Nutzungen, die das Regal bezeichnete, auszuschließen oder diese auf andere zu übertragen. Das Regalrecht diente damit der Sicherung der Nutzungen und enthielt gleichzeitig ein Eigentumsrecht an den im Fluss entstandenen Inseln und das Recht an gestrandeten Schiffen und ihrer Ladung.[4]
Für das Bett der schiffbaren Ströme stellte sich bis in das 13. und 14. Jahrhundert hinein nicht die Frage nach dem Eigentumsrecht. Grundlage hierfür war die starke Hervorhebung des Gemeingebrauchsgedanken in den Rechtsbüchern, in denen insbesondere auf die Schifffahrts- und Fischereifreiheit der Ströme hingewiesen wurde. In der Realität jedoch setzten sich die Stromregale mit ihren rechtlichen Ausflüssen immer mehr durch, so dass nur der niedere Gemeingebrauch (Baden, Schöpfen, Tränken, einfache Fischerei, Sand- und Eisgewinnung) erhalten blieb.

2. Nicht schiffbare Gewässer

Die nicht schiffbaren Gewässer unterteilten sich im Wesentlichen in drei Gruppen: Kleinstgewässer, Allmendgewässer und „herrenlose“, nicht schiffbare Gewässer. Da sich zunehmend das Grundeigentum herausbildete, standen die Kleinstgewässer auf den Hofgrundstücken und dem Ackerland (Teiche, Zisternen, Rinnsale, Kleinbrunnen, Bewässerungsgräben) unter der Herrschaft der

---

[3] Schneider - Erler/Kaufmann/Werkmüller; Handwörterbuch zur Deutschen Rechtsgeschichte, V. Band, S. 1157.
[4] Schneider - Erler/Kaufmann/Werkmüller; aaO., V. Band, S. 1157f.

Grundherren. Diese übten dann das ausschließliche Nutzungsrecht über diese Gewässer aus. Die Allmendgewässer dagegen waren ursprünglich Gemeingut der Markgenossenschaft und waren den Mitgliedern zum unbeschränkten Gemeingebrauch überlassen. Da die Grund- und Landesherren als Obermärker ihre wirtschaftliche Kraft und ihr Forstregal ausdehnten, erwarben sie auf Grund ihrer Stellung auch in freien Markgenossenschaften ähnliche Regalbefugnisse, wie bei den hoheitlichen Stromregalen. Dadurch war auch hier der Gemeingebrauch eingeschränkt worden. Alle höheren Nutzungen standen dem Landesherrn als Ausfluss seines Wasserregales zu.
Durch die Forst- und Bodenregale gerieten die übrigen „herrenlosen", nicht schiffbaren Gewässer außerhalb der Markgenossenschaften unter die Bannrechte des Königs bzw. Landesherren. Auch sie waren vorher dem Gemeingebrauch zugänglich gewesen.

Für alle Gewässer bestanden mit der Zeit einige deutschrechtliche Grundsätze.[5] Mit der Rezeption wurde das deutsche Wasserrecht mit dem für andere Verhältnisse entwickelten römischen Recht konfrontiert. Einerseits bestand die Gefahr der Ausweitung der grundherrlichen Herrschaft bei gleichzeitiger Beschränkung des Gemeingebrauchs. Andererseits stand der Gedanke der Privatrechtsunfähigkeit der öffentlichen Flüsse, den das römische Recht vertrat, dem Entstehen von Privateigentum der Landesherren an schiffbaren Gewässern entgegen. Letztlich konnte sich das römische Recht nicht allzu stark auf die in Deutschland bereits geprägten Verhältnisse des Wasserrechts auswirken. Vielmehr griffen die Landesherren auch im 16. bis 18. Jahrhundert durch Fischerei-, Fluss-, Wasser-, Wiesen- und Mühlenordnungen sehr stark in das Wasserrecht ihrer Territorien ein.[6]

3. Grundwasser

Dem älteren Recht war die Nutzung des Grundwassers nicht bekannt. Es bestanden nur Regelungen zu den rechtlichen Verhältnissen der Quellen und des von ihnen abfließenden Wassers.
Nach der Rezeption standen jedoch die römisch-rechtliche Auffassung über die Behandlung des Grundwassers und die ältere deutsche Auffassung über die Nut-

---

[5] So durfte der natürliche Lauf eines Gewässers nicht durch Menschenhand zum Schaden anderer verändert werden. Bei allen Nutzungen galt ein umfassendes Schadensverbot. Weiterhin bestanden Vorschriften zu Anschüttungen, Abtrieben, Inseln und verlassenen Flussbetten. Teilweise existierten sogar Wassergerichte, die durch jährliche Visitationen Streit vermieden oder entschieden. (Vgl. Schneider - Erler/Kaufmann/Werkmüller; Handwörterbuch zur Deutschen Rechtsgeschichte, V. Band, S. 1159).
[6] Schneider - Erler/Kaufmann/Werkmüller; Handwörterbuch zur Deutschen Rechtsgeschichte, V. Band, S. 1160.

zung von Quellen im Widerstreit zueinander. Dennoch erfolgte die rechtliche Trennung zwischen Quelle und Grundwasser erst im Laufe des 19. Jahrhunderts. Die einzige Ausnahme bildeten Heilquellen. Sie standen stets unter einem besonderen hoheitlichen Schutz.[7]

III. Das neuere Wasserrecht

In den letzten zweihundert Jahren wurde die lokale Vielgestaltigkeit des Wasserrechts durch vier Gesetzgebungswellen verringert. Im 18. und frühen 19. Jahrhundert wurden zunächst Kodifikationen geschaffen, die die Einteilung der Gewässer nach der Schiff- bzw. Flößbarkeit vornahmen.[8] Die Nutzung der Ströme wurde dabei zu den Regalien gezählt und die öffentlichen Flüsse als gemeines Eigentum des Staates bezeichnet. Diese Bezeichnung sollte jedoch nicht Privateigentum kennzeichnen, sondern vielmehr die hoheitliche Herrschaft zur Erhaltung des Gemeingebrauchs. Zu diesem Zeitpunkt entstanden erste einfache Regelungen der Wassernutzungen und hoheitlichen Befugnisse bezüglich der nicht schiffbaren Privatflüsse. Zusätzliche Änderungen des bestehenden Rechtszustandes waren nicht vorgenommen worden.[9]

Im Laufe der Zeit nahm die landwirtschaftliche und gewerbliche Inanspruchnahme des Wassers deutlich zu. Hinzu kamen ein erhebliches Wachstum der Städte und eine zunehmende Wassernutzung. Deshalb bestand die Notwendigkeit, die Gewässereinteilung, die Benutzungstatbestände und die hoheitlichen Befugnisse auszubauen und zu präzisieren. Die meisten deutschen Staaten erließen daher Mitte des 19. Jahrhunderts erste umfassende wasserrechtliche Kodifikationen.[10] Bestehende Lücken wurden durch die Länder mit einer Anzahl von Fluss- und Wasserordnungen ausgefüllt.[11] Die Länder schufen dadurch eine Vielzahl an Rechtsnormen, die zu einer enormen Rechtszersplitterung des Wasserrechts führten.[12]

---

[7] Schneider - Erler/Kaufmann/Werkmüller; Handwörterbuch zur Deutschen Rechtsgeschichte, V. Band, S. 1160.

[8] So das Allgemeine Landrecht, das Bayerische Landrecht und der Code Civil.

[9] Schneider - Erler/Kaufmann/Werkmüller; Handwörterbuch zur Deutschen Rechtsgeschichte, V. Band, S. 1161.

[10] So Preußen am 18.02.1843 das Privatflussgesetz, Bayern am 18.05.1852 das Wasserbenützungs-, das Be- und Entwässerungs- und das Uferschutzgesetz. Weitere Wassergesetze erließen Sachsen am 15.08.1855, Baden 1876, Braunschweig am 20.06.1876, Hessen-Darmstadt am 30.07.1887, Elsaß-Lothringen am 02.07.1891.

[11] Schneider - Erler/Kaufmann/Werkmüller; Handwörterbuch zur Deutschen Rechtsgeschichte, V. Band, S. 1161.

[12] Vgl. Witzel, WHG, Einleitung IV., S. 8.

Bis zur Mitte und zum Teil bis zum Ende des 19. Jahrhunderts war das deutsche Wasserrecht nur langsam, meist gewohnheitsrechtlich fortgebildet worden. Das Fehlen einheitlicher Rechtsgrundsätze genauso wie die wasserwirtschaftlichen Zusammenhänge und die Auswirkungen wasserwirtschaftlicher Maßnahmen wurden von keinem Wirtschaftsverband stärker empfunden als vom naturverbundenen Wirtschaftszweig der Landwirtschaft. Daher setzten kurz nach der Gründung des Deutschen Reiches 1872 Bestrebungen der damaligen Spitzenorganisation der deutschen Landwirtschaft, dem Deutschen Landwirtschaftsrat, ein, das Wasserrecht einheitlich für das ganze Reich zu regeln. Diese Bestrebungen wurden durch den Deutschen Landwirtschaftsrat 1880 in seiner 8. Vollversammlung fortgesetzt, indem er „den Erlass eines besonderen Wassergesetzes für den Umfang des Deutschen Reichs im Sinne einer angemessenen Regelung der gesamten Wasserverhältnisse in ihren rechtlichen Grundlagen“ forderte, „damit eine Regelung des allgemeinen Wasserhaushalts angebahnt und durchgeführt werde“.[13] Darüber hinaus wurde in den Jahren 1889 und 1893 durch einen Sonderausschuss der Landwirtschaft ein Gesetzentwurf ausgearbeitet, der unter dem Titel „Vorschläge für eine Verbesserung des deutschen Wasserrechts“ vorgelegt wurde.[14]

Bei den Beratungen des Bürgerlichen Gesetzbuches 1895/1896 wurde ebenfalls der Erlass eines Wassergesetzes für das gesamte Deutsche Reich als notwendig bezeichnet. Das BGB konnte jedoch nicht das Wasserrecht im Ganzen in sich aufnehmen, da dieses schon damals größtenteils öffentliches Recht war. Trotzdem hatte man sich auch gegen die Aufnahme des privaten Wasserrechts ausgesprochen, da es sich hierbei vielfach um lokale Besonderheiten handelte.[15] Das Bürgerliche Gesetzbuch hatte dementsprechend in den Artikeln 65 und 66 des Einführungsgesetzes alle landesgesetzlichen Vorschriften unberührt gelassen, die dem Wasserrecht sowie dem Deich- und Sielrecht angehören mit Einschluss des Mühlenrechts, des Flötzrechts und des Flößereirechts sowie der Vorschriften zur Beförderung, der Be- und Entwässerung der Grundstücke und der Vorschriften über Anlandungen, entstehende Inseln und verlassene Flussbetten. Die Schaffung des Bürgerlichen Gesetzbuches brachte jedoch den Ansatz für die Länder, ihre Vorarbeiten für landesrechtliche Wassergesetze stärker voranzutreiben und ihr Wasserrecht neu zu ordnen. Aufgrunddessen erfolgte dann der Erlass folgender Wassergesetze: Baden 1899/1913, Württemberg 1900, Bayern 1907, Sachsen 1909, Preußen 1913, Mecklenburg-Schwerin 1928 und Thüringen 1932. Die Grundeinstellungen dieser Gesetze wichen jedoch erheblich von-

---

[13] Vgl. Bericht über die Verhandlung der 8. Vollversammlung des Deutschen Landwirtschaftsrates, 1880, S. 171 - 183.

[14] Vgl. Jahrbücher der Deutschen Landwirtschafts-Gesellschaft, Bd. 6, 2. Teil, Sonderabdr., Berlin 1892, vgl. Witzel, WHG, Einl. IV., S. 9.

[15] Vgl. Gieseke-Wiedemann, WHG, Einleitung I., S. 1.

einander ab. So waren sie teils öffentlich-rechtlich, teils privatrechtlich orientiert. Mit der Überlassung der Wassergesetzgebung an die Länder hatte man der Hoffnung Ausdruck gegeben, dass diese durch eine übereinstimmende Gestaltung der Landesgesetze das Ziel einer einheitlichen Rechtsordnung für die Wasserwirtschaft erreichen würden. Nach Erlass der verschiedenen Landeswassergesetze zeichnete sich jedoch deutlich ab, dass diese Erwartung nicht erfüllt worden war.[16]

In der Weimarer Zeit kam es zu keiner weiteren Vereinheitlichung auf dem Gebiet des Wasserrechts, obwohl der Schaffung einer konkurrierenden Gesetzgebungskompetenz an sich nichts im Wege gestanden hätte. Aber die einzelnen Landeswassergesetze waren gerade erlassen worden und genügten noch den wasserwirtschaftlichen Anforderungen. So verblieb auch weiterhin die Zuständigkeit zur Wassergesetzgebung bei den Ländern. Lediglich die dem allgemeinen Verkehr dienenden Wasserstraßen wurden nach Art. 97 der Weimarer Verfassung in das Eigentum und die Verwaltung des Reiches überführt. Die Überführung erfolgte dann durch den Staatsvertrag vom 29.07.1921 betreffend den Übergang der Wasserstraßen von den Ländern auf das Reich.[17]
Im Dritten Reich wurde dann die Forderung nach einem einheitlichen Wasserrecht für ganz Deutschland wieder neu erhoben, wobei diesmal nicht nur wasserwirtschaftliche, sondern auch politische Gründe ausschlaggebend waren. Aufgrund der durch das Reich geschaffenen erweiterten Gesetzgebungsvollmacht wurde dann auch die Schaffung eines einheitlichen Wasserrechts in Angriff genommen. Die Bemühungen blieben jedoch trotz zehnjähriger Arbeit ohne gesetzgeberischen Erfolg. Der Entwurf eines Reichswassergesetzes des Ausschusses für Wasserrecht der Akademie für Deutsches Recht wurde nicht mehr im Reichstag beraten. Ebenso blieb auch der Gegenentwurf des Reichsverbandes der Deutschen Wasserwirtschaft vom Juni 1944 im Entwurfstadium stecken.[18]
Eine umfassende Neuordnung auf einem Teilgebiet des Wasserrechts erfolgte lediglich 1937 im Hinblick auf das Recht der Wasser- und Bodenverbände mit dem Erlass des Wasserverbandgesetzes für die Wasser- und Bodenverbände, welches bis zum Erlass des Wasserverbandgesetzes vom 12.02.1991 als vorkonstitutionelles Recht fortgalt.
Nach Ende des Zweiten Weltkrieges führte die Neugestaltung der Länder zu einer Vergrößerung der bestehenden Rechtszersplitterung auf dem Gebiet des Wasserrechts. Der Rechtszustand war nicht nur deshalb unübersichtlich, weil sich die Grenzen der Bundesländer nicht mehr mit den Geltungsbereichen der

[16] Vgl. Witzel, WHG, Einleitung IV., S. 11.
[17] Vgl. RGBl. 1921, S. 961.
[18] Vgl. Witzel, WHG, Einleitung IV., S. 12; Kolb, WHG, Einführung S. 10; Gieseke-Wiedemann, WHG, Einleitung I., S. 2.

Landeswassergesetze deckten, sondern auch durch die unterschiedlichen Konzeptionen der bestehenden Gesetze. Die verschiedenartigen Regelungen führten zwangsläufig zu einer Erschwerung des Wirtschaftslebens, wobei noch die schlechte Versorgungssituation und die mittlerweile unzureichenden wasserrechtlichen Regelungen nach dem Krieg hinzukamen. In Erkenntnis der immer größer werdenden Schwierigkeiten wurden dann die Arbeiten für ein umfassendes Wassergesetz durch die Bundesregierung wieder aufgenommen, welche letztlich im Erlass des Wasserhaushaltsgesetzes 1957 ihren Abschluss fanden.[19]

---

[19] Vgl. Witzel, WHG, Einleitung IV., S. 12; Kolb, WHG, Einführung S. 10; Gieseke-Wiedemann, WHG, Einleitung I., S. 2.

C: Die Vorarbeiten zu einem umfassenden Wassergesetz (1934 – 1949)

I. Der Entwurf eines Reichswassergesetzes der Akademie für Deutsches Recht von März 1941

1. Die Akademie für Deutsches Recht

Die Akademie für Deutsches Recht wurde am 26.06.1933 von *Hans Frank* (damaliger bayerischer Justizminister und Reichskommissar für die Gleichschaltung der Justiz in den Ländern und für die Erneuerung der Rechtsordnung)[20] in München gegründet. Die Proklamation erfolgte dann im Rahmen des Deutschen Juristentages am 02.10.1933 in Leipzig.[21] Mit dem am 22.09.1933 von der bayerischen Staatsregierung erlassenen „Gesetz über die Akademie für Deutsches Recht"[22] wurden dieser die Rechte einer Körperschaft des öffentlichen Rechts verliehen. Mit Gesetz vom 11.07.1934[23] wurde die Akademie dann in eine öffentliche Körperschaft des Reiches umgewandelt und unter die Aufsicht der Reichsminister der Justiz und des Innern gestellt. Am 09.08.1934 ernannte der Reichskanzler den Gründer und bisherigen Führer der Akademie *Hans Frank* zu ihrem Präsidenten, dessen Nachfolger 1942 Reichsjustizminister *Otto Thierack* wurde.[24]

Nach ihrem Gründer hatte die Akademie vordergründig die Aufgabe, Anregungen zu Gesetzesänderungen, Begutachtungen zu Gesetzentwürfen sowie kritische Stellungnahmen zu wichtigen öffentlichen Maßnahmen vorzubereiten. Durch die Akademie sollte dabei kein Eingriff in die gesetzgeberischen Zuständigkeiten der Reichs- und Landesministerien erfolgen.[25] In § 2 des Gesetzes über die Akademie für Deutsches Recht war zudem verankert, dass es ihre Aufgabe sei, „die Neugestaltung des deutschen Rechtslebens zu fördern und in enger dauernder Verbindung mit den für die Gesetzgebung zuständigen Stellen das nationalsozialistische Programm auf dem gesamten Gebiete des Rechtes und der Wirtschaft zu verwirklichen".

---

[20] Vgl. Hattenhauer FS Reichsjustizamt, S. 9 (94).
[21] Vgl. Schubert, ADR Bd. I, S. VIII f.; Hattenhauer, JuS 1986, 680 (681).
[22] Vgl. BayGVBl. 1933, S. 277.
[23] Vgl. RGBl. 1934 I, S. 605 ff.
[24] Vgl. Schubert, ADR Bd. I, S. XII.
[25] So Frank auf der Gründungssitzung der ADR, Jahrb. ADR 1933/34, 7 (7).

Für die Durchführung dieser Aufgaben wurde die Akademie in fünf Abteilungen aufgeteilt,[26] welche jeweils mehrere Ausschüsse enthielten. Von insgesamt 29 Ausschüssen wurden 24, darunter der Ausschuss für Wasserrecht, bereits am 16.11.1933 eingesetzt.[27] Die ersten konstituierenden Ausschusssitzungen fanden im Januar 1934 statt.

Die vorgenommene Gliederung der Akademie wurde durch die Anordnung des Präsidenten über den inneren Aufbau vom 15.12.1936[28] und die Verwaltungsordnung der Akademie für Deutsches Recht vom 01.04.1937[29] wesentlich geändert. Danach sollte es nunmehr nur noch drei Abteilungen geben.[30] Die Akademie unterlag weiteren Umorganisationen 1939/40 mit Kriegsbeginn und 1942/43 mit der Berufung *Thieracks* zum Präsidenten.[31] Dieser stellte dann die Arbeit der Akademie im August 1944 endgültig ein.[32]

2. Der Ausschuss für Wasserrecht und der Entwurf eines Reichswassergesetzes

Der Ausschuss für Wasserrecht wurde auf Anregung des Reichsverkehrsministeriums gegründet.[33] Der Vorsitz war dem ehemaligen Vizepräsidenten des Preußischen OVG, *Dr. Paul Schlegelberger*, übertragen worden. Dem Ausschuss gehörten insgesamt 21 Mitglieder an, welche sich entsprechend der Vorgaben der Akademie aus den verschiedenen am Wasserrecht interessierten Gruppen und Persönlichkeiten aus ganz Deutschland zusammensetzten, um die Besonderheiten der einzelnen Länder zu berücksichtigen.[34] Unter den Mitgliedern befand sich auch Prof. *Dr. Gieseke* für den Bereich der Rechtswissenschaften, der im März 1936 als Nachfolger von *Schlegelberger* den Vorsitz des Ausschusses übernahm und die Arbeiten an einem Wassergesetz entscheidend prägte.[35] Die konstituierende Sitzung des Wasserrechtsausschusses fand am 14.03.1934 in Berlin statt.

---

26 Es bestanden Abteilungen für Bürgerliches Recht, Strafrecht, öffentliches Recht, Wirtschaftsrecht und für rechts- und wirtschaftswissenschaftlichen Nachwuchs. Vgl. Frank, Jahrb., ADR 1933/34, 65 (65).

27 Vgl. Meyer, DJZ 1933, 1528 (1533).

28 Vgl. ZADR 1937, 23 (23).

29 Vgl. ZADR 1937, 405.

30 So neben dem Ehrensenat die Abteilungen für Rechtsforschung und Rechtsgestaltung. Vgl. Rönnau, S. 78 und ausführlich Pichinot, S. 99 ff., 104 ff.

31 Vgl. ausführlich Pichinot, S. 124 ff., 137 ff.

32 Vgl. Pichinot, S. 148 f.

33 Vgl. Diller, Dt. WW 1934, 26 (26).

34 Vgl. zu den einzelnen Mitgliedern Rönnau, S. 81.

35 Vgl. Rönnau, S. 82.

Für eine Reform des Wasserrechts hin zu einem umfassenden Gesetz bestanden zu Beginn der Arbeiten keinerlei Ansatzpunkte in Form von Vorarbeiten oder schon bestehenden Gesetzen. So war man im Ausschuss darauf angewiesen, die aus der Anwendung der bestehenden unterschiedlichen Landeswassergesetze herrührenden Erfahrungen zu berücksichtigen. Auf Grund der vielseitigen und teilweise auch unzureichenden Landeswassergesetze wurde die Notwendigkeit einer Reform des Wasserrechts auf den ersten Sitzungen des Wasserrechtsausschusses hervorgehoben.[36] Dabei wurden einheitliche Grundsätze für die Verwaltung und Ausnutzung des deutschen Wasserschatzes gefordert. Für *Schlegelberger* waren dabei zwei Grundsätze für das künftige Wasserrecht maßgebend: der Grundsatz der Öffentlichkeit aller wesentlichen Gewässer und der Gedanke der deutschen Genossenschaft, der Erledigung von wichtigen Aufgaben der Wasserwirtschaft auf dem Wege gemeinschaftlichen Zusammenschlusses.[37] Das neue Wasserrecht sollte dabei neben der Benutzung, der Unterhaltung, dem Ausbau der Gewässer und dem Hochwasserschutz erstmalig auch die Rechtsverhältnisse des Meeres und des Meeresstrandes enthalten.

Die Vorarbeiten zu einem umfassenden Wasserrecht gründeten sich auf einem Referat von *Hofacker* über die Grundfragen des Wasserrechts, einem Koreferat von *Schlegelberger* und den Berichten über die Rechtsverhältnisse in den einzelnen größeren Ländern (Preußen, Bayern, Württemberg, Baden, Sachsen und Thüringen).[38] Hierbei kamen die Ausschussmitglieder zu dem Ergebnis, dass der gesamte Wasserschatz in Deutschland einer einheitlichen Verwaltung und Herrschaft durch das Reich zu unterstellen sei. Allein dem Reich dürfe die Verfügungsmacht über den Wasserschatz zustehen.[39] Das Wasserrecht als Ganzes solle dadurch aus dem Bereich der privaten Rechtssphäre herausgenommen und dem öffentlichen Recht unterstellt werden.[40]
In insgesamt 25 Sitzungen von März 1934 bis November 1940 fanden dann die anschließenden Beratungen eines Reichswassergesetzes statt. Schwerpunkt bildete dabei die Beratung der insgesamt 8 Entwürfe über die Rechtsverhältnisse und die Benutzung natürlicher Wasserläufe. Als Kernstück eines künftigen Reichswassergesetzes erforderte die Diskussion der Nutzungsbefugnisse an den Wasserläufen die meiste Zeit der Beratungen.[41] Im Ausschuss wurden bis zur Vorlage des Gesamtentwurfes eines Reichswassergesetzes im April 1938 durch Prof. *Dr. Gieseke* und *Kohl* vorwiegend Teilentwürfe zu den einzelnen Proble-

---

36 So der Reichsverkehrsminister Freiherr *von Eltz-Rübenach*, Vgl. Rönnau, S. 85.
37 Vgl. Rönnau, S. 86.
38 Vgl. Rönnau, S. 88.
39 Vgl. Schlegelberger, Jahrb. ADR 1935, 147 (149).
40 Vgl. Schlegelberger, ZADR 1934, 245 (245).
41 Vgl. Rönnau, S. 90 f.

men des Wasserrechts besprochen.[42] Der erste Gesamtentwurf enthielt jedoch noch nicht alle im künftigen Reichswassergesetz zu behandelnden Materien. Das Reichswassergesetz sollte zwei Hauptteile, das materielle Wasserrecht und das Verfahrensrecht, umfassen.
Die Arbeiten am Entwurf eines Reichswassergesetzes wurden entsprechend fortgesetzt und der Entwurf nahm zunehmend Gestalt an. Mit der Vorlage des Entwurfes eines Reichswassergesetzes von Oktober 1940 sollten noch einmal die Grundgedanken des künftigen Reichswassergesetzes erörtert werden. Hierzu trug Prof. Dr. *Gieseke* kurz die Regelungen und ihre Begründung vor und ließ die Teilnehmer dann dazu Stellung nehmen.[43] Zum Abschluss der Arbeiten fand am 24.11.1940 im Rahmen der Jahrestagung der Akademie für Deutsches Recht in München eine Kundgebung des Wasserrechtsausschusses statt. Hierbei nahm der Präsident der Akademie *Frank* den Entwurf entgegen und übergab ihn entsprechend dem Reichsgesetz über die Akademie für Deutsches Recht dem Reichsverkehrsminister *Dr. Dorpmüller*.[44]

Die endgültige Fassung des Entwurfes eines Reichswassergesetzes wurde im März 1941 nebst Begründung fertig gestellt und dem Reichsminister der Justiz am 19.04.1941 übersandt. Er enthielt 197 Paragraphen und war in drei Hauptteile untergliedert. Der Entwurf betonte die Gemeinschaftsverbundenheit des Wasserrechts, indem er bei jeder Nutzung, Erhaltung und Pflege der Gewässer die Beachtung der Bedürfnisse der Volksgemeinschaft verlangte. Ein wichtiger Grundgedanke des Entwurfes war ferner die weitgehende Zurückdrängung des Privatrechts und die Eingliederung des Wasserrechts in das öffentliche Recht. Aufgrund dessen kam es zur Beseitigung sämtlichen möglichen Eigentums am Wasser und den Gewässern, so dass auch die Nutzungsbefugnisse nicht mehr an das Grundeigentum gekoppelt waren. Der Entwurf unterschied insofern zwischen Gemeingebrauch und Sondergebrauch und nahm innerhalb dieser Unterscheidung eine Neuordnung der Gewässerbenutzungen vor.[45]
Er führte eine radikale Neuerung des bis dahin am preußischen Recht orientierten Benutzungssystems der Wasserläufe ein. Die Entwürfe hatten bis einschließlich April 1938, wie schon das preußische Wassergesetz, zwischen Erlaubnis und Verleihung unterschieden und damit eine Zweiteilung der Benut-

---

[42] So der Entwurf von Bestimmungen über die Rechtsverhältnisse und die Benutzung natürlicher Wasserläufe, der Entwurf von Bestimmungen über die Bestellung von Zwangrechten, Entwurf über das Recht der Unterhaltung der Wasserläufe, Entwurf zum Ausbaurecht, Entwurf über das Grundwasserrecht, Entwurf eines Übergangsgesetzes betr. Die Grundwasserfragen, Entwurf von Bestimmungen, betr. die Rechtsverhältnisse an den Küstengewässern und am Meeresstrand usw. Vgl. Rönnau, S. 91 ff.

[43] Vgl. Rönnau, S. 96.

[44] Vgl. Steno 24.11.1940, abgedruckt in: ZAgr Bd. 26 (1941), 145 ff.

[45] Vgl. Rönnau, S. 281.

zungsbefugnisse anerkannt. Diese Zweiteilung gab der Entwurf nunmehr, entgegen der bisherigen Einordnung als unverzichtbares Prinzip, auf. Begründet war die Neuerung in der Zusammenfassung von Sondergebrauch und Ausbau. Im Zuge der Vereinheitlichung sollten die Bestimmungen hierzu abstrakter gefasst werden.[46] Der Entwurf statuierte ein einheitliches Institut des Sondergebrauchs in Form der Zulassung in den §§ 45 ff. Das Institut der Zulassung verlieh kein subjektives privates Recht, sondern es sollte eine „Reflexwirkung einer immerhin in bestimmten Maße geschützten öffentlich-rechtlichen Stellung des einzelnen“ darstellen.[47]
Der Entwurf eines Reichswassergesetzes war zusätzlich durch den Versuch, einen Ausgleich der verschiedenen Interessen der Wassernutzer herbeizuführen, geprägt. Dabei stand auf der einen Seite die nationalsozialistische Zielsetzung einer umfassenden Verfügungsbefugnis des Staates über das Wasser und auf der anderen Seite das Interesse einzelner Unternehmer an einer gefestigten Stellung. Der Entwurf enthielt letztlich hierzu einen Lösungsansatz, der den Konflikt der widerstreitenden Interessen nicht zufrieden stellend zu lösen vermochte.[48] Insgesamt kann er jedoch als ein bedeutender Beitrag zu einem einheitlichen Wassergesetz angesehen werden. Er war abstrakter und kürzer gefasst als das preußische Wassergesetz und enthielt darüber hinaus noch weitere bis dahin kaum geregelte Rechtsmaterien, wie das Recht der Küstengewässer.
Dennoch unterlag der Entwurf auch erheblicher Kritik, die sich vor allem in den Gegenentwürfen *Hofackers* von Dezember 1942 und des Wasserrechtsausschusses des Reichsverbandes der Deutschen Wasserwirtschaft zeigten.

II. Die Gegenentwürfe des Wasserrechtsausschusses des Reichsverbandes der Deutschen Wasserwirtschaft von Herbst 1943 und Juni 1944

Die im Entwurf eines Reichswassergesetzes enthaltene Regelung des Sondergebrauchs war für viele nicht hinreichend gelöst worden. Insbesondere die im Entwurf statuierte Rechtsnatur der Zulassung ging an den Vorstellungen der Wasserwirtschaft vorbei. Das war dann auch der Anlass für den Wasserrechtsausschuss des Reichsverbandes der Deutschen Wasserwirtschaft, Gegenentwürfe aufzustellen.

Der zunächst aufgestellte Vorentwurf des Wasserrechtsausschusses im Herbst 1943 orientierte sich einerseits stark am Entwurf eines Reichswassergesetzes, nahm jedoch andererseits wesentliche Änderungen desselben vor. Beibehalten

46 Vgl. Rönnau, S. 264.
47 So *Gieseke*, Vgl. Rönnau, S. 264.
48 Vgl. Rönnau, S. 225 ff.; S. 265 f.

wurde zunächst die Zusammenfassung von Sondergebrauch und Ausbau. Einer Änderung unterlagen dann jedoch das Institut der Zulassung und ihre rechtliche Ausgestaltung.[49]
So wurde dann die Zulassung als Recht im Entwurf verankert, in dem es ausdrücklich hieß: „Die Zulassung gewährt ein Recht gegen jedermann.“ Die hiermit vorgenommene rechtliche Ausgestaltung sollte einer langwierigen inhaltlichen Konkretisierung der durch den Akademieentwurf gewählten Rechtsform der Zulassung durch Rechtsprechung und Wissenschaft vorbeugen.[50] Die neu vorgenommene Einordnung der Zulassung als Recht führte dann auch zu zahlreichen weiteren Änderungen des Entwurfes. Der Vorentwurf war trotzdem kaum etwas anderes als eine Nachbesserung des Akademieentwurfes. Der einzige Unterschied lag in der rechtlichen Ausgestaltung des Institutes der Zulassung.
Die damit einhergehende Ausweitung des Rechtes auf alle Sondergebrauchsarten beinhaltete derartig weitgehende Rechtswirkungen, die so weder in den Landeswassergesetzen enthalten noch von der Wasserwirtschaft gewollt sein konnten. Der Vorentwurf war damit keine echte Alternative zum Entwurf eines Reichswassergesetzes der Akademie.[51]

Im Juni 1944 legte der Wasserrechtsausschuss des Reichsverbandes der Deutschen Wasserwirtschaft einen vollständig umstrukturierten Gegenentwurf vor. Dieser griff nunmehr wieder auf die ursprüngliche Zweiteilung der Benutzungsbefugnisse in Genehmigung und Verleihung zurück und nahm eine Trennung von Ausbau und Sondergebrauch vor. Trotzdem war darin kein simpler Rückgriff auf das Zweiteilungsprinzip des Preußischen Rechts zu sehen. Der Entwurf enthielt insofern eine Neuerung, als bestimmte Gebrauchsarten nicht von vornherein einem Institut zugewiesen wurden, sondern die Möglichkeit bestand, für jede Art des Sondergebrauchs entweder eine Genehmigung oder eine Verleihung zu erteilen. So enthielt auch der Gegenentwurf des Wasserrechtsausschusses eine abstraktere Gestaltung der wasserrechtlichen Benutzungen.[52]
Die vorgenommenen Änderungen des Entwurfes beruhten vor allem auf der grundlegend veränderten Situation in der Wasserrechtspolitik. Der Generalinspektor für Wasser und Energie besaß nunmehr eine länderübergreifende Kompetenz. Der Entwurf sollte daher eine Verknüpfung zwischen den gesamtwirtschaftlichen Erfordernissen und den privaten Interessen einzelner Unternehmer schaffen. Gerade die privatwirtschaftlichen Kapazitäten sollten für die Gesamtwirtschaft optimal ausgenutzt werden. Daher schuf der Entwurf die Rechtsinsti-

---

[49] Vgl. Rönnau, S. 271.
[50] Verhandlungen zum Vorentwurf S. 7, Vgl. Rönnau, S. 272.
[51] Vgl. Rönnau, S. 273.
[52] Vgl. Rönnau, S. 274.

tute der Benutzungsbefugnisse, die jedoch lediglich für Unternehmungen vorgesehen war, welche der Förderung der Gesamtwirtschaft dienten. Diese Abgrenzung nach dem Nutzen für die Gesamtwirtschaft war vor allem auf die Anlehnung an die Verordnung über vordringliche Aufgaben der Wasser- und Energiewirtschaft vom 30.03.1944 zurückzuführen, wonach sämtliche Entscheidungen auf die Kriegswirtschaft auszulegen waren. Trotz der gesamtwirtschaftlichen Ausrichtung konnte der Entwurf nicht über die Notwendigkeit eines subjektiv-öffentlichen Rechts für den einzelnen Unternehmer hinweggehen. Nur so konnte sichergestellt werden, dass der Unternehmer auf Grund der gesicherten Rechtsstellung ein im Interesse der Gesamtwirtschaft liegendes Unternehmen durchführte.[53] Der Reichsverband hatte mit der Einfügung eines subjektiv-öffentlichen Rechtes vor allem auch die eigenen Interessen wahrgenommen. Sein letzter Entwurf ist jedoch trotzdem als „gesetzestechnisch und rechtsdogmatisch überzeugender und zugleich fortschrittlicher Entwurf“ eines einheitlichen Wassergesetzes anzusehen.[54]

III. Die Vorarbeiten in den Wasserrechtsausschüssen der Wirtschaftsverbände und im Länderausschuss „Wasser“

1. Der Länderausschuss „Wasser“

Am 07.12.1948 setzten sich auf Veranlassung der Verwaltung für Wirtschaft (VfW) in Frankfurt/M.-Höchst erstmalig Vertreter der Länder mit Prof. *Dr. Marquardt* (VfW), Prof. *Dr. Schröder* (Forschungsanstalt für Gewässerkunde) und *Dr. Schwarzmann* (Landesstelle für Gewässerkunde) zusammen.[55] Die Zusammenkunft war durch die VfW initiiert worden, um einen Länderausschuss „Wasser“ zu bilden, der in Zusammenarbeit zwischen Ländern, Wasser- und Abwasserwerken, Gewerkschaften, Handwerkern und der Industrie Richtlinien für die wasserwirtschaftliche Generalplanung erarbeiten sollte. Nach grundsätzlichen Ausführungen von Prof. *Dr. Marquardt* (VfW) wurde zunächst über die Notwendigkeit eines Länderausschusses „Wasser“ diskutiert. Bayern und Niedersachsen sprachen sich hierbei zunächst gegen einen Wasserausschuss aus, ebenso auch die Landesstelle für Gewässerkunde. Wasserrecht sei Ländersache und gehöre nicht in den Aufgabenbereich des Bundes.[56]

---

[53] Vgl. Rönnau, S. 276.

[54] So Rönnau, S. 277.

[55] Vgl. Niederschrift über die 1. Sitzung des Länderausschuss „Wasser“ am 07.12.1948 (BA Koblenz B 102/14103, Heft 1).

[56] Vgl. Niederschrift über die 1. Sitzung des Länderausschuss „Wasser“ am 07.12.1948, S. 4f. (BA Koblenz B 102/14103, Heft 1).

Dennoch einigte man sich letztlich auf die Bildung eines Länderausschusses „Wasser", an welchem jedoch auch die wasserwirtschaftlichen Verbände beteiligt werden sollten. Prof. Dr. *Schröder* war zunächst als Vorsitzender des Ausschusses eingesetzt. Daneben fanden sich 3 Vertreter der Wasser- und Abwasserwerke mit Stellvertretern, 1 Vertreter und Stellvertreter der Gewerkschaften, 1 Vertreter und Stellvertreter des Handwerks, 1Vertreter und Stellvertreter der Industrie, sowie 2 Vertreter und Stellvertreter der Länder. Zusätzlich konnten die wasserwirtschaftlichen Verbände AGW,[57] DVGW,[58] ATV[59] nach Bedarf weitere Sachverständige oder Arbeitskreise hinzuziehen.[60] Dem Länderausschuss „Wasser" als Hauptausschuss sollten nach Ansicht Prof. Dr. *Marquardt* (VfW) zusätzliche Fachausschüsse für die Wasserversorgung, das Abwasserwesen und die wasserwirtschaftliche Generalplanung als Unterausschüsse zur Verfügung stehen.

Nach Abschluss dieser grundsätzlichen Debatte wurde durch Prof. Dr. *Marquardt* (VfW) auf die Notwendigkeit eines einheitlichen Bundeswassergesetzes hingewiesen. Ebensolche Bestrebungen seien teilweise schon aufgenommen worden. Auch im Rahmen der Bonner Grundgesetzverhandlungen müsse nunmehr auf ein Einwirkungsrecht des Bundes in Bezug auf das Wasserrecht hingewirkt werden. Wünschenswert sei hierbei ein einheitliches Rahmengesetz.[61] Lediglich Bayern sprach sich dagegen aus und hielt eine Regelung des Wasserrechts durch die Länder für ausreichend, um eine einheitliche Regelung zu schaffen.[62]

Nach Erlass des Grundgesetzes 1949 wurde die Schaffung eines einheitlichen Rahmengesetzes für den Wasserhaushalt durch den Bund zur vordringlichen Aufgabe erklärt. In ihrem Referat auf der 3. Sitzung des Länderausschusses „Wasser" am 17./18.01.1950 in Frankfurt/M.-Höchst[63] führten ORR *Kohl* und *Dr. Struck* (VfW) entsprechend aus, dass das durch die Reichsgesetzgebung geschaffene Wasserrecht lediglich als politisch beeinflusste Gesetzesmaßnahme zu

---

57 Arbeitsgemeinschaft Wasser.

58 Deutscher Verband der Gas- und Wasserfachmänner.

59 Abwassertechnische Vereinigung.

60 Vgl. Niederschrift über die 1. Sitzung des Länderausschuss „Wasser" am 07.12.1948, S. 6 (BA Koblenz B 102/14103, Heft 1).

61 Vgl. Niederschrift über die 1. Sitzung des Länderausschuss „Wasser" am 07.12.1948, S. 8f.; so auch Niedersachsen, Baden-Württemberg, Prof. Dr. *Schröder* und Hessen (BA Koblenz B 102/14103, Heft 1).

62 Vgl. Niederschrift über die 1. Sitzung des Länderausschuss „Wasser" am 07.12.1948, S. 18; (BA Koblenz B 102/14103, Heft 1).

63 Vgl. Niederschrift der 3. Sitzung des Länderausschusses „Wasser" am 17./18.01.1950 (BA Koblenz B 102/14103 Heft 2).

Zeiten des Krieges einzustufen sei und dementsprechend keine wesentliche Rolle nach Erlass des Grundgesetzes mehr spielen könne. In diesem Sinne sprachen sich die Vertreter der VfW für ein übergeordnetes Bundesrahmengesetz nach dem neuen Art. 75 GG aus, welches der Gesetzgebung der Länder auf dem Gebiet des Wasserrechts den Weg weisen müsse.[64] In der anschließenden Debatte zu einem einheitlichen Bundesrahmengesetz nach Art. 75 GG sprachen sich die Vertreter überwiegend für die Schaffung eines entsprechenden Gesetzes aus.[65]

In den nachfolgenden Sitzungen wurde im Länderausschuss „Wasser" daher nur noch über die nunmehr aufgenommen Arbeiten an den wasserrechtlichen Leitlinien der Fachausschüsse der Wirtschaftsverbände und die fortführenden Arbeiten im Interministeriellen Ausschuss „Wasser" (IMA) referiert. Der Vorsitz war nach Bildung der Ministerien an Ministerialrat *Prof. Dr. Pallasch* (BWM) übergeleitet worden. Der Länderausschuss „Wasser" bildete somit letztendlich ein gemeinsames Gremium zwischen Bund und Ländern, in welchem die Arbeiten der von den Fachverbänden gebildeten Wasserausschüsse und des Interministeriellen Ausschusses „Wasser" (IMA) besprochen und diskutiert wurden.[66]

2. Die Arbeiten in den Wasserrechtsausschüssen der Wirtschaftsverbände

Ebenfalls auf Veranlassung der Verwaltung für Wirtschaft hatten die Wirtschaftsverbände je einen Wasserrechtsausschuss gebildet, die sich mit den ihnen wichtigen Fragen für ein Wasserrahmengesetz befassen sollten. Insgesamt wurden hierbei von den Fachverbänden 5 Wasserrechtsausschüsse gebildet. Hervorzuheben sind hiervon jedoch nur zwei Ausschüsse. Einerseits der durch DVGW/VGW gebildete Wasserrechtsausschuss „Wasserversorgung" unter Leitung von Prof. *Dr. Gieseke* und andererseits der durch die ATV gebildete Wasserrechtsausschuss, welcher unter Leitung von MR *Dr. Niehuß* (VfV) Vorschläge für die Reinhaltung der Gewässer erarbeitete. Der Wasserrechtsausschuss der ATV arbeitete jedoch unter ungünstigen Bedingungen, da er statt eines Wasserjuristen der in Frage kommenden Wirtschaftskreise oder eines völlig unbeteiligten Juristen mit MR *Dr. Niehuß* (VfV) den Vertreter einer hauptbeteiligten Bundesverwaltung mit der Leitung des Ausschusses beauftragte. Zusätzlich setzte sich der ATV-Ausschuss in der Hauptsache aus Angehörigen der Länderverwaltungen zusammen; die Abwasser einleitende Industrie wurde le-

---

[64] Vgl. Niederschrift der 3. Sitzung des Länderausschusses „Wasser" am 17./18.01.1950, S. 1f. (BA Koblenz B 102/14103 Heft 2).

[65] Vgl. Niederschrift der 3. Sitzung des Länderausschusses „Wasser" am 17./18.01.1950, S. 18 (BA Koblenz B 102/14103 Heft 2).

[66] Vgl. Niederschrift der 4.und 5. Sitzung des Länderausschusses „Wasser" am 03.11.1950 und 18.01.1951 (BA Koblenz B 102/14103 Heft 3).

diglich zum Schluss der Beratungen gehört.[67] Nachdem im IMA die Schaffung eines „Notgesetzes über die Wasserversorgung“ beschlossen worden war, begannen die Wasserrechtsausschüsse Vorschläge für Grundsatzbestimmungen zu erarbeiten.

Der Ausschuss des DVGW/VGW bestand in der überwiegenden Mehrzahl aus Vertretern der Wasserversorgungswirtschaft. Unter der Direktion von Prof. *Dr. Gieseke* (Leiter des Institutes für Wasserwirtschaft an der Universität Bonn) arbeitete er an einer entsprechenden Vorlage für ein Wasserrecht. Das Bundeswirtschaftsministerium war auf den Sitzungen des Ausschusses fast ständig gastweise vertreten. Nach fast zweijähriger Tätigkeit legte der Wasserrechtsausschuss am 24.06.1949 eine Denkschrift mit den Richtlinien für Wasserversorgungsbestimmungen vor. Diese Richtlinien bildeten eine Grundlage für den ersten Entwurf des Regierungsrates *Beck* und für den Wasserversorgungsteil des Gesamtentwurfes des Bundesministeriums für Ernährung, Landwirtschaft und Forsten. Sie waren im Großen und Ganzen von allen anerkannt.[68]
In ihnen heißt es zu der Erstellung einer wasserwirtschaftlichen Rahmenplanung auszugsweise:

> „Es ist daher Aufgabe des wasserwirtschaftlichen Generalplanes, für einen im voraus noch überschaubaren künftigen Zeitraum von etwa 30 Jahren den für die Weiterentwicklung aller am Wasser beteiligten Wirtschaftszweige erforderlichen Wassermehrbedarf und Wassermehrverbrauch sowie die noch verfügbaren Wasserreserven für die einzelnen Flussgebiete festzustellen.
> ...Aufgabe der Planung ist es, trotz der begrenzten Menge des Wassers für eine planvolle Wasserwirtschaft zu sorgen und eine Harmonie aller am Wasser interessierten Wirtschaftszweige herbeizuführen.[69]

Der Wasserrechtsausschuss der ATV erarbeitete unter Leitung von MR *Dr. Niehuß* (BMV) hingegen Vorentwürfe, in denen Vorschläge für die Reinhaltung der Gewässer im Notgesetz über Wasserversorgung enthalten waren.
Kernpunkt der Vorschläge war eine Reinhalteordnung, an der sich sämtliche Verpflichtungen der Grundstückseigentümer und Nutzungsberechtigten und die zu treffenden Maßnahmen orientieren sollten.[70] Auch bereits bestehende Nutzungen wie Wasserrechte, wasserrechtliche Genehmigungen, Erlaubnisse oder sonstige Verwaltungsakte, waren mit der Reinhalteordnung entsprechend in Einklang zu bringen.

---

[67] Vgl. Schreiben des ORR *Kumpf* an Min. Dirigent *Heesemann* vom 23.06.1952.

[68] Vgl. Schreiben des ORR *Kumpf* an MD *Heesemann* vom 23.06.1952.

[69] Vgl. Richtlinien für die Ordnung der Wasserversorgung und Abwasserbeseitigung beim Wiederaufbau vom 24.06.1949.

[70] Den Wasserhaushalt eines Gewässers definierte der Entwurf hierbei als Wassergüte- und Wassermengenhaushalt. Vgl. § 4 des Vorentwurfs vom 07.05.1952.

Die durch die Ausschüsse erarbeiteten Vorschläge wurden dann dem IMA zur weiteren Beratung übergeben. Sie dienten als Grundlage für die in den Ministerien erarbeiteten Teilgesetzentwürfe.

D: Die vorbereitenden Arbeiten in den Bundesministerien zu einem bundeseinheitlichen Wasserrecht (1950 – 1955)

I. Der institutionelle Rahmen zur Schaffung eines einheitlichen Wasserrechts nach dem Krieg

1. Die Notwendigkeit der Schaffung eines einheitlichen Wasserrechts nach Ende des Krieges

Nach Beendigung des Krieges war das Wasserrecht in Deutschland in der Hauptsache durch Landesgesetze geregelt. Es handelte sich hierbei jedoch nicht um Gesetze der neu gegründeten Länder, sondern, um die der alten Länder. Diese bezogen sich dementsprechend in ihrem Regelungsbereich auf die Gebiete der ehemaligen deutschen Länder.[71] Teilweise galt sogar noch Gemeines Recht. Einige Teilgebiete des Wasserrechts waren zwischen 1933 und 1945 durch Gesetze und Verordnungen des Reichs geregelt worden. Jedoch hatte das Reich trotz der von ihm geschaffenen allgemeinen umfassenden Gesetzgebungskompetenz nichts Entscheidendes dazu beigetragen, eine überregionale Regelung des Wasserhaushalts und der Wasserwirtschaft herbeizuführen. Alles in allem galten bei Ende des Krieges 16 unterschiedliche Wassergesetze. Durch die Neugestaltung der Länder wurde diese Rechtszersplitterung noch vermehrt. Die Aufteilung des preußischen Staates und die Neubildung der Länder hatten zwangsläufig zur Folge, dass in manchen Ländern teilweise bis zu vier verschiedene Landeswassergesetze galten.
Dieser Zustand erschwerte zunehmend wasserwirtschaftliche Vorhaben, da die einzelnen Landeswassergesetze in ihrer Grundkonzeption teilweise erheblich voneinander abwichen. So standen sowohl Grundsätze des öffentlichen als auch des privaten Rechts nebeneinander. Verschieden waren auch die Regelungen der Benutzungsbefugnisse, die Terminologie und die Rechtswirkung der Wassernutzungsrechte oder sonstigen Befugnisse.[72]

Die bestehenden Landeswassergesetze trugen der bevölkerungspolitischen Struktur und der rein geographischen Lage Deutschlands nicht mehr Rechnung. Die Zusammenballung der Industrie auf engstem Raum stellte an die Brauch-

---

[71] So bestanden u. a. das Hessische Dammbaugesetz, das Hessische Bachgesetz, das Badische Wassergesetz, das Württembergische Wassergesetz, das Bayerische Wassergesetz, das Sächsische Wassergesetz, das Preußische Wassergesetz und das Thüringische Wassergesetz.

[72] Vgl. Begründung zum Entwurf eines Wasserhaushaltsgesetzes, BR-Drucks. 428/55, S. 4.

wasserversorgung Ansprüche, die allein schon einen enormen Einschnitt in den Wasserhaushalt darstellten. Der in den Industriegebieten vorhandene Wasserschatz war bereits über das örtlich vorhandene Angebot hinaus beansprucht. Erforderlich war daher eine sorgfältige Erfassung und sparsame Verwendung der ober- und unterirdischen Wasservorkommen und deren Schutz, um das Wasserangebot und den Verbrauch in Einklang zu bringen.[73]
Hinzu kam die drohende Gefährdung einer ausreichenden Trink- und Brauchwasserversorgung der Bevölkerung. Vor allem im Westen Deutschlands war es auf Grund der Flüchtlingswelle zu einer Bevölkerungsexplosion gekommen. Die vorhandenen Quellen und das Grundwasser reichten für eine ausreichende Versorgung mit Trink- und Brauchwasser nicht mehr aus. Das Oberflächenwasser musste in zunehmendem Maße in Anspruch genommen werden. Dieses war jedoch von geringerer Güte und teilweise so verschmutzt, dass es erst nach einer kostspieligen Aufbereitung wieder nutzbar war.[74] Zusätzlich führte die immer stärker werdende Zuführung von unzureichend geklärtem Abwasser in die Flusssysteme zu einer zunehmenden Verschmutzung der Gewässer.[75]
Die Regelungen der Landeswassergesetze waren dieser Entwicklung nicht mehr angepasst. Sie regelten nur unzureichend den nunmehr notwendigen Schutz der Gewässer. Dies zeigte sich vor allem bei wasserrechtlichen Entscheidungen, die sich über die Grenzen eines Landes hinaus auswirkten. An der Notwendigkeit einer bundesrechtlichen Regelung führte daher kein Weg mehr vorbei. Nach Verkündung des Grundgesetzes wurden die Arbeiten an einem gesamtdeutschen Wassergesetz auch schnellstmöglich aufgenommen. Auch Bundesrat und Bundestag erkannten die Notwendigkeit zur Ausnutzung der nunmehr gegebenen Rahmenkompetenz zur Regelung des Wasserhaushalts an.[76] Das Wasserhaushaltsgesetz, welches der Bundestag am 27.06.1957 annahm, war damit ein großer Schritt zur Vereinheitlichung des Wasserrechts. Ob man es als Meilenstein der wasserrechtlichen Entwicklung ansehen kann, mag dahingestellt bleiben.[77]
Nichtsdestotrotz ist mit dem Wasserhaushaltsgesetz erstmalig eine Einheit im Wasserrecht gelungen. Betrachtet man die weitere Entwicklung des Gesetzes und die dazugehörigen Landeswassergesetze, so ist eine bundesrechtliche Einheit auf dem Gebiet des Wasserrechts nicht mehr von der Hand zu weisen.

---

[73] Vgl. Begründung zum Entwurf eines Wasserhaushaltsgesetzes, BR-Drucks. 428/55, S. 1.

[74] Vgl. Begründung zum Entwurf eines Wasserhaushaltsgesetzes, BR-Drucks. 428/55, S. 1.

[75] Vgl. auch Beschluss des Bundesrates vom 25.04.1952, BR-Drucks. 137/52.

[76] Vgl. Beschluss des Bundesrates vom 25.04.1952, BR-Drucks. 137/52; Beschluss des Bundestages vom 17.02.1955, BT-Drucks. 561.

[77] So wohl eine nordrhein-westfälische Allgemeine Verfügung; vgl. Gieseke, RdWWi Heft 9, 7 (26).

2. Der Interministerielle Ausschuss „Wasser" (IMA)

a) Die Gründung und der Beginn der Arbeiten

Angesichts der dringlichen Situation und der dadurch notwendigen Reformierung des Wasserrechts wurde bereits frühzeitig nach Ende des Krieges das Bemühen um eine einheitliche und vor allem schnelle Regelung der wichtigsten Fragen des Wasserrechts wieder aufgenommen. Vor allem die Verwaltung für Wirtschaft unter Leitung von Prof. *Marquardt* bemühte sich seit Anfang 1948, die anderen Verwaltungen, die Länder und die wasserwirtschaftlichen Verbände auf diese Arbeit zu konzentrieren. Die Arbeiten wurden jedoch von Anfang an durch Kompetenzstreitigkeiten behindert. Das noch in Arbeit befindliche Grundgesetz hatte hierzu noch keine Festlegung getroffen.[78] Hinzu kamen die unterschiedlichen Auffassungen der Beteiligten über die vorrangig zu regelnden Fragen des Wasserrechts. Im Interesse eines einheitlichen Wasserrechts gründeten die drei bizonalen Verwaltungen für Verkehr (VfV), für Wirtschaft (VfW) und für Landwirtschaft, Ernährung und Forsten (VELF) durch Vereinbarung vom 04.05.1948 einen gemeinsamen Wasserausschuss des Vereinigten Wirtschaftsgebietes zur Lenkung und Koordinierung der Arbeiten betreffend das gesamte Wasserwesen.[79] In der Vereinbarung heißt es hierzu:

> 1. Bei einschlägigen Aufgaben auf dem Gebiete des Wasserwesens arbeiten die Verwaltungen zusammen.
> 2. Die Verwaltung für Ernährung, Landwirtschaft und Forsten ist zuständig für:
>   - landesweiten Wasserbau und Abwasserverwertung, Wasserversorgung und Abwasserbeseitigung von Einzelanwesen
>   - Landgewinnung, Moorkultur, Wasser- und Bodenverbände, Deichwesen
>   - landesweite Folgeeinrichtungen und Fischereiwesen
>   - gesamter übriger Wasserbau außerhalb der Reichswasserstraßen (Ausnahme: Trinkwassertalsperren)
> 3. Die Verwaltung für Verkehr ist zuständig für:
>   - die Wasserstraßen und die dazugehörigen Talsperren
>   - die Forschungsanstalt für Gewässerkunde
> 4. Die Verwaltung für Wirtschaft ist zuständig für:
>   - Trink- und Brauchwasserversorgung und das gesamte Abwasserwesen in Stadt und Land und die Trinkwassertalsperren
>   - energiewirtschaftliche Prüfung des Baues und Betriebes von Wasserkraftanlagen
>   - Bildung und Beaufsichtigung von industriellen und städtischen Wasserversorgungs- und Abwasserverbänden

---

[78] Vgl. Sitzungsprotokoll der 1. Sitzung des Länderausschusses „Wasser" am 07.12.1948, S. 4f. (BA Koblenz B 102/ 14103, Heft 1).

[79] Vgl. Vereinbarung v. 04.05.1948 (BA Koblenz B 102/14103, Heft 1).

5. Die drei Verwaltungen bilden einen für die einheitliche Lenkung gemeinsamen Wasserausschuss des Vereinigten Wirtschaftsgebietes.[80]

Die Verwaltung für Verkehr (Prof. *Dr. Schröder*) übernahm zunächst den Vorsitz. Dieser wechselte im weiteren Verlauf alle zwei Jahre. Die konstituierende Sitzung fand am 29.04.1949 in Offenbach statt, auf der die grundlegenden Linien der Arbeit des Ausschusses festgelegt wurden.[81] Die durch die Vereinbarung festgelegten Zuständigkeiten der Verwaltungen wurden jedoch durch zusätzliche Schreiben der VfV und VELF zu ihren Gunsten abgeändert bzw. ausgeweitet. Da die VfW auf diese Schreiben nicht reagierte, hatte sie der Zuständigkeitserweiterung letztlich stillschweigend zugestimmt.
Mit Bildung der ersten Bundesregierung nach den Wahlen 1949 führten dann die aus den Verwaltungen hervorgegangenen Bundesministerien (Bundeswirtschaftsministerium, Bundesverkehrsministerium und Bundesministerium für Ernährung, Landwirtschaft und Forsten)[82] die Arbeit im Wasserausschuss, der sich nunmehr Interministerieller Ausschuss „Wasser" (IMA) nannte, fort. Auf der zweiten Sitzung des IMA am 18.10.1949 in Offenbach beschlossen die drei Ministerien wegen der auftretenden Hygienefragen das BMI zu den Beratungen hinzuzuziehen. Alle vier Ministerien könnten dann eine gemeinsame Kabinettsvorlage über wasserrechtliche Rahmenvorschriften nach dem neuen Art. 75 Ziff. 4 GG einbringen.[83] Zur Vorbereitung dieser Vorlage sollten verschiedene wasserwirtschaftliche Verbände und Organisationen hinzugezogen werden. Das BMI trat dann auf der 3. Sitzung des IMA am 18.01.1950 der Vereinbarung und den Beratungen bei.[84]

Ende 1951 begann im IMA zunächst eine grundsätzliche Debatte über die Art der Bundeswassergesetzgebung. Hier kristallisierten sich zwei unterschiedliche Ansichten heraus, wobei einerseits ein einheitliches Wassergesetz befürwortet und andererseits zwei Notgesetze zur Sicherung der Wasserversorgung bzw. Vermeidung weiterer Wasserverunreinigung für sinnvoller gehalten wurde. Der IMA schloss sich in dieser Frage der Ansicht des BWM an, wonach ein Bundeswasserrahmengesetz anzustreben sei. Es sei jedoch aufgrund der zu erwartenden Schwierigkeiten und des Umfanges der Materie sinnvoller, zunächst Be-

---

[80] Vgl. Vereinbarung vom 04.05.1948 unterschrieben durch *Reinhardt, Dr. Schröder* (VfV); *Marquardt, Fischerhof* (VfW); *Jerratsch, Steuer, Jansen* (VELF) (BA Koblenz B 102/14103, Heft 1).

[81] Vgl. Sitzungsprotokoll der Sitzung des IMA, 1. Sitzung vom 29.04.1949 (BA Koblenz B 142/1109).

[82] BWM, BMV und BELF.

[83] Vgl. Sitzungsprotokoll der Sitzung des IMA, 2. Sitzung am 18.10.1949 (BA Koblenz B 142/1109).

[84] Vgl. Sitzungsprotokoll der Sitzung des IMA, 3. Sitzung am 18.01.1950 (BA Koblenz B 142/1109).

stimmungen zu schaffen, die die dringendsten Belange der Siedlungswasserwirtschaft regelten. Dementsprechend wurden das BELF, das BWM und das BMV mit Teilentwürfen zu den dringendsten Teilgebieten beauftragt, jedoch sollten diese nicht die Bezeichnung „Notgesetz" tragen. Vielmehr waren sie als Teilgesetze zu schaffen, welche sich mühelos in das letztlich anzustrebende Gesamtwerk einfügen ließen.[85] Die Teilentwürfe würden dann im IMA beraten werden.

Die Arbeiten gingen jedoch nur schleppend voran. Die zunehmenden Kompetenzstreitigkeiten zwischen den beteiligten Ministerien ließen die Möglichkeit eines einheitlichen Rahmengesetzes in immer weitere Ferne rücken. Eine Einigung erschien kaum mehr möglich.

b) Der erweiterte IMA

Auf Grund der durch die Kompetenzschwierigkeiten im IMA bestehenden Gefahr der stetigen Verzögerung eines Wassergesetzes wurde durch Kabinettsbeschluss vom 16.02.1955[86] eine Erweiterung des IMA vorgenommen. Den Vorsitz übernahm der Bundesminister für besondere Aufgaben *Waldemar Kraft*. Der IMA bestand nunmehr aus Vertretern des Bundeskanzleramtes, des Bundesministerium für Angelegenheiten des Bundesrates, des BELF, des BMI, des BMJ, des BMV, des BWM und des Bundesministeriums für wirtschaftliche Zusammenarbeit.[87] Nach dem Kabinettsbeschluss war erste Aufgabe des neuen, erweiterten IMA, entsprechend dem Vorschlag des Kabinettsausschusses vom 10.12.1954, „unter Verwertung der geleisteten Vorarbeit umgehend eine Stellungnahme darüber zu erarbeiten, ob die bundesrechtliche Regelung des Wasserrechts im Sinne eines Rahmengesetzes nach Art. 75 Ziff. 4 GG getroffen werden soll oder ob zunächst die von den Bundesministerien für Wirtschaft, für Verkehr und des Inneren vorbereiteten Einzelgesetzentwürfe dem Kabinett zur Beschlussfassung vorgelegt werden sollen".[88]
Im Rahmen dieser Aufgabe führte der erweiterte IMA die Arbeiten an einem einheitlichen Wasserrecht fort. Nach eingehender Debatte zur Frage der Bundeswassergesetzgebung einigte sich der erweiterte IMA in seiner 4. Sitzung am 17.05.1955 nunmehr endlich auf die alleinige Fortführung eines Entwurfes der vier Ministerien als Wasserhaushaltsgesetz nach Art. 75 Ziff. 4 GG.[89]

---

[85] Vgl. Schreiben von ORR *Kumpf* an MD *Heesemann* vom 23.06.1952.
[86] Vgl. Hollmann/ von Jena, Kabinettsprotokolle der Bundesregierung 1955, Band 8, 71. Sitzung, 16.02.1955, S. 143.
[87] Vgl. Protokoll Nr. 1 über die 1. Sitzung des erweiterten IMA am 09.03.1955.
[88] Vgl. Hollmann, Kabinettsprotokolle der Bundesregierung, Kabinettsausschuss für Wirtschaft, Band 2, 1954/ 55, 21. Sitzung, 10.12.1954, S. 256.
[89] Vgl. Protokoll Nr. 4, 4. Sitzung des erweiterten IMA am 17.05.1955, S. 5.

Die Arbeit am Wasserhaushaltsgesetz ging nach Gründung des erweiterten IMA unter dem Vorsitz des Bundesministers für besondere Aufgaben *Kraft* schnell voran. Hatten die Arbeiten an den einzelnen Teilgesetzen zum Wasserrecht bis zur Gründung des erweiterten IMA fast 6 Jahre ohne die Aussicht auf eine baldige Vorlage eines der Entwürfe gedauert, so wurde nach Gründung des erweiterten IMA 1955 das Wasserhaushaltsgesetz bereits im Dezember desselben Jahres dem Bundesrat vorgelegt. Die Arbeit des IMA hatte bis zu seiner Erweiterung unter dem dauernden Dilemma der Kompetenzstreitigkeiten unter den einzelnen Ministerien und den Ländern gelitten. Die baldige Verabschiedung eines Gesetzes, mit dem alle Beteiligten einverstanden gewesen wären, war kaum abzusehen. Einzig das Grundwasserschutzgesetz des BWM hatte gute Aussichten auf eine baldige Vorlage. Nachdem der erweiterte IMA dann die alleinige Fortführung des Wasserhaushaltsgesetzes beschloss, gingen die Arbeiten zügiger voran. In diesem Zeitraum erging auch das Grundsatzurteil des Bundesverfassungsgerichts zur Rahmengesetzgebung des Bundes. Darauf aufbauend konnte der Entwurf des Wasserhaushaltsgesetzes dann Dank intensiver Arbeit schnell fertig gestellt werden.

Dem erweiterten IMA, vor allem aber Bundesminister *Kraft*, kam letztlich die Schlüsselrolle auf dem Weg zu einem einheitlichen Rahmengesetz auf dem Gebiet des Wasserrechts zu. Nur den immer wieder vorgenommenen Bemühungen, sowohl die Ministerien als auch die Länder und Verbände „an einen Tisch" zu setzen, war es zu verdanken, dass letztlich eine Einigung erzielt werden konnte. Hervorzuheben sind hierbei auch das ständige Einholen der Stellungnahmen der am Entwurf Interessierten und die Beteiligung sämtlicher betroffener Verbände und Organisationen an den Beratungen. Der IMA hatte dabei immer wieder versucht, den einzelnen Anregungen, soweit möglich, gerecht zu werden, was nicht immer gelang, jedoch größtenteils zufrieden stellend bewerkstelligt wurde. Letztlich wurde der IMA damit seiner Aufgabe im Sinne der ursprünglichen Vereinbarung von 1948 in vollem Umfang gerecht.

Bevor die Arbeiten in den einzelnen Ministerien begonnen werden konnten, nahm der IMA eine entsprechende Verteilung der Zuständigkeiten in Bezug auf die zu erstellenden Teilgesetzentwürfe vor. So wurde auf Vorschlag von Ministerialrat *Dr. Witzel* (BELF) das BELF mit der Erstellung eines umfassenden Rahmengesetzes beauftragt. Regierungsrat *Beck* übernahm für das BWM den Entwurf für die Wasserversorgungsseite und MR *Dr. Niehuß* für das BMV zunächst den Entwurf für die Gewässerreinhaltung.[90]

---

[90] Vgl. Schreiben des ORR *Kumpf* an Min. Dirigent *Heesemann* vom 23.06.1952.

II. Der Entwurf eines Grundwasserschutzgesetzes des Bundeswirtschaftsministeriums von 1952 bis 1955

Das BWM nahm bereits 1949 die Arbeiten an wassergesetzlichen Bestimmungen auf. Die Richtlinien des Wasserrechtsausschusses des DVGW/VGW bildeten dabei die Grundlage für den ersten Entwurf des RR *Beck* (BWM).

1. Die Entwürfe des Bundeswirtschaftsministeriums und ihre Konzeption

a) Der Entwurf zur Sicherung der Wasserversorgung vom 28.04.1952

aa) Hauptsächliche Regelungsinhalte

Der erste Entwurf des BWM wurde von RR *Beck* am 28.04.1952 fertig gestellt. Dieser Entwurf trug der übertragenen Aufgabe durch den IMA Rechnung und war überschrieben als „Gesetz zur Sicherung der Wasserversorgung". Der Entwurf beinhaltete 20 Paragraphen, enthielt keinerlei Überschriften und keine Definition des geschützten Wasserbereichs. Er begann in § 1 mit der Aufzählung von Einwirkungen auf das unterirdische Wasser, welche beschränkt oder untersagt werden konnten, soweit übergeordnete Belange der Wasserwirtschaft, insbesondere der öffentlichen Wasserversorgung es erforderten. Zu den erfassten Einwirkungen zählten:

> „1. das Zutagefördern,
> 2. das unmittelbare und mittelbare Einbringen und Einleiten von festen, flüssigen und gasförmigen Stoffen,
> 3. das Aufstauen durch unterirdische Anlagen."[91]

Den Kern des Entwurfes bildete das neu geschaffene grundsätzliche Erfordernis einer behördlichen Benutzungsbefugnis („wasserrechtliche Bewilligung") für alle Einwirkungen auf das unterirdische Wasser. Die bestehenden Wassergesetze enthielten bis dahin keine Beschränkungen der Grundwassernutzungen. Die wasserrechtliche Bewilligung sollte nach § 5 nur für eine Einwirkung erteilt werden, die nach Art, Zeit und Umfang genau bezeichnet war und einem Zweck (Unternehmen) diente. Der Entwurf führte damit den Begriff des Unternehmens als Bedingung für die Erteilung einer Bewilligung ein. Entsprechend wurde der Inhaber einer Bewilligung als Unternehmer bezeichnet. Bereits die Änderung der Einwirkung oder des Unternehmens bedurfte einer erneuten wasserrechtlichen Bewilligung. Die Bewilligung war nach § 3 Abs. 2 jedoch nur zu versagen, wenn von der beabsichtigten Einwirkung schädliche Folgen für die übergeord-

---

[91] Vgl. § 1 Abs. 1 des Entwurfes vom 28.04.1952.

neten Belange der Wasserwirtschaft zu erwarten waren, die nicht durch Auflagen verhütet oder ausgeglichen werden konnten.
Die folgenden Vorschriften befassten sich mit den durch die Einführung einer generell behördlichen Benutzungsbefugnis notwendigen Folgeregeln. Eine Durchbrechung des Grundsatzes der Bewilligung war vorgesehen für alte Rechte (§ 2) oder für geringe Mengen von Wasser, die durch den Eigentümer für den Haushalt, einen kleingewerblichen Betrieb oder die Landwirtschaft gefördert oder eingeleitet wurden (§ 4). Damit wurden bewilligungsfreie Einwirkungen in den Entwurf aufgenommen.
Ebenso wurden Entschädigungsleistungen festgelegt, die dem Betroffenen einer bewilligten Einwirkung zugute kommen sollten. Damit lehnte sich der Entwurf an den Entwurf eines Reichswassergesetzes der Akademie für Deutsches Recht an, welcher ebenfalls nur eine Art des Sondergebrauchs vorsah. Eine Zweiteilung der Benutzungsbefugnisse wie im Preußischen Wassergesetz war im Entwurf nicht vorgesehen. Obwohl der Entwurf damit eine Regelung über den Sondergebrauch traf, enthielt er keine Regelungen über einen möglichen Gemeingebrauch am Grundwasser. Die Frage, ob ein Gemeingebrauch am Grundwasser möglich sein sollte, war bis dahin noch nicht erörtert worden.

Der Entwurf berücksichtigte jedoch die Belange von Wasserversorgungsunternehmen. Sie konnten beantragen, dass eine bereits erteilte Bewilligung vor ihrem Ablauf widerrufen oder beschränkt wird (§ 10). Nicht zuletzt waren Vorschriften über die Behandlung von Quellen (§ 17), der Neuerschließung unterirdischer Wasservorkommen (§ 16), von tiefen Bodenarbeiten (§ 15), der Festlegung von Schutzbereichen (§ 12) enthalten. Zum Schluss war eine Strafvorschrift vorgesehen, welche eine Bestrafung nach den §§ 6 ff. des Wirtschaftsstrafgesetzes vorschrieb.

bb) Bewertung und Änderungen

Der erste Entwurf des BWM war noch nicht ausgearbeitet genug, um eine echte Diskussionsgrundlage für die nötigen Teilgesetze zu schaffen. Er stellte lediglich einen Ansatz dar, auf dessen Inhalt die weiteren Vorschläge und nachfolgenden Entwürfe aufbauten. Der erste Entwurf des BWM wurde Prof. *Dr. Gieseke* zur Begutachtung vorgelegt.[92] Er beteiligte sich wesentlich an der Bearbeitung der Entwürfe und deren Korrektur. Wesentliche inhaltliche Änderungen des Erstentwurfes erfolgten zunächst nicht.
Mit Überarbeitung vom 15.07.1952 wurde erstmalig eine Gliederung in Abschnitte vorgenommen und das Gesetz neu überschrieben als „Gesetz zum Schutze des Grundwassers".

---

[92] Vgl. Schreiben von ORR *Kumpf* an Prof. *Dr. Gieseke* vom 05.06.1952.

I. Abschnitt: Einwirkungen auf das Grundwasser
II. Abschnitt: Wasserrechtliche Bewilligung
III. Abschnitt: Wasserbuch
IV. Abschnitt: Sonstiger Schutz des Grundwassers
V. Abschnitt: Quellen
VI. Abschnitt: Übergangs- und Schlussbestimmungen

Auf das neu eingeführte Erfordernis der wasserrechtlichen Bewilligung sollte ein Rechtsanspruch bestehen.

Nach § 6 war...

> ...„die wasserrechtliche Bewilligung zu erteilen, wenn von der beabsichtigten Einwirkung keine schädlichen Folgen für die übergeordneten Belange der Wasserwirtschaft zu erwarten sind...."

(1) Die Sonderstellung der Deutschen Bundesbahn

Die Deutsche Bundesbahn wies in ihrem Schreiben vom 09.07.1952 darauf hin, dass ihre Anlagen zur eigenen Wasserversorgung in ihrer Bedeutung wohl den öffentlichen Wasserversorgungsanlagen gleichzusetzen seien. Da die meisten der Anlagen als Eisenbahnanlagen dem öffentlichen Eisenbahnzweck gewidmet waren, galt für sie § 36 des Bundesbahngesetzes vom 17.12.1951.[93] Für Anlagen, die unter diese Norm fielen, könnten Änderungen nicht ohne Zustimmung des Bundesministers für Verkehr vorgenommen werden. Beschränkungen und Verbote, wie sie der vorgelegte Entwurf des BWM vorsah, würden jedoch einer Änderung gleichkommen. Die Deutsche Bundesbahn regte daher an, in das Gesetz einzufügen, dass § 36 BBG unberührt bleibe.
Auch sei sie als Wasserversorgungsunternehmen anzuerkennen. Dazu müsste klargestellt werden, was unter Wasserversorgungsunternehmen zu verstehen sei. Die Deutsche Bundesbahn regte dazu folgende Formulierung an:

---

[93] § 36 Bundesbahngesetz vom 17.12.1951:
Planfeststellung
(1) Neue Anlagen der Deutschen Bundesbahn dürfen nur dann gebaut, bestehende Anlagen nur dann geändert werden, wenn der Plan zuvor festgestellt worden ist. Die Planfeststellung umfasst die Entscheidung über alle von der Planfeststellung berührten Interessen.
(2) Die Deutsche Bundesbahn hat die Pläne für den Bau neuer oder die Änderung bestehender Betriebsanlagen der höheren Verwaltungsbehörde des Landes, in dem die Anlagen liegen, zur Stellungnahme zuzuleiten, wenn die Pläne nicht nur den Geschäftsbereich der Deutschen Bundesbahn berühren. Die höhere Verwaltungsbehörde hat die Stellungnahme aller beteiligten Behörden des Bundes, der Länder, der Gemeinden und sonstiger beteiligter Stellen herbeizuführen.

„Die den Betriebszwecken der Deutschen Bundesbahn dienende Wasserversorgung ist öffentliche Wasserversorgung."

Eine solche Ausnahmestellung zu Gunsten der Bahn haben schon § 158 des Zuständigkeitsgesetzes für das preußische Landesrecht und § 385 des Preußischen Wassergesetzes enthalten. Auch der Reichsverkehrsminister habe bereits im Jahre 1926 angeordnet, dass die in den Gesetzen enthaltenen wasserpolizeilichen Genehmigungen bei Bauten der Deutschen Reichsbahn entfallen sollten.[94] Für die Deutsche Bundesbahn ergebe sich daraus eine gesonderte Rechtsstellung, die im Gesetz verankert werden sollte.

(2) Überarbeitung der Strafbestimmungen

Überarbeitet wurden die Strafbestimmungen des Entwurfes. Es wurde festgestellt, dass die Vorschriften des Wirtschaftsstrafgesetzes und auch des Ordnungswidrigkeitsgesetzes für Zuwiderhandlungen gegen das Grundwasserschutzgesetz nicht herangezogen werden konnten.[95] Diese Gesetze waren für andere Tatbestände geschaffen worden. Nach Meinung von Prof. *Dr. Gieseke* sollten für die verschiedenen Fälle und Möglichkeiten von Handlungen, die dem Grundwasserschutzgesetz widersprechen, auch verschiedene Straftatbestände geschaffen werden. Es wurden verschiedene Tatbestände formuliert,[96] die in eine möglichst geringe Zahl zusammengefasst werden sollten.

b) Die Referentenentwürfe des Gesetzes zum Schutze des Grundwassers von Oktober bis Dezember 1952

aa) Aufbau und Regelungsinhalte

Die insgesamt 8 Entwürfe bis Dezember 1952 unterlagen mehrfachen Änderungen und Umstrukturierungen. Vor allem Prof. *Dr. Gieseke* nahm zahlreiche Kor-

---

[94] Erlass W II. I. 2787/25 vom 01.02.1926.

[95] Vgl. Vermerk über Telefonat zwischen RR *Beck* und Prof. *Dr. Gieseke* vom 16.07.1952.

[96] Die Tatbestände lauteten auszugsweise:
1. Wer eine Einwirkung auf das Grundwasser vornimmt, die auf Grund der Bestimmungen dieses Gesetzes unzulässig ist, ...
2. Wer einer gemäß § 7 erteilten Auflage zuwiderhandelt, ...
3. Wer den Verboten, Beschränkungen oder Verfügungen nach den §§ 13 und 14 zuwiderhandelt, ...
4. Wer eine nach § 16 Abs. 1 anzeigepflichtige Arbeit beginnt, ohne die Anzeige erstattet zu haben, ...
5. Wer eine nach § 16 Abs. 2 oder 3 beanstandete oder untersagte Arbeit fortsetzt, ...

Nr. 6-8.

rekturen der ihm übersandten Entwürfe vor. Die Anmerkungen der Deutschen Bundesbahn fanden ihren Niederschlag in mehreren Vorschriften der Entwürfe. So waren ihre Anlagen vom Erfordernis der wasserrechtlichen Bewilligung freizustellen[97] und ihre Rechte am Grundwasser ins Wasserbuch einzutragen. Die geforderte Anerkennung als Wasserversorgungsunternehmen erfolgte jedoch nicht.
Der Entwurf eines Grundwasserschutzgesetzes gliederte sich nunmehr in 6 Abschnitte, enthielt 37 Paragraphen und erstmalig Überschriften.

I. Abschnitt: Einwirkungen auf das Grundwasser
II. Abschnitt: Erteilung der wasserrechtlichen Bewilligung
III. Abschnitt: Beaufsichtigung, Beschränkung und Zurücknahme wasserrechtlicher Befugnisse
IV. Abschnitt: Wasserbuch
V. Abschnitt: Sonstiger Schutz des Grundwassers
VI. Abschnitt: Schlussbestimmungen

Erstmalig wurde eine Art Definition über den vom Gesetz erfassten Wasserbereich mit Überarbeitung vom 23.10.1952 eingefügt. Danach gehörte zum Grundwasser im Sinne des Gesetzes auch das aus einem oberirdischen Gewässer infiltrierte Wasser. Der Entwurf wurde wiederum an die Verteiler versandt. Das Interesse der angesprochenen Verwaltungen und Verbände an den Entwürfen war sehr rege.

(1) Bewilligung

Der zweite Abschnitt des Gesetzes begann mit dem Erfordernis der wasserrechtlichen Bewilligung in § 4 und behielt damit diese Regelung des Sondergebrauchs bei. Über einen möglichen Gemeingebrauch waren weiterhin keine Regelungen enthalten. Für die inhaltliche Bestimmung der Bewilligung bediente sich das Gesetz auch weiterhin des Begriffs des Unternehmens. Für die Erteilung der Bewilligung waren jedoch nicht mehr nur Belange der Wasserwirtschaft Entscheidungskriterium, sondern Belange des Gemeinwohles, insbesondere der Wasserwirtschaft. Die Bewilligung war weiterhin nur für eine bestimmte Frist oder jederzeit widerruflich zu erteilen. Erstmalig wurde eine Frist von 30 Jahren festgesetzt, die in Ausnahmefällen bis zu 67 Jahren betragen konnte. Nach Fristablauf sollte eine neue Bewilligung beantragt werden. Weiterhin waren Auflagen zugunsten der von einer bewilligten Einwirkung Betroffenen vorgesehen, um ihnen die Möglichkeit von Einwendungen zu geben. Deshalb war der Antrag auf Erteilung der Bewilligung durch die Behörde öffentlich bekannt zu machen. An den Betroffenen einer solchen Einwirkung, deren

[97] Vgl. § 7a des Entwurfes vom 11.11.1952.

nachteilige Wirkungen nicht durch Auflagen verhütet oder ausgeglichen werden konnten, sollte eine Entschädigung gezahlt werden. Alternativ wurde in Anlehnung an § 17 der Verordnung zur Durchführung der Verordnung über vordringliche Aufgaben der Wasser- und Energiewirtschaft vom 30.03.1944[98] ein Katalog der nachteiligen Einwirkungen aufgestellt, nach dem eine Entschädigung gezahlt werden sollte, wenn:

> „1. ein Grundstück oder eine Anlage beschädigt wird,
> 2. ein Fischereirecht oder ein Mineralgewinnungsrecht beeinträchtigt wird,
> 3. die Unterhaltung eines Wasserlaufes oder seiner Ufer erschwert wird,
> 4. eine über den Gemeingebrauch hinausgehende Benutzung eines Gewässers, eine Nutzung des Wasserlaufbettes, eine Bodenbewirtschaftung, eine Gewinnung von Bodenbestandteilen oder eine Benutzung von Grundstücken oder Anlagen beeinträchtigt wird. ...“

Der Anspruch auf Entschädigung bestand jedoch nur, wenn die Befugnis zur Nutzung unwiderruflich und Dritten gegenüber wirksam war.
Neu war die Möglichkeit der Erteilung einer vorläufigen Bewilligung für Unternehmen, die vordringlich und bei denen keine Einwendungen zu erwarten waren. Um eine Anpassung an die wasserwirtschaftlichen Verhältnisse zu ermöglichen, konnte die Bewilligung nach § 11 zurückgenommen oder beschränkt werden, wenn sonst schädliche Folgen für das Gemeinwohl, insbesondere für die Wasserwirtschaft, zu erwarten waren. Der Katalog der bewilligungsfreien Einwirkungen wurde erweitert auf Nutzungen, die durch Unternehmen des Bundes oder eines Landes aufgrund von gesetzlich geregelten Planfeststellungen ausgeübt wurden, bei denen eine Anhörung der für das Grundwasser zuständigen Behörden stattgefunden hatte, sowie Einwirkungen im Rahmen von Betriebsplänen, die durch die Bergbehörde nach Anhörung der für das Grundwasser zuständigen Behörde zugelassen waren.

(2) Schutz des Grundwassers

Der 4. Abschnitt des Entwurfes begann mit der Möglichkeit der Festsetzung von Schutzbereichen in § 13. Hier erfolgte ebenfalls eine Umstellung der „öffentlichen Belange“ auf „Belange des Gemeinwohles“. Die durch eine Schutzbereichsfestsetzung entstehenden Nachteile sollten angemessen entschädigt werden. Die Behörde konnte auch außerhalb von Schutzbereichen bestimmte Handlungen verbieten, die besonders geeignet waren, eine Gefährdung des Gemeinwohles herbeizuführen, wie z. B. das Aufbringen und Lagern von Stoffen, insbesondere von Dung, Müll, Schutt und Schlacken.

---

[98] RGBl. 1944, Teil I, S. 77.

Zusätzlich waren über eine bestimmte Tiefe hinausgehende Bodenarbeiten anzuzeigen und konnten von der zuständigen Behörde beanstandet werden. Auch hier waren Entscheidungskriterium die Belange des Gemeinwohles, insbesondere solche der Wasserwirtschaft. Die Behörde konnte dazu den Zugang zur Arbeitsstätte verlangen und die Einhaltung der Auflagen prüfen. Neu waren Vorschriften, die unter der Überschrift „Beaufsichtigung, Beschränkung, Rücknahme, Entschädigung" eingefügt wurden (§§ 14a - 15d).

Sie regelten die Instrumentarien der Behörde zur Durchsetzung des Schutzzweckes des Gesetzes.

bb) Änderungen zu den Entwürfen

Mit Schreiben vom 18.11.1952 schlug MR *Dr. Witzel* (BELF) vor, in § 1 eine Erweiterung des Geltungsbereiches auf „die künstlich erschlossenen und natürlich zutage tretenden Quellen und Grundwasseraustritte, soweit sie nicht nach Landeswasserrecht den Vorschriften über Wasserläufe" unterlägen, einzufügen.[99] Er wies zusätzlich darauf hin, dass in einigen Gegenden nach altem Wasserrecht Wasserbücher oder Wasserrechtsbücher noch nicht bestanden.[100]
Neu eingeführt wurde die Pflicht der Behörde innerhalb einer Zweijahresfrist öffentlich darauf hinzuweisen, dass alte Rechte und Rechtsstellungen i.S.d. § 4 nach Inkrafttreten des Gesetzes erlöschen, wenn sie nicht rechtzeitig angemeldet würden. Im Falle des schuldlosen Versäumnisses einer Frist sollte Wiedereinsetzung in den vorigen Stand gewährt werden.

(1) Sitzungen und Beschlüsse

Der DVGW und der VGW hatten am 13.01.1953 in Gegenwart von ORR *Beck* unter dem Vorsitz Prof. *Dr. Giesekes* verhandelt und einen engeren Redaktionsausschuss zur Weiterberatung des Entwurfes gebildet. Eine Stellungnahme zum Entwurf eines Grundwasserschutzgesetzes sollte spätestens zum 10.02.1953 vorliegen.[101]
Trotz der immer wieder aufgeworfenen Frage nach einem Gesamtgesetz wurde für das BWM durch ORR *Beck* und MR *Kumpf* festgestellt, dass sich das Ministerium zunächst nur um den eigenen Entwurf für ein Grundwasserschutzgesetz kümmern sollte.[102] ORR *Beck* sollte hierzu die Einwände und Anregungen

---

[99] Vgl. Schreiben des MR Dr. *Witzel* an RR *Beck* vom 18.11.1952.
[100] Z. B. in Braunschweig, Oldenburg und Hessen.
[101] Vgl. Vermerk des ORR *Kumpf* vom 22.01.1953.
[102] Vgl. Vermerk des MR *Kumpf* vom 11.04.1953.

der Landesregierungen, Verbände usw. zu dem Gesetzentwurf des Ministeriums zusammentragen.

(2) Bedenken des betriebswirtschaftlichen Referates (II A 2) des BWM

Bedenken äußerte das Referat II A 2 hinsichtlich der Entschädigungsvorschriften des Entwurfes. Das Referat bemängelte, dass die Frage nach der Art der Entschädigung nicht zufrieden stellend beantwortet werde. Gleichzeitig schlug es vor, die Art der Entschädigung der Wahl des Entschädigungspflichtigen anheim zu stellen.[103] Mit Schreiben vom 21.01.1953 schlug Prof. *Dr. Gieseke* Neufassungen der fraglichen Paragraphen vor, in denen eine Wiederherstellung des früheren Zustandes durch geeignete Einrichtungen und Maßnahmen im Vordergrund stand, bevor eine Entschädigung in Geld erfolgen dürfe. Die Höhe einer Entschädigung in Geld sollte sich nach dem Ertragswert richten.[104]

c) Die Entwürfe eines Gesetzes zum Schutze des Grundwassers von Mai bis November 1953

aa) Inhalt (Bewilligung – Entschädigung – Erdaufschlüsse – Alte Rechte – Strafvorschriften)

Im weiteren Verlauf wurde der Entwurf eines Grundwasserschutzgesetzes komplett überarbeitet. Er enthielt 44 Paragraphen und gliederte sich in 8 Abschnitte.

I. Abschnitt: Grundwasser
II. Abschnitt: Einwirkungen auf das Grundwasser
III. Abschnitt: Erteilung der wasserrechtlichen Bewilligung
IV. Abschnitt: Beaufsichtigung der Ausübung, Beschränkung und Zurücknahme wasserrechtlicher Bewilligungen
V. Abschnitt: Übergangsvorschriften für alte Rechte
VI. Abschnitt: Wasserbuch
VII. Abschnitt: Sonstiger Schutz des Grundwassers
VIII. Abschnitt: Schlussbestimmungen

Der überarbeitete Entwurf des BWM vom 07.05.1953 enthielt erstmalig eine Definition des Begriffes „Grundwasser" in einem vorangestellten § 0:

> „Grundwasser im Sinne dieses Gesetzes ist alles unterirdische Wasser, auch das aus einem oberirdischen Gewässer infiltrierte Wasser, aber nicht unterirdisch verlaufende Strecken von oberirdischen Wasserläufen."

---

103 Vgl. Schreiben des Prof. *Dr. Gieseke* an ORR Dr. *Beck* vom 21.01.1953.
104 Vgl. Vermerk des MR *Kumpf* vom 11.04.1953.

Diese für das Gesetz notwendige Begriffsbestimmung unterschied sich jedoch vom hydrologischen Begriff des Grundwassers.

„Grundwasser ist Wasser, das Hohlräume der Erdrinde zusammenhängend ausfüllt und nur der Schwere unterliegt.[105]

Mit der Gesetzesdefinition wurde alles Grundwasser in jeder Tiefe erfasst, ohne Rücksicht darauf, ob es mit den vorhandenen technischen Mitteln schon erschlossen werden konnte.[106] Das war unter Berücksichtigung der wasserwirtschaftlichen Entwicklung auch notwendig.

Die Bewilligung

Neu eingefügt wurde § 1a, der klarstellte, dass sämtliche Einwirkungen auf das Grundwasser dem vorliegenden Gesetz und den bestehenden und noch ergehenden landesrechtlichen Vorschriften, die es ergänzen, unterliegen. Dadurch wurde das Erfordernis einer wasserrechtlichen Bewilligung weiter in den Vordergrund gerückt und immer mehr zum Kern des Gesetzes. Bewilligungsfrei waren weiterhin alte Rechte (§ 6), Eigentümerbefugnisse (§ 2) und Einwirkungen aufgrund von gesetzlich geregelten Planfeststellungen und Betriebsplänen, die durch die Bergbehörde zugelassen waren (§ 10). Der Katalog der bewilligungsfreien Einwirkungen wurde dahingehend eingeschränkt, dass das Landesrecht für Einwirkungen, die bewilligungsfrei wären, eine wasserrechtliche Bewilligung vorschreiben konnte. Die bewilligungsfreien Einwirkungen waren nicht mehr auf den Eigentümer oder Nutzungsberechtigten beschränkt. Neu war ein Antragserfordernis für die wasserrechtliche Bewilligung. Danach sollte die Bewilligung nur auf Antrag desjenigen erteilt werden, der die Einwirkung auf das Grundwasser auszuüben beabsichtigte. Der Begriff des „Unternehmers“ wurde daher in „Antragsteller“ umgewandelt. Ebenso unterlagen die Anlagen der Deutschen Bundesbahn keinen besonderen Bestimmungen mehr. Die eingeführte Befristung der Bewilligung sollte in der Regel 30 Jahre nicht überschreiten, während bei nicht festgesetzter Frist die Bewilligung als für 10 Jahre erteilt galt. Die Ausnahmefrist von 67 Jahren war weggefallen. Eine befristete Bewilligung sollte nunmehr nur bei Vorliegen der einzelnen im Entwurf genannten Bedingungen erteilt werden. In § 17 des Entwurfes zum Verfahren bei Erteilung der wasserrechtlichen Bewilligung war erstmalig vorgesehen, dass in Ergänzung des Gesetzes die landesrechtlichen Vorschriften ein förmliches Verfahren zur Erteilung der Bewilligung vorzusehen haben.

---

105 Vgl. DIN 4049.

106 Vgl. Begründung zu § 1 des Entwurfes vom 10.08.1954, der noch die gleiche Definition enthält.

Zusätzlich wurde festgelegt, dass die Auferlegung eines Entgelts für die Bewilligung unzulässig ist.

Die Entschädigung

Die Entschädigungsvorschriften waren präziser formuliert worden und enthielten eine genaue Formel zur Berechnung der Entschädigungshöhe. Nach § 16 Absatz 2 war die Entschädigung „gleich dem Unterschied zwischen dem Ertragswert des Rechtsguts (Grundstücksnutzung, Wasserlaufnutzung, Einwirkung auf das Grundwasser usw.) im bisherigen Zustand und demjenigen, den es infolge der nachteiligen Wirkungen der Einwirkungen auf das Grundwasser haben" würde. Ebenso war eine genaue Anrechnung von möglichen Vorteilen durch die Einwirkung vorgesehen. Die penible Ausarbeitung der Entschädigungsvorschriften war nicht zuletzt auf die Arbeit des betriebswirtschaftlichen Referates des Ministeriums und den darauf beruhenden Vorschlägen Prof. *Dr. Giesekes* zurückzuführen.

Die Erdaufschlüsse

Bei Erdaufschlüssen sollte durch landesrechtliche Vorschriften angeordnet werden können, dass „bestimmte Arbeiten, die über eine bestimmte Tiefe hinaus in den Boden eindringen, vor Beginn anzuzeigen" seien. Eine Untersagung der Bodenarbeit oder die Versehung derselben mit Auflagen war ebenfalls möglich, wenn es das „Gemeinwohl zur Verhütung einer nachteiligen Beeinflussung des Grundwassers" erforderte. Bei Arbeiten von Bundes- oder Landesbehörden war das Einvernehmen der für das Grundwasser zuständigen Behörde herbeizuführen. Ebenso sollte eine Entschädigung gezahlt werden, wenn es zur Untersagung einer Bodenarbeit komme.
Später wurde die Anwendbarkeit der Vorschrift über Erdaufschlüsse dahingehend geändert, dass sie keine Anwendung fand bei Erdaufschlüssen und Tiefbohrungen, die der Bergbehörde anzuzeigen sind. Hierbei war das Einvernehmen der zuständigen Wasserbehörde herbeizuführen, wenn das Grundwasser durch die Arbeit nachteilig beeinflusst werden würde.

Die alten Rechte

Neu eingefügt wurden notwendige Übergangsvorschriften für alte Rechte, um sie an den Schutzgedanken des Gesetzes anzupassen. Sie regelten Festsetzung des Inhalts und der Dauer (§ 24a), Auflagen bezüglich der Unschädlichmachung einzuleitender Stoffe (§ 24b) und die Beaufsichtigung der Ausübung alter Rechte (§ 24 c).

Die Strafvorschriften

Erstmalig waren Strafvorschriften und Ordnungswidrigkeiten formuliert worden.[107] Die Strafvorschriften übernahmen keinen der Vorschläge vom Juli 1952[108], sondern waren neu formuliert. Die Strafnorm des neuen § 40 beinhaltete die gefährlichsten und am schwierigsten zu überwachenden Formen der Einwirkungen auf das Grundwasser, wie das Einleiten von Stoffen ohne durch eine Bewilligung dazu berechtigt zu sein. Entsprechende Einwirkungen können unabsehbare Folgen für das Grundwasser herbeiführen, so dass eine unerlaubte Einwirkung, die der Kontrolle der Behörde entzogen war, unter Strafe gestellt sein musste. Dies entsprach den Anregungen Prof. *Dr. Giesekes* vom Juli 1952 für die Strafvorschriften. Die weniger gefährlichen Einwirkungen unterlagen der Vorschrift über die Ordnungswidrigkeiten. Diese Norm beinhaltete im Großen und Ganzen die Vorschläge vom Juli 1952.[109]

bb) Stellungnahmen und Neuvorschläge

(1) Die Besprechung zwischen Verbandsvertretern und dem BWM

Am 05.06.1953 fand eine Besprechung zwischen Vertretern des VGW[110] (ORR *Kohl*), VDG[111] (RD *Maas*) und des BWM (ORR *Beck*, MR *Kumpf*) in Bonn statt. Hierbei wurde darauf hingewiesen, dass auf der Gas- und Wassertagung in Stuttgart erneut die Forderung erhoben wurde, das Ministerium möge die Vorlage des Entwurfes eines Grundwasserschutzgesetzes beschleunigen.[112] Zu dem vorliegenden Entwurf eines Grundwasserschutzgesetzes wurde angeführt, dass Einwände vorwiegend gegen die Vorschriften bestünden, die sich mit der Aufhebung bestehender Rechte und der Entschädigungsfrage auseinandersetzten. Diese Vorschriften sollten von Prof. *Dr. Gieseke* und ORR *Beck* überarbeitet werden.[113] ORR *Kohl* (VGW) sollte sich mit dem BDI[114] in Verbindung setzen und die bereits in Aussicht genommene Aussprache über den Grundwasserschutzgesetzentwurf zwischen Wasserversorgungswirtschaft und BDI unter Beteiligung des BWM vorbereiten.

---

[107] Vgl. Entwurf vom 01.07.1953.

[108] Vgl. Vermerk über das Telefonat zwischen RR *Beck* und Prof. *Dr. Gieseke* vom 16.07.1952.

[109] Vgl. Vermerk über das Telefonat zwischen RR *Beck* und Prof. *Dr. Gieseke* vom 16.07.1952.

[110] Verband der Deutschen Gas- und Wasserwerke.

[111] Vereinigung Deutscher Gewässerschutz.

[112] Vgl. Vermerk des MR *Kumpf* vom 08.06.1953.

[113] Vgl. Vermerk des MR *Kumpf* vom 08.06.1953.

[114] Bundesverband der Deutschen Industrie e. V..

Zuletzt verpflichtete sich das BWM, die Neufassung des Entwurfes baldmöglichst abzuschließen, so dass ein Ressortentwurf vorläge.[115]

(2) Erörterung des Entwurfes im IMA

In der Sitzung des IMA am 16.06.1953 wurde die besondere sachliche Notwendigkeit des Grundwasserschutzgesetzes erörtert. In einer Diskussion mit MR *Dr. Witzel* wurde darüber gesprochen, ab wann mit einem umfassenden Gesetz gerechnet werden könne. Es wurde die Ansicht vertreten, dass ein umfassendes Gesetz frühestens nach 2 Jahren kabinettsreif wäre, wahrscheinlich aber noch später.[116]
MR *Dr. Witzel* warf dabei die Frage auf, ob das Teilgesetz über das Grundwasser nicht große Auswirkungen auf Ländergesetze brächte, die insofern geändert werden müssten. Dennoch sollte das Grundwasserschutzgesetz vom Referentenentwurf zum Ressortentwurf weiterentwickelt werden. Sodann war der IMA über den Abschluss der Arbeiten zu informieren und der Entwurf zur Ressortbesprechung vorzulegen. Anschließend sollte der Entwurf dem Kabinett und dem Bundesrechnungshof vorgelegt werden.[117]

MR *Dr. Habernoll* (Bundesinnenministerium[118]) war der Ansicht, dass die Bestimmungen über die Schutzbereiche bei Wasserversorgungsanlagen nicht in das Grundwasserschutzgesetz des BWM, sondern in den Entwurf des BMI gehörten.[119]
MR *Kumpf* und ORR *Beck* kamen jedoch zu der Überzeugung, dass dieser Vorschlag des BMI auf keinen Fall angenommen werden könne. Die Regelung von Schutzbereichen sei eine Kernfrage für den Schutz des Grundwassers. Sie berühre nicht nur hygienische, sondern auch technische und wirtschaftliche Bereiche.[120]

(3) Änderungen und Anmerkungen zu den Bewilligungsvorschriften

Zu dem Entwurf eines Grundwasserschutzgesetzes fanden mehrere Besprechungen zwischen den Referaten einzelner Ministerien statt. Nach Ansicht des Referats für Gewerberecht (II C 3) des BWM war die im Gesetz enthaltene wasserrechtliche Bewilligung gewerberechtlich als eine Anlagen-Erlaubnis und dem-

---

[115] Vgl. Vermerk des MR *Kumpf* vom 08.06.1953.
[116] Vgl. Vermerk des MR *Kumpf* vom 29.09.1953.
[117] Vgl. Vermerk des MR *Kumpf* vom 29.09.1953 über die IMA-Sitzung vom 16.06.1953 beim BELF.
[118] Im Folgenden BMI.
[119] Vgl. Schreiben des MR *Kumpf* an MD *Heesemann* vom 15.07.1953.
[120] Vgl. Fn. 119.

nach als eine Erlaubnis mit dinglichem Charakter anzusehen. Für sie müsse daher der Grundsatz freier gewerblicher Betätigung gelten. Diese Freiheit müsse dann zugunsten der Allgemeinheit eingeschränkt werden, da der Schutz des Grundwassers ein wichtiges Allgemeingut sei. Der Entwurf gebe jedoch jedermann einen Anspruch auf Erteilung der Bewilligung, bei dem die Voraussetzungen des Gesetzes vorlägen. Deshalb sollte zur Klarstellung die Bewilligungsnorm neu gefasst werden. Durch eine neue Formulierung „die wasserrechtliche Bewilligung..., darf nur versagt werden,...“ sollte zum Ausdruck gebracht werden, dass die Behörde nicht nach freiem Ermessen die Bewilligung erteilen könne. Auch der Ausdruck „Bewilligung“ müsse noch einmal überdacht werden, da er im Gewerberecht verhältnismäßig selten verwandt würde.
Grundsätzlich wies das Referat darauf hin, dass der Entwurf, soweit er auch die Entschädigungsansprüche Dritter behandelte, zivilrechtlichen Charakter habe. Offen blieb damit die Frage, inwieweit Betroffene noch die Möglichkeit hätten, eine zivilrechtliche Klage zu erheben. In der GewO bestehe ein deutlicher Unterschied zwischen öffentlich-rechtlichen und zivilrechtlichen Ansprüchen.[121]

Das Referat für Betriebswirtschaft (II A 1) des BWM äußerte Bedenken bezüglich der Befristung der Bewilligung auf 10, im Höchstfalle auf 30 Jahre. Eine Frist sei ein Unsicherheitsmoment für die betriebliche Planung, das besonders bei Betriebsgründungen zur Auswirkung kommen würde. Die Bewilligung sollte daher unwiderruflich erteilt werden. Eine befristete Bewilligung sei ein behördliches Ermessenselement, das für die Gestaltung des wirtschaftlichen Lebens unerwünscht sei. Zumindest sollte die Bewilligung für einen längeren Zeitraum (mindestens 50 Jahre) erteilt werden.

Dem trat das Referat für Wirtschaftspolitik, Grundsatzfragen/Marshallplan, Produktionsprogramme (I A 3) des BWM in Bezug auf die Befristung der Bewilligung für gewerbliche Betriebe bei. Notwendig sei jedoch die Möglichkeit der Einschränkung oder Zurücknahme der Bewilligung, um den Interessen des Gemeinwohls gerecht zu werden. Die Bewilligung sollte daher grundsätzlich unbefristet sein, jedoch gebunden an bestimmte gewerbliche Unternehmen und inhaltlich fixiert.

Auch das Referat für das Organisationsrecht der gewerblichen Wirtschaft; Gewerberecht; Berg-, Energie- und Wasserrecht; Kartell- und Monopolrecht; Recht der Bewirtschaftung und Preisrecht (III 4) des Bundesjustizministeriums[122] äußerte ähnliche Bedenken hinsichtlich der Wirtschaftlichkeit des vorliegenden Entwurfs. Die wirtschaftspolitische Problematik des Entwurfes lag in der ein-

---

[121] Vgl. §§ 19 und 26 GewO.
[122] Im Folgenden BMJ.

deutigen Zurücksetzung der Belange der Wirtschaft hinter jene der Wasserversorgung. Es wurden Probleme in der Befristung der Bewilligung und der Möglichkeit zum Erlass nachträglicher Auflagen gesehen. Weiterhin wurde die Befürchtung geäußert, dass bei Erlass des Entwurfes als Gesetz keine größeren Investitionen mehr getätigt würden. Grundsätzliche Bedenken richteten sich gegen das unbegrenzte Ermessen der Wasserbehörde bei Erteilung der Bewilligung. Es wurde darauf hingewiesen, dass selbst im sehr umfangreichen preußischen Wassergesetz die Verleihung eines Wassernutzungsrechts nach den §§ 203 Abs. 2 i.V.m. 47 Abs. 1 nur aus den im Gesetz genannten Gründen versagt werden konnte. Die Ermessensnorm in § 7 des Entwurfes widerspräche nicht nur dem rechtsstaatlichen Gesichtspunkt der Rechtssicherheit, sondern auch der Grundtendenz des Ministeriums, den Grundsatz der Gewerbefreiheit unbedingt zu beachten.[123]
Ebenso schaffe der Begriff der wasserrechtlichen Bewilligung Unsicherheit. Die Nutzung einer öffentlichen Sache wie den Gewässern erfolge i.d.R. durch Gemeingebrauch, Sondernutzung oder Nutzungsrechte. Nach dem Entwurf sollte grundsätzlich jede Einwirkung einer Bewilligung bedürfen. Durch den Begriff der Bewilligung wurde nicht klargestellt, ob sie eine Erlaubnis für eine Sondernutzung oder eine Verleihung eines Nutzungsrechtes darstellt. Dieser Unterschied sei für eine Einstufung des Rechtes am Wasser als subjektiv-öffentliches Recht wichtig. Weiterhin fehle dem Begriff der Bewilligung der Bezug zum geschützten Bereich des Grundwassers. Es wurde daher vorgeschlagen, den üblichen Begriff „Verleihung eines Wassernutzungsrechtes" einzuführen. Auch sollte eine Zwischenstufe in Form einer Erlaubnis, wie sie auch das preußische Wassergesetz in den §§ 203, 204 vorsah, eingeführt werden.[124]

Zudem wurde der Begriff des „Unternehmens" als Inhalt der Bewilligung als zu weit angesehen. Er sollte aus dem Gesetz entfernt werden. Als Ersatz wurde der Begriff des „Gewerbebetriebes" empfohlen. Der Inhalt der Strafbestimmungen sollte den Vorschriften des Gesetzes zur Verlängerung der Geltungsdauer und zur Änderung von Vorschriften auf dem Gebiet der gewerblichen Wirtschaft vom 28.05.1953[125] entsprechen. Speziell wurde durch das BMJ vorgeschlagen, die Fassung an den § 321 StGB anzulehnen.[126]

---

[123] Vgl. Stellungnahme des *Dr. Kötter* Referat III 4 (BMJ), Schreiben an ORR *Beck* vom 10.08.1953.

[124] Vgl. Stellungnahme des *Dr. Kötter* Referat III 4 (BMJ), Schreiben an ORR *Beck* vom 10.08.1953.

[125] BGBl. 1953 I, S. 265.

[126] Vgl. auch Wüsthoff, BB 1953, 133 (133).

(4) Die Sonderstellung der Bahn und des Bergbaus

Die Bahn und der Bergbau äußerten den Wunsch, den Begriff „Grundwasser" noch näher zu definieren als in § 1 vorgesehen. Dies galt in Bezug auf die für den Bergbau erforderlichen Sonderregelungen über die unterirdische Gasspeicherung und das Sekundärverfahren bei der Erdölgewinnung. Am 16.07.1953 tagte hierzu der Arbeitskreis zur Koordinierung der bergrechtlichen Vorschriften im Bundesgebiet. Er vertrat die Auffassung, dass die vorgesehene Regelung über Planfeststellungen und bergrechtliche Betriebspläne weniger zweckmäßig erscheine als die Generalklausel des § 396 Preußisches Wassergesetz[127]. Es wurde vorgeschlagen, folgende Fassung der Generalklausel zu übernehmen: „Die bergrechtlichen Vorschriften des Bundes und der Länder, insbesondere die auf ihnen beruhenden Befugnisse der Bergbehörden und Rechte der Bergbautreibenden bleiben durch dieses Gesetz unberührt."[128]
Dieser Vorschlag wurde mit ORR *Beck* besprochen. Dieser lehnte eine Übernahme der Generalklausel jedoch ab, da sie nicht eindeutig kläre, dass die betriebsplanmäßige Zulassung die wasserrechtliche Bewilligung ersetze. Genau dies müsse aber im Gesetz zum Ausdruck kommen. Stattdessen wurde folgende Fassung vorgeschlagen:

> „Bei Planfeststellungen und Zulassungen von Betriebsplänen im Sinne von Abs. 1 ist, soweit eine gemeinschädliche Einwirkung auf das Grundwasser zu besorgen ist, das Einvernehmen der für das Grundwasser zuständigen Behörde herbeizuführen."

Auch die Deutsche Bundesbahn bemängelte die getroffenen Regelungen über die Planfeststellungen. Das geforderte Einvernehmen mit der Wasserbehörde sei nicht berechtigt. Die Planfeststellung stelle einen „Einheits-Verwaltungsakt" dar, der in sich alle Zuständigkeiten anderer polizeilicher Art vereinige. Berechtigte wasserpolizeiliche Belange würden auch vom Bundesminister für Verkehr im Planfeststellungsverfahren genügend Berücksichtigung finden. Im Interesse der zahlreichen Wasserversorgungsanlagen der Bahn hielt sie auch weiterhin eine Ergänzung der Paragraphen für notwendig. Danach sollten hoheitsrechtli-

---

127 ***§ 396 Preuß. WG***
Unberührt bleiben die Vorschriften des Allgemeinen Berggesetzes vom 24. Juni 1865 (Gesetzessammlung S. 705) in der geltenden Fassung, die Bestimmungen, wonach diese Vorschriften auch außerhalb des Geltungsbereiches des Allgemeinen Berggesetzes zur Anwendung kommen, sowie die Bestimmungen über Solquellen. Soweit es sich um die Benutzung von Wasserläufen handelt und keine bergrechtliche Enteignung vorliegt, sind im Falle eines Widerspruchs zwischen dem Berg- und dem Wassergesetze nur die Bestimmungen dieses Gesetzes anzuwenden.

128 Vgl. Vermerk *Oellrich* vom 22.07.1953.

che Widmungsakte der früheren Staatseisenbahnverwaltung den Planfeststellungen gleichgestellt werden.[129]
Für die Anmeldepflicht ihrer Einwirkungen erbat die Bahn ein vereinfachtes Anmeldeverfahren, da viele Unterlagen über Planfeststellungen durch Kriegseinwirkung vernichtet waren.
Zudem sollte die Vorschrift über die Aufrechterhaltung der alten Rechte erweitert werden. Es müssten auch diejenigen Wasserversorgungsanlagen umfasst werden, die durch öffentliche Verwaltungen „für öffentliche Zwecke" auf ihrem Grund und Boden errichtet wurden. Diese Anlagen bedurften früher keines besonderen Rechtstitels und sollten durch eine Eintragung in das Wasserbuch sanktioniert werden.
Weiterhin sollten die Einwirkungen der Deutschen Bundesbahn von den Begrenzungen durch Schutzbereiche (§ 32) oder den Anordnungen über das Aufbringen und Lagern von Stoffen (§ 35) freigestellt werden.

(5) Verfassungsrechtliche Probleme des Entwurfes

Die Entwürfe eines Grundwasserschutzgesetzes wiesen darüber hinaus einige verfassungsrechtliche Probleme auf. Diese lagen vor allem in drei Punkten:

1. Die Auslegung des Begriffes „Wasserhaushalt" in Art. 75 Nr. 4 GG,
2. Die Einhaltung der Grenzen einer Rahmenvorschrift,
3. Die Mischung von Rahmenvorschriften und Vorschriften nach Art. 74 GG.

Dem Entwurf eines Grundwasserschutzgesetzes lag eine weite Auslegung des Wortes „Wasserhaushalt" zugrunde. Die Grenzen eines Rahmengesetzes wurden durch ihn weitgehend eingehalten. Jedoch mussten einige Vorschriften noch dahingehend abgeändert werden. Dies war nicht zuletzt eine taktische Erwägung, um die Zustimmung der Länder leichter zu erhalten.[130]
Auch die Zulässigkeit von Strafvorschriften im Entwurf eines Rahmengesetzes war problematisch. Strafvorschriften sind nach Art. 74 Abs. 1 Nr. 1 GG Gegenstand der konkurrierenden Gesetzgebung. Die Zulässigkeit der Aufnahme von Gegenständen der konkurrierenden Gesetzgebung in ein Rahmengesetz war durch die Bundesregierung bisher jedoch stets bejaht worden. Die Frage, ob Strafvorschriften im Entwurf zulässig seien, sollte nach Meinung des Referates III 4 (BMJ) seit dem Erlass des Bundesjagdgesetzes vom 29.11.1952[131] zu bejahen sein. In diesem Gesetz war der Standpunkt der Bundesregierung zum ersten Mal durchgedrungen.

---

[129] Vgl. Schreiben der Hauptverwaltung der Deutschen Bundesbahn an den BMi für Wirtschaft vom 24.07.1953.
[130] Vgl. Stellungnahme des Dr. Kötter Referat III 4, Schreiben an ORR *Beck* vom 10.08.1953.
[131] BGBl. 1952, I S. 780.

Der letzte Entwurf eines Grundwasserschutzgesetzes vom 04.11.1953 übernahm die meisten der Anregungen, vor allem die der Deutschen Bundesbahn und von *Dr. Kötter* (BMJ).

d) Die Entwürfe eines Grundwasserschutzgesetzes von Januar bis Juli 1954

aa) Inhalt (Bewilligung – Entschädigung und Strafbestimmungen)

Die nächsten 4 Entwürfe zeichneten sich durch erneute Umstrukturierungen und Eingliederungen von neuen Vorschriften aus. Sie berücksichtigten die von Prof. *Dr. Gieseke* vorgenommenen handschriftlichen Änderungen und einige der Anmerkungen der Referate. Der Entwurf eines Grundwasserschutzgesetzes enthielt zuletzt 49 Paragraphen und gliederte sich in 11 Abschnitte. Die Neufassungen des Grundwasserschutzgesetzes berücksichtigten keinen der vorgebrachten Einwände bezüglich der Frist der Bewilligung, der Entschädigungspflicht der Wasserversorgungsunternehmen oder des Verfahrens bei Erdaufschlüssen. Die Vorschrift über Quellen und Grundwasseraustritte wurde inhaltlich um Solquellen erweitert.

Die Bewilligung

Für die inhaltliche Bestimmung der Bewilligung wurde wieder der Begriff des Unternehmens eingeführt. Neu eingefügt wurde § 34a, der die Möglichkeit der Zurücknahme einer Bewilligung auch auf die alten Rechte ausdehnte. Die vom Erfordernis der Bewilligung ausgenommenen Einwirkungen in § 2 wurden inhaltlich erweitert auf das „zwangsläufige Zutagefördern und Zutageleiten des erschrotenen Grubenwassers in Bergwerksbetrieben". Erstmalig konnten auch „gewerbliche Betriebe" Einwirkungen zu einem vorübergehenden Zweck, welche bewilligungsfrei waren, vornehmen.

Die Entschädigung und die Strafbestimmungen

Für die Berechnung der Höhe der Entschädigung war die Beeinträchtigung der wirtschaftlichen Nutzung des Betriebes maßgebend. Zusätzlich war der Wert von Gegenständen des Anlagevermögens des Unternehmers, die infolge der getroffenen Maßnahmen wertlos geworden waren, zu ersetzen, soweit dies angemessen erschien.

Die Strafbestimmungen enthielten jetzt 4 Vorschriften, wobei ein neuer § 44 eingefügt wurde, der den Verrat von Betriebsgeheimnissen durch Beauftragte der Wasserbehörden regelte.

bb) Stellungnahmen und Änderungsvorschläge (Bewilligung – Alte Rechte – Schutzbereiche – Entwurf des Referates für Gewerberecht – Sonderstellung Bahn und Bergbau – Entschädigung – Idee des Ersatzmarktpreises – Umsetzung der Vorschläge – Stellungnahme Spitzenverbände)

Zu den neuen Entwürfen eines Grundwasserschutzgesetzes ergingen nach Übersendung an die beteiligten Ressorts, Verbände und Unternehmen ausführliche Stellungnahmen, die teilweise wiederum zu Änderungen führten. So wies der Hauptverband der deutschen Bauindustrie e. V. noch einmal auf die Notwendigkeit einer präziseren Formulierung der Regelung über Erdaufschlüsse in § 29 hin.[132]

Die Bewilligung

In § 2 Abs. 1 Nr. 3 wurde das Absenken des Grundwassers als Einwirkung i.S.d. Gesetzes neu eingefügt. Die Möglichkeit des nachträglichen Auferlegens von Auflagen beim Einbringen oder Einleiten von Stoffen wurde gestrichen. Neu eingefügt wurde der Ausschluss der bürgerlich-rechtlichen Unterlassungs- und Schadensersatzansprüche gegen den Inhaber einer wasserrechtlichen Bewilligung. Im Rahmen der Überwachungspflicht der Behörde während der Ausübung der wasserrechtlichen Bewilligung sollte für die Beauftragten der Behörde in § 26 Abs. 2 eine Geheimhaltungspflicht für Betriebsgeheimnisse normiert werden. Die Rücknahme einer befristeten Bewilligung sollte nicht mehr allein wegen der Gefährdung des Gemeinwohls, sondern nunmehr aufgrund einer Beeinträchtigung des Wasserhaushaltes, die mit Rücksicht auf das Gemeinwohl vermieden werden müsse, erfolgen.

Ein Neuvorschlag enthielt erstmalig eine Änderung des Begriffes der „wasserrechtlichen Bewilligung“ in „wasserwirtschaftliche Bewilligung“. Eine neue Fassung sollte klarstellen, dass ein Rechtsanspruch auf die Erteilung der wasserwirtschaftlichen Bewilligung bestehe, der nur in den gesetzlich vorgesehenen Fällen nicht durchgesetzt werden könne. Durch ORR *Beck* (BWM) wurde in einem Neuvorschlag des § 15 der Rechtsanspruch auf Erteilung der wasserrechtlichen Bewilligung fest normiert:

> „Aus anderen als den in §§ 16 bis 18 aufgeführten Gründen, darf die Bewilligung nicht versagt oder mit Auflagen verbunden werden.“

---

[132] Vgl. Schreiben des Hauptverbandes der deutschen Bauindustrie e.V. an den BMi für Wirtschaft vom 29.03.1954.

Die vorgeschlagene Änderung des Begriffes der wasserrechtlichen Bewilligung in „wasserwirtschaftlich“ war hierbei nicht übernommen worden.[133]
Wegen der Möglichkeit, die Bewilligung auch widerruflich zu erteilen, gab MR *Kumpf* zu bedenken, dass eine Landesregierung möglicherweise nur widerrufliche Genehmigungen erteilen wolle. Zu fragen sei daher, ob es dagegen zugunsten einer Wasserversorgung ein Rechtsmittel gebe.
Die Stadtwerke Düsseldorf wiesen darauf hin, dass die übliche landwirtschaftliche Drainage oder die Anlage an Hanggräben keinesfalls unter die gewöhnliche Bodenentwässerung im Sinne des § 6 Abs. 1 fallen und damit nicht als Einwirkung zu einem vorübergehenden Zweck ohne Bewilligungspflicht klassifiziert werden sollten. Sie könnten die Wassergewinnung spürbar beeinflussen. Dasselbe gelte für das Einleiten von Abwässern kleinerer Betriebe. Sollten mehrere dieser Betriebe nebeneinander liegen, könnte sich dies durchaus störend auf das Grundwasser auswirken.[134] Auch die Düsseldorfer Stadtwerke bemängelten die Festlegung der Frist für eine wasserrechtliche Bewilligung auf 30 Jahre.
Der BDI fragte an, ob die wasserrechtliche Bewilligung nicht als subjektiv-öffentliches Recht ausgestaltet werden könnte. Ebenso bemängelte er die Regelung in § 6 über die geringen Mengen und deren Einfluss auf den Wasserhaushalt. Unter Zuhilfenahme der gleichen Argumente wie die Stadtwerke Düsseldorf wurden gegen die vorliegende Vorschrift Bedenken erhoben. Darüber hinaus hielt der Verband die Ungleichbehandlung von kleingewerblichen Betrieben und landwirtschaftlichen Nebenbetrieben für nicht gerechtfertigt.[135] Er wies darauf hin, dass diese schon im Preußischen Wassergesetz[136] gleich behandelt wurden. Ebenso hielt es der Verband für erforderlich, die Regelung über die gewöhnliche Bodenentwässerung als bewilligungsfreie Einwirkung in § 6 Abs. 1 Nr. 2 im Interesse des Wohnungsbaus zu erweitern und auch diesen bewilligungsfrei zu halten.
Für die Fortsetzung einer abgelaufenen Bewilligung oder eines beendeten alten Rechts sollte nach dem Vorschlag des BDI in § 14 eingefügt werden, dass eine Verlängerung der Bewilligung auf Antrag möglich sei. Eine Versagung der Bewilligung solle nur aus Gründen des geordneten Wasserhaushaltes erfolgen. Dies stelle der Gesetzentwurf nicht ausreichend klar. Daher regte der BDI an, die Formulierungen zwingend auf die Sicherung des Wasserhaushaltes einzustellen und dessen Belange strikt von denen der wasserwirtschaftlichen Planung zu trennen.

[133] Vgl. Änderungsvorschläge des ORR *Beck* vom 02.02.1954.
[134] Vgl. Schreiben der Stadtwerke Düsseldorf an Prof. *Dr. Gieseke* vom 03.05.1954.
[135] Vgl. Stellungnahme des Bundesverbandes der Deutschen Industrie e. V. vom 20.05.1954.
[136] Vgl. dort §§ 200, 25 Abs. 4 Preuß. WG.

Die alten Rechte

Für § 32 wurde vorgeschlagen, dass für die Festsetzung des alten Rechts die Einwirkung der letzten 12 Monate vor der Verkündung maßgebend sein solle. Auch sollten landesrechtliche Vorschriften zusätzliche Einwirkungen bestimmen können, die keiner Bewilligung bedürfen. Dies gelte dann aber nur für Einwirkungen, die bereits vor dem Inkrafttreten des Gesetzes auf einer behördlichen Erlaubnis oder Genehmigung beruhten und nicht ohne Entschädigung zurückgenommen werden konnten.

In Bezug auf die alten Rechte wiesen die Hamburger Wasserwerke darauf hin, dass alte Rechte und Titel, wie sie das Gesetz vorsehe, im Hamburger Staatsgebiet zum großen Teil nicht bestanden. Für diese Einwirkungen müsste dann eine Bewilligung innerhalb von 2 Jahren in einem langwierigen Verfahren beantragt werden. Davor sei die Bundesbahn durch eine Sonderregelung geschützt, so dass sich die Frage stelle, wie bei Nutzungen eines Wasserversorgungsunternehmen zu verfahren sei.[137]

Die Schutzbereiche

Zur Entschädigung im Falle einer Schutzbereichsfestsetzung merkte MR *Kumpf* (BWM) an, dass in Nordrhein- Westfalen eine polizeiliche Festsetzung des Schutzbereichs ohne Entschädigung möglich sei. Auch müsse geklärt werden, ob eine Entschädigung bei Festsetzung im öffentlichen Interesse durch das Land erfolgen solle und ob eine Entschädigung bei einer Änderung der Grundstücksnutzung nach der Festsetzung gewährt werde. Dazu wies er auf die Intensivierung der Landwirtschaft hin.
Die Stadt Düsseldorf[138] wies bezüglich einer Entschädigung bei der Festsetzung von Schutzbereichen darauf hin, dass die Verpflichtung der Wasserversorgungsunternehmen zur Leistung einer Entschädigung eine unbillige Härte für diese darstellen würde. Die Festsetzungen ergingen durch die Landesregierungen aufgrund der von ihnen aufgestellten Richtlinien zum Schutze der Wasserversorgung. Warum sollten dann nicht auch die Länder die Entschädigung zahlen? Dementsprechende Ergänzungen sollten zumindest in den Durchführungsbestimmungen festgelegt werden.

---

[137] Vgl. Schreiben der Hamburger Wasserwerke an ORR *Kohl* vom 27.03.1954.
[138] Vgl. Schreiben des Oberstadtdirektors der Stadt Düsseldorf an die Abwassertechnische Vereinigung e. V. vom 03.04.1954.

Das Referat für Gewerberecht legte am 22.02.1954 einen selbständigen Entwurf für ein Grundwasserschutzgesetz vor, der an die Gewerbeordnung angelehnt war.[139] Der Entwurf ging daher von einem gewerblichen Ansatzpunkt aus. Der Begriff der wasserrechtlichen Bewilligung wurde durch die Genehmigung nach § 16 GewO ersetzt. An die Stelle der „Einwirkung" trat die Errichtung einer Anlage zur Grundwassergewinnung oder zur Einbringung von Stoffen. Zugleich wurde dem Landesgesetzgeber ein größerer Spielraum eingeräumt.
Der Entwurf bestand aus insgesamt 14 Paragraphen, die alle den Entwürfen eines Grundwasserschutzgesetzes vom 07.07. und 14.11.1953 entnommen worden waren und viele Verweise auf Normen der Gewerbeordnung enthielten. Er versetzte damit die Neuregelung aus dem Bereich des Wasserrechts in den Bereich des Gewerberechts.[140] Nach Ansicht von *Wolff* (Referat für Gewerberecht) regelte das Gewerberecht die einzelnen Fragen des Gesetzes ausreichend, so dass eine Verweisung auf das Gewerberecht mehr als sinnvoll erscheine. Des Weiteren sollte die vorgeschlagene Fassung auch föderalistische Einwände beseitigen, da den Landesgesetzgebern ein größerer Spielraum gewährleistet würde. Das Wasserrecht sei seit je die unangefochtene Domäne der Landesgesetzgebung und daher wenig geeignet, den Begriff der Rahmenvorschriften des Art. 75 GG zu überspannen.[141] Regionale Bedürfnisse sollten auch im künftigen Wasserrecht weitgehende Berücksichtigung finden.

ORR *Beck* begrüßte das Engagement des Referates für Gewerberecht und dessen Interesse an Fragen der Wasserwirtschaft und des Wasserrechts, äußerte jedoch Bedenken gegen den Hauptgedanken des Entwurfes. Das Grundwasserrecht könne nicht als Teil des Gewerberechtes angesehen werden, nicht einmal als ein Teil des Wirtschaftsrechts. Das Grundwasserrecht hätte viele Berührungspunkte mit dem Recht der Wirtschaft, aber auch mit anderen Rechtsgebieten.
In der Natur bestehe ein Zusammenhang zwischen Grundwasser und dem oberirdischen Wasser und dieser dürfte auch in der Gesetzgebung nicht ungeachtet bleiben.[142] Das Recht des oberirdischen Wassers könnte auch nicht mit gewerberechtlichen Grundsätzen und Begriffen geregelt werden. Dies müsste aufgrund der Einheit des Wassers auch für das Grundwasserrecht gelten. [143] Aus diesen Gründen müsse der Vorschlag des Referates für Gewerberecht abgelehnt werden.

---

[139] Vgl. Schreiben *Wolff* an ORR *Beck* vom 26.02.1954.
[140] Vgl. Schreiben *Wolff* an ORR *Beck* vom 26.02.1954.
[141] Vgl. Fn. 140.
[142] Vgl. Schreiben des ORR *Beck* an das Referat für Gewerberecht vom 13.03.1954.
[143] Vgl. Fn. 142.

Das Referat für Bergbau (III A) des BWM bemängelte die Vorschriften zugunsten der bergrechtlichen Einwirkungen. Sie wären nur ausreichend im Falle der planmäßigen, also der vorhergesehenen Einwirkungen, wie der Absenkung des Grundwasserspiegels und der Trockenlegung des Deckgebirges.
Für die eher zwangsläufigen und damit unerwünschten Einwirkungen, die beim Zutagefördern des Grubenwassers vorlägen, seien die getroffenen Regelungen nicht befriedigend. Nach § 2 sei das Zutageleiten und Zutagefördern von Grundwasser an sich bereits eine Einwirkung. Danach könne man annehmen, dass das Zutagefördern von Grundwasser eine vorgesehene Einwirkung sei, und der Betriebsplan des Bergwerkes daher der Wasserbehörde zur Genehmigung vorgelegt werden müsse. Dies hielt das Referat jedoch für zu langwierig. Es müsse gesetzlich klargestellt werden, dass eine zwangsläufige Förderung des Grubenwassers keine Einwirkung im Sinne des Gesetzes sei.[144]
Weiterhin erbat das Referat eine Vereinheitlichung der Rechtslage bezüglich des Verfügungsrechtes des Bergwerkbesitzers, da die einzelnen Länder unterschiedliche Regelungen hierzu getroffen hatten. Das Gesetz sollte dem Bergwerksbesitzer allgemein das Verfügungsrecht über die von ihm erschrotenen Grubenwässer belassen.[145]
Letztlich sei es wünschenswert, wenn die Bergbehörde vor wasserrechtlichen Entscheidungen in Bergbaugebieten, besonders bei der Festsetzung von Schutzbereichen, anzuhören sei, ähnlich wie § 69 Abs. 3 Preuß. WG[146] es regelte.
Auch sollte der Schadensersatzanspruch auf den im Schutzbereich gelegenen Bergbauberechtigten ausgedehnt werden.

Die Deutsche Bundesbahn wies noch einmal ausdrücklich darauf hin, dass sie mit der Regelung der Planfeststellungen der Bahn in § 9 noch immer nicht zufrieden sei. Wiederum verlangte sie eine Einfügung der Klausel, dass § 36 BBG unberührt bleibe. Die Bahn drängte auf Erledigung ihrer Einwendungen vor der nächsten Ressortbesprechung.[147]

---

[144] Vgl. Schreiben des Referates für Bergbau an ORR *Beck* vom 10.04.1954.

[145] Vgl. Fn. 144.

[146] **§ 69 Preuß. WG**
„(3) Ist von einem Bergwerksbesitzer ein Antrag auf Verleihung gestellt oder hat ein anderer eine Verleihung in einem Gebiete nachgesucht, in dem Bergbau umgeht, so ist die zuständige Bergbehörde in dem Verfahren zu hören."

[147] Vgl. Schreiben der Bundesbahn-Verbindungsstelle (Aa 20) an ORR *Beck* vom 20.04.1954.

Die Entschädigung

Das Referat für Betriebswirtschaft (II A 1) des BWM erstellte Änderungsvorschläge bezüglich der Entschädigungsvorschriften der §§ 30, 35 und 39. Sie sollten eine wirtschaftlichere und angemessenere Berechnung der Entschädigungshöhe nach betriebswirtschaftlichen Grundsätzen gewährleisten.[148]
Für die Vorschrift des § 35 wies das Referat darauf hin, dass die Beeinträchtigungen der alten Rechte in ihrer wirtschaftlichen Auswirkung vergleichbar seien mit denen der Versagung, Rücknahme oder Beschränkung der wasserrechtlichen Bewilligung. Im Einvernehmen mit ORR *Beck* sollte daher die Fassung des § 35 in Bezug auf den Umfang der Entschädigung dem § 30 angeglichen werden. Auch für den § 39 schlug das Referat eine Angleichung an die Fassung des § 30 vor. Es sollte klargestellt werden, dass die geregelte Entschädigung für eine Schutzbereichsfestsetzung für einen Sonderfall gelte und nur einmalig geleistet werde.
Letztlich wies das Referat noch einmal ausdrücklich darauf hin, dass der Entwurf mit seinen unterschiedlichen Regelungen für eine Entschädigung eine Begünstigung bestimmter Wirtschaftszweige bedeute. Dies sei jedoch mit der marktwirtschaftlichen Konzeption der Wirtschaftspolitik im Allgemeinen nicht vereinbar.[149]

Der BDI schlug vor, in den Entschädigungsregelungen auch die Möglichkeit einer Naturalrestitution nicht auszuschließen. Ebenso sollte ein neuer § 29 a eine Billigkeitsentschädigung für die Nichtverlängerung der Bewilligung ermöglichen. Für die Art der Entschädigungen griff der Verband wieder auf alte Vorschläge früherer Fassungen des Gesetzes zurück, so u. a. die Entschädigung in wiederkehrenden Leistungen.

Die Idee des Ersatzmarktpreises als Wasserzins

Das Referat für Grundsatzfragen der Wirtschaftspolitik und der internationalen wirtschaftlichen Zusammenarbeit (I A) des BWM befasste sich mit der Lösung des Problems der gerechten Grundwasserverteilung. Die Lösung sollte nach wirtschaftlichen Gesichtspunkten erfolgen. Früher stand das Wasser als Gemeingut jedem mehr oder weniger zur Verfügung. Die fortschreitende Wirtschaftsentwicklung habe jedoch zu einer Verknappung des Wassers geführt. Die Bereitstellung des wichtigen Hilfsstoffes Wasser verursachte immer höhere Kosten. Die Verteilung sollte daher so erfolgen, dass die Verwendung des Wassers

[148] Vgl. Stellungnahme des Referates für Betriebswirtschaft vom 12.04.1954.
[149] Vgl. Fn. 148.

den größtmöglichen wirtschaftlichen Nutzen stifte.[150] Dies konnte nach Ansicht des Referates nur durch den Verbraucher selbst und nicht durch die Behörde festgestellt werden. Daher schlug das Referat einen Ersatzmarktpreis für das Grundwasser vor. Richtpunkt für diesen Preis sollte der auf den Grenzkosten beruhende Kubikmeterpreis der öffentlichen Wasserversorgung sein. Für die Entnehmer von Grundwasser bedeutete das, dass sie die gleichen Kosten pro m^3 Wasser aufzuwenden hätten, wie die Abnehmer der Wasserversorgung. Um diese Kosten der Grundwasserentnehmer nicht ungerechtfertigt aufzublähen, müssten für den Kostenanteil örtliche Richtsätze festgelegt werden.[151]
Damit hätte ein Ersatzmarktpreis zur Folge, dass bei stärker beanspruchter Wasserversorgung und steigendem Wasserpreis auch die Grundwasserentnehmer einen höheren Preis zahlen müssten. So würde der Grundwasserverbrauch wirtschaftlich gelenkt. Die Unsicherheit, ob eine weitere Grundwasserentnahme möglich sei, hinge allein von den wirtschaftlichen Gegebenheiten ab, so wie bei anderen Roh- und Hilfsstoffen auch.[152]

Die eingehenden Gelder sollten für die Sicherung der Wasserversorgung verwendet werden.

Zur Idee des Ersatzmarktpreises äußerte sich der BDI ablehnend. Die Neufassung des Entwurfes sollte diese Möglichkeit zweifelsfrei ausschließen.

Die Umsetzung der Vorschläge

Mit Schreiben vom 22.06.1954 schickte ORR *Beck* an alle beteiligten Referate die nun ergangenen Änderungsvorschläge zum Entwurf vom 03.03.1954 mit der Bitte, etwaige Bedenken bis zum 30.06.1954 mitzuteilen.
Beibehalten wurde die Sonderstellung der Deutschen Bundesbahn in § 9 in der von ihr vorgeschlagenen Fassung. Auch die Frist für eine Bewilligung unterlag keinen Änderungen. Ebenso blieb es bei der Entschädigungspflicht der Wasserversorgungsunternehmen und dem Verfahren bei Erdaufschlüssen. Im Folgenden wurde eine Neufassung des Entwurfes eines Grundwasserschutzgesetzes am 01.07.1954 erstellt, der die Änderungen der Referate sowie die von ORR *Beck* vorgeschlagenen Neufassungen aufnahm.

---

[150] Vgl. Stellungnahme des Referates für Betriebswirtschaft vom 13.04.1954.
[151] Vgl. Stellungnahme des Referates für Betriebswirtschaft vom 13.04.1954.
[152] Vgl. Fn. 151.

Die Stellungnahme durch die Bundesvereinigung der kommunalen Spitzenverbände

Zu der Neufassung nahm die Bundesvereinigung der kommunalen Spitzenverbände am 08.07.1954 Stellung. Sie begrüßte in ihrem Schreiben die Bemühungen des BWM, schon vor einer Novellierung des Wasserrechts im Ganzen ein Gesetz zum Schutze des Grundwassers zu schaffen.
Die Vereinigung hielt jedoch eine Ausnahmestellung der Bundesbahn oder des Bergbaus für nicht zweckmäßig. Eine Sonderstellung gefährde ernstlich die bezweckte praktische Auswirkung der Aufsicht über das Grundwasser.[153] Wenn der Bergbau, die Verkehrswirtschaft usw. dem Geltungsbereich des Grundwasserschutzgesetzes entzogen würden, ergebe sich ein Widerspruch zum Grundgedanken des Entwurfes der Berücksichtigung des Gemeinwohls und allgemeiner wasserwirtschaftlicher Belange.[154]
Der Entwurf ließe weiterhin eine Regelung, wie bei Kollisionen verschiedener Interessen an einer Wassernutzung verfahren werden sollte, vermissen. Die Vereinigung schlug daher vor, es ähnlich wie in § 61 des Preußischen Wassergesetzes zu regeln und zuerst die Unternehmungen für das öffentliche Wohl und erst dann diejenigen mit einer mehr wirtschaftlichen Bedeutung zuzulassen.
Ein weiterer Nachteil des Entwurfes liege darin, dass der Vorrang der öffentlichen Wasserversorgung vor jeder anderen Nutzung des Grundwasservorkommens im Entwurf nicht genügend zur Geltung komme. Diesbezüglich wies die Vereinigung darauf hin, dass in § 31 sogar eine Entschädigungspflicht für die Wasserversorgung normiert sei. Darin wäre sogar eine Schlechterstellung der Wasserversorgung zu sehen. Dies sei jedoch nicht zulässig.
Für den Katalog der Einwirkungen in § 2 schlug die Vereinigung eine Erweiterung vor. Danach sollten in § 2 auch die wahrscheinlichen Einwirkungen durch Vorgänge der physikalischen Kernspaltung, Lagerung von Mineralöl oder säurehaltigen Flüssigkeiten aufgenommen werden.
Die Behandlung von Schutzbereichen in einem Grundwasserschutzgesetz hielt die Vereinigung für systematisch richtig.

Im Anschluss erfolgte eine erneute Überarbeitung des Entwurfes unter Berücksichtigung der vorgeschlagenen Änderungen.

---

[153] Vgl. Schreiben der Bundesvereinigung der Kommunalen Spitzenverbände an den BMi für Wirtschaft vom 08.07.1954.
[154] Vgl. Fn. 153.

e) Der Entwurf eines Grundwasserschutzgesetzes vom 10.08.1954

aa) Inhalt und Konzeption (Bewilligung – Alte Rechte – Entschädigung – Schutz des Grundwassers – Erdaufschlüsse – Straf- und Schlussbestimmung)

Der überarbeitete Entwurf vom 10.08.1954 kann als der wichtigste der bisher ausgearbeiteten Gesetzentwürfe angesehen werden. An ihm orientierten sich alle nachfolgenden Entwürfe. Für den neuen Entwurf eines Grundwasserschutzgesetzes wurden erstmalig mehrere Begründungen ausgearbeitet. Diese wichen jedoch kaum voneinander ab.
Die Begründungen sollten die Notwendigkeit und den Inhalt der einzelnen Vorschriften klären.[155] So wurde darauf hingewiesen, dass ein erheblicher Teil des Wasserbedarfs in Deutschland aus dem Grundwasser gedeckt würde. Daraus ergebe sich die Notwendigkeit, dass der Schutz des Grundwassers vorweg in einem Teilgesetz geregelt werden müsse.[156] Trotzdem wurde klargestellt, dass ein wasserrechtliches Bundesrahmengesetz noch erforderlich sei, da Wasser durch das gesamte Bundesgebiet fließe.
Die Erhebung eines Entgeltes für die Grundwassernutzung (Wasserzins) wurde in der Begründung wegen Verstoßes gegen Art. 14 und 15 GG abgelehnt. Damit wurde dem Vorschlag des Referates für Betriebswirtschaft endgültig eine Absage erteilt.
Der Entwurf eines Grundwasserschutzgesetzes sollte so konzipiert sein, dass er sich ohne Probleme in ein umfassendes Bundesrahmengesetz einfügen lasse.
So ließ er die bestehenden Eigentumsverhältnisse und privatrechtlichen Verfügungsbefugnisse am Grundwasser unberührt.[157]

Die Bewilligung

Das Hauptmittel zum Schutze des Grundwassers war weiterhin die wasserrechtliche Bewilligung. Sie sollte den unkontrollierten Zugang zum Grundwasser verhindern.
Das korrespondierende Kernstück des Entwurfes eines Grundwasserschutzgesetzes lag in § 5, welcher den Gesetzeszweck sicherstellen sollte.

> „Für eine Einwirkung auf das Grundwasser ist, soweit nicht die §§ 6, 8 Abs. 1, 9 oder 10 oder landesrechtliche Vorschriften nach § 7 Nr. 2 oder § 8 Abs. 2 etwas anderes bestimmen, eine wasserrechtliche Bewilligung erforderlich."

---

[155] Vgl. Einleitung zu Begründung I zum Entwurf vom 10.08.1954.
[156] Vgl. Einleitung zu Begründung I zum Entwurf vom 10.08.1954.
[157] Vgl. Begründung I zu § 19 zum Entwurf vom 10.08.1954.

Die Vorschrift verdeutlichte damit die soziale Bindung des Eigentums am Grundstück, die alle Grundstückseigentümer mithin gleichmäßig traf.[158] Der Begriff der Bewilligung war dabei nicht neu. Er stammte aus der reichsrechtlichen Wasserrechtsnorm des § 1 der Verordnung über Vereinfachung im Wasser- und Wasserverbandsrecht.[159] Die Bewilligung beinhaltete eine öffentlich-rechtliche Befugnis zur Einwirkung auf das Grundwasser. Privatrechtliche Beziehungen sollten durch sie weder begründet noch betroffen werden. Damit griff der Entwurf die Bedenken des Referats III 4 des BMJ nicht auf und beließ es bei nur einer Form des Sondergebrauchs, wobei auch weiterhin ein Gemeingebrauch nicht im Entwurf enthalten war. Als Nutzungsbefugnisse waren nach dem Entwurf nur die bewilligungsfreien Einwirkungen und diejenigen, die einer Bewilligung bedürfen, vorgesehen. Unterschieden wurde nur nach Art der Einwirkung, ob sie bewilligungsfrei war oder einer widerruflichen oder befristeten Bewilligung bedurfte. Die widerrufliche Bewilligung war dabei nur die Ausnahme zur Regel der befristeten Bewilligung. Sie sollte nur bei unbedeutenden oder vorübergehenden Einwirkungen erteilt werden und den Vorbehalt von Auflagen vermeiden.[160]
§ 6 enthielt die bewilligungsfreien Einwirkungen, die erfahrungsgemäß nicht geeignet waren, das Grundwasser zu beeinflussen. Dies sollte besonders für Einwirkungen zu einem vorübergehenden Zweck, für den Haushalt oder für die Landwirtschaft gelten. Privatrechtliche Vereinbarungen über Nutzungsbefugnisse sowie allgemeine nachbarrechtliche Bestimmungen blieben durch § 6 unberührt.
Die Regelung des § 7 über die landesrechtlichen Ergänzungen unterstrich den Rahmencharakter des Gesetzes. Der Bundesgesetzgeber konnte nicht alle örtlich sehr verschiedenen Grundwasserverhältnisse gleichmäßig festlegen. Daher mussten die Länder die Möglichkeit bekommen, ihren Wasserhaushalt selbst zu beurteilen und danach Richtlinien des Entwurfes entsprechend zu verschärfen oder zu mildern.[161]

Um die Ungleichheiten in den einzelnen Rechtsgebieten auszugleichen und das bestehende Recht an den Schutzgedanken des Entwurfes anzupassen, wurde § 10 in das Gesetz aufgenommen. Mehrere Wassergesetze gaben den Grundstückeigentümern sehr weitgehende Befugnisse zur Nutzung des Grundwassers, welche nicht durch die Wasserbehörde beschränkt werden konnten. Die einzigen Beschränkungen waren solche nachbarrechtlicher Art. Besonders im preußischen Rechtsgebiet fehlte es an Beschränkungsmöglichkeiten für die Grundwas-

[158] Vgl. Einleitung zu Begründung I zu § 5 zum Entwurf vom 10.08.1954.
[159] Reichsgesetzblatt 1945 Teil I, S. 29.
[160] Vgl. Begründung I zu § 22 zum Entwurf vom 10.08.1954.
[161] Vgl. Begründung III zu § 7 zum Entwurf vom 10.08.1954.

sernutzungen der Grundstückseigentümer. Solche Eigentümernutzungen machten den Großteil der Grundwassernutzungen aus. Diese fast freie Nutzungsbefugnis lief jedoch dem vom Gesetz beabsichtigten Schutze des Grundwassers zuwider. Das eingeführte Erfordernis einer wasserrechtlichen Bewilligung sollte die Grundwassernutzungen unter die behördliche Kontrolle bringen. Die Bewilligung sollte auch für Einwirkungen gelten, die bei Verkündung des Gesetzes ausgeübt wurden. Die Anpassung der bereits bestehenden Einwirkungen an das Gesetz sollte innerhalb von zwei Jahren nach dem Inkrafttreten erfolgen. Bis dahin mussten die einzelnen Betroffenen eine Bewilligung beantragt haben, um ihre Einwirkung fortsetzen zu können. Diese Anmeldepflicht verschaffe der Behörde einen Überblick über die vorhandenen Einwirkungen.[162]
§ 12 umriss den Inhalt der wasserrechtlichen Bewilligung und begrenzte damit die vorgesehene Einwirkung genau. Somit sollten „Vorratsbewilligungen" ausgeschlossen werden. Enthalten war zudem die Legaldefinition des Unternehmensbegriffes, die schon in früheren Entwürfen verwendet wurde.[163]
An der Befristung der wasserrechtlichen Bewilligung wurde trotz der vielen Bedenken festgehalten. Die Befristung und der jederzeitige Widerruf einer wasserrechtlichen Bewilligung in § 13 sollten der nur schwer voraussehbaren Entwicklung des Wasserhaushaltes gerecht werden. Bei der Festsetzung der Frist sollten jedoch zwei Dinge zu berücksichtigen sein: das Gemeinwohl und die Wirtschaftlichkeit des Unternehmens.[164]

Die Regelung des Verfahrens beschränkte sich auf den aus rechtsstaatlichen Gesichtspunkten unbedingt notwendigen Rahmen für das landesrechtlich zu regelnde Verfahren bei Erteilung der Bewilligung. Zu beachten war jedoch die durch Art. 89 Abs. 2 Satz 1 GG dem Bund übertragene Kompetenz zur Verwaltung der Bundeswasserstraßen. Demnach müsste zumindest bei Bewilligungsverfahren, die eine Bundeswasserstraße betreffen, das Einvernehmen der für die Bundeswasserstraßen zuständigen Behörde herbeigeführt werden.[165]

Der Schutzgedanke des Gesetzes konnte jedoch nur dann erreicht werden, wenn die zuständige Behörde die Bewilligung beschränken, befristen und diese Einschränkungen auch überwachen könne.
Um die fortschreitende Entwicklung der Wasserwirtschaft zu berücksichtigen, wurde bei langfristigen Bewilligungen eine nachträgliche Einschränkung oder Rücknahme der Bewilligung ermöglicht. Da diese nachträgliche Beschränkung einen größeren Eingriff darstellte, waren schärfere Anforderungen an sie zu stel-

---

[162] Vgl. Begründung II zu § 10 zum Entwurf vom 10.08.1954.
[163] Vgl. Begründung I zu § 12 zum Entwurf vom 10.08.1954.
[164] Vgl. Begründung I zu § 13 zum Entwurf vom 10.08.1954.
[165] Vgl. Begründung I zu § 23 zum Entwurf vom 10.08.1954.

len, als im Bewilligungsverfahren. Deshalb musste eine „erhebliche Beeinträchtigung“ des Wasserhaushaltes für einen solchen Eingriff vorliegen. Der Katalog der Rücknahmegründe war an § 85 Preußisches Wassergesetz[166] angelehnt.

Die alten Rechte

Die Norm des § 8 spiegelte die Vielzahl landesgesetzlicher Regelungen über das Wasser wider.[167] Durch sie wurde klargestellt, dass ein Wegfall der alten Rechte nach Inkrafttreten des Gesetzes einer Enteignung gleichkäme. Deshalb musste eine Übergangsregelung geschaffen werden, die ein Weiterbestehen der alten Rechte ermöglichte.[168] Alte Rechte im Sinne des § 8 sollten jedoch nur solche sein, die entweder auf Grund eines besonderen Verfahrens erteilt worden waren oder die einen besonderen Rechtstitel darstellten. Da ein besonderes Verfahren nur in Bayern und den ehemaligen Gebieten Preußens und Badens existierte, war der Erwerb von Rechten am Grundwasser in anderen Rechtsgebieten nur aufgrund eines besonderen Titels möglich. Einige Länder hatten lediglich Erlaubnisse für Einwirkungen erteilt. Hierbei sollte es jedoch dem Landesgesetzgeber überlassen bleiben, darüber zu entscheiden, ob die Erlaubnisse als alte Rechte eingestuft werden sollten. Die Eintragung der alten Rechte und Befug-

---

[166] **§ 85 Preuß WG:**

„(1) Ohne Entschädigung kann die Verleihung durch Beschluss der Verleihungsbehörde auf Antrag der Wasserpolizeibehörde zurückgenommen werden:

1. wenn die Verleihung auf Grund von Nachweisungen, die in wesentlichen Punkten unrichtig sind, erteilt ist und dargetan wird, dass deren Unrichtigkeit dem Unternehmer bekannt war, und wenn durch die Verleihung überwiegende Nachteile oder Gefahren für das öffentliche Wohl herbeigeführt sind; dem gutgläubigen Erwerber und dessen Nachfolgern gegenüber greift diese Vorschrift nicht Platz;
2. wenn der Unternehmer die Ausübung des verliehenen Rechtes aufgibt, namentlich die auf Grund dieses Rechtes errichteten Anlagen entfernt oder eingehen lässt;
3. wenn das verliehene Recht für das Unternehmen unbrauchbar oder überflüssig geworden ist;
4. wenn der Unternehmer trotz Aufforderung der Wasserpolizeibehörde die ihm auferlegten Bedingungen in wesentlichen Punkten wiederholt nicht erfüllt oder die ihm für die Ausführung oder Inbetriebsetzung des Unternehmens gesetzten Fristen nicht innehält.

(2) …

(3) …

(4) Wird die Verleihung zurückgenommen, so kann die Wasserpolizeibehörde den Unternehmer anhalten, ohne Anspruch auf Entschädigung geeignete Vorkehrungen gegen nachteilige Folgen der Anlagen zu treffen oder die Anlagen gänzlich zu beseitigen und den früheren Zustand wiederherzustellen.

[167] Vgl. Begründung III zu § 8 zum Entwurf vom 10.08.1954.

[168] Vgl. Begründung I zu § 8 zum Entwurf vom 10.08.1954.

nisse in das Wasserbuch sollte der Wasserbehörde einen Überblick über die bestehenden Rechte verschaffen.[169]
Grundsätzlich sollten die alten Rechte in altem Umfang und bisherigem Inhalt fortgelten. § 31 beinhaltete eine genaue Festsetzung dieser Rechte, um der Behörde die Kontrolle über die Einwirkungen zu erleichtern. Diese Festsetzungen waren notwendig, um die alten Rechte den neuen Erfordernissen anzupassen.[170]
Nur § 32 enthielt einen stärkeren Eingriff in alte Rechte, wenn es sich um Einwirkungen, wie das Einbringen und Einleiten von Stoffen handelte. In diesem Falle sollten auch Beschränkungen durch Auflagen möglich sein.[171]

Die Entschädigung

Die Festsetzung der Entschädigung nach § 21 sollte das Verhältnis zwischen Unternehmer und Betroffenen gleich im Bewilligungsverfahren klären. Deshalb hatte die zuständige Behörde vor Erteilung der Bewilligung festzustellen, welche nicht ausgleichbaren und nicht verhütbaren nachteiligen Wirkungen für einen Betroffenen entstehen und gleichzeitig eine Entschädigung festsetzen.
Da die Festsetzung einer Entschädigung nur erfolgen sollte, wenn der Betroffene Widerspruch erhoben hatte, stellte sich die Frage, wie die Entschädigung in den Rechtsgebieten geregelt werden sollte, wo in den Gesetzen kein Widerspruch vorgesehen war. In den betroffenen Gebieten sollten daher die Schadensersatz- und Unterlassungsansprüche der allgemeinen Vorschriften des bürgerlichen Rechts wieder Anwendung finden. Dies widersprach nicht dem Grundsatz, nach dem der Entschädigungsanspruch nach § 21 Abs. 1 die Geltendmachung von bürgerlich-rechtlichen Schadensersatz- und Unterlassungsansprüchen ausschloss, da dieser nicht die Ansprüche wegen Besitz- und Eigentumsstörungen erfasste.[172]

Der § 29 enthielt Richtlinien zur Berechnung der Höhe der Entschädigung. Er enthielt keine Entschädigung für den Wegfall von Nutzungsmöglichkeiten (potentielle Nutzung). Es wurde jedoch die Möglichkeit eingeräumt, über die Minderung des Ertragswertes hinaus Härten zu vermeiden. Weiterhin enthielt er eine Anpassung der alten Rechte an diese Norm.[173] Die Entschädigung in § 34 war demgegenüber notwendige Folge der Festsetzung und Befristung eines bis dahin inhaltlich und zeitlich unbegrenzten alten Rechts. Ein solcher Eingriff

---

[169] Vgl. Begründung II zu § 8 zum Entwurf vom 10.08.1954.
[170] Vgl. Begründung III zu § 31 zum Entwurf vom 10.08.1954.
[171] Vgl. Begründung I zu § 32 zum Entwurf vom 10.08.1954.
[172] Vgl. Begründung I zu § 21 zum Entwurf vom 10.08.1954.
[173] Vgl. Begründung I zu § 29 zum Entwurf vom 10.08.1954.

konnte einer beschränkten Enteignung des Inhabers eines alten Rechts gleichkommen.[174]

Die Entschädigung im Rahmen der Schutzbereichsfestsetzung in § 38 unterlag heftiger Kritik. Da eine Schutzbereichsfestsetzung von den Betroffenen ein Opfer für die Allgemeinheit abverlangen würde, war die Regelung einer Entschädigung unumgänglich. Umstritten war hierbei der Entschädigungsverpflichtete. Trotz der wiederholten Kritik mehrerer Beteiligter benannte der Entwurf die Unternehmer der Wassergewinnung als Entschädigungsverpflichtete. Jedoch sollten auch hier keine Nutzungsmöglichkeiten ersetzt werden, es sei denn, es würde sich um die Gewinnung von Bodenbestandteilen und Mineralien handeln. Für eine Entschädigung mussten diese entgangenen Nutzungsmöglichkeiten glaubhaft gemacht werden. Für die Ermittlung der Höhe der Entschädigung sollten alle betroffenen Interessen gerecht gegeneinander abgewogen werden. Alle diese Fälle waren eine echte Enteignungsentschädigung, für die der ordentliche Rechtsweg galt.[175]

Der Schutz des Grundwassers

Die Schutzbereichsregelung des § 36 war oft Gegenstand der Kritik der beteiligten Referate und Verbände gewesen. Trotzdem ließ der Entwurf lediglich den Schutz zugunsten von Wasserversorgungsunternehmen zu. Für den Schutz weiterer Wirtschaftszweige sah das BWM keinen Anlass. Sollten andere Wirtschaftszweige betroffen sein, könnten diese sich das Grundwasser auf andere Weise als durch Festlegung eines Schutzbereiches sichern, etwa durch Kauf der entsprechenden Grundstücke. Lediglich zeitlich ältere Rechte sollten einer Schutzbereichsfestsetzung vorgehen.[176] Die Festlegung von Schutzbereichen nach § 36 musste jedoch dem Grundsatz der Verhältnismäßigkeit unterliegen, daher sollte das Verbot einer bestimmten Handlung im Hinblick auf die Zweckbestimmung des Schutzbereiches gerechtfertigt sein.[177]

Aufgrund des wichtigen Eingriffs in private Rechte durch eine Schutzbereichsfestsetzung war ein förmliches Verfahren durch § 37 festgelegt, in dem alle Beteiligten gehört werden müssen. Ebenso musste die Notwendigkeit eines Schutzbereiches regelmäßig überprüft werden. Nur solange es notwendig war, durfte eine Schutzbereichsfestsetzung gültig sein.[178]

---

[174] Vgl. Begründung I zu § 34 zum Entwurf vom 10.08.1954.
[175] Vgl. Begründung I zu § 38 zum Entwurf vom 10.08.1954.
[176] Vgl. Begründung I zu § 36 zum Entwurf vom 10.08.1954.
[177] Vgl. Begründung II zu § 36 zum Entwurf vom 10.08.1954.
[178] Vgl. Begründung III zu § 37 zum Entwurf vom 10.08.1954.

Die Erdaufschlüsse

Der § 39 über Erdaufschlüsse sollte auch die mittelbaren Einwirkungen auf das Grundwasser in das Blickfeld der Behörde bringen.
Die sich aus § 39 ergebende Entschädigungspflicht bei Untersagung der Erdarbeiten beruhte auf den gleichen Gründen wie bei der Festsetzung der Schutzbereiche.[179]
Die Regelung des § 42 über Quellen und Grundwasseraustritte diente der Sicherung des Schutzzweckes des Gesetzes. In einigen Gebieten galten die Vorschriften über Wasserläufe erst, wenn das Quellwasser das Quellgrundstück verließ. Danach hatte der Grundstückseigentümer die volle Verfügungsgewalt über das Quellwasser. Diese Vorschriften widersprachen damit dem Schutzgedanken des Entwurfes über ein Grundwasserschutzgesetz. Dementsprechend sah § 42 des Entwurfes vor, dass Landesgesetze diese Divergenzen auszugleichen hatten.[180]

Die Straf- und Schlussbestimmungen

Die Strafbestimmungen waren notwendig, um das Grundwasserschutzgesetz wirksam werden zu lassen. Die Vorschrift des § 44 über den Verrat von Betriebsgeheimnissen war den §§ 145 GewO und 377 Preußisches Wassergesetz nachgebildet.
Die Schlussbestimmungen des Entwurfes waren die gesetzlich üblichen Klauseln. Der § 48 über das Inkrafttreten sollte dahingehend ausgefüllt werden, dass das Gesetz mit Rücksicht auf die Fristen in den §§ 8 und 10 an einem Quartalsersten in Kraft trete.[181]

bb) Änderungen und einzelne Probleme des Entwurfs

Nach der Fertigstellung des umfassenden Entwurfes vom 10.08.1954 wurde dessen Fassung nebst Begründung wiederum an alle beteiligten Ministerien und die Mitglieder des IMA mit der Bitte um Stellungnahme geschickt.

(1) Die Ressortbesprechungen im BWM

Am 14.09. und 29.09.1954 fanden im BWM Ressortbesprechungen über den überarbeiteten Entwurf eines Grundwasserschutzgesetzes statt.

---

[179] Vgl. Begründung I zu § 39 zum Entwurf vom 10.08.1954.
[180] Vgl. Begründung I zu § 42 zum Entwurf vom 10.08.1954.
[181] Vgl. Begründung III zu § 48 zum Entwurf vom 10.08.1954.

An ihr nahmen Vertreter des BELF, BMI, BWM, BMJ, BMV[182] sowie Prof. *Dr. Gieseke* teil.
Ein Streitpunkt war das uferfiltrierte Wasser. In welche Gesetzesmaterie sollte es eingebunden werden? Nach Ansicht MR *Kumpfs* (BWM) gehörte uferfiltriertes Wasser unweigerlich zum Grundwasser und damit in das Grundwasserschutzgesetz. Dagegen sprach sich MD *Dr. Niehuß* (BMV) aus, Uferfiltration gehöre teilweise in den Zuständigkeitsbereich der Bundeswasserstraßenverwaltung und damit in den Entwurf des BMV.

(a) Eigentum an Gewässern

Das BMJ wies noch einmal auf das Problem des Eigentums am Wasser hin. Nach vielen Landesgesetzen bedeutete Grundstückseigentum auch Eigentum an dem auf dem Grundstück befindlichen Wasser. Auch in Art. 65 EGBGB sei geregelt, dass die landesrechtlichen Vorschriften, welche dem Wasserrecht angehören, unberührt blieben. Das Ministerium warf daher die Frage auf, ob man in dem Gesetzentwurf so weit gehen müsse, dass Grundstückseigentum kein Eigentumsrecht am Wasser bedeute. Es könnte möglicherweise ausreichen, wenn die bisherigen Regelungen mit Einschränkungen versehen würden. Das BMJ erklärte sich darüber hinaus mit dem Begriff der „Bewilligung" einverstanden, kritisierte jedoch, dass der Grundstückseigentümer keinen Vorrang vor anderen Interessenten hätte. Weiterhin machte es verfassungsrechtliche Bedenken bezüglich der Einschränkungen des Eigentumsrechtes am Wasser geltend. Es erscheine mit Blick auf Art. 19 Abs. 2 GG fraglich, ob die Einschränkungen des Gesetzentwurfes nicht die Eigentumsgarantie in ihrem Wesensgehalt antasteten. Des Weiteren bestanden Bedenken gegen eine Befristung der alten Rechte ohne Zahlung einer Entschädigung.[183]
Das BWM erklärte hierzu, dass der neue Grundsatz des Gesetzentwurfes lediglich eine Vorkontrolle für die Eigentümer bedeute. Die wirtschaftliche Verfügung des Eigentümers sei durch das Gesetz nicht ausgeschlossen. Jedoch müsse das Grundwasser zur „öffentlichen Sache" erklärt werden. Die öffentlich- rechtliche Beschränkung des Eigentums sei bereits aus dem Bau- und Leistungsrecht bekannt. Weiterhin müsse die Notwendigkeit neuer Bestimmungen auf dem Gebiete des Wasserrechts mehr herausgestellt werden. Dazu sollte die Begründung ausführlicher auf das Fehlen von Grundwasserbestimmungen und den Mangel an wasserpolizeilichen Möglichkeiten im Wasserrecht hinweisen. Als zweiter Punkt wurde die wichtige und sehr umstrittene Frage des Eigentums am Grund-

---

[182] MD Dr. *Niehuß*, BMV; MR Dr. *Witzel*; BELF; ORR *Beck*, BWM; *Eschke*; MR Dr. *Schultheiß* BMI; *von Buddenbrock*; *Frank*; MR *Kumpf*, BWM; *Rocholl*; MR *Lechner*, BELF; *Münch* BMJ.
[183] Vgl. Notizen über Ressortbesprechung vom 14.09.1954.

wasser besprochen. ORR *Beck* (BWM) führte hierzu aus, dass in § 5 des Entwurfes ein Zusatz eingefügt werde, der ausdrücklich klarstelle, dass die privatrechtlichen Beziehungen in Bezug auf das Grundwasser durch den Gesetzentwurf nicht berührt werden.[184]

(b) Bewilligung

Als wichtiger Punkt der Tagesordnung wurde die Terminologie des Entwurfes noch einmal diskutiert.[185] Erstmalig wurde dabei über die Art der Regelung des Sondergebrauches und über einen Gemeingebrauch gesprochen. ORR *Beck* (BWM) führte aus, dass der Begriff der „wasserrechtlichen Bewilligung" eine Verwechslung mit den Bezeichnungen in den Ländergesetzen vermeiden sollte. Grundsätzlich wurde dem zugestimmt, jedoch sollte eine Dreiteilung der wasserrechtlichen Begriffe vorgenommen werden.[186] Es sei ratsam, vor der Wahl der genauen Bezeichnung erst den Inhalt der Rechte festzulegen. Für die genaue Bezeichnung der einzelnen Rechte wurden die Begriffe Gemeingebrauch, Gestattung[187] und wasserrechtliche Bewilligung[188] vorgeschlagen. Diesem Vorschlag wurde teilweise zugestimmt. Prof. *Dr. Gieseke* sprach sich jedoch gegen eine Dreiteilung der Benutzungsbefugnisse aus. Seiner Meinung nach sei die wasserrechtliche Bewilligung allein ausreichend.
Danach entspann sich eine längere Debatte über die Notwendigkeit der Teilung der Benutzungsbefugnisse. Hierbei wurde die Frage gestellt, ob das Grundwasserschutzgesetz den Begriff „Gemeingebrauch" überhaupt zulasse. Nach Ansicht von ORR *Beck* (BWM) und Prof. *Dr. Gieseke* gab es keinen Gemeingebrauch am Grundwasser, so dass lediglich eine Zweiteilung in Frage kam. Die Teilnehmer einigten sich daher, über einen zweiten Begriff wie „Zulassung" oder „Unbedenklichkeitserklärung" nachzudenken und diesen möglicherweise neben den Begriff der „wasserrechtlichen Bewilligung" zu stellen. Das sollte jedoch noch einmal intern in den drei beteiligten Ministerien besprochen werden.
In Bezug auf die inhaltliche Festlegung der Bewilligung wurde die Frage aufgeworfen, ob sie mit dem Grundeigentum verknüpft wäre. Dies wurde unter Hinweis auf die Regelung im Preußischen Wassergesetz einvernehmlich verneint. ORR *Beck* (BWM) regte deshalb an, den Wortlaut von „auf einem bestimmten Grundstück" in „an einer bestimmten Stelle" abzuändern. Kritik wurde auch wieder bezüglich der Befristung der Bewilligung auf höchstens 30 Jahre

---

[184] Vgl. Notizen über Ressortbesprechung vom 14.09.1954.
[185] Vgl. TOP 1 der Ressortbesprechung am 29.09.1954.
[186] Vorschlag von MD Dr. *Niehuß*, vgl. Kurzprotokoll vom 05.10.1954.
[187] Sollte polizeiliche Erlaubnis, die ohne Rechtsgewähr jederzeit widerruflich sei, bezeichnen.
[188] Sollte ein subjektiv-öffentliches Recht, das nur gegen Entschädigung widerruflich sei, bezeichnen.

geäußert. Diese Befristung wäre mit Rücksicht auf die Rendite vieler Betriebe zu kurz.

Durch das BMV wurde ein Wasserzins, entgegen dem Grundsatz in § 19, welcher ein Entgelt verbot, befürwortet.[189] Wichtig dabei sei die psychologische Wirkung, wenn die gegebenen Bewilligungen nicht ausgenutzt würden. Hierzu gab es Parallelen in der Patentgesetzgebung. Über die Möglichkeit eines Wasserzinses wurde daraufhin debattiert. Letztlich wurde vorgeschlagen, den § 19, der die Auferlegung verbot, zu streichen.

(c) Enteignung und Entschädigung

Ein weiteres Diskussionsthema stellte die Frage der Enteignung und Entschädigung dar. Zwischen den Teilnehmern war umstritten, ob der Gesetzentwurf überhaupt Enteignungstatbestände enthalte. Teilweise wurde das Vorliegen einer Enteignung im Hinblick auf Art. 14 GG bejaht.[190] Andere waren der Auffassung, dass die Klassifizierung der Eingriffe im Grundwasserschutzgesetz als Enteignung für eine Entschädigung unwichtig sei.[191] Die Frage, ob es sich um eine Enteignung handele, sei lediglich für das Verfahren relevant.
Abschließend wurde durch MD *Dr. Niehuß* (BMV) festgestellt, dass die Vorschriften des Gesetzentwurfes jedenfalls keinen Verstoß gegen das Grundgesetz darstellten, unabhängig davon, als was die Eingriffe zu klassifizieren seien.[192]

(d) Der umstrittene § 21 Abs. 3 des Entwurfes eines Grundwasserschutzgesetzes

Die Regelung des § 21 Abs. 3 über den Ausschluss von Schadensersatz- und Unterlassungsansprüchen unterlag eingehender Diskussion. Gegen § 21 Abs. 3 bestanden keine grundsätzlichen Bedenken von Seiten des BMJ, wohingegen dem BMV[193] die Regelung zu weit ging.
Dafür sprachen sich jedoch ORR *Beck* und Prof. *Dr. Gieseke* aus. Die Interessen der Betroffenen würden genügend durch nachträgliche Auflagen und die Entschädigungsregelungen der §§ 20 Abs. 4 und 21 Abs. 1 gewahrt. Die Verfahrensregeln sollten dabei den Ländern überlassen werden.

---

[189] Vgl. Äußerung MD Dr. *Niehuß*, vgl. Notizen über Ressortbesprechung vom 14.09.1954.
[190] Vgl. Meinungen des MR Dr. *Schultheiß* und *Loos* im Kurzprotokoll vom 05.10.1954.
[191] Vgl. Meinungen des MD Dr. *Niehuß* und *Wolff* im Kurzprotokoll vom 05.10.1954.
[192] Vgl. Kurzprotokoll zur Sitzung vom 29.09.1954, v. 05.10.1954, S. 6.
[193] Vgl. Äußerung des MD Dr. *Niehuß*, Protokoll der Besprechung vom 29.09.1954.

(2) Ausschluss von Schadensersatz- und Unterlassungsansprüchen durch § 21 Abs. 3 GWSG

Das Referat für Sachenrecht, Grundbuchrecht u.a. (I 3) des BMJ befasste sich im Auftrag des BWM in seinem Vermerk vom 30.09.1954 mit dem umstrittenen Thema des Ausschlusses zivilrechtlicher Abwehransprüche durch wasserrechtliche Bewilligungen.
In seinem Gutachten stellte es zunächst die einzelnen zivilrechtlichen Ansprüche einander gegenüber, mit dem Ergebnis, dass die Regelung des § 21 Abs. 3 des Entwurfes in diese Rechte eingriff.
Das Referat prüfte daher die Zweckmäßigkeit der Vorschrift. Dazu verglich es die durch § 21 Abs. 3 geregelte Situation mit bereits bestehendem Recht. Der Ausschluss von Rechten Dritter durch eine obrigkeitliche Gestattung war in verschiedenen Rechtsgebieten unterschiedlich geregelt. Ein Grundsatz, dass eine obrigkeitliche Gestattung stets ermögliche, in die Abwehransprüche Dritter einzugreifen, bestand jedoch nicht.

Grundsätzlich war davon auszugehen, dass eine obrigkeitliche Gestattung nicht in die Rechte Dritte eingreife.[194] Bei einigen Gesetzen wurden die Abwehransprüche Dritter insofern berührt, als sie im Gestattungsverfahren angemeldet werden mussten, um erhalten zu bleiben.[195]
Teilweise wurde in den Gesetzen auch angeordnet, dass bestimmte zivilrechtliche Abwehransprüche durch die Gestattung ausgeschlossen wurden,[196] wohingegen andere Abwehr- und Schadensersatzansprüche nicht berührt wurden.
Gelegentlich waren durch die obrigkeitliche Gestattung privatrechtliche Abwehr- und Entschädigungsansprüche grundsätzlich ausgeschlossen.[197]
Das Referat erarbeitete mehrere Möglichkeiten für eine Fassung des § 21 Abs. 3. Hierbei wurden folgende Ansätze in Betracht gezogen:

a) Die Behörde dürfe beeinträchtigende Betätigungen nicht gestatten, wenn Dritte privatrechtlich die Unterlassung hätten verlangen können oder sie müsste Schutzvorkehrungen treffen, die auch der Dritte hätte verlangen können.
b) Die Behörde müsse unter Abwägung der Interessen der Allgemeinheit, des Antragstellers und des Dritten entscheiden, ob und unter welchen Auflagen die Betätigung gestattet werden solle.

---

194 Wie z.B. bei der Baugenehmigung des preuß. Rechts, für bayerisches Recht vgl. VG *München* NJW 1954, 1216 (1216).
195 Vgl. § 17 GewO; §§ 82 iVm. 66, 67 Preuß. WG.
196 Z.B. Bestimmung der ausgeschlossenen Ansprüche nach ihrer Rechtsgrundlage: § 82 iVm § 70 Abs. 2 Preuß. WG oder § 19 GewO; Bestimmung der ausgeschlossenen Ansprüche nach dem Inhalt des Anspruches: § 26 GewO; Art. 125 EGBGB; § 17 Abs. 6 BundesfernstraßenG.
197 Vgl. Reichsgesetz vom 13.12.1933 (RGBl. I S. 1058).

c) Der Betroffene solle einen vom Verschulden unabhängigen privatrechtlichen Entschädigungsanspruch erhalten.[198]
d) Der Betroffene solle einen öffentlich-rechtlichen Entschädigungsanspruch erhalten, über den die Behörde unter Vorbehalt gerichtlicher Entscheidung befinde.[199]
e) Der Betroffene solle eine Billigkeitsentschädigung ohne Rechtsanspruch erhalten.[200]
f) Wenn gesetzlich keine Schadloshaltung geregelt war, gewährte die Rechtsprechung in entsprechender Anwendung des § 75 der Einleitung des Allgemeinen Landrechts den Betroffenen gegen den Begünstigten einen Entschädigungsanspruch, der unmittelbar im Rechtsweg verfolgt werden konnte.[201]

Nach diesen Grundsätzen musste auch die Regelung des § 21 Abs. 3 aufgebaut sein. Zunächst war zu entscheiden, ob zivilrechtliche Ansprüche überhaupt ausgeschlossen werden sollten. Dann musste entschieden werden, welche Abwehransprüche ausgeschlossen werden. Als letztes war zu klären, in welcher Weise die Einschränkung erfolgen sollte und wie die Betroffenen schadlos gehalten werden.[202]
Dem Vermerk des Referates war zu entnehmen, dass der Ausschluss von Abwehransprüchen Dritter bei öffentlich-rechtlichen Gestattungen nichts Neues war. Ein Eingriff in Abwehrrechte war somit möglich. Die Regelung des § 21 Abs. 3 musste sich lediglich im Rahmen der aufgezeigten Möglichkeiten halten. Da die bestehende Fassung des § 21 Abs. 3 den Ausschluss von Ansprüchen auf Unterlassung und Schadensersatz aus dem bürgerlichen Recht beinhaltete, war dessen Formulierung genau zu überdenken und die Einlassungen der anderen Fachressorts zu beachten. Die Vorschrift gehörte dementsprechend zu einer der umstrittensten Regelungen des Entwurfes.

(3) Die vorgenommenen Änderungen

Aus dem Anwendungsbereich des Gesetzes in § 1 wurde das aus einem oberirdischen Gewässer infiltrierte Wasser wieder herausgenommen. Aufgrund der Diskussion über die Eigentumsproblematik war, wie von ORR *Beck* angekündigt, in § 5 ein neuer Absatz 2 hinzugefügt worden, der noch einmal klarstellte, dass privatrechtliche Beziehungen nicht berührt werden.

Als Ergebnis der Debatte über die Teilung der wasserrechtlichen Nutzungsbefugnisse sollte nunmehr eine Unbedenklichkeitserklärung in § 7a eingefügt wer-

---

198 Wie z.B. in § 26 GewO; § 148 Preuß. BergG.
199 Wie z.B. in § 72 Nr. 8; § 76 Preuß. WG.
200 Wie z.B. im Nachbargesetz von 1933 und 1935.
201 RG 155, 316 (319); 167, 14 (28).
202 Vgl. Vermerk des Referates I 3 durch den Referenten MR *Dr. von Spreckelsen* vom 30.09.1954.

den. Damit wurde eine Zweiteilung der Rechtsbegriffe in den Entwurf übernommen. Die Unbedenklichkeitserklärung sollte für unbedeutende oder vorübergehende Einwirkungen auf das Grundwasser erteilt werden. Damit wurde die widerrufliche Bewilligung durch die Unbedenklichkeitserklärung ersetzt. Weiterhin sollte das Antragserfordernis vor Erteilung der Bewilligung wieder gestrichen werden. Lediglich die Versagungsgründe waren aufrechterhalten worden. Auch § 19, der die Auferlegung eines Entgelts verbot, war gestrichen worden. Für den umstrittenen § 21 Abs. 3 wurde der Hinweis auf die gesetzlichen Entschädigungsregelungen und die Pflicht des Betroffenen zum Widerspruch hinzugefügt. In einem neuen Absatz wurde eingefügt, dass gegen die Entscheidung über die Entschädigung innerhalb einer Frist von drei Monaten der ordentliche Rechtsweg beschritten werden konnte.

(4) Die weiteren Ressortbesprechungen im BWM

Am 14.10., 27.10. und 02.11.1954 fanden daraufhin weitere Ressortbesprechungen statt. Zunächst wurde die Frage, was alles unter den Begriff der Einwirkungen im Sinne von § 2 fiele, heftig debattiert. In diesem Zusammenhang wurde auch die Einlassung des BDI noch einmal aufgeworfen. Danach sollten künftig auch Einwirkungen auf Grund Kernspaltungen berücksichtigt werden. Hierzu erklärte ORR *Beck*, dass im BWM ein Kernspaltungsgesetz vorbereitet werde. Für ein Grundwasserschutzgesetz wäre diese Problematik noch nicht akut. Es wurden weitere Einwirkungen benannt, deren Einordnung noch unklar war. Prof. *Dr. Gieseke* wies in diesem Zusammenhang darauf hin, dass die Definition der „Einwirkung" sehr schwierig sei und die Auslegung der Rechtsprechung überlassen werden müsste.
Eine wichtige Frage im Rahmen von Einwirkungen war die Problematik der Baugründungen. Es wurde einvernehmlich festgestellt, dass Bauvorhaben erhebliche Nachteile für das Grundwasser mit sich bringen konnten. Die Frage, wie solche Vorhaben zu behandeln seien, sollte das Bauwirtschaftsreferat des BWM klären.
Als weiterer Punkt wurde die Aufnahme des Begriffes „Ableiten" in den Entwurf diskutiert. Nach Ansicht des BELF müsste dieser Begriff im Gesetz verankert werden. Dazu führten ORR *Beck*, Prof. *Dr. Gieseke* und MR *Kumpf* aus, dass der Wortlaut des § 2 alle nur möglichen Einwirkungen auf das Grundwasser erfasse. „Ableiten" fiele unter den Begriff des „Umleitens".

Über die bereits durchgeführten Änderungen herrschte im wesentlichen Einigkeit. Uneinig war man jedoch über den neu eingeführten § 7a, die Unbedenklichkeitserklärung. Die Vorschrift sei noch nicht ausgereift genug, um alle Interessen zu berücksichtigen. Unklar erschien auch, was die Behörde prüfen sollte, um zur Unbedenklichkeit der Einwirkung zu gelangen. Die Frage blieb aufgrund

der bestehenden Divergenzen noch offen. Nächster Diskussionspunkt war die Frage, ob ein Anspruch auf Erteilung der Bewilligung bestehe. ORR *Beck* stellte fest, dass sich das BMV und das BELF gegen einen grundsätzlichen Anspruch auf Erteilung der wasserrechtlichen Bewilligung aussprachen. Das BMJ zeigte sich an dieser Frage nicht interessiert.
Unstimmigkeiten bestanden seitens des BELF auch bezüglich der Sonderstellung des Bergbaus. So wurde vorgeschlagen, den Planfeststellungen und Betriebsplänen noch die Baugenehmigungen, Fluchtlinienpläne usw. gleichzustellen. Im Folgenden wurde dann die Neufassung des § 9 über die Sonderstellung von Bahn und Bergbau besprochen. ORR *Beck* erklärte, dass die Sonderstellung der Bergbehörden auf Erwägungen der Verwaltungsökonomie beruhte. Diese Ansicht wurde vom BMV unterstützt.
Es folgten weitere Gespräche zur Systematik des Gesetzes im Hinblick auf die Reihenfolge der §§ 5-9 des Entwurfes. Es wurde vorgeschlagen, die Unbedenklichkeitserklärung neben der Bewilligung in § 5 zu erwähnen. MD Dr. *Niehuß* (BMV) schlug vor, den Begriff Unbedenklichkeitserklärung in „Zulassung" umzuändern. Diesem Vorschlag wurde allgemein zugestimmt. Die Änderungen wurden sodann in den Entwurf aufgenommen.[203]

Zusätzlich wurde § 9a[204] eingefügt, der Einwirkungen aufgrund von Baugenehmigungen regelte.[205] Diese Vorschrift wurde zur Diskussion gestellt. Es wurden allgemein Bedenken gegen den enthaltenen Begriff „Baustoff" erhoben. Weiter-

---

[203] **§ 7a des Vorschlages vom 30.10.1954:**
„(1) ...als unbedenklich zugelassen hat.
(2) Die Zulassung darf erteilt werden
1. für eine unbedeutende oder vorübergehende Einwirkung auf das Grundwasser,
2. für die Dauer des Verfahrens zur Erteilung einer wasserrechtlichen Bewilligung, wenn nach pflichtgemäßem Ermessen der zuständigen Behörde von der beabsichtigten Einwirkung auf das Grundwasser keine das Gemeinwohl gefährdende Beeinträchtigung des Wasserhaushalts zu erwarten ist.

[204] **§ 9a des Vorschlages vom 30.10.1954:**
„(1) Eine wasserrechtliche Bewilligung ist nicht erforderlich
1. für das Einbringen von Baustoffen in das Grundwasser,
2. für Einwirkungen auf das Grundwasser im Sinne von § 2 Abs. 1 Nr. 3
auf Grund einer Genehmigung für die Bebauung eines Grundstücks, die im Rahmen eines Fluchtlinienplanes, eines Bebauungsplanes oder eines anderen förmlich festgestellten städtebaulichen Planes oder im Einvernehmen mit der für das Grundwasser zuständigen Behörde erteilt worden ist.
(2) Bei Aufstellungen von Fluchtlinienplänen, Bebauungsplänen oder anderen förmlich festgestellten städtebaulichen Plänen ist, soweit eine Einwirkung auf das Grundwasser der in Absatz 1 erwähnten Arten vorgesehen wird, vom Inkrafttreten dieses Gesetzes ab § 15 entsprechend anzuwenden. Das Einvernehmen der für das Grundwasser zuständigen Behörde ist erforderlich.."

[205] Vgl. Änderungen vom 30.10.1954.

hin äußerte Prof. *Dr. Gieseke* Bedenken gegen die Aufnahme der Fluchtlinienpläne als Voraussetzungen von Baugenehmigungen. Der Fluchtlinienplan habe mit den Grundwasserverhältnissen nichts zu tun.[206] Daraufhin schlug MR *Kumpf* im allseitigen Einverständnis vor, diese Frage intern unter Beteiligung von BMWo[207], BMI, BMZ[208] und der Abteilung IV (gewerbliche Wirtschaft) des BWM zu klären.
Es wurde zusätzlich die Frage aufgeworfen, ob Einwirkungen auf das Grundwasser denkbar seien, für die zwar keine wasserrechtliche Bewilligung, wohl aber eine Zulassung nach § 7a erforderlich sei.[209] Hierüber wurde einige Zeit debattiert, dann regte MR *Kumpf* an, diese Frage in einer gemeinsamen Besprechung der beteiligten Ministerien zu erörtern.
Kritisch äußerte sich Prof. *Dr. Gieseke* bezüglich des Begriffes „Zulassung" in § 7a. Dieser Begriff sei im Gesetzentwurf schon durch die bergbehördliche Zulassung des Betriebsplanes verbraucht. Auch das BELF reagierte ablehnend auf den Begriff der „Zulassung". Er entspräche mehr einer gewerblichen Lizenz, die eine technische Prüfung oder Prüfung der Kenntnisse und Eigenschaften bei der Zulassung zu Berufen voraussetze. Der Begriff beinhalte mehr als den jederzeit widerruflichen Verwaltungsakt, den er eigentlich umfassen sollte. Das BELF schlug daher vor, den in den neueren Verwaltungslehrbüchern[210] für dieses Rechtsinstitut geprägten Begriff der „Gebrauchserlaubnis" zu nehmen. Die einzigen Bedenken gegen diesen Begriff sah das BELF in der Tatsache, dass er bereits in einigen Wassergesetzen enthalten war.[211] Jedoch käme auch der Begriff der „Gestattung" in Betracht.

(5) Die Sonderbesprechung zu Fragen der Entschädigung und Enteignung

Auf der am 10.11.1954 stattfindenden Sonderbesprechung stellte ORR *Beck* zunächst die Neufassung der Entschädigungsregelung des § 21 zur Diskussion. Für das BMJ ergaben sich diesbezüglich folgende Fragen:

1. Muss eine Entschädigung gewährt werden?
2. Welche Rechtsnatur hat die wasserrechtliche Bewilligung?
3. Warum wird die wasserrechtliche Bewilligung eingeführt, aus öffentlichen oder nur privatrechtlichen Gründen?

---

206 Vgl. Einwände *Schubert*, Kurzprotokoll vom 02.11.1954.
207 Bundesministerium für Wohnungsbau.
208 Bundesministerium für wirtschaftliche Zusammenarbeit.
209 Vgl. Frage *Voelskow*, Kurzprotokoll vom 02.11.1954.
210 Vgl. Forsthoff S. 305; von Turegg S. 213.
211 Vgl. § 23 Württemberg. WG; Art. 19, 37, 42, 46 Bayr. WG.

Nach Meinung Prof. *Dr. Giesekes* hatte die wasserrechtliche Bewilligung ihre Parallele in den Genehmigungen der Gewerbeordnung. Die Kopplung des Entschädigungsverfahrens mit dem Bewilligungsverfahren war nur aus Zweckmäßigkeitsgründen erfolgt. Dem wurde entgegengehalten, dass für eine Entschädigung auch der Grund, aus dem sie geleistet werde, wichtig sei. Das Wassergesetz müsste in diesem Punkt für jeden klar verständlich sein.
Wiederum wurde dazu die Frage gestellt, welcher Art die wasserrechtliche Bewilligung sei. Teilweise werde vertreten, dass die Bewilligung nur mit dem Grundstückseigentum verknüpft werden könnte.[212] ORR *Beck* führte dazu aus, dass die wasserrechtliche Bewilligung dem Berechtigten nur das wiedergebe, was ihm die Grundsatzvorschrift des § 5 zunächst nehme. Die Entschädigungsansprüche des Betroffenen würden nur verfahrensmäßig vom Zivilrecht auf das Bewilligungsverfahren verlagert.
Dann sollte geklärt werden, welcher Art die Entschädigungsansprüche seien. Dazu erklärte Prof. *Dr. Gieseke*, dass es sich um einen öffentlich- rechtlichen Anspruch handeln würde; deshalb sei die Möglichkeit den ordentlichen Rechtsweg gegen Entschädigungsentscheidungen zu beschreiten, in § 21 eingefügt worden. Zur Art der Entschädigung sprach das BELF das Problem der wiederkehrenden Leistungen an.[213] Prof. *Dr. Gieseke* wies darauf hin, dass solche Fragen zu sehr in das bisherige Landeswasserrecht eingriffen.

Nunmehr wurde die Frage der Enteignung diskutiert. Das BMI stellte fest, dass eine Enteignung durch das Gesetz nicht beabsichtigt sei. Dieser Ansicht wurde größtenteils zugestimmt.[214] Daher wurde beschlossen, die Verfahrensregelung des § 23 zur Erteilung der Bewilligung noch zu ergänzen.[215]

ORR *Beck* hielt die Frage der Enteignung für das Gesetz nicht für wesentlich. Das BMI sprach sich trotzdem dafür aus, die Frage der Enteignung abschließend im Gesetz zu regeln, damit sie später in das Bundesenteignungsgesetz übernommen werden könnte.[216]
Diese Ansicht wurde teilweise unterstützt.[217]

---

[212] Vgl. Auffassung des MR *Wolff* aus dem Referat für Fragen der Arbeitsrechts- und Sozialpolitik (Z A 3) des BWM, Kurzprotokoll vom 10.11.1954.
[213] Vgl. Ausführungen des MR *Witzel*, Kurzprotokoll vom 10.11.1954.
[214] Vgl. Äußerungen von *Gieseke*, *Beck*, *von Spreckelsen*, *Wolff*, Kurzprotokoll vom 10.11.1954.
[215] Vgl. Äußerungen von *von Spreckelsen*, MR *Schultheiß*, *Wolff*, Kurzprotokoll vom 10.11.1954.
[216] Vgl. Ausführungen des MR *Schultheiß*, Kurzprotokoll vom 10.11.1954.
[217] Vgl. Meinung von *von Spreckelsen*, Kurzprotokoll vom 10.11.1954.

Nach Prof. *Dr. Gieseke* waren dazu nur folgende Fälle zu unterscheiden:

1. Die nachträgliche Beschränkung neu erteilter wasserrechtlicher Bewilligungen
2. Die Fälle des § 8 Abs. 4 und des § 34
3. Die Fälle des § 10.

Das BMJ sah kein Problem bei der Rücknahme oder Beschränkung der wasserrechtlichen Bewilligung, wenn man davon ausginge, dass kein Recht auf Erteilung der Bewilligung bestand. Man müsste lediglich bei Erteilung der Bewilligung eine andere Formulierung wählen. Das BMI wies noch einmal darauf hin, dass der Vorbehalt der Rücknahme oder Beschränkung der wasserrechtlichen Bewilligung stark an Enteignung grenze.[218]

f) Die letzten Entwürfe eines Grundwasserschutzgesetzes von November 1954 bis März 1955

aa) Inhalt

In den letzten Entwürfen war noch einmal versucht worden, den diversen Änderungsvorschlägen und Anmerkungen der Ressorts und sonstigen Beteiligten gerecht zu werden. Deutlich verändert wurde die Reihenfolge der Paragraphen. Dem folgten viele Umstellungen, Umstrukturierungen und die Einfügung der neuen Vorschriften. Der Entwurf eines Grundwasserschutzgesetzes gliederte sich zum Schluss in 9 Abschnitte und enthielt 47 Paragraphen. Gestrichen waren die §§ 19 (Verbot eines Wasserzinses), 22 (widerrufliche Bewilligung), 30 (Entschädigungsverpflichteter), 39 (Erdaufschlüsse), 40 (Verhältnis des § 39 zu anderen Vorschriften). Neu eingefügt wurde das Erlöschen der wasserrechtlichen Bewilligung durch Verzicht in § 20.[219]

Der Katalog der Einwirkungen wurde um eine vierte erweitert. Sie beinhaltete Änderungen der physikalischen, chemischen oder biologischen Beschaffenheit des Grundwassers durch Anlagen, von denen vorauszusehen war, dass sie eine solche Wirkung haben würden. Die Baugenehmigung wurde als Sonderfall der Einwirkung auf das Grundwasser wieder gestrichen. Somit war bei einem förmlich festgesetzten, städtebaulichen Plan und bei einer im Einzelfall erteilten Genehmigung für die Bebauung eines Grundstücks für den Fall einer Einwirkung auf das Grundwasser wieder eine wasserrechtliche Bewilligung erforderlich.
Kernstück des Gesetzes war weiterhin § 4, die wasserrechtliche Bewilligung, als Ausdruck der Sozialbindung des Eigentums am Grundstück. Da sie alle Grund-

---

[218] Vgl. Äußerungen des MR *Schultheiß*, Kurzprotokoll vom 10.11.1954.
[219] Vgl. Vorschlag des ORR *Beck* auf der Ressortbesprechung vom 02.11.1954.

stückseigentümer gleichmäßig betraf, war sie keine entschädigungspflichtige Enteignung. Hervorzuheben ist, dass der Rechtsanspruch auf Erteilung der Bewilligung nunmehr gestrichen worden war. Der Begriff der Bewilligung sollte Verwechslungen mit anderen Begriffen aus den Landeswassergesetzen vermeiden. Sie begründete eine öffentlich-rechtliche Befugnis zur Einwirkung auf das Grundwasser und berührte keine privatrechtlichen Beziehungen.[220]

Als zweite Benutzungsform war in § 7 die Zulassung geregelt. Sie stellte eine schwächere Form der Benutzungsbefugnis dar, begründete jedoch kein Recht am Wasser und konnte jederzeit widerrufen werden.[221]

Die Entschädigung in § 21 war neu geregelt worden und nunmehr grundsätzlich als Naturalrestitution zu gewähren. Es sei denn, dies war wirtschaftlich nicht zu vertreten; dann konnte eine Entschädigung in Geld erfolgen.[222]
Auch die Lagerung und Beförderung von Flüssigkeiten hatte eine immer größere Bedeutung erlangt, so dass eine Regelung hierzu getroffen werden musste. Die bisher erlassenen Vorschriften boten keinen ausreichenden Schutz vor den dadurch wachsenden Gefahren. Es wurde dem Landesgesetzgeber überlassen, alle weiteren erforderlichen Regelungen zu treffen. Vorschriften über Erdaufschlüsse, Bohrungen und andere in den Boden eindringende Arbeiten enthielt der Entwurf nicht mehr. Hierüber konnten die Länder ergänzende Vorschriften erlassen.[223]
Die Strafvorschriften waren überwiegend aus bereits geltendem Recht übernommen worden. So entsprach § 40 § 145 GewO und § 377 des Preußischen Wassergesetzes in der Fassung des § 13 Statistikgesetz.[224] § 42 entsprach § 5 des Wirtschaftsstrafgesetzes.[225] Als neue Strafvorschrift behandelte § 41 die Verletzung der Aufsichtspflicht durch den Inhaber oder Leiter des Betriebes, der eine Ordnungswidrigkeit begangen hatte.

In der Begründung zum letzten Entwurf wurde noch einmal auf die herausragende Bedeutung des Wasservorkommens für die Bevölkerung hingewiesen.[226] Der Entwurf eines Grundwasserschutzgesetzes sollte die gesetzlichen Lücken schließen und den Grundwasserstand schützen. Die begrenzten Nutzungsmöglichkeiten am Gesamtwasservorrat mussten in gerechter Art und Weise auf eine

---

[220] Vgl. § 4 der Begründung vom 26.03.1955.
[221] Vgl. § 7 der Begründung vom 26.03.1955.
[222] Vgl. § 21 der Begründung vom 26.03.1955.
[223] Vgl. § 38 der Begründung vom 26.03.1955.
[224] Vom 03.09.1953, BGBl. I S. 1314.
[225] Vom 09.07.1954, BGBl. I S. 175.
[226] Vgl. Einleitung zur Begründung vom 26.03.1955.

große Anzahl von Nutzungsbewerbern verteilt werden, um den größtmöglichen gesamtwirtschaftlichen Erfolg zu erzielen.[227]
Der vorzeitige Erlass eines Grundwasserschutzgesetzes war aufgrund der wasserwirtschaftlichen Situation dringend geboten, da der Erlass eines umfassenden Wasserrechtsrahmengesetzes noch mehrere Jahre in Anspruch nehmen würde.[228]
Nach der Fertigstellung des Entwurfes wurde das Gesetz nebst Begründungen wieder an alle beteiligten Ressorts zur Stellungnahme übersandt.

bb) Änderungen und die letzten Besprechungen

(1) Die Ressortbesprechung im BWM

Am 19.11.1954 fand eine Ressortbesprechung im BWM zum Entwurf eines Grundwasserschutzgesetzes statt. Zunächst wurde die Regelung des § 36 über Schutzbereiche diskutiert. Das BMI schlug vor, den Begriff „Schutzbereich" durch den Begriff „Wasserschutzgebiet" zu ersetzen. Der Begriff „Schutzbereich" sei schon für andere Regelungen vorgesehen.[229]
Weitere Bedenken bestanden seitens des BMI und des BELF gegen die Begrenzung der Schutzbereiche auf Wassergewinnungsanlagen von Wasserversorgungsunternehmen.[230] Dazu führte ORR *Beck* aus, dass die Einengung auf einem Wunsch des BDI[231] beruhe. Ein Interesse, Schutzgebiete auch für andere Zwecke zu schaffen, sei in der gewerblichen Wirtschaft nicht vorhanden. Das BMV bat um Ausnahmebestimmungen dahingehend, in Schutzbereiche auch die Bundeswasserstraßen einzubeziehen.[232]
Zuletzt wurde noch einmal der Wortlaut der Schlussbestimmungen diskutiert. Nach Ansicht des BMJ[233] sollten alle Fälle von außerkrafttretenden Vorschriften namentlich aufgezählt werden.[234] Dies wurde vom BMI unterstützt, jedoch sollte die Vorschrift wie eine Generalklausel nur die wesentlichsten Gesetze aufzählen.[235] MR *Kumpf* versprach, diese Anregung aufzunehmen und sie innerhalb des Hauses zu prüfen. Er verwies zum Schluss der Sitzung noch einmal auf die Wichtigkeit des baldigen Abschlusses der Beratungen für diesen Gesetzentwurf.

---

227 Vgl. Einleitung zur Begründung vom 26.03.1955.
228 Vgl. Einleitung zur Begründung vom 26.03.1955.
229 Vgl. Einlassung des MR Dr. *Schultheiß*, Kurzprotokoll vom 19.11.1954.
230 Vgl. Einlassungen des MR *Witzel*, des MR Dr. *Schultheiß* und von Prof. *Dr. Gieseke*, Kurzprotokoll vom 19.11.1954.
231 Bundesverband der Deutschen Industrie.
232 Vgl. Einlassung des *Dr. Sadtler*, Kurzprotokoll vom 19.11.1954.
233 Bundesministerium für Justiz.
234 Vgl. Einlassung von *Voelskow*, Kurzprotokoll vom 19.11.1954.
235 Vgl. Äußerung des MR *Dr. Schultheiß*, Kurzprotokoll vom 19.11.1954.

Dessen Vorlage im Kabinett könnte u. U. die Entscheidung der Frage beeinflussen, ob ein umfassendes Wassergesetz oder ein Teilgesetz ergehen sollte.

(2) Die Sonderbesprechung über Fragen der Entschädigung und Enteignung

Am 17.12.1954 fand eine Sonderbesprechung statt, die sich mit der Formulierung des § 29 befassen sollte. Fraglich war hier, von welchem Wert bei einer Entschädigung auszugehen sei. Nach dem BMV sollte entsprechend dem Entwurf eines Reinhaltegesetzes vom Vermögenswert ausgegangen werden, während das betriebswirtschaftliche Referat des BWM vom Nutzungswert ausgehen wollte. Über die Frage des zu ersetzenden Wertes wurde anschließend ausgiebig diskutiert.[236]
Zunächst wurde die Frage aufgeworfen, was eigentlich entschädigt werden sollte. Hierzu führte ORR *Beck* aus, dass von Art. 14 GG auszugehen sei. Dieser überlasse es dem Gesetzgeber, Art und Ausmaß der Entschädigung zu regeln. Nicht entschädigen wollte das BWM die potentielle Nutzung eines Betriebes.
Dass die Entschädigung nicht voll gewährt werde, beruhe darauf, dass die wasserrechtliche Bewilligung keine Garantie auf eine bestimmte Wassermenge gebe. Ebenso könnte bei der Rücknahme der Bewilligung keine volle Entschädigung gewährt werden. Wer entschädigungspflichtig sei, sollte nach Prof. *Dr. Gieseke* den Ländern überlassen werden, da der Entwurf nur ein Rahmengesetz sei.
Sodann wurde die Regelung des § 38 über Schutzbereiche und deren Entschädigung besprochen. Für das BMI war eine Schutzbereichsfestsetzung keine Enteignung, so dass lediglich eine Billigkeitsentschädigung in Betracht komme.[237]

(3) Die Sitzung des IMA

Am 22.03.1955 traf sich der IMA zu einer Besprechung über die Lage der Wassergesetzgebung. Hier wurde noch einmal hervorgehoben, wie dringend eine einheitliche Regelung auf dem Gebiet des Wasserrechts sei. MR *Kumpf* gab auf dieser Sitzung bekannt, dass der Entwurf eines Grundwasserschutzgesetzes bereits in den ersten Tagen des Mai kabinettsreif sei. Damit stand fest, dass der Entwurf eines Grundwasserschutzgesetzes am ehesten fertig sein würde. Die Frage, ob das Gesetz dann schon dem Kabinett vorgelegt werden könnte, sollte ohne Hinzuziehung der Minister für Wirtschaft und Landwirtschaft nicht geklärt werden. Man einigte sich jedoch prinzipiell auf eine schnelle Kabinettsreife der einzelnen Ressortentwürfe bis Juni 1955, um sie möglicherweise noch vor der Sommerpause dem Kabinett und dem Bundesrat vorlegen zu können. Ob das

---

[236] So *Baudisch*, Kurzprotokoll vom 17.12.1954.
[237] Vgl. Äußerung des MR *Dr. Schultheiß*, Kurzprotokoll vom 17.12.1954.

Grundwasserschutzgesetz vorgezogen würde, sollte im IMA zu einem späteren Zeitpunkt geklärt werden.

(4) Die Hausbesprechung im BWM und die Ressortbesprechung

Am 15.04. und 20.04.1955 fanden interne Ressortbesprechungen des Entwurfes im BWM statt. Hier wurden Bedenken zur Vereinbarkeit des Entwurfes mit der jüngsten Bundesverfassungsgerichtsentscheidung[238] über die Rahmengesetzgebung geäußert.[239]

Das BMJ äußerte sich zum Entwurf noch nicht abschließend, da die interne Prüfung im Ministerium noch nicht beendet sei. Das BMV wies darauf hin, dass der Entwurf weitgehend mit seinem Entwurf eines Reinhaltegesetzes übereinstimme; lediglich die Frage der Entschädigung sei noch nicht übereinstimmend geklärt. Es fragte an, ob es nicht zweckmäßiger sei, den Entwurf so zu fassen, dass er nicht nur als Rahmengesetz nach Art. 75 GG, sondern auch als solcher nach Art. 74 GG anzusehen sei.[240] Wiederholt wurde die Terminologie des Entwurfes verifiziert.

(5) Die Stellungnahme des BMJ zum Entwurf eines Grundwasserschutzgesetzes

Am 14.05.1955 erfolgte die lange angekündigte Stellungnahme des BMJ durch das Referat für Sachenrecht und Grundbuchrecht (I 3) unter der Leitung von *Dr. von Spreckelsen*.

Das BMJ äußerte sich kritisch zur Erklärung der Rechtsnatur der wasserrechtlichen Bewilligung. Die Rechtsnatur müsse im Gesetz und in der Begründung klargestellt werden. Die in der Begründung gewählte Erklärung deute eher darauf hin, dass es sich um eine bloße polizeiliche Erlaubnis handeln solle, statt um ein Recht auf Wassernutzung. Die Formulierung in § 4 müsse noch entsprechend angepasst werden. Starke Bedenken äußerte das BMJ zum Fehlen eines Rechtsanspruchs auf Erteilung der Bewilligung. Im überwiegenden Teil des Bundesgebietes bestünden kaum Regelungen, die das Recht des Grundstückseigentümers am Grundwasser einschränkten oder ganz seinem Zugriff entzogen. Die Begründung des Entwurfes weise keine Erklärung auf, weshalb von den im Bundesgebiet bestehenden Regelungen zu Lasten des Grundstückseigentümers abgewichen werden solle. Den Grundstückseigentümern würde durch die neue Regelung in einigen Gebieten ein ihnen zustehendes Recht genommen. Das BMJ bezweifelte, dass das Ziel des Entwurfes eine solche Maßnahme verlange.

---

238 BVerfG 4, 115, über Fragen der Rahmenkompetenz des Bundes.

239 Vgl. Äußerung des MR *Dr. Schultheiß*, Kurzprotokoll vom 20.04.1955.

240 Vgl. Äußerung des MD *Dr. Niehuß*, Kurzprotokoll vom 20.04.1955.

Weiterhin äußerte sich das BMJ kritisch zu den verfahrensrechtlichen Regelungen. Die geplante unterschiedliche verfahrensrechtliche Regelung, teils durch den Bund, teils durch die Länder, sei verwirrend und erschwere die Übersicht über den Rechtszustand. Der gewählte Mittelweg zwischen Landes- und Bundesrecht wurde daher durch das BMJ abgelehnt.
Zur Regelung der Entschädigung in den §§ 21 und 35 wies das BMJ darauf hin, dass es auf Bitten des BWM und des BMV hin an Entschädigungsvorschriften arbeite, die sowohl in das Grundwasserschutzgesetz als auch in das Reinhaltegesetz eingearbeitet werden konnten.
Das BMJ plädierte weitgehend für eine inhaltliche Annäherung des Entwurfes an das Reinhaltegesetz. Es stellte abschließend fest, dass der Entwurf in der vorliegenden Form noch nicht kabinettsreif sei. Dasselbe galt auch für die Begründung, die unzureichend und noch nicht ohne Widersprüche wäre.

2. Zusammenfassung

Der Entwurf eines Grundwasserschutzgesetzes des Bundeswirtschaftsministeriums kann als der wichtigste und richtungsweisendste Entwurf der beteiligten Ministerien im Rahmen der Arbeiten am Wasserhaushaltsgesetz angesehen werden. Keiner der anderen Ressortentwürfe war so lange und ausführlich bearbeitet worden. Nur der Entwurf eines Grundwasserschutzgesetzes war zum Schluss so weit ausgearbeitet, um dem Kabinett vorgelegt werden zu können. Er sollte im Falle des Nichtzustandekommens eines umfassenden Wassergesetzes vorrangig eingebracht werden, um einen baldigen Schutz des Grundwassers zu gewährleisten. Lediglich der Beschluss der Länder vom 03. und 12.05.1955 zur alleinigen Weiterarbeit am WHG-Entwurf des BELF, die Übernahme dieses Beschlusses im IMA am 18.05.1955 und die Fertigstellung des Entwurfes eines Wasserhaushaltsgesetzes verhinderten eine Vorlage des Entwurfes eines Grundwasserschutzgesetzes. Dennoch ist dem Entwurf eines Grundwasserschutzgesetzes der maßgebende Einfluss auf das Wasserhaushaltsgesetz nicht abzusprechen. Seine Regelungen der Benutzungsbefugnisse im Rahmen des Sondergebrauchs und das grundsätzliche Erfordernis einer behördlichen Benutzungsbefugnis für eine Gewässernutzung bildeten auch im Wasserhaushaltsgesetz das Kernstück des Gesetzes. Auch andere Regelungen des Grundwasserschutzgesetzes fanden sich teilweise im Entwurf eines Gesetzes zur Ordnung des Wasserhaushaltes wieder.

III. Der Entwurf eines Reinhaltegesetzes des Bundesverkehrsministeriums von 1952 bis 1955

Die Verwaltung für Verkehr (später BMV) hatte sich seit ihrem Bestehen darum bemüht, die ihr zufallende Aufgabe der Betreuung der Bundeswasserstraßen auf allgemeine wasserwirtschaftliche Belange, insbesondere auf alles, was mit der Verunreinigung der Wasserläufe und ihrer Ursache - also auch auf die Abwasserbeseitigung - zusammenhängt, auszudehnen. Der IMA selbst nahm ebenfalls eine Zuständigkeitsregelung vor, die jedoch durch zusätzliche Schreiben der Verwaltung für ELF und Verkehr geändert bzw. ausgeweitet wurde. Das BMV hatte, wie das BELF, ständig versucht, seine Zuständigkeitspositionen zu verbessern.[241] So versuchte es, im sich 1950 bildenden Dachverband „Vereinigung Deutscher Gewässerschutz" eine entscheidende Position einzunehmen, indem Bundesverkehrsminister *Seebohm* das Protektorat und *Dr. Niehuß* den Vorsitz übernehmen sollte. Nach einer Vorlage des Bundeswirtschaftsminister *Erhard* kam es hierüber zu Verhandlungen mit Minister *Seebohm*, nach deren Abschluss *Dr. Imhoff* zum Vorsitzenden gewählt wurde. *Dr. Niehuß* war nichtsdestotrotz Mitglied im engeren Vorstand der Vereinigung. Zum weiteren Vorstand gehörten je ein Vertreter von BELF, BMI und BWM, jedoch 6 oder 7 Vertreter des BMV bzw. der nachgeordneten Wasser- und Schifffahrtsbehörden.[242]

Nachdem Prof. *Dr. Marquardt* die wasserwirtschaftlichen Verbände bereits 1949 beauftragt hatte, Vorarbeiten zu einem Wassergesetz zu leisten, bildete auch die Abwassertechnische Vereinigung (ATV) einen Wasserrechtsausschuss. Der Ausschuss setzte sich daher in der Hauptsache aus Angehörigen der Länderverwaltungen zusammen. Die Abwasser einleitende Industrie war lediglich zum Schluss gehört worden. Die aus den Arbeiten im Ausschuss hervorgegangenen Unterlagen und Vorschläge zu einem Notgesetz wurden dem IMA und den Ministerien zur Verfügung gestellt. Nachdem der IMA die grundsätzliche Debatte über die Art der Bundeswassergesetzgebung begonnen hatte, wurde vereinbart, dass zunächst die einzelnen Ministerien Bestimmungen erarbeiten sollten, welche die dringendsten Belange der Siedlungswasserwirtschaft regelten, wobei ein Bundeswasserrecht trotzdem das anzustrebende Ziel sei.[243] Die Entwürfe waren so einzurichten, dass sie sich ohne Schwierigkeiten in das Gesamtgesetz einfügen lassen. Beim Inkrafttreten eines umfassenden Wassergesetzes sollten sie dann ihre Selbständigkeit verlieren.[244] Im Rahmen dieser Debatte übernahm MR *Dr. Niehuß* für das BMV den Entwurf für die Reinhaltung der Gewässer.

---

241 Vgl. Vermerk des MR *Kumpf* (BWM) vom 23.06.1952, S. 5f.
242 Vgl. MR *Kumpf* aaO. S. 6.
243 Vgl. Vermerk des MR *Kumpf* (BWM) vom 23.06.1952, S. 3.
244 Vgl. Vermerk des MR *Kumpf* (BWM) vom 23.06.1952, S. 4.

1. Die Entwürfe eines Reinhaltegesetzes und ihre Konzeption

a) Der Entwurf eines Bundesgesetzes über die Reinhaltung der Gewässer (Reinhaltegesetz) von Juli 1952 bis Juli 1954

aa) Inhalt (Belastung – Reinhalteordnung und Bewilligung – Wasser- und Bodenverbände – Anlagen der Bahn – Entschädigung)

Das BMV begann dann mit der Ausarbeitung eigener Bestimmungen zur Reinhaltung der Gewässer. Ausgehend von den Vorentwürfen des ATV-Wasserrechtsausschusses für ein Notgesetz legte das BMV einen eigenen Entwurf für ein Reinhaltegesetz vor, welchen es an sämtliche beteiligte Verbände und Verwaltungen durch Rundschreiben vom 15.12.1952 zur Stellungnahme übersandte.[245]

Der Entwurf war nicht in Abschnitte unterteilt und enthielt 17 Paragraphen. Im Gegensatz zu den Vorschlägen des ATV-Ausschusses war der Geltungsbereich des Gesetzes nunmehr weit umrissen. Nach § 1 Abs. 4 betrafen die Vorschriften des Gesetzes auch Teile von Gewässern, dagegen nicht das Grundwasser.[246] Dass der Begriff des Gewässers nicht näher definiert wurde, war auf die zu diesem Zeitpunkt noch im Entwurf befindliche DIN 4049 zum Begriff des Gewässers zurückzuführen. Dieser sollte danach wie folgt bestimmt werden:

> „In der Natur vorkommendes Wasser auf dem Festlande einschließlich Gewässerbett bzw. Grundwasserleiter."

Die Übernahme dieser Begriffsbestimmung in den Entwurf erschien dem BMV nicht nötig und auch unmöglich. Der Begriff „Gewässer" war in allen Landeswassergesetzen bereits in mehr oder minder ausgeprägtem Maße umschrieben und gab zu Verwechslungen keinen Anlass. Umfasst waren Wasserläufe (Gewässer, die in natürlichen oder künstlichen Betten, beständig oder zeitweilig oberirdisch abfließen) einschließlich ihrer oberirdischen Quellen und der Seen, Teiche, Weiher und ähnlichen Wasseransammlungen, aus denen sie abflossen, sowie ihrer etwa unterirdisch verlaufenden Strecken und sonstige Gewässer. Das Reinhaltegesetz sollte sich darüber hinaus auch auf die Küstengewässer und deren Reinhaltung beziehen, das Grundwasser sollte ausdrücklich ausgeschlossen werden.[247]
Als Straf- und Bußgeldbestimmungen enthielt der Entwurf ausführliche Regelungen in den §§ 14 und 15 über die Begehung von Ordnungswidrigkeiten sowie

---

[245] Vgl. Vermerk des MR *Kumpf* (BWM) vom 08.06.1953, S. 1.
[246] Vgl. § 1 Abs. 4 des Entwurfes eines Reinhaltegesetzes vom 28.11.1952.
[247] Vgl. Anm. 1 zu § 1 des Entwurfes vom 28.11.1952.

deren Ahndung und Zuständigkeiten. Strafbestimmungen enthielt er dagegen nicht. In den Schlussbestimmungen statuierte der Entwurf Richtlinienkompetenzen zugunsten der Bundesregierung[248] und des Bundesministers für Verkehr hinsichtlich der Bundeswasserstraßen. Der Entwurf eines Reinhaltegesetzes zeichnete sich im Ganzen durch eine umfassende Kompetenz des Bundes an den Bundeswasserstraßen aus. Die Durchführung des Gesetzes und der Reinhalteordnungen in Bezug auf die Bundeswasserstraßen sollte ohne Ausnahmen dem Bundesminister für Verkehr obliegen.

Die Belastung der Gewässer

Der Entwurf begann in § 1 mit einer gesetzlichen Definition der Belastung eines Gewässers als vorhandene oder zu erwartende Beeinträchtigung desselben. Die Belastung eines Gewässers war der Ausgangspunkt für alle zu treffenden Maßnahmen. Zunächst musste ermittelt werden, wie stark ein Gewässer durch die Zuführung verunreinigender oder schädlicher Stoffe belastet war und welche Auswirkungen diese für das Gewässer mit sich brachten. Für die Ermittlung der Gewässerbelastung waren jedoch die natürliche Belastung des Gewässers und seine Selbstreinigungskraft, die Menge des Wassers, das aus dem Gewässer entnommen wurde und die Beschaffenheit und Menge von flüssigen, festen oder gasförmigen Stoffen, die in das Gewässer eingeleitet oder eingebracht wurden, zu berücksichtigen.[249] Soweit eine genaue Ermittlung der Belastung anhand von Untersuchungen und Berechnungen nicht möglich sein sollte, waren sie und ihre Auswirkung unter Anlehnung an Erfahrungswerte zu schätzen.[250] Die ermittelte Belastung des Gewässers war dann Grundlage für die künftig an Gewässernutzungen zu stellende Anforderungen.

Die Reinhalteordnungen und die wasserrechtliche Bewilligung

Kernpunkt des Entwurfes war die Reinhalteordnung. Diese Verordnung enthielt die Mindestanforderungen, die an ein Gewässer hinsichtlich der Beschaffenheit und Menge des Wassers zu stellen waren, um die an dem jeweiligen Gewässer zugelassenen und künftig zuzulassenden Nutzungen und den Gemeingebrauch zu sichern (§ 2 Abs. 1 des Entwurfes). Die Mindestanforderungen ergaben sich aus der zuvor ermittelten Belastung des Gewässers. An die erlassenen Reinhalteordnungen waren demzufolge sämtliche bestehenden und neu zu erlassenden

---

[248] So die Kompetenzen für den Erlass von Richtlinien für die einheitliche Durchführung der technischen Verfahren, insbesondere der Wasseruntersuchungen und für die einheitliche Ermittlung der Belastung und für die Auswertung von Berechnungsunterlagen und Erfahrungszahlen (§ 16 Abs. 1 a und b).

[249] Vgl. § 1 Abs. 1 des Entwurfes vom 28.11.1952.

[250] Vgl. § 1 Abs. 2 des Entwurfes vom 28.11.1952.

Nutzungen anzupassen. Der Entwurf regelte in den §§ 7, 8, 9 und 10 entsprechende Eingriffsbefugnisse. So waren bestehende Nutzungsbefugnisse durch wasserrechtliche Bewilligungen an die geltenden Bestimmungen der Reinhalteordnung anzupassen (§ 10 Abs. 1). Der Entwurf statuierte hierzu eine Verpflichtung der Nutzungsberechtigten und Gemeingebraucher, die ihnen zur Verfügung stehenden Anlagen, Einrichtungen und Grundstücke den zuständigen Stellen zugänglich zu machen und die vorgeschriebenen oder behördlich angeordneten Ermittlungen und Prüfungen zu dulden (§ 7 Abs. 1), soweit es für die Reinhaltung des Gewässers von Bedeutung war. Ebenso unterlagen sie einer Auskunftspflicht in Bezug auf ihre Nutzungen.[251] Neu zuzulassende Nutzungen, bei denen flüssige, feste oder gasförmige Stoffe mittels Anlagen in ein Gewässer eingeleitet oder eingebracht werden würden, sollten einer wasserrechtlichen Bewilligung bedürfen (§ 9 Abs. 1). Schon wenn bei der Planung solcher Anlagen ersichtlich war, dass Einleitungen oder Einbringungen in einem bedeutenden Umfang für das Gewässer zu erwarten waren[252], sollten diese nur errichtet werden dürfen, wenn die zuständige Behörde der Einleitung oder Einbringung von Stoffen zugestimmt habe.[253] Ausgenommen vom Erfordernis der behördlichen Zustimmung oder gar wasserrechtlichen Bewilligung war lediglich der Gemeingebrauch (§ 9 Abs. 2), jedoch bestand für die zuständige Behörde die Möglichkeit, den Gemeingebrauch im Rahmen der Anforderungen einer Reinhalteordnung zu beschränken.

Die Wasser- und Bodenverbände

Große Bedeutung auf dem Gebiet der Gewässerreinhaltung kam den Wasser- und Bodenverbänden zu. Ihnen oblag die Aufgabe, Abwasser abzuführen, zu verwerten, zu reinigen oder unschädlich zu machen. Zum Schutz dieser wichtigen Aufgaben[254] sah der Entwurf zunächst vor, anstelle einer Polizeiverordnung i.S.d. § 41 der Ersten Wasserverbandordnung eine Reinhalteordnung im Einvernehmen mit der Aufsichtsbehörde des Verbandes zu erlassen. Nach dieser Reinhalteordnung sollten sich die durch die Verbände zu treffenden Maßnahmen richten.[255] In den folgenden Entwürfen wurde die Regelung dahingehend abge-

[251] Diese Auskunftspflicht sollte jedoch nicht für Behörden gelten. Für sie sollte vielmehr die Rechts- und Amtshilfe nach Art. 35 GG Platz greifen. (vgl. Anm. 7 zu § 7 des Entwurfes vom 28.11.1952).

[252] Wie bei Siedlungen und Industrieanlagen.

[253] Diese Regelung war auch bereits in § 15 Abs. 2 des Entwurfes des Trink- und Abwasserüberwachungsgesetzes in ähnlicher Form enthalten.

[254] Vgl. § 2 Nr. 4 des Gesetzes über Wasser- und Bodenverbände vom 10.02.1937 (RGBl. I, S. 188) und § 2 Nr. 4 der Ersten Wasserverbandsordnung vom 03.09.1937 (RGBl. I, S. 933).

[255] Vgl. § 6 des Entwurfes vom 30.07.1952.

ändert, dass in den Gebieten von Wasser- und Bodenverbänden für den Erlass einer Reinhalteordnung lediglich das Benehmen mit der Aufsichtsbehörde des Verbandes herbeizuführen war. Es sollte damit generell die Möglichkeit des Erlasses einer Reinhalteordnung bestehen.[256] Eine Besonderheit galt lediglich in den Gebieten, in denen die Verbände nach bestimmten Vorschriften[257] gebildet worden waren. Hier war für den Erlass einer Reinhalteordnung auch das Benehmen mit den Verbandsorganen und der Aufsichtsbehörde der Verbände herbeizuführen.[258] Letztlich überzeugte diese Lösung nicht, so dass eine Abänderung dahingehend erfolgte, dass in den Gebieten, wo die Wasser- und Bodenverbände nach den besonderen Vorschriften gebildet worden waren, keine Reinhalteordnungen zu erlassen seien.[259] Neu eingefügt wurde dann die Möglichkeit der Bildung bundesunmittelbarer Wasser- und Bodenverbände durch die Bundesregierung mittels Rechtsverordnung.[260] Diese sollten für die Durchführung überregionaler Reinhalteordnungen verantwortlich sein. Darüber hinaus konnten, wenn übergeordnete Belange des Gemeinwohls, insbesondere der Wasserwirtschaft, es erforderten, durch Rechtsverordnung mit Zustimmung des Bundesrats auch bundesunmittelbare Wasser- und Bodenverbände für weitergehende Aufgaben[261] gebildet werden. Dies galt für die Verbände, die sich nach ihrer Bildung über mehrere Länder erstrecken würden.[262]

Die Anlagen der Deutschen Bundesbahn

Problematisch für die Anpassung bestehender Nutzungen an neue Reinhalteordnungen waren die Anlagen der Deutschen Bundesbahn. Bestehenden Anlagen lag ein Planfeststellungsverfahren zugrunde, so dass eine Anpassung an eine neu erlassene Reinhalteordnung nicht unerheblichen Schwierigkeiten begegnete. Nach § 36 Abs. 1 BBG[263] unterlagen auch neu zu errichtende Anlagen und die

---

256 Vgl. § 5 des Entwurfes vom 25.09.1952.

257 So beim Gesetz betreffend die Bildung einer Genossenschaft zur Regelung der Vorflut und zur Abwasserreinigung im Emschergebiet vom 14.07.1904 (Preuss. GS S. 175), dem Ruhrtalsperrengesetz vom 05.06.1913 (Preuss. GS S. 317), dem Ruhrreinhaltegesetz vom 05.06.1913 (Preuss. GS S. 305), dem Lippegesetz vom 19.01.1926 (Preuss. GS S. 13), dem Entwässerungsgesetz für das linksniederrheinische Industriegebiet vom 29.04.1913 (Preuss. GS S. 251).

258 Vgl. § 5 Abs. 2 des Entwurfes vom 25.09.1952.

259 Vgl. § 4 des Entwurfes vom 28.11.1952.

260 Vgl. § 6 des Entwurfes vom 28.11.1952.

261 Hierzu zählten: Abwasser abzuführen, zu verwerten, zu reinigen und unschädlich zu machen; Trink- und Brauchwasser zu beschaffen; Beiträge zu wasserwirtschaftlichen, wasserbaulichen und Abwassermaßnahmen aufzubringen oder die vorstehenden Aufgaben zu fördern und zu überwachen.

262 Vgl. § 6 Abs. 2 des Entwurfes vom 28.11.1952.

263 Bundesbahngesetz vom 13.12. 1951 (BGBl. I 1951 S. 955).

Änderung von Anlagen dem Planfeststellungsverfahren. Der Entwurf sah deshalb vor, dass über eine mögliche Änderung oder die Neuerrichtung einer Anlage der Deutschen Bundesbahn auf Grund einer Reinhalteordnung im Planfeststellungsverfahren nach § 36 BBG zu entscheiden sei.[264] Das BMV vertrat die Ansicht, dass die für Reinhalteordnungen zuständige Behörde ein Initiativ- und Antragsrecht habe, das in den Nr. 31 und 32 der Planfeststellungsrichtlinien[265] verankert sei. Danach bestünde eine Berechtigung auch außenstehender Behörden zur Stellung eines Antrags auf Einleitung eines Planfeststellungs- oder Planänderungsverfahrens.[266] So könne die Anpassung der Anlagen der Deutschen Bundesbahn an neue Reinhalteordnungen gewährt werden.

Die Entschädigung

Da der Entwurf an verschiedenen Stellen Eingriffsbefugnisse in bestehende Nutzungsrechte statuierte, war eine Entschädigungsregelung aufgenommen worden, die vor ihrer endgültigen Fassung vielen Änderungen unterlag. Die Fassung, die an die beteiligten Verbände und Verwaltungen versandt wurde, erkannte dem Nutzungsberechtigten, dem ein Opfer für die Allgemeinheit aufgezwungen wurde, nach Abwägung der widerstreitenden Interessen eine Entschädigung zu.[267] Diese sollte sich nach dem nach betriebswirtschaftlichen Grundsätzen ermittelten Wert des Vermögensinteresses, das der Unternehmer an einem unverminderten Fortbestand des Nutzungsrechts habe, bemessen. Der Grundgedanke dabei war zunächst die primäre Entschädigung als Naturalrestitution. Erst sekundär, wenn eine Naturalrestitution zu kostenaufwendig sei, sollte eine Entschädigung in Geld geleistet werden.[268] Des Weiteren war für eine entschädigungslose Aufhebung oder Beschränkung eines Nutzungsrechts ein Ausgleich in Geld vorgesehen, wenn sie eine unbillige Härte darstelle oder ein Wirtschaftsbetrieb dadurch unwirtschaftlich, insbesondere die Weiterbenutzung von Anlagen zu dem bisherigen Zweck unmöglich gemacht oder erschwert werde.[269] Die Entschädigungs-vorschriften der §§ 12, 13 lehnten sich dabei an diejenigen des Gesetzentwurfes zum Schutze des Grundwassers an, wie sie in einer früheren Fassung enthalten waren.[270]

---

[264] Vgl. § 11 des Entwurfes vom 28.11.1952.
[265] Vgl. 46 Ra 95 vom 20.11.1934 (Die Reichsbahn 1934, S. 1269).
[266] Vgl. Anm. 13 zu § 11 des Entwurfes vom 28.11.1952.
[267] Vgl. endgültige Fassung des § 12 vom 28.11.1952.
[268] Vgl. § 12 Abs. 2, 3 des Entwurfes vom 28.11.1952.
[269] Vgl. § 12 Abs. 4 des Entwurfes vom 28.11.1952.
[270] Vgl. Rechtsgutachtliche Stellungnahme des Prof. *Dr. Gieseke* zum Entwurf eines Reinhaltegesetzes vom 15.12.1952, S. 17.

Den Entwurf vom 28.11.1952 brachte das BMV noch einmal in eine Reinfassung und übersandte den überarbeiteten Entwurf vom 15.12.1952 mit Rundschreiben vom selben Tage an die beteiligten Verbände und Verwaltungen zur Stellungnahme.

bb) Stellungnahmen und Besprechung des Entwurfes

Der Entwurf eines Reinhaltegesetzes wurde daraufhin ausführlich im Wasserrechtsausschuss des ATV unter der Leitung von *Dr. Prüß* (Vorstandsvorsitzender) besprochen. Wesentliche Einwände erfolgten sowohl seitens der Abwasserverbände, der Gemeinden als auch der Industrie. Die Einwände richteten sich insbesondere gegen die einseitige Festlegung der Reinhalteordnung. Nach eingehender Diskussion schlug *Dr. Prüß* vor, dass sämtliche Anmerkungen und Vorschläge schriftlich an die ATV gegeben werden, welche sie dann in einer Stellungnahme an das BWM weiterleitet.[271]
In seiner rechtsgutachtlichen Stellungnahme zum Entwurf eines Bundesgesetzes über die Reinhaltung der Gewässer äußerte Prof. *Dr. Gieseke* seine Ablehnung gegenüber dem Entwurf des BMV. Der Entwurf greife sehr weitgehend in das gesamte Recht der geltenden Landeswassergesetze ein, worin der wesentliche Unterschied zu den beiden anderen Teilentwürfen der Ministerien liege.[272] Es bestünde vor allem Widerstand gegen den Gedanken des Entwurfes, die Reinhaltung rein staatlich zu regeln. Eine Mitwirkung der Beteiligten, sei es auch nur in Form von Beiräten, war nicht geregelt, so dass die wasserwirtschaftlich Interessierten von der Ermittlung der Belastung der Gewässer und der Erstellung der Reinhalteordnungen vollkommen ausgeschlossen waren. Vor allem der Bundesverband der Industrie hatte sich hiergegen erhoben. Er hatte u. a. Vorschläge für „Schaukommissionen" der Beteiligten vorgetragen, die die Veränderung der Wassergüte von Wasserläufen feststellen sollten. Die eigentliche Feststellung war zwar durch staatliche Behörden (Landesbehörden) zu treffen, allerdings unter Beteiligung von Ausschüssen der betroffenen Wasserbenutzer.[273]

Die größte Eigenart des Entwurfes bestand nach Ansicht Prof. *Dr. Giesekes* in der Tatsache, dass die Rechtssätze, die er enthalte, inhaltlich oder auch nur in der Formulierung sehr verschiedenartig seien. Der Entwurf enthalte einerseits Vorschriften, die die Tatbestände und die sich daraus ergebenden Befugnisse der Behörden und Ansprüche der Beteiligten möglichst genau bestimmten und andererseits Regelungen, die so allgemein gehalten seien, dass jedem Leser eine an-

---

271 Vgl. Vermerk MR *Kumpf* (BWM) vom 22.01.1953, S. 1f.

272 Vgl. Rechtsgutachtliche Stellungnahme von Prof. *Dr. Gieseke* zum Entwurf eines Reinhaltegesetzes vom 15.12.1952, S. 1.

273 Vgl. Zusammenfassung in der Stellungnahme des Prof. *Dr. Gieseke* zum Entwurf eines Reinhaltegesetzes vom 15.12.1952, S. 2f.

dere Auslegung möglich sei. Aus dieser Tatsache ergaben sich dann auch mannigfaltige Missverständnisse,[274] so dass sich das Urteil herausgebildet habe, der ganze Entwurf sei nicht rechtsstaatlich ausgerichtet. In diesem Sinne fühlten sich die beteiligten Verbände, Gemeinden und Verwaltungen auch jeder für sich benachteiligt. Der BDI sah den Entwurf als ausgesprochen industriefeindlich an, wogegen der Deutsche Fischereiverband und der Verband der Landwirtschaftskammern glaubten, dass der Entwurf ihre Interessen vernachlässige und nur die der Industrie unterstütze. Einzig die Arbeitsgemeinschaft der kommunalen Spitzenverbände setzte sich damit nicht auseinander, da sie den Entwurf für noch nicht diskussionsreif hielt.[275]
Unterstützung fand der Grundgedanke des Entwurfes, dass es nicht auf die einzelne Verschmutzung eines Wasserlaufes ankomme, sondern darauf, was auf Grund der Gesamtbelastung des Gewässers künftig noch an Nutzungen zugelassen werden könne.[276] Dem müssten dann auch die vorhandenen Befugnisse angepasst werden. Hierfür musste jedoch noch der Weg gefunden werden, dieses in einem einheitlichen Gesetz unterzubringen. Den durch den Entwurf eingeschlagene Weg, die Reinhaltung ganz allgemein für alle Oberflächengewässer zu regeln und dem Bund dabei weitgehenden Einfluss zu sichern, hielt man für mutig. Hierbei hatte man jedoch nicht bedacht, dass es in erster Linie darauf ankomme, was nach dem Grundgesetz wirklich zur Zuständigkeit des Bundes gehöre und inwieweit bei Zweifeln die Entscheidung zugunsten des Bundes ausfallen würde.[277] Die Konzeption des Entwurfes ließ bei vielen Beteiligten den Verdacht aufkommen, dass das Gesetz die Zuständigkeit des Bundes in unzulässiger Weise erweitern würde. Der Entwurf wurde daher größtenteils, vor allem auch durch die Länder, abgelehnt.[278]

Nicht zuletzt äußerte auch das BWM Bedenken hinsichtlich der Grundkonzeption des Gesetzes. Die Zuständigkeiten und Entscheidungsmöglichkeiten, wie sie der Entwurf vorsehe, seien überaltert. Er berücksichtige zudem nicht den Ein-

---

[274] So hatte z. B. der Verband der Landwirtschaftskammern aus § 9 die Möglichkeit einer Beseitigung jeden Gemeingebrauchs herausgelesen.

[275] Vgl. Zusammenfassung in der Stellungnahme des Prof. *Dr. Gieseke* zum Entwurf eines Reinhaltegesetzes vom 15.12.1952, S. 3.

[276] Vgl. Rechtsgutachtliche Stellungnahme von Prof. *Dr. Gieseke* zum Entwurf eines Reinhaltegesetzes vom 15.12.1952, S. 4.

[277] Vgl. Rechtsgutachtliche Stellungnahme von Prof. *Dr. Gieseke* zum Entwurf eines Reinhaltegesetzes vom 15.12.1952, S. 4 f.

[278] Besonders auffallend war die Ablehnung im Schlusssatz der Stellungnahme des Sozialministers für Nordrhein-Westfalen: „Ich vertrete die Auffassung, dass es Aufgabe der Länder, nicht Aufgabe des Bundes ist, den Schmutz im eigenen Lande festzustellen und auch abzustellen.“.

fluss, den die Wasserläufe auf das Grundwasser durch Ausbau, Regulierung, Aufstau und anderes mehr haben können.[279]

In der Sitzung des IMA am 16.06.1953 verabredeten die Ministerien trotz der bestehenden Meinungsverschiedenheiten ihre Referentenentwürfe zu Ressortentwürfen weiterzuentwickeln. Der Abschluss der Arbeiten solle dem IMA mitgeteilt werden und die Entwürfe dann zur Ressortbesprechung vorgelegt werden. Gleichzeitig solle in die Entwürfe mit aufgenommen werden, dass sie dem Bundesrechnungshof vorgelegt werden müssten.[280]

b) Die Entwürfe eines Gesetzes zur Reinhaltung der Bundeswasserstraßen (WaStrG) von Juli 1954 bis März 1955

aa) Inhalt (Belastung – Reinhalteordnung – Benutzungsbefugnisse – Beiräte – Alte Befugnisse – Entschädigungsverfahren – Strafbestimmungen)

Die Entwürfe eines Reinhaltegesetzes des BMV waren bis dato im IMA und von den anderen Ministerien immer wieder abgelehnt worden. Nachdem im IMA dennoch die Ausarbeitung zum Ressortentwurf verabredet worden war, legte das BMV einen völlig überarbeiteten Entwurf vor, welcher nunmehr mit „Gesetz zur Reinhaltung der Bundeswasserstraßen (WStrG)" überschrieben war. Der sehr umfangreiche Entwurf statuierte nunmehr eine umfassende Kompetenz des Bundes lediglich in Bezug auf die Bundeswasserstraßen. In der Begründung führte das BMV dementsprechend aus, dass der Entwurf keineswegs ein Rahmengesetz nach Art. 75 GG sei.[281] Vielmehr habe der Bund nach Art. 74 Nr. 21 GG im Rahmen der konkurrierenden Gesetzgebung die Kompetenz, alle Rechtsverhältnisse an den Bundeswasserstraßen zu ordnen. Er sei keineswegs auf die verkehrsrechtlichen Angelegenheiten beschränkt.[282] Den ins Einzelne gehenden Regelungen des Entwurfes stünde Art. 75 Nr. 4 GG auch nicht entgegen, da er einerseits über Art. 74 Nr. 21 GG hinausgehe, indem er alle Gewässer einschließe, andererseits aber auch enger sei, da er nur Rahmenvorschriften zulasse. Er sei daher nicht als lex specialis gegenüber Art. 74 Nr. 21 GG anzusehen.[283] Der Entwurf sei so gefasst, dass er zugleich die künftigen Rahmenvorschriften des Bundes über den Wasserhaushalt hinsichtlich der Reinhaltung der Bundeswasserstraßen vorweg ausfüllt. Die Fragen der Reinhaltung für den Bereich der Bundeswasserstraßen könne durch die Gesetzgebung der einzelnen Länder nicht

---

279 Vgl. Vermerk MR *Kumpf* (BWM) vom 08.06.1953, S. 1f.
280 Vgl. Vermerk des MR *Kumpf* (BWM) vom 29.09.1953.
281 Vgl. Begründung zum Entwurf vom 24.11.1954, Allgemeines S. 3.
282 Vgl. Begründung zum Entwurf vom 03.07.1954, Allgemeines S. 2.
283 Vgl. Begründung zum Entwurf vom 24.11.1954, Allgemeines S. 3.

wirksam geregelt werden, deshalb lägen die Voraussetzungen des Art. 72 Abs. 2 GG für eine Bundesgesetzgebung vor. Für die Verwaltungszuständigkeiten ergebe sich aus Art. 89 Abs. 2 S. 1 GG die Zuständigkeit der Behörden der Wasser- und Schifffahrtsverwaltung des Bundes zur Durchführung des Gesetzes.[284]

Der Entwurf war trotz 36 Paragraphen nicht untergliedert. Er sollte die Grundlagen für Maßnahmen schaffen, die der Reinhaltung der wichtigsten Gewässer des Bundesgebietes dienen und diese fördern und sichern. Im Blickpunkt standen dabei besonders die bedeutenden, der Hoheit des Bundes unterstehenden Bundeswasserstraßen. Der Entwurf beschränkte sich dementsprechend auf diese, um die bei ihnen am deutlichsten erkennbaren Gefahrenherde so schnell wie möglich auszuräumen.[285]

Nach § 1 galt das Gesetz daher für die...

„... Bundeswasserstraßen (Binnen- und Seewasserstraßen) einschließlich der im Eigentum des Bundes stehenden Häfen und Talsperren."

Erstmalig wurde das Gewässer dabei als lebendige Einheit betrachtet und von der Gesamtschau auf das Gewässer sollten sich die einzelnen Maßnahmen bestimmen. Neu war auch die Möglichkeit die zur Reinhaltung erforderlichen Maßnahmen entsprechend den Forderungen der neuzeitlichen Wasserwirtschaft großräumig durchzuführen.

Die Belastung der Gewässer

Für eine Gesamtschau der Gewässer war weiterhin die Belastung derselben maßgebend. Diese wurde, wie schon in den Vorentwürfen, in § 2 gesetzlich definiert. Zusätzlich zur Zuführung verunreinigender oder schädlicher Stoffe wurde die Entnahme von Wasser als Belastung des Gewässers einbezogen. Dies erschien notwendig, da die Entnahme von Wasser die verbleibende Reinwassermenge verringern und dadurch die Belastung durch Abwässer vergrößern würde.[286] Die vorhandene oder zu erwartende Belastung sowie ihre Auswirkung auf das Gewässer sollten ermittelt werden, um zusammen mit den am Gewässer zugelassenen Nutzungen oder künftig zuzulassenden Nutzungen sowie dem Gemeingebrauch im Verordnungswege Vorschriften über die Reinhaltung des Gewässers zu erlassen.[287]

---

[284] Vgl. Begründung zum Entwurf vom 03.07.1954, Allgemeines S. 2.
[285] Vgl. Begründung zum Entwurf vom 03.07.1954, Allgemeines S. 2.
[286] Vgl. Begründung zum Entwurf vom 03.07.1954, zu § 2 S. 4.
[287] Vgl. § 2 der Entwürfe vom 03.07.1954, 24.11.1954, 31.03.1955.

Die Reinhalteordnung

Die Reinhalteordnung war weiterhin der Hauptgesichtspunkt des Entwurfes. Ihr Ziel würde die Reinhaltung des Gewässers sein, soweit es die an dem Gewässer bereits zugelassenen und künftig zuzulassenden Nutzungen aller Art sowie der Gemeingebrauch erforderten. Die Reinhalteordnung sollte dafür festlegen, welche Mindestanforderungen an das Gewässer hinsichtlich der Menge und Beschaffenheit seines Wassers zu stellen sind, welche Wassermengen entnommen werden dürfen und welchen Bedingungen die zugeführten flüssigen, festen oder gasförmigen Stoffe hinsichtlich ihrer Menge und Beschaffenheit genügen müssen.[288] Sie würden demnach die Reinhaltungsmaßnahmen im Hinblick auf den Gesamtzustand des Gewässers anordnen. Dabei könnten an verschiedenen Gewässern auch verschiedene Reinheitsgrade anzusetzen sein. Ferner müssten sich Reinhalteordnungen nicht immer auf ein Gewässer als Ganzes beziehen, sondern könnten sich auch auf Teile eines Gewässers erstrecken.[289] Nach den ablehnenden Stellungnahmen der Beteiligten waren nunmehr bei der Vorbereitung der Reinhalteordnungen Beiräte gutachtlich zu hören. Diese sollten bei den höheren Wasserbehörden aus Kreisen wirtschaftlicher oder an Fragen der Wasserwirtschaft interessierter Organisationen gebildet werden.[290] Die erlassenen Reinhalteordnungen wirkten dann als Rechtsverordnung für und gegen jedermann, so dass sich jeder bei Ausübung des Gemeingebrauchs nach ihr zu richten habe. Die Inhaber von Nutzungsbefugnissen würden dagegen durch besondere Verfügungen aufzufordern sein, ihre Nutzungen an die Reinhalteordnungen anzupassen, da sie im einzelnen nicht übersehen könnten, ob und inwieweit sie durch ihre Nutzungen gegen die bestehende Reinhalteordnung verstoßen.[291] Auch der Gemeingebrauch konnte durch die Reinhalteordnungen nach Art und Umfang beschränkt werden. Reinhalteordnungen sollten von den Wasser- und Schifffahrtsdirektionen als höheren Wasserbehörden des Bundes erlassen werden.

Die Benutzungsbefugnisse

Der Entwurf eines Reinhaltegesetzes nahm zunächst eine Dreiteilung der Benutzungsbefugnisse für Gewässer vor, wobei durch das Gesetz nur solche Nutzungsbefugnisse erfasst wurden, welche das Einbringen oder Einleiten von Stoffen in ein Gewässer oder die Entnahme von Wasser vorsahen. Für die unterschiedlichen Arten der Nutzungen sollten anfangs entweder eine „Unbedenklichkeitserklärung“, eine „wasserrechtliche Erlaubnis“ oder eine „wasserrechtli-

---

288 Vgl. Begründung zum Entwurf vom 03.07.1954, Allgemeines S. 3.
289 Vgl. Begründung zu § 3 des Entwurfes vom 03.07.1954, S. 4.
290 Vgl. Entwürfe vom 24.11.1954, 31.03.1955.
291 Vgl. Begründung zu § 3 Abs. 4 des Entwurfes vom 03.07.1954, S. 4 f; Begründung zu § 3 Abs. 5 des Entwurfes vom 24.11.1954, S. 5.

che Verleihung“ beantragt werden.[292] Der Entwurf enthielt keinen Gemeingebrauch in Bezug auf das Einleiten oder Einbringen von Stoffen. Lediglich bei der Entnahme von Wasser war der Gemeingebrauch erwähnt, wobei sein Umfang nicht umrissen wurde. Das Gesetz statuierte in § 4 a. F.[293] ein allgemeines Verbot der Zuführung von Stoffen, die ein Gewässer verunreinigen oder eine schädliche Veränderung der Eigenschaften des Wassers zur Folge haben könnten. Eine der wenigen Ausnahmen sollte für die Schifffahrt gelten bei der Beseitigung der anfallenden Fäkal- und Abfallstoffe.[294] Der Entwurf schloss damit aus, dass kraft Gemeingebrauchs das in der Haushaltung und Wirtschaft entstehende Abwasser in einen Wasserlauf eingeleitet werden dürfe. Schon für diese „kleineren“ Nutzungen war die erleichterte Form der „Unbedenklichkeitserklärung“ (§ 5)[295] als Benutzungsform zu beantragen. Bei der weit stärkeren Inanspruchnahme des Gewässers durch die Einleitung oder Einbringung von Stoffen mittels Anlagen war dann die „wasserrechtliche Erlaubnis“ zu beantragen (§ 6)[296]. Wer aus einem Gewässer über den Gemeingebrauch hinaus mittels ober- oder unterirdischer Anlagen unmittelbar oder mittelbar Wasser zu einem nicht nur vorübergehenden Zweck entnehmen wollte, bedurfte schließlich der „wasserrechtlichen Verleihung“, wenn das Unternehmen ohne ein Recht am Wasser in wirtschaftlicher Weise nicht durchgeführt werden könnte (§ 11).[297]

Eine solche Dreiteilung der Benutzungsbefugnisse unter Ausgrenzung jeglichen Gemeingebrauchs, wurde nach der Überarbeitung des Entwurfes wieder aufgegeben. § 4 normierte nunmehr das Gebot, Stoffe, die das Wasser einer Bundeswasserstraße verunreinigen oder nachteilig verändern könnten, nur nach Maßgabe des Gesetzes zuzuführen.[298] Daher wurde ein Gemeingebrauch im Rahmen der vom Gesetz erfassten Gewässernutzungen letztlich zugelassen (§ 5).[299] So durfte nunmehr Abwasser, das lediglich

---

[292] Vgl. Entwurf vom 03.07.1954.
[293] Vgl. Entwurf vom 03.07.1954.
[294] Vgl. Begründung zu § 4 des Entwurfes vom 03.07.1954, S. 5; Diese Sonderregelung wurde mit Rücksicht auf die internationalen Regelungen am Rhein, die erst schrittweise im Einverständnis mit den übrigen Rheinuferstaaten an das vorliegende Gesetz angepasst werden könnten, und im Hinblick darauf, dass die technischen Möglichkeiten zur Beseitigung der auf Schiffen und schwimmenden Einrichtungen anfallenden verunreinigenden oder schädlichen Stoffe noch überprüft werden müssen, getroffen.
[295] Vgl. Entwurf vom 03.07.1954.
[296] Vgl. Entwurf vom 03.07.1954.
[297] Vgl. Entwurf vom 03.07.1954.
[298] Vgl. § 4 n. F. des Entwurfes vom 31.03.1955.
[299] Vgl. Entwürfe vom 24.11.1954, 31.03.1955.

„1. in der eigenen Haushaltung oder Wirtschaft oder
2. auf Schiffen, welche nicht nur vorübergehend zu anderen Zwecken als zur Schifffahrt verwendet werden (z. B. Wohnschiffen), oder
3. auf schwimmenden Einrichtungen, welche nicht nur vorübergehend festgemacht werden,“

im Rahmen des Gemeingebrauchs in eine Bundeswasserstraße eingeleitet werden, wenn eine solche Einleitung nach den bei Inkrafttreten des Gesetzes geltenden Vorschriften über den Gemeingebrauch zulässig war. Eine Erweiterung des Gemeingebrauchs darüber hinaus durch die Landesgesetzgebung sollte jedoch künftig nicht mehr möglich sein. Der Gemeingebrauch enthielt daher kein Recht zur Nutzung und konnte durch die Wasserbehörde von Auflagen abhängig gemacht, beschränkt oder untersagt werden.[300]

Für eine Nutzung über den Gemeingebrauch hinaus, bei der Zuführung von Stoffen oder der Entnahme von Wasser war nach der Neufassung des Entwurfes nunmehr eine „Zulassung“ dieser Gewässernutzung erforderlich (§ 6).[301] Auch die „Zulassung“ enthielt dabei kein Recht auf die jeweilige Nutzung. Sie beinhaltete, dass das öffentliche Wohl durch die Nutzung nicht beeinträchtigt werde und von Seiten der die Bundeswasserstraße verwaltenden Behörde keine Bedenken gegen die Nutzung bestünden. Die „Zulassung“ sollte jedoch nur erteilt werden, wenn dem Unternehmen ein bestimmter Plan zugrunde liege und Art, Maß und Zeiten der Nutzung geregelt würden. Insoweit wurde die Anpassung an den Entwurf eines Grundwasserschutzgesetzes des BWM deutlich, welcher die Benutzungsbefugnisse als erstes ausführlich regelte. Der Begriff des Unternehmens war jedoch nicht i.S.d. Gewerberechts zu verstehen. Er erfasste jedes Vorhaben, dass die Nutzung einer Bundeswasserstraße durch das Zuführen von Stoffen oder durch die Entnahme von Wasser vorsah; ein wirtschaftlicher Zweck war dabei nicht erforderlich.[302]
Um die „Zulassung“ einer Reinhalteordnung anzupassen, konnte sie beschränkt werden. Ferner bestand die Möglichkeit, sie zurückzunehmen, wenn die Fortsetzung der Nutzung das Gemeinwohl beinträchtigen würde und die Beeinträchtigung nicht durch nachträgliche Auflagen verhütet oder ausgeglichen werden könnte (§ 9)[303]. Ebenso konnte die Wasserbehörde nach pflichtgemäßem Ermes-

---

[300] Vgl. Begründung zu § 5 des Entwurfes vom 24.11.1954., S. 6f.
[301] Vgl. Entwürfe vom 24.11.1954, 31.03.1955.
[302] Der Begriff des Unternehmens wurde im Entwurf damit in gleicher Weise gebraucht, wie z.B. im Preußischen Wassergesetz. Vgl. Begründung zu § 6 des Entwurfes vom 24.11.1954, S. 8.
[303] Vgl. Entwurf vom 24.11.1954.

sen die „Zulassung“ mit Auflagen versehen, wenn andere Rechte durch sie gefährdet würden.[304]

Die durch die „Zulassung“ begründete Rechtsstellung genügte jedoch nicht im Ganzen den Bedürfnissen der Wirtschaft. Für einige Fälle schuf der Entwurf die Möglichkeit, dem Unternehmer für seine wasserwirtschaftlichen Nutzungen eine gesichertere Rechtsstellung einzuräumen, als sie die „Zulassung“ gab. Er normierte als zweite behördliche Benutzungsbefugnis die „wasserrechtliche Bewilligung“ anstelle der „Zulassung“. Die Erteilung einer Bewilligung war vor allem für zwei Fälle vorgesehen.

1. Für die Schaffung einer gesicherteren Rechtsstellung für Unternehmen, bei welchen die Errichtung der für die Nutzung notwendigen Anlagen mit hohem Kapitalaufwand verbunden wäre oder die nicht ohne das wasserwirtschaftliche Unternehmen betrieben werden könnten.
2. Für die Schaffung eines angemessenen Interessenausgleichs, wenn die Rechte anderer durch die beabsichtigte Nutzung so nachteilig betroffen würden, dass die Wasserbehörde einen Ausgleich der widerstreitenden Interessen nur in einem förmlichen Verfahren herbeiführen könne.

Die Erteilung einer „wasserrechtlichen Bewilligung“ setzte somit die Durchführung eines förmlichen Verfahrens (§ 13)[305] voraus, nach dessen Abschluss der Unternehmer eine Rechtsstellung erhalten sollte, die ihn von später geltend gemachten Ansprüchen aus dem bürgerlichen Recht (z. B. wegen Besitzstörung) schützt. Die Bewilligung sollte daher dem Unternehmer unter bestimmten Vorbehalten ein subjektiv öffentliches Recht auf die bewilligte Nutzung geben.[306] Dieses stand jedoch von vornherein unter dem Vorbehalt der Beschränkung und der Zurücknahme, wenn die Fortsetzung der bewilligten Nutzung das Gemeinwohl beeinträchtigen würde und die Beeinträchtigung nicht durch nachträgliche Auflagen verhütet oder ausgeglichen werden könnte (§ 15 Abs. 1)[307]. Eine Bewilligung enthielt nicht den Anspruch auf einen Zufluss von Wasser bestimmter Menge und Güte oder das Recht, Grundstücke Dritter in Anspruch zu nehmen.

Der Entwurf übernahm im Rahmen der Benutzungsbefugnisse die im Wasserrecht der Länder allgemein vertretene Rechtsauffassung, dass der Unternehmer dem Betroffenen, der durch eine bewilligte Nutzung Vermögensnachteile erleiden würde, volle Entschädigung leisten müsse, wobei der Vermögensschaden einschließlich des entgangenen Gewinns zu ersetzen war (§ 11).[308] Nicht zuletzt

---

[304] Vgl. Begründung zu § 6 des Entwurfes vom 24.11.1954, S. 7f.
[305] Vgl. Entwurf vom 24.11.1954; § 12 des Entwurfes v. 31.03.1955.
[306] Vgl. Begründung zu § 10 des Entwurfes vom 24.11.1954.
[307] Vgl. Entwurf vom 24.11.1954; § 14 Abs. 1 des Entwurfes vom 31.03.1955.
[308] Vgl. Entwurf vom 24.11.1954; § 18 des Entwurfes vom 31.03.1955..

war auch die Bewilligung des Reinhaltegesetzes nur befristet zu erteilen, jedoch nicht länger als für 30 Jahre (§ 10).[309]

Die Beiräte

Der Entwurf sah vor, dass vor Erlass einer Reinhalteordnung der Beirat der höheren Wasserbehörde zu hören sei (§ 3 Abs. 4).[310] Diese Beiräte sollten zur beratenden Mitwirkung beim Erlass von Reinhalteordnungen und bei der Erteilung von wasserrechtlichen Bewilligungen mit überörtlicher Bedeutung bei den höheren Wasserbehörden gebildet werden (§ 24).[311] Das Verfahren diente der Sicherstellung, dass Reinhalteordnungen und die überörtlichen wasserrechtlichen Bewilligungen erst nach sorgfältiger Abwägung aller wasserwirtschaftlichen und wirtschaftlichen Gesichtspunkte erteilt würden.[312] Als Mitglieder würden Vertreter wasserwirtschaftlicher Verbände, sowie der Industrie- und Handelskammern, der Landwirtschaftskammern, der Verbände der Städte und Gemeinden und dergleichen infrage kommen. Ihre genaue Zusammensetzung konnte im Hinblick auf ihre nur beratende Tätigkeit durch Rechtsverordnung geregelt werden. Unberührt ließ die Vorschrift die durch Art. 89 Abs. 3 GG vorgeschriebene Mitwirkung der Länder in Angelegenheiten der Wasserwirtschaft.[313]

Die alten Befugnisse

Der Entwurf verzichtete für bestimmte alte Nutzungsbefugnisse[314] darauf, diese auf eine „Zulassung" oder eine „wasserrechtliche Bewilligung" umzustellen. Dies lag darin begründet, dass diese Nutzungsbefugnisse bisher regelmäßig nur auf Grund förmlicher Verfahren entstanden waren und durch die ihnen gesetzten Auflagen und Bedingungen eine ausreichende Abgrenzung ihres Inhalts erkennen ließen. Um der Wasserbehörde jedoch einen Überblick über die vorhandenen alten Befugnisse zu geben, war es erforderlich, eine Anmeldepflicht für die alten Befugnisse gesetzlich festzulegen und im Falle der Nichteinhaltung die Unterlassung der Anmeldung zu einer Ordnungswidrigkeit zu erklären. Damit sollte die Anmeldung unbekannter Nutzungen erzwungen werden.[315] Der Ent-

[309] Vgl. Entwürfe vom 24.11.1954, 31.03.1955.

[310] Vgl. Entwurf vom 24.11.1954; § 3 Abs. 3 des Entwurfes vom 31.03.1955.

[311] Vgl. Entwurf vom 24.11.1954; § 27 des Entwurfes vom 31.03.1955.

[312] Vgl. Begründung zu § 24 des Entwurfes vom 24.11.1954, S. 14.

[313] Vgl. Begründung zu § 24 des Entwurfes vom 24.11.1954, S. 14.

[314] So für die Zuführung von Stoffen in eine Bundeswasserstraße über den Gemeingebrauch hinaus, auf Grund 1. einer unwiderruflichen Befugnis nach Landeswasser- oder Landesberggesetzen oder 2. einer Genehmigung nach § 16 der Reichsgewerbeordnung oder 3. eines sonstigen besonderen Rechtstitels (vgl. Entwurf vom 31.03.1955).

[315] Vgl. Begründung zu § 18 des Entwurfes vom 24.11.1954.

wurf sah eine Anmeldefrist von 2 Jahren nach dem Inkrafttreten des Gesetzes vor. Nicht angemeldete alte Befugnisse sollten nach Ablauf von 10 Jahren nach dem Inkrafttreten des Gesetzes nicht mehr ausgeübt werden dürfen, sofern sie nicht infolge Fristablaufs oder aus anderen Rechtsgründen schon vor diesem Zeitpunkt erloschen waren (§ 18 Abs. 2).[316] Auch die besonderen alten Befugnisse des § 18 konnten unter bestimmten Voraussetzungen beschränkt oder zurückgenommen werden, um sie den gegebenen wasserwirtschaftlichen Verhältnissen, vor allen den Reinhalteordnungen, anzupassen.

Für alle sonstigen alten Nutzungen[317] waren innerhalb von 2 Jahren nach dem Inkrafttreten des Gesetzes Anträge auf Erteilung einer „Zulassung" oder „wasserrechtlichen Bewilligung" zu stellen. Bis zur Entscheidung über diese Anträge sollten die Nutzungen weiter ausgeübt werden können. So kein Antrag gestellt wurde, durfte auch die Nutzung nach Ablauf der Frist nicht mehr ausgeübt werden (§ 19).[318]
Die hier erfassten Nutzungen waren hinsichtlich ihres Umfanges weniger scharf abgegrenzt und bedurften daher einer eingehenden Überprüfung, unter welchen Bedingungen diese Befugnisse weiter ausgeübt werden konnten. Daher musste die Einholung einer Zulassung oder einer wasserrechtlichen Bewilligung für die weitere Ausübung vorgesehen werden.[319]

Das Entschädigungsverfahren

Der letzte durch das BMV vorgelegte Entwurf vom 31.03.1955 regelte als Neuerung ausführlich das Entschädigungsverfahren bei der Beeinträchtigung von Rechten im Zuge des Bewilligungsverfahrens. Zunächst setzte die Grundsatznorm des § 18 fest, dass eine nach den Vorschriften des Gesetzes zu leistende Entschädigung den wirtschaftlichen Nachteil des Betroffenen auszugleichen habe, der durch die Beeinträchtigung seiner Rechtsstellung entstehe. In § 19 war daran anschließend das Entschädigungsverfahren geregelt. Danach hatte vor Festsetzung der Entschädigung die höhere Wasserbehörde auf eine gütliche Einigung der Beteiligten[320] hinzuwirken. Sollte es nicht zu einer Einigung kommen, hatte die höhere Wasserbehörde die Entschädigung durch schriftlichen Be-

---

316 Vgl. Entwurf vom 24.11.1954; § 16 Abs. 2 des Entwurfes vom 31.03.1955.
317 Erfasst waren vor allem Nutzungen auf Grund von Rechtsstellungen, die eine mindere Rechtsstellung gaben (z. B. auf Grund von wasserpolizeilichen Genehmigungen). Diese Nutzungen waren in der Regel jederzeit ohne Entschädigung widerruflich. Vgl. Begründung zu § 19 des Entwurfes vom 24.11.1954, S. 12.
318 Vgl. Entwurf vom 24.11.1954; § 17 des Entwurfes vom 31.03.1955.
319 Vgl. Begründung zu § 19 des Entwurfes vom 24.11.1954.
320 Beteiligte waren hierbei: der Betroffene, der Entschädigungspflichtige und Dritte, die an den Entschädigungsansprüchen Rechte haben.

scheid festzusetzen. Dem Verfahren folgten Regelungen über die Vollstreckung der Entschädigung (§ 20) und die Klage wegen Festsetzung der Entschädigung (§ 21). Der Entwurf verwies dabei hauptsächlich auf Regelungen der ZPO über die Vollstreckung von Urteilen in bürgerlichen Rechtsstreitigkeiten und die Regeln über die vorläufige Vollstreckbarkeit der §§ 713 bis 720 ZPO. Zusätzlich traf der Entwurf weitere Regelungen zum Verfahren bei Klagerhebung gegen die Entschädigung.[321]

Die Strafbestimmungen und Ordnungswidrigkeiten

Der Entwurf enthielt nach seiner Überarbeitung nunmehr Strafbestimmungen in § 26.[322] Danach waren Verstöße gegen das Verbot des Zuführens von Stoffen i.S.d. § 4, das unbefugte Zuführen von Stoffen mittels Anlagen in eine Bundeswasserstraße oder die Entnahme von Wasser aus einer solchen sowie der Verstoß gegen Auflagen oder Beschränkungen im Rahmen der Benutzungsbefugnisse mit Gefängnis und/oder Geldstrafe bis zu 100.000,- DM zu bestrafen, wenn dadurch das Leben oder die Gesundheit anderer gefährdet werden würden. Auch der Versuch war strafbar. Für eine fahrlässige Begehung der Straftat war eine Bestrafung mit Geldstrafe bis zu 50.000,- DM vorgesehen. Die Höhe der vorgesehenen Geldstrafen rechtfertigte sich sowohl aus der mit den Verstößen verbundenen Gefährdung des Lebens oder der Gesundheit anderer als auch aus dem Umstand, dass durch rechtswidriges Verhalten besondere Gewinne oder Ersparnisse erzielt werden könnten.[323] Der Strafrahmen deckte sich mit dem des § 4 Abs. 1 und 2 des Wirtschaftsstrafgesetzes.[324]

Nach § 27[325] waren alle Verstöße i.S.d. § 26 ohne die Gefährdung des Lebens oder der Gesundheit anderer Ordnungswidrigkeiten. Darüber hinaus handelte ordnungswidrig, wer gegen die Anmeldepflicht für alte Befugnisse verstieß, der Auskunftspflicht gegenüber den Behörden nicht nachkam oder einer Reinhalteordnung oder einer sonstigen Verordnung i.S.d. Gesetzes zuwiderhandelte. Die Verstöße konnten mit unterschiedlich hohen Geldbußen geahndet werden.

Als weitere Tatbestände wurden die Verletzung der Aufsichtspflicht (§ 28) [326] und der Verrat von Betriebsgeheimnissen (§ 29) [327] in den Entwurf eingeführt. Diese waren dem Entwurf eines Grundwasserschutzgesetzes des BWM ent-

---

321 So zur Gerichtszuständigkeit und Kostentragungspflicht.
322 Vgl. Entwurf vom 24.11.1954; § 29 des Entwurfes vom 31.03.1955.
323 Vgl. Begründung zu § 26 des Entwurfes vom 24.11.1954, S. 14.
324 Wirtschaftsstrafgesetz vom 09.07.1954 (BGBl. I S. 175).
325 Vgl. Entwurf vom 24.11.1954; § 30 des Entwurfes vom 31.03.1955.
326 Vgl. Entwurf vom 24.11.1954; § 31 des Entwurfes vom 31.03.1955.
327 Vgl. Entwurf vom 24.11.1954; § 32 des Entwurfes vom 31.03.1955.

nommen, welcher bereits entsprechende Vorschriften vorsah. Danach konnte der Inhaber oder Leiter eines Unternehmens, durch welches eine strafbare Handlung begangen worden war, mit einer Geldbuße von bis zu 10.000,- DM, belegt werden, wenn dieser seine Aufsichtspflicht verletzt hatte. Dieser Strafrahmen entsprach dem des § 4 Abs. 3 und § 5 des Wirtschaftstrafgesetzes.[328]
Die Strafbestimmung über den Verrat von Betriebsgeheimnissen war dem § 145a der Gewerbeordnung und dem § 377 des Preußischen Wassergesetzes nachgebildet. Hiernach würden Angehörige und Beauftragte der Wasserbehörden, die bei der Erteilung einer Zulassung oder wasserrechtlichen Bewilligung mitwirkten oder eine Nutzung beaufsichtigten, mit Gefängnis bis zu 6 Monaten und/oder mit Geldstrafe bestraft, wenn sie unbefugt Betriebsgeheimnisse offenbarten oder verwerteten, die ihnen bei ihrer Tätigkeit bekannt geworden waren. Handelte der Täter gegen Entgelt oder in der Absicht, sich oder einem Dritten einen rechtswidrigen Vermögensvorteil zu verschaffen oder jemanden einen Nachteil zuzufügen, so konnte auf Gefängnis bis zu 2 Jahren und daneben auf eine Geldstrafe erkannt werden.

bb) Stellungnahmen und Fortführung des Entwurfes

(1) Die Frage der Fortführung des Entwurfes

Nachdem der Entwurf eines Reinhaltegesetzes mehrfach überarbeitet worden war, legte das BMV ihn dem IMA zur Stellungnahme vor. Als dieser auf Grund des Kabinettsbeschlusses vom 16.02.1955[329] als erweiterter IMA seine Arbeit neu aufgenommen hatte, stand zunächst die grundsätzliche Frage zur Klärung, ob eine bundesrechtliche Regelung des Wasserrechts in einem Rahmengesetz getroffen werden sollte oder ob zunächst die von BWM, BMV und BMI vorbereiteten Einzelgesetzentwürfe dem Kabinett zur Beschlussfassung vorzulegen seien. In der 1. Sitzung am 09.03.1955 nahmen die Mitglieder des neuen erweiterten IMA hierzu Stellung.[330] Grundsätzlich wurde sich hierbei für die Erstellung eines Rahmengesetzes, welches sich auf Art. 75 Nr. 4 GG stütze, ausgesprochen. Für das Reinhaltegesetz galt nach Ansicht MD *Dr. Schiller* (BMV) etwas anderes. Die durch das Reinhaltegesetz zu regelnde Materie könne niemals durch eine Rahmengesetzgebung geregelt werden. Dem Bund stünde nach Art. 74 Ziff. 21 GG die umfassende Kompetenz an den Bundeswasserstraßen zu, denn wer die Aufgabe habe, sie zu verwalten (Art. 89 GG), der sei auch für die polizeilichen Maßnahmen verantwortlich. Der Gesetzentwurf des BMV könne

---

[328] Vgl. Begründung zu § 27 und 28 des Entwurfes vom 24.11.1954, S. 15.
[329] Vgl. Hollmann/ von Jena, Kabinettsprotokolle der Bundesregierung 1955, Band 8, 71. Sitzung, 16.02.1955, S. 143.
[330] Vgl. Protokoll Nr. 1 über die 1. Sitzung des erweiterten IMA am 09.03.1955 im Bundeshaus in Bonn.

in allernächster Zeit kabinettsreif sein. Der Entwurf stünde mit seinen Regelungen völlig neben der anderen Aufgabe, Rahmenvorschriften zu erlassen, die dann durch Landesgesetze funktionsfähig gemacht werden müssten. Er müsse unabhängig von einem Rahmengesetz zur Vorlage gebracht werden.[331] Dem stünden dann auch keine Hindernisse durch die Länder entgegen, da sich das Gesetz bewusst auf die Bundeszuständigkeit nach Art. 89 GG beschränke. Die Bundeswasserstraßen würden durch bundeseigene Behörden verwaltet, so dass für das Gesetz keine Zustimmungspflicht bestünde.[332]

MR *Dr. Witzel* (BELF) sprach sich gegen eine solche Sonderstellung des Reinhaltegesetzes aus. Das vom BMV erarbeitete Teilgesetz müsse in das Rahmengesetz mit hineingearbeitet werden, da auch Regelungen in Bezug auf die Bundeswasserstraßen eine Wasserhaushaltsfrage seien.[333] Des Weiteren äußerte er Bedenken ob der Zustimmungsfreiheit des Reinhalteentwurfes. MR *Ebersberg* (BMJ) hielt den Entwurf des BMV nach interner Überprüfung für nicht zustimmungsbedürftig, ebenso äußerten sich RR *Dr. Münch* (BMBR)[334] und Bundesminister *Kraft*, welcher abschließend feststellte, dass die Frage der Zustimmungsbedürftigkeit damit geklärt sei.[335]

Damit war jedoch nicht geklärt, wie mit dem Entwurf eines Reinhaltegesetzes weiter verfahren werden sollte. Der IMA war sich einig, dass der Entwurf den Ländern kurzfristig zur Stellungnahme zugestellt werden sollte. MD *Dr. Niehuß* (BMV) äußerte sich diesbezüglich zuversichtlich, dass der Entwurf bis Ende Mai, Anfang Juni 1955 kabinettsreif sei. Bundesminister *Kraft* stellte letztlich fest, dass die Diskussion über eine alleinige Fortführung des Reinhaltegesetzes ergeben habe, dass gegen die Vorwegnahme des Gesetzes außer beim BELF keine Bedenken bestünden. Die Reihenfolge der Gesetzesvorlagen wurde dann wie folgt festgelegt: zunächst sollte das Reinhaltegesetz des BMV und das Hygienegesetz des BMI und dann das Rahmengesetz des BELF eingebracht werden.[336]

(2) Das Reinhaltegesetz als Einzelgesetz des Bundes

In der am 03.05.1955 erfolgten Sitzung mit den Ländern zum Entwurf eines Reinhaltegesetzes wurde sehr deutlich, dass die Länder den vorgelegten Gesetzentwurf des BMV ablehnten. Stattdessen sprachen sie sich für eine alleinige

---

331 Vgl. Protokoll Nr. 1 der 1. Sitzung des erweiterten IMA am 09.03.1955, S. 4.
332 Vgl. Protokoll Nr. 1 der 1. Sitzung des erweiterten IMA am 09.03.1955, S. 5.
333 Vgl. Protokoll Nr. 1 der 1. Sitzung des erweiterten IMA am 09.03.1955, S. 4.
334 Bundesministerium für Angelegenheiten des Bundesrates.
335 Vgl. Protokoll Nr. 2 der 2. Sitzung des erweiterten IMA am 22.03.1955, S. 2.
336 Vgl. Protokoll Nr. 2 der 2. Sitzung des erweiterten IMA am 22.03.1955, S. 9.

Vorlage des Wasserhaushaltsgesetzes aus, ohne eine spätere Vorlage des Reinhaltegesetzes in Betracht zu ziehen. Da vor allem durch das BMV die Auffassung vertreten wurde, dass das Reinhaltegesetz ein Gesetz im Rahmen der Gesetzgebungskompetenz des Bundes sei, welches den durch das Wasserhaushaltsgesetz geschaffenen Rahmen für die Bundeswasserstraßen ausfülle, erhob sich die Frage, ob es nach Erlass des Wasserhaushaltsgesetzes überhaupt noch möglich und notwendig sei, das Reinhaltegesetz für die Bundeswasserstraßen zu verabschieden.[337]
MR *Ebersberg* (BMJ) bezweifelte, dass eine Zuständigkeit des Bundes nach Art. 74 Ziff. 21 GG für den Entwurf in der vorliegenden Fassung bestehe. Bundesminister *Kraft* hielt dagegen eine gleichzeitige Vorlage des Reinhaltegesetzes mit dem Wasserhaushaltsgesetz für denkbar mit der ausdrücklichen Erklärung, dass das Reinhaltegesetz lediglich als Ergänzung und Ausfüllung des Wasserhaushaltsgesetzes hinsichtlich der Bundeswasserstraßen anzusehen sei.
MD *Dr. Niehuß* (BMV) sprach sich jedoch gegen eine solche Verknüpfung des Reinhaltegesetzes mit dem Wasserhaushaltsgesetz aus. Er glaube nicht, dass der Entwurf des BELF noch in der bestehenden Legislaturperiode Gesetz werden könne.[338] Das Reinhaltegesetz müsse allein weiterbetrieben werden.

Nach der erneuten Sitzung mit den Ländern am 12.05.1955 war sich der IMA nunmehr einstimmig klar geworden, dass mit Vorrang der nun zu besprechende Entwurf des BELF behandelt werden müsse. Damit sollten das Reinhaltegesetz und das Grundwasserschutzgesetz „in der Schublade“ bleiben. Angesichts der ablehnenden Haltung der Länder zu einem Einzelgesetzentwurf sei es nicht ratsam, ihnen den Entwurf eines Reinhaltegesetzes als Einzelgesetz weiter aufzudrängen. Das BMV und BWM waren sich nichtsdestoweniger darüber einig, ihre Gesetzentwürfe fertig zu stellen, um im Falle des Scheiterns des Wasserhaushaltsgesetzes ihre Entwürfe vorlegen zu können.[339] Nachdem der IMA beschlossen hatte den Wasserhaushaltsgesetzentwurf vorzuziehen und kabinettsreif zu machen, fragte MD *Dr. Niehuß* (BMV) an, ob sein Ministerium am Reinhaltegesetzentwurf nebenher weiterarbeiten könne, bis die Äußerungen der Länder zum Entwurf kämen. Dies wurde unter der Bedingung zugesagt, dass das BMV so schnell wie möglich seine Bestimmungen für das Wasserhaushaltsgesetz vorschlage.[340] Das BMV führte daraufhin die Arbeiten am Entwurf eines Reinhaltegesetzes fort.

---

[337] Vgl. Protokoll Nr. 3 der 3. Sitzung des erweiterten IMA am 10.05.1955, S. 6.
[338] Vgl. Protokoll Nr. 3 der 3. Sitzung des erweiterten IMA am 10.05.1955, S. 6 f.
[339] Vgl. Protokoll Nr. 4 der 4. Sitzung des erweiterten IMA am 17.05.1955.
[340] Vgl. Protokoll Nr. 4 der 4. Sitzung des erweiterten IMA am 17.05.1955, S. 5.

2. Das Gesetz zur Reinhaltung der Bundeswasserstraßen (WStrG)

In seiner 22. Sitzung am 20.09.1955 beschloss der IMA, dass das Gesetz über die Reinhaltung der Bundeswasserstraßen erst dem Kabinett vorgelegt werden sollte, wenn das Wasserhaushaltsgesetz den Bundesrat im ersten Durchgang passiert habe.[341] Nach der Annahme des Wasserhaushaltsgesetzes brachte die Bundesregierung dann den Entwurf eines Gesetzes zur Reinhaltung der Bundeswasserstraßen ein.[342] Dies wurde vom Bundestag auch angenommen.[343] Das Gesetz wiederholte, soweit es sich um die Reinhaltung handelte die Vorschriften des WHG, ergänzte diese jedoch durch Ausfüllungsvorschriften und die erforderlichen Verfahrensvorschriften. Es sollte die Grundlagen für Maßnahmen schaffen, welche die Reinhaltung der wichtigsten Gewässer des Bundesgebietes fördern und sichern. Das Gesetz erfasste alle Binnen- und Seewasserstraßen des Bundes sowie die im Eigentum des Bundes stehenden Häfen und Talsperren, die den Zwecken der Bundeswasserstraßen dienten (§ 1 WStrRG). Es ermächtigte den Bundesminister für Verkehr, durch Rechtsverordnung Reinhalteordnungen zu erlassen, welche der schädlichen Veränderung von Bundeswasserstraßen in ihrer physikalischen, chemischen oder biologischen Beschaffenheit begegnen sollten (§§ 2, 3 WStrRG). Weiterhin war eine Erlaubnis- und Bewilligungspflicht für die Entnahme von Wasser und das Zuführen von Stoffen vorgesehen (§ 4 WStrRG). Das Gesetz wurde durch die Behörden der Wasser- und Schifffahrtsverwaltung des Bundes durchgeführt (§ 36 WStrRG) und trat am 01.10.1960 in Kraft.

Da schon während der Besprechungen des Entwurfes eines Wasserhaushaltsgesetzes seitens der Länder starke Kritik an den Vorschriften betreffend die Verwaltungszuständigkeit des Bundes an den Bundeswasserstraßen geübt wurde, kam es letztlich zu einem Normenkontrollverfahren, welches von Bayern, Nordrhein-Westfalen, Baden-Württemberg und Hessen in einem gemeinsamen Verfahren geführt wurde. Die Antragsteller beantragten gemäß Art. 93 Abs. 1 Nr. 2 GG, § 13 Nr. 6 und § 76 Nr. 1 BVerfGG festzustellen, dass das Gesetz zur Reinhaltung der Bundeswasserstraßen vom 17.08.1960 mit dem Grundgesetz nicht vereinbar und daher nichtig sei.[344] Zur Begründung führten sie aus, dass dem Bund nach Art. 74 Nr. 21 GG die Gesetzgebungskompetenz nur für solche Vorschriften zustehe, welche sich auf die Wasserstraßen als Verkehrswege und den Verkehr auf diesen beziehen. Eine Kompetenz bestünde nicht für die Regelung der allgemeinen wasserwirtschaftlichen Funktionen der Bundeswasserstra-

---

341 Vgl. Beschlussprotokoll über die 22. Sitzung des erweiterten IMA am 20.09.1955, S. 4.

342 Vgl. Schreiben des Stellvertreters des Bundeskanzlers *Blücher* vom 14.09.1956 an den Präsidenten des Bundesrates; BR-Drucks. 325/56.

343 Gesetz vom 17.08.1960, BGBl. II S. 2125.

344 Vgl. BVerfGE 15, 1 (4).

ßen als Wasserspender und Vorfluter. Der Bund habe daher ein Gesetz, das die wasserwirtschaftliche Nutzung der Bundeswasserstraßen im Interesse ihrer Reinhaltung in mengen- und gütemäßiger Hinsicht vollständig regele, ohne entsprechende Kompetenz erlassen. Der Bund besitze hierfür lediglich die Rahmenkompetenz nach Art. 75 Ziff. 4 GG.[345] Da ihm danach keine umfassende Gesetzgebungskompetenz zustehe, komme ihm auch eine entsprechende umfassende Verwaltungskompetenz nicht zu, da das Grundgesetz eine Ausführung von Landesgesetzen durch Bundesbehörden nicht zulasse.[346] Das Bundesverfassungsgericht erklärte daraufhin das Gesetz durch Urteil vom 30.10.1962 für nichtig, weil die Gesetzgebungszuständigkeiten des Bundes nach Art. 74 Ziff. 21 GG sich nur auf Verkehrsangelegenheiten beziehe und keine andere Bestimmung des Art. 74 GG anwendbar sei.[347]

Im Rahmen dieser durch das Bundesverfassungsgericht gegebenen Zuständigkeit des Bundes wurde am 02.04.1968 das Bundeswasserstraßengesetz (WaStrG) erlassen.[348] Es erstreckt sich auf die dem allgemeinen Verkehr dienenden Binnenwasserstraßen des Bundes und, soweit es um die Regelung von wasserwegerechtlichen Fragen geht, auf die Seewasserstraßen.[349]

IV. Der Entwurf eines Gesetzes zur Förderung der Hygiene der Wasserversorgung und Abwasserbehandlung (Wasser- und Abwasserhygienegesetz) des Bundesinnenministeriums

Die Bereitstellung von ausreichendem und einwandfreiem Trink- und Brauchwasser sowie die Ableitung und Reinigung des verbrauchten Wassers (Abwasser) war und ist Voraussetzung für die Gesunderhaltung der Bevölkerung und für jede wirtschaftliche Tätigkeit. Nach dem Ende des Krieges hatten diese Voraussetzungen enorm an Bedeutung gewonnen. Die Überbevölkerung, vor allem Westdeutschlands, durch Flüchtlinge und Vertriebene machte die Wasserversorgung und Abwasserbehandlung bis in kleinste Gemeinden hinein zur vordringlichsten Aufgabe.[350] Nach der Gründung des IMA am 04.05.1948 durch die Verwaltung für Verkehr, die Verwaltung für Wirtschaft und die Verwaltung für

---

345 Vgl. Antragsbegründung BVerfGE 15, 1 (5).

346 Vgl. BVerfGE 15, 1 (5).

347 Vgl. BVerfGE 15, 1 (7).

348 BGBl. 1968 II, S. 173.

349 Vgl. VG Oldenburg NJW 1989, 2489 (2490); Czychowski, WHG, 7. Auflage, Einl. S. 46.

350 Vgl. Denkschrift über die Vertretung des Trink-, Brauch- und Abwasserwesens im Wirtschaftsministerium der Bundesrepublik Deutschland vom 15.11.1949, S. 1; unterzeichnet durch die Abwassertechnische Vereinigung, die Arbeitsgemeinschaft der Verbände der Gas- und Wasserwerke, dem Deutschen Verein von Gas- und Wasserfachmännern und der Technischen Vereinigung der Firmen im Gas- und Wasserfach.

Ernährung, Landwirtschaft und Forsten war zunächst die Verwaltung für Wirtschaft mit der Trink- und Brauchwasserversorgung und dem gesamten Abwasserwesen in Stadt und Land, inkl. der Trinkwassertalsperren, betraut worden.[351]
In einer Denkschrift äußerten sich einige wasserwirtschaftliche Verbände[352] zustimmend zu dieser Zuständigkeitsverteilung. Ihrer Ansicht nach gehörten Wasserversorgung und Abwasserbeseitigung ohne Zweifel in das Wirtschaftsministerium.[353] Sie hielten es für unbedingt notwendig, dass die Bearbeitung aller die Wasserversorgung und die Abwasserbeseitigung betreffenden Fragen beim Bundeswirtschaftsministerium erfolge und diese Aufgabe unter keinen Umständen an andere Fachministerien abgegeben werden dürfe.[354] Nur im BWM sei die enge Verbindung mit den wirtschaftlichen Belangen vorhanden, die die Entwicklung der Wasserwirtschaft maßgebend beeinflussen. Auf der 2. Sitzung des IMA am 18.10.1949 wurde beschlossen, dennoch das BMI zu den Beratungen in Bezug auf Hygienefragen hinzuzuziehen.[355]
Das BMI trat dann in der 3. IMA-Sitzung am 18.01.1950 dem IMA und der Vereinbarung der drei Verwaltungen bei.[356] Der Leiter der Medizinalabteilung des BMI MD *Dr. Redeker* war zunächst wenig erfreut über die zusätzlichen internen Zuständigkeitsverschiebungen, die durch die VELF und die VfV vorgenommen worden waren. Er versuchte in den folgenden IMA-Sitzungen, diese Zuständigkeiten in ihrer Bedeutung wieder herabzusetzen, jedoch ohne Erfolg.[357]
Für die Schaffung von Hygienevorschriften und die Regelung aller Fragen der Wasserversorgung und Abwasserbeseitigung auf Grund des Art. 74 Ziff. 19 GG hielt die Medizinalabteilung des BMI allein das BMI für zuständig. Die beim BWM vertretenen technischen und wirtschaftlichen Belange wollte das BMI dagegen als nachgeordnet angesehen wissen.[358] Da der IMA zunächst die grundsätzliche Frage der Art der Bundeswassergesetzgebung klären wollte, wurden

---

351 Vgl. Vereinbarung der Vertreter von VELF, VfW und VfV vom 04.05.1948 Punkt 4 (BA Koblenz B 102/14103, Heft 1).

352 Abwassertechnische Vereinigung, Arbeitsgemeinschaft der Verbände der Gas- und Wasserwerke, Deutscher Verein von Gas- und Wasserfachmännern, Technische Vereinigung der Firmen im Gas- und Wasserfach.

353 Vgl. Denkschrift über die Vertretung des Trink-, Brauch- und Abwasserwesens im Wirtschaftsministerium der Bundesrepublik Deutschland vom 15.11.1949, S. 3.

354 Vgl. Denkschrift über die Vertretung des Trink-, Brauch- und Abwasserwesens im Wirtschaftsministerium der Bundesrepublik Deutschland vom 15.11.1949, S. 4.

355 Vgl. Sitzungsprotokoll der 2. Sitzung des IMA am 18.10.1949, S. 1 (BA Koblenz B 142/1109).

356 Vgl. Sitzungsprotokoll der 3. Sitzung des IMA am 18.01.1950 (BA Koblenz B 142/1109).

357 Vgl. Vermerk des MR *Kumpf* (BWM) vom 23.06.1952, S. 6.

358 Vgl. Vermerk des MR *Kumpf* (BWM) vom 23.06.1952, S. 6.

zunächst das BELF, das BWM und das BMV mit der Ausarbeitung von Teilgesetzen zur Wasserversorgung und Reinhaltung beauftragt.[359]

Nichtsdestotrotz begann die Medizinalabteilung des BMI, ohne vorher den IMA zu hören, mit der Ausarbeitung eines eigenen Entwurfes eines Hygienegesetzes unter Mitarbeit des Robert-Koch-Instituts für Hygiene und Infektionskrankheiten Berlin. Hierbei nahm es die vom DVGW erarbeiteten Leitsätze für die Trinkwasserversorgung zur Hilfe. Der DVGW hatte bereits 1946 Leitsätze für die Trinkwasserversorgung in 29 Punkten ausgearbeitet.

Dazu zählten u. a.:

- A: unerlässliche hygienische Anforderungen an Trink- und Hauswirtschaftswasser (keine Krankheitserreger)
- B: unter besonderen Umständen Ausnahmen zulassende Eigenschaften (z. B. Appetitlichkeit)
- C: Planung von Sammelwasserversorgungsanlagen (Feststellung des Wasserbedarfs)
- D: Bau (hygienisch korrekte Bauten)
- E: Betrieb (Wasserwerk muss sich an Leitsätzen orientieren)
- F: Eigenwasserversorgungen (einwandfreies Wasser gewährleisten, Fachleute heranziehen)
- G: Überwachung (der Wasserwerke)[360]

Diese Leitsätze dienten dem BMI vor allem für die Festlegung der Bedingungen, die das Trinkwasser erfüllen musste.

1. Die Entwürfe des Bundesinnenministeriums und ihre Konzeption

a) Die Entwürfe eines Gesetzes über die Errichtung und gesundheitliche Überwachung von Anlagen zur Trink- und Brauchwasserversorgung und zur Abwässerbeseitigung von 1951 bis Ende 1952

aa) Inhalt (Wasserversorgung – Trinkwasser – Sicherung der Wasserversorgung)

Der durch das BMI zunächst erarbeitete Entwurf eines Hygienegesetzes vom 19.07.1951 war durch das Robert-Koch-Institut für Hygiene und Infektionskrankheiten Berlin überarbeitet worden. Der fertige Entwurf enthielt zunächst 12 Paragraphen, welche ausschließlich die Führung von Wasserversorgungsanlagen

---

359 Vgl. Vermerk des MR *Kumpf* (BWM) vom 23.06.1952, S. 4.

360 Vgl. Leitsätze für die Trinkwasserversorgung vom DVGW 1946 (BA Koblenz B 142/1096).

unter dem Gesichtspunkt der Trinkwasserversorgung regelten. Er enthielt keine Regelungen über das Verfahren mit Abwässern in Bezug auf ihre Beseitigung.

Die Wasserversorgung

So wurde zunächst festgelegt, dass öffentliche Wasserversorgungsanlagen, aus denen Trink- und Hausgebrauchswasser abgegeben würde, vor Inbetriebnahme der Genehmigung der höheren Verwaltungsbehörde bedürfen. Diese würde dann die Bedingungen festlegen, unter denen Trinkwasser abgegeben werden dürfe (§ 1).[361] Die weiteren Vorschriften befassten sich mit der notwendigen Beschaffenheit einer Anlage zur Trinkwasserversorgung. Diese hatte so aufgebaut zu sein, dass einwandfreies Trinkwasser nicht verschlechtert und nicht einwandfreies Wasser in verwendbares Wasser umgewandelt würde (§ 2). Zusätzlich musste sie über einen entsprechend großen Schutzbezirk verfügen (§ 3).
Für Neubauten, die nicht durch Einzelbrunnen versorgt werden würden, sollte die Erteilung der Baukonzession an die Sicherstellung des Anschlusses an eine genehmigte Wasserversorgung geknüpft werden (§ 4).

Das Trinkwasser

Nach dem Entwurf konnte das Grund-, Quell- und Oberflächenwasser als Trinkwasser verwendet werden (§ 5). Entsprechend den DVGW-Richtlinien waren die elementaren Anforderungen an Trinkwasser in § 6 niedergelegt worden. Dazu gehörte die Freiheit von Krankheitserregern, die Verfügbarkeit in ausreichender Menge, keine Überschreitung bestimmter Höchstgrenzen beim Gehalt an Calcium- und Magnesiumsalzen, Eisen, Mangan, Blei, Zink und Kupfer. Zusätzlich musste das Wasser gleichmäßig kühl, farblos klar, frei von fremdartigem Geschmack und Geruch sein. Zudem war das Oberflächenwasser stets mit einer ausreichenden Chlorung zu versehen. Bei Quell- und Grundwasser bestand diese Notwendigkeit nur, wenn Verdacht auf eine Verunreinigung des Wassers bestünde (§ 7).[362]

Die Sicherung der Wasserversorgung

Zur Sicherung der Versorgung mit Trinkwasser schrieb der Entwurf mehrere Überwachungsmaßnahmen vor. Zunächst sollte die Überwachung der Versorgungsanlage durch einen Hygienischen Beirat unter Leitung eines Amtsarztes erfolgen. Die Überwachung erstreckte sich dabei auf die Umgebung der Anlage,

---

[361] Vgl. Entwurf eines Hygienegesetzes vom 19.07.1951 (BA Koblenz B 142/72, Akte: 4245-05).

[362] Vgl. Entwurf vom 19.07.1951 (BA Koblenz B 142/72, Akte: 4245-05).

die Anlage selbst, einschließlich Wassergewinnung, Fassung, Zuleitung, Verteilung, Entnahme und den Betrieb (§ 8).
Im Rahmen der Überwachung sollte mindestens zweimal jährlich, bei drohender Gefahr oder Verdacht einer Verunreinigung sofort, eine amtliche Besichtigung der Anlage durch den Hygienischen Beirat unter Zuziehung entsprechender Sachverständiger erfolgen. Zusätzlich hatte einmal im Monat eine bakteriologische und mindestens alle 6 Monate eine chemische Untersuchung des Wassers in einem staatlichen Medizinaluntersuchungsamt zu erfolgen (§ 9).
Wenn bei diesen Untersuchungen dann Mängel in der Anlage oder im Trinkwasser festgestellt würden, dann wären diese sofort zu beseitigen, ggf. unter Sperrung der Anlage bis zur Beseitigung des Mangels (§ 10).

bb) Überarbeitung und Erweiterung des Regelungsinhalts

(1) Die Entwürfe eines Trink- und Brauchwassergesetzes und eines Gesetzes für Abwasseranlagen

Der Entwurf vom 19.07.1951 unterlag im weiteren Verlauf mehreren Überarbeitungen. So versuchte das BMI im Entwurf vom 29.10.1951 in § 1 eine Definition des Trinkwassers aufzunehmen.[363] Diese wurde dann jedoch wieder gestrichen.
Der Entwurf wurde inhaltlich ausführlicher formuliert und enthielt 15 Paragraphen. Änderungen der gesetzlichen Regelungen erfolgten jedoch nicht. Neu eingefügt wurden Verfahrensbestimmungen über die für die Maßnahmen i.S.d. Gesetzes zuständigen Behörden.[364]
In Fortführung des Entwurfes beruhte die Fassung vom 02.11.1951 auf Art. 74 Ziff. 19 und 20 GG. Sie war ausführlicher und präziser formuliert worden. In den nunmehr 13 Paragraphen waren die hygienische Überwachung des Trinkwassers und seine keimfreie Aufbereitung stärker hervorgehoben. Sie bildeten die Grundlage für die Genehmigung einer Wasserversorgungsanlage. Des Weiteren war der Anschluss an eine solche genehmigte Wasserversorgungsanlage weiterhin Voraussetzung für den Neubau von Wohnhäusern zur Sicherstellung der ausreichenden Versorgung mit einwandfreiem Trink- und Brauchwasser.[365]

Zusätzlich erarbeitete das BMI einen zweiten Entwurf über die gesundheitliche Überwachung von Abwasserbeseitigungsanlagen. Dieser enthielt 11 Paragra-

---

[363] „Trinkwasser i.S.d. Gesetzes ist Wasser, das dazu bestimmt ist, in rohem Zustand oder nach Be- oder Verarbeitung von Menschen oder Tieren genossen oder zu häuslichen Gebrauchszwecken verwendet zu werden." (Vgl. Entwurf vom 29.10.1951, § 1; BA Koblenz B 142/72, Akte: 4245-05).
[364] Vgl. § 14 des Entwurfes vom 29.10.1951 (BA Koblenz B 142/72, Akte: 4245-05).
[365] Vgl. Entwurf vom 02.11.1951 (BA Koblenz B 142/72, Akte: 4245-05).

phen und regelte ausschließlich die Überwachung und Beschaffenheit von Abwasseranlagen. Er begann zunächst in § 1 mit einer Definition des Abwassers. Abwasser war danach:

„... alles Wasser, das durch die Benutzung im Haushalt, in Wirtschafts-, Gewerbe- oder Industriebetrieben Veränderungen der natürlichen Beschaffenheit erfahren hat, durch die es zu allgemeinen hygienischen Missständen oder zu gesundheitlichen Gefahren für Menschen und Tiere führen kann."

Weiterführend wurde der Grundsatz festgelegt, dass jeder, der Abwasser erzeuge, es so zu beseitigen habe, dass hierdurch allgemein-hygienische Missstände und gesundheitliche Gefahren vermieden würden (§ 2). Sämtliche Abwasseranlagen sollten der Genehmigung der höheren Verwaltungsbehörde bedürfen. Gleiches galt für ihre Änderung und Erweiterung. Die weiteren Vorschriften befassten sich daran anschließend mit der notwendigen Überwachung bestehender Anlagen und die zu treffenden Maßnahmen beim Auftreten von Mängeln. Zusätzlich wurde eine Pflicht der Gemeinden statuiert, Abwasserbeseitigungsanlagen zu errichten, zu erweitern, abzuändern und zu betreiben.[366]

(2) Die Zusammenfassung der Entwürfe über Trink- und Brauchwasser und Abwasserbeseitigung (Trinkwasserversorgung – Abwasserbeseitigung – Schlussbestimmungen)

Das BMI fasste beide Teilentwürfe über die Trinkwasserversorgung und Abwasserbeseitigung in seinem neuen Entwurf eines Gesetzes über die gesundheitliche Überwachung von Anlagen zur Trink- und Gebrauchswasserversorgung und zur Abwasserbeseitigung vom 18.03.1952 zusammen. Dieser neu überarbeitete Entwurf gliederte sich in 3 Abschnitte (Trinkwasserversorgung, Abwasserbeseitigung und Schlussbestimmungen) und enthielt 18 Paragraphen.

Die Trinkwasserversorgung

Der Abschnitt über die Trinkwasserversorgung begann in § 1 mit der Genehmigungspflicht für Trink- und Gebrauchswasseranlagen und enthielt dazu eine Definition dieser Anlagen. Unter den Anwendungsbereich des Gesetzes fielen danach:

---

[366] Vgl. § 10 des Entwurfes eines Abwassergesetzes von 1952 (BA Koblenz B 142/72, Akte: 4245-05).

„... mit Ausnahme der Einzelanlagen (Brunnen) alle Anlagen, die zur Versorgung von Menschen mit Trink- und Gebrauchswasser bestimmt sind und nicht ausschließlich technischen Zwecken dienen."[367]

Die folgenden Vorschriften waren weitestgehend aus dem Teilentwurf eines Trinkwassergesetzes entnommen. Inhaltliche Erweiterungen waren nicht erfolgt. Neu hinzugefügt worden war eine Vorschrift über das Tragen von Kosten in Bezug auf das Verfahren bei Trinkwasserversorgungsanlagen.

Die Abwasserbeseitigung

Auch der Abschnitt zur Abwasserbeseitigung enthielt die Regelungen des Teilentwurfes eines Abwassergesetzes. Als einzige Neuerung war ebenfalls eine Kostenvorschrift eingefügt worden.

Die Schlussbestimmungen

Die Schlussbestimmungen des Gesamtentwurfes enthielten erstmalig Maßnahmen bei Zuwiderhandlungen gegen die Vorschriften des Gesetzes. So konnte gegen den Leiter einer Anlage, der zur Unterhaltung der Trink- und Gebrauchswasser oder Abwasserbeseitigungsanlage verpflichtet war, eine Ordnungsstrafe bis zu 300,- DM verhängt werden.[368] Weiterhin waren der Erlass von Durchführungsverordnungen, die Berlin-Klausel und das Inkrafttreten geregelt.

(3) Die Überarbeitung des Wasser- und Abwassergesetzes

Der neue Gesamtentwurf eines Wasser und Abgabengesetzes unterlag dann weiteren Überarbeitungen. Mit der Fassung des Entwurfes vom 16.04.1952 ging eine Umstrukturierung des Entwurfes einher, die eine neue Unterteilung in 5 Abschnitte und insgesamt 25 Paragraphen mit sich brachte.
Der Entwurf begann zunächst in § 1 mit der Aufgabe des Gesetzes als Grundsatznorm. Diese lag darin,

„... gesundheitswidrige Verhältnisse der Anlagen rechtzeitig festzustellen und zu beseitigen, sowie zu verhindern, dass gesundheitlich bedenkliche Einzel- und Zentralanlagen errichtet werden."[369]

Daran anschließend begann der Abschnitt über Zentrale Trinkwasserversorgungsanlagen, der die Vorschriften für Trinkwasseranlagen aus dem Vorentwurf

---

[367] Vgl. § 1 des Entwurfes vom 18.03.1952 (BA Koblenz B 142/72, Akte: 4245-05).
[368] Vgl. § 15 des Entwurfes vom 18.03.1952 (BA Koblenz B 142/72, Akte: 4245-05).
[369] Vgl. Entwurf vom 16.04.1952, § 1 (BA Koblenz B 142/72, Akte: 4245-05).

übernahm. Diese waren lediglich ausführlicher formuliert und umgestellt worden. Neu hinzugekommen war eine Regelung, nach der in solchen Anlagen angestellte Personen vor ihrer Einstellung und dann zweimal im Jahr auf das Freisein von Typhus, Paratyphus und Ruhrerregern untersucht werden sollten.[370] Dem schloss sich in unveränderter Form der Abschnitt über Zentrale Abwasserbeseitigungsanlagen an. Neu eingefügt war anschließend ein Abschnitt über Einzelanlagen. Hierzu zählten im Rahmen der Trink- und Gebrauchswasserversorgung Zisternen, Schacht- oder Raumbrunnen und im Rahmen der Abort- und Hauskläranlagen Anlagen, die nach dem Gruben- und Brunnensystem eingerichtet waren. Für diese Anlagen waren ähnliche Vorschriften wie bereits für die Trinkwasserversorgungsanlagen und die Abwasserbeseitigungsanlagen getroffen worden. Die notwendige Überwachung dieser Anlagen sollte durch das Gesundheitsamt erfolgen.[371]

Im vierten Abschnitt waren gemeinsame Vorschriften verankert worden. Diese regelten Bedingungen bei der Neuerrichtung von Wohnhäusern, in Bezug auf die Sicherstellung der Wasserversorgung und -beseitigung sowie die Durchführungsverordnungen. Zusätzlich war die Verpflichtung der Anlagenbesitzer oder -leiter eingefügt worden, den Zutritt zu ihren Grundstücken zwecks Überwachung durch die Behörden zu gewährleisten.[372] Den Abschluss bildete Abschnitt 5 mit den Straf- und Schlussbestimmungen.

Dieser Gesamtentwurf war noch mehrfach, vor allem redaktionell, überarbeitet worden. Neu eingefügt wurde eine Vorschrift, die Gesetze aufzählte, die durch das Wasser- und Abwasserhygienegesetz unberührt bleiben sollten. Nach der Fertigstellung der überarbeiteten Fassung des Entwurfes vom 06.10.1952 wurde der Entwurf eines Wasser- und Abwasserhygienegesetzes an die Länder zur Stellungnahme übersandt. Eine weitere Überarbeitung erfolgte dann noch einmal im Dezember, wonach der Entwurf vom 15.12.1952 dann u. a. an Prof. *Dr. Gieseke* zur gutachtlichen Stellungnahme übersandt wurde.[373]

cc) Stellungnahmen und weitere Vorgehensweise

Die Abwassertechnischen Vereinigung (ATV) hatte am 17.01.1953 zusammen mit ihrem Vorstand und dem Wasserrechtsausschuss unter Leitung von *Dr. Prüß* als Vorstandsvorsitzendem über die weitere Entwicklung des Wasserrechts beraten. Zu der Sitzung war u. a. auch das BMI (*Dr. Bernhard*) geladen worden. *Dr. Bernhard* vertrat für das BMI den Hygiene-Entwurf. Gegen den Entwurf erhob vor allem die Abwasserwirtschaft grundsätzliche Einwendungen hinsichtlich der

---

370 Vgl. § 7 des Entwurfes vom 16.04.1952 (BA Koblenz B 142/72, Akte: 4245-05).

371 Vgl. Entwurf vom 16.04.1952 (BA Koblenz B 142/72, Akte: 4245-05).

372 Vgl. § 18 des Entwurfes vom 16.04.1952 (BA Koblenz B 142/72, Akte: 4245-05).

373 Vgl. Entwürfe vom Mai, Juli, Oktober und Dezember 1952 (BA Koblenz B 142/72, Akte: 4245-05).

Verantwortungsteilung zwischen Unternehmern und Behörden und die Anforderungen an das aus Kläranlagen abzuleitende Abwasser.[374] Ebenso gehe der Entwurf in seinen Anforderungen an die Eigenschaften von Trinkwasser zu weit.[375] Auch das BWM hatte ähnliches gegenüber dem BMI-Entwurf beanstandet.[376]

Auch durch die Länder wurde der Entwurf eines Wasser- und Abwasserhygienegesetzes des BMI grundsätzlich abgelehnt. Vor allem der Genehmigungszwang für zentrale Wasserversorgungs- und Abwasserbeseitigungsanlagen war durch die Länder kritisiert worden. Dies sei einer landesrechtlichen Regelung vorzubehalten. Zudem enthalte der Entwurf zu viele Überschneidungen mit dem bestehenden Wasserrecht, welche den Entwurf zu unbestimmt erscheinen lassen und Zweifel in Bezug auf die Anwendung des Rechtes aufkommen lassen.[377]

Das BMI beschloss auf Grund der vielfältigen Beanstandungen und Änderungsvorschläge, den vorgelegten Entwurf noch einmal einer umgehenden Überarbeitung zu unterziehen und möglichst viele der Anmerkungen dabei zu berücksichtigen. Die Arbeit am Gesetzentwurf sollte dabei so gefördert werden, dass in kürzester Zeit ein Ressort-Entwurf vorliege, welcher dann in einer Ressortbesprechung mit den übrigen Ministerien besprochen werden sollte, um den Entwurf vorlagereif zu machen.[378]
Während einer Besprechung des Entwurfes eines Grundwasserschutzgesetzes am 05.06.1953 im BWM,[379] bei der auch Vertreter des VGW (ORR *Kohl*) und des VDG (RD *Maas*) anwesend waren, sprachen sich die Vertreter der Verbände jedoch wiederum gegen den Hygiene-Entwurf des BMI aus. Dieser sei nach ihrer Ansicht unnötig, da in den Landesbestimmungen alle Möglichkeiten im Sinne des Entwurfes gegeben seien.[380]

---

374 Vgl. Vermerk des MR *Kumpf* (BWM) vom 22.01.1953, S. 1.
375 Vgl. Rechtsgutachtliche Stellungnahme vom 31.03.1954 von Prof. *Dr. Gieseke* zum Hygiene-Entwurf, S. 1.
376 Vgl. Vermerk des MR *Kumpf* (BWM) vom 22.01.1953, S. 1.
377 Vgl. Rechtsgutachtliche Stellungnahme vom 31.03.1954 von Prof. *Dr. Gieseke* zum Hygiene-Entwurf, S. 1f.
378 Vgl. Vermerk des MR *Kumpf* (BWM) vom 11.04.1953.
379 Anwesend für das BWM: ORR *Beck* und MR *Kumpf*.
380 Vgl. Vermerk des MR *Kumpf* (BWM) vom 08.06.1953, S. 2.

b) Der Entwurf eines Gesetzes zur Förderung der Hygiene der Wasserversorgung und Abwasserableitung (Wasser- und Abwasserhygienegesetz) vom 20.06.1953

aa) Inhalt (Zentrale Anlagen – Nichtzentrale Anlagen – gemeinsame Vorschriften)

Der Entwurf des BMI war auf Grund der eingegangenen Äußerungen erheblich umgearbeitet worden. Selbst der Name des Gesetzes war geändert worden. Mit dem neuen Entwurf vom 20.06.1953 hatte das BMI einen großen Teil der Verbesserungswünsche berücksichtigt und entsprechend umgesetzt. Die Grundsatzbestimmung des § 1 über den Anwendungsbereich des Gesetzes war weggefallen und der Entwurf begann nunmehr gleich in Abschnitt I mit den Regelungen über Zentrale Wasserversorgungsanlagen. Auch die Anforderungen an die Eigenschaften von Trink- und Abwasser waren wieder heruntergesetzt worden. Der Entwurf stellte daher eine erhebliche Verbesserung gegenüber den alten Fassungen dar.
Er wies nunmehr eine Unterteilung in vier Abschnitte auf und enthielt 25 Paragraphen.

Die zentralen Wasserversorgungs- und Abwasseranlagen

Als wichtigste Veränderung ist der Wegfall des Genehmigungszwangs für zentrale Wasserversorgungs- und Abwasserbeseitigungsanlagen hervorzuheben. Diese Frage wurde nunmehr dem Landesrecht überlassen. Stattdessen war in § 6 Abs. 1 festgelegt worden, dass das Gesundheitsamt einer landesrechtlichen „wasserrechtlichen Genehmigung" zur Errichtung oder Erweiterung einer zentralen Wasserversorgungsanlage widersprechen oder Auflagen fordern könne. Das Gleiche galt auch für zentrale Abwasseranlagen (§ 12) und für Wasserversorgungsanlagen von Lebensmittelbetrieben (§ 13). Erfasst waren hiervon, „ohne Rücksicht auf die Rechtsform des Unternehmens und die Eigentumsverhältnisse, Anlagen, aus denen Wasser auf festen Leitungswegen entweder an eine Mehrzahl von Anschlussnehmern abgegeben oder für den eigenen Betriebsbedarf entnommen" wurde (§ 1 Abs. 1). Der Anwendungsbereich war zusätzlich auf Anlagen in Betrieben ausgeweitet worden, „in denen Lebensmittel gewonnen, hergestellt, zubereitet oder erarbeitet werden".[381] Ausgenommen waren dagegen „zentrale Wasserversorgungsanlagen, die Wasser ausschließlich für technische oder industrielle Zwecke lieferten und an deren Entnahmestelle deutlich hierauf hingewiesen wurde".[382] In Bezug auf das gelieferte Wasser war im Ent-

---

[381] Vgl. § 1 des Entwurfes vom 20.06.1953 (BA Koblenz B 142/72, Akte: 4245-05).
[382] Vgl. § 1 des Entwurfes vom 20.06.1953 (BA Koblenz B 142/72, Akte: 4245-05).

wurf lediglich festgelegt worden, dass es in hygienischer Hinsicht einwandfrei sein musste (§ 2). Weitere Vorschriften regelten die Beschaffenheit der Wasserversorgungsanlagen, die Anforderungen an die in den Anlagen angestellten Personen und die regelmäßige Untersuchung des gelieferten Wassers auf seine Beschaffenheit. Die Überwachung der zentralen Wasserversorgungsanlagen in hygienischer Hinsicht oblag auch weiterhin dem Gesundheitsamt, welches festgestellte Mängel der zuständigen Behörde und dem Unternehmer mitteilen würde (§ 7).[383]
Zentrale Abwasseranlagen i.S.d. Gesetzes waren „Einrichtungen zur Sammlung, Weiterleitung, Reinigung oder sonstigen Behandlung und zur Ableitung von Abwässern aus einzelnen oder mehreren angeschlossenen Gebäuden mit mehr als 50 Bewohnern sowie aus jedem gewerblichen Betrieb mit einer Abwassermenge von mehr als 30 m^3 täglich im Jahresdurchschnitt" (§ 8). Auch die Abwasseranlagen mussten so betrieben werden, dass das Abwasser vor der Ableitung den hygienischen Anforderungen entsprach. Gleiches galt bei Verregnung oder Verrieselung des Abwassers auf der Erdoberfläche. Auch Abwasser aus den zentralen Anlagen sollte regelmäßig untersucht werden. Ansonsten wurden die Vorschriften der §§ 6 und 7 auch für Abwasseranlagen für anwendbar erklärt (§ 11).[384]

Die nichtzentralen Wasserversorgungs- und Abwasseranlagen'

Der III. Abschnitt über kleinere Anlagen war nunmehr mit „Nichtzentrale Wasserversorgungs- und Abwasserableitungsanlagen" überschrieben und nahm damit keine Unterteilung in Trink- und Gebrauchswasserversorgung oder Abort- und Hauskläranlagen mehr vor. Er regelte die Behandlung solcher Anlagen nunmehr in gemeinsamen Vorschriften. Darin erklärte der Entwurf die Regelungen über die hygienischen Anforderungen, die Beschaffenheit der Anlagen und deren Überwachung durch das Gesundheitsamt für entsprechend anwendbar.

Die gemeinsamen Vorschriften

Der IV. Abschnitt enthielt zusammengefasst die gemeinsamen Vorschriften, die Ordnungswidrigkeiten und die Schlussbestimmungen. So war u. a. die Pflicht des Unternehmers geregelt, den Leitern der zuständigen Dienststellen Zutritt zu den Grundstücken und Anlagen zu gewähren und ihnen alle für die Durchführung ihrer Aufgaben notwendigen Auskünfte zu erteilen sowie die Entnahme von Untersuchungsproben zu dulden. Nach § 18 war der Bundesminister des Innern ermächtigt, mit Zustimmung des Bundesrates entweder Rechtsverord-

---

[383] Vgl. Entwurf vom 20.06.1953 (BA Koblenz B 142/72, Akte: 4245-05).
[384] Vgl. Entwurf vom 20.06.1953 (BA Koblenz B 142/72, Akte: 4245-05).

nungen oder Richtlinien für die Durchführung des Gesetzes zu erlassen. Die überarbeiteten Bußgeldvorschriften sahen bei Zuwiderhandlungen nunmehr eine Geldbuße bis zu 10.000,- DM vor.
Ferner traf der Entwurf hier Regelungen für bei Inkrafttreten des Gesetzes bereits bestehende Anlagen. Diese waren innerhalb von 10 Jahren den Anforderungen des Gesetzes anzupassen, so sie diesen nicht entsprechen sollten. Die zuständigen Behörden für die zu treffenden Maßnahmen im Rahmen des Gesetzes bestimmten sich, unbeschadet der Zuständigkeit von Behörden der bundeseigenen Verwaltung nach Art. 87 und 89 GG, nach Landesrecht.
Zuletzt zählte der Entwurf die Vorschriften auf, die unberührt bleiben sollten. Hierzu zählten die Bestimmungen des Lebensmittelrechts, die Bestimmungen der Seuchengesetze, die Bestimmungen des Gesetzes zur Reinhaltung der Bundeswasserstraßen und wasserrechtliche Bestimmungen, die weitergehende Anforderungen an die Entnahme von Wasser und die Ableitung von Wasser und Abwasser stellten.[385]

bb) Stellungnahmen

Der überarbeitete Entwurf wurde wiederum an die Länder, die Verbände und die anderen Ministerien zur Stellungnahme übersandt. In Telefonaten des MR *Dr. Habernoll* (BMI) mit MR *Kumpf* (BWM) am 11. und 13.07.1953 wurde unter diesem Gesichtspunkt über das Verhältnis des BMI-Entwurfes zum BWM-Entwurf gesprochen. MR *Dr. Habernoll* führte hierbei aus, dass das BMI bemüht sei, den Entwurf im Sinne der eingehenden Stellungnahmen der Länder und Verbände zu überarbeiten. Dabei sei man im Ministerium zu der Überzeugung gelangt, dass die Bestimmungen über die Schutzbereiche bei Wasserversorgungsanlagen nicht in das Grundwasserschutzgesetz des BWM, sondern in den Entwurf seines Ministeriums gehörten. Dem trat das BWM jedoch entschieden entgegen. Die Schutzbereichsfrage sei eines der Kernstücke des Schutzes des Grundwassers und könne nicht aus dem Entwurf des BWM herausgenommen werden.[386]

Dann nahmen zunächst die Ministerien zum Entwurf Stellung. Sie hielten den Entwurf überwiegend für unausgereift und teilweise sogar sehr unklar. Daher bestanden in vielen Punkten Änderungswünsche.[387] Das BWM stellte darüber hinaus die Frage nach der Notwendigkeit des Gesetzes, da es bereits ähnliche

---

[385] Vgl. Entwurf vom 20.06.1953 (BA Koblenz B 142/72, Akte: 4245-05).
[386] Vgl. Vermerk des MR *Kumpf* (BWM) vom 15.07.1953, S. 1.
[387] So das BMJ (Stellungnahme vom August 1953), das BMV (Stellungnahme vom Mai 1954) und das BWM (Stellungnahme vom Juni 1954) (BA Koblenz B 142/72, Akte: 4245-05).

Vorschriften gäbe.[388] Des Weiteren müssten die Behörden über bessere Kenntnisse auf diesem Gebiet verfügen, um es durchführen zu können. Zudem kollidiere der Entwurf mit diversen bestehenden oder in Vorbereitung befindlichen Gesetzen wie dem Reinhaltegesetz, dem Baurecht, dem Grundwasserschutzgesetz und den Landesgesetzen.[389] Nicht zuletzt sei der Entwurf eines Hygienegesetzes kein Wassergesetz, sondern eher eine Art Polizeigesetz, das im gegenwärtigen Entwurf nach Form und Inhalt sehr unbefriedigend sei. Daher wäre es wünschenswert, dem Entwurf durch Eingliederung eines wirklich wesentlichen Punktes eine Bedeutung zu geben.[390]

(1) Die Stellungnahmen der Länder

Nach und nach nahmen auch die Länder zum Entwurf eines Wasser- und Abwasserhygienegesetzes Stellung. Die Ansichten über den Entwurf gingen dabei weit auseinander. Während einige Länder dem Entwurf grundsätzlich zustimmten und nur einige kleinere Änderungsvorschläge hatten,[391] hielten andere den Entwurf im Ganzen für nicht hinnehmbar.[392]
Vor allem die umfassende Kompetenz des Gesundheitsamtes hielten einige Länder für bedenklich.[393] Die dem Gesundheitsamt zustehenden Befugnisse gingen zu weit und würden hierbei zur „Überkompetenz" anwachsen.[394] In einigen Regelungen sei der Entwurf zudem verfassungsrechtlich bedenklich.[395] So in Bezug auf die Ermächtigung des Bundesminister des Innern zum Erlass von Rechtsverordnungen und Richtlinien in § 18.[396] Bayern ging sogar so weit, ein Bedürfnis für eine entsprechende bundesrechtliche Regelung dieser Materie ab-

[388] So das Gesetz über die Vereinheitlichung des Gesundheitswesens vom 03.07.1934 (RGBl. I S. 531).
[389] Vgl. Stellungnahme des BWM vom Juni 1954 und in Bezug auf das Baurecht auch das BM für Wohnungsbau (Stellungnahme von Oktober 1953) (BA Koblenz B 142/72, Akte: 4245-05).
[390] Vgl. Vermerk des MR *Kumpf* (BWM) vom 15.07.1953, S. 1.
[391] So Hamburg (Stellungnahme vom 12.10.1953), Nordrhein-Westfalen (Stellungnahme vom 19.09.1953), Schleswig-Holstein (Stellungnahme vom 10.09.1953) und Berlin (Stellungnahme vom 16.10.1953) (BA Koblenz B 142/72, Akte: 4245-05).
[392] So Baden-Württemberg (Stellungnahme vom 15.01.1954), Bayern (Stellungnahmen vom 19.09.1953 und 19.02.1954), Bremen (Stellungnahme vom 04.03.1954), Niedersachsen (Stellungnahme vom 07.10.1953) und Rheinland-Pfalz (Stellungnahme vom 29.03.1954) (BA Koblenz B 142/72, Akte: 4245-05).
[393] So Bayern, Bremen und Niedersachsen.
[394] So Niedersachsen in seiner Stellungnahme vom 07.10.1953 (BA Koblenz B142/72, Akte: 4245-05).
[395] So Bayern und Rheinland-Pfalz.
[396] So Rheinland-Pfalz in seiner Stellungnahme vom 29.03.1954 (BA Koblenz B 142/72, Akte: 4245-05).

zulehnen. Es bestünden bereits entsprechende Landesgesetze und eine Verwaltungspraxis.[397] Letztlich wies der Entwurf nach Ansicht einiger Länder zu viele Überschneidungen mit anderen Gesetzen auf.

(2) Die Stellungnahmen der Verbände

Auch die Verbände gingen in ihren Stellungnahmen auseinander. Übereinstimmend hielten alle den Entwurf für noch bearbeitungsbedürftig und noch nicht vorlagereif. Die meisten äußerten sich jedoch zustimmend zum Inhalt des Entwurfes.[398] Die einzigen Bedenken richteten sich gegen die Kosten, die bei der Einhaltung der Anforderungen des Entwurfes den Unternehmern der Anlagen entstünden. Teilweise wurde sogar die Notwendigkeit einer Finanzierungshilfe betont.[399] Weitere Bedenken richteten sich gegen die im Entwurf enthaltenen Fristen und die teilweise ungenauen Formulierungen. Von Seiten des Bundesgesundheitsamtes und der Deutschen Gesellschaft für Hygiene und Mikrobiologie wurde noch einmal auf die Bedeutung der hygienischen Vorschriften des Entwurfes hingewiesen. Die Untersuchungen bei Trink- und Abwasser waren hierbei zu unterschiedlich geregelt und sollten noch erweitert werden.
Für die ATV war ein Wasser- und Abwasserhygienegesetz des Bundes nicht erforderlich. Ihrer Ansicht nach gab es bereits diverse Ländergesetze und das Reichsseuchengesetz vom 30.06.1900, die diese Materie ausreichend regelten. Zudem lasse sich das Gesetz in seiner vorgelegten Form nicht erfüllen.[400]

Der BDI vertrat dagegen die Ansicht, dass das Gesetz als Einzelgesetz zu erlassen sei. Der Entwurf solle lediglich die hygienische Seite noch etwas hervorheben und Überschneidungen mit anderen Gesetzen vermeiden.[401]

(3) Die rechtsgutachtliche Stellungnahme von Prof. Dr. Gieseke

Auch Prof. *Dr. Gieseke* nahm im Rahmen seines Gutachterauftrages zum Entwurf eines Wasser- und Abwasserhygienegesetzes Stellung. Zunächst begrüßte er die Überarbeitung des Entwurfes und die überwiegende Berücksichtigung der Änderungswünsche zum Entwurf vom 15.12.1952. Sodann ging er auf die noch vorhandenen Mängel des Entwurfes ein.

---

[397] So Bayern in seiner Stellungnahme vom 19.02.1954 (BA Koblenz B 142/72, Akte: 4245-05).

[398] So der Deutsche Städtetag, der Deutsche Städtebund, das Bundesgesundheitsamt, die Deutsche Gesellschaft für Hygiene und Mikrobiologie und der BDI.

[399] So der Deutsche Landkreistag in seiner Stellungnahme vom 22.01.1954 (BA Koblenz B 142/72, Akte: 4542-05).

[400] Vgl. Stellungnahme der ATV vom 26.01.1954 (BA Koblenz B 142/72, Akte: 4245-05).

[401] Vgl. Stellungnahme des BDI vom 03.02.1954 (BA Koblenz B 142/72, Akte: 4245-05).

(a) Überschneidungen mit dem Wasserrecht

Es seien noch immer Überschneidungen mit dem Wasserrecht vorhanden, zumindest bestünden Zweifel, wie das Verhältnis zum Wasserrecht sei. So sei u. a. § 6 widersprüchlich, in dem das Gesundheitsamt einer wasserrechtlichen Genehmigung zur Errichtung oder Änderung einer Wasserversorgungsanlage widersprechen oder Auflagen fordern könne. Im Gebiete des preußischen Rechts existierte eine solche Genehmigung für entsprechende Anlagen nicht. Genehmigungspflichtig war nach § 22 Preuß. WG die Errichtung von Anlagen in Wasserläufen. Dies galt nicht, wenn Anlagen auf Grund einer Verleihung errichtet wurden. Damit stellte sich im Rahmen des § 6 die Frage, ob er auch bei der Verleihung von Benutzungsrechten an Gewässern und bei entsprechenden Instituten anderer Gesetze Anwendung fände. Sein Inhalt wäre dann ein ganz Neuer, da nach der Rechtsprechung die Fragen der Verwendung des Wassers und seiner Eignung bei der Verleihung nicht zu prüfen seien.[402] Prof. *Dr. Gieseke* hielt eine Anhörung des Gesundheitsamtes im Verleihungs- oder Bewilligungsverfahren zwar für zweckmäßig, hielt dann aber eine Beschränkung auf gesundheitliche Fragen für notwendig. Das Gesetz müsse also klarstellen, dass das Gesundheitsamt nur in diesem Bereich Widerspruch erheben oder Auflagen fordern könne.[403]

Weiterhin sei der Entwurf inkonsequent, wenn er die Anwendbarkeit des § 6 bei nicht zentralen Wasserversorgungsanlagen und Abwasserbeseitigungsanlagen ausschließe. Auch hierbei handele es sich nicht in jedem Falle um Gemeingebrauch oder um bewilligungsfreie Einwirkungen. Da der Entwurf eine grundsätzliche Kontrolle der Anlagen durch das Gesundheitsamt vorsehe, widerspreche es seiner Zielsetzung, diese bei den angeführten Anlagen nicht durchzuführen.[404]

Zusätzlich sollte die Terminologie des Entwurfes den Landeswassergesetzen bzw. dem Grundwasserschutzgesetz des BWM angeglichen werden.

(b) Bedeutung für die Wasserversorgungsunternehmen

Der Entwurf bedeutete in seinen Anforderungen für die Wasserversorgungsunternehmen einen erheblichen Aufwand, die Anlagen an die gesetzlichen Anforderungen anzupassen. In Bezug auf diese Anforderungen war der Entwurf allerdings sehr missverständlich gefasst. Teilweise führte erst eine drei- bis vierfache Verweisung auf den einzuhaltenden Tatbestand. Nach Ansicht Prof. *Dr. Gieseke*s war dies gesetzestechnisch unmöglich. Das Gesetz müsse unmittelbar aus

---

[402] Vgl. Rechtsgutachtliche Stellungnahme Prof. *Dr. Giesekes* vom 31.03.1954, S. 2.
[403] Vgl. Rechtsgutachtliche Stellungnahme Prof. *Dr. Giesekes* vom 31.03.1954, S. 2.
[404] Vgl. Rechtsgutachtliche Stellungnahme Prof. *Dr. Giesekes* vom 31.03.1954, S. 3.

sich heraus verständlich sein. Der Entwurf führe nur zu unnötigen Unsicherheiten in Bezug auf seine Umsetzung.[405]
Eine weitere erhebliche Belastung waren die Kostenregelungen der §§ 4 Abs. 2 und 5 Abs. 1, nach denen die Kosten der Untersuchungen von den Unternehmern der Wasserversorgungsanlagen zu tragen wären. Diese Kostentragungspflicht war etwas Neues. Bisher waren diese Kosten als allgemeine Kosten der Gesundheitspolizei aufgefasst und deshalb vom Staate getragen worden. Hierbei musste überprüft werden, ob nicht insbesondere kleinere Wasserwerke durch diese Kosten zu sehr belastet würden. Prof. *Dr. Gieseke* warf insoweit sogar die Frage auf, ob durch eine solche nur die Wasserversorgung betreffende Regelung nicht der Grundsatz der Gleichbehandlung in Bezug auf andere Versorgungszweige verletzt werde.[406]

c) Der Entwurf eines Gesetzes zur Förderung der Hygiene der Wasserversor gung und Abwasserbehandlung (Wasser- und Abwasserhygienegesetz) vom 03.05.1955

Auf Grund der vielfältigen Stellungnahmen zum Entwurf nahm das BMI weitere Überarbeitungen des Gesetzes vor. Hierbei versuchte es vor allem, die durch Prof. *Dr. Gieseke* aufgezeigten Mängel zu beseitigen, was jedoch nur teilweise gelang. Der neue Entwurf war weiterhin in vier Abschnitte unterteilt und enthielt 24 Paragraphen. Das BMI hatte hierbei vor allem die Vorschriften enger gefasst und für mehr Verständlichkeit gesorgt. So war das Gesundheitsamt nach § 6 vor Erteilung einer behördlichen Genehmigung zur Errichtung, wesentlichen Änderung oder Erweiterung von zentralen Wasserversorgungsanlagen nunmehr lediglich zu hören. Nur wenn es hygienische Bedenken geltend machte oder entsprechende Auflagen forderte, waren diese durch die zuständige Behörde zu berücksichtigen. Im Ganzen waren die Befugnisse des Gesundheitsamtes auf hygienische Anforderungen festgeschrieben worden.[407]
Ebenso waren die Befugnisse des Bundesministers des Inneren auf die Bestimmung der hygienischen Anforderungen an das Trinkwasser mittels Erlass einer Rechtsverordnung beschränkt worden (§ 17).

Die mehrfach bemängelte Kostenregelung behielt der Entwurf bei. Es oblag damit weiterhin den Unternehmern, die Kosten für die regelmäßigen Untersuchungen der Anlagen und des Wassers zu tragen.

---

405 Vgl. Rechtsgutachtliche Stellungnahme Prof. *Dr. Giesekes* vom 31.03.1954, S. 5.
406 Vgl. Rechtsgutachtliche Stellungnahme Prof. *Dr. Giesekes* vom 31.03.1954, S. 5.
407 Vgl. Entwurf vom 03.05.1955.

2. Die Fortführung des Entwurfes eines Wasser- und Abwasserhygienegesetzes

Das BMI hatte im Verlauf der Arbeiten am Wasser- und Abwasserhygienegesetz immer wieder darauf hingewiesen, dass der Gesetzentwurf ein auf Art. 74 GG gestütztes Einzelgesetz sei.[408] Der Entwurf des BMI war auch derjenige, der am wenigsten im IMA besprochen wurde. Während der Diskussion der Frage, ob ein Einzelgesetz oder Teilgesetze zu erlassen seien, war der BMI-Entwurf stets als Einzelgesetz verstanden worden. Auch nach der Übernahme des BELF-Entwurfes als Rahmengesetz sahen weder die Länder noch die beteiligten Ministerien eine Notwendigkeit für die Einbeziehung des Hygienegesetzes in den Entwurf eines Wasserhaushaltsgesetzes. Vielmehr wurde sich dafür ausgesprochen, das Hygienegesetz als Einzelgesetz weiter zu betreiben.[409] Nach Beschluss des IMA sollte eine Vorlage des Entwurfes jedoch erst nach der Einbringung des Wasserhaushaltsgesetzes erfolgen, da dieses vordringlich zu behandeln war.[410]
Auf Grund dieses Beschlusses war durch den IMA eine unverbindliche Übersendung des Entwurfes an die Länder zur Kenntnisnahme vor der Behandlung des Wasserhaushaltsgesetzes abgelehnt worden.[411] Der BMI-Entwurf sollte erst im Anschluss an eine Ressortbesprechung den Ländern zugeleitet werden, jedoch nicht ohne vorher die Länder durch ein Schreiben über die Konzeption und den wesentlichen Inhalt des Gesetzes in Kenntnis zu setzen.[412]
Eine Fertigstellung des Entwurfes erfolgte letztlich jedoch nicht mehr. Dennoch blieb die Frage der Gewässerreinhaltung ein Hauptanliegen des Wasserrechts.[413] Besonders die Beseitigung der geklärten oder ungeklärten Abwässer durch das Einleiten in die Gewässer hatte verstärkt zugenommen und bedurfte daher einer gesetzlichen Regelung. Das WHG von 1957 enthielt keine speziellen Regelungen zur Beseitigung von Abwässern. Tatsächlich nannte es den Begriff „Abwasser“ nur an einer Stelle, in § 23 Abs. 2. Eine Erklärung des Begriffes hatte das WHG ausdrücklich nicht gegeben.[414]
In ihrem Umweltprogramm von 1971, wies die Bundesregierung darauf hin, dass das bestehende Wasserrecht, besonders in Bezug auf die Gewässerreinhaltung und die Einleitung von Abwässern, mittlerweile mehr als unzureichend

[408] So zuletzt auch in der 1. Sitzung des erweiterten IMA am 10.03.1955, Vgl. Protokoll Nr. 1 S. 3.
[409] Vgl. 3. Sitzung des erweiterten IMA am 10.05.1955, Protokoll Nr. 3, S. 2; 4. Sitzung des erweiterten IMA am 17.05.1955, Protokoll Nr. 4, S. 6; Beschluss-Protokoll über die 13. Sitzung des erweiterten IMA am 04.07.1955, S. 3.
[410] Vgl. 4. Sitzung des erweiterten IMA am 17.05.1955, Protokoll Nr. 4, S. 5.
[411] Vgl. 13. Sitzung des erweiterten IMA am 05.07.1955, Protokoll Nr. 13, S. 2.
[412] Vgl. Berichtigung zum Beschluss-Protokoll Nr. 13 vom 05.07.1955 zu 2) Abs. 2) S. 2.
[413] Vgl. Gieseke-Wiedemann, WHG, 2. Auflage, Einl. S. 11.
[414] Vgl. Schwab, Rechtsprobleme der Abwasserbeseitigung, S. 10.

sei.[415] Eine Änderung des WHG ebenso wie seine konsequente Anwendung sei mehr als notwendig. Zudem kündigte die Bundesregierung ein Gesetz zur Erhebung von Abwasserabgaben an.[416] Zusätzlich müssten die Anforderungen an das einzuleitende Abwasser, also die Reinigungsintensität einiger Kläranlagen, erhöht werden. Die vorhandenen Anlagen und die bisherige Handhabung der Reinigung der Abwässer waren vielerorts unzureichend und verbesserungsbedürftig. In diesem Sinne sprach sich die Regierung im Rahmen ihres Umweltprogramms u. a. für eine staatliche Unterstützung beim Kläranlagenbau aus, welche durch die zu erhebende Abwasserabgabe gestützt werden sollte.[417] Das Bedürfnis zur Erhebung einer solchen Abgabe wurde insbesondere durch Prof. *Dr. Salzwedel* in seinem für das BMI erstatteten Gutachten über „Studien zur Erhebung von Abwassergebühren" hervorgehoben.[418] Nachdem ein am 16.10.1973 von der CDU/CSU-Fraktion eingebrachter Entwurf eines 4. Gesetzes zur Änderung des WHG,[419] welcher eine Gewässerbenutzungs- und Reinhalteabgabe beinhaltete, keine Mehrheit fand, leitete die Bundesregierung unter dem 18.06.1974 dem Bundestag den Entwurf eines Abwasserabgabengesetzes zu.[420] Dieser erste vorgelegte Entwurf fand jedoch nur die grundsätzliche Zustimmung des Bundesrates und unterlag daher noch einigen Änderungen.[421] Nach einer Verschiebung der Abgabepflicht auf den 01.01.1981, der Herabsetzung der Abgabesätze und der Halbierung des Abgabesatzes bei Einhaltung der anerkannten Regeln der Technik fand das Gesetz die Zustimmung von Bundestag und Bundesrat, wurde am 13.09.1976 erlassen[422] und trat am 01.01.1978 in Kraft. Auf Grund der trotzdem verbleibenden Kritik in ökologischen Kreisen und dem Schrifttum kam es zu mehreren Novellen, die eine drastische Erhöhung der Abgabesätze und eine schärfere abgabenrechtliche Sanktionierung der Restverschmutzung mit sich brachten. Das Abwasserabgabengesetz ist als Teil der bundesrahmengesetzlichen Vorschriften über den Wasserhaushalt zu betrachten, weshalb es ebenso wie das WHG durch die Länder auszufüllen war. In Fortführung der Umweltpolitik wurden mit dem vierten Änderungsgesetz zum WHG vom 26.04.1976[423] entsprechende Vorschriften über das Einleiten von Abwässern in das WHG aufgenommen und damit bundesgesetzlich festgeschrieben.[424]

---

415 Vgl. BT-Drucks. VI/2710, S. 35.
416 Vgl. BT-Drucks. VI/2710, S. 35 und 37.
417 Vgl. BT-Drucks. VI/2710, S. 37.
418 Vgl. Salzwedel, Studien zur Erhebung von Abwassergebühren.
419 Vgl. §§ 37a und 37b des Entwurfes, BT-Drucks. 7/1088, S. 8,9 und 18.
420 Vgl. BT-Drucks. 7/2272.
421 Vgl. hierzu ausführlich: Roth, WHG und AbwAG, S. 21 ff.; Nisipeanu, Abwasserrecht, S. 523.
422 Vgl. BGBl. 1976 I, S. 2721, ber. 3007.
423 BGBl. 1976 I, 1109.
424 Vgl. hierzu ausführlicher Roth, WHG und AbwAG, S. 18.

Mit den darauf folgenden Änderungsgesetzen zum WHG wurde der Gedanke der Gewässerreinhaltung fortgeführt und weiter ausgefüllt. Heute bestehen verschiedenste wasserbezogene Gesetze, welche den Schutz der Gewässer und deren Reinhaltung als Zielsetzung oder zumindest inhaltlich anstreben.[425] Ein bundeseinheitliches Wasser- und Abwasserhygienegesetz, wie es das BMI mit seinem Entwurf zunächst angestrebt hatte, wurde nie erlassen.

V. Der Entwurf eines Bundeswassergesetzes durch das Ministerium für Ernährung, Landwirtschaft und Forsten von 1952 bis 1955

Von den vier an der Entstehung eines Wassergesetzes beteiligten Ministerien arbeitete das BELF an einem Entwurf über ein umfassendes Rahmengesetz auf dem Gebiet des Wasserrechtes. Das BELF hatte zunächst die im landwirtschaftlichen Interesse liegenden Meliorationsfragen übernommen. Es versuchte jedoch seit 1948, die gesamte Wasserwirtschaft in seinen Zuständigkeitsbereich zu bringen.[426] Es hatte letztlich 1950 eine Kabinettsvorlage auf Zusammenziehung der gesamten Wasserwirtschaft unter den Bundesernährungsminister eingereicht. Dieser Antrag wurde jedoch auf Betreiben des BWM nicht zur Entscheidung gebracht.

Im IMA wurde nebenher eine eingehende Debatte darüber geführt, ob zur Erstellung eines Wasserrechtes die gleichzeitige Behandlung des umfassenden Entwurfes des BELF und der Teilentwürfe der Ministerien für Inneres, Verkehr und Wirtschaft sinnvoll sei. Hierbei setzte sich das BELF verstärkt für ein einheitliches Wasserrahmenrecht ein, welches auf Grund der bestehenden Rechtszersplitterung das einzig Richtige sei.[427] Der Erlass von Rahmenvorschriften diene dem Zweck, das Wasserrecht aus einer Gesamtsicht zu betrachten. Diese Gesamtsicht würde jedoch durch eine Trennung der verschiedenen Wasserinteressen in Einzelgesetze nicht erreicht.

Im IMA wurde jedoch weiterhin an der Behandlung der Einzelentwürfe festgehalten. Auf Betreiben des ORR *Kumpf* (BWM) wurde jedoch eingeräumt, dass ein einheitliches Bundeswasserrahmengesetz im Sinne des Art. 75 GG das anzustrebende Ziel sei.[428]

---

[425] So u. a. Wassersicherstellungsgesetz, Kreislaufwirtschafts- und Abfallgesetz, Wasch- und Reinigungsmittelgesetz, TrinkwasserVO, Bundeswasserstraßengesetz.

[426] Vgl. Zusammenfassung des ORR *Kumpf* vom 23.06.1952.

[427] Vgl. Schreiben des BMi für Ernährung, Landwirtschaft und Forsten an die Ministerien des Innern, für Verkehr und für Wirtschaft vom 08.11.1951.

[428] Vgl. Zusammenfassung des ORR *Kumpf* vom 23.06.1952.

Trotzdem sollte nach Ansicht MR *Dr. Witzels* (BELF) sein Ministerium an einem umfassenden Rahmengesetz weiter arbeiten. Das BELF wurde daraufhin durch den IMA mit der Ausarbeitung eines Entwurfes für ein umfassendes Rahmengesetz beauftragt.

1. Die Entwürfe des Bundesministeriums für Ernährung, Landwirtschaft und Forsten und ihre Konzeption

a) Der Entwurf eines Rahmengesetzes für den Wasserhaushalt vom 26.04.1952

aa) Aufbau und Regelungsinhalte (Eigentum – Unterhaltung, Reinhaltung und Ausbau – Gemein- und Anliegergebrauch – sonstige Bestimmungen)

Der erste Entwurf des BELF versuchte, die wichtigsten Aufgaben und Ziele eines geordneten Wasserhaushaltes zu regeln. Er gliederte sich in sieben Titel und lehnte sich fast ausschließlich an die bestehenden Landeswassergesetze an. Stark geprägt wurde der Entwurf auch durch den Entwurf eines Reichswassergesetzes von 1941. Die durch den Wasserrechtsauschuss der Wirtschaftsverbände erarbeiteten Richtlinien für Wasserversorgungsbestimmungen bildeten die Grundlage für den Wasserversorgungsteil des Entwurfes.

Der Entwurf begann in § 1 mit der Definition des Begriffes Wasserhaushalt. Dies war notwendig, da der Begriff des Wasserhaushaltes im Grundgesetzes nicht scharf genug umrissen worden war.[429]

Wasserhaushalt wurde danach definiert als:

„...die geordnete Bewirtschaftung des ober- und unterirdischen Wassers nach Menge und Güte und umfasst die Verwaltung und Gestaltung des Wasserschatzes, der im Interesse der Gesamtwirtschaft zu nutzen, aber auch zu hüten ist.“

Mit dieser Definition wich das BELF von der technischen Begriffsbestimmung des Wortes „Wasserhaushalt“ ab, die in den Normen der deutschen Industrie, DIN 4049, folgenden Wortlaut hatte:

„Wasserhaushalt ist die mengenmäßige Beziehung zwischen Niederschlag, Abfluss, Verdunstung, Rücklage und Aufbrauch.“

---

[429] Vgl. vorläufige Begründung des Entwurfes eines Rahmengesetzes für den Wasserhaushalt, S. 9.

Diese rein technische Definition des Wasserhaushalts konnte jedoch nicht der Sinn des Begriffes des Art. 75 Nr. 4 GG sein, auf den sich ein Wassergesetz stützen würde.[430]

Der Grundaufbau des Entwurfes ähnelte dem der bestehenden Landeswassergesetzen, wie z.B. von Preußen, Bayern oder Württemberg und dem Entwurf eines Reichswassergesetzes der Akademie für Deutsches Recht von 1941. Er enthielt keine Definition der Gewässerarten.
Der Entwurf statuierte in § 13 das Erfordernis einer Bewilligung für Sondernutzungen, so für Änderungen, den Ausbau und die Beseitigung von Gewässern. Eine solche Abhängigkeit bestimmter Nutzungen des Wassers von einer behördlichen Erlaubnis bestand auch schon in den bestehenden Landeswassergesetzen.
Der Begründung zufolge sollte der Entwurf eines Rahmengesetzes für den Wasserhaushalt in erster Linie dem Ziel einer einheitlichen und umfassenden Gesetzgebung auf dem Gebiet des Wasserrechts dienen.[431] Das Gesetz sollte nicht unmittelbares Recht schaffen, das für jedermann verbindlich wäre, sondern lediglich Anweisungen an die Landesgesetzgebung enthalten. Dies widersprach den Vorstellungen der beteiligten Fachkreise, die eine unmittelbare Geltung des Gesetzes für wünschenswert hielten. Der durch den Entwurf angestrebte mittelbare Charakter war auf verfassungsrechtliche Bedenken zurückzuführen, die sich aus der Gesetzgebungsbefugnis des Bundes nach Art. 75 Nr. 4 GG ergaben. Danach war die Gesetzgebungsbefugnis auf „Rahmenvorschriften für den Wasserhaushalt“ beschränkt und konnte nicht auf eine umfassende Wassergesetzgebung ausgedehnt werden.[432] Auch aus Art. 74 GG konnte eine Gesetzgebungsbefugnis nicht hergeleitet werden, da die Rechtsmaterie „Wasserrecht“ dort keine ausdrückliche Erwähnung findet.
Zudem mussten die unterschiedlichen Wassergesetze vereinheitlicht werden. Um den Ländern diese Aufgabe zu erleichtern, sollte der Entwurf eines Rahmengesetzes ihnen bei Erlass landeseigener Gesetze eine Orientierung geben. Zusätzlich musste dann noch eine Abstimmung der einzelnen Landeswassergesetze aufeinander erfolgen.[433]

---

430 Dies ergab sich bereits aus den Ausführungen des Abgeordneten *Dr. Seebohm* bei den Beratungen des Hauptausschusses des Parlamentarischen Rates (vgl. 30. Sitzung des Hauptausschusses vom 06.01.1949, Stenogr. Bericht S. 365).

431 Vgl. vorläufige Begründung zum Entwurf eines Rahmengesetzes für den Wasserhaushalt, S. 2.

432 Vgl. vorläufige Begründung zum Entwurf eines Rahmengesetzes für den Wasserhaushalt, S. 3.

433 Vgl. vorläufige Begründung zum Entwurf eines Rahmengesetzes für den Wasserhaushalt, S. 5.

Das Eigentum an Gewässern

Die Frage der Rechtsverhältnisse an den Gewässern behandelte der Entwurf trotz der bestehenden sachlichen Unterschiede in den Landeswassergesetzen nur kurz. Während das württembergische, braunschweigische, oldenburgische und hessische Recht vorwiegend von öffentlich-rechtlicher Grundlage ausgingen und Privatrechte an Wasserläufen ausschlossen, bauten das preußische, bayerische, badische und schaumburg-lippische Wassergesetz auf privatrechtlicher Grundlage auf. Nach ihnen war Eigentum an Wasserläufen möglich. Der Gesetzentwurf eines Rahmengesetzes sah demgegenüber eine weitgehende Beschränkung der Privatrechte an ober- und unterirdischen Gewässern vor. Eine Enteignung in den Gebieten, wo bisher Eigentum am Wasser bestand, war nach Ansicht des BELF jedoch nicht notwendig, um den Bedürfnissen der Volkswirtschaft und des öffentlichen Wohles in ausreichendem Maße Rechnung zu tragen.
§ 3 regelte daher die Möglichkeit der Beschränkung der Eigentümerbefugnisse durch Gesetz gemäß Art. 14 GG. Die eigentliche Frage, ob Eigentum an Gewässern noch bestehen sollte, beantwortete der Entwurf nicht. Lediglich dem Wortlaut des § 3 konnte man entnehmen, dass ein Eigentum an Gewässern unter bestimmten Umständen zu bejahen sein müsste.[434] Worauf sich das Eigentum beziehen sollte, ob auf das Gewässer als ganzes oder nur auf das Gewässerbett, war dem Entwurf nicht zu entnehmen. Nach Ansicht des BELF war die erstrebenswerteste Lösung, Wasser zum Allgemeingut zu erklären, wobei sich hiergegen aufgrund der unterschiedlichen Gesetzeslage verfassungsrechtliche Bedenken ergeben würden.[435]

Die Unterhaltung, die Reinhaltung und der Ausbau der Gewässer

Die Unterhaltung der Gewässer war teilweise wortgetreu den Vorschriften der Landeswassergesetze entnommen. § 4 über den Umfang der Unterhaltung war an § 4 des Entwurfes eines Reichswassergesetzes von 1941 und § 113 des Preußischen Wassergesetzes angelehnt. Dies galt auch für die nachfolgenden Rege-

---

[434] **§ 3 des Entwurfes:**
Beschränkung der Eigentümerrechte und sonstiger privatrechtlicher Nutzungen
(1) Soweit nicht bereits die Gewässer ein der allgemeinen Benutzung unterliegendes Gemeingut sind, werden die Befugnisse der Eigentümer von Gewässern an diesen gemäß Artikel 14 des Grundgesetzes nach den Bestimmungen dieses Gesetzes beschränkt.
(2) Wohlerworbene Rechte, mögen sie auf öffentlichem oder privatem Recht beruhen, bleiben als dem öffentlichen Recht angehörige Nutzungsrechte bestehen; ihre Ausübung unterliegt den Vorschriften dieses Gesetzes. Sie sind, falls sie unbefristet sind, einem Fristablauf zu unterstellen.

[435] Vgl. vorläufige Begründung zum Entwurf S. 5f.

lungen. Erstmalig wurde die Reinhaltung der Gewässer in das Gesamtgesetz mit aufgenommen. Geregelt wurden damit das Einbringen von festen und flüssigen Stoffen und der Erlass von Reinhalteordnungen.

Der Gemein- und Anliegergebrauch

Die Arten des Gemeingebrauchs im Entwurf stimmten weitgehend mit den Regelungen des Entwurfes eines Reichswassergesetzes von 1941 und des Preußischen Wassergesetzes überein. Die Anliegernutzung in § 16 des Entwurfes war jedoch ein relativ neuer Aspekt der bewilligungsfreien Wassernutzung, die in den meisten der bestehenden Gesetze so nicht geregelt war. So kannte das Preußische Wassergesetz lediglich eine Benutzung durch den Eigentümer, die besonderen Regeln unterlag.

Die sonstigen Bestimmungen

Darüber hinaus traf der Entwurf Regelungen über die Küstengewässer und den Meeresstrand, das Erfordernis der Ausgleichung, Zwangsrechte, über Notstandsmaßnahmen, die Wasserschau, Wasserbücher, Entschädigungen sowie die Ausführung des Gesetzes und die Behandlung bisheriger Rechtsvorschriften.

bb) Änderungen und Neuvorschläge (Giesekes Wasserwirtschaftsgesetz – Benutzungsbefugnisse – Gliederung umfassendes Gesetz)

Zu dem ersten Entwurf eines Rahmengesetzes für den Wasserhaushalt wurde in den Beratungen des IMA mehrfach Stellung genommen. In seiner 8. Sitzung am 20.05.1952 wurde die Zulässigkeit einer Legaldefinition des Begriffes Wasserhaushalt in einem Rahmengesetz von allen in der Sitzung vertretenen Bundesressorts verneint. Es wurde hierüber die Auffassung vertreten, dass die sachliche Notwendigkeit für eine Legaldefinition des verfassungsrechtlichen Begriffes nicht bestehe.[436]
MR *von Wächter* (BELF) äußerte sich dahingehend, dass er die bevorstehende Erörterung des Entwurfs eines Rahmengesetzes durch die kommunalen Spitzenverbände für unzweckmäßig halte. Vielmehr sei eine solche Erörterung erst dann erwünscht, wenn ein von allen beteiligten Ministerien gebilligter Gesetzentwurf vorläge. Dem schloss sich der IMA an und ließ die Erörterung verschieben.[437]

---

[436] Vgl. Niederschrift über die 8. Sitzung des IMA vom 20.05.1952, S. 2.
[437] Vgl. Niederschrift über die 9. Sitzung des IMA vom 16.06.1952, S. 2.

Im Zusammenhang mit der Schaffung eines Wasserrahmenrechtes nach Art. 75 GG wurde an Prof. *Dr. Gieseke* ein Gutachterauftrag erteilt. Hierzu schickte ORR *Kumpf* (BWM) Prof. *Dr. Gieseke* die Entwürfe zu einem Rahmengesetz für den Wasserhaushalt, zu einem Gesetz zur Sicherung der Wasserversorgung und zu einem Gesetz für die Reinhaltung der Gewässer.
Prof. *Dr. Gieseke* erstellte zunächst einen eigenen Kurzentwurf eines Wassergesetzes nebst Bemerkungen, der die wichtigsten Ziele der Wasserwirtschaft aufzeigen und als Anregung für die Überarbeitung des BELF-Entwurfes dienen sollte.
Er war überschrieben als Wasserwirtschaftsgesetz und gliederte sich in zwei Titel. Der Entwurf begann seinem Titel entsprechend mit den Zielen der Wasserwirtschaft. § 1 enthielt zunächst die Aufstellung und den Inhalt von Wasserhaushaltsplänen. Prof. *Dr. Gieseke* versuchte, darin die Zwecke solcher Pläne herauszuarbeiten. Der Entwurf nannte zwei verschiedene Zwecke:

1. Zur Sicherung der Planmäßigkeit der Wasserwirtschaft
2. Zur Führung und Neuordnung der Wasserwirtschaft.

Für die einzelnen Arten der Wassernutzungen hielt Prof. *Dr. Gieseke* allgemeine Bestimmungen im Vorfeld nicht für richtig. Die Regelung des Preußischen Wassergesetzes in den §§ 19 bis 24[438] sollten in einem Bundesgesetz eher anders ausfallen und nach dem Inhalt der Regelungen auf die unterschiedlichen Abschnitte aufgeteilt werden.
Für die Regelung des Gemeingebrauchs sollte das Bundesgesetz nach Ansicht Prof. *Dr. Giesekes* folgende Punkte berücksichtigen:

1. An welchen Gewässern?
2. Gemeingebrauchsarten; Generalklausel oder Aufzählung nach Art seines Vorschlages in § 5[439]?

---

[438] Diese befanden sich im Dritten Titel des Gesetzes und waren mit „Allgemeine Vorschriften" überschrieben.

[439] **§ 5 des Entwurfes eines Wasserwirtschaftsgesetzes:**
Arten des Gemeingebrauchs
Als Gemeingebrauch gilt
a) Baden, Waschen, Schöpfen mit Handgefäßen, Viehtränken und -schwemmen, Fahren mit Kähnen und Sportfahrzeugen, Benutzung als Eisbahn;
b) Einleiten von Abwässern aus der eigenen Haushaltung und nichtgewerblichen Wirtschaft, soweit es nicht mittels gemeinschaftlicher Anlagen erfolgt;
c) für die Anlieger das Errichten kleiner, leicht zu beseitigender Anlagen (Treppen, Stege, Waschbänke u. dgl.) zum eigenen Gebrauch;

3. Öffentlicher Verkehr; (Nach Ansicht Prof. *Dr. Giesekes* sollte der Verkehr anders als im Preußischen Wassergesetz in einem besonderen Abschnitt behandelt werden).
4. Entnahme von Bodenbestandteilen, Pflanzen usw.
5. Verbot der Beeinträchtigung des Gemeingebrauchs durch Dritte
6. Grenzen des Gemeingebrauchs
7. Regelung, Beschränkung, Untersagung durch zuständige Behörde

Auch Prof. *Dr. Gieseke* befürwortete die Schaffung einer bewilligungsfreien Anliegernutzung. Da der bestehende Rechtszustand in den Landeswassergesetzen hierüber unterschiedliche Regelungen traf, sollte an den größeren Wasserläufen nur Gemeingebrauch und Gebrauch kraft Bewilligung stattfinden. Ob man an den übrigen Wasserläufen daneben noch besondere Anlieger- oder Eigentümerbefugnisse zulassen konnte, sollte noch einmal überdacht werden.[440]

Die Benutzungsbefugnisse

Weitere Probleme eines Bundeswassergesetzes sah Prof. *Dr. Gieseke* in der Frage der wasserrechtlichen Benutzungsbefugnisse für oberirdische Gewässer. Sein Entwurf enthielt dazu Regelungen, die seiner Ansicht nach in den Bestimmungen eines Bundeswassergesetzes berücksichtigt werden sollten. Sie wiesen einen erheblich größeren Umfang auf als die Regelungen des BELF-Entwurfes, waren jedoch auf neu zu begründende Benutzungsbefugnisse beschränkt.[441]
Wichtig war dabei auch die Benennung des Rechtsinstituts einer behördlichen Benutzungsbefugnis. Der Ausdruck „wasserrechtliche Bewilligung" war schon im Entwurf eines Grundwasserschutzgesetzes enthalten.[442] Ebenso war der Begriff im Entwurf eines Reinhaltegesetzes für die Wasserläufe übernommen worden.[443] Zudem hatte der IMA beschlossen, dass der Ausdruck „wasserrechtliche Bewilligung" zwingend vorzusehen sei.[444]

Zusätzlich musste eine Entscheidung darüber getroffen werden, an welchen Gewässern eine Sondernutzung im Rahmen der Bewilligung stattfinden könne. In

---

d) öffentlicher Verkehr, namentlich Schiffahrt und Floßfahrt, soweit das Gewässer hierfür freigegeben ist.

Diese Fassung war stark an § 34 des Entwurfes eines Reichswassergesetzes von 1941 angelehnt.

[440] Vgl. Bemerkungen Prof. *Dr. Gieseke*s über Eigentümer- und Anliegergebrauch, S. 2.
[441] Vgl. Bemerkungen Prof. *Dr. Giesekes* zur wasserrechtlichen Bewilligung für oberirdische Gewässer, S. 1.
[442] Vgl. dort § 3 des Entwurfes vom 28.04.1952.
[443] Vgl. dort § 9 des Entwurfes vom 28.11.1952.
[444] Vgl. Bemerkungen Prof. *Dr. Gieseke*s zur wasserrechtlichen Bewilligung für oberirdische Gewässer, S. 1.

den meisten geltenden Landeswassergesetzen bestand ein der Bewilligung entsprechendes oder ihr ähnliches Rechtsinstitut für alle natürlichen Wasserläufe und Seen. Prof. *Dr. Gieseke* schlug daher vor, eine Bewilligung für alle natürlichen Gewässer vorzusehen. Dazu musste klargestellt werden, dass auf die Bewilligung kein Anspruch bestand.[445] Als Unterarten der Bewilligung sollten, wie in § 14 Grundwasserschutzgesetz, neben der „unwiderruflichen" eine „widerrufliche" Bewilligung vorgesehen werden. Entsprechend dem Grundwasserschutzgesetz sollte die unwiderrufliche Bewilligung nur befristet erteilt werden.[446] Damit schlug Prof. *Dr. Gieseke* in Anlehnung an den Entwurf eines Reichswassergesetzes die alleinige Unterteilung der Benutzungen in Gemeingebrauch und Sondergebrauch vor. Eine Zweiteilung der Benutzungsbefugnisse im Rahmen des Sondergebrauchs sah er nicht vor. Das Rechtsinstitut der Bewilligung sollte jede Form der Sondernutzung umfassen. Zu unterscheiden war je nach Art der Sondernutzung nur zwischen widerruflicher und unwiderruflicher Bewilligung. Einen numerus clausus der Bewilligungsfälle, wie ihn § 46 Preußisches Wassergesetz[447] vorsah, erschien Prof. *Dr. Gieseke* dagegen nicht notwendig. Vielmehr sollte die Bewilligung allgemein für jede Anlage und Benutzung erforderlich sein, die über den Gemeingebrauch hinausging.

Zur Erleichterung der Behördenarbeit und Verminderung der Gefahr allzu großer Reglementierung sollten jedoch geringfügige Einwirkungen von der Bewilligung freigestellt werden. Die im Entwurf eines Rahmengesetzes für den Wasserhaushalt hierzu enthaltene Bestimmung war Prof. *Dr. Gieseke* nicht präzise genug. Insbesondere die freizustellenden Maßnahmen sollten genauer formuliert werden.[448]

---

[445] Vgl. die Formulierung in § 5 des Entwurfes eines Grundwasserschutzgesetzes.

[446] Vgl. Bemerkungen Prof. *Dr. Giesekes* zur wasserrechtlichen Bewilligung für oberirdische Gewässer, S. 3.

[447] **§ 46 Preußisches Wassergesetz:**

(1) Durch Verleihung können an Wasserläufen folgende Rechte erworben werden:
1. den Wasserlauf in einer der im § 40 Abs. 2 bezeichneten Arten zu benutzen;
2. Häfen und Stichkanäle anzulegen, letztere soweit sie nicht selbständige Wasserstraßen bilden;
3. Anlegestellen mit baulichen Vorrichtungen von größerer Bedeutung herzustellen;
4. kommunale oder gemeinnützige Badeanstalten anzulegen.

(2) Eine Verleihung wird nicht erteilt, wenn sich diese Rechte aus anderen gesetzlichen Vorschriften ergeben oder wenn die Benutzung nach den Vorschriften über den Gemeingebrauch gestattet ist.

(3) Die Verleihung kann auf Antrag in der Weise erteilt werden, daß das Recht mit dem Eigentum an einem Grundstücke verbunden wird.

[448] Vgl. Fn. 446.

Zu Gunsten von Belangen des öffentlichen Wohles sollte nach Ansicht Prof. *Dr. Giesekes* die Möglichkeit von Auflagen zur Bewilligung entsprechend dem Grundwasserschutzgesetz formuliert werden.

Die Gliederung für ein umfassendes Bundeswassergesetz

Zuletzt erstellte Prof. *Dr. Gieseke* eine Gliederung für ein umfassendes Wassergesetz. Danach sollte eine Unterteilung in elf Abschnitte erfolgen:

I. Allgemeine Grundsätze der Regelung
  Rahmencharakter des Gesetzes, übergeordnete Belange der Wasserwirtschaft
II. Wasserhaushaltspläne
III. Oberflächengewässer
  1. Evtl. erforderliche Abgrenzung, aber grundsätzlich keine Einteilung der Wasserläufe.
  2. Benutzung
    Allgemeine Vorschrift
    Gemeingebrauch
    Anliegergebrauch
    Sondergebrauch
    Sondervorschriften für Stauanlagen und Talsperre
  3. Schifffahrt, Flößerei und Trift
  4. Unterhaltung
  5. Reinhaltung
  6. Hochwasserschutz
  7. Änderung und Beseitigung von Wasserläufen
  8. Wildabfließendes Wasser
IV. Grundwasser
V. Wasserversorgungs- und Abwasserbeseitigungsanlagen
VI. Wasserrechtliche Bewilligung
VII. Ausgleichung von Wasserbenutzungen
VIII. Zwangsrechte
IX. Wasserbücher
X. Strafbestimmungen und Bestimmungen gegen Ordnungswidrigkeiten
XI. Übergangs- und Schlussbestimmungen

Die durch Prof. *Dr. Gieseke* erstellte Gliederung zeigte die enge Anlehnung an den Entwurf eines Reichswassergesetzes, vor allem im Rahmen der Benutzungsbefugnisse. So statuierte Prof. *Dr. Gieseke* neben dem Gemein-, Anlieger- und Eigentümergebrauch den Sondergebrauch, welcher allein durch das Institut der wasserrechtlichen Bewilligung definiert wurde. Eine Zweiteilung der Sondernutzungsbefugnisse wie im Preußischen Wassergesetz war nicht vorgesehen.

b) Die Entwürfe eines Bundeswassergesetzes bis März 1954

aa) Aufbau und Regelungsinhalte (Eigentum – Benutzungsbefugnisse)

Die nach den Anmerkungen des IMA und Prof. *Dr. Giesekes* überarbeiteten Entwürfe eines Bundeswassergesetzes orientierten sich mehr an den Belangen der Wasserwirtschaft. Sie versuchten, die widerstreitenden Interessen der Wassernutzer nach dem Vorbild der geltenden Gesetze und des Entwurfes eines Reichswassergesetzes zu lösen. Die vorgeschlagenen Änderungen waren jedoch nur teilweise berücksichtigt worden. Die Entwürfe versuchten dabei, Regelungen der anderen Teilgesetzentwürfe zu integrieren, wobei die hauptsächliche Anlehnung an den Entwurf eines Grundwasserschutzgesetzes deutlich hervortrat. Die Entwürfe wurden hierbei in ihren Vorschriften entsprechend umstrukturiert und vervollständigt. So enthielten sie nunmehr auch Vorschriften über die Trinkwasserversorgung und die Abwasserbeseitigung aus dem Entwurf eines Hygienegesetzes des BMI und regelten das Einbringen von Stoffen, den Inhalt und Erlass von Reinhalteordnungen sowie die Anpassung bestehender Nutzungen an die Reinhalteordnungen.
Neu eingefügt wurden Vorschriften über den Meeresstrand, die Küstenlinie, den Gemeingebrauch am Strand und dessen Sondernutzung, die Unterhaltung, den Ausbau und den Schutz des Strandes und des Festlandes. Es waren die ersten Vorschriften dieser Art in einem Wassergesetz.[449]
Am 23.01.1953 legte das BELF den vollständig überarbeiteten Entwurf eines Bundeswassergesetzes vor, welcher nach den folgenden Umstrukturierungen im März 1954 nur noch in 5 Teile gegliedert war und 92 Paragraphen enthielt. Die Vorschriften des Entwurfes richteten sich teilweise nunmehr direkt an den Bürger. Die Legaldefinition des Begriffes „Wasserhaushalt" war auf Grund der Bedenken des IMA gestrichen worden. Das Gesetz begann in Anlehnung an das Preußische Wassergesetz und den Entwurf eines Reichswassergesetzes von 1941 in § 1 mit einer Definition der Gewässer. Gewässer im Sinne des Gesetzes waren danach:

„...die in natürlichen und künstlichen Betten ständig oder zeitweilig oberirdisch fließenden Gewässer (Wasserläufe), die oberirdischen natürlichen und künstlichen stehenden Gewässer, die Quellen und das Wasser unter der Erdoberfläche (Grundwasser). Nicht zu den Gewässern zählen Gräben, die nicht ständig Wasser führen, Teiche und andere Wasseransammlungen ohne natürlichen Zu- und Abfluss, und Wasser in Rohrleitungen und Behältern."

Mit Entwurf vom 01.10.1953 wurden zusätzlich zu den aufgezählten Gewässerarten in § 1 die Küstengewässer und Seewasserstraßen definiert. Neu eingefügt

---

[449] Lediglich der Entwurf eines Reichswassergesetzes hatte entsprechende Regelungen vorgesehen.

wurden Vorschriften über die Kennzeichnung der Stauhöhe und über die Pflichten der Wasser- und Bodenverbände.

Das Eigentum an Gewässern

Im zweiten Teil des Gesetzes waren die Eigentumsverhältnisse an den Gewässern nunmehr in insgesamt 7 Paragraphen ausführlicher geregelt. § 2 klärte nunmehr die Frage, ob Eigentum am Gewässer bestehen sollte. Danach bestand Eigentum an Wasserläufen, mit Ausnahme der Quellen, nur am Gewässerbett, wobei das Gewässerbett als eine dem öffentlichen Gebrauch dienende Sache gelten sollte, die einer öffentlich-rechtlichen Zweckbindung unterlag. Ausgenommen hiervon waren das Quell- und Niederschlagswasser, solange es vom Grundstück des jeweiligen Grundeigentümers nicht abgeflossen war und das Grundwasser bis zu einer bestimmten Tiefe.
Im Übrigen regelte der Entwurf die mit dem Eigentum am Gewässerbett verbundenen Rechtsfragen. So sollten über mögliche Streitigkeiten wegen des Eigentums am Gewässerbett die ordentlichen Gerichte entscheiden.

Die Benutzungsbefugnisse

Erwogen wurde die Einführung eines „gestatteten Gebrauchs", wonach dem Einzelnen durch Einzelverfügung gestattet werden konnte, Nutzungen vorzunehmen. Daran wurde jedoch letztlich nicht festgehalten.
Für die Benutzungsbefugnisse nahmen die Entwürfe nunmehr, entgegen Prof. *Dr. Giesekes* Vorschlag, eine Zweiteilung vor. Für Sondernutzungen waren zunächst die später wieder gestrichene Gestattung und die Bewilligung vorgesehen. Die Bewilligung stellte dabei das Kernstück der behördlichen Benutzungsbefugnisse dar. Die Entwürfe führten zudem einen numerus clausus der bewilligungsbedürftigen Sondernutzungen ein. Dem folgten das Verfahren zur Erteilung, die Arten, die Ausübung und die Wirkung der wasserrechtlichen Bewilligung. Nachfolgend waren die Beschränkung, Zurücknahme, das Erlöschen und die Beaufsichtigung der Bewilligung geregelt. Diese Vorschriften waren dem Entwurf eines Grundwasserschutzgesetzes entnommen worden, welcher die Bewilligung zu diesem Zeitpunkt schon ausführlich regelte.[450]

bb) Änderungen und Anmerkungen (Benutzungsbefugnisse – Stellungnahme BMV)

Neben etlichen Neuformulierungen in Detailfragen und der Neueinteilung des Gesetzes wurden in § 1 Definitionen der Wasserstraßen, Seen, Teiche und des

[450] Vgl. §§ 13 ff. des Entwurfes eines Grundwasserschutzgesetzes v. 10.12.1952.

Grundwassers eingefügt. Dazu wurden das außerhalb der Wasserläufe abfließende Wasser, die Gräben und das wild abfließende Wasser in die Gewässerarten i.S.d. Gesetzes mit eingefügt. In Bezug auf das Eigentum am Gewässerbett wurde das Enteignungsrecht in ein Entschädigungsrecht des betroffenen Eigentümers umgewandelt.

Die Benutzungsbefugnisse

Im Zuge der Änderungen der vorliegenden Entwürfe wurde nunmehr ein grundsätzliches Benutzungsverbot statuiert, nach welchem jede Benutzung der Gewässer und jede Einwirkung, die nicht als Gemein- oder Eigentümergebrauch zulässig und auch nicht von der zuständigen Behörde gestattet oder bewilligt war, als verboten gelten sollte. Ein solches generelles Verbot war eine Neuerung auf dem Gebiet des Wasserrechts. Es war auch nicht in den größeren bestehenden Wassergesetzen wie dem Preußischen oder Bayerischen Wassergesetz zu finden.
Die zulässigen Gewässernutzungen wurden danach in eine allgemeine Formel integriert, welche positiv formuliert wurde. Zulässig waren Nutzungen im Rahmen von:

„...Gemeingebrauch, ...Eigentümerbefugnis, auf Grund einer Gestattung oder Bewilligung der zuständigen Behörde."[451]

Ein Rechtsanspruch auf die Bewilligung war ausgeschlossen.[452] Darüber hinaus sollte die Bewilligung kein Recht zur Inanspruchnahme fremden Eigentums geben. Der Anlieger- und Eigentümergebrauch wurden als die mit einem Grundstück verbundenen Befugnisse zusammengefasst. Sie wurden erweitert auf die Nutzung einer Quelle, soweit sie nicht Bestandteil eines Wasserlaufes war.[453]

Die Stellungnahme des BMV zu den vorliegenden Entwürfen

Mit Schreiben vom 03.08.1953 nahm das BMV zu dem Entwurf eines Bundeswassergesetzes Stellung. Das BMV begrüßte die Umarbeitung des Entwurfes dahin, dass die Vorschriften sich teilweise direkt an den Bürger und nicht mehr nur an den Landesgesetzgeber richteten.
Die Vorschriften über die Küstengewässer sollten nach Ansicht des BMV nicht in einem Bundeswassergesetz geregelt werden. Die Materie falle nicht mehr unter die Rahmengesetzgebung des Art. 75 Ziff. 4 GG. Die Integrierung der Teilgesetzentwürfe der anderen Ministerien sei jedoch zu knapp geraten. Die Rege-

---

451 Vgl. § 8 der Änderungen v. 31.03.1953.
452 Vgl. Gieseke Anmerkung v. 31.03.1953.
453 Vgl. Regelung in Art. 16 Nr. 3 Bayerisches Wassergesetz.

lung der einzelnen Materien erfordere eine fast komplette Übernahme der Entwürfe in ein Bundeswassergesetz.
Das BMV bemängelte, dass der Entwurf keine Vorschriften über die Gestaltung des Rechts der Wasser- und Bodenverbände enthielt. Ein Bundeswassergesetz müsste aber die Rechtseinheit für das gesamte Wasserrecht, also auch für das Wasser- und Bodenverbandsrecht herstellen.[454]

c) Die Entwürfe eines Bundeswassergesetzes bis April 1955

aa) Inhalt

Die neuen Entwürfe hatten alle Neuvorschläge weitgehend übernommen und in das Gesetz eingebaut. Inhaltliche Änderungen der ursprünglichen Textfassung erfolgten jedoch nicht mehr. Das BELF hatte auf Grund der vielen Kritikpunkte und der Besprechungen im IMA seinen Entwurf mehrmals überarbeitet. So war der Entwurf stark gekürzt worden. Der für die bewilligungsbedürftigen Sondernutzungen im Entwurf enthaltene numerus clausus wurde wieder herausgenommen. Auch die Reinhaltungsvorschriften waren stark gekürzt worden. Die Grundwasservorschriften wurden noch näher an den Entwurf eines Grundwasserschutzgesetzes herangerückt. Die Regelungen der Trinkwasserversorgung und Abwasserbeseitigung waren aus dem Entwurf zuletzt ganz entfernt worden. Die Neufassung des Entwurfes wurde daraufhin an die einzelnen Ressorts und beteiligten Stellen zur Stellungnahme versandt.

bb) Anmerkungen

(1) Die Stellungnahme des Bundesverbandes der Deutschen Industrie e. V.

Mit Schreiben vom 28.10.1954 äußerte sich der BDI über den Stand der Wassergesetzgebung. Er war der Ansicht, dass sich der Entwurf eines Bundeswassergesetzes in einer Zusammenfassung der in den einzelnen Teilgesetzen behandelten Materien erschöpfe. Er trüge in keiner Weise zu einer einheitlichen Verschmelzung des Wasserrechtes bei und ließe die natürlichen Zusammenhänge zwischen Wasserversorgung und Reinhaltung der Gewässer außer Acht. Des Weiteren sei der Entwurf mit der Regelung so zahlreicher grundsätzlicher Probleme verfassungsrechtlicher Art belastet, dass seine Verabschiedung nicht kurzfristig erwartet werden könne.
Die Schwierigkeiten bei der Erstellung eines einheitlichen Wasserrechtes führte der Verband nicht zuletzt darauf zurück, dass innerhalb der Bundesregierung organisatorische Probleme bestünden, die die schnelle Verabschiedung eines

---

[454] Vgl. Schreiben des BMV vom 03.08.1953 an den BMi. ELF.

Gesetzes verzögerten. Der Verband bat die Bundesregierung daher um eine Koordinierung der mit den Fragen der Wasserwirtschaft und des Wasserrechtes befassten Bundesministerien durch das Bundesministerium für wirtschaftliche Zusammenarbeit.
Ziel sollte die Vorbereitung eines Rahmengesetzes über den Wasserhaushalt sein, das die Benutzung sämtlicher Gewässer zusammenhängend und bundeseinheitlich regele.[455]

MR *Dr. Witzel* (BELF) bezeichnete das Bundeswassergesetz auf einer der folgenden IMA-Sitzungen[456] nur als Rohentwurf eines Rahmengesetzes. Ein Referentenentwurf könnte unter Beteiligung der einzelnen Ressorts in zwei Monaten fertig sein. Für die Kabinettsreife erwarte er jedoch eine Gesamtarbeitszeit von mindestens neun Monaten bis zu einem Jahr. Für das BWM belief sich die Gesamtarbeitszeit noch auf mindestens zwei Jahre und 6 Monate, bis ein kabinettsreifer Entwurf vorliege.

(2) Die Stellungnahme des Innenministeriums des Landes Baden-Württemberg

Mit Schreiben vom 18.03.1955 nahm das Innenministerium Baden-Württembergs zu dem Entwurf eines Bundeswassergesetzes Stellung. Es begrüßte darin die Bemühungen des BELF, zusammenfassende Rahmenvorschriften im Gebiet der Bundesrepublik zu schaffen. Den Einwand, dass die Schaffung eines einheitlichen Wassergesetzes zuviel Zeit in Anspruch nehme, halte es für nicht richtig. Seiner Ansicht nach erscheine es keinesfalls aussichtslos, die Grundlinien für eine wasserrechtliche Rahmengesetzgebung in absehbarer Zeit festzulegen. Das Innenministerium wies noch einmal darauf hin, dass die beteiligten Bundesministerien sich auf ein Gesetzgebungsprogramm einigen müssten, damit der unfruchtbare Wettbewerb zwischen den Ministerien aufhöre.
Um die Arbeit am Gesetzentwurf zu beschleunigen, sollten nach Verwertung der Stellungnahmen der Länder für einzelne Abschnitte der Gesamtmaterie Arbeitsgruppen aus Vertretern der zuständigen Bundes- und Länderministerien gebildet werden. Deshalb beschränkte das Innenministerium seine Äußerungen zum Entwurf auf sachliche Erörterungen.
Das Ministerium bemängelte die Bezeichnung des Gesetzes als „Wassergesetz“. Eine Anlehnung der Bezeichnung an Art. 75 Nr. 4 GG „Gesetz zur Ordnung des Wasserhaushalts“ sei wünschenswert. Die im Entwurf vorgenommene Abgrenzung der Wasserläufe befriedige ebenfalls nicht.

---

[455] Vgl. Schreiben von *Berg* des Bundesverbandes der Deutschen Industrie e. V. an den Bundeskanzler vom 28.10.1954.
[456] Vgl. Protokoll Nr. 1 der Sitzung des IMA vom 09.03.1955.

Des Weiteren sei keine Bundeszuständigkeit zur Gesetzgebung bezüglich des Hochwasserschutzes gegeben. Die Ordnung des Wasserhaushaltes umfasse die Nutzung und die Pflege der Gewässer, nicht aber die Abwehr von Gefahren, die der Allgemeinheit oder dem Einzelnen von den Gewässern drohen.
Für Regelungen der Eigentumsverhältnisse bestand in einem Bundeswassergesetz kein Bedürfnis. Diese privatrechtlichen Verhältnisse waren bisher durch Art. 65 EGBGB der Landesgesetzgebung überlassen. Vorschriften über Uferlinien, Wasserlaufverlegungen, Inseln und Anlandungen seien zwar notwendig, hätten aber für den Wasserhaushalt eine geringe Bedeutung. Daher sollte auf umfassende Vorschriften über die Eigentumsverhältnisse verzichtet werden und diese den Ländern überlassen werden.

Bereits in der darauf folgenden IMA-Sitzung am 22.03.1955 drängte Bundesminister *Kraft* auf die Fertigstellung der einzelnen Teilgesetzentwürfe. Der Entwurf eines Bundeswassergesetzes des BELF sollte dabei noch vor den Sommerferien 1956 als Gesamtgesetzgebungswerk, das sich auf Art. 75 GG stütze, in den Bundestag kommen.

d) Der neue Entwurf eines Gesetzes zur Ordnung des Wasserhaushaltes

aa) Aufbau und Regelungsinhalte

Aufgrund der fortgesetzten Kritik seitens der beteiligten Ressorts legte das BELF am 15.04.1955 einen neuen völlig überarbeiteten Entwurf, überschrieben mit „Gesetz zur Ordnung des Wasserhaushaltes“, vor. Dieser letzte Entwurf des BELF stützte sich ausschließlich auf Art. 75 Nr. 4 GG.[457] Er umfasste nicht mehr alle Fragen des Wasserrechts. Der Entwurf beinhaltete 45 Paragraphen und war in sechs Abschnitte gegliedert.

I. Abschnitt: Einleitende Bestimmung
II. Abschnitt: Gemeinsame Bestimmungen für die Benutzung der Gewässer (Erlaubnis, Verleihung, Verfahren, Auflagen, Entschädigung, Rücknahme, Alte Befugnisse)
III. Abschnitt: Erlaubnisfreie Benutzungen, Schutz und Ausbau oberirdischer Gewässer
IV. Abschnitt: Benutzung und Schutz des Grundwassers
V. Abschnitt: Wasserwirtschaftliche Rahmenpläne; Wasserbuch
VI. Abschnitt: Straf- und Bußgeldbestimmungen; Verwaltungszwang; Schlussbestimmungen

[457] Der Entwurf ist im Anhang wiedergegeben.

Neben den allgemeinen Formulierungen des Entwurfs ist an Neuerungen die nunmehr erfolgte Einteilung der Gewässer in ober- und unterirdische sowie die Streichung sämtlicher Regelungen über das Eigentum hervorzuheben. Nachdem die Zulässigkeit von Eigentumsregelungen für Gewässer in einem Bundeswassergesetz immer wieder in Frage gestellt und die Streichung der entsprechenden Normen gefordert worden war, hatte sich das BELF im Interesse der schnellen Kabinettsreife für die geforderte Streichung entschieden. Ebenfalls aufgegeben wurde die Bezeichnung der Gewässer als „öffentliche Sachen".

bb) Benutzungsbefugnisse

Die Benutzungsbefugnisse wurden in „Erlaubnis" und „Verleihung" umbenannt. Die Zweiteilung hatte sich damit gefestigt. Die neuen Bezeichnungen entsprachen den am meisten verwendeten Bezeichnungen der geltenden Landeswassergesetze. Die Erlaubnis sollte den zunächst erwogenen „gestatteten Gebrauch" ersetzen und für unbedeutende oder vorübergehende Benutzungen erteilt werden. Die Verfahrensvorschriften wurden bis auf kleinere Details beibehalten. Wesentlich ausführlicher wurden die alten Befugnisse geregelt. Die Frist des Erlöschens alter Rechte wurde auf 10 Jahre angehoben, auch sollten Zweck, Maß und Zeiten der Benutzungen festgelegt werden.

Zusätzlich statuierte der Entwurf die Möglichkeit des Erlasses von Reinhalteordnungen für Teile von Gewässern als neue Form des Gewässerschutzes.

Der neue Entwurf eines Gesetzes zur Ordnung des Wasserhaushaltes versuchte, den Kritiken der Ressorts gerecht zu werden und die wichtigsten Materien in kurzer, aber ausreichender Form zu regeln, so dass genügend Raum für die Ausfüllung durch die Länder bliebe. Auffällig war eine starke Ähnlichkeit des Entwurfes mit dem Grundwasserschutzgesetz des BWM. Viele der geänderten Vorschriften enthielten Rechtsgedanken des Entwurfes des BWM. Diesen neu überarbeiteten Entwurf legte das BELF als Diskussionsgrundlage auf der folgenden IMA-Sitzung vor.

2. Zusammenfassung

Der neue Entwurf eines Wasserhaushaltsgesetzes war nach Ansicht des BELF ein Rahmengesetz, das sich allein auf Art. 75 Ziff. 4 GG stützte. Die Voraussetzungen für eine bundesgesetzliche Regelung des Wasserhaushalts nach Art. 72 Abs. 2 GG lagen vor.

Ziel und Zweck des Gesetzes war die Regelung des Wasserhaushalts, wie es dem Wohle der Allgemeinheit entsprach. Die besonderen Mittel, die der Entwurf den Behörden zur Regelung des Wasserhaushaltes bei der Verwaltung der Gewässer gab, waren ausgerichtet an den neuzeitlichen wasserwirtschaftlichen Forderungen. Die Behörden sollten ihre Entscheidungen nicht als Einzelfälle treffen, sondern das Wasser in seiner Gesamtheit betrachten und die Einwirkungen für den gesamten Wasserhaushalt berücksichtigen. Es sollte eine Kontrolle über die vorhandenen Einwirkungen geschaffen werden, die einen ausreichenden Schutz des Wasservorkommens sicherstellt.

Der neue Entwurf des BELF veränderte die bestehende Situation in der Wassergesetzgebung. Eine Beschleunigung der Gesetzgebung in Bezug auf ein einheitliches Wasserrahmengesetz erschien nicht nur möglich, sondern war in greifbare Nähe gerückt. Gerade der Entwurf eines Bundeswassergesetzes war während der Vorbereitungen sehr vielen Schwierigkeiten begegnet, da die vorherigen Entwürfe des BELF nach überwiegender Meinung des IMA nicht geeignet waren, dem Kabinett vorgelegt zu werden. Daher war man nicht mehr davon ausgegangen, ein einheitliches Wassergesetz noch in der laufenden Legislaturperiode zu schaffen. So sollten zunächst die Entwürfe über ein Grundwasserschutzgesetz und über ein Gesetz zur Reinhaltung der Wasserstraßen vorgelegt werden.
Erst durch die Zusammenarbeit mit den anderen Ministerien kam es zum vorliegenden Entwurf eines Wasserhaushaltsgesetzes. Grundlage des Entwurfes bildete nach wie vor das Grundwasserschutzgesetz, welches als wegweisend für ein Rahmengesetz über den Wasserhaushalt angesehen werden kann. Mit der Einbringung des neuen Entwurfes wurde die Diskussion um die Einbringung *eines* Wassergesetzes daher wieder neu aufgenommen. Der Entwurf eines Wasserhaushaltsgesetzes vom 15.04.1955 kann somit als die entscheidende Wende auf dem Wege zu einer bundeseinheitlichen Wassergesetzgebung angesehen werden.

E: Die Entstehung des Wasserhaushaltsgesetzes bis zur Verkündung (1955 – 1957)

I. Die Arbeiten am Wasserhaushaltsgesetz bis zur Kabinettsvorlage am 06.12.1955

1. Der Beschluss des IMA zur alleinigen Weiterarbeit an einem Rahmengesetz

In der Generalaussprache am 10.05.1955 im IMA war der neue Entwurf des BELF Gegenstand der Besprechung der einzelnen Ministerien. MR *Dr. Witzel* gab zunächst einen Rückblick über die Gesetzentwurfarbeit seines Ministeriums. Der nun vorliegende Entwurf des BELF stütze sich ausschließlich auf Art. 75 Ziff. 4 GG und umfasse daher nicht alle Fragen des Wasserrechts.[458]
Nach Ansicht des BWM bildete das Grundwasserschutzgesetz die Grundlage des neuen Entwurfes. Er sei entstanden aus der Zusammenarbeit des BWM mit den 4 Ministerien im IMA Wasser, des Weiteren in den 15 Ressortbesprechungen und zusätzlichen Einzelbesprechungen. Das BWM wies darauf hin, dass der nun vorliegende Entwurf nicht mehr in die alleinige Zuständigkeit des BELF falle. Es sei denkbar, dass die Federführung für das Wasserhaushaltsgesetz aufgrund des Koordinierungsauftrages des Kabinetts vom 16.02.1955[459] bei dem Koordinierungsminister unter Mitwirkung aller übrigen Ressorts läge.
Das BMV und das BMJ begrüßten die Neufassung des BELF-Entwurfes und zeigten sich bezüglich seiner Weiterbehandlung zuversichtlich. In der Frage der Federführung befürworteten sie einen Entwurf, der alle Ministerien gleichermaßen beteilige.
Bundesminister *Kraft* kam daher zu dem Schluss, dass man sich über das Thema Gesamtrahmengesetz, Gesamtgesetz oder Einzelgesetze nun nicht länger unterhalten solle. Wichtig sei lediglich die *Gesetzgebungsform*, mit der man möglichst schnell zum Ziel komme. Mit dem vorliegenden Gesetzentwurf beschränke sich das BELF auf eine Teillösung.
In der Frage der Federführung sprach sich Bundesminister *Kraft* dafür aus, dass alle Ministerien federführend beteiligt werden könnten. Eine Entscheidung in dieser Sache müsse jedoch schnell getroffen werden.
Das BELF schlug daraufhin vor, dass ein Redaktionsausschuss unter der Leitung von Bundesminister *Kraft* gebildet werde, der die Frage der Einfügung der Ein-

[458] Vgl. Protokoll Nr. 3 der Sitzung des IMA vom 10.05.1955.
[459] Hollmann/ von Jena, Kabinettsprotokolle der Bundesregierung, Band 8, 71. Sitzung, 16.02.1955, S. 143.

zelgesetze in das Wasserhaushaltsgesetz mit den zuständigen Ressorts kurzfristig klären sollte. Hierzu erklärte sich Bundesminister *Kraft* bereit.
Gegen die Befürchtungen des BMV und des BWM, das Wasserhaushaltsgesetz könnte nicht mehr in der laufenden Legislaturperiode eingebracht werden, führte Bundesminister *Kraft* an, dass die Regierung jetzt einheitlich auftreten müsse. Die Uneinigkeit der Ressorts dürfe nicht an die Öffentlichkeit treten. Man müsse alles versuchen, alle Beteiligten dem gemeinsamen Ziele dienstbar zu machen.[460] Die Mitglieder des IMA einigten sich daher, teilweise unter Vorbehalt,[461] darauf, dass der Entwurf eines Wasserhaushaltsgesetzes fortzuführen sei, wobei er von den drei Ministerien[462] gemeinsam federführend behandelt werden sollte. In den folgenden Ressortbesprechungen zur Beschleunigung und möglichst umfassenden Klärung aller Fragen im Zusammenhang mit dem Wasserhaushaltsgesetz und den anderen Gesetzentwürfen sollte Bundesminister *Kraft* den Vorsitz führen. Ebenso sollte eine weitere Besprechung mit den Ländern stattfinden, um das weitere Verfahren abzusprechen.[463]

Am 03. und 12.05.1955 traf sich der IMA mit den Ländern, um die einzelnen Gesetzentwürfe der Ministerien und vor allem den neuen Entwurf eines Gesetzes zur Ordnung des Wasserhaushaltes des BELF zu besprechen. In diesen Sitzungen kamen die Länder mit dem IMA überein, dass vorrangig der Wasserhaushaltsgesetzentwurf zu behandeln sei. Die Einzelgesetze des BWM und des BMV sollten lediglich als Entwürfe griffbereit bleiben, solange bis klargestellt sei, ob das Wasserhaushaltsgesetz noch in der bestehenden Legislaturperiode verabschiedet werden könnte.

Diese Entscheidung wurde auf der nachfolgenden 4. Sitzung des erweiterten IMA am 17.05.1955 diskutiert. Das BWM und das BMV sprachen sich gegen eine alleinige Weiterbehandlung des Wasserhaushaltsgesetzes aus. Ihrer Ansicht nach sollten die bestehenden Teilgesetzentwürfe weiter betrieben werden, um die Durchsetzung von Schutzvorschriften für das Wasser zu sichern. Dagegen führte Bundesminister *Kraft* an, dass eine Weiterführung den Widerstand der Länder bedeuten würde. Der IMA würde die Zusammenarbeit mit den Ländern aufs Schwerste gefährden und sich ins Unrecht setzen.

---

[460] Vgl. Protokoll Nr. 3 der IMA-Sitzung vom 10.05.1955.
[461] Die Vorbehalte bestanden seitens des BMV und des BWM.
[462] Bundesministerium für Wirtschaft, Bundesministerium für Verkehr, Bundesministerium für Ernährung, Landwirtschaft und Forsten.
[463] Vgl. Protokoll Nr. 3 über die 3. IMA-Sitzung am 10.05.1955.

Nachdem die Vorbehalte des BWM und des BMV ausgeräumt worden waren, stellte ORR *Rocholl*[464] nunmehr den Antrag, der IMA Wasser möge beschließen:

„Der Wasserhaushaltsgesetz-Entwurf wird ab sofort vorgezogen und kabinettsreif gemacht. Die Gesetzentwürfe der 3 anderen Ressorts (BMV, BWM, BMI) werden solange zurückgestellt, bis der IMA Wasser entscheiden kann, ob das Wasserhaushaltsgesetz unter Berücksichtigung aller Faktoren noch rechtzeitig in dieser Legislaturperiode dem Kabinett, Bundesrat und Bundestag vorgelegt werden kann.“ [465]

Dieser Antrag wurde einstimmig durch den IMA Wasser angenommen.

Die einzelnen Ressorts sollten daher so schnell wie möglich diejenigen Vorschriften ihres Entwurfs benennen, die in den Entwurf eines Wasserhaushaltsgesetzes übernommen werden sollten.[466]

2. Die Fortführung des Entwurfes eines Gesetzes zur Ordnung des Wasserhaushaltes aus dem BELF vom 15.04.1955

a) Die Sitzungen der Länderreferenten für Wasserwirtschaft am 12. und 13.05.1955 zur Besprechung des Wasserhaushaltsgesetz-Entwurfes

Zur Besprechung des neuen Entwurfes eines Wasserhaushaltsgesetzes hatte das BELF am 12. und 13.05.1955 die Länderreferenten, Vertreter der Bundesregierung und Prof. *Dr. Gieseke* eingeladen. Den Vorsitz führte Bundesminister *Kraft*.

Des Weiteren waren anwesend:

Für die Bundesregierung:
Bundeskanzleramt: *Beutler;* **BELF:** Bundesminister *Dr. Lübke, Dr. Herren, von Waechter, Lechner, Murmann, Dr. Witzel, Schmitt*; **Bundesministerium für wirtschaftliche Zusammenarbeit:** *Rocholl;* **BMI:** *Dr. von Bieberstein, Dr. Clauß;* **BMJ:** *Ebersberg, von Richterlein, Voelskow, Diller, Dr. Kropff;* **BWM:** *Kumpf, Stößel, Hagen, Dr. Kolb, Blabusch, Frank;* **BMV:** *Dr. Niehuss, Morsbach, Michael;* **Bundesministerium für Angelegenheiten des Bundesrates:** *Wellenkamp;* **Bundesministerium für besondere Aufgaben:** *von Jouanne, Stampe*

---

[464] Bundesministerium für wirtschaftliche Zusammenarbeit.
[465] Vgl. Protokoll Nr. 4 der 4. IMA-Sitzung vom 17.05.1955.
[466] Vgl. Protokoll Nr. 4 des erweiterten IMA Wasser vom 17.05.1955.

Für die Länder:
Schleswig-Holstein: *Rieder*, *Behrens*; **Hamburg:** *Dobkowitz*, *Carlsson*; **Niedersachsen:** *Schweicher*, *Metzkes*, *Wiedemann*; **Bremen:** *Dr. Rutz*; **Nordrhein-Westfalen:** *Klosterkemper*, *Köster*; **Hessen:** *Dr. Mitzschke*, *Berg, Feld, Miller*; **Rheinland-Pfalz:** *Lillinger*, *Dr. Kirdorf*; **Baden-Württemberg:** *Kellermann*, *Dr. Kübler*, *Ott*; **Bayern:** *Fritzsche*, *Brey*; **Berlin:** *Watzke*, *Grimme*.

Zunächst führte MR *Dr. Witzel* aus, dass die wesentlichen Änderungen des Entwurfes auf der Rechtsprechung des Bundesverfassungsgerichts zur Rahmengesetzgebung beruhten. Der Entwurf stütze sich auf die rahmenrechtliche Kompetenz aus Art. 75 Ziff. 4 GG und sei nicht länger ein Mischgesetz, das auch die Zuständigkeit aus Art. 74 GG ausnutze. Zunächst stellte er 4 Fragen zur Diskussion:

„1. Enthalte der Entwurf alles, was zur gesetzlichen Regelung des Wasserhaushalts erforderlich sei oder sei es nötig, den Entwurf noch zu ergänzen? Falls im Entwurf Teilgebiete geregelt seien, deren rahmenmäßige Regelung nicht erforderlich erscheine, möge hierzu Stellung genommen werden.
2. Ist die Regelung der Nutzungsformen (Erlaubnis, Verleihung), die den Kernpunkt des Gesetzes bilden, nach Inhalt und Bezeichnung zutreffend formuliert?
3. Sind die Bestimmungen über die Reinhaltung der Gewässer, insbesondere die Bestimmungen über die Reinhalteordnungen ausreichend und praktikabel?
4. Erscheinen die Bestimmungen über die wasserwirtschaftliche Rahmenplanung noch erweiterungsbedürftig?“[467]

Prof. *Dr. Gieseke* wies zusätzlich darauf hin, dass die Diskussion über die Benutzungsformen nicht nur ein Streit um Worte sei. Vielmehr ginge es hier um das Verhältnis zu den bestehenden Gesetzen und die Gefahr der Verwirrung bei der Weiterverwendung alter Begriffe.[468]
In Bezug auf die Unterhaltung der Gewässer führte er aus, dass sie in den bestehenden Gesetzen unterschiedlich geregelt sei. Diese Unterschiede mussten jedoch in einem Wassergesetz überbrückt werden. Auch war der Ausbau mit in das Wassergesetz aufzunehmen, obwohl er nicht in allen Wassergesetzen enthalten war. Als wichtigen Punkt strich Prof. *Dr. Gieseke* die Frage nach Entgelten und Gebühren heraus. Es sollte geklärt werden, ob hierfür eine Regelung in das Wasserhaushaltsgesetz mit aufgenommen werden sollte.[469]

Dann wurden die einzelnen Punkte besprochen. Grundsätzlich begrüßten die Länder den Neuentwurf und dessen Stützung auf Art. 75 Ziff. 4 GG. Ein schnelles Vorantreiben des Gesetzentwurfes war nach ihrer Ansicht zwingend notwen-

---

[467] Vgl. Niederschrift über die Sitzung der Länderreferenten vom 12.05.1955, S. 3f..
[468] Vgl. Niederschrift über die Sitzung der Länderreferenten vom 12.05.1955, S. 4.
[469] Vgl. Fn. 466.

dig, da gerade die Vorschriften über das Grundwasser, die Reinhaltung und den Ausbau den bestehenden Bedürfnissen nicht mehr gerecht wurden. Ablehnend äußerten sie sich jedoch über die starre Ausgestaltung der Reinhalteordnungen als Rechtsverordnungen. Nach Ansicht der Länder war die Form des Erlasses von Reinhalteordnungen erst einmal umfassend zu klären. Bezüglich der Reinhalteordnungen einigte man sich schließlich, im Gesetz nur den Begriff der Reinhalteordnung zu erwähnen und die Form den Ländern zu überlassen.

Zur Frage des Wasserzinses äußerten sich fast alle Länder zustimmend.[470] Wie eine solche Gebühr einzuarbeiten wäre, war noch einmal zu überdenken. MR *Dr. Witzel* sprach sich gegen die Anregung aus, den Wasserzins im Gesetz mit zu regeln.

Dann wurden die Begriffsbildung der Nutzungsformen und ihre Einteilung diskutiert. Mit Ausnahme von Bayern sprachen sich alle Länder für eine Beibehaltung der im Entwurf vorgesehenen Zweiteilung der Nutzungsbefugnisse aus. Die Bezeichnung der Formen war hierbei Nebensache, lediglich die Abgrenzung zwischen „Erlaubnis" und „Verleihung" sollte präziser gefasst werden, da sonst Schwierigkeiten auftreten könnten.
Niedersachsen und Rheinland-Pfalz regten zusätzlich die Aufnahme von Zwangsrechten und die Wiederaufnahme der Hygienebestimmungen in den Entwurf an. MR *Dr. Witzel* hielt Zwangsrechte hingegen für bedenklich. Diese seien Eigentumsbeschränkungen, die mit der Regelung des Wasserhaushalts nicht unbedingt gekoppelt werden sollten.
Es wurde beschlossen, in den einzelnen Ländern Kommissionen zu bilden, die den Gesetzentwurf besprechen, dazu Stellung nehmen und Änderungsvorschläge erarbeiten sollten.

b) Die Arbeit am Entwurf eines Gesetzes zur Ordnung des Wasserhaushaltes von April bis Juli 1955

Nach der Besprechung des Entwurfes mit den Ländern und seiner erneuten Versendung an die Bundesministerien wurde die Arbeit im IMA entsprechend dem letzten Beschluss aufgenommen.
Die einzelnen Ministerien bezogen außerhalb des IMA noch einmal schriftlich zu dem Entwurf Stellung. Mit Ausnahme des BMV wurden keine grundsätzlichen Bedenken geltend gemacht. Das BMV wies in seinem Schreiben vom 27.05.1955 darauf hin, dass in ein Gesetz, was sich nur auf Art. 75 Ziff. 4 GG stütze, die Verfahrensvorschriften des Reinhaltegesetzes nicht übernommen werden könnten. Sie müssten für den Bereich der bundeseigenen Verwaltung

---

[470] Nur Bayern lehnte die Aufnahme einer solchen Vorschrift ab.

einem besonderen Gesetz des Bundes vorbehalten bleiben. Trotzdem sollte ein Hinweis auf die Zuständigkeit des Bundes bezüglich der Bundeswasserstraßen in das Gesetz mit aufgenommen werden. Hierfür formulierte das BMV zwei Neuvorschläge in einem § 31a[471] und einem § 37a.[472]
Ebenso unzufrieden zeigte sich das BMV mit der Regelung der Benutzungsbefugnisse. Nach seiner Ansicht wurde im Entwurf die Bedeutung der Erlaubnis auf ein Minimum reduziert, welches nicht im Interesse der Wasserwirtschaft liege. Die Vorschriften über die Erlaubnis und die Verleihung sollten eher denen des Reinhaltegesetzes angepasst werden. Das BMV fügte seinem Schreiben entsprechende Neufassungen der §§ 3 und 4 bei. Zur Frage des Wasserzinses äußerte sich das BMV zustimmend.

aa) Die fortführenden Beratungen im IMA (Reinhaltung – Benutzungsbefugnisse – Unterhaltung – Ausbau und Hochwasserabfluss – wasserwirtschaftliche Rahmenpläne)

Der IMA begann im Anschluss mit der Beratung der einzelnen Vorschriften des Gesetzentwurfes. Zunächst wurde der in § 1 definierte Anwendungsbereich des Gesetzes diskutiert. Nach Auffassung des BELF war eine ins Einzelne gehende Definition zweckmäßiger als eine allgemein gehaltene. Dem widersprach Prof. *Dr. Gieseke*, der den allgemein gehaltenen Vorschlag von RR *Kolb*[473] (BWM) für annehmbar hielt. In der weiteren Diskussion wurde festgestellt, dass es gefährlich sei, etwas festzulegen, dass nicht festgelegt zu werden brauche. Eine genauere Definition sollte keinesfalls am Anfang des Gesetzes stehen, sondern gegebenenfalls an entsprechender Stelle im Gesetz eingefügt werden. Auf Bitten von RD *von Jouanne* (BM für besondere Aufgaben) formulierte Prof. *Dr. Gieseke* folgenden § 1 Abs. 1:

„Das Gesetz gilt für alle ständig oder zeitweilig in Betten fließenden und stehenden oberirdischen Gewässer, für das Grundwasser und die Quellen, ferner für die Küstengewässer. Die Länder können unbedeutende Gewässer von der Geltung des Gesetzes ausnehmen."

Diese Fassung wurde daraufhin beschlossen. Anschließend wurde erörtert, ob das Wort „Küstengewässer" in den § 1 einbezogen werden solle. Hierüber konnte keine Einigung erzielt werden, so dass Bundesminister *Kraft* vorschlug, dass zu der Frage der Beibehaltung oder Streichung des Wortes eine endgültige Erklärung von den einzelnen Häusern abgegeben werden solle.[474] Bezüglich der

---

471 „Mittelbare Entnahme von Wasser aus Bundeswasserstraßen".
472 „Zuständigkeiten an Bundeswasserstraßen".
473 „für alle Flüsse, für alle stehenden und fließenden Gewässer, für Grundwasser und die Quellen".
474 Vgl. Protokoll Nr. 11 der 11. Sitzung des erweiterten IMA vom 16.06.1955.

„Küstengewässer" wies RD *Dr. Schuler* (BMV) darauf hin, dass das Wasserhaushaltsgesetz eine Materie nach Art. 75 GG, das Recht der Küstengewässer aber eine solche nach Art. 74 GG sei. Sollte man den Begriff „Küstengewässer" einfügen, so läge folglich ein Mischgesetz vor. Des Weiteren gehörten die Küstengewässer zum Recht der Seewasserstraßen. Er müsse deshalb für sein Haus den Vorbehalt machen, hierüber zur gegebenen Zeit Vorschriften vorzulegen, die sich auf Art. 74 GG stützen würden. Daraufhin einigte man sich auf Vorschlag von MD *Dr. Schiller* (BMV), von einer Wiederaufnahme des Wortes „Küstengewässer" zunächst abzusehen.[475]

Die Anregung einiger Länder, wieder Bestimmungen über die gesundheitlich-polizeiliche Überwachung von Trinkwasseranlagen in das Gesetz aufzunehmen, wurde vom IMA abgelehnt. Es sollte nach Ansicht der IMA-Mitglieder ein Mischgesetz vermieden werden. Ebenso lehnte der IMA die Aufnahme von Regelungen über Angelegenheiten, die sich überregional auswirken, ab. Solche Regelungen zu schaffen, sei Sache der Länder.[476]
Zu § 42 über den Verwaltungszwang wurde beschlossen, seine Streichung herbeizuführen, da sein Inhalt eine Selbstverständlichkeit für die Länder darstellte.[477]

Die Reinhaltung

In der 6. IMA-Sitzung wurde die Frage der Reinhalteordnungen, die schon auf der Ländersitzung wichtiges Thema war, besprochen. Über die Rechtsnatur der Reinhalteordnungen entspann sich eine heftige Diskussion. Außer dem BMJ waren alle Mitglieder der Meinung, dass Reinhalteordnungen nur in Form von Rechtsverordnungen sinnvoll wären. Mit einer anderen Form hätte man den Zweck des Gesetzes verfehlt. Es wurde daher allgemein beschlossen, die ursprüngliche Fassung vorerst beizubehalten. Dazu sollte die Fassung des § 2 Abs. 2[478] des Reinhaltegesetzes durch den Sachverständigen Prof. *Dr. Schröder* in einen Formulierungsvorschlag für § 23 Abs. 2 umgearbeitet werden.

---

[475] Vgl. Protokoll Nr. 12 der 12. Sitzung des erweiterten IMA vom 20.06.1955.
[476] Vgl. Protokoll Nr. 13 der 13. Sitzung des erweiterten IMA vom 04.07.1955.
[477] Vgl. Protokoll Nr. 13 der 13. Sitzung des erweiterten IMA vom 04.07.1955.
[478] **§ 2 Abs. 2 des Reinhaltegesetzes:**
„(2) Die Reinhalteordnungen legen unter Berücksichtigung der Belastung fest,
1. welchen Mindestanforderungen das Wasser der Bundeswasserstraße hinsichtlich seiner Beschaffenheit genügen muß,
2. welche Wassermengen insgesamt jeweils entnommen werden dürfen und
3. welchen Bedingungen die zugeführten Stoffe hinsichtlich ihrer Menge und Beschaffenheit genügen müssen."

Des Weiteren wurde die Regelung der Zuführung von Stoffen in § 22 besprochen. Hierbei wurde vor allem die starre Festlegung des Verbotes des Einbringens von *festen* Stoffen kritisiert, ebenso wurde darauf hingewiesen, dass nicht jeder feste Stoff ein Gewässer verunreinige, dementsprechend sein Einbringen nicht verboten werden könne. Ein entsprechender Zusatz sollte mit in das Gesetz aufgenommen werden. Letztlich einigte man sich auf die Streichung des Wortes „feste" und beauftragte das BELF eine neue Fassung des § 22 vorzulegen, die jegliche Bedenken ausräume.[479]
Nachdem die daraufhin vorgelegte Fassung ausgiebig diskutiert wurde, war in § 22 auch weiterhin nur die Einbringung fester Stoffe in ein Gewässer verboten, jedoch nur, wenn sie das Wasser nachteilig veränderten oder auf den Wasserstand einwirkten.[480]

Nach eingehender Debatte zu § 23 wurde Abs. 1 wie folgt formuliert:

> „(1) Wird die Beschaffenheit eines Gewässers durch das Zuführen verunreinigender oder schädlicher Stoffe oder durch die Entnahme von Wasser oder durch sonstige Einwirkungen wesentlich beeinträchtigt (belastet) oder ist eine solche Beeinträchtigung (Belastung) zu erwarten, so sind Rechtsvorschriften über die Reinhaltung des Gewässers (Reinhalteordnungen) zu erlassen."

Hierbei waren die Anmerkungen der Länder berücksichtigt worden, die die Bestimmung der Rechtsform der Reinhalteordnungen als Rechtsverordnungen abgelehnt hatten. Mit dem allgemein gehaltenen Begriff „Rechtsvorschriften" oblag es den Ländern, die von ihnen bevorzugte Rechtsform für eine Reinhalteordnung zu wählen.[481]
Für die weitere Beratung der §§ 23 bis 25 sollte auf Vorschlag von Bundesminister *Kraft* ein Redaktionsausschuss gebildet werden, der am 07.07.1955 im Institut für das Recht der Wasserwirtschaft im Hauptgebäude der Universität Bonn tagen würde.[482]

Die Benutzungsbefugnisse

Auf der 7. Sitzung des IMA am 08.06.1955 wurde in die Diskussion bezüglich Inhalt und Wesen der Begriffe „Erlaubnis" und „Bewilligung" eingetreten.

---

[479] Vgl. Protokoll Nr. 6 der 6. IMA-Sitzung vom 27.05.1955.
[480] Vgl. Protokoll Nr. 11 der 11. Sitzung des erweiterten IMA vom 16.06.1955.
[481] Vgl. Protokoll Nr. 11 der 11. Sitzung des erweiterten IMA vom 16.06.1955.
[482] Beteiligt waren: Prof. *Dr. Gieseke*, Universität Bonn; Dr.-Ing. *Schröder*, Sachverständiger; MR *Dr. Niehuß*, BMV; MR *Ebersberg*, BMJ; MR *Dr. Schultheiss*, BMI; MR *Dr. Witzel*, BELF; MR *Kumpf*, BWM.

Hierzu wurden durch Prof. *Dr. Gieseke* folgende Fragen aufgeworfen:

„a) Wieweit soll im Gesetz überhaupt ein „Recht" geschaffen werden?
b) Begründet die „Bewilligung" bzw. „Verleihung" ein subjektives Recht oder nur eine geschützte Rechtsposition?"

Er führte dazu aus, dass in der Verwaltungsrechtspraxis grundsätzlich zwischen polizeilicher Erlaubnis und der Bewilligung unterschieden wurde, wobei letztere die Verleihung eines Rechtes enthielt. Die polizeiliche Erlaubnis brachte zum Ausdruck, dass von Staatswegen im öffentlichen Interesse keine Einwendungen gegen die betreffende Maßnahme des Berechtigten erhoben würden. Die Verleihung schuf dagegen eine selbständige Rechtsgrundlage für den Beliehenen.
Deshalb müsse man bei der Wahl der Begriffe im künftigen Gesetz klarstellen, was gewollt sei.[483] Es erschien Prof. *Dr. Gieseke* notwendig, dass zunächst die Frage beantwortet werde, ob eine selbständige Befugnis zur Benutzung der Oberflächengewässer widerruflich oder unwiderruflich erteilt werden solle. Auch müsse die gegenseitige Abgrenzung genau gezogen werden, erst dann könne an die Benennung der einzelnen Benutzungsarten herangegangen werden.
In der anschließenden Debatte wurde die Möglichkeit der Schaffung einer gesicherten Rechtsposition für den Unternehmer als notwendig erachtet. Lediglich Zeit und Umfang einer solchen Rechtsstellung sollten begrenzt werden. Das BWM und das BELF sahen in den Möglichkeiten des Widerrufs und der Versehung mit Auflagen eine mögliche Begrenzung des Nutzungsrechtes.

Im weiteren Verlauf kam man überein, dass die Benutzung der Oberflächengewässer differenziert von der des Grundwassers zu regeln sei. Hierbei sollte nach Ansicht des BMJ der bisherige Rechtszustand berücksichtigt werden. Es wies darauf hin, dass das künftige Wasserhaushaltsgesetz ein Rahmengesetz sei und deshalb die Einzelregelungen den Ländern überlassen bleiben müssten.[484] Dieser Ansicht schlossen sich die Mitglieder des IMA überwiegend an.
Prof. *Dr. Gieseke* stellte es als eine Notwendigkeit heraus, dass eine Rechtsgrundlage geschaffen werde, die inhaltlich so ausgebaut sei, dass ein Unternehmer im gesamten Bundesgebiet unter den gleichen Voraussetzungen Nutzungsbefugnisse erhalten könne. Er wies damit auf die Schaffung einer Rechtseinheit im Bundesgebiet bezüglich der Nutzungsformen hin.
Um die Diskussion abzukürzen und zu einer schnellen Entscheidung in dieser Sache zu kommen, schlug MR *Kumpf* (BWM) vor, ein Gremium zu bilden, das sich mit den angeschnittenen Fragen gesondert beschäftige und so zu einer Ent-

---

[483] Vgl. Protokoll Nr. 7 der 7. Sitzung des IMA am 08.06.1955.
[484] Ausführungen des MR Ebersberg, Vgl. Protokoll Nr. 7 der 7. IMA-Sitzung vom 08.06.1955.

scheidung beitrage. Daraufhin wurde ein entsprechender Unterausschuss gebildet.[485]

Nach eingehender Debatte lag am 15.06.1955 dann eine Neufassung des § 2 über die Benutzung der Gewässer vor.

„(1) Eine Benutzung der Gewässer außerhalb des Gemeingebrauchs (§ 20), des Anliegergebrauchs (§ 21) oder der erlaubnisfreien Benutzung des Grundwassers (§ 29) bedarf der behördlichen Erlaubnis oder der Verleihung eines Rechtes. ...“[486]

Für die Möglichkeit einer intensiven Behandlung und abgeschlossenen Formulierung der §§ 2, 3 und 4 wurde ebenfalls ein besonderer Redaktionsausschuss gebildet.[487]
Bundesminister *Kraft* bat, sich über die Verwendung der Formulierungen „Verleihung“ bzw. „Bewilligung“ endgültig zu entscheiden. In der sich anschließenden Abstimmung war die Mehrzahl der Teilnehmer für den Begriff der „Bewilligung“. Dieser Begriff sollte ab sofort als Bezeichnung für die gesicherte Rechtsposition neben der „Erlaubnis“ übernommen werden.

Die Unterhaltung

In der 8. Sitzung am 10.06.1955 standen die §§ 24 bis 26 über die Unterhaltung zur Diskussion. Das BMV beantragte die Wiederaufnahme der Formulierung „Erhaltung der Schiffbarkeit“ in die Unterhaltungs-vorschriften, da die Haushaltswasserwirtschaft und die Wassermenge eine sehr entscheidende Rolle für die Schiffbarkeit spielten. Daraufhin wurde beschlossen die Worte „Erhaltung der Schiffbarkeit“ wieder aufzunehmen.
Prof. *Dr. Gieseke* hatte gegen die beschlossene Fassung des § 24 Abs. 1 als unbeschränkte Generalklausel große Bedenken, da die Vorschrift zu stark von § 114 des preußischen Wassergesetzes abweiche.
MR *Dr. Witzel* (BELF) hielt jedoch die generelle Bestimmung „des ordnungsgemäßen Zustandes“ für richtig, da die Länder diesen Rahmenbegriff entsprechend ihren Belangen ausfüllen konnten.

---

485 Folgende Mitglieder gehörten dem Unterausschuss an: Prof. *Dr. Gieseke*, Universität Bonn (Vorsitzender); MD *Dr. Niehuß*, (BMV); MR *Dr. Witzel*, BELF; *Ebersberg*, BMJ; *Dr. Kolb*, BWM; *Wiedemann*, MELF Niedersachsen; *Dr. Kübler*, IM Baden-Württemberg.

486 Vgl. Protokoll Nr. 10 der 10. Sitzung des erweiterten IMA vom 15.06.1955.

487 MR *Dr. Schultheiß*, MR *Ebersberg*, GA *Dr. Kropff*, **BMJ**; MR *Dr. Witzel*, **BELF**; Regierungsdirektor *Dr. Schuler*, **BMV**; ORR *Beck*, **BWM**; ORR *Beutler*, **Bundeskanzleramt**; ORR *Rocholl*, **BWZ**; RD *von Jouanne*, **BM für besondere Aufgaben**.

Nach einer längeren diesbezüglichen Debatte formulierte Prof. *Dr. Gieseke* eine neue Fassung des § 24 Abs. 1,[488] die zunächst bestehen bleiben sollte.
Die Formulierung des § 25 über die Unterhaltungslast wurde allgemein akzeptiert, lediglich das BELF erkannte sie nicht in allen Teilen an. Dementsprechend wurde es MR *Dr. Witzel* (BELF) übertragen, bis zur nächsten Sitzung einen Formulierungsvorschlag zu erarbeiten.

Anschließend wurde die Fassung des § 26 über die Duldungspflichten im Interesse der Unterhaltung diskutiert. Fragen traten hierbei bezüglich der Worte „gegen Entschädigung" auf. Nach Ansicht Prof. *Dr.-Ing. Schröder* sei nicht klar, worauf sich die Formulierung bezöge.
Darüber hinaus wollte Prof. *Dr. Gieseke* die Frage klären, weshalb in § 26 die Duldungspflichten noch geringer umrissen seien als in § 135 des Preußischen Wassergesetzes. Es müsse in diesem Falle ein Zusatz aufgenommen werden, dass die Länder noch weitergehende Duldungspflichten einführen könnten. Auch MR *Ebersberg* (BMJ) wies darauf hin, dass die vorliegende Fassung diese Möglichkeit für die Länder nicht enthielte.
Daraufhin schlug MR *Wellenkamp* (BMBR) vor, dass die Formulierung des § 26 als Minimalbestimmung zu betrachten sei und ein Zusatz nach dem Vorschlag Prof. *Dr. Gieseke* in die Bestimmung aufzunehmen sei. Dieser Vorschlag wurde angenommen und ein entsprechender Formulierungsvorschlag erstellt. Das BMJ sollte klären, wie die Formulierung hinsichtlich der Entschädigungspflichten ausfallen solle.

Der Ausbau und der Hochwasserabfluss

In der 9. Sitzung am 13.06.1955 standen die §§ 27 und 28 des Entwurfes über den Ausbau und den Hochwasserabfluss zur Diskussion. Begonnen wurde mit der Regelung des Ausbaus in § 27. Hierzu wurden einige Änderungsvorschläge unter anderem vom BMV und Prof. *Dr. Gieseke* eingebracht. Die Klärung der Vorschläge sollte durch einen Redaktionsausschuss erfolgen. Die Bildung eines solchen Ausschusses wurde einstimmig gebilligt.[489]

---

[488] **§ 24 Abs. 1 in der neuen Fassung:**
„(1) Die Unterhaltung eines Wasserlaufs umfasst die Erhaltung eines ordnungsmäßigen Zustandes für den Wasserabfluss und an schiffbaren Gewässern die Erhaltung der Schiffbarkeit.
Die Länder können für die ihrer Verwaltung unterliegenden Wasserläufe bestimmen, dass es zur Unterhaltung gehört, den Wasserlauf auch in anderer wasserwirtschaftlicher Hinsicht in einem ordnungsgemäßen Zustand zu erhalten."

[489] Beteiligte: *Dr.- Ing. Schröder*, Sachverständiger; MR *Dr. Witzel*, BELF; RD *Dr. Schuler*, BMV.

Der Ausschuss sollte neue Formulierungen der §§ 27 und 28 vorlegen. In den weiteren Beratungen des IMA wurden die erarbeiteten Vorschläge des Redaktionsausschusses dann übernommen.[490]

Die wasserwirtschaftlichen Rahmenpläne

Auf der 13. Sitzung des erweiterten IMA wurde dann die Fassung des § 36 über die wasserwirtschaftlichen Rahmenpläne diskutiert. Prof. *Dr.- Ing. Schröder* schlug diesbezüglich vor, einen kleinen Redaktionsausschuss zu bilden, der sich besonders mit der rein wasserwirtschaftlichen Frage und der Formulierung befassen sollte. Dieser Vorschlag wurde übereinstimmend angenommen. Der Ausschuss sollte am 11.07.1955 im BELF unter dem Vorsitz von MR *Dr. Witzel* tagen.[491]
Den Beratungen des Ausschusses sollte die von Prof. *Dr.- Ing. Schröder* verfasste Kleinbroschüre „Die wasserwirtschaftliche Rahmenplanung und ihre wirtschaftliche Bedeutung“ zugrunde gelegt werden.

Auch das Institut für Raumforschung sprach sich für die Notwendigkeit einer solchen Regelung in einem umfassenden Wassergesetz aus. In seinem Schreiben vom 06.06.1955 wies es darauf hin, dass die wasserwirtschaftliche Rahmenplanung „eine der Grundlagen der allgemeinen Landesplanung und damit einer künftig festzulegenden und mit Rechtswirkung auszustattenden Raumordnung“ sei.[492]
Die Raumordnung und ein wasserwirtschaftlicher Rahmenplan würden sich gegenseitig bedingen und stünden zueinander in einer Wechselwirkung. Der wasserwirtschaftliche Rahmenplan sei als eine Teilplanung anzusehen; nur mit seiner Hilfe sei es möglich, Raumordnungspläne aufzustellen. Des Weiteren sei die Aufstellung von wasserwirtschaftlichen Rahmenplänen nur dann sinnvoll, wenn sie nach einheitlichen Richtlinien erfolge. Es sollte daher für § 36 eine Bestimmung analog der des § 23 Abs. 1 (Reinhalteordnungen) gefunden werden. Ebenso wären die Fälle der überregionalen Rahmenpläne und der Wasserschutzbereiche zu beachten. Letztere müssten in die Raumordnungspläne der Länder eingetragen werden.[493]

---

[490] Vgl. Protokoll Nr. 12 der 12. Sitzung des erweiterten IMA vom 20.06.1955.
[491] MR *Lechner*, **BELF**; RD *Dr. Schuler*, Dipl.-Ing. *Michael* BMV; MR *Kumpf*, **BWM**; *Dr. - Ing. Schröder*, **Sachverständiger**.
[492] Vgl. Schreiben des Institutes für Raumordnung in Bad Godesberg vom 06.06.1955, S. 2.
[493] Vgl. Schreiben des Institutes für Raumordnung in Bad Godesberg vom 06.06.1955, S. 2.

bb) Verfassungsrechtliche Probleme des Entwurfes

Auf der 11. Sitzung des IMA am 16.06.1955 wurde der Antrag des Bundestages[494] an das Bundesverfassungsgericht auf Erstattung eines Rechtsgutachtens über die Gesetzgebungskompetenz des Bundes auf dem Gebiet des Wasserrechts sowie des Wasser- und Bodenverbandsrechts besprochen. Hierzu wurde die Frage aufgeworfen, ob sich die Bundesregierung diesem Antrag anschließen solle oder nicht.

MR *Dr. Schultheiss* (BMI) eröffnete die Beratung. Er wies auf den Änderungsvorschlag der Bundesregierung[495] zum Bundesverfassungsgerichtsgesetz, der vom Kabinett bereits beschlossen und dem Bundesrat zugeleitet war,[496] hin. Durch diesen Antrag sollte § 97 Bundesverfassungsgerichtsgesetz dahingehend geändert werden, dass künftige Anträge auf Erstattung von Rechtsgutachten nur noch vom Bundespräsidenten gestellt werden könnten. Seiner Ansicht nach sei es nicht vertretbar, wenn sich die Regierung einem Antrag anschlösse, den sie mit ihrer Vorlage als nicht vertretbar ansehe. Weiterhin würde sich die Unterstützung des Antrages des Bundestages hemmend auf die Vorlage des geplanten Gesetzes auswirken, da ein solches Gutachten erfahrungsgemäß viel Zeit in Anspruch nehme.

MR *Berg* (BMV), MR *Ebersberg* (BMJ) und ORR *Kolb* (BWM) schlossen sich den Bedenken des MR *Schultheiss* (BMI) an und lehnten den Antrag ab. Dagegen wiesen MR *Kumpf* (BWM), Prof. *Dr.- Ing. Schröder* (Sachverständiger) und MR *Dr. Witzel* (BELF) übereinstimmend darauf hin, dass die Klärung der Zuständigkeitsfragen dringend erforderlich sei. Dies ergebe sich nicht zuletzt daraus, dass von den Ländervertretern immer wieder der Standpunkt vertreten wurde, dass das gesamte Wasserrecht einschließlich des Wasser- und Bodenverbandsrechts Landessache sei.

Bundesminister *Kraft* stellte als Ergebnis der Diskussion fest, dass der IMA „Wasser" unbeachtet der Klärung der Zuständigkeit der Meinung sei, es empfehle sich nicht, der Bundesregierung nahe zu legen, dem Antrage des Bundestages beizutreten. Damit wurde die Diskussion zu diesem Thema abgeschlossen.

Den Vorschlag des BMV bezüglich der Zuständigkeiten an den Bundeswasserstraßen begründete RD *Dr. Schuler* (BMV) vorerst folgendermaßen: schon im Jahre 1925 sei bestimmt worden, dass das Reich berechtigt sei, reichseigene Be-

---

[494] BT/Drucks. 1432, 2. Wahlperiode, 1953.

[495] Hollmann/ von Jena, Kabinettsprotokolle der Bundesregierung 1955, Band 8, 84. Sitzung, 02.06.1955, S. 349.

[496] Die Bundesregierung leitete am 09.06.1955 den Entwurf dem Bundesrat zu (BR-Drucksache 178/ 55).

hörden zu schaffen. Nunmehr sei es jedoch notwendig, dem Bund zu geben, was jedes Land als selbstverständlich bei seinen Gewässern für sich beanspruche.[497]
ORR *Rocholl* (Bundesministerium für wirtschaftliche Zusammenarbeit) schlug daher vor, die Verfassungsabteilungen des BMJ und des BMI mit dieser Zuständigkeitsfrage zu betrauen. Dem stimmte MR *Ebersberg* (BMJ) zu, regte jedoch an, dass die Zuständigkeitsprüfung von jedem Ministerium getrennt erfolgen solle. Diesbezüglich wies RD *von Jouanne* (Bundesministerium für besondere Aufgaben) darauf hin, dass in dieser Frage wahrscheinlich keine einheitliche Auffassung erzielt werde. Aus diesem Grunde werde man um eine Entscheidung des Kabinettsausschusses nicht herumkommen.[498]
Aufgrund der bis dahin erfolgten Umgestaltungen wurde ein neuer Entwurf eines Gesetzes zur Ordnung des Wasserhaushaltes erstellt. Er enthielt alle besprochenen Änderungen. Alle noch nicht behandelten Paragraphen waren in der Fassung vom 15.04.1955 übernommen. Dieser Entwurf wurde zur Grundlage für die Ländersitzung am 30.06./ 01.07.1955.

cc) Die Ländersitzung vom 30.06./ 01.07.1955 im Bundeshaus (Benutzungsbefugnisse – Reinhaltung – Unterhaltung und Ausbau – Schutzbereiche)

Auf der zweiten Sitzung mit den Vertretern der Wasserwirtschaftsverwaltungen der Länder sollte den Ländern Gelegenheit gegeben werden, sich zu den einzelnen Bestimmungen des Entwurfes ausführlich zu äußern und darüber hinaus gegebenenfalls Ergänzungsvorschläge zu machen.

Zunächst eröffnete Bundesminister *Kraft* als Leiter die Sitzung und gab einen kurzen Überblick über die Arbeit des IMA und die bei der Erörterung des Entwurfes aufgetretenen Meinungsverschiedenheiten der beteiligten Bundesressorts. Er wies dabei darauf hin, dass noch nicht alle Regelungen des Entwurfes im IMA überarbeitet seien.
Im Anschluss an diese Ausführungen erläuterte Prof. *Dr. Gieseke* den Stand der Arbeiten am Wasserhaushaltsgesetz und zeigte konkrete Probleme auf, die sich bei der Erörterung der überarbeiteten Bestimmungen ergeben hätten.

Alsdann wurde in die Besprechung der einzelnen Vorschriften eingetreten. Zunächst wurde der Anwendungsbereich des Gesetzes in § 1 in der neuen Fassung besprochen. Rheinland-Pfalz und Berlin sprachen sich für eine Aufnahme des wildabfließenden Wassers in den Geltungsbereich aus, während Baden-Württemberg, Bayern und Schleswig-Holstein sich ablehnend äußerten.

---

[497] Vgl. Protokoll Nr. 13 der 13. Sitzung des erweiterten IMA vom 04.07.1955.
[498] Vgl. Protokoll Nr. 13 der 13. Sitzung des erweiterten IMA vom 04.07.1955.

Nordrhein-Westfalen dagegen bedauerte, dass die Legaldefinitionen der Gewässerarten nicht beibehalten worden seien. Seiner Ansicht nach bestand so die Gefahr, dass unterschiedliche Definitionen in den einzelnen Ländern geschaffen würden. Abschließend stellte Bundesminister *Kraft* fest, dass die Formulierung des § 1 noch ungenau sei und daher noch weiterer Überarbeitung bedürfe.

Bei der Regelung der Erdaufschlüsse in § 34 war nach Ansicht der Länder die Frage, wer die Kosten der Beseitigung trage, noch unklar. Die Notwendigkeit des § 42 über den Verwaltungszwang wurde von den Ländern allgemein bestritten. Solche Bestimmungen seien in fast allen Ländern bereits vorhanden. Im weiteren Verlauf wurde durch den IMA daraufhin beschlossen, § 42 zu streichen, da sein Inhalt eine Selbstverständigkeit für die Länder darstelle.[499]
Für das Inkrafttreten des Gesetzes wiesen die Länder darauf hin, dass die einzusetzende Frist nicht zu kurz bemessen sein dürfe, da eine gewisse Zeit verstreiche, bis die Länder Ausfüllungsgesetze schaffen könnten.

Die Benutzungsbefugnisse

Sodann wurden die Regelungen der §§ 2 bis 4 über die Erlaubnis und die Bewilligung besprochen. Zunächst erhob Bayern Bedenken gegen die im Entwurf getroffene Regelung der Benutzungsbefugnisse. Sie sei mit der in Bayern bestehenden Rechtslage nicht vereinbar. MR *Dr. Schultheiss* (BMI) führte dazu aus, dass die geplante Neuregelung nur eine Rahmenvorschrift sei und daher den Ländern nicht die Möglichkeit nehme, das Verfahren anders zu regeln.
Die anderen Ländervertreter hatten gegen die beabsichtigte Zweiteilung der Nutzungsbefugnisse keine Bedenken. Kritik übten sie jedoch an einzelnen Verfahrensregelungen; so wegen der einheitlichen Regelung von Wasserlaufnutzungen und Grundwassernutzungen in einer Vorschrift,[500] bezüglich der Befristung der Bewilligung auf 30 Jahre[501] und über die ungenaue Formulierung des § 4 bezüglich der Abgrenzung zwischen Erlaubnis und Bewilligung.[502] Auch sollte der Tatbestand des § 4 Abs. 2 dahingehend erweitert werden, dass Vorratsbewilligungen verboten seien.[503] Zum letzten Punkt führte MR *Dr. Witzel* (BELF) aus, dass der Entwurf diesen Gedanken bereits enthielte, es gäbe genügend Kautelen, die die Gefahr von Vorratsbewilligungen ausschlössen.[504] Nach einer kleineren Debatte wurde die Diskussion über die §§ 2 bis 4 abgeschlossen.

---

499 Vgl. Protokoll Nr. 13 der 13. Sitzung des erweiterten IMA vom 04.07.1955.
500 So Baden-Württemberg.
501 So Bayern.
502 So Nordrhein-Westfalen und Hamburg.
503 So Nordrhein-Westfalen und Bayern.
504 Vgl. Protokoll der Ländersitzung vom 30.06./ 01.07.1955, S 10.

Zu § 5 über die Auflagen äußerten sich sämtliche Ländervertreter kritisch. Die Regelung würde eine außerordentliche Erschwerung der Verwaltung mit sich bringen. Die Vertreter waren sich einig, dass die Vorschrift noch einmal überarbeitet werden müsste. Ebenso wurde die Regelung des Bewilligungsverfahrens abgelehnt.[505]

Die Regelung der alten Befugnisse in § 14 bedurfte nach Meinung der Ländervertreter noch kleinerer Änderungen. Zu § 16[506] wurde darauf hingewiesen, dass die vorliegende Formulierung gegen Art. 13 GG verstoßen könnte. Es sollte sich nach Ansicht der Länder aus den Schlussbestimmungen des Gesetzes ergeben, dass in Art. 13 GG für diesen Fall eingegriffen werden könnte.
Die Besprechung des § 20 über den Gemeingebrauch ergab, dass die Länder die Formulierung für unklar hielten. Es sollte geklärt werden, welche Gewässer dem Gemeingebrauch offen stünden und in welchem Umfang dieser ausgeübt werden dürfe. Die Regelung des Anliegergebrauchs stieß dagegen auf heftige Bedenken seitens der Länder. Bayern wies auf die große Anzahl von Privatflüssen und -bächen im Bundesland hin und verlangte eine Anpassung der Fassung des § 21 an diese Voraussetzungen. Dies wurde von Prof. *Dr. Gieseke* anerkannt, er hielt eine Sonderregelung für die bayerischen Privatgewässer im Gesetz für erforderlich. Die übrigen Ländervertreter wiesen darauf hin, dass der Anliegergebrauch in den Bundesländern zurzeit unterschiedlich geregelt werde. Teilweise gäbe es gar keinen Anliegergebrauch oder er sei nur auf bestimmte Gewässer begrenzt. Baden-Württemberg hielt daher eine solche Regelung durch den Bund für nicht erforderlich. Dementsprechend kam man überein, die Regelung den landesrechtlichen Gegebenheiten so gut wie möglich noch anzupassen.

Die Reinhaltung

Die Besprechung der Rechtsform der Reinhalteordnungen löste wiederum eine lebhafte Diskussion aus. Allgemein wurde die Meinung vertreten, dass die Reinhalteordnungen nur als Verwaltungsvorschriften erlassen werden könnten. Die Ordnungen beträfen den Staatsbürger nicht unmittelbar und seien als Richtlinien für die Wasserbehörden zu verstehen.[507] Die weitergehende Diskussion führte zunächst zu keinem Ergebnis. Man war sich jedoch darüber einig, dass Reinhalteordnungen definitiv im Gesetz enthalten sein müssten. Ob die beste-

---

[505] Vgl. Ausführungen des RD *Wiedemann* (Niedersachsen), wonach die Regelung zu global sei und ein Mehr an Inhalt verlange; und Ausführungen des RD *Dr. Kübler* (Baden-Württemberg), wonach die vorgesehene Regelung lieber den Ländern überlassen werden sollte, Protokoll der Ländersitzung, S. 12.
[506] „Auskunftspflicht".
[507] Vgl. Protokoll der Ländersitzung am 30.06./ 01.07.1955, S. 22.

hende Formulierung „Rechtsvorschriften“ beizubehalten sei, sollte noch überlegt werden.

Die Unterhaltung und der Ausbau

Die Vorschriften über die Unterhaltung sollten nach Ansicht der Länder eine Ermächtigung für die Länder enthalten, weitere Bestimmungen z. B. über die Ausdehnung der Unterhaltungspflicht auf die Ufer zu erlassen. Des Weiteren sollte die Frage geklärt werden, wer die Unterhaltung des Bettes und der Ufer zu tragen habe. Hamburg hielt es für bedenklich, die Unterhaltungsverpflichtung nur denen aufzuerlegen, die aus der Benutzung der Gewässer Vorteile ziehen. Auch die Fassung des § 25 stieß allgemein auf Bedenken. Für Schleswig-Holstein beinhaltete die vorliegende Regelung eine erhebliche finanzielle Belastung für die Gemeinden. MD *Dr. Niehuß* (BMV) wies noch einmal darauf hin, dass es unbedingt notwendig sei, die Unterhaltungspflicht einheitlich zu regeln. Er regte an, den Tatbestand des § 25 konkreter zu fassen und die Unterhaltungspflicht auf diejenigen auszudehnen, die die Unterhaltung erschweren. Man kam daraufhin überein, die Fassungen der §§ 24 und 25 noch zu überarbeiten.

Die Regelung des Ausbauverfahrens in § 27 wurde von Bayern, Niedersachsen und MD *Dr. Niehuß* (BMV) als überflüssig angesehen, da bereits teilweise ein eigenständiges Verfahren existiere. Die Fassung des § 27 sollte danach noch überarbeitet werden.

Die Schutzbereiche

Überwiegende Ablehnung erfuhr die Regelung des § 32 über die Festsetzung von Schutzbereichen. Einigkeit herrschte darüber, dass Schutzbereiche in der Wasserwirtschaft eine erhebliche Rolle spielen. Die Ländervertreter regten an, die Schutzbereichsfestsetzung den Landeswasserbehörden zu überlassen. Nordrhein-Westfalen schlug vor, die Anordnung von Schutzbereichen zunächst auf die öffentliche Trinkwasserversorgung zu beschränken. Die weitere Ausdehnung könne der Landesgesetzgebung überlassen werden. Auch Baden-Württemberg befürwortete eine engere Fassung des § 32. Anderer Auffassung war Bayern, nach dessen Ansicht die vorliegende Fassung eher weiter gefasst werden sollte.

dd) Der Gegenentwurf eines Rahmengesetzes über den Wasserhaushalt des BDI

Mit Schreiben vom 18.07.1955[508] übersandte der BDI an Prof. *Dr. Gieseke* den Entwurf eines Rahmengesetzes über den Wasserhaushalt in der Fassung vom

---

[508] Vgl. Schreiben des Rechtsanwalts *Dr. Gäßler* vom 18.07.1955.

02.07.1955. Der Entwurf war durch die Arbeitsgruppe „Wasserrecht" ausgearbeitet worden und zunächst nur als Diskussionsgrundlage gedacht, welche mit den Mitgliedsverbänden beraten werden sollte. Prof. *Dr. Gieseke* wurde gebeten, zum Entwurf Stellung zu nehmen und dessen Ideen einer genauen Überprüfung zu unterziehen.
Der Entwurf des BDI zeichnete sich durch eine einfache Gestaltung der Vorschriften aus. Er begann mit einer Generalklausel in § 1, die den Rahmencharakter des Gesetzes in den Vordergrund stellen sollte. Weiterhin waren die Gleichbehandlung aller Gewässer sowie eine Begriffsbestimmung der Benutzungen im Entwurf vorgesehen. Die Benutzungen sollten außerhalb des Gemeingebrauchs in Form einer Unbedenklichkeitserklärung und einer Bewilligung möglich sein. Sehr knapp fiel die Entschädigungsregelung aus. Nach § 20 Abs. 1 Satz 2 sollten Entschädigungsansprüche in 3 Jahren ab Kenntniserlangung des Geschädigten verjähren. Eine nähere und umfangreichere Formulierung enthielt der Entwurf nicht. Ebenso war der Ausbau der Gewässer nur in zwei Vorschriften erwähnt. Gänzlich herausgelassen wurden Vorschriften über die Unterhaltung und Straf- und Bußgeldregelungen.[509]

In der Stellungnahme zum Entwurf äußerte sich Prof. *Dr. Gieseke* kritisch zu den einzelnen Vorschlägen des Entwurfes. Zwar begrüßte er das Bemühen des BDI, einen eigenen Vorschlag zu erstellen, wies jedoch darauf hin, dass ein Entwurf des BDI den Anschein vermeiden müsse, dass er nur einseitig die Interessen der Privatwirtschaft betone. So überging der Entwurf das öffentliche Interesse bei der Unbedenklichkeitsbescheinigung in § 7. Ebenso war der Ausschluss einer Bewilligung nur bei erheblicher Gefährdung des Gemeinwohls möglich. Dies ging jedoch nach Prof. *Dr. Giesekes* Ansicht weit über den Gedanken des Preußischen Wassergesetzes in § 49 Abs. 1 hinaus. Genauso bemängelte er, dass die Zulassung verschärfter Auflagen für eine Abwassereinleitung nur bei erheblicher Gefährdung des Gemeinwohls möglich sein sollte. Außerdem liefere der Entwurf die Wasserwirtschaft völlig an die Bergbehörden aus, soweit es sich um Maßnahmen auf Grund eines Betriebsplanes handele. Prof. *Dr. Gieseke* hielt weiterhin die Gleichbehandlung der Gewässer für nicht gerechtfertigt und regte eine Umgestaltung der Benutzungsbefugnisse an. Die enthaltene Entschädigungsregelung hielt er für zu knapp. Große Bedenken hatte äußerte er bezüglich der fehlenden Unterhaltungs-, Straf- und Bußgeldbestimmungen. Regelungen hierüber durften in einem Wasserhaushaltsgesetz nicht fehlen.[510]

---

[509] Vgl. Entwurf eines Rahmengesetzes über den Wasserhaushalt vom 02.07.1955, ausgearbeitet durch die Arbeitsgruppe II „Wasserrecht" des Ausschusses „Wasser und Abwasser" des BDI.

[510] Vgl. Schreiben von Prof. *Dr. Gieseke* an Rechtsanwalt *Dr. Gäßler* beim BDI vom 26.07.1955.

Der Entwurf des BDI sollte weiter beraten werden und später in einer endgültigen Fassung vorliegen.

ee) Die anschließenden Beratungen im IMA im Juli 1955 (Gemein-, Eigentümer- und Anliegergebrauch – Benutzungsbefugnisse – Pegelschutzgebiete - Entschädigung – Alte Rechte)

Der Gemein-, Eigentümer- und Anliegergebrauch

Für die Regelungen des Gemeingebrauchs sollten sich Inhalt und Umfang nach Landesrecht richten. In § 20 Abs. 2 wurde nunmehr die Einleitung von Wasser und Abwasser aus der eigenen Haushaltung, der landwirtschaftlichen Haus- und Hofwirtschaft oder dem Kleingewerbe als Gemeingebrauch behandelt.
Der § 21 über den Anliegergebrauch wurde neu formuliert. Danach stand es nunmehr den Ländern frei, einen Eigentümer- oder Anliegergebrauch an oberirdischen Gewässern zuzulassen. An Bundeswasserstraßen war ein solcher Gebrauch jedoch weiterhin gestattet.[511]

Die Benutzungsbefugnisse

Prof. *Dr. Gieseke* wies darauf hin, dass man bezüglich der Frage, wer Auflagen und Entschädigung beanspruchen könne, in einem umfassenden Wassergesetz eine Entscheidung fällen müsse. Hierbei seien die Ländergesetze zu berücksichtigen. Die überarbeitete Formulierung müsste zum Ausdruck bringen, welche fremden Interessen und Rechte berücksichtigt werden. Darüber hinaus könne es den Ländern überlassen bleiben, noch Weiteres auszuführen.

Zur Beratung legte das BWM einen Formulierungsvorschlag der §§ 10 und 10a über Rücknahme und Beschränkung einer Bewilligung sowie Maßnahmen beim Erlöschen der Bewilligung vor. Nach eingehender Diskussion wurden die Vorschläge des BWM mit einigen kleineren Änderungen übernommen.[512]
Die Fassung des § 13 über die Wasser- und Bodenverbände wurde teilweise neu formuliert. Danach bedurften auch wasserwirtschaftliche Verbände für ihre Nutzungen nunmehr einer Erlaubnis oder Bewilligung.

---

[511] Vgl. Protokoll Nr. 14 der 14. Sitzung des erweiterten IMA vom 07.07.1955.
[512] Vgl. Beschluss-Protokoll über die 15. Sitzung des erweiterten IMA vom 08.07.1955.

Die Pegelschutzgebiete

Der IMA stimmte im Verlauf seiner Sitzungen[513] der Anregung des *Dipl.- Ing. Michael* (BVM) zu, eine Pegelschutzbestimmung in das Wasserhaushaltsgesetz mit aufzunehmen. Das BVM wurde gebeten eine entsprechende Bestimmung auszuarbeiten. Der daraufhin vorgelegte Vorschlag eines § 19b über Pegelschutzgebiete wurde im Anschluss besprochen. Nach kleineren Änderungen wurde die Vorschrift beschlossen.

„§ 19b
Pegelschutzgebiete

(1) Für Pegel mit überörtlicher Bedeutung ist das Gebiet, in dem bauliche oder andere Maßnahmen das Verhältnis zwischen Abfluss und Wasserstand verändern können, zum Pegelschutzgebiet zu erklären. § 19a Abs. 3 gilt entsprechend.
(2) In Pegelschutzgebieten sind Erlaubnisse (§ 3) oder Bewilligungen (§ 4) im Benehmen mit der zuständigen gewässerkundlichen Anstalt zu erteilen. Das gleiche gilt für Maßnahmen in Überschwemmungsgebieten.
(3) Befugnisse auf Grund einer Erlaubnis (§ 3), einer Bewilligung (§ 4), einer Planfeststellung (§ 12) oder einer alten Befugnis (§ 16) werden durch die Festsetzung von Pegelschutzgebieten nicht berührt.
(4) Die Länder haben für die Festsetzung eines Pegelschutzgebietes ein förmliches Verfahren vorzusehen."

Die Entschädigung

Hiernach sollten die Entschädigungsvorschriften für die in Vorbereitung befindlichen Wassergesetze besprochen werden. Hierbei wurde ein Formulierungsvorschlag aus dem BMJ zugrunde gelegt. Nach kleineren Änderungen und der Neuformulierung des Vorschlages sollte die Vorschrift am Ende des Abschnitts II als § 19c „Entschädigungsbestimmungen" in den Entwurf aufgenommen werden. Sie ersetzte die §§ 6, 11 und 33 und war nunmehr die einzige Entschädigungsvorschrift des Entwurfes.[514]

Die alten Rechte

Die Besprechung des Entwurfes wurde mit den §§ 14 - 14b über die alten Befugnisse fortgesetzt. Der durch das BMJ vorgeschlagene § 14a zur Beschränkung und Rücknahme alter Befugnisse wurde vom IMA unter dem Vorbehalt akzeptiert, dass der Gedanke der Rücknahme ohne Entschädigung nach Landesrecht noch in die Formulierung eingearbeitet werde. Eine abschließende Erörterung des § 14a sollte noch einmal bei der Schlussbesprechung erfolgen.

---

[513] Vgl. Protokoll Nr. 17 der 17. Sitzung des erweiterten IMA vom 12.07.1955.
[514] Vgl. Beschluss-Protokoll über die 18. IMA-Sitzung vom 14.07.1955.

Im Anschluss an die Beratungen bat Bundesminister *Kraft* MR *Dr. Witzel* (BELF), die Länder bei Zusendung des überarbeiteten Entwurfs darauf hinzuweisen, dass sie sich nicht auf kritische Stellungnahmen beschränken, sondern konkrete Gegenvorschläge machen sollten. Des Weiteren sollte in die Begründung des Gesetzentwurfes aufgenommen werden, dass § 14 des Gesetzes auch für das Grundwasser gelte.[515]

Zum Abschluss wies RD *Dr. Schuler* (BMV) noch einmal darauf hin, dass sein Ministerium auf eine Regelung der Zuständigkeiten an Bundeswasserstraßen in einem umfassenden Gesetz nicht verzichten werde. Er verwies auf den vom BMV vorgelegten Vorschlag des § 37a „Zuständigkeiten an Bundeswasserstraßen".[516] Daraufhin wurde beschlossen, dass das BMM hierzu eine Neuformulierung erarbeiten solle, die in der nächsten Sitzung vorzulegen sei.
Die IMA-Mitglieder waren sich einig, dass zunächst keine Bestimmungen über den Wasserzins in das Gesetz aufgenommen werden. Eine Auseinandersetzung mit dieser Frage sollte in der Begründung erfolgen. Die Begründung sollte schnellstmöglich durch das BELF fertig gestellt und den Ländern direkt zugesandt werden. Dabei wurde die Unterstützung des BELF durch die Mitglieder des IMA vorausgesetzt.
Auf Grund der vorangegangenen Besprechungen wurde nunmehr ein neuer Entwurf fertig gestellt und mit einer Begründung versehen.

c) Der überarbeitete Entwurf eines Gesetzes zur Ordnung des Wasserhaushaltes vom 20./21.07.1955

aa) Inhalt

Der neue Entwurf gliederte sich in sechs Teile und umfasste 51 Paragraphen. Der erste Teil enthielt Vorschriften, die für die oberirdischen Gewässer und das Grundwasser gemeinsam galten. Dort waren Vorschriften über die Erteilung, Beschränkung, Rücknahme und das Erlöschen neuer und alter Benutzungsbefugnisse zusammengefasst. Ebenso waren die Benutzung der Gewässer in Notfällen, bei Arbeiten im öffentlichen Interesse, der Ausgleich von Nutzungsbefugnissen sowie die Festsetzung von Wasserschutzgebieten geregelt.
Teil zwei enthielt diejenigen Regelungen, die ausschließlich nur für die oberirdischen Gewässer galten, wie Gemein-, Anlieger- und Eigentümergebrauch, Reinhaltung, Unterhaltung, Ausbau. Des Weiteren waren Überschwemmungs-, Pegelschutzgebiete und das wild abfließende Quellwasser geregelt.

---

[515] Vgl. Protokoll Nr. 16 der 16. Sitzung des erweiterten IMA vom 11.07.1955.
[516] Vgl. Schreiben des BMi für Verkehr W10 – 2123 VA 55 vom 27.05.1955.

Teil drei traf Regelungen für das Grundwasser. In Teil vier war die Anweisung an die Landesgesetzgeber enthalten, Rahmenvorschriften, die der Erfassung des vorhandenen Wasservorrats, seiner bisherigen Beanspruchung und seiner künftig möglichen Nutzbarmachung dienen, zu erlassen. Der fünfte und sechste Teil enthielten die Straf- und Bußgeldbestimmungen und die allgemeinen Schlussvorschriften. Neu eingefügt wurde § 47 über die Einschränkung der Grundrechte. In § 51 über das Inkrafttreten war erstmals ein Zeitpunkt mit dem „01.01.1960" festgelegt worden.

bb) Begründung

Der neue Entwurf war geprägt durch den Leitgedanken der möglichst umsichtigen und vorausschauenden Verwaltung der vorhandenen Wasservorkommen. Seine Regelungen galten jedoch nicht für das vom natürlichen Wasserhaushalt abgesonderte, in Leitungen oder anderen Behältnissen enthaltene Wasser.
Der Entwurf gewährte auf Grund der sich ständig ändernden und nicht übersehbaren Wirtschaftsverhältnisse keinen Rechtsanspruch auf die beantragten Wasserbenutzungen. Die in ihm vorgesehene Bewilligung war ein subjektiv-öffentliches und kein dingliches eigentumsähnliches Recht. Der ganze Entwurf war nunmehr rein öffentlich-rechtlicher Natur.

In Bezug auf die alten Rechte verzichtete der Entwurf darauf, diese auf die Rechtsformen der Erlaubnis oder Bewilligung umzustellen. Jedoch sollte durch die Eintragung ins Wasserbuch den Wasserbehörden ein Überblick über die vorhandenen alten Befugnisse gegeben werden. Für die Entschädigung war nunmehr nur noch eine Vorschrift mit § 21 vorgesehen, die grundsätzlich eine Entschädigung in Geld vorschrieb.
Der Gemeingebrauch wurde im Entwurf nicht näher definiert, er war kein subjektiv-öffentliches Recht und konnte durch die Länder künftig nicht mehr auf Abwassereinleitungen erweitert werden.
Die Reinhalteordnungen sollten eine Gesamtschau auf die Gewässer und die Ordnung der Reinhaltemaßnahmen im Hinblick auf den Gesamtzustand ermöglichen. In welcher Form sie erlassen werden, blieb den Ländern überlassen. Bezüglich der wasserwirtschaftlichen Rahmenpläne wurde der enge Zusammenhang mit den Raumordnungsplänen betont, da die Entwicklung des Wasserbedarfs in engem Zusammenhang mit der wirtschaftlichen Entwicklung stehe. Aus diesem Grund mussten die Rahmenpläne auch nach einheitlichen Grundsätzen aufgestellt werden. Der Rahmenplan war nach seiner Rechtsnatur kein Verwaltungsakt, sondern hatte den Charakter einer Verwaltungsanordnung für die zuständigen Behörden.[517]

[517] Vgl. Begründung zum Entwurf vom 20.07.1955, S. 39.

Die Straf- und Bußgeldbestimmungen entsprachen größtenteils Regelungen des preußischen Wassergesetzes und der Gewerbeordnung.

cc) Die Schlussbesprechung im IMA zum Entwurf eines Wasserhaushaltgesetzes am 21.07.1955

In der Schlussbesprechung zum Gesetzentwurf nahm der IMA vor der Sitzung mit den Ländern noch einmal abschließend zum Gesetz Stellung.
Zu Beginn beschloss der IMA, von der Aufnahme der Hygienebestimmungen trotz der Bitte einzelner Ländervertreter abzusehen. Danach begann MR *Dr. Wicht* (BMF)[518] die Besprechung mit grundsätzlichen Ausführungen zum vorliegenden Gesetzentwurf. Die nachfolgende Debatte führte zu nochmaligen Umformulierungen und Änderungen einiger Vorschriften. Der so geänderte Gesetzentwurf sollte spätestens am 25.07.1955 den Ländern, allen Bundesministerien sowie dem am IMA „Wasser" beteiligten Arbeitskreis zugestellt werden.[519]

Im Anschluss an die Sitzung versandte Bundesminister *Kraft* einen Schnellbrief an die Minister- und Senatspräsidenten der Länder. Hierin teilte er ihnen mit, dass die Beratungen im IMA über den vom BELF vorgelegten Entwurf eines Wasserhaushaltsgesetzes nunmehr abgeschlossen seien. Er wies darauf hin, dass der Entwurf den Ländern bis zum 25.07.1955 zugestellt werde und bat um eine Stellungnahme bis zum 10.09.1955. Bei etwaigen Änderungs- oder Ergänzungswünschen sollten sogleich Formulierungsvorschläge seitens der Länder ausgearbeitet werden.[520]
Gleichzeitig bat Bundesminister *Kraft* die Bundesministerien um eine Stellungnahme bis zum 10.09.1955.[521]

dd) Die Stellungnahmen der Länder zum Entwurf eines Gesetzes zur Ordnung des Wasserhaushaltes vom 20./21.07.1955

(1) Ministerium für Landwirtschaft, Weinbau und Forsten Rheinland-Pfalz

Zuerst nahm das Ministerium für Landwirtschaft, Weinbau und Forsten Rheinland-Pfalz zum Entwurf Stellung.[522] In der sehr umfangreichen Stellungnahme begrüßte das Ministerium zunächst den vorliegenden Entwurf. Er genüge im

---

518 Bundesministerium für Finanzen.
519 Vgl. Beschluss-Protokoll der 21. Sitzung des IMA am 21.07.1955.
520 Vgl. Schreiben des BMi *Kraft* an die Herren Minister- und Senatspräsidenten vom 23.07.1955.
521 Vgl. Schreiben des BMi *Kraft* an die Herren Bundesminister vom 23.07.1955.
522 Vgl. Schreiben des MLWF Rheinland-Pfalz (Ministerialdirektor *Hartmann*) an den IMA.

Wesentlichen dem Bundesratsbeschluss vom 25.04.1952[523] und dem darin zum Ausdruck gekommenen Wunsch der Länder. Das Ministerium bedauerte jedoch, die starke Zurückhaltung, die in einzelnen Abschnitten geübt wurde.
Ablehnend äußerte sich das Ministerium bezüglich der Regelung der Gesetzgebungskompetenzen des Bundes für die Bundeswasserstraßen und deren Verwaltung in § 49 des Entwurfes. Seiner Ansicht nach sei allein das Grundgesetz für die Regelung von Kompetenzen zuständig. Der Entwurf solle jegliche Präjudizierung oder deren Anschein vermeiden.[524] Eine solche Vorschrift versetze den Bundsgesetzgeber auch verfassungs-rechtlich nicht in die Lage, in Ausfüllung eines Wasserhaushaltsgesetzes ein besonderes Reinhaltegesetz für die Bundeswasserstraßen zu erlassen. Die Ausfüllung eines Rahmengesetzes obliege allein den Ländern. Das Ministerium bat daher dringend um die Streichung der Vorschrift.[525]
Als nächsten Punkt äußerte das Ministerium die Bitte, dass in den vorliegenden Gesetzentwurf Hygienebestimmungen aufgenommen werden sollten. Das BMI hätte auf Wunsch der Länder den Entwurf eines Wasser- und Abwasserhygienegesetzes übersandt. Seine Bestimmungen sollten als besonderer Abschnitt in den Entwurf übernommen werden.[526] Dazu schlug das Ministerium vor, die Hygienebestimmungen hinter Teil IV des vorliegenden Gesetzentwurfes als besonderen Teil V „Hygiene der Wasserversorgung und der Abwasserbehandlung" einzufügen.[527]

Sodann äußerte sich das Ministerium zu den einzelnen Vorschriften. Der sachliche Geltungsbereich des § 1 enthielt nach Ansicht des Ministeriums zu Unrecht nicht das wild abfließende Wasser. Des Weiteren wurde vorgeschlagen, wieder eine Legaldefinition der Gewässerarten in den Entwurf mit aufzunehmen, insoweit bestehe ein Bedürfnis nach bundeseinheitlicher Regelung.[528]
Ablehnend äußerte sich das Ministerium bezüglich der Regelung der Benutzungsbefugnisse. In der bestehenden Fassung sei das Verhältnis zwischen Erlaubnis und Bewilligung nicht befriedigend gelöst worden. Der Entwurf stelle vorrangig auf das Unternehmerinteresse ab und ließ wasserwirtschaftliche Belange weitgehend außer Acht. Das Ministerium sah in den Regelungen eine Beeinträchtigung der Möglichkeiten der Wasserbehörden, den Wasserhaushalt wirksam zu bewirtschaften. Die gewollte Erleichterung der Behördenarbeit werde durch den Entwurf nicht erreicht. Vielmehr würde die Erlaubnis bei größeren Unternehmen und damit verbundenen Investitionen praktisch zu einer Bewilli-

523 BR-Drucks. 137/52.
524 Vgl. Schreiben des MLWF Rheinland-Pfalz, S. 2.
525 Vgl. MLWF Rheinland-Pfalz aaO. S. 3.
526 Vgl. MLWF Rheinland-Pfalz aaO. S. 3.
527 Vgl. MLWF Rheinland-Pfalz aaO. S. 41.
528 Vgl. MLWF Rheinland-Pfalz aaO. S. 5.

gung, da ein Widerruf dann schwierig wäre.[529] Diese würde dann weiterhin ohne das notwendige förmliche Verfahren erteilt. Also würden in der Praxis in viel größerem Umfange Bewilligungen erteilt werden, als dies der Gesetzgeber beabsichtigt hätte und es im Interesse einer geordneten Wasserwirtschaft gerechtfertigt wäre. Dazu käme die Umgehung des förmlichen Verfahrens bei nicht widerruflichen Erlaubnissen. Das Ministerium schlug daher vor, die in den Wassergesetzen seither vorgesehene Zweiteilung der wasserwirtschaftlichen Befugnisse wieder unter ihre vorherige Bedeutung zu stellen.[530] Ein Wassergesetz sollte klarstellen, dass grundsätzlich die wasserwirtschaftliche Bedeutung für sämtliche Entscheidungen ausschlaggebend sei.

Als weiteren Punkt führte das Ministerium an, dass die im Entwurf enthaltenen Verfahrensregelungen nicht ausreichend seien. Es bestehe ein dringendes sachliches Interesse an einer möglichst weitgehenden Regelung der Verfahrensbestimmungen. Gerade den Ländern, die aufgrund der Umgestaltung in mehreren Wasserrechtsgebieten liegen, sei ein Interesse an einer bundeseinheitlichen Regelung nicht abzusprechen, da es dort sonst zu erheblichen Schwierigkeiten bei der Durchführung überregionaler wasserwirtschaftlicher Maßnahmen komme.[531]

Ferner unterbreitete das Ministerium Änderungsvorschläge und wies auf Unstimmigkeiten zwischen dem Entwurf und der Begründung hin. Bezüglich der Reinhalteordnungen wies das Ministerium noch einmal darauf hin, dass der Erlass als Rechtsvorschriften bedenklich erschien. Die Reinhalteordnungen hätten keine unmittelbare Wirkung gegenüber dem Staatsbürger.[532]

(2) Ministerium für Ernährung, Landwirtschaft und Forsten Schleswig-Holstein

Als nächstes äußerte sich Schleswig-Holstein zum neuen Entwurf. Die Stellungnahme beschränkte sich auf wenige Kritikpunkte und einzelne Detailfragen.
Zunächst begrüßte es den Entwurf in der vorliegenden Form. Anschließend äußerte auch Schleswig-Holstein die Bitte, den Entwurf um Hygienevorschriften zu erweitern. Dadurch würde das Wasser- und Abwasserhygienegesetz des BMI

---

[529] Vgl. MLWF Rheinland-Pfalz aaO. S. 9.

[530] Hierzu sollte auf die Konzeption des Entwurfes in der Fassung vom 15.04.1955 wieder zurückgegriffen werden. Dieser unterschied zwischen bedeutenden und weniger bedeutenden Benutzungen bezüglich der Befugnisse. Die Unterscheidung zwischen „bedeutend" und „unbedeutend" sollte sich hierbei grundsätzlich nur auf die wasserwirtschaftlichen nicht auf die allgemein wirtschaftlichen Verhältnisse beziehen.

[531] Vgl. Schreiben des MLWF Rheinland-Pfalz, S. 13.

[532] Vgl. MLWF Rheinland-Pfalz aaO. S. 29.

gegenstandslos und der Forderung des Bundesrates[533] auf Erlass eines umfassenden Wasserrahmengesetzes würde Rechnung getragen werden.[534]

Sodann ging die Stellungnahme auf Detailfragen ein. Für § 1 befürwortete das Ministerium eine Einschränkung des Geltungsbereiches nach dem Vorbild des Preußischen Wassergesetzes. Dies betraf die Einengung der Regelung bezüglich der Gräben. Diese seien nur von Bedeutung, wenn sie der Vorflut der Grundstücke verschiedener Eigentümer dienten.

Ferner sollte die Vorschrift des § 4 (Bewilligung) auf Anlagen, die nicht unmittelbar der Benutzung dienen, wie z. B. Kläranlagen und Brücken, ausgedehnt werden.[535]

Für die Regelung des Planfeststellungsverfahrens in § 12 bat das Ministerium um eine ausdrückliche Regelung, dass dieses nur mit Zustimmung der Wasserbehörde eingeleitet werden dürfe.[536]

Regelungen von Behördenzuständigkeiten sollten nach Ansicht Schleswig-Holsteins nicht nur in Bezug auf die Bundeswasserstraßen erfolgen. Im Entwurf müsse versucht werden, Interessenkollisionen zwischen Bund und Ländern auszuschalten.
Große Bedenken bestanden bezüglich der Regelung der Unterhaltungslast. In Schleswig-Holstein oblag die Unterhaltung vor Erlass des Preußischen Wassergesetzes grundsätzlich den Anliegern, soweit nicht Gebietskörperschaften, Zweckverbände oder Wasser- und Bodenverbände verpflichtet waren. Mit dem Preußischen Wassergesetz wurde in erster Linie der Eigentümer und nachrangig der Anlieger verpflichtet.[537] Da gemäß § 8 Abs. 1 Preußisches Wassergesetz die überwiegende Mehrzahl der Wasserläufe III. Ordnung[538] im Eigentum der Anlieger stand, trat im Allgemeinen in der Unterhaltungspflicht keine Änderung zum früheren Zustand ein. Das Ministerium sah daher keine Notwendigkeit, von dieser bewährten Regelung abzuweichen. Die Regelung des Entwurfes ließ auch die Frage offen, an wen sich die Wasserbehörde bei Vernachlässigung der Unterhaltung wenden könne, wenn Wasser- und Bodenverbände Träger derselben sind.

---

533 BR-Drucks. 137/ 52.
534 Vgl. Schreiben des MELF Schleswig-Holstein (ORR *Behrens*) an den IMA, S. 2.
535 Vgl. MELF Schleswig-Holstein aaO. S. 3.
536 Vgl. MELF Schleswig-Holstein aaO. S. 5.
537 § 115 Abs. 1 Nr. 3 und 4 Preußisches Wassergesetz.
538 Nach § 2 Abs. 1 Nr. 3 Preußisches Wassergesetz waren Wasserläufe III. Ordnung: „alle anderen Strecken natürlicher und künstlicher Wasserläufe“, demnach alle Wasserläufe, die nicht in ein Verzeichnis nach § 2 Abs. 1 Nr. 1 und nach § 4 einzutragen waren.

Es schlug daher folgende Formulierung vor:

„Die Unterhaltung von Gewässern obliegt den Anliegern, soweit sie nicht Aufgabe von Gebietskörperschaften oder von Verbänden nach § 11 ist; diejenigen Eigentümer von Grundstücken und Anlagen, die durch den Betrieb ihrer Anlagen die Unterhaltung erschweren, können zu der Unterhaltung herangezogen werden."

Zumindest müsse nach Ansicht des Ministeriums den Ländern die Möglichkeit gegeben werden, abweichende Regelungen zu treffen.[539]

(3) Innenministerium Baden-Württemberg

Das Innenministerium begrüßte zunächst die Absicht, zusammenfassende Rahmenvorschriften für die Ordnung des Wasserhaushaltes zu schaffen. Nach Ansicht des Ministeriums waren weitere Beratungen jedoch dringend notwendig, da die besonderen Verhältnisse einzelner Länder nicht ausreichend berücksichtigt seien.[540] Hierbei spielte das Ministerium vor allem auf das in seinem Gebiet geltende badische und württembergische Wassergesetz an. Schon in früheren Stellungnahmen hatten Vertreter des Landes darauf hingewiesen, dass die in Baden-Württemberg derzeit geltenden Wassergesetze eine gute Konzeption aufwiesen und die Inhalte und Rechtsgedanken für ein umfassendes Wassergesetz gute Ansatzpunkte enthielten. So regte das Ministerium an, die im Entwurf gewählte Bezeichnung „Bewilligung" wieder auf die ursprünglich ausgesuchte Form „Verleihung" umzustellen. Der Inhalt der Bewilligung sei derselbe, wie der der im württembergischen und badischen Wassergesetz enthaltenen Verleihung. Es sei nicht einzusehen, weshalb der Begriff nicht beibehalten werde. Die Gefahr einer Verwechslung mit den Begriffen des Landeswasserrechtes bestünde nicht.[541] Systematisch sollten die Benutzungsbefugnisse dreigeteilt werden in die widerrufliche Erlaubnis, die Verleihung eines grundsätzlich unentziehbaren öffentlichen Rechts und die grundsätzlich unwiderrufliche wasserrechtliche Genehmigung.

Wie schon Rheinland-Pfalz bemängelte, waren auch für das Innenministerium die Interessen Dritter bei der Erlaubnis zuwenig berücksichtigt. Ebenso befriedigte nicht, dass der Entwurf für die Erteilung einer Bewilligung nicht die wasserwirtschaftliche Bedeutung des Unternehmens, sondern dessen wirtschaftliche Verhältnisse entscheiden ließ. Dies könnte dazu führen, dass für ein Unternehmen eine Erlaubnis erteilt würde und die Wasserbehörde, trotz weitreichender

---

539 Vgl. Schreiben des MELF Schleswig-Holstein, S. 7.
540 Vgl. Schreiben des IM Baden-Württemberg an den IMA, S.1.
541 Vgl. IM Baden-Württemberg aaO. S. 3.

Einwirkungen auf private Interessen, diese nur mäßig oder gar nicht überprüfen müsste.[542]

Ferner wurde darauf hingewiesen, dass der Entwurf nicht das Verhältnis zwischen dem öffentlichen Gebrauch der Gewässer und den an ihnen bestehenden privaten Berechtigungen kläre. Auch hier wurde auf das badische Wasserrecht verwiesen, welches eine zweckmäßige Regelung für diese Fälle beinhalte. Daher müsse das Gesetz mindestens vorsehen, dass derartiges Landesrecht aufrechterhalten werde.[543]

Die weiteren Kritikpunkte beschränkten sich auf Detailfragen und einzelne Umformulierungen. Auffällig hierbei war jedoch, dass Baden-Württemberg bei vielen Vorschriften eine bundeseinheitliche Regelung für zu weitgehend hielt und stattdessen eine Anpassung des Rahmengesetzes an das bestehende Landesrecht forderte. Ebenso war das Ministerium der Ansicht, dass die für Wasserschutzgebiete in Betracht kommenden Maßnahmen auch im Bereich der Bundeswasserstraßen von den Wasserbehörden der Länder zu treffen seien. Genauso wenig sah es eine Notwendigkeit für die Sonderbehandlung bundeseigener Anlagen bei der Erteilung von Erlaubnissen und Bewilligungen. Auch diese oblägen den Landesbehörden.[544]

Die Regelung des Anlieger- und Eigentümergebrauches war nach Meinung des Ministeriums zu streichen. Aufgrund der unterschiedlichen Rechtslage in diesem Bereich sei es besser, lediglich eine Vorschrift in den Entwurf aufzunehmen, die den bisherigen Zustand aufrechterhalte. Ein Bedürfnis, den Anlieger- und Eigentümergebrauch in Gebieten, wo es ihn nicht gab einzuführen, bestünde nicht.[545] Auch die Festlegung der Rechtsform der Reinhalteordnungen sollte den Ländern überlassen bleiben. Dies sei allein Sache der zuständigen Behörden. Ebenso sollte die Vorschrift über die Träger der Unterhaltungslast auf wenige Grundsatzbestimmungen beschränkt werden. Wer zur Unterhaltung verpflichtet werde, sei eine schwierige Frage, die nur vom Landesgesetzgeber befriedigend gelöst werden könne.[546]

Zuletzt wies das Ministerium darauf hin, dass der Entwurf zusätzlich noch eine Vorschrift enthalten müsse, nach der abweichende Vorschriften in Staatsverträgen unberührt blieben. In Baden-Württemberg bestanden derzeit zahlreiche Staatsverträge, die die wasserwirtschaftlichen Beziehungen mit angrenzenden

---

[542] Vgl. IM Baden-Württemberg aaO. S. 7.
[543] Vgl. IM Baden-Württemberg aaO. S. 3.
[544] Vgl. IM Baden-Württemberg aaO. S. 16.
[545] Vgl. IM Baden-Württemberg aaO. S. 17.
[546] Vgl. IM Baden-Württemberg aaO. S. 18.

ausländischen Staaten, vor allem der Schweiz, sowie mit anderen Bundesländern regelten.[547]

(4) Senator für Bau- und Wohnungswesen Berlin

Berlin hielt die Legaldefinition der oberirdischen Gewässer in einem Rahmengesetz für entbehrlich. Demgegenüber hielt es jedoch an einer einheitlichen Definition der einzelnen Gewässerarten fest. Hier bestehe seiner Ansicht nach ein Bedürfnis nach bundeseinheitlicher Regelung. Ebenso empfahl es die Definition des Begriffes „Wasserhaushalt"[548] wieder in den Entwurf mit aufzunehmen.[549]
Die weiteren Ausführungen beschränkten sich auf Detailfragen und einzelne Formulierungen. Stärkerer Kritik unterlag lediglich die Regelung des Eigentümer- und Anliegergebrauches in § 24. Nach Ansicht Berlins war die Ausdehnung des Eigentümergebrauchs auf die Eigentümer der an oberirdische Gewässer angrenzenden Grundstücke und die Anlieger überflüssig. Vielmehr sei der Eigentümergebrauch nur auf die Wasserlaufeigentümer zu begrenzen. Vor allem wurde die Freistellung des fraglichen Personenkreises von einer Erlaubnis oder Bewilligung bei Nutzung des Wassers für ihren Eigenbedarf für bedenklich gehalten. Daher schlug Berlin vor, die Bestimmungen in § 24 wenigstens in Bezug auf die Anlieger zu streichen. Ebensowenig sollte eine Erweiterung auf die „Hinterlieger" erfolgen.[550]
Im Zusammenhang mit dem Gemeingebrauch wies Berlin weiter darauf hin, dass die vorliegende Fassung keine Rücksicht auf die Fischwirtschaft nehme. Ein Gemeingebrauch in der beabsichtigten Form könnte zu entscheidenden Störungen für die Teichwirtschaft, u. U. sogar zu Diebstählen aus den dichtbesiedelten Teichen führen. Daher schlug es vor, folgenden Absatz 5 in § 24 mit aufzunehmen:

„Der Anliegergebrauch gilt nicht für Teiche, die zu fischwirtschaftlichen Zwecken durch Stauanlagen entstanden sind."[551]

Für die Regelung des § 37 über die mittelbare Entnahme von Wasser aus Bundeswasserstraßen forderte Berlin die Gleichstellung der Landeswasserstraßen mit den Bundeswasserstraßen. Ebenso erschien ihm ein gewisser Schutz aller übrigen Gewässer gegen mittelbare Entnahme erforderlich.[552]

---

[547] Vgl. Schreiben des IM Baden-Württemberg, S. 23.
[548] Eine solche war in § 1 Abs. 2 des Entwurfes vom 15.04.1955 enthalten.
[549] Vgl. Schreiben des Senators für Bau- und Wohnungswesen Berlin (i. V. *Schneevoigt*) an den BMi für besondere Aufgaben *Kraft* vom 09.09.1955, S. 1.
[550] Vgl. Senators für Bau- und Wohnungswesen Berlin aaO. S.4.
[551] Vgl. Senators für Bau- und Wohnungswesen Berlin aaO. S. 4.
[552] Vgl. Senators für Bau- und Wohnungswesen Berlin aaO. S. 6.

Für das Wasserbuch hielt es Berlin für notwendig, dass es den Charakter eines öffentlichen Registers habe, also die Vermutung der Richtigkeit der Eintragung für sich beanspruchen könne.[553]

(5) Baubehörde Hamburg

Die Stellungnahme der Freien und Hansestadt Hamburg beschränkte sich auf sachliche Erwägungen. Gegen den Aufbau und die Gliederung des Entwurfes bestanden keine Bedenken. Die Behörde bat darum, bei der weiteren Behandlung des Gesetzes noch einige Gesichtspunkte zu berücksichtigen. So wies die Stadt darauf hin, dass außer in § 30 der Entwurf keine Regelungen hinsichtlich überregionaler Angelegenheiten enthielt. Nach Ansicht Hamburgs sollten solche Vorschriften in einem Rahmengesetz nicht fehlen. Für auftretende Streitigkeiten in überregionalen Angelegenheiten wären dann eine besondere Instanz und nicht die Gerichte zu bestimmen.[554]
Weiterhin sollte in das Gesetz eine Ermächtigung für die Länder aufgenommen werden, Zwangsrechte zu begründen. Als Vorbild könnte das Zwangsrecht der §§ 330 ff. des Preußischen Wassergesetzes gelten.[555]

Zu der im Gesetz enthaltenen Definition der Gewässer äußerte sich die Behörde zustimmend. Für eine Einzelaufzählung der Gewässerarten bestehe keine Notwendigkeit. Der Entwurf solle jedoch klarstellen, ob die Länder auch andere Gewässer, z. B. die Küstengewässer, dem Gesetz unterwerfen könnten.[556]

Bezüglich der Erlaubnis regte die Behörde an, zu überlegen, ob diese nicht wie die Bewilligung zu befristen sei. Im Übrigen sollte eine Gebrauchserlaubnis grundsätzlich frei widerruflich sein. Für die Bewilligung sollte ausdrücklich verankert werden, dass ein Rechtsanspruch auf ihre Erteilung nicht bestehe.[557]

Nachfolgende Anmerkungen betrafen die Anpassung des Entwurfes an die Ländergesetze und die Überlassung der Verfahrensvorschriften an den Landesgesetzgeber.[558]

Zu den Strafvorschriften und Ordnungswidrigkeiten machte die Baubehörde allgemeine Bedenken geltend. Nach ihrer Ansicht bedurften sie noch einmal einer

---

[553] Vgl. Senators für Bau- und Wohnungswesen Berlin aaO. S. 7.
[554] Vgl. Schreiben der Baubehörde der Freien und Hansestadt Hamburg (ORR *Carlsson*) an den BMi für besondere Aufgaben *Kraft* vom 20.09.1955, S. 1.
[555] Vgl. Baubehörde der Freien und Hansestadt Hamburg aaO. S. 2.
[556] Vgl. Baubehörde der Freien und Hansestadt Hamburg aaO. S. 2.
[557] Vgl. Baubehörde der Freien und Hansestadt Hamburg aaO. S. 3.
[558] Vgl. Baubehörde der Freien und Hansestadt Hamburg aaO. S. 8.

Überarbeitung. Für § 44[559] erschien es ihr sogar zweckmäßiger, diese Vorschrift in allgemeiner Form in das Strafgesetzbuch einzufügen.[560]

(6) Ministerium für Ernährung, Landwirtschaft und Forsten Niedersachsen

Das Ministerium in Niedersachsen bezeichnete den Entwurf, wie auch andere Länder zuvor, als Fortschritt gegenüber den Vorentwürfen und als geeignete Grundlage für die weitere Vorbereitung des Gesetzes. Positiv bewertete es die enge Zusammenarbeit der Bundesregierung mit den Ländern. Den in der Begründung zum Entwurf enthaltenen Ausführungen über die gesetzgeberischen Zuständigkeiten des Bundes und deren Ausnutzung stimmte es ebenfalls zu. Trotzdem wurde seiner Ansicht nach der Entwurf dem von Bundesrat getroffenen Beschluss[561] bezüglich einer möglichst weitgehenden Ausnutzung der gesetzgeberischen Kompetenz nicht voll gerecht.[562]
Um eine weitere Aufsplitterung des künftig in den Ländern geltenden Wasserrechts zu vermeiden, sollte der Bund alles, was er aufgrund der wasserrechtlichen Gesetzgebungskompetenz zu regeln beabsichtigte, in den vorliegenden Gesetzentwurf mit aufnehmen.[563] Mit dieser Bitte verhielt sich Niedersachsen vor allem zu Baden-Württemberg kontrovers, welches mehr Selbständigkeit für die Landeswassergesetze forderte.
Weiterhin lehnte Niedersachsen den Erlass von Nebengesetzen, wie für die Bundeswasserstraßen und die Wasser- und Abwasserhygienevorschriften des BMI vorgesehen, kategorisch ab.[564]
Für missverständlich hielt Niedersachsen den Begriff des „Unternehmers" im Entwurf. Im Bereich des Wasserrechtes bezöge er sich nicht allein auf die gewerbliche Wirtschaft, sondern schlösse auch Gebietskörperschaften und Wasser- und Bodenverbände mit ein. Der sich im allgemein-wirtschaftlichen Gebiet entwickelte Unternehmerbegriff beziehe sich jedoch nur auf die gewerbliche Wirtschaft. Bei den Kreisen, die nur gelegentlich mit der Wasserwirtschaft zu tun haben, könnte dies zu Missverständnissen und Unsicherheiten führen. Daher sollte eine andere, neutralere Bezeichnung für das Wasserrecht gefunden werden.[565]

---

559 „Gefährdung des Lebens oder der Gesundheit".
560 Vgl. Baubehörde der Freien und Hansestadt Hamburg aaO. S. 12.
561 BR-Drucks. 137/52.
562 Vgl. Schreiben des MELF Niedersachsen (*von Kessel*) an den BMi für besondere Aufgaben *Kraft* vom 07.10.1955, S. 1.
563 Vgl. MELF Niedersachsen aaO. S. 2.
564 Vgl. MELF Niedersachsen aaO. S. 3.
565 Vgl. MELF Niedersachsen aaO. S. 4.

Zu den einzelnen Vorschriften äußerte sich das Ministerium nur kurz. Zunächst sprach es sich gegen die Aufnahme der Küstengewässer in den Entwurf aus, diese würden nicht zu den oberirdischen Gewässern gehören.[566]
Ferner wies es auf die Notwendigkeit überregionaler Vorschriften gerade bei der Erteilung einer Bewilligung hin. Bei der Festsetzung von Wasserschutzgebieten sprach sich das Ministerium für eine alleinige Kompetenz der Landesbehörden aus. Für eine Sonderzuständigkeit der Wasser- und Schifffahrtsverwaltungen des Bundes bestehe auch bei Bundeswasserstraßen keine Notwendigkeit. Die Regelung der Entschädigung in § 21 bedurfte ebenfalls noch einer Klarstellung, um zu hohe Schadensersatzforderungen auszuschließen.[567]
Auch Niedersachsen sprach sich gegen die Einführung eines Anliegergebrauchs aus. Es bestehe kein Grund Nutzungsbefugnisse für Anlieger in Gebieten, in denen sie bisher nicht bestanden haben, neu zu schaffen.[568]

(7) Ministerium für Ernährung, Landwirtschaft und Forsten Nordrhein-Westfalen

Nach Ansicht des Ministeriums verstieß der vorliegende Entwurf gegen die Vorschriften der Rahmengesetzgebung.[569] Der Entwurf versuche alle wesentlichen Grundsätze des Wasserhaushaltsrechts erschöpfend zu regeln und lasse für den Landesgesetzgeber nichts von „substantiellem Gewicht" übrig.[570] Für untragbar hielt das Ministerium die abschließende Regelung aller wesentlichen wasserrechtlichen Rechtsinstitute. Hier sei die Ausfüllungsmöglichkeit der Länder auf ein Minimum begrenzt.[571]

Ebenso bedenklich erschienen die Ausnahmeregelungen des Entwurfes bezüglich der Bundeswasserstraßen. Aufgrund der großen und vielseitigen Bedenken des Landes schlug Nordrhein-Westfalen die Streichung einzelner Vorschriften des Entwurfes vor.[572]

---

[566] Vgl. MELF Niedersachsen aaO. S. 5.
[567] Vgl. MELF Niedersachsen aaO. S. 16.
[568] Vgl. MELF Niedersachsen aaO. S. 18.
[569] Vgl. Schreiben des MELF Nordrhein-Westfalen vom 25.10.1955, S. 1.
[570] Vgl. MELF Nordrhein-Westfalen aaO. S. 2.
[571] Vgl. MELF Nordrhein-Westfalen aaO. S. 3.
[572] Auf Wunsch des MELF Nordrhein-Westfalen sollten die §§ 3 Abs. 4; 4 Abs. 3 S. 3, Abs. 4 und 6; 5; 7 Abs. 3; 10; 14; 15 Abs. 3 und 4; 16 Satz 3 und 4; 19 Abs. 2; 20 Abs. 3 und 4; 21; 22 Abs. 2; 24 Abs. 4; 26 Abs. 2 S. 1; 28 Abs. 2, 3 und 4; 29 Abs. 3; 30 Abs. 2 und 5; 32 Abs. 3; 42 Abs. 3; 49 gestrichen werden. Lediglich geändert sollten die §§ 9 Abs. 2; 13; 15 Abs. 2; 16; 37; 41 Abs. 4 werden.

Für die Strafvorschriften regte das Ministerium eine Überprüfung an, inwiefern strafrechtliche Vollregelungen in ein Rahmengesetz gehören.[573]

(8) Ministerium für Landwirtschaft und Forsten Hessen

Der Entwurf räumte nach Ansicht Hessens dem Bund in erheblichem Umfange eine Sonderstellung und Zuständigkeiten ein, für die eine Rechtsgrundlage fehle. Diesen Umstand hielt das Ministerium auch sachlich nicht für gerechtfertigt.[574] Der Erlass eines eigenen „Ausfüllungsgesetzes" durch den Bund z. B. für die Bundeswasserstraßen nach dem Erlass des Wasserhaushaltsgesetzes sei nicht zulässig. Allein die Länder dürften Ausfüllungsgesetze erlassen. Für die Bundesregelung komme nur die Form der Rahmengesetzgebung in Betracht.[575] Diese spreche jedoch nicht dagegen, ein auf Art. 74 GG gestütztes Einzelgesetz mit einem Rahmengesetz zu verbinden. Die so im „Mischgesetz" enthaltenen Vorschriften dürften dann jedoch keinen ordnenden Charakter haben, sondern nur andere Fragen betreffen. Unter diesem Gesichtspunkt sprach sich Hessen für die Einfügung der Hygienevorschriften in das Wasserhaushaltsgesetz aus. Der Erlass dieser Vorschriften in Form eines Einzelgesetzes sei durch das Land höchst unerwünscht.[576]
Für die Definition der Gewässerarten bat Hessen, noch einmal zu überprüfen, ob die Einzeldefinitionen der Gewässerarten aus der alten Fassung nicht doch zu übernehmen seien. Die gesetzliche Festlegung sei ein bedeutsamer Schritt zur Rechtsvereinheitlichung.[577] Für die Benutzungsarten sei es notwendig, eine Aufzählung, wie sie in § 40 Abs. 1 des Preußischen Wassergesetzes vorgesehen war, aufzunehmen. Bezüglich der Regelungen der Erlaubnis und Bewilligung stimmte Hessen den Ausführungen von Rheinland-Pfalz zu.[578] Eine unmissverständliche Abgrenzung zwischen Erlaubnis und Bewilligung sei unverzichtbar. Ebenso sei die Abstellung auf Unternehmerinteressen bei Erteilung der Bewilligung nicht tragbar.[579]

Von Seiten des Hessischen Ministeriums für Arbeit, Wirtschaft und Verkehr wurde ebenfalls der Begriff des „Unternehmers" für ein Wassergesetz nicht befürwortet.[580]

---

[573] Vgl. Schreiben des MELF Nordrhein-Westfalen vom 25.10.1955, S. 28.
[574] Vgl. Schreiben des MLF Hessen (MD *Dr. Tröscher*) an den BMi für besondere Aufgaben *Kraft* vom 02.11.1955, S. 1.
[575] Vgl. MLF Hessen aaO. S. 1.
[576] Vgl. MLF Hessen aaO. S. 2.
[577] Vgl. MLF Hessen aaO. S. 3.
[578] Vgl. Stellungnahme des MLWF Rheinland-Pfalz, S. 49 ff.
[579] Vgl. MLWF Rheinland-Pfalz aaO. S. 4f..
[580] Vgl. Schreiben des MLF Hessen vom 02.11.1955, S. 9.

Auch hielt es die alleinige Zuständigkeit der Wasser- und Schifffahrtsverwaltung bei Festsetzung von Wasserschutzgebieten für die Bundeswasserstraßen für nicht gerechtfertigt. Diese Angelegenheit fiele allein in die Zuständigkeit der Länder. Weiterhin sei es wünschenswert, die von den Bergbehörden zugelassenen Betriebspläne bei der Festsetzung von Wasserschutzgebieten zu berücksichtigen.[581]

Bezüglich der Rahmenpläne legte das Hessische Landesplanungsamt Wert darauf, dass die Beteiligung der Landesplanungsbehörden bei der Erstellung der wasserwirtschaftlichen Rahmenpläne im Gesetz ausdrücklich vorgeschrieben werde.[582]

Auch Hessen bat um die Streichung des § 49 über die Zuständigkeit des Bundes in Bezug auf die Bundeswasserstraßen.[583]

(9) Staatsministerium des Innern Bayern[584]

Der Entwurf eines Wasserhaushaltsgesetzes überschritt nach Ansicht des Ministeriums die Grenzen einer Rahmenvorschrift erheblich. Für eine Rahmengesetzgebung sei Voraussetzung, dass den Ländern ein erheblicher Teil der Sachregelungen und nicht nur die Bestimmungen der Vollzugsbehörden und die Ordnung des Verfahrens zugewiesen werden.[585]
Der Gleichstellung der Begriffe Wasserhaushalt und Wasserwirtschaft, wie sie die Begründung des Entwurfes vornahm, konnte das Ministerium nicht zustimmen. Der Begriff des Wasserhaushaltes sei wesentlich enger als der der Wasserwirtschaft. Nach Ansicht des Ministeriums beinhaltete der Begriff Wasserhaushalt „alle Maßnahmen, die dazu dienen sollen, den natürlichen Wasserschatz mengen- und -gütemäßig zu erhalten und den im Interesse des Gemeinwohles bestmöglichen wirtschaftlichen und sparsamen Verbrauch zu sichern".[586]
Ein Wasserhaushaltsgesetz könne im Rahmen des Art. 75 GG nur diejenigen Vorschriften enthalten, die dieser Aufgabe dienten. Dementsprechend vertrat das Ministerium die Auffassung, dass diejenigen Bestimmungen über die Ausgestaltung der Rechtsformen der Nutzungsregelung, über das Verfahren, über besondere Auflagen, über etwaige Übergangsregelungen sowie über das Ausgleichs-

---

[581] Vgl. MLF Hessen aaO. S. 10.
[582] Vgl. MLF Hessen aaO. S. 14.
[583] Vgl. MLF Hessen aaO. S. 17.
[584] Das Bayerische Staatsministerium des Innern hatte als letztes erst am 02.02.1956 zum Entwurf eines Wasserhaushaltsgesetzes Stellung bezogen. Es bezog sich dabei auf den Entwurf in der Fassung vom 08.11.1955.
[585] Vgl. Stellungnahme des Bayrischen Staatsministeriums des Innern vom 02.02.1956, S. 1.
[586] Vgl. Bayerischen Staatsministeriums des Innern aaO. S. 2.

verfahren, wie sie in den §§ 4 bis 18 des Entwurfes enthalten waren, den Landesgesetzgebern zu überlassen seien.[587] Des Weiteren konnte nach Ansicht des Ministeriums die Rechtszersplitterung nur durch die Länder selbst behoben werden, in dem sie aufgrund des Bundesrahmengesetzes zur Ordnung des Wasserhaushaltes ihre Wassergesetze umbilden und damit eine Vereinheitlichung für ihr Gebiet herbeiführten.[588]
Der Entwurf eines Wasserhaushaltsgesetzes habe, so das Ministerium, vorrangig die Aufgabe Mängel und Lücken in den Wassergesetzen der Länder so rasch wie möglich zu beheben. Dazu zählten vor allem die Bestimmungen des Entwurfes über das Grundwasser, die Reinhalteordnungen und die gesetzliche Festlegung der Mindestanforderungen für die Gewässerinstandhaltung, welche das Ministerium ausdrücklich begrüßte. Trotzdem müsse der Entwurf so gestaltet werden, dass seine Bestimmungen von allen Landeswassergesetzen übernommen werden könnten.[589]
Wie schon die anderen Länder bemängelte auch Bayern die Sonderzuständigkeiten der Bundeswasser- und Schifffahrtsverwaltung für die Bundeswasserstraßen. Die einschlägigen Vorschriften müssten gestrichen werden.[590]
Letztlich forderte Bayern, dass der Schwerpunkt der wasserrechtlichen Gesetzgebung bei den Ländern verbleibe und der Entwurf eine entsprechende Änderung erfahre.

(10) Ergebnis der Stellungnahmen

Schon in den Stellungnahmen kamen die verschiedenartigen Ansichten der Länder bezüglich des Inhaltes eines Bundeswassergesetzes zum Ausdruck. Auffallend hierbei war, dass vor allem Länder, die bereits über ein umfassendes Wassergesetz verfügten, wie Bayern und Baden-Württemberg, keinen großen Wert auf eine Neuorientierung durch den Bund legten. Dabei wurde die Vereinheitlichung des Wasserrechtes durch die Landeswassergesetze und deren Umbildung befürwortet.
Große Differenzen bestanden bezüglich der Kompetenz des Bundes und deren Grenzen. Während für einige Länder[591] der Entwurf die Kompetenzen nicht ausreichend ausschöpfte, hielten andere[592] ihn sogar für verfassungsrechtlich bedenklich. Allgemein wurde der Erlass von Nebengesetzen abgelehnt. Zusätzliche Vorschriften wie die Wasser- und Abwasserhygienevorschriften des BMI, sollten als besonderer Abschnitt im Gesetz erscheinen.

---

[587] Vgl. Bayerischen Staatsministeriums des Innern aaO. S. 3.
[588] Vgl. Bayerischen Staatsministeriums des Innern aaO. S. 4.
[589] Vgl. Bayerischen Staatsministeriums des Innern aaO. S. 4.
[590] Vgl. Bayerischen Staatsministeriums des Innern aaO. S. 5.
[591] Rheinland-Pfalz und Niedersachsen.
[592] Nordrhein-Westfalen, Hessen und Bayern.

Trotz des Zeitdruckes und der Bitte des Bundesministers *Kraft* gelang es einigen Ländern nicht, bis zum 10.09.1955 Stellung zu nehmen.
Deshalb wurde in der 22. IMA-Sitzung eine Verlängerung der Frist bis zum 24.09.1955 beschlossen. Entgegen dem Wunsch der Ländervertreter beschloss der IMA weiterhin, dass der Entwurf eines Gesetzes zur Ordnung des Wasserhaushaltes nunmehr auch den Organisationen und Verbänden[593] bzgl. einer Stellungnahme zugeleitet werden solle.[594]

ee) Die Beratungen und Änderungen des Entwurfes eines Wasserhaushaltsgesetzes im IMA nach den Stellungnahmen der Länder (Wasserzins – Benutzungsbefugnisse – Bundeswasserstraßen)

Nach der Fristverlängerung für die Stellungnahmen der Länder und der Übersendung des Entwurfes an die Organisationen und die Spitzenverbände traf sich der IMA am 10.10.1955 im BWM zur Besprechung der eingegangenen Stellungnahmen und ihrer Ergebnisse. Zu diesem Zeitpunkt waren jedoch nur drei Stellungnahmen von Berlin, Hamburg und Rheinland-Pfalz beim IMA eingegangen.[595] Laut IMA-Beschluss wurde nunmehr eine kleine Kommission gebildet, in der sämtliche eingehende Stellungnahmen der Länder erörtert werden sollten.[596]
Die von den Ländern eingereichten Stellungnahmen hatten teilweise zu Änderungen der bestehenden Fassung des Entwurfes vom 20./21.07.1955 geführt. So wurden die Einschränkung und die Rücknahme der Benutzungsbefugnisse jetzt einheitlich in jeweils einer Vorschrift geregelt.[597] Auf Anregung der Länder konnte die Erlaubnis nunmehr befristet werden. Jedoch war weiterhin kein förmliches Verfahren für ihre Erteilung vorgesehen. Die Anpassung bestehender Bewilligungen und Planfeststellungen an die Reinhalteordnungen wurde aufgrund der Kritik der Länder wieder aus dem Entwurf entfernt.

---

593 Dies geschah auf ein Schreiben des BDI vom 24.08.1955 hin, indem moniert wurde, dass einige regionale Verbände bereits den Entwurf durch die Länder überreicht bekommen hätten, während den Spitzenverbänden die Übersendung durch den IMA verweigert wurde.

594 Vgl. Beschluss-Protokoll der 22. IMA-Sitzung vom 20.09.1955, S. 2.

595 Vgl. Schreiben des BMi für besondere Aufgaben *Kraft* (i. V. RD *von Jouanne*) an die Bundesminister vom 04.10 1955.

596 Der Kommission gehörten an: MR *Dr. Witzel*, (Vorsitzender) BELF; ORR *Dr. Fischler*, BMI; MD *Dr. Niehuß*, BMV; MR *Ebersberg*, BMJ; ORR *Dr. Macdonald*, Bundesministerium für besondere Aufgaben.

597 So regelten die §§ 2 (Grundsatz), 2a (Bedingungen und Auflagen), 2b (Versagung), 10 (Vorkehrungen bei Erlöschen einer Erlaubnis oder Bewilligung), 12 (Erlaubnis und Bewilligung bei Planfeststellungen) die gängigen Verfahrensarten für die beiden Benutzungsbefugnisse.

Die Fischereizwecke betreffend schlug Prof. *Dr. Gieseke* einen neuen § 24a vor:

„Die Länder können bestimmen, dass für eine Benutzung von Gewässern für Fischereizwecke eine Erlaubnis oder eine Bewilligung nicht erforderlich ist."

Dieser wurde durch den IMA angenommen.[598] Das BWM bedauerte, dass durch den Erlass des einheitlichen Wassergesetzes die dringend notwendige Kontrolle des Grundwassers so lange aufgeschoben werde, bis das Gesamtgesetz in Kraft trete. Es schlug daher folgenden Wortlaut für § 51 vor:

„Dieses Gesetz tritt mit den §§ 34-40 und den übrigen Bestimmungen, soweit sie für das Grundwasser angewandt werden müssen, am 1. ... (nach höchstens ¼ Jahr), im Übrigen am 1. ... in Kraft."[599]

Das BMJ wies insofern darauf hin, dass kein Land bereit sein werde, bereits nach 3 Monaten eine gesetzliche Regelung allein für das Grundwasser zu treffen. Es bestand im IMA Einigkeit darüber, dass eine unmittelbare Anwendung der Bestimmungen des Entwurfs über das Grundwasser durch die Landesbehörden nicht möglich sei. Das Gesetz sei ein Rahmengesetz und die Bestimmungen über das Grundwasser stellten keine erschöpfende Regelung dar.[600]

Auch nach den Änderungen enthielt der Entwurf keine Hygienebestimmungen oder überregionale Vorschriften. Ebenso war die Sonderstellung der Bundeswasserstraßen nicht geändert worden. Insgesamt hatte die Neufassung des Entwurfes nur wenige der Änderungsvorschläge seitens der Länder übernommen.

Der Wasserzins

Erstmals wurde die Problematik des Wasserzinses ausgiebig diskutiert. ORR *Klesser* (BMF) schlug nach eingehenden Ausführungen über die Frage des Wasserzinses vor, folgenden § 47a in das Gesetz mit aufzunehmen:

„ Anlässlich der Erteilung einer Erlaubnis oder Bewilligung sind Abgaben zu erheben."

Der IMA war überwiegend der Auffassung, wenn eine Regelung des Wasserzinses gewünscht sei, müsse sie einheitlich im ganzen Bundesgebiet erfolgen. Darüber, ob eine solche Regelung in ein Wasserhaushaltsgesetz hineingehöre, herrschte jedoch Uneinigkeit. Des Weiteren wurden gegen den Wortlaut der

---

598 Vgl. Beschluss-Protokoll der 26. IMA-Sitzung vom 04.11.1955, S. 5.

599 Diesen Wunsch hatte das BWM bereits in seiner Stellungnahme zum Entwurf vom 06.10.1955 zum Ausdruck gebracht.

600 Vgl. Beschluss-Protokoll der 26. IMA-Sitzung vom 04.11.1955.

durch das BMF vorgeschlagenen Fassung durch MR *Ebersberg* (BMJ) rechtliche und verfassungsrechtliche Bedenken geäußert.[601]
Bundesminister *Kraft* äußerte sich grundsätzlich zustimmend zur Aufnahme einer Bestimmung über den Wasserzins. Die zuständigen Ausschüsse im Bundestag würden angeregt, sich mit dieser Frage zu beschäftigen. Da eine bundeseinheitliche Regelung der Frage gewünscht sei, müsse man im Falle der Nichtrealisierbarkeit über eine Grundgesetzänderung nachdenken. Deshalb sei eine Aufnahme der Bestimmung in den Entwurf wünschenswert. Nach längerer Debatte wurde daraufhin beschlossen, eine Formulierung der Bestimmung durch eine Kommission[602] vornehmen zu lassen.[603]
Neu eingefügt wurde die durch die Kommission *Dr. Witzel* ausgearbeitete Vorschrift über Gebühren in § 16a. Hierzu nahm zunächst das BMF Stellung. Auf Vorschlag des BMF wurde Absatz 1 Satz 1 noch einmal erweitert. Das BWM widersprach grundsätzlich der Regelung des § 16a. Auch das BMJ (MR *Ebersberg*) meldete zur Formulierung des § 16a einen Vorbehalt seines Hauses an. Die Neuformulierung sollte noch einmal zwischen dem BMJ, BELF, BMF und dem BMV besprochen werden.[604] Bundesminister *Kraft* äußerte sich lediglich bezüglich der Berechnung der Gebühren ablehnend. Es müsse ein anderer Maßstab für ihre Berechnung gefunden werden.
Das BWM äußerte sich im weiteren Verlauf ablehnend zur Regelung des Wasserzinses. Die Erhebung einer öffentlich-rechtlichen Gebühr erscheine nicht erforderlich. Sie würde weder einen wassersparenden Effekt noch eine Rechtsvereinheitlichung in den Bundesländern erzielen. Das Ministerium wies ferner darauf hin, dass die Vorschrift über den Wasserzins den ganzen Gesetzentwurf gefährden könne.
MD *Dr. Niehuß* (BMV) sprach hierzu über die Entstehung des preußischen Wasserzinsverbotes. Er merkte an, dass Preußen und das Reich erhebliche Einnahmen aus „Gebühren" in den vierziger Jahren gehabt hätten. Grundsätzlich trat er daher für eine Einfügung einer Gebührenvorschrift in den Gesetzentwurf ein.[605] Auch Bundesminister *Kraft* wies darauf hin, dass die Gründe, die für eine Gebühr sprechen würden, das Übergewicht hätten. Sodann wurde beschlossen, am 10.11.1955 in einer Besprechung im Institut für Wasserrecht zwischen dem Bundesminister *Kraft*, dem BMJ, dem BWM und Prof. *Dr. Gieseke* über den endgültigen Wortlaut des § 16a zu beraten.[606]

---

601 Vgl. Beschluss-Protokoll über die 23. IMA-Sitzung am 10.10.1955, S. 2.
602 Dieser Kommission gehörten an: MR *Dr. Witzel*, BELF; ORR *Dr. Fischler*, BMI; ORR *Morsbach*, BMV; MR *Ebersberg*, BMJ; ORR *Klesser*, BMF.
603 Vgl. Beschluss-Protokoll über die 23. IMA-Sitzung am 10.10.1955, S. 3.
604 Vgl. Beschluss-Protokoll über die 23. IMA-Sitzung am 10.10.1955, S. 3.
605 Vgl. Beschluss-Protokoll über die 23. IMA-Sitzung am 10.10.1955, S. 5.
606 Vgl. Beschluss-Protokoll über die 23. IMA-Sitzung am 10.10.1955, S. 5.

Die Benutzungsbefugnisse

MR *Lechner* (BMi für besondere Aufgaben *Kraft*) wies noch einmal darauf hin, dass die im Entwurf getroffene Unterscheidung zwischen Erlaubnis und Bewilligung noch immer unbefriedigend sei. Er schlug vor, die Erlaubnis für wasserwirtschaftlich *unbedeutende*, die Bewilligung für wasserwirtschaftlich *bedeutsame* Maßnahmen vorzusehen. Damit schloss er sich dem Wunsch der Länder an, die Abgrenzung der Benutzungsbefugnisse von wasserwirtschaftlichen Gesichtspunkten abhängig zu machen.[607]
Zur Frage des Rechtsanspruches auf eine Bewilligung oder eine Erlaubnis äußerte sich der IMA ablehnend. Ein solcher Rechtsanspruch, wie er noch im Preußischen Wassergesetz enthalten war, sei künftig nicht mehr vertretbar.[608]

Nach längeren Erörterungen, die vor allem durch das BMV (MR *Dr. Niehuß*) geführt wurden, wurde zunächst beschlossen, die Widerrufsmöglichkeit der Erlaubnis in § 3 Abs. 2 den Ländern zu überlassen. Der Absatz wurde daher gestrichen.[609]

Die Bundeswasserstraßen

Bundesminister *Kraft* eröffnete eine grundsätzliche Debatte über die Bestimmungen bezüglich der Bundeswasserstraßen, die auf Wunsch des BMV in den Entwurf aufgenommen wurden. Einzelne Ressorts hatten sich ablehnend zu diesen Vorschriften geäußert. Diese seien überflüssig, da die in ihnen enthaltenen Befugnisse nach Ansicht des BMV dem Ministerium sowieso zustünden. Trotzdem bestand das BMV auf einer Beibehaltung der Vorschriften, wenn auch teilweise in abgeänderter Form.[610]
Nach Ansicht des MR *Ebersberg* (BMJ) sollte geprüft werden, ob der Wunsch des BMV aus materiellen und formellen Gründen gerechtfertigt erscheine. Bundesminister *Kraft* bat darum, dass Gesetz nicht zum Anlass kompetenzrechtlicher Streitigkeiten zu machen. Selbst wenn Bundestag oder Bundesrat die Vorschriften herausstreichen würden, werde das Gesetz in den übrigen Bestimmungen nicht berührt.[611]

---

[607] Vgl. Beschluss-Protokoll über die 23. IMA-Sitzung am 10.10.1955, S. 4.
[608] Vgl. Beschluss-Protokoll über die 23. IMA-Sitzung am 10.10.1955, S. 4.
[609] Vgl. Beschluss-Protokoll über die 23. IMA-Sitzung am 10.10.1955, S. 5.
[610] Vgl. Beschluss-Protokoll über die 26. IMA-Sitzung vom 04.11.1955, S. 3.
[611] Vgl. Beschluss-Protokoll über die 26. IMA-Sitzung vom 04.11.1955, S. 3.

Das BMV brachte nichtsdestotrotz Formulierungsvorschläge für die §§ 20, 23 und 25 ein, die die Sonderstellung der Bundeswasserstraßen im Entwurf verankern sollten. Die Vorschläge wurden vom IMA angenommen.[612]

Aufgrund der im IMA erfolgten Änderungen wurde ein neuer überarbeiteter Entwurf in der Fassung vom 08.11.1955 erstellt. Dieser sollte zur Besprechungsgrundlage für die Sitzung mit den Verbänden am 15.11.1955 werden.[613] Zwischenzeitlich waren auch die Stellungnahmen der Wirtschaftsverbände beim IMA eingegangen, deren Inhalt sollte auf der Sitzung ebenfalls erläutert werden sollte.

ff) Die Stellungnahmen der Wirtschaftsverbände

(1) Bundesverband der Deutschen Industrie e. V.

Mit Schreiben vom 10.11.1955 nahm der BDI zum Entwurf eines Wasserhaushaltsgesetzes in ausführlicher Form Stellung. Bereits zu früheren Zeitpunkten hatte der BDI versucht, lenkend in die Beratungen des IMA einzugreifen und auf die Interessen der Industrie hinzuweisen.[614]
In seiner Stellungnahme zum WHG-Entwurf begrüßte der BDI zunächst das Bestreben, ein einheitliches Wassergesetz statt vieler Teilgesetze zu schaffen. Er sah den Entwurf als erfreulichen Fortschritt gegenüber den vorherigen Teilgesetzentwürfen an. Dennoch wurde der Entwurf seiner Ansicht nach den Forderungen möglichst aller Wassernutzer nicht gerecht. Der Entwurf ließe hinsichtlich seines systematischen Aufbaus, vor allem aber in Bezug auf seinen materiellen Inhalt noch viele Wünsche offen.[615]
Bezüglich der Einhaltung der Rahmenkompetenz äußerte sich der BDI zustimmend. Es müsse jedoch nochmals geprüft werden, ob es zweckmäßig und notwendig sei, von der Rahmenkompetenz im vorgesehenen Umfang Gebrauch zu machen. Vielmehr solle der Entwurf an einigen Stellen den Rahmencharakter stärker betonen und klarer zum Ausdruck bringen, wo eine Sperrwirkung ge-

---

[612] Vgl. Beschluss-Protokoll über die 26. IMA-Sitzung vom 04.11.1955, S. 2f..

[613] Vgl. Schreiben des BMi für besondere Aufgaben *Kraft* an die Bundesminister und das Bundeskanzleramt vom 08.11.1955.

[614] Vgl. Entwurf eines Rahmengesetzes über den Wasserhaushalt vom 02.07.1955, ausgearbeitet durch die Arbeitsgruppe II „Wasserrecht" des Ausschusses „Wasser und Abwasser" des BDI. Dieser Entwurf ging mit Schreiben vom 18.07.1955 an Prof. *Dr. Gieseke* zur Ansicht und Stellungnahme. (vgl. S. 35 ff.).

[615] Vgl. Stellungnahme des BDI in Zusammenarbeit mit dem Industrie- und Handelstag vom 10.11.1955, S. 1.

genüber dem Landesgesetzgeber und wo eine Ausfüllung durch Landesgesetze gewollt sei.[616]

Zum Aufbau des Entwurfes äußerte sich der BDI ablehnend. Eine Neuregelung des Wasserrechts war für ihn nur dann sinnvoll, wenn dadurch eine wesentliche Vereinfachung und Verbesserung desselben erfolge. Eine solche Vereinfachung sei nur durch eine Vereinheitlichung der Benutzungsregeln für sämtliche Gewässer zu erreichen. Diese Forderung war vom BDI wiederholt erhoben worden. Dazu dürfe jedoch nur zwischen Grund- und Oberflächenwasser unterschieden werden und nicht, wie im Entwurf vorgesehen eine Dreiteilung der Gewässer[617] erfolgen. Weiterhin müssten sämtliche Benutzungsregeln für beide Gewässerarten einheitlich festgelegt sein. Der Entwurf sah zwar in den §§ 2 bis 22 gemeinsame Bestimmungen vor, unterschied dann jedoch zwischen Bestimmungen für die oberirdischen Gewässer und für das Grundwasser. Für eine solche Trennung bestand nach Ansicht des BDI keine sachliche Notwendigkeit.[618] Ein Rahmengesetz sollte im Aufbau nicht auf die Wasservorkommen, sondern auf die Benutzungsarten abstellen. Hierfür sei Voraussetzung, dass eine Begriffsbestimmung der „Benutzung" im Gesetz vorangestellt werde.[619] Zudem solle zwischen der Benutzung des „Wassers" und der Unterhaltung oder dem Ausbau des „Gewässerbettes" unterschieden werden.[620]

Auch die Grundkonzeption des Entwurfes stieß beim BDI auf heftige Kritik. Die im Entwurf vorgesehenen Lenkungsmaßnahmen zur umfassenden Kontrolle und Bewirtschaftung des Wasserschatzes begegneten erheblichen Bedenken. Hier ginge die Regierung zu weit, wenn sie in der Begründung ausführe, dass solche Regelungen aufgrund der Entwicklung der Bundesrepublik vom Rechtsstaat zum sozialen Verwaltungsstaat gerechtfertigt seien. Diese Auffassung widerspreche dem Grundgesetz und könne nicht Gegenstand einer, wenn auch im

---

616 Vgl. BDI aaO. S. 2.

617 In § 1 des IMA-Entwurfes wurde zwischen oberirdischen Gewässern, Quellen und dem Grundwasser unterschieden.

618 Vgl. Stellungnahme des BDI vom 10.11.1955, S. 3f..

619 Der BDI schlug hierfür folgenden Wortlaut vor:

*„**§ 2 Benutzungen***

(1) Benutzungen im Sinne dieses Gesetzes sind

1. das Entnehmen und Ableiten des Oberflächenwassers,

2. das Zutagefördern, Zutageleiten und Fortleiten von Grundwasser,

3. das Aufstauen und Umleiten von Gewässern,

4. das Einbringen und Einleiten von festen, flüssigen und gasförmigen Stoffen in Gewässer, einschließlich ihrer Beeinflussung durch radioaktive Energie.

(2) Maßnahmen, die der Unterhaltung und dem Ausbau eines Gewässerbettes einschließlich seiner Ufer dienen, sind keine Benutzung im Sinne des Abs. 1."

620 Vgl. Stellungnahme des BDI vom 10.11.1955, S. 5.

Entwurf befindlichen Gesetzesbegründung sein.[621] Dass der Entwurf eine entsprechende Tendenz aufweise, könne man der Tatsache entnehmen, dass jegliche Wassernutzung außerhalb des Gemein-, Anlieger- und Eigentümergebrauchs einer behördlichen Erlaubnis oder Bewilligung bedürfe. Der BDI befürwortete stattdessen die grundsätzlich freie Nutzung des Wassers, die nur bei einer abstrakten Gefährdung des Wasserhaushaltes einer behördlichen Zulassung bedarf.[622] Formell sollte daher anstelle einer Erlaubnis von einer „Unbedenklichkeitserklärung" gesprochen werden.
Ferner bemängelte der BDI den weiten und verwaltungsgerichtlich nicht nachprüfbaren Ermessensspielraum der Behörden bei ihren Entscheidungen.[623]

Ingesamt hielt der BDI den Entwurf für nicht geeignet, den Wassernutzern, insbesondere den Unternehmen der öffentlichen Wasserversorgung und der Industrie, die sichere Rechtsgrundlage zu vermitteln, derer sie zur Erfüllung ihrer volkswirtschaftlichen Aufgaben bedurften. Der Entwurf enthielte zuviele Sperr- und Eingriffsbefugnisse, die vor allem in den Bestimmungen der §§ 26 (Reinhalteordnungen), 20 (Wasserschutzgebiete), 31 (Hochwasserschutzgebiete), 32 (Pegelschutzgebiete) zum Ausdruck kämen.[624]

Auch der BDI äußerte sich ablehnend über die Regelungen bzgl. der Bundeswasserstraßen. Dem Bund stehe an den Bundeswasserstraßen lediglich die Wahrnehmung der Verkehrsbelange zu. Die im Entwurf enthaltenen Sonderbefugnisse der Bundesbehörden in Bezug auf die Bundeswasserstraßen seien verfassungsrechtlich bedenklich.[625]

Letztlich wies der BDI auf seiner Ansicht nach notwendige Ergänzungen des IMA-Entwurfes hin. Verschiedene Probleme würden durch den Entwurf noch offen gelassen. Der BDI bat daher um die Einfügung folgender zusätzlicher Vorschriften in den Entwurf:

a) ein generelles Verbot des sog. Wasserzinses
b) eine Erleichterung der Verlängerung bereits bestehender Nutzungsbefugnisse
c) eine klare Bestimmung des bei Erteilung von Entschädigungen zur Zahlung Verpflichteten
d) die Einführung einer sog. vorläufigen Bewilligung für die Dauer des Bewilligungsverfahrens

---

[621] Vgl. BDI aaO. S. 6.
[622] Vgl. BDI aaO. S. 7.
[623] Vgl. BDI aaO. S.8.
[624] Vgl. BDI aaO. S. 11.
[625] Vgl. BDI aaO. S. 12.

e) die generelle Möglichkeit einer Überleitung bereits vorhandener Wassernutzungen nach Maßgabe der Vorschriften zur Erteilung der Unbedenklichkeitserklärung und Bewilligung
f) eine stärkere Berücksichtigung der Belange des Bergbaus unter Wahrung der Interessen der Wasserwirtschaft
g) die Errichtung von Wasserbeiräten."

(2) Die Abwassertechnische Vereinigung e. V.

Die Abwassertechnische Vereinigung nahm in mehreren Schreiben zum Entwurf eines Wasserhaushaltsgesetzes Stellung.[626] Die ATV bejahte wie der BDI ein Bedürfnis, für die Benutzung der Gewässer einschließlich des Grundwassers einheitliche Vorschriften zu erlassen, die eine behördliche Vorprüfung gewährleisten.[627]

Die Ausführungen der ATV beschränkten sich auf Detailfragen, vor allem in Bezug auf das Einleiten von Abwasser. So erschien ihr die Fassung des § 2 Abs. 2 als zu eng. Dieser regele nur die Benutzung des Wassers selbst, sage jedoch nichts über den Umgang mit dem benutzten Wasser aus. Es müssten jedoch vorsorgende Bestimmungen getroffen werden, was mit dem benutzten Wasser geschehen solle, insbesondere ob eine Kläranlage vorhanden sein müsse. Hierfür schlug die ATV folgenden Zusatz für § 2 vor:

„Eine Beeinträchtigung kann auch darin liegen, dass der Wasserhaushalt durch die Wiedereinleitung des entnommenen Wassers gestört wird."

Die Regelung der Benutzungsbefugnisse vermochte die ATV ebenso nicht zu befriedigen. So hielt sie die Rechtsstellung des Inhabers einer Erlaubnis in privatrechtlicher Beziehung für nicht zufrieden stellend. Da der Entwurf die Erlaubnis als Regelfall ansehe, sei zu überprüfen, ob für die Erlaubnis zur Verbesserung der Rechtsstellung zumindest in privatrechtlicher Hinsicht ein Verfahren mit Anhörung der Betroffenen eingeführt werde. Weiterhin wies die ATV darauf hin, dass die bestehende Regelung zu unterschiedlichen Rechtspositionen im Geltungsbereich der Gewerbeordnung führte. Der Inhaber eines genehmigungspflichtigen Betriebs genieße den Schutz des § 26 GewO auch hinsichtlich der Benutzung der Gewässer. Der Inhaber einer genehmigungsfreien Anlage dagegen nicht. Er wäre Unterlassungsklagen ausgesetzt. Auch diese Unterschiede müssten beachtet werden.[628]

Die ATV brachte in ihren Ausführungen weiterhin zum Ausdruck, dass sie die Erteilung einer Bewilligung auch für notwendig halte, um private Widersprüche

---

626 Vgl. die Schreiben vom 18. 10. und 03.11.1955.
627 Vgl. Stellungnahme der ATV vom 03.11.1955, S. 1.
628 Vgl. Stellungnahme der ATV vom 03. 11. 1955, S. 2.

gegen die beabsichtigte Benutzung auszuräumen. Ebenso sei anhand der Formulierung des § 4 Abs. 3 festzustellen, dass die Voraussetzungen für solche Einwendungen und für Entschädigungsansprüche bisher nicht im Geringsten klar waren. Weiterhin sollte klargestellt werden, ob die Entziehung von Wasser, wenn dadurch ein Mühlenbetrieb oder eine Wasserversorgung beeinträchtigt würde, zu einer Einwendung oder Ansprüchen berechtige. Die gleiche Frage stelle sich in Bezug auf die Einleitung übel riechender Abwässer.[629]

Die Regelung der Rechtsstellung der wasserwirtschaftlichen Verbände hielt die ATV für nicht notwendig. Für die einzelnen Verbände bestünden genügend Sondergesetze, die Bestimmungen über die Arbeitsweise der Verbände enthielten. Diese Regelung könne man auch weiterhin den Ländern überlassen.[630]

Die Reinhalteordnung in der im Entwurf vorgesehenen Form stieß auf erhebliche Bedenken. Eine Klassifizierung der Gewässer würde vielmehr in einen wasserwirtschaftlichen Rahmenplan hineingehören. Die Festlegung von Mindestanforderungen für die oberirdischen Gewässer sei zweckmäßig, brauche jedoch nicht in einem Gesetz zu stehen. Falls Vorschriften über Reinhalteordnungen trotzdem aufgenommen werden sollten, müsste zumindest jede Fixierung ihrer Form wegfallen. Auf alle Fälle sollte vor dem Erlass einer Reinhalteordnung den Beteiligten Gelegenheit gegeben werden, ihre Belange geltend zu machen.[631]

Auch die ATV sprach sich gegen eine Sonderstellung des Bundes bezüglich der Bundeswasserstraßen aus.[632]
Zum Schluss wies die ATV darauf hin, dass ein Mangel des Entwurfes darin liege, dass keine Bestimmungen enthalten seien, die überregionale Angelegenheiten in Bezug auf Benutzungsbefugnisse, Reinhalteordnungen und wasserwirtschaftliche Rahmenpläne enthielten.[633]

(3) Das Kuratorium für Kulturbauwesen e. V.

Der Entwurf eines Wasserhaushaltsgesetzes wurde durch das Kuratorium für Kulturbauwesen e. V.[634] grundsätzlich begrüßt. Die bestehenden Schwierigkeiten auf dem Gebiet des Wasserrechtes könnten nur durch ein einheitliches Bundesgesetz gelöst werden. Trotzdem habe sich der Gesetzgeber an einigen Stellen

---

629 Vgl. Stellungnahme der ATV vom 18. 10. 1955, S. 2.
630 Vgl. Stellungnahme der ATV vom 18. 10. 1955, S. 3.
631 Vgl. Stellungnahme der ATV vom 03. 11. 1955, S. 7f..
632 Vgl. ATV aaO. S. 8.
633 Vgl. ATV aaO. S. 9.
634 In Zukunft KfK.

des Entwurfes eine Beschränkung auferlegt, die vom kulturbautechnischen und wasserwirtschaftlichen Standpunkt als bedenklich anzusehen sei.[635]

Zunächst wies das KfK auf die fehlenden Regelungen für die überregionalen Verhältnisse hin. Insbesondere die Frage der Abgrenzung der Unterhaltspflichten und der Nutzungsbefugnisse an den Ländergrenzen werde im Entwurf nicht geregelt.[636]

Der Geltungsbereich des Gesetzes sollte sich nicht nur auf das wild abfließende Quellwasser, sondern allgemein auf das wild abfließende Wasser beziehen. Dies stelle einen wesentlichen Teil des gesamten Wasserhaushaltes dar. Anstelle von „Grundwasser" sollte zum Zwecke der klareren Abgrenzung zwischen oberirdischem Wasser und Wasser unter der Erdoberfläche der Begriff „unterirdisches Wasser"[637] gesetzt werden. Ferner schlug das KfK vor, dass die Legaldefinitionen der verschiedenen Gewässerarten wieder in das Gesetz aufgenommen werden sollten.[638]

Die Regelung der Benutzungsbefugnisse in den §§ 3 und 4 vermochte auch das KfK nicht zu befriedigen. Wie schon Rheinland-Pfalz in seiner Stellungnahme ausführte, [639]sei die einseitige Abstellung auf das Unternehmerinteresse bei der Abgrenzung zwischen Erlaubnis und Bewilligung wasserwirtschaftlich bedenklich. Da die Erlaubnis nach dem Entwurf den Regelfall darstellen sollte, war die Handhabung ihrer Erteilung ohne ein förmliches Verfahren nicht tragbar. Die Rechte Dritter seien erheblich in ihrem Wert geschmälert, wenn die Behörde sie bei Erteilung einer Erlaubnis zwar berücksichtigen könne, jedoch nicht müsse. Die Inhaber jener Rechte müssten zu ihrer Verteidigung vor die ordentlichen Gerichte ziehen, welche stets nur den Einzelfall, nicht jedoch die wasserwirtschaftlichen Gesamtverhältnisse beurteilen könnten. Daher schlug das KfK in Übereinstimmung mit Rheinland-Pfalz vor, dass, wie schon im Entwurf vom 15.04.1955, zwischen wasserwirtschaftlich unbedeutenden und wasserwirtschaftlich bedeutenden Nutzungen unterschieden werde. Nur für letztere seien dann Bewilligungen zu erteilen. Die Ausfüllung der fraglichen Begriffe könnte dann der Landesgesetzgebung überlassen bleiben.[640]

---

[635] Vgl. Stellungnahme des Kuratoriums für Kulturbauwesen e. V. (gez. *Lechner* und *Wittekind*) vom 22.10.1955, S. 1.
[636] Vgl. KfK aaO. S. 1.
[637] Dieser Begriff lehnte sich an DIN 4049 der Normen der Deutschen Industrie an.
[638] Vgl. Stellungnahme des KfK vom 22.10.1955, S. 2.
[639] Vgl. Stellungnahme des Ministeriums für Landwirtschaft, Weinbau und Forsten Rheinland-Pfalz, s. oben S. 50f..
[640] Vgl. Stellungnahme des KfK vom 22.10.1955, S. 3.

Ferner befürwortete das KfK eine Ergänzung des § 4 dahin, dass eine Bewilligung auch für eine unbedeutende Nutzung erteilt werden könne, wenn die Höhe der wirtschaftlichen Investition für den Unternehmer eine gesicherte Rechtsstellung verlange. Jedoch sollte diese Entscheidung dem pflichtgemäßen Ermessen der Wasserbehörde unterliegen.[641] Für die Erlaubnis sei ebenfalls eine Regelung für den Übergang auf den Rechtsnachfolger erforderlich. Die Regelung der grundsätzlichen Verfahrensfragen sollte bundeseinheitlich geregelt werden.[642]

Die Unterhaltungslast sollte nach Ansicht des KfK von den Ländern auf Gebietskörperschaften oder Verbände übertragen werden können, da diese oftmals eher in der Lage seien, die nötigen Arbeiten und die damit verbundenen Kosten zu tragen. Ebenso wäre die Frage der räumlichen Abgrenzung der Unterhaltung in einem Rahmengesetz zu behandeln.[643]

Für das Straf- und Ordnungswidrigkeitsverfahren sollte die Möglichkeit eröffnet werden, Erlaubnisse und Bewilligungen als Nebenstrafe zurückzunehmen.[644]

(4) Der Deutsche Verein von Gas- und Wasserfachmännern

In der Besprechung der wasserfachlichen Vorstandsmitglieder des Deutschen Vereins von Gas- und Wasserfachmännern[645] am 19.10.1955 wurde der Entwurf des Wasserhaushaltsgesetzes sowohl hinsichtlich des Gesamtkonzeptes als auch bezüglich spezieller Fragen behandelt. Auf dieser Sitzung zeigte die Wasserversorgungswirtschaft großes Interesse daran, dass in einem Bundeswassergesetz die Grundgedanken des Grundwasserschutzgesetzes, wie sie der VGW/DVGW-Hauptausschuss „Wasserrecht" erarbeitet hatte,[646] berücksichtigt würden. Hierzu zählte der Verein eine Regelung der wasserrechtlichen Bewilligung, die eine ausreichende rechtliche Sicherheit der Wasserwerke gewährleiste, insbesondere hinsichtlich Zeitdauer, Aufrechterhaltung, Aufhebung und Verlängerung der Bewilligung.[647]

Da die Entschädigungen für Schutzgebiete in der Regel durch die begünstigten Wasserversorgungsunternehmen zu leisten waren, sollten die Zahlungen in ihrer Höhe nach oben begrenzt werden. Hierbei verwies der DVGW auf eine ange-

[641] Vgl. KfK aaO. S. 4.
[642] Vgl. KfK aaO. S. 5.
[643] Vgl. KfK aaO. S. 7.
[644] Vgl. KfK aaO. S. 8.
[645] In Zukunft DVGW.
[646] Vgl. Denkschrift mit den Richtlinien für Wasserversorgungsbestimmungen des Wasserrechtsausschusses von 1951.
[647] Vgl. Schreiben des DVGW an den VGW (durch *Dr. Schickhardt*) vom 24.10.1955, S. 1.

messene Entschädigung, wie sie im Energiewirtschaftsgesetz, im Badischen und im Württembergischen Wassergesetz vorgesehen waren.[648]

Ferner forderte der Verein, dass die Sonderbefugnisse für Bergbau, Bundeswasserstraßen, Gewerbepolizei und Landesplanung beseitigt oder erheblich eingeschränkt werden. Die damit angesprochenen besonderen Verfahren fänden vorwiegend hinter verschlossenen Türen statt und gäben der Wasserversorgung keine Möglichkeit zur Mitwirkung. Weiterhin hielt der DVGW eine Anpassung der alten Befugnisse für wünschenswert, um diese auf die neuen Rechtstitel umzustellen und zeitlich zu begrenzen.[649]

Entsprechend diesen Ausführungen fielen die Änderungsvorschläge für den Gesetzentwurf aus. Für den Erlass von Reinhalteordnungen erschien dem DVGW ein förmliches Verfahren wünschenswert. Schließlich hielt auch der Verein die Regelung der Befugnis des Bundes bzgl. der Bundeswasserstraßen in § 49 für überflüssig.[650]

(5) Der Deutsche Fischerei-Verband e. V. und die Union der Berufs- und Sportfischer

Die Fischereivereinigungen bemängelten in erster Linie die fehlende Behandlung der mit Fischhaltung und Fischsport zusammenhängenden Fragen. So forderten sie die Wiederaufnahme folgender Formulierung in § 1:

> „Als Gewässer im Sinne dieses Gesetzes gelten nicht die nur zeitweilig zum Zwecke der Fischhaltung mit Wasser bespannten Grundstücke."[651]

Weiterhin seien die Ausdrücke der Benutzungen, Gemeingebrauch, Erlaubnis und Bewilligung schärfer zu bestimmen, wie das in früheren Gesetzen der Fall war.[652]
Bemängelt wurde ebenfalls das in § 6 geregelte Verfahren der öffentlichen Bekanntmachung. Es biete nicht die Gewähr, dass die Betroffenen wirklich Kenntnis von den geplanten Nutzungen erhielten. Gerade die Fischereibehörden hätten häufig keine Kenntnis von beabsichtigten Bauten im Wasserlauf gehabt.[653]

---

648 Vgl. DVGW aaO. S. 1.
649 Vgl. DVGW aaO. S. 1.
650 Vgl. Schreiben des DVGW vom 24. 10. 1955, S. 2.
651 Vgl. Schreiben des DFV und der UBS (Hauptgeschäftsführer *Dr. Wiehr*) an den BMi für besondere Aufgaben *Kraft* vom 24.10.1955, S. 1.
652 Vgl. DFV /UBS aaO. S. 2.
653 Vgl. DFV /UBS aaO. S. 3.

Die Regelung der Notfälle in § 17 ließe nach Ansicht der Vereinigungen eine Rechtsgrundlage vermissen, die einen Schadensersatzanspruch des Betroffenen ermögliche.

Hierfür schlugen sie folgende Fassung vor:

„Führt die Entnahme von Wasser oder die Beschränkung in der Benutzung zu einer erheblichen Benachteiligung, so ist dem Betroffenen eine Entschädigung zu gewähren."

Gerade im Bereich der Fischwirtschaft könnten beträchtliche Schäden bei einem entsprechenden Eingriff in das Gewässer entstehen.[654]
Ebenso wurde darauf hingewiesen, dass im Ausgleichsverfahren festgelegt werden müsse, dass bei Bewilligung eines Staurechts mindestens 10 % des Wassers im Wasserlauf verbleiben müssten, um ein Überleben der dort angesiedelten Fische zu gewährleisten.[655]

Auch verwiesen die Vereinigungen auf die Wichtigkeit von Naturalentschädigung im Bereich der Fischzucht. Teichwirte legten Wert darauf, statt des Geldes für einen Wasserentzug die Zuführung anderen Wassers oder die Zuweisung von Ersatzgrundstücken, auf denen Teiche errichtet werden können, zu bekommen.[656]

Großen Wert legten die Vereinigungen auf eine Beschränkung des Gemeingebrauchs. Aufgrund der stetigen Zunahme des Wassersports hätten die Gewässer in ihrem fischereilichen Werte stark gelitten. Der Wert eines Gewässers läge für den Eigentümer im fischereilichen Nutzungswert. Dieser erfahre durch den Wassersport eine Minderung, ohne dass ein Ausgleich hierfür erfolge. Der im Entwurf vertretenen Auffassung, dass es lediglich auf die Art des Gemeingebrauchs, nicht aber auf die Zahl derer, die ihn ausüben ankomme, könne nicht gefolgt werden. Vielmehr sei es erforderlich, dass das zukünftige Wasserrecht Bestimmungen enthalte, die eine Entschädigung des Eigentümers (Fischereiberechtigter) für Schäden, die er durch die Ausübung des Gemeingebrauchs erleide, vorsehen.[657]

Für die Durchführung der Unterhaltungsarbeiten wurde darauf hingewiesen, dass diese nicht in der Laichzeit oder in der warmen Jahreszeit durchgeführt

[654] Vgl. DFV /UBS aaO. S. 4.
[655] Vgl. DFV /UBS aaO. S. 5.
[656] Vgl. DFV /UBS aaO. S. 6.
[657] Vgl. DFV /UBS aaO. S. 7.

werden könnten.[658] Ebenso müssten beim Ausbauverfahren die fischereilichen Interessen berücksichtigt werden.

Bezüglich der Strafvorschriften wurde darauf hingewiesen, dass die derzeit im Gesetz enthaltenen Bestimmungen nicht genügten, um eine Reinhaltung der Gewässer und die Abschreckung der potentiellen Täter zu erreichen.[659]
Der Entwurf eines Wasserhaushaltsgesetzes forderte in § 44 zukünftig den Nachweis, dass durch die Verschmutzung eine Gefahr für das Leben und die Gesundheit anderer herbeigeführt wurde, um eine Strafbarkeit zu begründen. Mit dieser Regelung aber würden nach Ansicht des Rechtsanwalts *Quirll* Strafurteile gegen Verschmutzer kaum noch ergehen.[660]
Der Nachweis einer Gefahr für Gesundheit und Leben gelänge nur selten, insofern käme nur noch die Einordnung als Ordnungswidrigkeit in Betracht.

Um die angesprochenen Fragen zufrieden stellend zu regeln, schlug RA *Quirll* vor, die Zulässigkeit einer Privatklage des Geschädigten in § 374 StPO mit zu verankern, eine Gefährdungshaftung einzuführen und die Strafbestimmungen der Wassergesetze als Schutzgesetze im Sinne des § 823 II BGB zu klassifizieren.

(6) Die Arbeitsgemeinschaft der Landesverbände der Wasser- und Bodenverbände in Westdeutschland

Zunächst erkannte die Arbeitsgemeinschaft an, dass der Entwurf einer weitgehenden einheitlichen Regelung im wesentlichen Rechnung trug, soweit es die Zuständigkeiten des Bundes nach dem Grundgesetz zuließen.[661]

Die folgenden Kritikpunkte beschränkten sich nur auf Detailfragen. Oftmals wurde eine Wiederaufnahme der Vorschriften des Entwurfes vom 15.04.1955 empfohlen. So sollte in § 6 des Entwurfes wieder das Verfahren bei Anträgen mehrerer Unternehmen, die nicht nebeneinander bestehen könnten, aufgenommen werden. Für die Benutzungsbefugnisse der Verbände schlug die AG vor, das Verfahren zur Erteilung einer Erlaubnis oder Bewilligung gleich in das

---

658 Vgl. DFV /UBS aaO. S. 10.

659 Dies geht aus den Ausführungen „Gedanken zum Entwurf eines Bundes-Wasserhaushaltsgesetzes" des Sachverständigen der Vereinigungen Fischzuchtmeister *Quirll* (Rechtsanwalt und Notar) in: Sonderdr. aus „Allgemeine Fischerei-Zeitung", 80. Jhrg./ 1955 hervor.

660 Vgl. Ausführungen des RA *Quirll*, S. 3.

661 Vgl. Schreiben der AG der Landesverbände der Wasser- und Bodenverbände in Westdeutschland (i. A. Oberregierungsbaurat a. D. *Scherer*) an den BMi für besondere Aufgaben *Kraft* vom 26.10.1955, S. 1.

Gründungsverfahren mit einzubeziehen, da dieses auch vor der für den Wasserhaushalt zuständigen Behörde stattfinde.[662]
Auch die AG wies auf das Fehlen von überregionalen Vorschriften hin. Es sei oft fraglich, wie einzelne Vorschriften bei Grenzgewässern angewendet werden sollten.[663]
Ebenso sei die Festsetzung von Wasserschutzgebieten und die zu treffenden Maßnahmen alleinige Sache der Landesbehörden. Dagegen hielt die AG eine bundeseinheitliche Begriffsbestimmung für den Gemeingebrauch für wünschenswert. Auch bat sie zu überlegen, ob nicht Vorschriften für das Einleiten von Wasser und Abwasser als Gemeingebrauch bereits im Gesetz festzulegen seien.[664]
Aus der Regelung des § 25 über das Zuführen von Stoffen sollte nach Ansicht der AG zu entnehmen sein, dass das Einbringen von Fischfutter und Dünger nicht darunter falle. Ferner wies sie darauf hin, dass die fortschreitende Verschmutzung der Gewässer auf ein ungenügendes Einschreiten der zuständigen Behörden gegenüber den Verschmutzern zurückzuführen sei. Deshalb müssten in den Reinhalteordnungen Bestimmungen getroffen werden, die ein nachdrückliches Einschreiten der verantwortlichen Behörden gegen die Verschmutzer gewährleisten.[665]

Ebenfalls befürwortete die AG die Übertragung der Unterhaltungslast auf Gebietskörperschaften oder leistungsfähige Wasserverbände, da diese am ehesten in der Lage seien, die Unterhaltung bei größeren Wasserläufen zu gewährleisten.[666]

(7) Der Deutsche Verein von Gas- und Wasserfachmännern und der Verband der Deutschen Gas- und Wasserwerke

Nach der Mitteilung der Ergebnisse der Sitzung beim DVGW[667] erfolgte nun die ausführliche Stellungnahme zum Entwurf eines Wasserhaushaltsgesetzes.
Der vorliegende Gesetzentwurf war nach Ansicht der Vereine in seiner Zielsetzung zu begrüßen. Seine Ausgestaltung würde jedoch eine entscheidende Änderung des derzeitigen Rechtszustandes, also eine Förderung und Verbesserung wasserwirtschaftlicher Entwicklungen, nicht herbeiführen können.[668]

---

[662] Vgl. AG der Landesverbände aaO. S. 3.
[663] Vgl. AG der Landesverbände aaO. S. 3.
[664] Vgl. AG der Landesverbände aaO. S. 4.
[665] Vgl. AG der Landesverbände aaO. S. 5.
[666] Vgl. AG der Landesverbände aaO. S. 5.
[667] Siehe oben S. 184.
[668] Vgl. Stellungnahme des DVGW und VGW vom 07.11.1955, S. 1.

Für die tatsächlichen Erfordernisse müssten Grundsatzfragen der Länderzuständigkeiten zurückstehen. Eine Änderung des Grundgesetzes sei daher unumgänglich. Nur mit einer ausschließlichen Zuständigkeit des Bundes für bestimmte Grundsatzfragen des Wasserhaushaltes und der Wasserwirtschaft könnten die durch den Entwurf angestrebten Ziele erreicht werden.[669] Die Vereine forderten dementsprechend eine Änderung der Art. 75 und 84 des Grundgesetzes. Aus diesem Grunde konnten sie dem Entwurf nicht zustimmen.[670]

Sie forderten darüber hinaus eine Verankerung der Sonderstellung der Unternehmen der öffentlichen Wasserversorgung.[671]

Die Stellungnahme beschränkte sich auf einige wenige Detailfragen. So sprachen sich die Vereinigungen bei der Erteilung der Erlaubnis für ein förmliches Verfahren aus. Des Weiteren sollten die Voraussetzungen für den Widerruf einer Erlaubnis präziser gefasst werden.[672] Die Regelung der Bewilligung in § 4 berücksichtigte die rechtlichen und tatsächlichen Interessen des Wassernutzers zu wenig.[673]

(8) Die Sitzung des IMA mit den Spitzenverbänden am 15.11.1955

Am 15.11.1955 trafen sich im Bundeshaus in Bonn unter dem Vorsitz von Bundesminister *Kraft* die Vertreter der Spitzenverbände mit dem IMA, um den Entwurf eines Wasserhaushaltsgesetzes zu besprechen.

Es waren anwesend:

Für die Regierung:
ORR *Rocholl*, **Bundesministerium für wirtschaftliche Zusammenarbeit**; MD *Dr. Niehuß*, ORR *Morsbach, Dipl. Ing. Michael*, **BMV**; MR *Wellenkamp*, **BMBR**; MR *Dr. Witzel*, **BELF**; RR *Blabusch*, **BWM**; MR *Dr. Schultheiss*, ORR *Dr. Fischler*, ORR *v. Bieberstein*, **BMI**; MR *Ebersberg*, Ger. Ass. *Dr. Kropff*, **BMJ**; BMi *Waldemar Kraft*, RD. *von Jouanne*, MR *Kumpf*, MR *Lechner*, ORR *Dr. Kolb*, ORR *DR. Macdonald*, **Bundesministerium für besondere Aufgaben.**

[669] Vgl. DVGW aaO. S. 2.
[670] Vgl. DVGW aaO. S. 3.
[671] Vgl. DVGW aaO. S. 3.
[672] Vgl. DVGW aaO. S. 5.
[673] Vgl. DVGW aaO. S. 6.

Für die Verbände:
ORBR a. D. *Scherer,* **AG der Wasser- und Bodenverbände Hannover**; OLR *Dr. Lais,* MR a. D. *Dr. Sauer,* Referent *Dr. Lau,* **Wasserrechtskommission der Deutschen Landwirtschaft/ Verband der Landwirtschaftskammern, Frankfurt/Main**; Hauptreferent *Dr. Apfelstädt,* **BKS Köln**; Referent *Kaußmann,* **Verband kommunaler Unternehmen, Köln**; Direktor *Dr. Dinsing, Dr. Gläser, Stühle,* Geschäftsführer *Maas,* **VGW Frankfurt/Main**; *König, Dr. Schickhardt, Dr. Hünerberg,* **DVGW Frankfurt/Main**; RD *Wiedemann,* **Bund der Wasser- und Kulturbauingenieure Hannover**; Geschäftsführer *Lendelbacher, Odrich,* **Zentralverband Baugewerbe Bonn**; *Prof. Dr.-Ing. Schirmer,* **KfK Bonn**; Baudirektor *Mühle, Dr. Dornheim,* Baudirektor a. D. *Dr. Pruss, Prof. Dr. Pallasch,* **ATV Bonn**; *Dr. Dütemeyer,* **Zentralausschuss der Deutschen Binnenschifffahrt;** *Dr. Junge, Dr. Hartmann, Dr. Matz,* **DIHT Bonn**; *Prof. Dr. Wurzschmidt, Dr. Wernicke, Dr. Gässler,* **BDI Köln**; *Dr. Wagner,* **ZDH Bonn**; *Steinhörster, Dr. Herzog,* **Verband Deutscher Sportfischer Hamburg;** ORR *Dr. Beckmann,* **Arbeitskreis III „Kommunale Angelegenheiten" der Arbeitsgemeinschaft der Innenministerien der Bundesländer Stuttgart;** Baudirektor *Dr. Ramshorn,* **Arbeitsgemeinschaft der Wasserwirtschaftsverbände**; *Dr. Dreher,* **VDEW Frankfurt/Main.**

Sachverständiger: *Prof. Dr. Ing. Schröder*

Bundesminister *Kraft* eröffnete die Sitzung mit grundsätzlichen Ausführungen zum Gesetzentwurf. Aufgrund des Auftrages des Bundeskabinetts vom 16.02.1955[674] habe sich der IMA zu einem umfassenden Rahmengesetz entschlossen.[675]
Sodann wurde in die Besprechung des IMA-Entwurfes eingetreten. Die Verbände äußerten sich überwiegend ablehnend zu dem vorliegenden Entwurf. Nach Ansicht *Dr. Dinsings* (AWWV) [676] werde durch den Entwurf die Rechtszersplitterung auf dem Gebiet des Wasserrechts nicht behoben. Falls eine bundeseinheitliche Regelung aufgrund der Verfassungslage zurzeit noch nicht möglich sei, solle man lieber abwarten, bis diese Möglichkeit, gegebenenfalls durch eine Verfassungsänderung geschaffen sei.[677] Dem schloss sich auch *Dr. Apfelstädt* (BKS[678]) an. Des Weiteren bemängelte er, dass der Entwurf den dringend notwendigen Schutz des Grundwassers in einer nicht zu verantwortenden Weise verzögere. Ebenso würden überregionale Maßnahmen durch ihn nicht ermög-

---

[674] Vgl. Hollmann/ von Jena, Kabinettsprotokolle der Bundesregierung 1955, Band 8, 71. Sitzung 16.02.1955, S. 143.
[675] Vgl. Protokoll über die IMA-Sitzung mit den Spitzenverbänden am 15.11.1955, S. 3.
[676] Arbeitsgemeinschaft wasserwirtschaftlicher Verbände.
[677] Vgl. Protokoll der Sitzung, S. 3.
[678] Bundesvereinigung der kommunalen Spitzenverbände.

licht. Die größte Schwäche des Entwurfes zeige sich eben darin, dass er ein „Meisterwerk an Grundgesetztreue" sei. Der Entwurf erkenne den Vorrang der öffentlichen Versorgung mit Trinkwasser und des Grundwasserschutzes nicht an und statuiere eine Sonderstellung der Bundesbehörden, die abzulehnen sei.[679]
Auch der BDI (*Dr. Gässler*) wandte sich gegen die derzeitige Konzeption des Gesetzes. Man solle daher nichts überstürzen, da die derzeitige Verfassungslage ein allumfassendes Gesetz nicht ermögliche. Die bestehenden Wassergesetze reichten vorläufig aus.[680]
Im Gegensatz dazu äußerte sich *Dr. Sauer* (WK des ZDL)[681] positiv über den vorliegenden Entwurf. Seiner Ansicht nach sei die Gesetzgebungsmöglichkeit des Bundes noch nicht restlos ausgeschöpft. Dazu müsste eine Ergänzung des Grundgesetzes in Erwägung gezogen werden. Grundziel eines Wassergesetzes müsse es sein, die bewährten Vorschriften für einzelne Wasserrechtsgebiete (wie Preußen und Bayern) zu übernehmen. Bedenklich sei dagegen, dass die Frage des Eigentums im Entwurf nicht angesprochen sei. Der Entwurf sei im Ganzen größeren Schwierigkeiten aus dem Wege gegangen, indem er diese auf die Länder verlagert habe.[682]
Übereinstimmend forderten die Verbände die Aufnahme von übergebietlichen Regelungen.[683]

Nach den kritischen Äußerungen der Verbände versuchte MR *Ebersberg* (BMJ), die Konzeption des Entwurfes zu erklären. Ausgangspunkt aller Überlegungen müsse der Begriff der Rahmenvorschrift sein. Da mit einer Änderung des Grundgesetzes in absehbarer Zeit nicht zu rechnen sei, sei es zwecklos, die Arbeiten an einem Wassergesetz darauf auszurichten, was erreicht werden müsse. Ferner sei eine Gegenüberstellung der Entwürfe des BDI[684] und des IMA der Beratung des Gesetzes nicht förderlich. Die Gegensätzlichkeit beider Entwürfe mache eine Eingliederung einzelner Vorschriften des BDI-Entwurfes unmöglich. Auch bestünde keine Gefahr, dass der Gesetzentwurf eine weitere Rechtszersplitterung zur Folge habe. Nach der derzeitigen Verfassungslage sei es nicht zu vermeiden, dass 10 verschiedene Ländergesetze erlassen werden.[685]

Dr. Dornheim (ATV) bemängelte die Regelung der Benutzungsbefugnisse. Die Bewilligung dürfe nicht nur Ausnahmefall sein. Es müsse ein Rechtsanspruch auf die Bewilligung statuiert werden. Weiterhin müsse mit den alten Rechten

---

679 Vgl. Protokoll der Sitzung, S. 5.
680 Vgl. Protokoll der Sitzung, S. 3.
681 Wasserrechtskommission des Zentralausschusses der Deutschen Landwirtschaft.
682 Vgl. Protokoll der Sitzung, S. 4.
683 Vgl. Protokoll der Sitzung, S. 7.
684 Vgl. Entwurf eines Rahmengesetzes für den Wasserhaushalt vom 24.10.1955.
685 Vgl. Protokoll der Sitzung, S. 8.

und Befugnissen Schluss gemacht werden, da sonst eine Ordnung des Wasserhaushalts niemals erzielt werde.[686]
Hierzu erklärte ORR *Dr. Kolb* (BMi für besondere Aufgaben *Kraft*), dass zu erwarten war, dass die Regelung der Bewilligung in den §§ 2 ff. des Entwurfes Widerspruch hervorrufen würde. Gegen die Forderung, einen Anspruch auf die Bewilligung zu geben, sprächen jedoch gute Gründe. In zahlreichen Wassergesetzen, z. B. im bayerischen Wassergesetz, werde kein Anspruch auf die Erteilung einer Wassernutzungsbefugnis gewährt. Hiermit hätte sich die dortige Industrie abgefunden. Die Bewilligung sollte als Benutzungsbefugnis sparsam erteilt werden. Des Weiteren hätten die Länder ohne weiteres die Möglichkeit, einen Rechtsanspruch auf die Bewilligung durch die Landesgesetze zu begründen.[687]
Trotz dieser Erklärungen forderten *Dr. Dinsing* (VGW) und Prof. *Dr. Wurzschmidt* (BDI) einen Rechtsanspruch auf Erteilung einer Bewilligung für die Wasserversorgung und die Industrie. Auch *Dr. Dütemeyer* (ZDBS)[688] hielt es für zweckmäßiger, einen Anspruch auf die Bewilligung zuzuerkennen. Dem widersprach *Steinhörster* (VDS).[689] Seiner Ansicht nach sei der Wasserschatz so kostbar, dass er nur mit Vernunft verwaltet werden könne. Zu oft sei in der Vergangenheit am Wasser „gesündigt" worden. Er unterstütze daher den Gedanken des Entwurfes, dass ein Rechtsanspruch auf die Bewilligung nicht gegeben werden könne.[690]
Zuletzt wurde die Gebührenerhebung diskutiert. Mehrheitlich sprachen sich die Verbände gegen die Aufnahme eine Gebührenbestimmung in den Entwurf aus.[691]
Bundesminister *Kraft* sagte zum Abschluss der Sitzung zu, dass die Anregungen der Verbände in der weiteren Behandlung des Entwurfes im IMA erörtert würden.

gg) Die abschließenden Beratungen im IMA (Geltungsbereich – Wasserzins - Bundeswasserstraßen)

Nach der Sitzung mit den Spitzenverbänden am 15.11.1955 und mit den Ländern am 17./18.11.1955, auf der noch einmal die Bedenken der Stellungnahmen diskutiert wurden, traf sich der IMA, um die letzten Änderungen des Gesetzent-

---

686 Vgl. Protokoll der Sitzung, S. 7.
687 Vgl. Protokoll der Sitzung, S. 12.
688 Zentralausschuss der Deutschen Binnenschifffahrt.
689 Verband Deutscher Sportfischer.
690 Vgl. Protokoll der Sitzung, S. 12.
691 So *Dr. Dornheim* (ATV), *Dr. Sauer* (Wasserrechtskommission der Deutschen Landwirtschaft), *Dr. Apfelstädt* (BKS), *Dr. Schickhardt* (DVGW).

wurfes zu besprechen.[692] Zunächst wurde die Zusammensetzung eines Unterausschusses bestätigt,[693] der sich mit den Ergebnissen der Ländersitzung auseinandersetzen und die möglicherweise notwendige Überarbeitung des Entwurfes vornehmen sollte. Die Umarbeitung des Entwurfes sollte aufgrund der Zeitnot bis zum 23.11.1955 erfolgen.
Der Unterausschuss trat zu seiner konstituierenden Sitzung am 21.11.1955 zusammen.

Sodann wurde durch MR *Dr. Schultheiss* (BMI) die Frage aufgeworfen, wer den Gesetzentwurf einbringen werde. Mit dem Einvernehmen der beteiligten Ressorts wollte Bundesminister *Kraft* das tun. Es sollte lediglich geprüft werden, ob diese Vorgehensweise mit dem grundlegenden Kabinettsbeschluss im Einklang stehe. *Dr. Schultheiss* bat darum, dass nach Möglichkeit von einer Mitzeichnung der anderen Ressorts abzusehen sei, da dies nur weitere Verzögerungen zur Folge hätte. Darüber hinaus herrschte im IMA Einigkeit dahingehend, dass der Gesetzentwurf spätestens in der Woche zwischen dem 11. und dem 17.12.1955 im Kabinett eingebracht werden sollte.[694]

Für die Anpassung der Begründung an den veränderten Entwurf wurde eine weitere Unterkommission geschaffen.[695] Abschließend wurde beschlossen, dass der Unterausschuss folgende Grundsatzfragen noch einmal überprüfen solle:

„a) Begriffsbestimmung der Gewässer (§ 1);
b) Begriffsbestimmung der im Entwurf angeführten Befugnisse (Erlaubnisse und Befugnisse § 2);
c) Rechtsanspruch auf Erteilung einer Bewilligung;
d) Ausgleichsverfahren (§ 18).“

Während der weiteren Erörterungen wurden die §§ 33[696] und 34[697] gestrichen. RD *von Jouanne* gab bekannt, dass der Entwurf nebst Begründung spätestens am 06.12.1955 dem Bundeskabinett eingereicht werden müsse. MR *Ebersberg*

---

692 Vgl. Beschluss-Protokoll über die 28. Sitzung des IMA am 21.11.1955, S. 2.

693 Dem Unterausschuss gehörten an: Bundesminister Kraft: MR *Lechner*, ORR *Dr. Kolb*, ORR *Dr. Macdonald*; BELF: MR *Dr. Witzel*; BMJ: MR *Ebersberg*, LGR *Voelskow*, Ger. Ass. *Dr. Kropff*; BMI: ORR *Dr. Fischler*; BMV: ORR *Morsbach*; BWM: ORR *Beck*, RR *Blabusch*.

694 Vgl. Beschluss-Protokoll, S. 3.

695 Der Kommission gehörten an: MR *Dr. Witzel* (BELF), MR *Lechner* (BMi für besondere Aufgaben), RD *Dr. Schuler* (BMV), ORR *Dr. Kolb* (BMi für besondere Aufgaben), Ger. Ass. *Dr. Kropff* (BMJ).

696 Wild abfließendes Quellwasser.

697 Benutzungen und gleichgestellte Einwirkungen.

(BMJ) äußerte sich zustimmend und bemerkte, dass sich in seinem Hause nur geringe Beanstandungen des Entwurfes ergeben hätten.[698]

Der Geltungsbereich

Für § 1 wurde folgende Neufassung beschlossen:

„§ 1
Sachlicher Geltungsbereich

(1) Dieses Gesetz gilt für die folgenden Gewässer:

1. das ständig oder zeitweilig in Betten fließende oder stehende oder aus Quellen wild abfließende Wasser (oberirdische Gewässer),
2. das Grundwasser.

(2) Die Länder können kleine Gewässer von wasserwirtschaftlich untergeordneter Bedeutung von den Bestimmungen dieses Gesetzes ausnehmen."[699]

Diese Neufassung griff die durch den BDI vorgeschlagene Zweiteilung der Gewässer auf und integrierte sie in den Entwurf, in dem er die Quellen zu den oberirdischen Gewässern zählte.

Der Wasserzins

Nunmehr sollte eine endgültige Entscheidung über den § 16a (Wasserzins) getroffen werden. Das BWM, BMBR und des BELF äußerten sich ablehnend bezüglich der Vorschrift. Eine Schonung des Wassers, vor allem des Grundwassers, werde durch einen Wasserzins nicht erreicht. Die jetzige Formulierung erfasse nur das Oberflächenwasser.[700] Im Gegensatz dazu befürworteten das BMV, BMI, BMF und Bundesminister *Kraft* die Beibehaltung des § 16a. Sie hielten es sogar für notwendig, die Regelung des Wasserzinses in einer Muss-Bestimmung zu formulieren, um eine einheitliche Regelung zu gewährleisten.[701] Bundesminister *Kraft* führte abschließend aus, dass der IMA sich nicht vom Einwand der Wirtschaftsverbände, die Erhebung des Wasserzinses verteuere die Produktion, beeinflussen lassen sollte.
Dem Ausweichen der Wassernutzer vom Oberflächen- auf das Grundwasser zur Umgehung des Wasserzinses könne durch das Bewilligungsverfahren ein Riegel vorgeschoben werden. Des Weiteren spreche für die Aufnahme der Wasserzins-

---

[698] Vgl. Beschluss-Protokoll der 30. IMA-Sitzung am 01.12.1955, S. 2.
[699] Vgl. Die ausgearbeiteten Vorschläge des Unterausschusses in der Fassung vom 24.11.1955.
[700] Vgl. Beschluss-Protokoll, S. 4 f..
[701] Vgl. Beschluss-Protokoll, S. 4.

regelung das Ziel der Rechtsgleichheit im Bundesgebiet. Zweifelhaft sei nur die rechtliche Zulässigkeit des Wasserzinses.[702]

ORR *Klesser* (BMF) bemerkte hierzu, dass es sich bei dem Wasserzins zweifellos um eine Gebühr und nicht um ein Entgelt handele. Der Staat erbringe eine Gegenleistung mit der Zulassung einer Wassernutzung, da diese für den Begünstigten einen hohen Wert darstelle. Daher sei der Wasserzins weder als Steuer noch als Beitrag einzuordnen. Dem widersprach MR *Wellenkamp* (BMBR). Seiner Ansicht nach handele es sich keinesfalls um eine Gebühr. Er müsse daher die bereits ausgesprochene Zustimmung zu der Aufnahme dieser Bestimmung wieder zurückziehen.[703]
MR *Ebersberg* (BMJ) machte auf die Bedenken des Referenten für Gebühren aus seinem Hause bezüglich des § 16a aufmerksam. Der Begriff der Gebühr sei nicht ohne weiteres zu bejahen. Wenn das Gewässer im Eigentum eines Privaten stehe, sei es fraglich, ob der Staat überhaupt die hoheitliche Befugnis habe, die Benutzung des privaten Eigentums noch besonders zu gestatten. Ebenso sei fraglich, ob in der Benutzungsbefugnis wirklich eine Gegenleistung des Staates zu sehen sei. Die Bestimmung des Wasserzinses werfe die aus dem Entwurf ausgeklammerte Frage des Eigentums wieder auf und sollte daher aus dem Entwurf gestrichen werden.[704] Das BMF (MR *Dr. Wicht*) sprach sich für die Beibehaltung der Vorschrift aus. Die darauf folgende Abstimmung über den Wasserzinsbegriff brachte 6 Stimmen dafür und 2 Stimmen dagegen. Der § 16a wurde beibehalten und in seiner endgültigen Fassung beschlossen.[705]

Die Bundeswasserstraßen

Über die vom BMV geforderten Bestimmungen für die Bundeswasserstraßen sollte ebenfalls eine endgültige Entscheidung getroffen werden. Das BMF trat dafür ein, die Bestimmungen im Entwurf zu belassen. Auch MR *Kumpf* (BWM) äußerte sich zustimmend. Das BMJ hingegen plädierte für eine Streichung der §§ 49 und 22 Abs. 2.[706]

Zum Abschluss wurde in die Abstimmung der einzelnen Vorschriften eingetreten. Sie wurden in den jeweils geänderten Fassungen beschlossen. Zum Ende

---

[702] Vgl. Beschluss-Protokoll, S. 5 f..
[703] Vgl. Beschluss-Protokoll der 29. IMA-Sitzung am 24.11.1955, S. 7.
[704] Vgl. Beschluss-Protokoll, S. 8f..
[705] Vgl. Beschluss-Protokoll der 30. IMA-Sitzung am 01.12.1955, S. 9; Die Gesamtabstimmung über § 16a ergab, dass für die Bestimmung waren: Bundeskanzleramt; BMI, BMV, BMF, BMBR und BMi *Kraft*. Gegen die Vorschrift waren: BMJ, BMZ und das BWM.
[706] Vgl. Beschluss-Protokoll, S. 6.

der Sitzung gab RD *von Jouanne* (BMi für besondere Aufgaben) bekannt, dass Änderungswünsche für die Begründung Bundesminister *Kraft* schriftlich formuliert bis spätestens zum 03.12.1955 zugehen müssten. Bis zu diesem Zeitpunkt sollten auch die endgültigen Äußerungen der Ressorts darüber vorliegen, welche der erklärten Vorbehalte aufrechterhalten würden.[707]

II. Die Kabinettsvorlage und ihre Übersendung an den Bundesrat am 17.12.1955

1. Die Kabinettsvorlage

Mit Schreiben vom 06.12.1955 übersandte Bundesminister *Kraft* den vom Interministeriellen Ausschuss „Wasser" beschlossenen Entwurf eines Gesetzes zur Ordnung des Wasserhaushaltes nebst Begründung an das Bundeskabinett.[708] In dem Schreiben hob *Kraft* noch einmal die Fragen hervor, über die im IMA keine Einigung erzielt werden konnte. Daher sollte eine Erörterung im Gesamtkabinett zur Frage der Zweckmäßigkeit des § 49 über die Zuständigkeit der Bundesregierung an den Bundeswasserstraßen und zur Frage des Wasserzinses erfolgen. Aufgrund der Eilbedürftigkeit bat Bundesminister *Kraft* darum, den Entwurf auf die Tagesordnung der nächsten Kabinettssitzung zu setzen.

2. Die Erörterung des Entwurfes im Kabinett am 14.12.1955

In seiner 107. Sitzung am 14.12.1955 erörterte das Kabinett den von Bundesminister *Kraft* vorgelegten Entwurf des Wasserhaushaltsgesetzes als Punkt 7 der Tagesordnung.[709] Zu Beginn trug Bundesminister *Kraft* den wesentlichen Inhalt des Entwurfes vor und wies noch einmal auf die zwei offenen Fragen betreffend die §§ 19 (§ 16a a.F.) und 49 hin.[710] Bezüglich des Wasserzinses führte er aus, dass in Baden und Bayern ein solcher Wasserzins zulässig, in den ehemaligen preußischen Gebieten jedoch verboten sei. Anschließend empfahl Bundesminister *Kraft* die Beibehaltung beider Vorschriften. Daraufhin wurde in die Besprechung des Wasserzinses eingetreten. Bedenken gegen die Einführung eines Wasserzinses wurden von den Bundesministern *Balke* (BPF[711])[712], *Neumayer*

---

[707] Vgl. Beschluss-Protokoll, S. 13.

[708] Vgl. Schreiben des BMi für besondere Aufgaben *Kraft* an den Staatssekretär des Bundeskanzleramtes vom 06.12.1955.

[709] Vgl. Hollmann/ von Jena, Kabinettsprotokolle der Bundesregierung (1955), Band 8, S. 731 f..

[710] Vgl. hierzu oben unter 1. Die Kabinettsvorlage.

[711] Bundesministerium für das Post- und Fernmeldewesen.

[712] Das Ministerium meldete Bedenken gegen das Gesetz als Ganzes an, weil es ein Bewirtschaftungsgesetz sei.

(BMJ) und Staatssekretär *Dr. Sonnemann* geäußert. Demgegenüber sprachen sich die Bundesminister *Schröder* (BMI), *Preusker* (BMWo)[713], *Seebohm* (BMV) und *Erhard* (BWM) für eine Beibehaltung der Vorschrift aus.
Sodann bat Staatssekretär *Hartmann* für das BMF noch einmal um die Streichung des § 25 Abs. 4 des Entwurfes.[714] Dies wurde jedoch abgelehnt. Letztlich sprach sich das Kabinett für die Beibehaltung der §§ 19 (§ 16a a. F.) und 49 aus und stimmte der Kabinettsvorlage des Bundesminister *Kraft* zu.
Am 17.12.1955 übersandte der Stellvertreter des Bundeskanzlers *Blücher* dem Präsidenten des Bundesrates den von der Bundesregierung beschlossenen Entwurf eines Gesetzes zur Ordnung des Wasserhaushaltes (Wasserhaushaltsgesetz) nebst Begründung gemäß Art. 76 Abs. 2 GG.[715]

III. Die Behandlung des Regierungsentwurfes im Bundesrat im Januar 1956

Federführend war aufgrund des Beschlusses des IMA der Bundesminister für besondere Aufgaben *Kraft*. Der nunmehr vorliegende Regierungsentwurf beinhaltete nur teilweise die Änderungen, die in den Besprechungen mit den Ländern und Wirtschaftsverbänden vorgeschlagen worden waren. Zu großen inhaltlichen Veränderungen war es nicht mehr gekommen. Wieder aufgenommen worden war die Ausgleichsregelung des § 18 a. F. in veränderter Form. Gänzlich fehlten die Regelungen der §§ 15[716] a. F., 33[717] a. F. und 36[718] a. F.
Der Bundesrat überwies den Regierungsentwurf dem Agrarausschuss als federführendem Ausschuss. Weiterhin erfolgte eine Zuweisung des Entwurfes an den Wirtschaftsausschuss, den Ausschuss für Innere Angelegenheiten, den Rechtsausschuss, den Ausschuss für Wiederaufbau und Wohnungswesen, den Ausschuss für Verkehr und Post und den Finanzausschuss.[719] Die Beratungen in den Ausschüssen begannen am 06.01.1956 in Bonn.[720]

1. Die Empfehlungen der Ausschüsse des Bundesrates

Zur Vorbereitung der 152. Sitzung des Bundesrates am 20.01.1956, wo die Beratung des Regierungsentwurfes als Punkt 1 auf der Tagesordnung stand, legten

---

[713] Bundesministerium für Wohnungsbau.
[714] Dieser schloss die Beistands- und Anzeigepflicht der Wasserbehörden gegenüber den Finanzämtern aus.
[715] Vgl. BR-Drucks. Nr. 428/55 vom 30. 12. 1955.
[716] „Beschränkung und Aufhebung alter Rechte und alter Befugnisse".
[717] „Wild abfließendes Quellwasser".
[718] „Grubenwasser".
[719] Vgl. Bundesrat-Sachregister 1956, S. 204.
[720] Vgl. Niederschrift der Ausschusssitzungen.

die einzelnen Ausschüsse Empfehlungen für die Stellungnahme des Bundesrates zum Regierungsentwurf vor. Für die Beratungen des Entwurfes eines Wasserhaushaltsgesetzes hatten der Agrarausschuss, der Innenausschuss, der Rechtsausschuss und der Ausschuss für Wiederaufbau und Wohnungswesen jeweils einen besonderen Unterausschuss eingesetzt,[721] der die Beratungen in den Ausschüssen vorbereiten sollte.

a) Die Auffassungen der untergeordneten Ausschüsse

Das vorrangige Problem in den Beratungen der Ausschüsse war die Klärung der Frage, welche Kompetenz dem Bund auf dem Gebiet des Wasserrechts zustand und inwiefern sich der Entwurf in den vom Grundgesetz gezogenen Grenzen hielt. Besonders der Rechtsausschuss hatte sich mit dieser Frage zu befassen und im Interesse einer abschließenden und klärenden Beratung im Bundesrat ebenso die strittige Frage der Abgrenzung der Kompetenzen zwischen Bund und Ländern nach Art. 89 GG betreffend die Bundeswasserstraßen zu klären.
Letztere Frage spielte vor allem für die Regelungen der §§ 23 Abs. 4, 25 Abs. 2 und 36 Abs. 1 eine Rolle. Die in ihnen geregelten Sonderbefugnisse des Bundes bezüglich der Bundeswasserstraßen unterlagen im Besonderen der Prüfung durch den Ausschuss. Aufgrund des in Vorbereitung befindlichen Gesetzes über die Verwaltung der Bundeswasserstraßen wurde im Rechtsausschuss die Frage aufgeworfen, ob im Hinblick auf die kommenden Vorschriften auf diesem Gebiet nicht auf die Regelungen in den §§ 23, 25 und 36 des Entwurfes verzichtet werden könne. Dies war auch durch den federführenden Agrarausschuss vorgeschlagen worden.[722] Die an der Beratung im Rechtsausschuss teilnehmenden Vertreter der Regierung sprachen sich jedoch in jedem Fall gegen eine Streichung dieser Regelungen aus, so dass der Ausschuss zur strittigen Frage der Bundeskompetenz Stellung nehmen musste.

Dazu führte der Rechtsausschuss in seinen Empfehlungen folgendes aus:

> „Der Bund hat die Kompetenz, die Verwaltungsmaßnahmen zu treffen, die er als Eigentümer der Bundeswasserstraßen treffen muss oder die im Interesse des Wasserstraßenverkehrs erforderlich sind."

Aufgrund der daraus folgenden Bedenken gegen die bestehenden Regelungen in den §§ 23, 25 und 36 empfahl der Rechtsausschuss die Streichung derselben.[723] Die Einhaltung der Rahmenkompetenz wurde durch die Ausschüsse im Ergebnis bejaht. Nach ihrer Ansicht hielten die meisten Vorschriften des Entwurfes die

---

[721] Vgl. 152. Sitzung des Bundesrates am 20.01.1956, S. 6 B f..
[722] Vgl. 152. Sitzung des Bundesrates vom 20.01.1956, S. 8 B.
[723] Vgl. BR-Drucksache 428/1/55.

durch das Grundgesetz und den Beschluss des Bundesverfassungsgerichts[724] gezogenen Grenzen der Rahmenkompetenz ein. Daher entschied man sich gegen die gewichtigen Stimmen Bayerns und Nordrhein-Westfalens, keine grundsätzlichen verfassungsrechtlichen Bedenken gegen den Entwurf im Ganzen zu erheben. Einer genaueren Überprüfung unterlagen jedoch einzelne Vorschriften, die nach Ansicht der Ausschüsse von den aufgestellten Grundsätzen abwichen. Hierzu zählten nach Ansicht des Innenausschusses die Vorschriften über die Behandlung von Stauanlagen (§ 13 Abs. 3), die Anmeldung alter Rechte und Befugnisse (§ 17 Abs. 4), die Begründung von Mitbenutzungsrechten an Wasserbenutzungsanlagen (§ 21 Abs. 2 neu[725]) und die Einsichtnahme in das Wasserbuch (§ 42 Abs. 3).

Weiterhin wurde § 15 über Planfeststellungen und bergrechtliche Betriebspläne durch den Rechtsausschuss als Überschreitung der Rahmenkompetenz klassifiziert. Eine derartige Zuständigkeitsvorschrift für Einzelfälle sei nicht Aufgabe eines Rahmengesetzes, sondern müsse grundsätzlich den Ländern überlassen werden.[726] Der Ausschuss empfahl daher die Streichung der Vorschrift.
Aus gleichem Grunde empfahl die Mehrheit der Ausschüsse die Streichung des § 19 (§ 16a a.F.) über den Wasserzins. Eine solche Bestimmung falle nicht unter den Begriff des Wasserhaushaltes.[727]

Übereinstimmend empfahlen die Ausschüsse die Streichung des § 49, der nur die bestehende Rechtslage wiedergebe und daher überflüssig sei.[728] Im Übrigen kamen die Ausschüsse zu dem Ergebnis, dass der Regierungsentwurf der Präambel entsprechend der Zustimmung des Bundesrates gemäß Art. 84 Abs. 1 GG bedürfe.

b) Die Empfehlungen des federführenden Agrarausschusses

Zur Vorbereitung der durch den Agrarausschuss vorgelegten Empfehlungen für die Stellungnahme des Bundesrates tagte am 06.01.1956 der Unterausschuss „Wasserhaushaltsgesetz" des Agrarausschusses in Bonn. Er setzte sich zunächst

---

[724] Vgl. BVerfGE 4, 115.
[725] Die Neufassung beruhte auf den Empfehlungen des Agrarausschusses für eine Ergänzung des § 21.
[726] Vgl. Niederschrift über die Sitzung des Unterausschusses „Wasserhaushalt" des Rechtsausschusses am 09.01.1956, S. 7.
[727] So die Begründung des Rechtsausschusses, vgl. Niederschrift über die Sitzung des Unterausschusses „Wasserhaushaltsgesetz" am 09.01.1956, S. 2 f., der sich auch die übrigen Ausschüsse anschlossen; Einzig der Ausschuss für Wiederaufbau und Wohnungswesen und der Finanzausschuss hatten keine Einwände gegen die Vorschrift.
[728] Vgl. 152. Sitzung des Bundesrates am 20.01.1956, S. 6 D, 7 A.

für eine Änderung des § 9 dahingehend ein, dass auch für die Erlaubnis nunmehr ein förmliches Verfahren vorzusehen sei. Eine solche Ergänzung des Entwurfes sei aus Gründen der Rechtssicherheit der Betroffenen und für die notwendige Abgrenzung zwischen Erlaubnis und Bewilligung notwendig.[729]
Bezüglich der Frage des Wasserzinses verneinte auch der Agrarausschuss eine Zuständigkeit des Bundes. Die Regelung falle nicht unter den Begriff des Wasserhaushaltes und könne den Ländern überlassen werden.
Für die wieder aufgenommene Ausgleichsbestimmung des § 18 a. F. (§ 21 n. F.) empfahl der Agrarausschuss folgende Ergänzung durch einen neuen Absatz 2:

„(2) Einem Benutzungsberechtigten kann auferlegt werden, seine Anlagen einem anderen Unternehmer gegen Entschädigung zur Mitbenutzung zur Verfügung zu stellen, sofern ihm daraus keine unzumutbaren Nachteile erwachsen, und das Wohl der Allgemeinheit es erfordert."

Der Ausschuss hielt es im Interesse der Wasserwirtschaft für erforderlich, Forderungen nach einem Wasserverbund notfalls auch gegen den Willen des Betroffenen durchzusetzen.[730]
Ferner empfahl der Agrarausschuss die Streichung der Vorschriften, die eine Sonderbefugnis des Bundes bezüglich der Bundeswasserstraßen begründeten, wie die §§ 23 Abs. 1, 25 Abs. 2 und 36 Abs. 1. Ebenso sprach sich der Ausschuss für eine Erstreckung des Verbotes des Eigentümer- und Anliegergebrauches an Bundeswasserstraßen (§ 27 Abs. 3) auf die den Ländern gehörenden Gewässer aus.

Letztlich empfahl der Ausschuss die Streichung des § 38 über die mittelbare Entnahme von Wasser aus Bundeswasserstraßen und des § 49 über die Zuständigkeiten an den Bundeswasserstraßen.
Darüber hinaus gelangte der Agrarausschuss zu der Auffassung, dass das Gesetz, wie es die Präambel vorsah, der Zustimmung des Bundesrates gemäß Art. 84 Abs. 1 GG bedürfe.

2. Die Stellungnahme des Bundesrates vom 20.01.1956

Der Regierungsentwurf wurde am 20.01.1956 in der 152. Sitzung des Bundesrates als Punkt 1 der Tagesordnung beraten. Der Berichterstatter *von Kessel* (Niedersachsen) gab zunächst einen Überblick über die Lage auf dem Gebiet des Wasserrechts und zeigte die Schwierigkeiten auf, die ein einheitliches Wasserrecht seit Anfang der Bemühungen mit sich brachte. Sodann verwies *von Kessel*

---

[729] Vgl. Empfehlungen des Unterausschusses des Agrarausschusses zum Entwurf eines Gesetzes zur Ordnung des Wasserhaushalts (Wasserhaushaltsgesetz) vom 06.01.1956, S. 1 f..
[730] Vgl. Empfehlungen des Unterausschusses, S. 4.

auf den Beschluss des Bundesrates vom 25.04.1952, worin dessen Mitglieder sich dem Wunsch der Wasserwirtschaft nach einer möglichst weitreichenden Ausnutzung der Gesetzgebungsbefugnisse des Bundes angeschlossen hatten. Daran anknüpfend kam *von Kessel* auf den nunmehr vorliegenden Regierungsentwurf eines Wasserhaushaltsgesetzes zu sprechen. Eine weitreichende Ausnutzung der Gesetzgebungsbefugnisse lasse der Entwurf zwar in einigen Teilen vermissen, trotzdem seien die Bemühungen der Bundesregierung, ein einheitliches Wassergesetz zu schaffen, zu begrüßen. *Von Kessel* wies darauf hin, dass der vorliegende Entwurf ein Mindestmaß einer bundeseinheitlichen Wassergesetzgebung darstelle und daher keinesfalls weiter beschränkt werden dürfe. Nachfolgend erläuterte er die Konzeption des Entwurfes und betonte noch einmal ausdrücklich, dass der Entwurf die Selbstverwaltung auf dem Gebiete der Wasserwirtschaft nicht beeinträchtige.[731]
Im Anschluss daran kam *von Kessel* auf die Empfehlungen der beteiligten Ausschüsse zu sprechen. Hier hob er vor allem die Bedenken der Ausschüsse bezüglich der Einhaltung der Rahmenkompetenz in den Regelungen der §§ 13, 15, 17, 21 und 42 hervor. Da schon der federführende Agrarausschuss diesen Bedenken entgegengetreten war, empfahl *von Kessel* im Interesse einer möglichst einheitlichen Regelung es bei der Regierungsvorlage zu belassen.[732]
Sodann erläuterte Mitberichterstatter *Dr. Weber* (Hamburg) die Empfehlungen des Rechtsausschusses, die sich aus der Klärung der aufgeworfenen Rechtsfragen ergeben hatten.[733] Er wies noch einmal auf die rechtlichen Probleme der Rahmenkompetenz und der Verwaltungszuständigkeit des Bundes bezüglich der Bundeswasserstraßen hin. Abschließend bat er, die vom Rechtsausschuss ausgearbeiteten Empfehlungen anzunehmen.[734]
Sodann ergriff *Dr. Meyers* (Nordrhein-Westfalen) das Wort und machte noch einmal auf die erheblichen verfassungsrechtlichen Bedenken seines Landes, wie sie schon in der Stellungnahme zum Vorentwurf vom 20./ 21.07.1955 enthalten waren, aufmerksam. Auf Grund dieser Bedenken stellte das Land Nordrhein-Westfalen u. a. den Antrag zur Streichung der §§ 4, 13, 16, 17, 18 und 25.[735] Der Antrag war in den Ziffern 2 bis 5 (Streichung von §§ 13, 16-18, 25) mit dem bayerischen Antrag[736] identisch, so dass *Dr. Meyers* lediglich Ziffer 1 (Streichung von § 4)[737] aufrecht erhielt und den Rest für erledigt erklärte.
Im Anschluss äußerte sich Bundesminister *Kraft* zu den Ausführungen der einzelnen Vertreter. Er verwies auf die enge Zusammenarbeit zwischen der Bun-

---

731 Vgl. 152. Sitzung des Bundesrates am 20.01.1956, S. 6 A, B.
732 Vgl. 152. Sitzung, S. 6 C, D.
733 Zu den Empfehlungen vgl. oben S. 2 ff.
734 Vgl. 152. Sitzung des Bundesrates am 20.01.1956, S. 8.
735 Vgl. BR-Drucksache 428/4/55.
736 Vgl. BR-Drucksache 428/3/55; Vgl. BA Koblenz B 108/7241; Akte: 56012 /1. Band, 10.
737 „Benutzungsbedingungen und Auflagen“.

desregierung und den Fachressorts der Länder, bei der eine Ablehnung des Entwurfes, wie sie vor allem von Nordrhein-Westfalen zum Ausdruck gebracht wurde, nicht erkennbar gewesen sei. Eine Verschiebung der Wasserrechtsproblematik in die Landeswassergesetze, wie sie teilweise gefordert wurde, würde eine Rechtszersplitterung nur fördern und sei daher abzulehnen. Bundesminister *Kraft* erklärte, die Bundesregierung habe sich beim Zustandekommen des Gesetzes an die Bestimmungen des Grundgesetzes und die Richtlinien des Bundesverfassungsgerichts gehalten. Ebenso sprach die grundsätzliche Auffassung des Bundesrates aus seinem Beschluss vom 25.04.1952 für eine möglichst weitgehende Auslegung der Gesetzgebungsbefugnisse. An dieser Auffassung hätte sich seines Erachtens auch durch die Rechtsprechung des Bundesverfassungsgerichts nichts geändert. Sodann bemerkte *Kraft* zur Problematik des Wasserzinses, dass schon das Bayerische und das Badische Wassergesetz eine ähnliche Regelung enthielten. Im Interesse der Vereinheitlichung des Wasserrechts, die die Aufgabe der Bundesregierung war, habe man sich für eine Wasserzinsregelung entschieden, wobei die nähere Ausgestaltung den Ländern obläge.
Zum Abschluss wies Bundesminister *Kraft* noch einmal auf die Dringlichkeit des Gesetzes hin und wie wichtig daher eine einvernehmliche Entscheidung im Interesse eines geordneten Wasserhaushalts sei. Die vorgetragenen Bedenken seien in den vergangenen Monaten ausgiebig erörtert worden. Die Bundesregierung sähe sich jedoch nicht in der Lage, ihnen beizutreten; ferner entsprächen sie nicht der Auffassung der Mehrheit des Bundesrates.
Sodann bat der Präsident des Bundesrates Ministerpräsident *von Hassel* (Schleswig-Holstein), in die Abstimmung über die einzelnen Anträge[738] einzutreten. Die Empfehlungen der Ausschüsse und die Anträge Bayerns[739] und Baden-Württembergs[740] wurden daraufhin mehrheitlich angenommen. Dagegen wurde der Antrag Nordrhein-Westfalens gegen 14 Stimmen abgelehnt.
Anschließend fasste *von Hassel* zusammen, der Bundesrat habe „gemäß Art. 76 Abs. 2 GG beschlossen, zu dem Entwurf eines Wasserhaushaltsgesetzes, wie soeben beschlossen, Stellung zu nehmen. Im Übrigen erhebe der Bundesrat keine Einwendungen."

---

[738] Insgesamt lagen Anträge auf sieben Drucksachen vor. Darunter außer den Empfehlungen der Bundesratsausschüsse, Anträge der Länder Bayern, Nordrhein-Westfalen, Bremen, Niedersachsen und Baden-Württemberg.

[739] Dieser war enthalten in der BR-Drucksache 428/3/55 und wurde bis auf Ziffer 5 (Streichung von § 25) angenommen.

[740] BR-Drucksache 428/6/55; Vgl. BA Koblenz B 108/7241; Akte: 56012/1. Band 10.

IV. Die Stellungnahme der Bundesregierung vom 01.02.1956 zu den Änderungsvorschlägen des Bundesrates

Nach Eingang der Stellungnahme des Bundesrates wurde diese in zwei Besprechungen unter dem Vorsitz des Bundesministers *Kraft* und Hinzuziehung des BMJ verhandelt. Daraufhin legte Bundesminister *Kraft* eine Kabinettsvorlage mit Datum vom 24.01.1956 dem Kabinett vor.[741] In dieser widersprach er ausdrücklich der Auffassung des Bundesrates, dass der Entwurf in einigen Vorschriften die Grenzen eines Rahmengesetzes überschreite. Der vorliegende Regierungsentwurf trage den Grundsätzen des Bundesverfassungsgerichts Rechnung. Er empfahl daher sämtliche Änderungsvorschläge des Bundesrates, die sich aus dessen Auffassung ergaben, abzulehnen. Gegen die redaktionellen Änderungsvorschläge des Bundesrates war seiner Ansicht nach nichts einzuwenden.

Auf der 117. Sitzung des Kabinetts am 01.02.1956 wurde die Kabinettsvorlage des Bundesministers besprochen. Es wurden keine Bedenken gegen die eingebrachte Kabinettsvorlage erhoben. Die in der 109. Sitzung am 14.12.1955 von einzelnen Ministerien vorgetragenen Bedenken bezüglich des Gesetzentwurfes wurden übereinstimmend zurückgestellt. Daraufhin stimmte das Kabinett der Vorlage des Bundesministers *Kraft* zu.[742] Anschließend wurde mit Schreiben vom 04.02.1956 der „Entwurf eines Gesetzes zur Ordnung des Wasserhaushalts (Wasserhaushaltsgesetz)“ nebst Begründung dem Bundestag mit der Bitte um Beschlussfassung übermittelt. Als Anlagen waren die Stellungnahme des Bundesrates und die hierauf bezogene Stellungnahme der Bundesregierung angefügt. Bundesminister *Kraft* war als federführend angegeben.[743]

V. Die Behandlung des Gesetzentwurfes im Bundestag

1. Die erste Lesung des Gesetzentwurfes im Bundestag am 23.02.1956

Die erste Lesung des Gesetzentwurfes erfolgte in der 130. Sitzung des zweiten Deutschen Bundestages am 23.02.1956 als Punkt 4 der Tagesordnung. Vizepräsident *Dr. Schmid* trug zunächst die Ergebnisse der Sitzung des Ältestenrates vor. Dieser schlug vor, auf Begründung und Aussprache zu verzichten und zunächst die umstrittene Frage zu klären, welchem Ausschuss die Vorlage überwiesen werden solle. Im Ältestenrat war hierüber keine Einigung erzielt worden. Einerseits war die Überweisung an einen der bestehenden Ausschüsse, andererseits an einen Sonderausschuss befürwortet worden.

---

[741] Vgl. Vermerk des BMi für Wirtschaft vom 28.01.1956, S. 1.
[742] Vgl. Hüllbusch, Kabinettsprotokolle der Bundesregierung (1956), Band 9 S. 152.
[743] BT-Drucks. 2072 / 2. Wahlperiode.

Schon im Vorfeld der 1. Lesung wurden Überlegungen sowohl mit Bundesminister *Kraft*, den übrigen Bundesressorts als auch mit Parlamentariern angestellt, ob es angesichts des Umfangs des Gesetzes nicht zweckmäßiger sei, eine Sonderregelung zu treffen. Nach ihrer Aufgabenstellung waren 10 Bundestagsausschüsse am Wasserhaushaltsgesetz interessiert,[744] wobei die Frage entstand, welcher Ausschuss federführend werden sollte und ob es wirklich sinnvoll wäre, 10 Ausschüsse mit dem Gesetz zu befassen.
Für eine Sonderregelung kamen zwei Möglichkeiten in Betracht: ein Sonderausschuss „Wasser“ oder ein Unterausschuss eines bestehenden Ausschusses.[745] Zusätzlich hatten sich die landwirtschaftlichen Kreise bemüht, dem Agrarausschuss die Federführung zuweisen zu lassen, dies war jedoch gescheitert, da der Agrarausschuss nicht über die erforderlichen Juristen verfügte. Weitere Überlegungen gingen dahin, aufgrund der zu behandelnden Grundsatzfragen den Ausschuss für Recht und Verfassung mit dem Gesetz zu betrauen. Eine Überweisung dorthin war jedoch aufgrund der Überlastung des Ausschusses unmöglich. Die Entscheidung über den zuständigen Ausschuss sollte aufgrund der Unstimmigkeiten in der Sitzung des Bundestages getroffen werden.
Dort war zunächst durch den Abgeordneten *Rasner* (CDU/CSU) zusammen mit 21 Mitgliedern der Antrag auf Einsetzung eines Sonderausschusses gestellt worden. Demgegenüber sprach sich der Abgeordnete *Wittrock* im Namen der sozialdemokratischen Bundestagsfraktion gegen einen Sonderausschuss aus. Er führte aus, dass die Bildung eines Sonderausschusses nicht den üblichen Gepflogenheiten entspräche und keinerlei Gewähr für eine umfassende und ausreichende Beratung des Gesetzes biete.[746] Ein Sonderausschuss würde sich ausschließlich aus Mitgliedern der einzelnen Fachausschüssen zusammensetzen und diese würden ihrer sachlichen Arbeit in allen diesen Ausschüssen entzogen. Dadurch käme es nicht nur zu einer Hemmung der Arbeit in den betroffenen Ausschüssen. Die Doppelbelastung der Ausschussmitglieder würde sich negativ auf ihre Konzentration auswirken und nicht zu der gewünschten Förderung der Arbeit an dem Gesetzentwurf beitragen. Die Fraktion hielt es daher für sachdienlicher, wenn der Gesetzentwurf in den einzelnen Fachausschüssen des Hauses beraten würde. Nachfolgend beantragte die sozialdemokratische Bundestagsfraktion die Überweisung an den Ausschuss für Angelegenheiten der inneren Verwal-

---

[744] Interessiert waren der Ausschuss für Innere Verwaltung; für Kommunalpolitik; für Ge sundheitswesen; für Recht und Verfassung; für Finanz- und Steuerfragen; für Wirtschaftspolitik; für Ernährung, Landwirtschaft und Forsten; für Verkehr; für Wiederaufbau und Wohnungswesen und für Bau- und Bodenrecht.

[745] Vgl. Vermerk des MR *Kumpf* (BWM) vom 28.01.1956, S. 2.

[746] Stenograph. Bericht der Verhandlungen des Dt. BT, 2. Legislaturperiode, 130. Sitzung v. 23.02.1956, S. 6774 (B).

tung - federführend - und an die Ausschüsse für Wirtschaftspolitik, für Verkehrswesen und für Ernährung, Landwirtschaft und Forsten zur Mitberatung.[747] Daraufhin ergriff Abgeordneter *Rasner* (CDU/CSU) wiederum das Wort, um auf die Notwendigkeit der Einsetzung eines Sonderausschusses hinzuweisen. Gerade die Begründung der SPD-Fraktion zeige, wie wichtig die Überweisung an nur einen Ausschuss sei. Eine Behandlung des Gesetzentwurfes in mehreren Ausschüssen würde die Arbeit am Gesetz nur hindern und lähmen, keinesfalls fördern. Ferner verwies *Rasner* auf die Ausführungen des Bundeskanzlers, dass Wasser ebenso wichtig sei wie das Atom. Für Atomfragen war ein ständiger Ausschuss des Bundestages korrespondierend zum Ministerium gegründet worden. Für das ebenso wichtige Gebiet der Wasserwirtschaft brauche man, so *Rasner*, zwar nicht so weit gehen, zumindest aber sollte für die Beratung des Gesetzentwurfes ein Sonderausschuss gebildet werden. Des Weiteren bat *Rasner* darum, das Gesetz ausschließlich an einen Sonderausschuss zu überweisen und keinen weiteren Ausschuss daran zu beteiligen. Abschließend beantragte er, den Antrag der SPD-Fraktion abzulehnen und der Bildung eines Sonderausschusses zuzustimmen.
Daraufhin führte Vizepräsident *Dr. Schmid* aus, dass man sich wohl darüber einig sei, dass ein Sonderausschuss nur ein 21er-Ausschuss sein könne. So dann ließ er über die Anträge der Fraktionen abstimmen. Der Antrag der CDU/CSU-Fraktion auf Bildung eines Sonderauschusses wurde mit der Mehrheit der Stimmen angenommen. Der Sonderausschuss „Wasserhaushaltsgesetz", der 21 Mitglieder zählen sollte, wurde damit am 23.02.1956 eingesetzt.[748]

2. Die Beratung des Gesetzentwurfes im zweiten Sonderausschuss des Bundestages von Februar 1956 bis Juni 1957

Vor Zusammentreten des Sonderausschusses wurde durch Prof. *Dr. Gieseke* und einzelne Ministeriumsmitglieder eine Vortragsveranstaltung durchgeführt, die die bestehende Rechtslage und die akuten Probleme einer einheitlichen Wassergesetzgebung noch einmal darstellen sollte.[749]
Der durch den Bundestag eingesetzte zweite Sonderausschuss trat erst am 08.05.1956 zu seiner konstituierenden Sitzung im Bundeshaus in Bonn zusammen.[750] Im Verlauf der Sitzung wählte der Sonderausschuss den Abgeordneten

---

[747] Vgl. 130. Sitzung aaO. S. 6775 (A).
[748] Vgl. 130. Sitzung aaO. S. 6775 (C); Beschluss Nr. 130/2 Drucks. 2072.
[749] Beteiligt waren u. a. ORR *Dr. Kolb*, MR *Kumpf*, ORR *Dr. Macdonald*, MR *Lechner*, RD *Dr. Schuler*, MR *Ebersberg* und Prof. *Dr. Gieseke* (vgl. BA Koblenz, B 108/7242, Akte 56012/1 Band 13).
[750] Zu den ordentlichen Mitgliedern des 2. Sonderausschusses gehörten: für die CDU/CSU: *Dr. von Buchka, Dr. Conring, Finckh, Holla, Hoogen, Frau Dr. Kuchtner, Lermer, Müller-Hermann, Schulze Pellengahr, Dr. Serres, Spies, Frau Dr. Steinbiß, Dr. Winter*; für

Ruhnke (SPD) zu seinem Vorsitzenden und den Abgeordneten *Dr. von Buchka* (CDU/CSU) zu dessen Stellvertreter.[751] Nach einigen allgemeinen Ausführungen zur Arbeit des zweiten Sonderausschusses durch Bundestagsvizepräsident *Dr. Schneider* wurde die erste Sitzung des zweiten Sonderausschusses beendet.

a) Die Erörterung der allgemeinen Wasserrechtsproblematik (Gesetzgebungskompetenz – Denkschrift des BDI)

Zu Beginn seiner Tätigkeit versuchte der zweite Sonderausschuss zunächst, sich einen Überblick über die bestehende Wasserrechtsproblematik zu verschaffen. So waren die ersten Sitzungen vorrangig der Anhörung der am Wasserrecht interessierten Verbände, Vereinigungen und der Länder gewidmet. Einzelne Argumentationen und die damit verbundenen Probleme bei der Entwicklung eines einheitlichen Wasserrechts sollten aufgezeigt und in die Beratungen mit einbezogen werden. Daneben besuchten die Ausschussmitglieder wiederholt Wasserwerke, Klärwerke, Stauanlagen und Wasseraufbereitungsanlagen, um sich vor Ort ein Bild über den Stand des Wasserschutzes und Wasserbedarfes zu verschaffen.

Im Anschluss an die konstituierende Sitzung traf sich der Sonderausschuss zu seiner zweiten Sitzung am 04.06.1956 in Bonn. Es erfolgte eine erstmalige Beratung der Wasserrechtsproblematik im Allgemeinen. Zugegen waren als Vertreter der Bundesregierung MD *Dr. Niehuß* (BMV), RD. *Dr. Schuler*, RR *Dr. Morsbach* und *Dipl.- Ing. Michael*.[752]

Die Gesetzgebungskompetenz

Zunächst gab MR *Ebersberg* (BMJ) einen ausführlichen Überblick über den Stand der Wassergesetzgebung und den Inhalt des Entwurfes eines Wasserhaushaltsgesetzes. Er regte an, über eine Änderung des Grundgesetzes im Ausschuss nachzudenken, um ein umfassendes Wassergesetz erlassen zu können.[753]
Daran anschließend griff Prof. *Dr. Gieseke* die bestehende Problematik der Gesetzgebungskompetenz des Bundes in Bezug auf das Wasserhaushaltsgesetz auf. Die Frage der Rahmengesetzgebung und ihrer Grenzen sei in letzter Zeit eines der Hauptthemen bei den Beratungen des Entwurfes gewesen. Besonders in Bezug auf die im Gesetz enthaltenen Kompetenzen der Wasser- und Schifffahrts-

---

die SPD: *Bauer, Diekmann, Gefeller, Heiland, Höhne, Frau Mayer, Ruhnke, Dr. Schmidt*; für die FDP: *Schwann*; für den GB/BHE: *Elsner*; für die DP: *Wittenburg*; für die DA: *Dr. Preiß* (vgl. BA Koblenz, B 108/7242, Akte: 56012/1 Band 13).

[751] BA Koblenz, B 108/7243, Akte 56012/1 Band 15, Protokoll 1.

[752] BA Koblenz, B 108/7243, Akte 56012/1 Band 15, Protokoll 2 S. 1.

[753] Vgl. Protokoll aaO. S. 3 ff..

verwaltungen des Bundes betreffend die Bundeswasserstraßen gingen die Meinungen auseinander. So bestünde nach Ansicht des BMV und Prof. *Giese* eine umfassende Kompetenz des Bundes an den Bundeswasserstraßen, während nach Meinung Prof. *Dr. Giesekes*, unterstützt durch Prof. *Forsthoff*, Prof. *Scheuner* und den Ländern, eine Kompetenz nur auf dem Gebiet des Verkehrs und des Ausbaus bestünde. Bei der Beratung des Entwurfes eines Wasserhaushaltsgesetzes dürfte diese Problematik daher nicht außer Acht gelassen werden.[754] Auch Prof. *Dr. Gieseke* setzte sich daher für eine Änderung ein.
Im Anschluss beantragte RD *Dr. Osterkorn* (Bayern) zur Klärung der Zuständigkeitsfrage der Wasser- und Schifffahrtsverwaltungen den Staatsrechtler Prof. *Dr. Maunz* anzuhören. Ebenso sollten verschiedene Vertreter der Länder zur Problematik der Bundeswasserstraßen angehört werden.

Die Denkschrift des BDI

Sodann wurde die durch den Bundesverband der Deutschen Industrie vorgelegte Denkschrift[755] zum Wasserhaushaltsgesetz vorgestellt. Der BDI bemängelte die nur mäßige gesetzliche Regelung des Wasserrechtes durch das Wasserhaushaltsgesetz. Die Begrenzung der Gesetzgebungskompetenz auf eine Rahmengesetzgebung vermöge nicht die bestehende Zersplitterung des Wasserrechtes aufzuheben. Demzufolge müsse zunächst eine Verfassungsänderung erfolgen, bevor ein einheitliches Bundeswassergesetz ergehen könne. Die aufgetretenen Differenzen bezüglich der Bundeswasserstraßen zeigten deutlich, dass die vorgesehene Regelung nicht zufrieden stellend sei. Eine Verfassungsänderung sei unumgänglich. Fortführend enthielt die Denkschrift eine Stellungnahme zum Entwurf und seinen einzelnen Regelungen. Der BDI schloss sich den Bedenken des Bundesrates an und trat ebenso für eine Streichung des Wasserzinses ein. Zusätzlich schlug der BDI die Aufnahme einer Vorschrift über die Errichtung von Wasserbeiräten[756] vor, da „der Staat seine Aufgaben auf dem Gebiet der Was-

---

[754] Vgl. Protokoll aaO. S. 20.

[755] „Denkschrift zur Bundeswassergesetzgebung und zum Entwurf eines Gesetzes zur Ordnung des Wasserhaushaltsgesetzes" vorgelegt durch den Bundesverband der Deutschen Industrie in Zusammenarbeit mit dem Deutschen Industrie- und Handelstag, Köln, April 1956 (BA Koblenz, B 108/7243, Akte 56012/1 Band 15).

[756] **§ 42 a** (Vorschlag des BDI)
„Wasserbeiräte"
„(1) Bei der Ordnung des Wasserhaushalts wirken die an der Wasserwirtschaft Beteiligten in Beiräten mit, denen sachverständige Vertreter der Gemeinden und der Wassergenossenschaft, der Landwirtschaft, der Industrie und des Bergbaus, der Energiewirtschaft, des Handwerks und der Fischerei angehören.
(2) Die Wasserbeiräte sind innerhalb von 6 Monaten nach Verkündung des Gesetzes bei der Bundesregierung (Bundeswasserbeirat) und bei den Landesregierungen (Landeswasserbeirat) zu bilden.

serwirtschaft nur mit Unterstützung aller Wassernutzer erfüllen kann". Ferner wurde auf die Notwendigkeit einer vorläufigen Bewilligung hingewiesen.[757]

b) Der Entwurf eines Gesetzes zur Änderung und Ergänzung der Artikel 74, 75 und 89 GG

Nachdem wiederholt die Notwendigkeit einer Grundgesetzänderung für ein einheitliches und umfassendes Bundeswassergesetzes betont worden war, beantragten die Abgeordneten *Jacobi* (SPD), *Lotze* (CDU/CSU), *Kühn* (FDP) und *Wittenburg* (DP) auf der 7. Sitzung des zweiten Sonderausschusses am 12.10.1956, der Ausschuss möge beschließen, einen interfraktionellen Antrag auf Einbringung eines Initiativgesetzentwurfs beim Deutschen Bundestag zu stellen.[758]

Hierzu legten sie einen Entwurf für ein Änderungs- und Ergänzungsgesetz der Art. 74 und 75 GG vor,[759] wonach eine Verschiebung der Gesetzgebungskompetenz des Bundes im Bereich des Wasserrechtes in die konkurrierende Gesetzgebung erfolgen sollte. Diese vorgeschlagene Überführung der bisherigen Rahmenkompetenz in die konkurrierende Gesetzgebungskompetenz war auch durch den hinzugezogenen Staatsrechtler Prof. *Dr. Maunz* (Universität München) befürwortet worden.[760] Die meisten Länder zeigten sich einem Änderungsentwurf gegenüber grundsätzlich freundlich gestimmt. Der vorgelegte Entwurf wurde teilweise jedoch verhalten aufgenommen. Bayern und Baden-Württemberg lehnten ihn ganz ab.[761]

---

(3) Die Bildung des Bundeswasserbeirates wird durch eine Rechtsverordnung der Bundesregierung geregelt, die der Zustimmung des Bundesrates bedarf; die Bildung der Landeswasserbeiräte wird durch die Landesgesetzgebung bestimmt."

§ 43 regelte die „Aufgaben der Wasserbeiräte". Mit diesem Vorschlag griff der BDI die bereits bestehenden Regelungen des Preußischen Wassergesetzes in den §§ 367 – 369 auf. Wasserbeiräte sollten den Interessenausgleich zwischen den Betroffenen fördern und zu einer konstruktiven Zusammenarbeit mit den Behörden führen.

757 BA Koblenz, B 108/7243, Akte 56012/1 Band 15.

758 Ausschuss-DS Nr. 8, S. 3 (BA Koblenz B 108/7242 Akte 56012/1 Band 13).

759 Entwurf eines Gesetzes zur Änderung und Ergänzung der Artikel 74 und 75 des Grundgesetzes:
„Artikel 1:
Das Grundgesetz vom 23. Mai 1949 (BGBl. S. 1) wird wie folgt geändert:
1. In Artikel 74 wird hinter Nr. 23 eingefügt
‚24. die Wasserwirtschaft und das Wasserrecht';
2. Artikel 75 Nr. 4 enthält folgende Fassung:
‚die Bodenverteilung und die Raumordnung'....".

760 Vgl. Vermerk des 2. Sonderausschusses zum Gesetzentwurf vom 27.11.1956 (BA Kob lenz, B 108/7242, Akte 56012/1 Band 13).

761 Vgl. Vermerk aaO.

aa) Die Beratungen des Grundgesetzänderungsgesetzes

Aufgrund der bestehenden Divergenzen in Bezug auf einen Änderungsentwurf unterlag die durch die Abgeordneten vorgelegte Erstfassung des Entwurfes im weiteren Verlauf der Ausschusssitzungen mehreren Änderungen. Unter anderem wurde im Rahmen der Diskussion über das Änderungsgesetz auch das Problem der Bundeskompetenz an den Bundeswasserstraßen angesprochen. Hierzu erging ein Vorschlag Hessens, die Bundeskompetenz hinsichtlich der Bundeswasserstraßen durch eine Änderung des Art. 74 Nr. 21 GG i.V.m. Art. 89 Abs. 2 und 3 GG zu regeln. Die Neufassungen sollten die Aufgaben des Bundes in Bezug auf die Bundeswasserstraßen genau umreißen. Die Kompetenz des Bundes wurde darin festgelegt auf den Verkehr, die Bauverwaltung der Bundeswasserstraßen und die länderübergreifende Verwaltung der Binnen- und Seeschifffahrt. Damit würde die Kompetenz des Bundes klar umrissen und die Frage der umfassenden Kompetenz hinsichtlich der Bundeswasserstraßen verneint. Der Vorschlag Hessens sollte in den Änderungsentwurf der Abgeordneten eingearbeitet werden. Die Besprechung dieses Vorschlages im Ausschuss ergab, dass unter Umständen alle Länder dem Vorschlag Hessens zustimmen würden. Für die Verschiebung der Rahmenkompetenz des Bundes in eine konkurrierende Gesetzgebung fand sich jedoch weiterhin keine Mehrheit im Ausschuss.[762]

Eine probehalber durchgeführte Abstimmung über das Änderungsgesetz unter den Ländervertretern auf der 14. Sitzung des zweiten Sonderausschusses am 28.11.1956 ergab, dass lediglich Schleswig-Holstein, Hamburg, Bremen und Berlin für das Gesetz stimmen würden. Ansonsten wurden Bedenken gegen eine Grundgesetzänderung geltend gemacht. Der Ausschuss sei nicht für eine Grundgesetzänderung zuständig. In dieser Beziehung sei man allein auf die Mitarbeit der Länder angewiesen.[763] Auch Baden-Württemberg regte an, die Klärung der Frage einer Grundgesetzänderung nicht mit den einzelnen Ländern im Sonderausschuss, sondern im Bundesrat zu erörtern.[764] Dagegen sprachen sich Hamburg, Nordrhein-Westfalen und auch Hessen für eine Weiterbearbeitung des Entwurfes und eine Änderung des Art. 89 GG aus.[765]

---

[762] Vgl. Vermerk aaO.

[763] So die Abgeordneten Finckh, Spies und Dr. von Buchka (CDU/CSU), Protokoll der 14. Sitzung des zweiten Sonderausschusses S. 5 (BA Koblenz B 108/7243; Akte 56012/1 Band 15).

[764] So ORR *Boehme*, Protokoll der 14. Sitzung des zweiten Sonderausschusses S. 16 (BA Koblenz B 108/7243; Akte 56012/1 Band 15).

[765] So LGR Dr. *Katzenstein* (HH) S. 10f., MD *Klosterkemper* (NRW) S. 8, MR Dr. *Mitzschke* (Hessen) S. 10, Protokoll der 14. Sitzung des zweiten Sonderausschusses (BA Koblenz B 108/7243; Akte 56012/1 Band 15).

Das BMJ wiederum sprach sich gegen eine Grundgesetzänderung aus. Diese sei nicht notwendig.[766]

Trotz der unterschiedlichen Ansichten in Bezug auf eine Verfassungsänderung wurde am 01.02.1957 durch die Fraktionen der SPD, FDP, GB/BHE, DP, FVP und den Abgeordneten *Stegner* der Entwurf eines Gesetzes zur Änderung und Ergänzung der Art. 74 und 75 des Grundgesetzes in den Bundestag eingebracht.[767] Der Entwurf enthielt jedoch lediglich die Änderung der Gesetzgebungskompetenz des Bundes in Bezug auf das Wasserrecht. Zusätzlich war der Entwurf um eine Berlin-Klausel erweitert worden. Der Vorschlag Hessens über die Kompetenz des Bundes an den Bundeswasserstraßen war darin nicht enthalten. Auf seiner 190. Sitzung führte der Deutsche Bundestag die erste Beratung zum Gesetzentwurf der Fraktionen durch. Da keine Begründung von Seiten der Antragenden erfolgte, überwies der Bundestag den Gesetzentwurf an den Ausschuss für Recht und Verfassungsrecht - federführend - und an den Sonderausschuss für Wasser[768].[769]

In der 19. Sitzung des zweiten Sonderausschusses am 19.03.1957 wurden die Beratungen über das Änderungsgesetz fortgesetzt. Dabei führte ORR Dr. *Burghartz* (NRW) aus, dass die Abstimmung im Bundesrat aller Voraussicht nach negativ ausfallen würde. Die Fortführung der Arbeit am Entwurf gestalte sich daher schwierig.[770] Gegen eine weiterführende Beratung wendeten sich Bayern und Nordrhein-Westfalen, die eine Weiterarbeit am Entwurf bei negativer Haltung des Bundesrates für unnötig hielten.[771] Dennoch wurde eine Beratung des Entwurfes im Sonderausschuss durchgeführt. Anschließend beschloss der zweite Sonderausschuss entgegen den Auffassungen der Ländervertreter fast einstimmig, die Annahme des Änderungsgesetzes in abgeänderter Form.[772]

Der Antrag zur Änderung des Grundgesetzes wurde währenddessen in den Ausschüssen des Bundestages beraten. Er wurde im weiteren Verlauf in der Plenarsitzung des Bundestages von der Tagesordnung mit der Begründung abgesetzt,

---

[766] So MR Dr. *Ebersberg* (BMJ) Protokoll der 14. Sitzung des zweiten Sonderausschusses S. 21 (BA Koblenz B 108/7243; Akte 56012/1 Band 15).

[767] BT-Drucks. 3158, 2. Wahlperiode des Deutschen Bundestages 1953.

[768] Die Namensänderung des zweiten Sonderausschusses in „Sonderausschuss Wasser" war genehmigt worden.

[769] Vgl. Stenograph. Berichte der Verhandlungen des Deutschen Bundestages, 2. Wahlperiode 1953, Band 35, 190. Sitzung am 06.02.1957, S. 10860 (B).

[770] Vgl. Protokoll der 17. Sitzung des zweiten Sonderausschusses S. 6f. (BA Koblenz B 108/7242; Akte 56012/1 Band 13).

[771] Vgl. Protokoll aaO. S. 7f..

[772] Vgl. Protokoll aaO. S. 8.

dass es zur Verabschiedung des zur Entscheidung stehenden WHG in der gleichen Sitzung keiner Änderung des Grundgesetzes bedürfe.[773]

bb) Auswirkungen auf das WHG

Für die Beratungen des Entwurfes eines Wasserhaushaltsgesetzes bedeutete die Diskussion über die Änderung des Grundgesetzes eine Verzögerung. Aufgrund der Notwendigkeit der Schaffung eines umfassenden Wassergesetzes beschloss der zweite Sonderausschuss in seiner 17. Sitzung am 04.02.1957 in die Lesung des Entwurfes eines Wasserhaushaltsgesetzes einzutreten, ohne eine eventuelle Verfassungsänderung abzuwarten.[774]

Aufgrund der unterschiedlichen Haltung der Länder und Ministerien zu der angestrebten Grundgesetzänderung gingen die Arbeiten am Wasserhaushaltsgesetz nur schleppend voran. Zur Klärung dieser Situation traf sich der IMA Wasser am 25.03.1957 unter Vorsitz des MD *von Süsskind* im BMZ, um über das weitere Verfahren in Bezug auf das Wasserhaushaltsgesetz zu diskutieren.[775] Zunächst gab MD *von Süsskind* einen Überblick über den Stand des Wasserhaushaltsgesetzes und die Auswirkungen des vorgeschlagenen Änderungsgesetzes auf die Arbeiten am Entwurf. Das BMI sei aufgrund einer kürzlichen Ressortbesprechung grundsätzlich positiv gegenüber der Grundgesetzänderung eingestellt, jedoch sei der Zeitpunkt für einen solchen Gesetzesantrag schlecht gewählt. Nunmehr habe der zweite Sonderausschuss „Wasser“ mit nur einer Ausnahme für diese Grundgesetzänderung gestimmt. Es stelle sich daher die Frage, wie weiter zu verfahren sei, wenn das Gesetz auch durch den Bundestag komme.
MD *Dr. Schiller* (BMV) wies daraufhin, dass die Verabschiedung des Änderungsgesetzes durch den Bundesrat keineswegs sicher sei. Ferner stellte sich die Frage, ob eine Verabschiedung noch in dieser Legislaturperiode zustande käme. Er halte es daher für richtig, in jedem Falle die Arbeit am Wasserhaushaltsgesetz-Entwurf fortzuführen und im Falle einer Grundgesetzänderung das WHG entsprechend anzupassen.[776]
Anschließend referierte MR *Ebersberg* (BMJ) über die verfassungsrechtliche Lage im Zusammenhang mit der beantragten Grundgesetzänderung. Eine Umänderung des jetzigen Rahmengesetzentwurfes in ein konkurrierendes Gesetz, wie sie MD *Dr. Schiller* vorgeschlagen hatte, sei nicht möglich. Eine Beseitigung der Rahmenkompetenz, wie sie durch das Änderungsgesetz gewollt sei,

---

773 Vgl. Witzel, WHG Einl. V., S. 14; Czychowski, WHG, 7. Aufl., Einl. III. 2., S. 42.

774 Vgl. Protokoll der 17. Sitzung des zweiten Sonderausschusses S. 4f. (BA Koblenz B 108/7243; Akte 56012/1 Band 15).

775 Vgl. Protokoll über die 39. Sitzung des erweiterten IMA „Wasser“ am 25.03.1957 (BA Koblenz 108/7243, Akte 560121 Band 15).

776 Vgl. Protokoll aaO. S. 2.

würde dem WHG-Entwurf die verfassungsrechtliche Grundlage entziehen. Eine Umstellung des WHG-Entwurfes hin zum konkurrierenden Gesetz würde derartig zeitaufwendig sein, dass es zu keinem Gesetz in dieser Legislaturperiode mehr kommen würde. Er rate daher dringend, es bei der jetzigen Gesetzgebungskompetenz zu belassen und das Gesetz auf Art. 75 GG zu stützen. Eine Grundgesetzänderung sei, wenn überhaupt, erst zu einem späteren Zeitpunkt sinnvoll. Ein Wassergesetz müsse jedoch jetzt erlassen werden.[777] Zustimmend äußerte sich Prof. *Dr. Gieseke*, der ebenfalls auf die Dringlichkeit eines Wassergesetzes in der bestehenden Legislaturperiode hinwies. Allein der Schutz des Grundwassers erfordere eine schnelle Regelung und dürfe nicht durch ein Änderungsgesetz verschoben werden.[778]
Anschließend stellte MD *von Süsskind* zusammenfassend als einheitliche Meinung aller Ressorts fest, dass das Wasserhaushaltsgesetz als Rahmengesetz nach Art. 75 GG vordringlich weiter bearbeitet werden müsse. Das Gesetz müsse noch in der bestehenden Legislaturperiode verabschiedet und verkündet werden und dürfe nicht durch eine Verfassungsänderung gefährdet werden. Diese einstimmige Auffassung des IMA sollte durch die Minister in einem Kabinettsbeschluss festgelegt werden.[779]
Nunmehr wurde über die Maßnahmen der Bundesregierung beraten, die die Verabschiedung des Wasserhaushaltsgesetzes noch in der bestehenden Legislaturperiode sichern sollten. MD *von Süsskind* führte hierzu aus, dass es ein Novum darstelle, wenn sich die Bundesregierung oder eines ihrer Mitglieder mit der Bitte an den Ältestenrat wende, ein Gesetz noch in der bestehenden Legislaturperiode durchzubringen. Er empfahl daher, auf den Bundestag hinsichtlich der schnellen Verabschiedung des Gesetzes einzuwirken. Hierzu müsse man sich an den für das Gesetz zuständigen Ausschussvorsitzenden wenden, dem es allein obläge, die Dringlichkeit der Verabschiedung dieses Gesetzes noch in der bestehenden Legislaturperiode vor dem Ältestenrat zu vertreten. Dieser müsse sich dann auch für eine rechtzeitige zweite und dritte Lesung des Gesetzes im Plenum des Bundestages nach seiner Fertigstellung im zweiten Sonderausschuss einsetzen. Dieser Vorschlag wurde durch die IMA-Mitglieder einstimmig gebilligt.[780]

Im weiteren Verlauf kamen die IMA-Mitglieder ebenfalls überein, dem Vorsitzenden des zweiten Sonderausschusses den Vorschlag zu unterbreiten, die umstrittene Regelung des § 19 des Entwurfes über den Wasserzins erstmal zu streichen.[781]

---

[777] Vgl. Protokoll aaO. S. 3.
[778] So auch MR *Kumpf* (BWM), aaO. S. 4.
[779] Vgl. MR *Kumpf* aaO. S. 6.
[780] Vgl. MR *Kumpf* aaO. S. 8 f..
[781] Vgl. MR *Kumpf* aaO. S. 12.

c) *Die Beratung des Entwurfes eines Wasserhaushaltsgesetzes*

Bevor in die Beratungen des Entwurfes eines Wasserhaushaltsgesetzes eingetreten wurde, war zunächst eine Zusammenstellung der verfassungsrechtlichen Bedenken gegen den Entwurf notwendig. So erfolgte durch das BMJ am 12.12.1956 eine Auflistung der einzelnen Probleme und Beanstandungen der Länder, Verbände, des Bundesrates und der Ausschüsse des Bundestages. Übereinstimmend befürworteten alle Beteiligten die Streichung der §§ 19 und 49 des Entwurfes.

aa) *Verfassungsrechtliche Probleme*

In seiner 15. Sitzung am 09.01.1957 wurden die verfassungsrechtlichen Bedenken im zweiten Sonderausschuss erörtert. Hierzu befasste er sich mit Fragen über den Begriff des Wasserhaushaltes, inwieweit sich der Entwurf in den Grenzen eines Rahmengesetzes halte und welche verfassungsrechtlichen Schwierigkeiten sich aus den bestehenden Verwaltungskompetenzen ergaben. Für den Wasserhaushalt kam man überein, dass er sowohl Wassermenge und -güte als auch die Verwendung und Erhaltung des Wassers umfasse. Bezüglich der Einhaltung der Grenzen eines Rahmengesetzes gingen die Ansichten wie schon in den Stellungnahmen auseinander. Das BMV und das BMJ befürworteten stellvertretend für die Bundesregierung den Entwurf in der vorliegenden Form.[782] Ein Rahmengesetz könne nicht nur materielles Recht, sondern auch Verfahrensrecht enthalten. Des Weiteren seien die Benutzungsformen des Wasserhaushaltsgesetzes keine Einschränkung der Ländergesetzgebung. Ebenso halte sich auch die Planfeststellung in den Grenzen der Rahmengesetzgebung. Diese Ausführungen überzeugten jedoch vor allem Bayern nicht. Wie das Land schon in seiner Stellungnahme ausführte,[783] ginge der Entwurf in der vorliegenden Form zu weit und würde den Ländern keinen Spielraum mehr für eine eigene Gesetzgebung lassen. Gerade auf dem Gebiet der Bundeswasserstraßen zeige sich, dass der Bund die Kompetenzen überschritten habe. Die Bundeswasserstraßen seien Objekte der Wasserwirtschaft der Länder, die Aufgabe der Verwaltung könne damit unmöglich durch den Bund übernommen werden.[784] Dagegen führten MD Dr. *Schiller* (BMV) und MD Dr. *Niehuß* (BMV) aus, dass die Bundeswasserstraßen nur einheitlich und als Ganzes verwaltbar seien und nur der Bund eine solche umfassende Rechtspersönlichkeit sei. Damit aber obläge ihm die Aufga-

---

[782] So äußerten sich MD Dr. *Schiller* (BMV) und MR *Ebersberg* (BMJ), 15. Sitzung des zweiten Sonderausschusses, 15. Protokoll S. 6, 9 (BA Koblenz B 108/7243, Akte 56012/1 Band 15).

[783] Siehe oben S. 171 f.

[784] Vgl. 15. Sitzung des zweiten Sonderausschusses, Sitzungsakte (BA Koblenz B 108/7242, Akte 56012/1 Band 13).

be, sie zu verwalten und die Länder könnten im Bedarfsfalle zur Mitwirkung herangezogen werden.[785]

bb) Die erste Lesung des Entwurfes eines Wasserhaushaltsgesetzes im zweiten Sonderausschuss

In seiner 17. Sitzung am 04.02.1957 trat der zweite Sonderausschuss sodann in die erste Lesung des Gesetzentwurfes ein.[786]

(1) Lesung der §§ 1 – 11 am 04.02.1957

Zunächst wurden die §§ 1 - 11 besprochen. Die Vorschriften wurden unter Ablehnung der eingebrachten Änderungsvorschläge der Landwirtschaft, der Arbeitsgemeinschaft der Wasserwirtschaftsverbände sowie des Bundesrates angenommen.[787] Lediglich § 3 Abs. 1 des Entwurfes, der die Benutzungen definiert, wurde um die Begriffe „Fortleiten" (in Ziff. 6), „Absenken" (in Ziff. 2) und „radioaktive Stoffe" (in Ziff. 4, 5) erweitert und in der neuen Fassung angenommen.[788] Die Beratung der Frist bei der Erteilung einer Bewilligung in § 8 des Entwurfes wurde zur weiteren Behandlung zurückgestellt.[789]

(2) Lesung der §§ 12 – 21 am 18.02.1957

In seiner 18. Sitzung am 18.02.1957 fuhr der zweite Sonderausschuss mit der ersten Lesung fort. Es erfolgte die Beratung der §§ 12 - 21 des Entwurfes. Es wurden die §§ 12, 14 - 16 und 21 nach dem Regierungsentwurf angenommen. Der § 20 über Notfälle sollte als überflüssig gestrichen werden. Die noch offenen Paragraphen wurden noch einmal zurückgestellt. Für die umstrittene Wasserzinsregelung in § 19 n. F. (§ 16a a. F.) wurde ein Umformulierungsauftrag erteilt, der den vorgesehenen Wasserzins in eine Abgabe umwandeln und nur für die Gewässer gelten sollte, die im Eigentum des Staates stehen. Ferner sollten die Landwirtschaft und das Kleingewerbe von einer Abgabe freigestellt werden.[790]

---

785 Vgl. 15. Sitzung des zweiten Sonderausschuss, Sitzungsprotokoll S. 7 f. (BA Koblenz B 108/7243, Akte 56012/1 Band 15).

786 Anwesend waren für das BMV: MD Dr. *Schiller*, MD *Feyerabend*, MD Dr. *Niehuß*, Regierungsdir. *Schuler*, ORR *Michael*, RR *Morsbach*, Regierungsass. *Keller*.

787 Vgl. 17. Sitzung des zweiten Sonderausschusses, 17. Protokoll (BA Koblenz B 108/7243, Akte 56012/1 Band 15).

788 Vgl. Protokoll aaO. S. 10f..

789 Vgl. Protokoll aaO. S. 16.

790 Vgl. 18. Sitzung des zweiten Sonderausschusses, 18. Protokoll (BA Koblenz B 108/7243, Akte 56012/1 Band 15).

(3) Lesung der §§ 22 – 30 am 19.03.1957

Die Beratung des Gesetzentwurfes wurde dann in der 19. Sitzung des zweiten Sonderausschusses am 19.03.1957 in Bonn fortgesetzt. Die Beratung umfasste die §§ 22 - 30 des Entwurfes. Hierbei erfolgte eine Anpassung der §§ 22 und 23 an die Vorschläge der Landwirtschaft, die Entschädigungsregelung in § 22 weitgehender zu fassen und in § 23 auch Einwirkungen auf den Boden mit zu erfassen. Die Regelungen der §§ 24 - 26, 28 und 30 wurden vorerst noch zurückgestellt. Dagegen wurden die §§ 27 und 29 nach dem Regierungsentwurf angenommen.[791]

(4) Lesung der §§ 32 - 42 am 01.04.1957

Die erste Lesung der §§ 32 - 42 erfolgte dann in der 20. Sitzung des zweiten Sonderausschusses am 01.04.1957 in Bonn. Die §§ 31 - 35, 37, 40 und 42 wurden nach dem Regierungsentwurf unter Berücksichtigung der Änderungsvorschläge des Bundesrates angenommen. Dagegen wurden die §§ 36, 38, 39 und 41 wegen der aufgetretenen verfassungsrechtlichen Bedenken und der nicht geklärten verwaltungsrechtlichen Zuständigkeit noch einmal zurückgestellt. Des Weiteren wurde die Entscheidung über die Aufnahme der durch den BDI in seiner Denkschrift vorgeschlagenen §§ 40a, 42a noch einmal zurückgestellt.

(5) Die Beratung zum Wasserzins (§ 19) am 03.04.1957

Am 03.04.1957 traf sich der zweite Sonderausschuss in Bonn zu seiner 21. Sitzung. Einziger Tagesordnungspunkt war § 19 über den Wasserzins. Die Abgeordneten *Kühn* (FDP) und *Jacobi* (SPD) beantragten die Streichung der Vorschrift, da man sonst nicht mehr rechtzeitig fertig würde. Dagegen hielt MR *Ebersberg* (BMJ) den § 19 in der vorliegenden Form für richtig und schloss eine Umformulierung auf oberirdische Gewässer aus. Demgegenüber befürwortete der Abgeordnete *von Buchka* (CDU/CSU) die Regelung den Ländern zu überlassen.

Der IMA hatte in seiner 39. Sitzung am 25.03.1957 einstimmig die Streichung der umstrittenen Vorschrift beschlossen.[792] Diese Ansicht wurde dem Vorsitzenden des zweiten Sonderausschuss zur Entscheidungsfindung mitgeteilt. Dem folgend beschloss auch der zweite Sonderausschuss, dass es dem Gesetzentwurf

---

[791] Vgl. 19. Sitzung des zweiten Sonderausschusses, 19. Protokoll (BA Koblenz B 108/7243, Akte 56012/1 Band 15).

[792] Vgl. Protokoll Nr. 39 der 39. Sitzung des erweiterten IMA vom 25.03.1957 (BA Koblenz B 108/ 7242, Akte 56012/ 1, Band 14).

dienlicher sei, diese Vorschrift zu streichen. Nach der Abstimmung ergab sich ein einstimmiger Beschluss zur Streichung des § 19 des Entwurfes.[793]

cc) Die Anhörung der Spitzenverbände am 08.04.1957

Am 08.04.1957 fand die 22. Sitzung des zweiten Sonderausschuss mit den Spitzenverbänden statt.[794] Die Spitzenverbände sprachen sich hierbei übereinstimmend für eine vorläufige Teilregelung zum Schutz des Grundwassers aus. Hierzu legten sie Grundsätze für ein Rahmengesetz zum Schutz des Grundwassers vor. Damit lehnten die Verbände ein Gesetz in der vorliegenden Form ab. Die einzelnen Regelungen seien zur unausgereift und würden nur zu ständigen Beanstandungen durch die Länder und die Verbände führen. Der Schutz des Grundwassers sei so wesentlich, dass nicht länger auf eine vollständige wasserrechtliche Regelung gewartet werden könne. Sie schlugen daher vor, alle Regelungen für die oberirdischen Gewässer aus dem Entwurf zu streichen und die Sonderbehandlung der Bundeswasserstraßen aufzuheben. Ferner sollten keine verfahrensrechtlichen Regelungen im Entwurf enthalten sein. Die Nutzung des Grundwassers solle nur dann der behördlichen Zustimmung bedürfen, wenn sie über den Eigentümergebrauch hinausginge. Eine einmal erteilte Zustimmung enthalte dann aber ein Recht, welches nur aus Gründen des Wohles der Allgemeinheit, für die kein Ausgleich geschaffen werden könne, versagt werden dürfe. Eine behördliche Zustimmung müsse ferner auf langfristige Nutzungen gerichtet sein, die auch fortgesetzt werden könnten. Alte Rechte sollten auch weiterhin im bisherigen Umfang ohne Zustimmung ausgeübt werden dürfen. Zum Schutz des Grundwassers wären letztlich auch Grundwasserschutzgebiete erforderlich, deren Festsetzung bei Enteignungen eine Entschädigungspflicht auslöse. Letztlich waren die Verbände für eine Streichung des Wasserzinses.

Damit griffen die Verbände grundsätzlich auf den Entwurf eines Grundwasserschutzgesetzes des BWM in stark vereinfachter Form zurück. Die vorgeschlagenen Regelungen würden ein Festhalten an der bestehenden wasserrechtlichen Lage ermöglichen und nur wenige Neuerungen einführen. Zusätzlich war nur der Schutz des Grundwassers herausgehoben worden. Der Vorschlag der Verbände unterband ein kontrolliertes Eingreifen in den Wasserhaushalt. Ebenso widersprach der unbegrenzte Eigentümergebrauch den bisher ausgearbeiteten Prinzipien zum Schutz des Wasserhaushaltes. Die Verbände sprachen sich damit

---

793 Vgl. 21. Sitzung des zweiten Sonderausschusses, 21. Protokoll (BA Koblenz B 108/ 7243, Akte 56012/1 Band 15).

794 Hieran beteiligten sich: BDI (*Dr. Cässler*), Zentralverband der Deutschen Landwirtschaft (*Blau*), Vereinigung der Elektrizitätswerke (*Sachs*), VDGW (*Dr. Kohl*), Deutscher Sportbund (*Maak*), Verband deutscher Sportfischer (*Dr. Herzog*) und die Arbeitsgemeinschaft der Wasserwirtschaftsverbände (*Dr. Dornheim*).

für ein nur wenig reformiertes Wassergesetz aus, welches für die neu entwickelten Grundprinzipien des Wasserhaushaltes wenig förderlich sein würde. Lediglich der Vorschlag, ein Grundwasserschutzgesetz aufgrund der vielen streitigen Vorschriften des Gesetzentwurfes vorzuziehen, fand auch beim zweiten Sonderausschuss Gehör.

Der Abgeordnete *Jacobi* hatte in der sich an die Anhörung anschließenden Sitzung des 2. Sonderausschusses vorgeschlagen, zur Beschleunigung des Verfahrens das Gesetz auf den Grundwasserschutz zu beschränken und es von allen verfassungsrechtlich streitigen Regelungen zu bereinigen.[795] Dem schlossen sich der 2. Sonderausschuss und der IMA[796] in Bezug auf die Bereinigung des Gesetzes an. Es sollte jedoch am Rahmengesetz festgehalten werden. Um den Fortgang des Gesetzgebungsverfahrens zu beschleunigen, müsse eine Bereinigung des Entwurfes dahingehend stattfinden, dass eine Anrufung des Vermittlungsausschusses nicht mehr nötig sei.[797] Daher schlug der Abgeordnete *Jacobi* vor, zur Bereinigung des Entwurfes eines Unterausschuss einzusetzen. Dieser Vorschlag wurde durch den zweiten Sonderausschuss in seiner Sitzung am 08.05.1957 angenommen.[798]

dd) Die Bereinigung des Entwurfes im Unterausschuss

Der Unterausschuss trat zu seiner konstituierenden Sitzung am 24.04.1957 im Bundeshaus in Bonn zusammen.[799] In nur 4 Sitzungen führte der Unterausschuss die Bereinigung des Entwurfes nach den Vorschlägen des 2. Sonderausschusses und des IMA durch,[800] bevor dem 2. Sonderausschuss am 11.05.1957 in seiner 24. Sitzung die neue Kurzfassung des WHG-Entwurfes vorgelegt wurde.

---

795 Vgl. 23. Sitzung des zweiten Sonderausschusses, 23. Protokoll S. 4 (BA Koblenz B 108/7243, Akte 56012/1 Band 15).

796 Vgl. Sitzungsprotokoll des IMA der Sitzung am 10.04.1957 (BA Koblenz B 108/7243, Akte 56012/1 Band 14).

797 Vgl. 23. Sitzung des zweiten Sonderausschusses, 23. Protokoll S. 4 und Sitzung des Sonderausschusses am 08.05.1957 (BA Koblenz B 108/7243, Akte 56012/1 Band 15).

798 Der Antrag hierzu wurde durch den Abgeordneten *Elsner* (GB/BHE) gestellt. Ausschuss-DS Nr. 22 (BA Koblenz B 108/7242, Akte 56012/1 Band 13).

799 Dem Unterausschuss gehörten an: *Dr. von Buchka, Dr. Winter* **(CDU/CSU)**; *Ruhnke, Jacobi* **(SPD)**; *Elsner* **(GB/BHE)**; *Dr. Zimmermann* **(DP [FVP])**; *Boehme (Baden-Württemberg), Fritzsche (Bayern), Grimme (Berlin), Dr. Roth (Hessen), Prof. Dr. Neuling (Schleswig-Holstein)* **(Bundesrat)**; *Dr. Kolb (Bundesministerium für wirtschaftliche Zu sammenarbeit), Ebersberg, Dr. Kropf (BMJ), Dr. Schuler, Morsbach (BMV), Kumpf (BWM)* **(Bundesregierung)**; *Prof. Dr. Gieseke.*

800 Vgl. Sitzungsprotokolle Nr. 1-4 des Unterausschusses (BA Koblenz B 108/7243, Akte 56012/1 Band 16).

So sprach sich der Unterausschuss auf Antrag des Abgeordneten *Jacobi* für die Streichung des § 13 über Vorkehrungen bei Erlöschen einer Erlaubnis oder Bewilligung aus.[801] Es bestehe kein Bedürfnis für eine bundeseinheitliche Ausgestaltung dieser Vorkehrungen. Darauf aufbauend wurde auch die Streichung des § 16 Abs. 5 auf Antrag von MR *Ebersberg* beschlossen, da dieser § 13 auf alte Rechte und Befugnisse für entsprechend anwendbar erklärte.[802]

Ebenso sprach sich der Unterausschuss für die Streichung des § 19 über den Wasserzins aus.[803] Die im Entwurf vorgesehene Formulierung lasse die Rechtsnatur des Wasserzinses nicht erkennen, ferner enthalte sie eine Verzahnung zwischen öffentlich-rechtlichen und fiskalischen Interessen, welche verfassungsrechtlich bedenklich sei.[804]

In Bezug auf die umstrittenen Regelungen über die Verwaltungszuständigkeit des Bundes an den Bundeswasserstraßen in den §§ 23 Abs. 4, 25 Abs. 2, 36 Abs. 1 S. 2, 38, 41 Abs. 4 und 49 beschloss der Unterausschuss, diese zu streichen.[805] Dabei hielt es der Ausschuss nicht für erforderlich oder zweckmäßig, den umstrittenen Umfang der Verwaltungszuständigkeiten des Bundes zu klären. Eine entsprechende Klärung könne durch die in Vorbereitung befindlichen Sondergesetze für die Bundeswasserstraßen[806] getroffen werden.[807]

Auch beschloss der Unterausschuss, den § 36 (§ 19b a.F.) über die Pegelschutzgebiete zu streichen.[808] Diese Regelung bedürfe seiner Ansicht nach keiner bundeseinheitlichen Regelung und könne den Ländern überlassen werden.

---

801 Vgl. Sitzungsprotokoll Nr. 2, 2. Sitzung des Unterausschusses vom 25.04.1957, S. 18 (BA Koblenz B 108/7243, Akte 56012/1 Band 16).

802 Vgl. Sitzungsprotokoll Nr. 4, 4. Sitzung des Unterausschusses vom 04.05.1957, S. 6 (BA Koblenz B 108/7243, Akte 56012/1 Band 16).

803 Vgl. Sitzungsprotokoll Nr. 2, 2. Sitzung des Unterausschusses vom 25.04.1957, S. 25 (BA Koblenz B 108/7243, Akte 56012/1 Band 16).

804 Vgl. Schriftlicher Bericht des 2. Sonderausschusses vom 23.05.1957, BT-Drucks. 3536, S. 7.

805 Vgl. Protokolle der Sitzungen des Unterausschusses (BA Koblenz B 108/7243, Akte 56012/1 Band 16).

806 So der Gesetzentwurf über die Reinhaltung der Bundeswasserstraßen, BT-Drucks. 2988, der dem Bundestag bereits vorlag.

807 Vgl. Schriftlicher Bericht des 2. Sonderausschusses vom 23.05.1957, BT-Drucks. 3536, S. 6.

808 Die Streichung erfolgte auf Antrag des Abgeordneten *Roth*. Vgl. Sitzungsprotokoll Nr. 3, 3. Sitzung des Unterausschusses vom 26.04.1957, S. 17f. (BA Koblenz B 108/7243, Akte 56012/1 Band 16).

Neben der Bereinigung des Entwurfes von den verfassungsrechtlich umstrittenen Vorschriften, war ein weiterer Ansatzpunkt des Unterausschusses die Streichung entbehrlicher Vorschriften, um den Entwurf auf den unbedingt notwendigen Umfang zu kürzen.[809] So beschloss der Unterausschuss die Streichung des § 20 über Notfälle, des § 22 über Beschränkungen der Benutzungsbefugnis durch Maßnahmen im öffentlichen Interesse und des § 42 Abs. 3 über die Gestattung der Einsicht in das Wasserbuch für jeden, der ein berechtigtes Interesse darlege.[810] Für diese Vorschriften bestünde kein Bedürfnis nach einer gesetzlichen oder gar bundeseinheitlichen Regelung.

Neu wurde durch den Ausschuss § 25 a eingefügt, welcher eine Gefährdungshaftung für Änderungen der Beschaffenheit des Wassers vorsah.[811] Die darin vorgesehene Ausdehnung und Verschärfung der Haftung, sei durch die ständig wachsenden Gefahren aus der Verunreinigung der Wasserläufe und des Grundwassers bedingt. Die in der Regierungsvorlage bereits vorgesehene Gefährdungshaftung befand sich an zwei verschiedenen Stellen, getrennt für oberirdische Gewässer und das Grundwasser. Daher hielt es der Ausschuss rechtstechnisch für zweckmäßiger, diese Vorschriften zu einer zusammenzufassen und in den Teil des Entwurfes aufzunehmen, der für beide Gewässerarten gleichermaßen galt. Zusätzlich sollte die Haftung in zwei Richtungen erweitert werden. Erstens müsse auch derjenige haften, der auf ein Gewässer derartig einwirke, dass seine physikalische, chemische oder biologische Beschaffenheit verändert wird;[812] zweitens müsse auch das Betreiben von Anlagen, aus denen Stoffe ohne Zutun oder gegen den Willen des Betreibers in ein Gewässer gelangen, eine Haftung auch ohne Verschulden begründen.[813]

Letztlich kam es nur noch zu redaktionellen Änderungen einiger Vorschriften. Der Unterausschuss legte die bereinigte Kurzfassung des Entwurfes dann wieder dem 2. Sonderausschuss zur Beratung vor.[814]

---

[809] Vgl. Schriftlicher Bericht des 2. Sonderausschusses vom 23.05.1957, BT-Drucks. 3536, S. 8.

[810] Vgl. Protokolle der Sitzungen des Unterausschusses (BA Koblenz B 108/7243, Akte 56012/1 Band 16).

[811] Dieser wurde in veränderter Fassung nach dem Vorschlag *Schulers* angenommen. Vgl. Sitzungsprotokoll Nr. 3, 3. Sitzung des Unterausschusses vom 26.04.1957 S. 34 (BA Koblenz B 108/7243, Akte 56012/1 Band 16).

[812] Hierbei war vor allem an die radioaktive Beeinflussung oberirdischer Gewässer oder des Grundwassers gedacht worden. Vgl. Schriftlicher Bericht des 2. Sonderausschusses vom 23.05.1957, BT-Drucks. 3536, S. 14.

[813] Hier war vor allem an den Bruch von Rohrleitungen und die Auslaugung giftiger Abraumhalden gedacht worden. Vgl. Schriftlicher Bericht des 2. Sonderausschusses vom 23.05.1957, BT-Drucks. 3536, S. 14.

[814] Ausschuss-Drucks Nr. 26.

ee) Die abschließenden Beratungen im 2. Sonderausschuss am 11.05.1957

In seiner 24. Sitzung am 11.05.1957 im Bundeshaus in Bonn wurde die durch den Unterausschuss erarbeitete Kurzfassung des Entwurfes beraten. Der Entwurf wurde in der vorliegenden Fassung mit nur einer Gegenstimme angenommen.[815] Anschließend beschloss der 2. Sonderausschuss, den Ältestenrat anzuregen, alsbald mit der zweiten und dritten Lesung des Entwurfes zu beginnen. In nachfolgenden Sitzungen lehnte der 2. Sonderausschuss weitere Änderungsanträge zum Entwurf ab.[816]

3. Der schriftliche Bericht des 2. Sonderausschusses - Wasserhaushaltsgesetz - vom 23.05.1957

Der 2. Sonderausschuss - Wasserhaushaltsgesetz - legte die Ergebnisse seiner Beratungen dem Bundestag in Form eines schriftlichen Berichtes vom 23.05.1957 vor. In dem Bericht beantragte der Ausschuss, den Gesetzentwurf - Drucksache 2072- in der aus der anliegenden Zusammenstellung ersichtlichen Fassung anzunehmen. Als Berichterstatter fungierte der Abgeordnete *Jacobi*.[817]

4. Die zweite und dritte Lesung mit Annahme des Gesetzentwurfes im Bundestag am 27.06.1957

Der Bundestag behandelte den Gesetzentwurf in zweiter und dritter Lesung in seiner 216. Sitzung am 27.06.1957 als Punkt 13 der Tagesordnung.[818]
Zunächst begann der Abgeordnete *Jacobi* (SPD) als Berichterstatter mit seinen Ausführungen zum Abschlussbericht des 2. Sonderausschusses - Wasserhaushaltsgesetz -. Dabei nahm er auch zu den bereits angekündigten Änderungsanträgen Stellung. *Jacobi* führte aus, dass der Ausschuss in seinen letzten Sitzungen zu dem Ergebnis gekommen sei, dass der Entwurf eines Wasserhaushaltsgesetzes in der Fassung, der durch den Ausschuss beschlossenen Änderungen, al-

---

[815] Vgl. Sitzungsprotokoll Nr. 24, 24. Sitzung des 2. Sonderausschusses vom 11.05.1957, S. 7 (BA Koblenz B 108/7243, Akte 56012/1 Band 15).

[816] So den wiederholten Antrag der Industrie auf Änderung des § 6 bezüglich eines Rechtsanspruchs auf Erteilung der Bewilligung. Vgl. Sitzungsprotokoll Nr. 26, 26. Sitzung des 2. Sonderausschusses vom 26.06.1957, S. 5 (BA Koblenz B 108/7243, Akte 56012/1 Band 15).

[817] „Schriftlicher Bericht des 2. Sonderausschusses –Wasserhaushaltsgesetz- über den Ent wurf eines Gesetzes zur Ordnung des Wasserhaushalts –Drucksache 2072-„ vom 23.05.1957, BT-Drucks. 3536/2. Wahlperiode. Darin sind der Bericht des Abgeordneten *Jacobi* und als Anhang die Gegenüberstellung des Regierungsentwurfes und der Beschlüs se des Sonderausschusses enthalten.

[818] Stenograph. Bericht der Verhandlungen des Dt. BT, 2. Legislaturperiode, 216. Sitzung v. 27.06.1957, S. 12799 (B).

len betroffenen Interessen gerecht werde. Zweifel, ob der Entwurf auch die Interessen der Landwirtschaft, der Wirtschaft und des Verkehrs in genügender Weise berücksichtige, seien nicht gerechtfertigt. Der Begriff des Wohls der Allgemeinheit, der in vielen Bestimmungen des Entwurfes enthalten sei, beziehe sich auf die Gesamtinteressen der Allgemeinheit. Ergänzend fügte *Jacobi* hinzu, dass der Entwurf in der vorliegenden Fassung dem entspreche, was verfassungsrechtlich möglich sei. Er bat darum, jedweden Änderungsantrag zum Bericht des 2. Sonderausschusses abzulehnen und dem Gesetzentwurf unverändert zuzustimmen.[819]
Vizepräsident *Dr. Schneider* dankte dem Berichterstatter und rief in zweiter Lesung die §§ 1 - 5 des Gesetzentwurfs in der Ausschussfassung auf. Die Bestimmungen wurden einstimmig angenommen.[820]

Sodann wurde in zweiter Lesung § 6 und dazu der Änderungsantrag der Abgeordneten *Hoogen*, *Dr. Hellwig*, *Müser* und Genossen[821] zu einem Rechtsanspruch auf die Benutzungsbefugnisse aufgerufen. Hierzu ergriff der Bundesminister für wirtschaftliche Zusammenarbeit *Dr. h. c. Blücher* das Wort. Er wies darauf hin, dass das vorliegende Gesetz nur einen „bescheidenen Anfang" zur Ordnung des Wasserhaushaltes darstelle. Es müsse aber eine Bewirtschaftung des Wassers durch das Gesetz stattfinden. Damit vertrage sich nicht, dass durch eine Änderung ein Anspruch für jedermann auf Erteilung einer Erlaubnis oder Bewilligung stipuliert würde. Mit dieser Auffassung befand sich die Bundesregierung in Übereinstimmung mit dem 2. Sonderausschuss, dem Bundesrat und dem ZDL. Daher bat *Dr. h. c. Blücher* um die Ablehnung des Antrages auf Umdruck 1201, da er sonst um die Zustimmung im Bundesrat fürchten müsse.[822]
Daraufhin wurde in die Abstimmung über den Änderungsantrag eingetreten. Der Antrag wurde mit einer Enthaltung mit überwältigender Mehrheit abgelehnt. § 6 wurde einstimmig angenommen.[823]
Sodann rief Vizepräsident *Dr. Schneider* die §§ 7 - 12, 14 - 18, 21, 23 - 35[824] in der Ausschussfassung auf. Sie wurden einstimmig angenommen.

---

819 Vgl. 216. Sitzung aaO. S. 12799 (C).
820 Vgl. 216. Sitzung aaO. S. 12799 (D).
821 Umdruck 1201 als Anlage zum stenograph. Bericht der Verhandlungen des Dt. BT, 2. Legislaturperiode, 216. Sitzung v. 27.06.1957.
822 Stenograph. Bericht der Verhandlungen des Dt. BT, 2. Legislaturperiode, 216. Sitzung v. 27.06.1957, S. 12799 (D) – 12800 (B).
823 Vgl. 216. Sitzung aaO. S. 12800 (B) – (C).
824 Die §§ 13, 19, 20, 22 und 36 sollten nach der Auffassung des 2. Sonderausschusses gestrichen werden.

Danach wurde in die Aussprache über den Änderungsantrag der Abgeordneten *Mauk* usw. zu § 37[825] eingetreten.
Auch hierzu ergriff Bundesminister *Dr. h. c. Blücher* das Wort. Wiederum bat er, den Antrag abzulehnen und verwies auf den ausführlichen Bericht des Sonderausschusses.[826] Daraufhin wurde in die Abstimmung über den Antrag eingetreten der gegen eine Stimme abgelehnt wurde. § 37 wurde daraufhin angenommen.
Als letztes rief Vizepräsident *Dr. Schneider* die §§ 39 - 46, 48, 50 und 51[827] zur zweiten Lesung auf. Sie wurden einstimmig angenommen.[828]
Im Anschluss wurde in die dritte Lesung des Gesetzentwurfes eingetreten. Vizepräsident *Dr. Schneider* § 2 nebst Änderungsantrag[829] rief zur Einzelberatung auf. Der Antrag wurde mit der Mehrheit abgelehnt. Alsdann rief er § 6 nebst Änderungsantrag[830], § 12 nebst Änderungsantrag[831] und § 21 nebst Änderungsantrag[832] in der dritten Lesung auf. Die Anträge wurden mehrheitlich abgelehnt.[833]
Abschließend wurde das Gesetz in der Schlussabstimmung gegen eine Stimme verabschiedet.
Der Präsident des Bundestages *Gerstenmaier* setzte den Präsidenten des Bundesrates mit Schreiben vom 28.06.1957 von diesem Abstimmungsergebnis in Kenntnis.[834]

VI. Die Zustimmung des Bundesrates zu dem Entwurf eines Wasserhaushaltsgesetzes am 12.07.1957

Am 12.07.1957 befasste sich der Bundesrat in seiner 180. Sitzung unter Punkt 37 der Tagesordnung mit dem vom Bundestag beschlossenen Entwurf eines Wasserhaushaltsgesetzes (BR-Drucks. Nr. 278/57).[835] Da keine Wortmeldungen

---

[825] Umdruck 1235 als Anlage zum stenograph. Bericht der Verhandlungen des Dt. BT, 2. Legislaturperiode, 216. Sitzung v. 27.06.1957.
[826] Vgl. Stenograph. Bericht der Verhandlungen des Dt. BT, 2. Legislaturperiode, 216. Sit zung v. 27.06.1957, S. 12800 (D).
[827] Die §§ 38, 47 und 49 sollten nach Ansicht des Sonderausschusses gestrichen werden.
[828] Vgl. Stenograph. Bericht der Verhandlungen des Dt. BT, 2. Legislaturperiode, 216. Sit zung v. 27.06.1957, S. 12801 (A).
[829] Umdruck 1220 Ziffer 1 als Anlage zum stenograph. Bericht der Verhandlungen des Dt. BT, 2. Legislaturperiode, 216. Sitzung v. 27.06.1957.
[830] Vgl. Umdruck 1220 Ziffer 2a aaO.
[831] Vgl. Umdruck 1220 Ziffer 2b aaO.
[832] Vgl. Umdruck 1220 Ziffer 2c aaO.
[833] Stenograph. Bericht der Verhandlungen des Dt. BT, 2. Legislaturperiode, 216. Sitzung v. 27.06.1957, S. 12801 (A) – (B).
[834] Vgl. BR-Drucks. 278/57.
[835] Sitzungsbericht des BR, 180. Sitzung v. 12.07.1957, S. 735 (B).

vorlagen und kein Widerspruch erhoben wurde, stellte Bundesratspräsident *Sieveking* fest, dass der Bundesrat dem Gesetz gemäß Artikel 84 Abs. 1 GG zugestimmt habe.[836]

VII. Die Verkündung und Bekanntmachung des Gesetzes

Nach der Beschlussfassung im Bundesrat wurde das Gesetz am 27.07.1957 verkündet.
Das verkündete Gesetz zur Ordnung des Wasserhaushaltes wurde sodann im Bundesgesetzblatt vom 12. August 1957 -Teil I, S. 1110 bis 1118- bekannt gemacht. Das Gesetz sollte ab dem 01.03.1959 in Kraft treten.

[836] Vgl. 180. Sitzung aaO. S. 735 (C).

F: Das verkündete Gesetz und Problembereiche

Der folgende Teil der Arbeit soll die während der Gesetzgebungsarbeit aufgetretenen Probleme eines umfassenden Wasserrahmenrechts sowie die wichtigsten Bestimmungen des neuen Wasserrahmengesetzes und ihre Bedeutung bei der Umstrukturierung des Wasserrechtes noch einmal zusammenfassend hervorheben.

Zu beginnen ist hierbei mit der Problematik der Gesetzgebungskompetenz des Bundes in Bezug auf ein umfassendes Wassergesetz. Auf keinem anderen Gebiet bestanden größere Spannungen zwischen den bestehenden Bundes- und Länderkompetenzen und gab es größere Differenzen während der Arbeiten am Entwurf des Wasserhaushaltsgesetzes. Besonders die Kompetenz des Bundes an den Bundeswasserstraßen unterlag von Anfang an heftiger Diskussion. In diesem Zusammenhang ist daher zusätzlich auf die Verwaltungsbefugnisse des Bundes an den Bundeswasserstraßen einzugehen. Nicht zuletzt soll die bestehende Rahmenkompetenz des Bundes in Bezug auf den Wasserhaushalt, so wie sie das Grundgesetz in Artikel 75 Nr. 4 regelt, im Hinblick auf eine mögliche Überführung der Gesetzgebungskompetenz in eine Vollkompetenz des Bundes betrachtet werden.

Im Folgenden soll dann auf die Regelungen der Bewilligung und der Erlaubnis eingegangen werden. Die Normierung dieser Rechtsfiguren, ihrer Bedingungen und ihrer Versagungs- und Entziehungsvoraussetzungen (§§ 4-12) führte bereits zu einer bisher mangelnden Rechtseinheit.[837]

Sodann wird auf die Regelungen über die Reinhaltung (§§ 26, 27, 34), die Unterhaltung und den Ausbau (§§ 28-31) einzugehen sein. Gerade auf diesem Gebiet bestand bei der Entstehung des Gesetzes die Schwierigkeit, die neuen Vorschriften mit den bestehenden landesrechtlichen Vorschriften in Einklang zu bringen.

Besondere Beachtung kommt weiterhin den Regelungen zum Schutz des Grundwassers zu (§§ 33-35), welche zweifelsohne den Grundstein für den gesamten Gesetzentwurf im Grundwasserschutzgesetz legten. Der bis zum Erlass des WHG geltende Rechtszustand bot keinen ausreichenden Schutz für das Grundwasser. Schon deshalb waren spezielle Regelungen zum Grundwasserschutz von allen Beteiligten bis zum Erlass des WHG immer wieder gefordert worden.

---

[837] Vgl. Witzel, WHG, Einleitung VI., S. 16.

Als weitere Schutzmaßnahme gestattete das WHG nunmehr die Festsetzung von Wasserschutzgebieten. Sie sollten den Schutz der Gewässer vor Verunreinigungen vor allem durch regional wirkende Schutzmaßnahmen zugunsten der öffentlichen Wasserversorgung sicherstellen.

Ebenso neue Maßnahmen stellten die wasserwirtschaftlichen Rahmenpläne in § 36 dar. Mit dieser Regelung versuchte das WHG, Raumordnung und wasserwirtschaftliche Rahmenpläne miteinander zu verbinden. Die Rahmenpläne sollten an die wasserwirtschaftliche Entwicklung fortlaufend angepasst werden. Gerade hier kam der Gedanke einer Ordnung des Wasserhaushaltes zur Geltung. Hinzu kam die ebenso wichtige Statuierung einer umfassenden Verursachungshaftung in § 22 für Änderungen der Beschaffenheit des Wassers mit Hilfe einer bürgerlich-rechtlichen Haftungsnorm.

Einzugehen ist weiterhin auf die im Rahmen des Wasserrechtes nicht unwesentliche Frage der Regelung des Eigentums an den Gewässern. Im Laufe der Arbeiten am Wasserhaushaltsgesetz wurde eine Regelung des Eigentums mehr und mehr aus dem Gesetzentwurf herausgenommen, bis sie letztlich gar nicht mehr im Gesetz enthalten war, da sie für die öffentlich-rechtliche Regelung des Wasserhaushalts ohne Bedeutung ist. Dennoch unterlagen der Begriff des Eigentums an Gewässern und seine rechtliche Einordnung einer stetigen Diskussion. Insofern sind die Eigentumsfähigkeit von Gewässern, die rechtliche Einordnung des Eigentums und die Besonderheiten in Bezug auf das Grundwasser und dessen Eigentumsfähigkeit näher zu betrachten.

Auch die neuen Straf- und Bußgeldbestimmungen (§§ 38 - 42) des WHG sind hervorzuheben, da sie den neu geordneten Umgang mit dem Wasser sichern sollen.

Als letztes soll auf die Frage der Überleitung der alten Rechte und Befugnisse eingegangen werden. Da die Neuregelung des Wasserrechts durch das Wasserhaushaltsgesetz eine umfassende Bewirtschaftung des Wassers zum Ziel hatte, mussten die bereits bestehenden Rechte, Befugnisse und Nutzungen der alten Landeswassergesetze beachtet und im Sinne der neuen Regelung modifiziert werden.[838]

---

[838] Die Ausführungen beschäftigen sich dabei mit dem WHG von 1957. Die Änderungen werden zu einem späteren Zeitpunkt behandelt.

I. Die Gesetzgebungskompetenz

1. Der Begriff des Wasserhaushalts

Das Wasserrecht stand während der Arbeiten an einem einheitlichen Wassergesetz in besonderem Maße im Spannungsfeld von Bundes- und Landeskompetenzen gerade im Bereich des „Wasserhaushalts" des Art. 75 Nr. 4 GG.[839] Schwierigkeiten bestanden schon bei der Auslegung des Begriffes „Wasserhaushalt".[840] Es herrschte Uneinigkeit zwischen Hydrologen und Juristen bezüglich der Zuständigkeit für eine maßgebliche Definition. So hielten sich die Hydrologen und die Juristen gegenseitig für zuständig, eine geltende Definition des Begriffes „Wasserhaushalt" zu schaffen.[841]

Das Sachgebiet des Wasserhaushalts war weder in der Weimarer Reichsverfassung[842] enthalten, noch im Entwurf des Verfassungskonvents auf Herrenchiemsee vorgesehen.[843] Der Begriff des Wasserhaushalts wurde erst anlässlich der zweiten Lesung des Grundgesetzentwurfes in der 30. Sitzung des Hauptausschusses des Parlamentarischen Rates am 06.01.1949 nach einem Ergänzungsantrag der DP[844] zu Art. 36 Ziff. 17[845] eingefügt.[846] Danach sollte der Bund auch Rahmenvorschriften erlassen können „für die Raumordnung und den Wasserhaushalt". Eine Definition des Begriffs „Wasserhaushalt" enthielt der Antrag jedoch nicht. Auch der Abgeordnete der DP *Dr. Seebohm* führte in der Antragsbegründung lediglich aus, dass das „sehr schwierige Problem des Wasserhaushaltes im Hinblick auf Bodenverschlechterung und eine sinnvolle Verwendung der Wasservorräte ebenfalls erhebliche übergebietliche Maßnahmen erforderlich mache". Der Ergänzungsantrag der DP wurde in der Sitzung des Hauptausschusses, wie vorgeschlagen, angenommen.[847] Eine eigene rechtliche Definition

---

839 Vgl. Breuer Einleitung, Rn. 2.

840 Vgl. Wernicke, BB 1951, 43 (44); Wüsthoff, NJW 1950, 578 (580); Linckelmann, WaWi 1948/49, 197 (197).

841 Vgl. Giese, Der Wasserhaushalt als Gegenstand der Bundeskompetenz, S. 7.

842 Vgl. Art. 6 ff. WRV.

843 Vgl. v. Mangoldt/Klein, Bd. II, Art. 75 Anm. XI. 1.

844 Vgl. Umdruck PR. 413

845 Die Gesetzgebungsbefugnisse waren im Verfassungsentwurf noch in den Art. 35 und 36 geregelt.

846 Vgl. Verhandlungen des Parlamentarischen Rates, Hauptausschuss, Kurzprotokoll der 30. Sitzung v. 06.01.1949, Drucks. PR. 1/49 -528-, S. 10.

847 Die Annahme erfolgte für die Aufnahme des Wasserhaushaltes in Art. 36 Ziff. 17 mit 12 gegen 4 Stimmen; vgl. Verhandlungen des Parlamentarischen Rates, Hauptausschuss, Kurzprotokoll der 30. Sitzung v. 06.01.1949, Drucks. PR. 1/49 -528-, S. 11.

des Begriffes Wasserhaushalt hatte auch der Parlamentarische Rat in seinen Verhandlungen zur Rahmengesetzgebung nicht versucht.[848]

Linckelmann[849] führte aus, dass der Begriff des Wasserhaushalts ein wasserwirtschaftlicher und kein wasserrechtlicher sei. Auch als wasserwirtschaftlicher sei der Begriff jedoch weit entfernt von einer festen Umgrenzung. Dagegen wandte sich Prof. *Dr. Giese* in seinem Rechtsgutachten von 1953, welches den Wasserhaushalt als Gegenstand der Bundeskompetenz betrachtete.[850] Dass der Begriff des Wasserhaushalts auch ein Rechtsbegriff sei, ergebe sich bereits aus der Tatsache, dass das Bonner Grundgesetz den Wasserhaushalt in Art. 75 Nr. 4 zu einem Rechtsbegriff erhoben habe. Nach Ansicht Prof. *Dr. Gieses* ist Wasserhaushalt ein wasserwirtschaftlicher als auch ein rechtlicher Begriff. Abzulehnen sei daher auch die Auffassung des Normenausschusses Wasserwesen in der Fachgruppe Hydrologie, in das Normblatt DIN 4049 keine Begriffsbestimmung des Wasserhaushaltes aufzunehmen, da es sich um einen reinen Rechtsbegriff handele.[851]

Unabhängig von der Einordnung des Begriffs als wasserwirtschaftlich oder rechtlich musste eine einheitliche Definition des Begriffs Wasserhaushalt gefunden werden, um den Umfang der Rahmenkompetenz des Bundes auf dem Gebiet des Wasserhaushaltes zu bestimmen.[852]
Dass der Gesetzgeber den Begriff Wasserhaushalt gewählt hatte, ließ darauf schließen, dass der Begriff des „Haushalts“ den ausschlaggebenden Punkt darstellte. Zwar war „Haushalt“ nicht in finanzwirtschaftlicher Hinsicht zu verstehen, jedoch beinhaltete dieser Begriff in gleicher Weise wie der des Finanzhaushalts das Gleichgewicht zwischen Einnahmen und Ausgaben.[853] Der Begriff des Haushalts bezeichnete damit die Summe aller wasserwirtschaftlichen Maßnahmen, die zu treffen sein würden, um Wasserdarbietung und Wasserverbrauch miteinander in Einklang zu bringen.[854]
Wernicke[855] folgerte daraus, dass unter Wasserhaushalt die quantitative Vorsorge, also die Wassermengenwirtschaft, zu verstehen sei. Eine solche Beschränkung des Begriffs des Wasserhaushalts auf die Wassermengenwirtschaft war

---

[848] Vgl. Verhandlungen des Parlamentarischen Rates, Hauptausschuss, Kurzprotokoll der 30. Sitzung v. 06.01.1949, Drucks. PR. 1/49 -528-, S. 10.
[849] Vgl. Linckelmann, WaWi 1948/49, 197 (197).
[850] Vgl. Giese, Der Wasserhaushalt als Gegenstand der Bundeskompetenz, S. 7.
[851] Vgl. Giese aaO.
[852] Vgl. Wernicke, BB 1951, 43 (44); Witzel, WHG, Einl. II.
[853] Vgl. Wernicke, BB 1951, 43 (44); Giese, Der Wasserhaushalt als Gegenstand der Bundes kompetenz, S. 8.
[854] Vgl. Giese, aaO; Gieseke-Wiedemann-Czychowski, WHG, 5. Auflage, Einl. Nr. 1.
[855] Vgl. Wernicke, BB 1951, 43 (44).

jedoch überwiegend abgelehnt worden.[856] Der Wasserhaushalt beinhalte nicht nur diesen Bereich der Wasserwirtschaft. Wenn man den Wasserhaushalt als die dem Wasserbedarf angeglichene Wasserwirtschaft verstand, dann kam man nicht umhin, neben der Menge auch die Güte des Wassers in den Begriff mit aufzunehmen. Die Definition des Begriffs des Wasserhaushaltes erfuhr somit eine großzügige Fassung. Wasserhaushalt ist als geordnete Bewirtschaftung des ober- und unterirdischen Wassers in quantitativer und qualitativer Hinsicht, also nach Menge und Beschaffenheit, zu verstehen.[857]
Diese Definition liegt dann auch dem WHG zugrunde, da es nicht nur die Erfassung des vorhandenen Wasserbestandes, sondern auch seine haushälterische Schonung, Pflege und bestmögliche Verteilung regelt.

Das Grundgesetz kennt neben dem Begriff des „Wasserhaushalts“ in Art. 75 Nr. 4 GG noch den der „Wasserwirtschaft“ in Art. 89 Abs. 3 GG. Die Einordnung dieser Begriffe und ihre Stellung zueinander waren ebenso umstritten.
In der Begründung zum WHG-Entwurf wurde die Ansicht vertreten, dass die Begriffe Wasserhaushalt und Wasserwirtschaft nichts Verschiedenes meinten.[858] Danach werde die Summe aller Einwirkungen, die unmittelbar oder mittelbar den Wasserhaushalt berühren, üblicherweise als „Wasserwirtschaft“ bezeichnet. Daraus würde sich ergeben, dass die Begriffe „Wasserhaushalt“ und „Wasserwirtschaft“ für das WHG gleichgesetzt werden können.[859] Dem stehe nicht entgegen, dass der Gesetzgeber den Begriff der Wasserwirtschaft an anderer Stelle des Grundgesetzes in Art. 89 Abs. 3 gebraucht habe.[860]
Teilweise wurde jedoch angenommen, dass der Begriff des Wasserhaushalts nicht gleichbedeutend mit dem der Wasserwirtschaft sei.[861] Wasserwirtschaft sei, nach ihrer seit Jahrzehnten anerkannten Begriffsbestimmung, die zielbewusste Ordnung aller menschlichen Einwirkungen auf das ober- und unterirdi-

---

856 So Giese, Wasserhaushalt als Gegenstand der Bundeskompetenz, S. 9; Forsthoff, Fragen der Zuständigkeit des Bundes, S. 25; v. Mangoldt/Klein, Bd. II, Art. 75 Anm. XI. 2; ff; Gieseke, ZfW 1964, 1 (6); BVerfGE 15, 1 (15); 58, 300 (329); Witzel, WHG, Einl. I.

857 Vgl. zu den Begriffsbestimmungen: Witzel, Die künftige Gestaltung des Wasserrechts, S. 29; Giese, Der Wasserhaushalt als Gegenstand der Bundeskompetenz, S. 9; v. Man goldt/Klein, Bd. II, Art. 75 Anm. XI 2; Seifert-Geeb, Bundesrecht, Art. 75 Nr. 4, S. 145; Gieseke-Wiedemann-Czychowski, WHG, 5. Auflage, Einl. Nr. 2; BVerfGE 58, 300 (329).

858 Begründung zum RegE 1956, BT-Drucks. 2072, S. 17.

859 So auch: BVerfGE 15, 1 (15); Breuer Rn. 2; Knopp, Sieder/Zeitler/Dahme, Vorbem. Rn. 5.

860 So Gieseke-Wiedemann-Czychowski, WHG, 5. Auflage, Einl. Nr. 1.; anders: Wernicke, BB 1951, 43 (44).

861 Vgl. Giese aaO; v. Mangoldt/Klein, Bd. II, Art. 75 Anm. XI. 2.

sche Wasser.[862] Wasserwirtschaft sei damit ein Oberbegriff, unter den der Begriff des Wasserhaushalts falle.[863]

2. Die Rahmenkompetenz des Bundes

Durch die Generalklausel des Art. 70 GG[864] war die Gesetzgebungskompetenz nach dem Grundgesetz von 1949 grundsätzlich den Ländern zugewiesen worden. Trotzdem lag das Schwergewicht der Gesetzgebung beim Bund.[865] Das Grundgesetz unterscheidet zwischen der ausschließlichen und der konkurrierenden Gesetzgebungskompetenz (Art. 73, 74 GG) sowie dem Erlass von Rahmenvorschriften durch den Bund (Art. 75 GG).
Das WHG stützt sich fast ausschließlich auf die Kompetenz des Bundes zur Rahmengesetzgebung nach Art. 75 Nr. 4 GG. Danach hat der Bund das Recht, unter den Voraussetzungen des Art. 72 GG Rahmenvorschriften über „die Bodenverteilung, die Raumordnung und den Wasserhaushalt" zu erlassen. Das Gesetzgebungsrecht unterliegt damit einer doppelten Beschränkung insofern, als einerseits die Voraussetzungen des Art. 72 GG vorliegen müssen und andererseits der Begriff der „Rahmenvorschrift" eingehalten werden muss.[866] Dabei sind die Voraussetzungen des Art. 72 GG ebenso einzuhalten, wenn der Bund Rahmenvorschriften nach Art. 75 GG erlässt, wie wenn er eine Materie nach Art. 74 GG erschöpfend regelt.[867] Der Erlass von Rahmenvorschriften erfordert damit zunächst ein Bedürfnis nach bundesgesetzlicher Regelung. Ein solches lag nach Art. 72 Abs. 2 GG a. F. vor, wenn:

1. eine Angelegenheit durch die Gesetzgebung einzelner Länder nicht wirksam geregelt werden konnte oder
2. die Regelung einer Angelegenheit durch ein Landesgesetz die Interessen anderer Länder oder der Gesamtheit beeinträchtigen könnte oder
3. die Wahrung der Rechts- oder Wirtschaftseinheit, insbesondere die Wahrung der Einheitlichkeit der Lebensverhältnisse über das Gebiet eines Landes hinaus sie erforderte.

---

862 Vgl. Definition durch Fachnormenausschuss „Wasserwesen" im Deutschen Normenausschuss, Normenblatt DIN 4049 v. März 1954, unter 1.13.

863 Vgl. v. Mangoldt/Klein, Bd. II, Art. 75 Anm. XI. 2; Schmuck, DöV 1964, 73 (75).

864 Sämtliche aufgeführten Artikel beziehen sich auf das Grundgesetz vom 23.05.1949 (BGBl. S. 1) in der während des Erlasses des WHG geltenden Fassung.

865 Vgl. v. Mangoldt, Grundgesetz, VII. Abschnitt, Vorbem. Nr. 3.

866 Vgl. v. Mangoldt/Klein, Bd. II, Art. 75 Anm. III, S. 1686; so auch schon Giese, Der Was serhaushalt als Gegenstand der Bundeskompetenz, S. 27, der allerdings von einer Be schränkung und Bedingung der Kompetenz sprach.

867 BVerfGE 4, 115 (127); zustimmend: Maunz, Bayr. VerwBl. 1955, 2 (3).

Ob diese Voraussetzungen des Art. 72 Abs. 2 GG für den Erlass von Rahmenvorschriften gegeben waren, entscheidet allein der Bundesgesetzgeber nach seinem pflichtgemäßen Ermessen.[868] Nach der Begründung zum RegE 1956 sah der Gesetzgeber des WHG die Voraussetzungen des Art. 72 Abs. 2 GG als gegeben an.[869] Da sich wasserwirtschaftliche Maßnahmen zumeist auf mehrere Länder erstrecken oder auswirken würden, könnten die sich daraus ergebenden Rechtsfragen und Schwierigkeiten nicht durch die Gesetzgebung eines einzelnen Landes geregelt werden (Art. 72 Abs. 2 Nr. 1 GG).[870] Ferner könnten die Auswirkungen einer wasserwirtschaftlichen Maßnahme eines Landes die Interessen der Bewohner eines anderen Landes beeinträchtigen, so dass nur durch ein Bundesgesetz die Interessen aller Beteiligten sichergestellt werden könnten (Art. 72 Abs. 2 Nr. 2 GG).[871] Zuletzt sei es der Rechts- und Wirtschaftseinheit abträglich, wenn in den einzelnen Ländern, wie es derzeit der Fall sei, die Benutzung der Gewässer in verschiedenartigster Weise geregelt sei (Art. 72 Abs. 2 Nr. 3 GG).[872]

Schon der Bundesrat hatte in seinem Beschluss vom 25.04.1952 die Bundesregierung ersucht, von ihrem Recht zum Erlass von Rahmenvorschriften auf dem Gebiete des Wasserhaushalts gemäß Art. 75 Nr. 4 GG baldmöglichst Gebrauch zu machen.[873] Zur Begründung führte er den allseitig gesteigerten Wasserbedarf der Bevölkerung, in der Landwirtschaft sowie in Gewerbe und Industrie bei gleichzeitiger Verschlechterung der Beschaffenheit der fließenden Gewässer und Abwässer an. Zusätzlich verwies er auf das Absinken des Grundwasserspiegels, so dass eine Neuregelung des gesamten Wasserrechts unbedingt erforderlich sei. Das für die Gesamtheit des deutschen Wasservorrats und der deutschen Wasserwirtschaft unbedingt erforderliche Mindestmaß einer einheitlichen Gesetzgebung solle durch den Erlass von Rahmenvorschriften geschaffen werden. Der Bundesrat forderte hierbei, dass der Begriff der Rahmenvorschriften so weitreichend wie verfassungsrechtlich möglich gedeutet werden solle. Der Bundestag hatte sich diesem Anliegen in seiner 66. Sitzung am 17.02.1955 angeschlossen und forderte die Bundesregierung auf, die in Arbeit befindlichen Ge-

---

868 Vgl. BVerfGE 4, 115 (127).

869 Vgl. Begründung zum RegE 1956, BT-Drucks. 2072, S. 19.

870 Vgl. Begründung zum RegE 1956 aaO.

871 Vgl. Begründung zum RegE 1956 aaO.

872 Zum damaligen Zeitpunkt hatten im Bundesgebiet 119 verschiedene Wassergesetze Geltung. Dies war auch in einem föderalistischen Staat kaum vertretbar (vgl. Begründung zum RegE 1956 aaO).

873 Vgl. BR-Drucks. 137/52; Beschluss des Bundesrates vom 25.04.1952, Bericht von der 83. Sitzung des Deutschen Bundesrates S. 174 B .

setzentwürfe im Hinblick auf wassergesetzliche Rahmenbestimmungen voranzutreiben.[874]

a) Der Begriff der Rahmenkompetenz in der Ausprägung des Bundesverfassungsgerichts (BVerfGE 4, 115)

Wieweit diese Rahmenkompetenz des Bundes beim Erlass von wassergesetzlichen Rahmenvorschriften reicht, richtete sich nicht nach den Voraussetzungen des Art. 72 Abs. 2 GG, sondern allein nach dem in Art. 75 GG enthaltenen Rechtsbegriff der „Rahmenvorschriften".[875] Das Bundesverfassungsgericht hatte in seiner Grundsatzentscheidung vom 01.12.1954[876] über die Rahmenkompetenz des Bundes den Begriff des Rahmengesetzes in geschichtlicher und teleologischer Betrachtung erläutert.[877] Anknüpfungspunkt für die Auslegung war danach die Weimarer Reichsverfassung, welche in Art. 10 und 11 WRV die Befugnis für das Reich beinhaltete, „Grundsätze" für gewisse Rechtsgebiete aufzustellen.[878] Das Wesen dieser Grundsatzgesetzgebung war darin gesehen worden, dass das Reich befugt war, „allgemeine, leitende Rechtssätze, Richtlinien" zu erlassen, „welche der näheren Ausführung, der Ausgestaltung im Einzelnen, insbesondere unter dem Gesichtspunkt ihrer Anpassung an die besonderen Verhältnisse der einzelnen Länder, ebenso fähig wie bedürftig" waren.[879] Dass das Grundgesetz in Art. 75 nunmehr den anders lautenden Begriff „Rahmenvorschriften" gebrauchte, bedeutete dabei nicht, dass das Maß der bundesgesetzlichen Regelung durch das Grundgesetz anders bestimmt sein sollte als zur Zeit der Weimarer Reichsverfassung. Die Bezeichnung sollte jeden Zweifel darüber ausschließen, dass bundesrechtliche Vorschriften, die auf Art. 75 GG gestützt wurden, nicht nur Richtlinien für die Landesgesetzgebung, sondern auch unmittelbar geltende Rechtssätze enthalten dürfen. Dies galt auch schon für die Weimarer Grundsatzgesetzgebung, war in seiner Zulässigkeit jedoch bestritten.[880]

Machte der Bund von seiner Befugnis nach Art. 75 GG Gebrauch, so blieb die grundsätzliche Gesetzgebungskompetenz der Länder erhalten. Die Rahmenkompetenz des Art. 75 GG setzte ein Tätigwerden der Länder praktisch voraus.

---

[874] Vgl. BT-Drucks. 561/55.
[875] Vgl. BVerfGE 4, 115 (127).
[876] Vgl. BVerfGE 4, 115 (129).
[877] Vgl. Maunz, Bayr. VerwBl. 1955, 2 (3).
[878] Vgl. BVerfGE 4, 115 (128); so auch Giese, Der Wasserhaushalt als Gegenstand der Bundeskompetenz, S. 20.
[879] Vgl. Anschütz, Die Verfassung des Deutschen Reiches, Art. 10, 11 Anm. 1; gutachtliche Erklärung der Reichsregierung (Reichsminister des Innern) v. 09.04.1924 in: Poetzsch-Heffter, Reichsverfassung, S. 101.
[880] Vgl. BVerfGE 4, 115 (128f.); Maunz, Bayr. VerwBl. 1955, 2 (3).

Der Bund durfte dementsprechend nur einen Rahmen setzen. Dies beinhaltete, dass das Bundesgesetz nicht für sich allein bestehen konnte, sondern darauf angelegt sein musste, durch Landesgesetze ausgefüllt zu werden.[881] Erließ der Bundesgesetzgeber Rahmenvorschriften, so musste er im Hinblick auf das zu ordnende Sachgebiet den Ländern noch etwas von substantiellem Gewicht zu regeln übrig lassen.[882] Rahmengesetze mussten dem Landesgesetzgeber daher Raum für Willensentscheidungen in der sachlichen Rechtsgestaltung lassen und ihn nicht darauf beschränken, nur zwischen vorgegebenen Möglichkeiten zu wählen.[883] Bundesgesetze waren nach dieser Auslegung nur dann Rahmengesetze gemäß Art. 75 GG, wenn sie nach Inhalt und Zweck der Ausfüllung durch freie Willensentscheidung des Landesgesetzgebers fähig und bedürftig in dem Sinne waren, dass erst mit dieser Ausfüllung das Gesetzgebungswerk über den zu ordnenden Gegenstand in sich geschlossen und vollziehbar wurde.[884]

b) Die Umsetzung des WHG als Rahmengesetz nach Art. 75 GG

Die Entscheidung des Bundesverfassungsgerichts wurde zum Maßstab bei der Gestaltung der Rahmenvorschriften des neuen Wasserhaushaltsgesetzes.
Dies gestaltete sich anfangs schwierig, da die beteiligten Ministerien zunächst auf der Weiterbearbeitung ihrer Teilgesetzentwürfe bestanden. Zwar stimmten sie der Schaffung eines einheitlichen Rahmengesetzes grundsätzlich zu, jedoch sahen sie zunächst keine Möglichkeit, einen einheitlichen Gesetzentwurf in kürzester Zeit fertig zu stellen.[885] Das BVM betrachtete seinen Reinhalteentwurf sogar als Einzelgesetz, welches sich auf die Kompetenz des Bundes nach Art. 89 i.V.m. Art. 74 Nr. 21 GG stützte. BWM und BIM hielten es auf Grund der Dringlichkeit des Erlasses von Wasserschutzvorschriften für notwendig, ihre Entwürfe als Teilgesetze im Vorhinein zu erlassen.[886]

Das BELF hatte mehrfach versucht eine alleinige Fortführung seines Entwurfes eines Bundeswassergesetzes zu erreichen[887], dies scheiterte jedoch an der nicht vorlagereifen Konzeption des Entwurfes. Nachdem das BELF seinen Entwurf

---

881 Vgl. BVerfGE 4, 115 (129).
882 Vgl. BVerfGE 4, 115 (129).
883 Vgl. Maunz, Bayr. VerwBl. 1955, 2 (4); BVerfGE 4, 115 (130).
884 Vgl. BVerfGE 4, 115 (130); Maunz, Bayr. VerwBl. 1955, 2 (4).
885 So die Bedenken des BVM, des BWM und des BIM auf der IMA-Sitzung v. 09.03.1955, vgl. Protokoll Nr. 1 der 1. Sitzung des erweiterten IMA v. 09.03.1955.
886 Vgl. Protokoll der 1. Sitzung des erweiterten IMA v. 09.03.1955.
887 So in den Kabinettsvorlagen des BMi für Ernährung, Landwirtschaft und Forsten vom 13.11.1953 und 15.02.1954.

im Hinblick auf die Rechtsprechung des Bundesverfassungsgerichts zu Art. 75 Nr. 4 GG überarbeitet hatte, stellte sich die Situation anders dar.[888]

Mit seinem 5. und letzten Entwurf vom 15.04.1955 legte das BELF dann einen Gesetzentwurf zur Ordnung des Wasserhaushaltes vor, der die Grundlage für das spätere Wasserhaushaltsgesetz als ein Rahmengesetz bildete und sich ausschließlich auf Art. 75 Nr. 4 GG stützte.[889] Die vorherigen Entwürfe für ein Bundeswassergesetz waren ihrem Charakter nach mehr Mischgesetze, die sich sowohl auf Art. 75 Nr. 4 GG, als auch auf Art. 74 GG stützten. Durch den Beschluss der Fortführung des 5. Entwurfes des BELF als ein einheitliches Wassergesetz[890] wurde die Neukonzeption eines auf Art. 75 Nr. 4 GG gestützten Rahmengesetzes übernommen.

c) Einhaltung der Rahmenkompetenz durch das WHG

aa) Die Fortführung des Entwurfs eines Bundeswassergesetzes als Rahmenge setz

Der Entwurf eines Wasserhaushaltsgesetzes wurde trotz unterschiedlicher Stellungnahmen der Länder und der Spitzenverbände keiner weiteren Veränderung in Bezug auf seinen Charakter als Rahmengesetz unterzogen. Die Notwendigkeit der Schaffung eines einheitlichen Wassergesetzes machte es unumgänglich, ein Wasserhaushaltsgesetz zum damaligen Zeitpunkt zu erlassen. Auch wenn die Gesetzgebungskompetenz des Bundes für die Schaffung eines einheitlichen Gesamtwerkes auf dem Gebiet des Wasserrechts teilweise als nicht befriedigend angesehen wurde, so war die Ausnutzung der bestehenden Rahmenkompetenz der erste Schritt auf dem Weg zu einem einheitlichen Wassergesetz.[891] Die Gefahr einer weiteren Rechtszersplitterung bestand durch den Entwurf nicht, da es verfassungsrechtlich vorgesehen sei, dass 10 Landesgesetze erlassen werden.[892] Ebenso sei es einem einheitlichen Wassergesetz nicht förderlich, die Wasserrechtsproblematik, wie von einzelnen Ländern gefordert, in die Landeswassergesetze zu verschieben. Dies würde die bestehende Rechtszersplitterung nur fördern.[893]

---

888 Vgl. Protokoll Nr. 3 der 3. Sitzung des erweiterten IMA v. 10.05.1955.

889 Siehe oben S. 133 ff.

890 Beschluss des IMA auf seiner 3. Sitzung am 10.05.1955, vgl. Sitzungsprotokoll der 3. Sitzung des IMA.

891 Vgl. Gieseke, RdWWi Heft 9, 7 (26); so auch der 2. Sonderausschuss in seinem schriftlichen Bericht über den WHG-Entwurf; BT-Drucks. 3536, S. 2.

892 Vgl. Ausführungen MR *Ebersberg* (BMJ) auf der Sitzung des IMA mit den Spitzenverbänden am 15.11.1955.

893 So BMi *Kraft* auf der 152. Sitzung des Bundesrates am 20.01.1956, S. 6D.

In den späteren Beratungen des Entwurfes in den Ausschüssen des Bundesrates wurde die Einhaltung der Rahmenkompetenz im eigentlichen bejaht.[894] Lediglich einzelne Vorschriften wichen von den aufgestellten Grundsätzen der Rahmenkompetenz ab.[895] Auf Grund der Empfehlungen seiner Ausschüsse sprach sich dann der Bundesrat für die Streichung der Vorschriften aus, die seiner Ansicht nach gegen die Rahmenkompetenz verstießen.[896]

Der 2. Sonderausschuss des Bundestages empfahl in seinem schriftlichen Bericht, die vom Bundesrat als verfassungsrechtlich bedenklich bezeichneten Vorschriften zu streichen. Er nahm eine Umgestaltung des Entwurfes vor, welche die Vorschriften, welche nicht unbedingt vordringlich oder als verfassungsrechtlich zweifelhaft erschienen, nicht mehr enthielt. Die vom 2. Sonderausschuss bereinigte Fassung des Entwurfes eines Wasserhaushaltsgesetzes wurde als Wasserhaushaltsgesetz in der späteren Sitzung des Bundestages verabschiedet und erhielt die Zustimmung des Bundesrates.

bb) Das WHG - als Rahmengesetz

Dass sich das letztlich erlassene Wasserhaushaltsgesetz im Rahmen dessen hielt, was Art. 75 Nr. 4 GG zuließ, ist nicht zu bezweifeln. Der Begriff des „Wasserhaushalts" dürfte schon aus der „Natur der Sache" eine weitestgehende planende Regelung durch den Bund nicht nur zulässigerweise, sondern sogar notwendigerweise erfordern.[897] Eine einengende Auslegung des Begriffs „Rahmengesetzgebung" wäre bei einer natürlichen und begrifflich so weiträumigen Angelegenheit wie der Bewirtschaftung des Wasserhaushalts fehl am Platze. Auf dem Gebiete des Wasserrechts konnte daher nicht weitgehend genug von der Rahmenkompetenz Gebrauch gemacht werden.[898] Dass diese Ansicht auch den Ländern nicht fremd war, bewies der Beschluss des Bundesrates vom 25.04.1952,[899] in welchem die Bundesregierung aufgefordert wurde, von ihrer Kompetenz zum Erlass von Rahmenvorschriften baldmöglichst Gebrauch zu machen. In der Begründung wurde entsprechend ausgeführt, dass der Begriff der „Rahmenvorschrift" so weit wie möglich ausgelegt werden sollte. Diese Ausführungen bestä-

---

[894] Vgl. Auffassungen der untergeordneten Ausschüsse, siehe oben S. 198.
[895] Siehe oben S. 198 f.
[896] Vgl. Änderungsvorschläge des Bundesrates zum RegE 1956, Anlage 2 zur BT Drucks. 2072.
[897] Vgl. Giese, Der Wasserhaushalt als Gegenstand der Bundeskompetenz, S. 29.
[898] Vgl. Giese aaO.
[899] Vgl. BR-Drucks. 137/52.

tigten, dass es auch die Länder für erforderlich hielten, beim Ausmaß der rahmengesetzlichen Planung bis an die äußerste Grenze zu gehen.[900]
Das letztendlich erlassene Wasserhaushaltsgesetz hielt sich an eben diese durch Art. 75 GG gesetzten Grenzen der Rahmengesetzgebung, welche durch das Urteil des Bundesverfassungsgerichts noch konkretisiert wurden.[901] Mag man auch darüber streiten, ob eine weitestgehende Ausnutzung der Rahmenkompetenz des Art. 75 GG letztlich in dem Gesetz zu sehen sei, so versuchte es doch eine umfassende Regelung der wasserwirtschaftlichen Bereiche der Wassermengen- und -gütewirtschaft, die sich im Begriff des Wasserhaushalts vereinen. Das Wasserhaushaltsgesetz enthält entsprechend seinem Charakter nur wenige abschließende Bestimmungen und überließ vieles den Ausfüllungsgesetzen der Länder. Diese waren dann entsprechend umfangreich und von substantiellem Gewicht.[902] Das Wasserhaushaltsgesetz ist auf diese Ausfüllungsfähigkeit angelegt und überlässt es den Ländern, Willensentscheidungen in der sachlichen Rechtsgestaltung zu treffen.[903] Darüber hinaus behandelt das Wasserhaushaltsgesetz bestimmte Gegenstände gar nicht und überlässt diese im Ganzen der Landesgesetzgebung. Dies folgt schon daraus, dass die Gesetzgebungszuständigkeit der Länder in Art. 75 GG über die Ausfüllung des Bundesrahmengesetzes hinausgeht.[904]

So überließ das Wasserhaushaltsgesetz der Regelung der Länder:

- die Eigentumsverhältnisse an den Gewässern,
- die Eigentumsgrenzen im Gewässerbett und am Ufer,
- die Bestimmung der Uferlinie,
- die rechtlichen Verhältnisse, wenn oberirdische Gewässer durch natürliche Vorgänge ihr Bett verlegen oder wenn Inseln und Anlandungen im Gewässerbett entstehen,
- die Zwangsrechte für die Inanspruchnahme von Grundstücken zur Durchführung des Wassers durch fremde Grundstücke oder zum Anschluss wasserwirtschaftlicher Anlagen
- die Einteilung der Gewässer nach ihrer wasserwirtschaftlichen Bedeutung (in verschiedene Klassen, wie im Preuß. WG, oder in öffentliche und private Gewässer, wie in anderen Wassergesetzen)
- die Regelung für Stauanlagen und Talsperren
- die behördlichen Zuständigkeiten
- die Bildung und Mitwirkung von Wasserbeiräten und Schauämtern
- Vollzugsvorschriften.

---

900 Vgl. Giese, Der Wasserhaushalt als Gegenstand der Bundeskompetenz, S. 31.
901 Vgl. BVerfGE 4, 115.
902 Vgl. Witzel, WHG, Einl. III. S. 6.
903 Vgl. Witzel aaO.
904 Vgl. Gieseke, RdWWi Heft 9, 7 (9).

Trotz der Begrenzung der Gesetzgebungskompetenz in Art. 75 GG bedeutete der Begriff „Rahmenvorschrift" nicht, dass der Bund sich auf die Festlegung von begrenzenden Normen zu beschränken brauchte und keinen Einfluss auf die sachlichen Regelungen der Länder nehmen durfte. Der Gesetzgeber konnte vielmehr den Wesensgehalt einer Rechtseinrichtung insoweit „erschöpfend" regeln und verbindliche Grundsätze für den Wasserhaushalt festlegen, als das Gesetz für die Länder noch ausfüllfähig blieb.[905] In diesem Sinne hatte schon *Anschütz* zur Grundsatzgesetzgebung der Weimarer Reichsverfassung ausgeführt, dass der Gesetzgeber die in den Artikeln angeführten Angelegenheiten nicht restlos kodifizieren dürfe, sondern vielmehr bei der Aufstellung seiner Grundsätze der Landesgesetzgebung einen angemessenen, d.h. mindestens den zur Berücksichtigung der besonderen Verhältnisse und Bedürfnisse der Länder erforderlichen, Spielraum zu überlassen habe.[906] Solange diese unterste Grenze eingehalten wurde, war eine „erschöpfende" Regelung demnach möglich.

Das die Regelung der Nutzungsbefugnisse daher nicht, wie teilweise gefordert, den Ländern überlassen wurde, lag in der Natur der Sache, eine bundeseinheitliche Ordnung des Wasserhaushaltes herbeizuführen. Eine erschöpfende Regelung waren die Vorschriften über die Benutzungsbefugnisse dennoch nicht. Das galt auch für das „Kernstück des Entwurfes", der in § 2 statuierten Vorkontrolle für sämtliche zukünftige Gewässerbenutzungen. Sah die Vorschrift doch vor, dass Benutzungen der Erlaubnis oder Bewilligung bedürfen, soweit sich nicht aus den im Rahmen des Gesetzes erlassenen landesrechtlichen Bestimmungen etwas anderes ergab. Gerade dieser Zusatz verdeutlichte den Rahmencharakter des Gesetzes, indem er den Ländern die Möglichkeit gab, in notwendig erscheinenden Fällen von dem grundsätzlichen Erfordernis der Erlaubnis oder Bewilligung Ausnahmen zuzulassen.[907] Eine grundsätzliche Regelung durch den Bund war jedoch erforderlich, da im Interesse der Erhaltung des Wasserschatzes in Menge und Beschaffenheit der freien Verfügungsgewalt des Einzelnen grundsätzlich Einhalt geboten werden musste. Dementsprechend wurde auch das „Wohl der Allgemeinheit" zum tragenden Begriff des Gesetzes und zum Ausgangspunkt aller zu treffenden Maßnahmen.[908]

d) Uniformierung des Wasserrechts

Das Wasserhaushaltsgesetz führt, entgegen anders lautender Ansichten einiger Länder, trotz der verfassungsrechtlichen Schranken der Gesetzgebungskompe-

---

[905] Vgl. Wüsthoff, Wasserrecht 1962, S. 22; Maunz, Bayr. VerwBl. 1955, 2 (4); ähnlich auch BVerfGE 4, 115 (129); so auch v. Mangoldt, Grundgesetz, Art. 75 Nr. 2; vgl. auch die Begründung zum RegE 1956, BT-Drucks. 2072, S. 19.

[906] Vgl. Anschütz, Die Verfassung des Deutschen Reiches, Art. 10, 11 Nr. 1, S. 89

[907] Vgl. Witzel, WHG, § 2 Nr. 3.

[908] Vgl. Schriftlicher Bericht des 2. Sonderausschusses, BT-Drucks. 3536, S. 4.

tenz nicht zu einer Vergrößerung der vorhandenen Rechtszersplitterung. Das Gesetz stellt Leitlinien und Richtsätze auf, die für die Ausführungsgesetze der Länder maßgebend wurden und diese gleichsam wie „Korsettstäbe“ durchzogen. So kam es trotz der nicht verringerten Anzahl der Landeswassergesetze zu einer Uniformierung des Wasserrechtes.[909]

Wie dem Namen zu entnehmen ist, beschränkt sich das Wasserhaushaltsgesetz auf die Ordnung des Wasserhaushalts, also auf das im natürlichen Kreislauf befindliche Wasser. Es gilt daher nicht für das vom natürlichen Wasserhaushalt abgesonderte, in Leitungen oder anderen Behältnissen „gefasste“ Wasser, mithin also nicht für das Wasser in Versorgungsleitungen. Ebenso gelten die Vorschriften nicht für Anlagen, die der Abwasserbehandlung dienen und schließlich auch nicht für die Verhältnisse des Meeres und seiner Ufer, der Meeresarme und Meeresbuchten.[910] Da somit zahlreiche Fragen der Ausfüllungsgesetze der Länder überlassen werden, entsteht ein für die Anwendung in der Praxis ausreichendes Gesetzeswerk erst nach Erlass der Ausfüllungsgesetze.[911] Aus diesem Grunde hatte der Gesetzgeber das Wirksamwerden des Gesetzes nicht mit dessen Verkündung am 27.07.1957 angeordnet, sondern in § 45 auf einen späteren Zeitpunkt, den 01.03.1959 festgesetzt. Den Ländern sollte ausreichend Zeit bleiben, ihre Wassergesetze zu erlassen. Da sich die in § 45 festgesetzte Zeitspanne im weiteren Verlauf als zu kurzfristig erwies, wurde mit Änderungsgesetz vom 19.02.1959 das Inkrafttreten des Wasserhaushaltsgesetzes auf den 01.03.1960 verschoben.[912]

e) Die Änderung der Rahmenkompetenz durch das Gesetz zur Änderung des Grundgesetzes vom 27.10.1994

Im Zuge der Deutschen Einheit und im Rahmen der Verwirklichung des Art. 5 des Einigungsvertrages wurde 1994 eine Neufassung der Rahmenkompetenz vorgenommen. Hintergrund war die Forderung der Länder nach einer Stärkung des Förderalismus.[913] In der Begründung zum darauf aufbauenden Entwurf eines Gesetzes zur Änderung des Grundgesetzes[914] wurde ausgeführt, dass die bis dahin durch den Bund wahrgenommene Rahmenkompetenz häufig in einer Intensität erfolgt war, die den Ländern kaum hinlänglich Raum ließ für Regelungen von substantiellem Gewicht. Insbesondere habe der Bund oft auch ins Einzelne

---

[909] Vgl. Schriftlicher Bericht des 2. Sonderausschusses Wasserhaushaltsgesetz, BT-Drucks. 3536, S. 2.
[910] Vgl. Witzel, WHG, Einl. III., S. 7; Begründung zum RegE 1956, BT-Drucks. 2072, S. 21.
[911] Vgl. Witzel, WHG, Einl. III., S. 7.
[912] Vgl. BGBl. I, S. 37.
[913] Vgl. Schmidt-Bleibtreu/Klein, GG, Art. 72 Rn. 1.
[914] Vgl. BT-Drucks. 12/6633; BT-Drucks. 12/7109.

gehende bzw. erschöpfende Regelungen getroffen und sich nicht auf die grundsätzliche Adressierung an den Landesgesetzgeber beschränkt. Der Grundgedanke der Rahmengesetzgebung als Verfahren der kooperativen Rechtssetzung war daher oft nicht vollständig gewahrt worden.[915] Mit dem Gesetz zur Änderung des Grundgesetzes vom 27.10.1994[916] wurde daher einerseits die Bedürfnisklausel des Art. 72 Abs. 2 GG eingegrenzt und andererseits der Rahmencharakter durch eine Neufassung des Art. 75 GG schärfer konkretisiert und nachhaltiger gesichert.[917]

aa) Die Bedürfnisklausel des Art. 72 Abs. 2 GG

Die Bedürfnisklausel des Art. 72 Abs. 2 GG wurde nunmehr auf zwei Alternativen - die Herstellung der gleichwertigen Lebensverhältnisse im Bundesgebiet und die Wahrung der Rechts- und Wirtschaftseinheit im gesamtstaatlichen Interesse - begrenzt. Dass statt des Begriffes „Wahrung der Einheitlichkeit der Lebensverhältnisse“ nunmehr die „Herstellung gleichwertiger Lebensverhältnisse“ normiert wurde, erfolgte vor allem im Hinblick auf die Herstellung der inneren Einheit der Bundesrepublik Deutschland.[918] Die Wahrung der Rechtseinheit bedeutete dabei das Gelten gleicher Rechtsnormen für die gleiche Angelegenheit in mehreren oder allen Ländern.[919]
Gerade auf dem Gebiet des Wasserhaushalts setzt der Schutz oberirdischer Gewässer in Deutschland, der gewässereinzugsgebietbezogen und damit länderübergreifend ist, eine solche rechtseinheitliche Konzeption voraus.[920]
So spricht beim Zulassungsrecht der Benutzungen ein gesamtstaatliches Interesse an bundeseinheitlichen Nutzungsanforderungen für die Gewässer für die Erforderlichkeit einer rahmenrechtlichen Regelung i.S.d. Art. 75 Abs. 1 i.V.m. Art. 72 Abs. 2 GG.
Auch um Unterschiede der Landeswassergesetze im Schutzniveau und bei der Bewirtschaftung der Gewässer zu vermeiden, ist die Inanspruchnahme der Rahmengesetzgebung gerechtfertigt.[921]

---

915 Vgl. BT-Drucks. 12/6633, S. 9; BT-Drucks. 12/7109, S. 10.
916 Vgl. BGBl. 1994 I, S. 3146.
917 Vgl. Knopp, Sieder/Zeitler/Dahme, WHG, Vorbem. Rn. 3d.
918 Vgl. Knopp, Sieder/Zeitler/Dahme, WHG, Vorbem. Rn. 3d.
919 Vgl. Maunz, Maunz/Dürig, Bd. IV, Art. 72 Rn. 23; Kunig, v. Münch/Kunig, GG, Art. 72 Rn. 20.
920 Vgl. Knopp, Sieder/Zeitler/Dahme, WHG, Vorbem. Rn. 3d.
921 Vgl. Knopp, Sieder/Zeitler/Dahme aaO.

bb) Die Neufassung des Art. 75 GG

Art. 75 GG erhielt eine Änderung dahingehend, dass in Absatz 1 im Eingangssatz die Worte „für die Gesetzgebung der Länder“ nach „Rahmenvorschriften“ eingefügt wurden. Weiterhin wurde ein neuer Absatz 2 und 3 angefügt.[922] Die Neufassung des Art. 75 Abs. 2 GG, dass „Rahmenvorschriften nur in Ausnahmefällen in Einzelheiten gehende oder unmittelbar geltende Regelungen enthalten“ dürfen, sollte zum Ausdruck bringen, dass Durchbrechungen des Rahmencharakters von Vorschriften sich künftig nur auf eng begrenzte Ausnahmefälle beschränken durfte. Ziel der Änderung war es, die Rahmenkompetenz schärfer zu konturieren und ihren Rahmencharakter nachhaltig zu sichern.
Das Bundesverfassungsgericht ging in seiner oben angeführten Entscheidung von Anfang an auf Grund der historischen Auslegung des Begriffs „Rahmenvorschrift“ davon aus, dass der Kreis der Normadressaten nicht auf die Länder beschränkt sei.[923] Der Begriff beinhalte vielmehr, dass derartige Vorschriften auch als unmittelbar geltendes Recht ausgestaltet sein dürften. Es ging weiter davon aus, dass ins Einzelne gehende Regelungen grundsätzlich dem Charakter eines Rahmengesetzes entsprächen.
Es komme hierbei nur darauf an, dass das Gesetz als Ganzes durch die Länder ausfüllungsfähig und -bedürftig sei. Darüber hinaus prägte das Bundesverfassungsgericht den Begriff der „Vollregelung mit unmittelbarer Wirkung“ für Art. 75 GG.[924] Damit waren Regelungen gemeint, welche an den Bürger adressiert waren und eine Regelungsintensität aufwiesen, die insoweit eine Gesetzgebungstätigkeit der Länder ausschloss. Der neu formulierte Art. 75 GG diente der Änderung des bisherigen Charakters der Rahmenkompetenz, wie er in der Rechtsprechung des Bundesverfassungsgerichts ausgeprägt wurde- und sollte die kompetenziellen Regelungsmöglichkeiten der Länder stärken.[925] Deshalb waren nunmehr unmittelbar geltende Regelungen grundsätzlich ausgeschlossen. Ferner durften Rahmenvorschriften nur noch an die Gesetzgebung der Länder adressiert werden und nicht mehr unmittelbar den Bürger bindendes Recht setzen.[926]

---

[922] **Art. 75 GG:**
(1) .....
(2) Rahmenvorschriften dürfen nur in Ausnahmefällen in Einzelheiten gehende oder unmittelbar geltende Regelungen enthalten.
(3) Erläßt der Bund Rahmenvorschriften, so sind die Länder verpflichtet, innerhalb einer durch das Gesetz bestimmten angemessenen Frist die erforderlichen Landesgesetze zu erlassen.

[923] Vgl. BVerfGE 4, 115 (128f.).

[924] Vgl. BVerfGE 43, 291 (343).

[925] Vgl. BT-Drucks. 12/7109, S. 10; BT-Drucks. 12/6633, S. 9.

[926] Vgl. BT-Drucks. 12/6633, S. 10; BT-Drucks. 12/7109, S. 10.

Welche quantitativen und qualitativen Kriterien an die Begründung für die Inanspruchnahme des neuen Art. 75 Abs. 2 GG nunmehr zu stellen waren, konnte nicht vorgeschrieben werden. Vielmehr obliegt es der einzelnen Gesetzesbegründung, darzulegen, dass es sich von Normumfang und Norminhalt um eine Ausnahmeregelung handelt. Ebenso muss dann erklärt werden, warum diese Regelung notwendig ist und nicht den Ländern überlassen werden konnte.[927]

Da im Interesse einer Ordnung des Wasserhaushalts, die für den Schutz und die Bewirtschaftung der Gewässer normierten Benutzungsregelungen eine ganz zentrale Bedeutung haben, ist es gerechtfertigt, auch künftig die Zulassungsanforderungen, die sowohl das Umweltschutzniveau als auch die Nutzungs- und Wettbewerbsbedingungen bestimmen, möglichst genau im WHG festzulegen. Den Ländern verbleibt dann auch unter Zugrundelegung der engeren Voraussetzungen für ein Rahmengesetz ein eigener Regelungsspielraum.[928] Das Wasserhaushaltsgesetz entspricht damit auch nach der Neufassung von Art. 75 GG den Grundsätzen der Rahmengesetzgebung.

3. Die Kompetenz an den Bundeswasserstraßen

Besonders unübersichtlich war die Kompetenzlage betreffend die Bundeswasserstraßen. Die Kompetenz zur Regelung der Rechtsverhältnisse an den Bundeswasserstraßen zählte mit Art. 74 Nr. 21 GG zur konkurrierenden Gesetzgebung und war damit dem Vorbehalt des Art. 72 Abs. 2 GG unterstellt. Unklar war jedoch, wie weit diese Kompetenz des Bundes in Bezug auf die Wasserstraßen reichte, ob sie insbesondere die gesetzgeberische Vorsorge für die Reinhaltung des Wassers der Bundeswasserstraßen mit umfasste. Ebenso umstritten war der Umfang der dem Bund zustehenden Verwaltungsbefugnis in Ansehung der Wasserstraßen.

a) Der Begriff der Bundeswasserstraße

Der Begriff der Wasserstraße findet sich in drei Vorschriften: in Art. 74 Nr. 21 GG, Art. 87 Abs. 1 GG und Art. 89 GG. Eine nähere Bestimmung, was Wasserstraßen sind, ist in Art. 89 GG enthalten. Aus dieser Vorschrift ergibt sich, dass die Bundeswasserstraßen mit den ehemaligen Reichswasserstraßen identisch sind. Art. 89 GG verweist damit auf Art. 97 WRV. Nach Art. 97 WRV war es Aufgabe des Reiches, die dem allgemeinen Verkehr dienenden Wasserstraßen in sein Eigentum und seine Verwaltung zu übernehmen. Entsprechend waren durch

---

[927] Vgl. Knopp, Sieder/Zeitler/Dahme, WHG, Vorbem. Rn. 3d; Gramm, DöV 1999, 540 (543).

[928] Vgl. Knopp, Sieder/Zeitler/Dahme, aaO.

das „Gesetz über den Staatsvertrag betreffend den Übergang der Wasserstraßen von den Ländern auf das Reich“ vom 29.07.1921[929] - Staatsvertrag - die in dessen Anlage A aufgeführten Binnenwasserstraßen in der dort bezeichneten Länge sowie die - im einzelnen nicht bestimmten- Seewasserstraßen von den Ländern auf das Reich übergegangen (§ 1 Abs. 1 Ziff. a) Staatsvertrag).
Durch Art. 89 GG ist der Bund daher Eigentümer der bisherigen Reichswasserstraßen geworden, die er gemäß Art. 89 Abs. 2 S. 1 GG als Bundeswasserstraßen durch eigene Behörden verwaltet.[930] Aus der Verbindung der Vorschriften ergibt sich, dass Bundeswasserstraßen die vom Staatsvertrag und seinen Nachträgen erfassten Wasserstraßen sind. Der Begriff der Bundeswasserstraße ist damit nach seinen äußerlichen Merkmalen festgelegt.[931]

Das Bundesverfassungsgericht unterschied in seiner Entscheidung vom 30.10.1962 über den Umfang der Gesetzgebungszuständigkeit des Bundes in Ansehung der Wasserstraßen zusätzlich zwischen Bundeswasserstraßen (Binnenwasserstraßen des Bundes) und die dem allgemeinen Verkehr dienenden Binnenwasserstraßen im Sinne des Art. 74 Nr. 21 GG.[932] Diese beiden Arten von Wasserstraßen seien seiner Ansicht nach begrifflich nicht dasselbe.[933]

b) Die Gesetzgebungsbefugnisse des Bundes in Ansehung der Bundeswasserstraßen

Nach Art. 74 Nr. 21 GG hat der Bund die Gesetzgebungskompetenz für die Seewasserstraßen und die dem allgemeinen Verkehr dienenden Binnenwasserstraßen.
Nach Ansicht des Bundesverkehrsministeriums beinhaltete das die umfassende Kompetenz des Bundes, alle Sachbereiche zu regeln, die sich auf die Objekte „Bundeswasserstraßen“ bezogen. Eine Beschränkung auf den Wasserstraßenverkehr unter Ausschluss wasserwirtschaftlicher Regelungen lasse sich weder aus dem Wortlaut noch aus dem Zusammenhang der aufgeführten Sachgebiete des Art. 74 Nr. 21 GG herleiten.[934]

Da die Bundesregierung demnach die Ansicht vertrat, dass ihr eine umfassende Kompetenz auf dem Gebiet der Bundeswasserstraßen zustand, erstellte sie einen eigenständigen Entwurf eines Reinhaltegesetzes für die Bundeswasserstraßen, gestützt auf Art. 74 Nr. 21 GG.

---

[929] Vgl. RGBl. 1921, S. 961.
[930] So auch BVerfGE 15, 1 (7); Forsthoff, Fragen der Zuständigkeit des Bundes, S. 12.
[931] Vgl. Forsthoff aaO.
[932] Vgl. BVerfGE 15, 1 (8).
[933] Vgl. zur genauen Unterscheidung BVerfGE 15, 1 (8).
[934] Vgl. BVerfGE 15, 1 (6).

Nach Annahme des Wasserhaushaltsgesetzes brachte die Bundesregierung diesen Entwurf eines Gesetzes zur Reinhaltung der Bundeswasserstraßen in den Bundestag ein. Das Gesetz wurde angenommen.[935] Aufgrund eines Normenkontrollverfahrens wurde das Gesetz später durch das Urteil des Bundesverfassungsgerichts vom 30.10.1962[936] jedoch für nichtig erklärt.

Das Bundesverfassungsgericht hatte sich in seiner Grundsatzentscheidung mit der schon lange umstrittenen Frage betreffend die Gesetzgebungskompetenzen an den Bundeswasserstraßen auseinanderzusetzen. Es kam über eine Auslegung der Worte „Seewasserstraßen“ und „dem allgemeinen Verkehr dienende Binnenwasserstraßen“ sowie unter Bezugnahme auf die im Anschluss an Art. 74 Nr. 21 GG in den Nr. 22 und 23 geregelten Gesetzgebungskompetenzen für Straße und Schiene zu dem Schluss, dass die Vorschrift nur Wasserstraßen in ihrer Funktion als Verkehrswege gemeint haben könne und sich die Gesetzgebungsbefugnis mithin auf Regelungen im Interesse des Schiffsverkehrs beschränke.[937] Wesentliches Argument der Auffassung des Bundesverfassungsgerichtes war hierbei die Vorschrift des Art. 75 Nr. 4 GG und der in ihr enthaltene Begriff des „Wasserhaushaltes“. Die rechtliche Ordnung des Wasserhaushaltes müsse Regeln für die haushälterische Bewirtschaftung des gesamten in der Natur vorhandenen Wassers nach Menge und Güte vorsehen.[938] Da der Wasserhaushalt danach im Zusammenhang mit dem gesamten Wasservorrat der Natur steht, umfasse er folglich auch die Wassermengen in den Wasserstraßen.[939]
Der Bund könne daher wasserwirtschaftliche Regelungen für die Wasserstraßen im Bereich des Wasserhaushaltes nach Art. 75 Nr. 4 GG nur als Rahmenvorschriften erlassen, wohingegen er nach Art. 74 Nr. 21 GG für die Wasserstraßen im Rahmen ihrer Funktion als Verkehrswege vollständige Regelungen treffen könne. Vorschriften für die Wasserstraßen nach Art. 74 Nr. 21 GG unterscheiden sich daher ihrem Inhalt nach von Regelungen zur rechtlichen Ordnung des „Wasserhaushaltes“ nach Art. 75 Nr. 4 GG.[940] Die wasserwirtschaftliche Kompetenz des Art. 75 Nr. 4 GG schließt eine entsprechende Gesetzgebungsbefugnis für den Bereich der Wasserstraßen in Art. 74 Nr. 21 GG aus.[941] Würde man, wie der Bundesverkehrsminister in seiner Begründung zum Reinhaltegesetz ausführ-

---

935 Gesetz vom 17.08.1960, BGBl. II, S. 2125.
936 Vgl. BVerfGE 15,1.
937 Vgl. BVerfGE 15, 1 (9); zustimmend: Forsthoff, Fragen der Zuständigkeit des Bundes, S. 14f; Breuer, Rn. 3; ablehnend: Giese, Die Bundeswasserstraßen als Gegenstand der Bundeskompetenz, S. 19; Schmuck, DöV 1964, 73 (76).
938 Vgl. BVerfGE 15, 1 (15).
939 Vgl. BVerfGE 15, 1 (9f.).
940 Vgl. BVerfGE 15, 1 (10).
941 Vgl. BVerfGE 15, 1 (14).

te,[942] eine wasserwirtschaftliche Gesetzgebungskompetenz bezüglich der Wasserstraßen aus Art. 74 Nr. 21 GG ziehen, käme es zu einer Überschneidung mit Art. 75 Nr. 4 GG. Art. 75 Nr. 4 GG würde dann dem Bund eine Kompetenz übertragen, die er bereits nach Art. 74 GG innehat und zwar nicht nur als Rahmen-, sondern als Vollkompetenz.[943] Folgte man dieser Auslegung des Bundesverkehrsministers,[944] so hätte Art. 75 Nr. 4 GG korrekterweise einen Vorbehalt „mit Ausnahme der Bundeswasserstraßen" enthalten müssen.[945] Einen solchen Vorbehalt enthalten schließlich auch die Art. 73 Nr. 8 und Art. 75 Nr. 1 GG für die Rechtsverhältnisse der Bundesbediensteten einerseits und der im öffentlichen Dienst der Länder, Gemeinden und Körperschaften des öffentlichen Rechts stehenden Personen andererseits.
Die Auslegung von Art. 74 Nr. 21 GG spricht gegen diese Annahme, die sich auch nicht aus der Entstehung des Grundgesetzes herleiten lässt.[946] Es kann nicht angenommen werden, dass das Grundgesetz dieselbe Sachkompetenz in zwei Bestimmungen mit verschiedenem Ausmaß regelt.

Strikt verneint hatte das Bundesverfassungsgericht weiterhin eine Herleitung des Umfanges der Gesetzgebungskompetenz aus der Kompetenz zur bundeseigenen Verwaltung der Bundeswasserstraßen aus Art. 87 Abs. 1 und Art. 89 GG, da die Verwaltungskompetenzen den Gesetzgebungsbefugnissen folgen und nicht umgekehrt.[947] Nach der Systematik des Grundgesetzes bezeichnet die Gesetzgebungskompetenz des Bundes die äußerste Grenze seiner Verwaltungszuständigkeit.[948] Dazu kam, dass der Umfang der Befugnis des Bundes zur Verwaltung der Bundeswasserstraßen ebenso umstritten war, wie die Gesetzgebungsbefugnis nach Art. 74 Nr. 21 GG.

Letztlich spricht auch der Zweck des Art. 74 Nr. 21 GG für die erfolgte Auslegung der Vorschrift. Die Regelung der Schifffahrt und der Wasserstraßen erfolgt deshalb im Rahmen der konkurrierenden Gesetzgebung, weil sich der Schiffsverkehr auf eben jenen Wasserstraßen abspielt, welche Ländergrenzen oftmals überschreiten. Schon deshalb ist eine bundeseinheitliche Regelung nach Art. 72 Abs. 2 GG notwendig. Die Wasserstraßen sind als Verkehrswege Voraussetzung für die Schifffahrt. Ihre Erhaltung in einem für die Schifffahrt erforderlichen Zustand ist das notwenige Korrelat zum Schiffsverkehr. Der Zweck des Art. 74 Nr. 21 GG geht also dahin, die einheitliche Regelung von Angelegenheiten der

---

942 Vgl. Begründung zum Entwurf eines Reinhaltegesetzes vom 15.12.1952, S. 5.
943 Vgl. BVerfGE 15, 1 (15); so auch Forsthoff, Fragen der Zuständigkeit des Bundes, S. 23.
944 Vgl. Fn. 938.
945 So BVerfGE 15, 1 (15); Forsthoff aaO.
946 Vgl. BVerfGE aaO.
947 Vgl. BVerfGE 15, 1 (16); anders: Giese, Grundgesetz und Wasserrecht, S. 22.
948 Vgl. BVerfGE 12, 205 (229).

Schifffahrt sowie der Schifffahrtswege im Interesse eines ordnungsmäßigen Schiffsverkehrs zu ermöglichen. Für die Erreichung dieses Zwecks ist jedoch keine bundeseinheitliche Normierung wasserwirtschaftlicher Funktionen der Wasserstraßen, die über diese Verkehrsinteressen hinausgehen, nötig.[949]

c) Der Umfang der Verwaltungsbefugnis des Bundes

aa) Die Regelungen des Grundgesetzes

Eng mit der Gesetzgebungsbefugnis verbunden und genauso stark umstritten war der Umfang der Verwaltungsbefugnis im Bereich der Bundeswasserstraßen. Über die Verwaltungsbefugnis des Bundes bezüglich der Bundeswasserstraßen findet sich in Art. 89 GG eine Regelung. Da diese an Art. 97 WRV anknüpft, ergibt sich die inhaltliche Begrenzung der Verwaltungsbefugnisse, die dem Reich und später dem Bund mit dem Eigentum und der Verwaltung der Wasserstraßen zugefallen war, aus deren Entstehungsgeschichte.[950] Die Vorschrift des Art. 97 WRV stand im Kreise der Vorschriften, welche eine Vereinheitlichung des Verkehrswesens durch Überführung wichtiger Verkehrsmittel auf das Reich herbeizuführen bestimmt waren (Art. 88 - 101 WRV). Dass das auch für Art. 89 GG gilt, lassen insbesondere die Aufzählung in Art. 87 Abs. 1 GG, aber auch Art. 90 GG, erkennen, nur dass es dem Grundgesetz nicht mehr auf die Schaffung einer Verkehrseinheit ankam, sondern darauf, diese aufrechtzuerhalten. Zu entnehmen ist daraus, dass die schiffbaren Wasserwege als Verkehrsmittel in Eigentum und Verwaltung des Reiches übergegangen waren.[951] In diesem Sinne hatte sich schon der damalige Reichsverkehrsminister *Dr. Bell* ausgesprochen.[952] Inwieweit die Verwaltungsbefugnis in Ansehung der Wasserstraßen noch darüber hinausging, hatte der Staatsgerichtshof in seinem Urteil vom 12.12.1925[953] zu klären. In seiner Entscheidung zur Bildung reichseigener Behörden für die Wahrnehmung der dem Reich übertragenen Befugnisse entschied der Staatsgerichtshof zugunsten des Reiches und sprach ihm eine Berechtigung zur Bildung reichseigener Behörden zu. In Bezug auf weitere Verwaltungsbefugnisse führte der Staatsgerichtshof jedoch aus, dass dem Reich die Verwaltung der Wasserstraßen nur insoweit obliege, als diese dem Verkehr dienen, nebst dem, was hiermit in unauslösbarem Zusammenhang stand, Schifffahrtspolizei, Tarifhoheit, Enteignungsbefugnis. Die Wasserstraßen kämen demgegenüber aber auch als

---

[949] Vgl. BVerfGE 15, 1 (18).
[950] Vgl. Forsthoff aaO., S. 12 f.
[951] Vgl. Forsthoff aaO., S. 13.
[952] Vgl. 108. Sitzung der Nationalversammlung, Stenograph. Bericht, Band 330, S. 3422.
[953] Vgl. Lammers-Simons, Die Rechtsprechung des Staatsgerichtshofes für das Deutsche Reich, Band 1, S. 115ff.

Vorfluter und Kraftquellen in Betracht und insoweit sei ihre Verwaltung nach der Verfassung den Ländern verblieben.[954] Das Urteil begrenzte damit den Umfang der Verwaltungsbefugnisse des Reiches an den Reichswasserstraßen auf deren Eigenschaft als Verkehrsmittel und ließ alle übrigen Rechtsverhältnisse an den Wasserstraßen unberührt. Nur in diesen Grenzen war das Reich auch befugt, reichseigene Behörden zu schaffen. Das entsprach der allgemeinen Meinung für das Recht der Weimarer Reichsverfassung.[955]
Für die Abgrenzung der Verwaltungsbefugnisse nach Art. 89 GG ist somit entscheidend, ob diese Vorschrift anders als Art. 97 WRV auszulegen ist.[956] Noch bis 1945 waren Verleihungen und Änderungen von Wasserbenutzungsrechten nicht vom Reich, sondern von den Ländern erteilt worden. Diese Rechtsentwicklung wurde mit Erlass von Art. 89 GG in diesem Sinne abgeschlossen. Da nach Art. 89 GG der Bund Eigentümer der bisherigen Reichswasserstraßen war, war damit gleichzeitig klargestellt, dass weitere Wasserstraßen nicht in das Eigentum überführt werden sollten. In Art. 89 Abs. 2 GG wurde festgestellt, dass der Bund die Bundeswasserstraßen durch eigene Behörden verwaltet. Damit war die Grundentscheidung des Staatsgerichtshof in die Vorschrift integriert worden und jeder Streit hierüber zugunsten des Bundes geklärt.[957]

bb) Die unterschiedliche Auslegung der grundgesetzlichen Vorschriften

Diese Grundentscheidung des Grundgesetzes wurde vom Bundesverkehrsministerium fälschlicherweise dahingehend ausgelegt, dass dem Bund die gesamte Verwaltung der Wasserstraßen zustehe.[958] Danach unterfielen dem Bund nicht

---

[954] Vgl. Lammers-Simons aaO. S. 123.
[955] Vgl. genauer Köhler, Die Gesetzgebungszuständigkeit des Bundes im Wasserrecht, S. 109ff.; Anschütz, Die Verfassung des Deutschen Reiches, Art. 97 Anm. 8, S. 467; anders Giese, Die Bundeswasserstraßen als Gegenstand der Bundeskompetenz, S. 19, der zu Unrecht Anschütz als Gegenargument anführt. Soweit Anschütz in Art. 97 Anm. 7 ausführt, dass die Wasserstraßenverwaltung des Reiches nicht ausschließlich nach verkehrs-politischen Gesichtspunkten verfahren dürfe, sondern auch die Bedürfnisse der Landeskultur und der Wasserwirtschaft zu wahren habe, so weist er damit auf eine Beschränkung hin, die der Reichswasserstraßenverwaltung in Art. 97 Abs. 3 WRV ausdrücklich auferlegt war und nach heutigem Recht der Bundeswasserstraßenverwaltung nach Art. 89 Abs. 3 GG auferlegt ist. Diese Beschränkung besagt keineswegs, dass die Bundesverwaltung den Rahmen einer Verkehrsverwaltung überschreiten dürfe. Vielfach lassen sich die Verkehrsbelange und die Belange der Landeskultur und der Wasserwirtschaft nicht voneinander trennen. In diesen Fällen strebt die Verfassung den Ausgleich dadurch an, dass die Bundesverwaltung auf das Einvernehmen mit den beteiligten Ländern verwiesen wird.
[956] Vgl. Forsthoff aaO. S. 14.
[957] So Dr. Wernicke (BDI) in seinem Vermerk über die Zuständigkeit des Bundesverkehrsministeriums über bundeseigene Wasserstraßen v.
[958] Vgl. Ausführungen des BMV (ReinhalteG-Begründung).

nur die mit der Verkehrsfunktion der Wasserstraßen zusammenhängenden Hoheitsrechte, sondern auch die gesamte restliche Verwaltung, insbesondere also auch die Verleihung und Abänderung von Wassernutzungsrechten. So hatte das BMV die Aufnahme mehrerer Regelungen in den Entwurf eines Wasserhaushaltsgesetzes betrieben, welche die Verwaltungszuständigkeiten in Bezug auf Bundeswasserstraßen zugunsten von Bundesbehörden regelten.[959] Zur Begründung führte RD *Dr. Schuler* das Urteil des Staatsgerichtshofes an, wonach das Reich berechtigt sei, reichseigene Behörden für die Aufgaben der Reichswasserstraßenverwaltung zu schaffen.[960] Danach sei die Verwaltungszuständigkeit bezüglich der Bundeswasserstraßen nicht auf den Wasserstraßenverkehr unter Ausschluss wasserwirtschaftlicher Regelungen beschränkt.

Eine solch umfassende Auslegung der Verwaltungskompetenz des Bundes in Bezug auf die Bundeswasserstraßen war in den Stellungnahmen zum Entwurf eines Wasserhaushaltsgesetzes sowohl von den Ländern, als auch von den Spitzenverbänden scharf kritisiert worden.[961] Auch die Ausschüsse des Bundesrates hatten während der Besprechung des Wasserhaushaltsgesetzentwurfes die Frage zu klären, inwiefern die Regelungen über die Zuständigkeiten an den Bundeswasserstraßen noch innerhalb der Bundeskompetenz lagen.[962] Besonders der Rechtsausschuss hatte zu dieser Frage Stellung zu nehmen. In seinen Empfehlungen zum Entwurf eines Wasserhaushaltsgesetzes führte er daher aus, dass der Bund in Bezug auf die Bundeswasserstraßen die Kompetenz habe, die Verwaltungsmaßnahmen zu treffen, die er als Eigentümer der Bundeswasserstraßen treffen müsse oder die im Interesse des Wasserstraßenverkehrs erforderlich seien.[963] Auch der Rechtsausschuss begrenzte den Umfang der Verwaltungsbefugnisse damit auf den Bereich der Verkehrsverwaltung. Aus diesem Grunde empfahl der Rechtsausschuss dann die Streichung der umstrittenen Regelungen bezüglich der Bundeswasserstraßen. Dieser Auffassung war auch der federführende Agrarausschuss[964] und später größtenteils auch der Bundesrat in seiner Stellungnahme zum Entwurf eines Wasserhaushaltsgesetzes beigetreten.[965]

---

[959] So unter anderem in den §§ 23, 25, 38 und 49 des WHG-Entwurfes, vgl. BR-Drucks. 428/55; siehe oben S. 84 ff..

[960] Vgl. Ausführungen des RD *Dr. Schuler* (BVM) auf der 13. Sitzung des IMA am 04.07.1955; s. dazu Staatsgerichtshof für das Deutsche Reich, StGH. 3/24, Entsch.v. 12.12.1925, abgedruckt in: Lammers-Simons, Die Rechtsprechung des StGH f. d. DR I, S. 115 ff..

[961] Siehe oben S. 159 ff., 178 ff..

[962] Siehe oben S. 198.

[963] Vgl. BR-Drucks. 428/1/55.

[964] Vgl. Empfehlungen des Unterausschusses „Wasserhaushaltsgesetz“ des Agrarausschusses v. 06.01.1956, S. 4f.

[965] Vgl. 152. Sitzung des Bundesrates am 20.01.1956, S. 8; s. im einzelnen Anhang zu BT-Drucks. 2072.

Eine Änderung der angegriffenen Vorschriften erfolgte in den letzten Besprechungen im Kabinett jedoch nicht. Der Entwurf wurde mitsamt den umstrittenen Regelungen an den Bundestag weitergeleitet.[966] Letztlich hatte dann der 2. Sonderausschuss „Wasserhaushaltsgesetz" in seinem abschließenden schriftlichen Bericht die Streichung der §§ 23 Abs. 4, 25 Abs. 2, 36, 41 Abs. 4 und 49 des Entwurfes, welche die Sonderzuständigkeiten des Bundes an den Bundeswasserstraßen regelten, empfohlen. Eine Klärung der umstrittenen Frage des Umfanges der Verwaltungskompetenz in Bezug auf die Bundeswasserstraßen erfolgte durch den 2. Sonderausschuss dagegen nicht. Er beschränkte sich lediglich auf die Streichung derjenigen Vorschriften, die verfassungsrechtlich bedenklich waren, um den Entwurf eines Wasserhaushaltsgesetzes schneller zur Verabschiedung zu bringen.[967]

cc) Zusammenfassung

Dass Art. 89 GG keine Erweiterung der früheren Befugnisse an den Reichswasserstraßen beinhaltet, sondern an den bisherigen Rechtszustand der Weimarer Reichsverfassung anknüpft, ist nicht von der Hand zu weisen und durch das Bundesverkehrsministerium auch nicht bestritten worden. Schon aus der Begründung zu § 12 b des Staatsvertrages ging hervor, dass aus dem verfassungsmäßigen Übergang der „Verwaltung" der Wasserstraßen auf das Reich nicht gefolgert werden könne, dass damit die Befugnis zur alleinigen Regelung aller, die Wasserstraßen betreffenden Rechtsverhältnisse gemeint sei.[968] Eine solche Auffassung würde den Absichten der Reichsverfassung nicht entsprechen.
So haben auch die Länder ihre dementsprechenden Befugnisse in Bezug auf die Wasserstraßen bis zum Erlass des Grundgesetzes wahrgenommen. Dass diese Befugnisse durch den Erlass des Grundgesetzes anders verteilt sein sollten, ist nicht zu erkennen. Zwar ist der Wortlaut des Art. 97 WRV ein anderer als der des Art. 89 GG, insbesondere sind der Bundesverwaltung nicht, wie in Art. 97 Abs. 5 WRV, bestimmte Hoheitsrechte ausdrücklich zuerkannt worden.
Dennoch ist daraus nicht zu entnehmen, dass der Bund in Ansehung der Bundeswasserstraßen mehr Hoheitsrechte haben sollte, als sie dem Reich nach der Weimarer Reichsverfassung zustanden.[969]

---

[966] Vgl. BT-Drucks. 2072.
[967] Vgl. Schriftlicher Bericht des 2. Sonderausschusses „Wasserhaushaltsgesetz" vom 23.05.1957, BT-Drucks. 3536, S. 6.
[968] Vgl. Begründung zum Staatsvertrag, RTVerhdlg. I/1920 Bd. 367, Drucks. 2235, S. 22.
[969] So Forsthoff, Fragen der Zuständigkeit des Bundes, S. 15; RD Dr. Schicker (Innenministerium Baden-Württemberg) in seinem Memorandum v. ; anders: Giese, Die Bundeswasserstraßen als Gegenstand der Bundeskompetenz, S. 19, welcher ausführt, dass das Gebot geschlossener Verwaltungsführung sich bei den Wasserstraßen zwangsläufig dahin auswirken muss, dass ihre Verwaltung schlechthin im Sinne des Art. 89 GG über die ver-

Dass wasserwirtschaftliche und verkehrswesentliche Aspekte im Rahmen der Verwaltung der Bundeswasserstraßen eine Rolle spielen, wurde auch vom Grundgesetzgeber nicht übersehen. Bereits bei der Normierung des Art. 97 WRV wurde diesem Ineinandergreifen der unterschiedlichen Interessen Rechnung getragen durch die Aufnahme des Absatzes 3[970] in die Vorschrift. Diese Erwägungen sind dann auch dem Grundgesetz nicht fremd, so dass Art. 97 Abs. 3 WRV bis auf Satz 2 wörtlich in Art. 89 GG übernommen wurde. Daraus ist jedoch nicht zu entnehmen, dass mit der Vorschrift eine Erweiterung der Zuständigkeit an den Bundeswasserstraßen zugunsten des Bundes einhergeht.[971] Legt man den Wortlaut dieser Vorschrift der Auslegung zugrunde, so spricht sie denn auch von einer Wahrung der Bedürfnisse der Landeskultur und der Wasserwirtschaft bei der Verwaltung, nicht von einer Wahrnehmung. „Wahren" im Sinne des Art. 89 Abs. 3 GG meint jedoch das Beibehalten des jeweiligen Zustandes und darüber hinaus das „Fördern" im Sinne einer Verbesserung.[972] Zur Wahrung der Bedürfnisse der Landeskultur und der Wasserwirtschaft hat dann der Bund das Einvernehmen der Länder herbeizuführen.

Letzten Endes würde die Bejahung einer umfassenden Verwaltungskompetenz des Bundes betreffend die Wasserstraßen keine durchgreifenden Maßnahmen zur Verbesserung der Wasserverhältnisse ermöglichen. Die Zuflüsse zu den Bundeswasserstraßen verblieben damit trotzdem in der Verwaltung der Länder.

Eine planmäßige und geordnete Verwaltung wird heute vor allem deswegen ermöglicht, weil die Länder alle wasserwirtschaftlichen Belange innerhalb ihres Gebietes mit eigenen Landesbehörden wahrnehmen, die sich durch Gesetz und Dienstanweisungen auf einheitliche Zielsetzungen ausrichten lassen.[973] Das trägt auch dem Umstand Rechnung, dass die Wasserwirtschaft in engem Zusammenhang mit der Landeskultur, den Bedürfnissen des gewerblichen Lebens und den Anforderungen der Bevölkerung in unlösbarer Verbindung steht.

---

kehrsrechtliche Seite hinausgehend auch die wasserwirtschaftliche Seite zwangsläufig umfassen muss.

970 **Art. 97 Abs. 3 WRV**:
„Bei der Verwaltung, dem Ausbau oder dem Neubau von Wasserstraßen sind die Bedürfnisse der Landeskultur und der Wasserwirtschaft im Einvernehmen mit den Ländern zu wahren. Auch ist auf deren Förderung Rücksicht zu nehmen."

971 So BVerfGE 21, 312 (320); Schmidt-Bleibtreu/Klein, GG, Art. 89 Rn. 8; v. Man goldt/Klein, Bd. III, Art. 89 Anm. VI.

972 Vgl. Memorandum des *Dr. Schicker* (RD, Innenministerium Baden-Württemberg); so auch v. Mangoldt/Klein, Bd. III, Art. 89 Anm. VI 3a cc.

973 Vgl. Forsthoff, Fragen der Zuständigkeit des Bundes, S. 17.

Eine umfassende Kompetenz des Bundes in Ansehung der Wasserstraßen ist daher abzulehnen.

4. Änderung der Gesetzgebungskompetenz in Bezug auf den Wasserhaushalt?

In vielen Bereichen wird darüber gestritten, ob die vom Grundgesetz festgelegte Aufgabenverteilung zwischen Bund und Ländern heute noch zeitgemäß ist. In Bezug auf den Wasserhaushalt wurde die bestehende Kompetenzregelung von Anfang an in Frage gestellt. Schon vor Erlass des Wasserhaushaltsgesetzes wurde die Frage aufgeworfen, ob eine Rahmenkompetenz auf dem Gebiet des Wasserhaushaltes für die so wichtige Materie Wasser ausreichend sei.[974]

a) Die Rahmenkompetenz auf dem Gebiet des Wasserhaushalts als rechtseinheitliche Regelung

Schon im schriftlichen Bericht des 2. Sonderausschusses wurde das WHG lediglich als eine Zwischenlösung auf dem Wege zu einem einheitlichen Bundeswassergesetz bezeichnet.[975]
Die Bundesregierung unternahm deshalb wiederholt Versuche, eine Verschiebung des „Wasserhaushalts" in die konkurrierende Gesetzgebungszuständigkeit des Bundes zu erreichen.[976] Eine solche Verschiebung der Gesetzgebungskompetenz des Bundes scheiterte aber immer wieder am Widerstand der Länder. Der Wasserhaushalt unterliegt damit bis heute der Rahmengesetzgebung des Bundes.

Aber auch Rahmengesetzgebung bedeutet, wie oben dargestellt, nach Art. 75 i.V.m. Art. 72 GG, dass der Erlass von Vorschriften auf dem Gebiet des Wasserhaushalts zur Wahrung der Rechts- oder Wirtschaftseinheit in Form einer bundeseinheitlichen Regelung erfolgt. Von der Notwendigkeit einer gewissen Rechtseinheit auf dem Gebiet des Wasserhaushalts ging damit schon der Grundgesetzgeber aus.[977] Zu fragen ist daher, ob diese vom Grundgesetz durch Rahmenvorschriften angestrebte Rechtseinheit für die heutigen Verhältnisse auf dem Gebiet des Wasserrechts noch ausreichend ist.

---

[974] So die Spitzenverbände in ihrer Stellungnahme zum Entwurf eines WHG v. 20./21.07.1955; Antrag auf Änderung des Grundgesetzes von allen Fraktionen v. 01.02.1957, BT-Drucks. 3158.

[975] Vgl. BT-Drucks. 3536, S. 2.

[976] Vgl. Gesetzentwürfe v. 18.11.1968, BT-Drucks. V/3515; v. 20.10.1970, BT-Drucks. VI/1298; v. 09.07.1973 BT-Drucks. 7/887.

[977] Vgl. Gieseke, RdWWi Heft 9, 7 (7).

Die Entstehungsgeschichte des Art. 75 GG lässt nicht erkennen, aus welchem Grunde der Wasserhaushalt der Rahmenkompetenz des Bundes zugeordnet wurde. Ein Blick auf die in Art. 75 GG geregelten Sachbereiche lässt keinen einheitlichen Leitgedanken erkennen.[978] Es handelt sich dabei um eine Zufallssumme von Gegenständen, bei denen der Parlamentarische Rat sich nicht für eine Vollkompetenz des Bundes entscheiden konnte; einen gewissen Bundeseinfluss auf die Gesetzgebung sicherzustellen aber dennoch für nötig hielt.[979] Die so gefundene Zwischenlösung bot damit eine Rechtseinheit für Rechtsgebiete, deren künftige Entwicklung sich noch nicht übersehen ließ.[980] Die Rahmengesetzgebung sollte es dem Bund ermöglichen, rechtseinheitliche Grundsätze aufzustellen, die ohne den schwerfälligen und langwierigen Weg der Verfassungsänderung den jeweiligen Verhältnissen angepasst werden konnten.[981]
Der Begriff des „Wasserhaushalts" ist vom Parlamentarischen Rat erst später eingeführt worden.[982] Daher lässt sich nach Ansicht *Wiedemanns*[983] nur vermuten, dass für die Einfügung in den Katalog der Rahmenkompetenz, dieselben Gesichtspunkte ausschlaggebend waren wie schon bei den anderen Sachbereichen. Schon während der Beratungen bestanden offenbar Zweifel daran, ob eine reine Landeskompetenz auf dem Gebiet des Wasserrechts noch zeitgemäß sei. Trotzdem wollte man keine Vollkompetenz des Bundes statuieren, da die Ordnung des Wasserhaushalts bis dahin ausschließlich Ländersache gewesen war.[984]

Ob sich daraus der Schluss ziehen lässt, dass mit Art. 75 Nr. 4 GG keine wohlerwogene Grundsatzentscheidung als Dauerregelung verankert werden, sondern eher eine vorläufige Regelung getroffen werden sollte,[985] mag hier dahinstehen. Wie schon Prof. *Dr. Gieseke*[986] ausführte, ist für eine Rechtseinheit auf dem Gebiet des Wasserrechts maßgebend, dass ein bundeseinheitliches Wassergesetz zu einer Rechtsgleichheit und Rechtssicherheit unter den Wassernutzern führt. Die Rechtsgleichheit verlangt dabei, dass für die Eigentumsverhältnisse, für die Benutzungen, auch zum Teil für die Unterhaltung der Gewässer und für das wasserrechtliche Verfahren überall in Deutschland gleiche Grundsätze gelten, wobei

---

[978] Vgl. Wiedemann, Wasserrecht und Wasserwirtschaft, Band 12, S. 64; Maunz, Maunz/Dürig, Bd. IV, Art. 75 Rn. 42; v. Mangoldt/Klein, Bd. II, Art. 75 Anm. II 2; Maunz/Zippelius, Deutsches Staatsrecht, S. 28.
[979] Vgl. Wiedemann, Wasserrecht und Wasserwirtschaft, Band 12, S. 64; Maunz, Maunz/Dürig, Bd. IV, Art. 75 Rn. 42.
[980] Vgl. v. Mangoldt/Klein, Bd. II, Art. 75 Anm. II 5.
[981] Vgl. Herrfahrdt, BK Art. 75 Anm. III; v. Mangoldt/Klein, Bd. II, Art. 75 Anm. II 5.
[982] Siehe oben S. 227.
[983] Vgl. Wiedemann, Wasserrecht und Wasserwirtschaft, Band 12, S. 64.
[984] Vgl. Wiedemann aaO.
[985] So Wiedemann aaO.
[986] Vgl. Gieseke, RdWWi Heft 9, 7 (8).

natürlich auf die geographischen und zum Teil auch historisch bedingten Verschiedenheiten der Länder Rücksicht zu nehmen ist.[987] Besonders für Unternehmer ist es entscheidend, dass diese unter gleichen rechtlichen Voraussetzungen ihre Unternehmen betreiben können, egal wo ihr Unternehmensstandort in Deutschland auch liegen mag. Unter dem Gesichtspunkt der Rechtssicherheit muss jeder Wassernutzer wissen, was er darf und was nicht, welche Pflichten ihn als Anlieger treffen und ob ihm eine gewünschte Benutzung unter tragbaren Bedingungen gestattet wird.[988] Das Wasserhaushaltsgesetz sollte daher einen Rahmen bundeseinheitlicher Regelung schaffen, der den Ländern einen Ausfüllungspielraum zur Wahrung ihrer besonderen Bedürfnisse oder Eigenarten lässt. Ob das Wasserhaushaltsgesetz Rechtsgleichheit und Rechtssicherheit geschaffen hat, kann daher nur im Zusammenhang mit den erlassenen Landeswassergesetzen beantwortet werden.

b) Rechtseinheit durch das Wasserhaushaltsgesetz?

In seinem eigens hierüber angefertigten Gutachten von 1971 für das Bundesministerium für Gesundheitswesen kommt *Wiedemann* zu dem Schluss, dass die Landeswassergesetzgeber sehr verschiedene Regelungen, mit z. T. tiefgreifenden Unterschieden getroffen haben.[989] Diese Unterschiede seien jedoch weder auf die spezifischen Eigenarten der Länder noch auf ihre Besonderheiten zurückzuführen.[990]

Die Unterschiede gingen vielmehr darauf zurück, dass die einzelnen Gesetze vom Entwurf bis zur Beschlussfassung durch das Parlament einen weiten Weg durchlaufen haben.

Dabei waren die Länder bei der Ausfüllung des WHG durchaus bemüht, einen einheitlichen Inhalt der Landeswassergesetze zu schaffen. Schon vor Erlass des Wasserhaushaltsgesetzes im Juli 1956 wurde eine wasserrechtliche Arbeitsgemeinschaft der Länder mit dem Ziel gegründet, „die Vereinheitlichung des Wasserrechts der Länder in dem notwendigen Umfange zu fördern und zu diesem Zweck Empfehlungen auszuarbeiten“.[991] In diesem Gremium wurde ein Musterentwurf eines Landeswassergesetzes aufgestellt, welchem die Länder in vielen Punkten gefolgt sind.

---

[987] Vgl. Gieseke aaO.

[988] Vgl. Gieseke aaO.

[989] Vgl. hierzu das ausführliche Gutachten v. Wiedemann über dieses Thema, in: Wasserwirtschaft und Wasserrecht, Band 12.

[990] Vgl. Wiedemann, Wasserrecht und Wasserwirtschaft, Band 12, S. 51.

[991] Vgl. Kirdorf, WuB 1967, 234 (234).

Die Ausfüllung des durch das WHG gelassenen Spielraums erfolgte nach *Wiedemann* hingegen nur in sehr bescheidenem Maße in dem Sinne, wie er durch den Grundgesetzgeber für Art. 75 GG vorgesehen war.[992] Die Bemühungen der Länder, das WHG möglichst einheitlich auszufüllen und zu ergänzen, sei als ein Versuch, eine einheitliche Wassergesetzgebung im Bundesgebiet zu erreichen, zu bewerten. Eine solche einheitliche Bundesgesetzgebung hätte auch über die Gesetzgebungskompetenz des Art. 74 GG durch ein über Rahmenvorschriften hinausgehendes Bundeswassergesetz erzielt werden können.[993]

Die Bemühungen der Länder auf Schaffung von Rechtseinheit hätten jedoch nur teilweise zum Erfolg geführt. Es kam trotz des Musterentwurfs eines Landeswassergesetzes zu teilweise erheblichen Unterschieden.[994] Vor allem in folgenden Punkten bestehen Unterschiede zwischen den landesrechtlichen Regelungen:

- bei der Auslegung der Benutzungstatbestände nach § 3 WHG
- bei der Erweiterung des Katalogs der Benutzungen (§ 3 WHG) durch landesrechtliche Vorschriften
- bei der Ausgestaltung der Erlaubnis, vor allem im Verhältnis zu den von der Benutzung Betroffenen
- beim Erlaubnisverfahren
- bei der Abgrenzung zwischen Erlaubnis und Bewilligung - bei der Duldungspflicht des Gewässereigentümers.[995]

Nach *Wiedemann* treten diese Unterschiede besonders bei den Gewässerbenutzungen hervor. Eine Benutzung, die an einem bestimmten Punkt stattfindet, kann sich bis weit in das Gebiet des Nachbarlandes hinein auswirken. Auf Grund der sich ständig weiter entwickelnden Technik steigt die Möglichkeit eines solchen umfassenden Gewässereingriffs. Die Rechtsstellung des von einer solchen Benutzung Betroffenen richtet sich nach dem Landeswassergesetz des Ortes, an dem das Gewässer benutzt wird.[996] Das gilt auch, soweit die nachteiligen Wirkungen in einem anderen Bundeslande auftreten. Die dort Betroffenen

---

[992] Vgl. Wiedemann, Wasserrecht und Wasserwirtschaft, S. 53.

[993] Vgl. Wiedemann aaO.

[994] Den Musterentwurf haben die Landesregierungen fast durchweg ihren Gesetzentwürfen zugrunde gelegt. Eine Ausnahme hinsichtlich des Aufbaus machten nur das Niedersächsische Wassergesetz und das Bremer Wassergesetz. Diese sind in ihrem Aufbau an das WHG angepasst, während die anderen nur die Paragraphenüberschriften übernahmen und sich im Aufbau an den alten Landeswassergesetzen orientierten.

[995] Vgl. Wiedemann, Erfordernis einheitlicher Regelung, S. 55.

[996] Vgl. Wiedemann, Erfordernis einheitlicher Regelung, S. 55.

werden also mit ihren Einwendungen im Erlaubnis- und Bewilligungsverfahren nach einem Landeswassergesetz beurteilt, das sie möglicherweise nicht kennen und dessen Eigenheiten für sie nur schwer feststellbar sind. Es besteht jedoch die Möglichkeit, zwischen den Ländern eine Vereinbarung zu treffen, dass die Einwendungen auf dem Gebiet des Nachbarlandes Betroffener nach dem dort geltenden Wasserrecht zu würdigen und zu bescheiden sind. So haben Bayern und Baden-Württemberg zur Regelung solcher Einzelfälle einen entsprechenden Staatsvertrag abgeschlossen.[997]
Da es in der heutigen Zeit immer häufiger zu solchen übergreifenden Auswirkungen komme und kommen werde, erschienen solche umständlichen Einzelregelungen, so *Wiedemann*, nicht mehr als zweckmäßig.[998] Daraus ergebe sich, dass für eine einheitliche Regelung eine umfassende Bundeskompetenz eher zweckmäßig wäre.
Anders erscheine die Lage aus der Sicht der wasserwirtschaftlichen Unternehmer. Der häufig erwähnte Hinweis, dass jede Gewässerbenutzung an einen bestimmten Ort gebunden sei und es deshalb wenig ausmache, ob für die Benutzungsorte unterschiedliches Wasserrecht gelte, ließe das Bedürfnis nach einer übergreifenden wasserrechtlichen Regelung wieder zurückstehen. Zu beachten sei jedoch auch hierbei, dass ein allgemeines Bedürfnis danach bestünde, Investitionen, die auf Grund einer Gewässerbenutzung getätigt werden, auf eine im ganzen Bundesgebiet einheitliche Rechtsgrundlage zu stützen. Solange sich die Benutzungstatbestände in den einzelnen Ländern nicht decken, die Rechtsstellung des Unternehmers zum Gewässereigentümer verschieden geregelt sei, werde es für zentrale Stellen, wie z. B. eine Konzernleitung, schwierig sein, zu entscheiden, auf welche Weise eine Gewässerbenutzung rechtlich am zweckmäßigsten abzusichern sei.
Gewässerbenutzungen in ihren vielfältigen Formen gehören zu den Produktionsgrundlagen vieler Wirtschaftszweige. Auf Grund der enorm hohen Aufwendungen der Wasserwirtschaft sei die Notwendigkeit einer bundeseinheitlichen Regelung der Gewässerbenutzungen, so *Wiedemann*, nicht von der Hand zu weisen.[999]

---

[997] Vgl. Abschnitt 3 des Staatsvertrages zwischen dem Land Baden-Württemberg und dem Freistaat Bayern über die Ableitung der sog. Egauquellen ... v. 06.05./01.06.1954 (BayGVBl. S. 289 und BadWttbg. GBl. S. 137); abgedruckt in Wüsthoff, Handbuch, D 225 T.
[998] Vgl. Wiedemann, aaO., S. 56.
[999] Vgl. Wiedemann, RdWWi Heft 16, 7 (16).

II. Die Regelung der Benutzungsbefugnisse (Erlaubnis und Bewilligung)

1. Die Benutzungsbefugnisse in den alten Landeswassergesetzen

Zunächst soll ein kurzer Überblick über die Regelungen der Benutzungsbefugnisse in den bestehenden Landesgesetzen[1000] einen Einblick in die Rechtslage vor Erlass des WHG gewähren. Die bestehenden Landesgesetze regelten die Benutzungsbefugnisse in Abhängigkeit zu der Einordnung der betroffenen Gewässer.

Im *Preußischen Wassergesetz*[1001] bestanden für die Eigentümer der Wasserläufe weitgehende Benutzungsbefugnisse (§ 40 Preuß. WG), welche lediglich durch den Schutz der anderen Eigentümer beschränkt waren (§§ 42-44 Preuß. WG). Diese Regelungen waren aber privatrechtlicher Natur und boten der Wasserpolizeibehörde keine Eingriffsmöglichkeit in die Wassernutzungen der Eigentümer.[1002] Die Wasserpolizeibehörde war lediglich befugt (nicht verpflichtet), Benutzungen zu beschränken, zu denen kein Recht bestand (§ 21 Preuß. WG). Zusätzlich konnte sie Ausnahmen von den nach § 19 Preuß. WG[1003] verbotenen Benutzungen zulassen, wenn keine nachteiligen Auswirkungen für andere zu erwarten waren.
Kaum eine Rolle spielten dagegen die Begrenzungen der Benutzung des Grundwassers in den §§ 200-202 Preuß. WG. Da sie nur privatrechtlich waren, konnte die Wasserpolizeibehörde bei Überschreitung nicht eingreifen.[1004]
Im Preußischen Wassergesetz konnte ein Nutzungsrecht am ober- oder unterirdischen Wasser durch Verwaltungsakt verliehen werden. Die Verleihung konnte für die wichtigsten Nutzungen (§§ 46, 203 Preuß. WG) erteilt werden. Im Verleihungsverfahren wurden die Vereinbarkeit der Benutzung mit dem öffentlichen Wohl und die Einwendungen Betroffener geprüft. Wenn sich hierbei Hindernisse für die Zulassung der Nutzung ergaben, konnten diese durch Benutzungsbedingungen beseitigt werden.[1005] War die Beseitigung der Hindernisse nicht möglich, so war die Verleihung zu versagen. Gleichwohl konnte sie erteilt werden, wenn die Gründe des öffentlichen Wohles dem nicht entgegenstanden

---

[1000] Hierfür soll kurz auf die Regelungen des Preußischen, Bayerischen, Württembergischen und Badischen Wassergesetzes eingegangen werden.
[1001] Preußische Gesetzsammlung 1913, S. 53.
[1002] Vgl. Gieseke, ZfW 1964, 1 (10).
[1003] § 19 bezog sich auf das Einbringen von Stoffen in einen Wasserlauf, so etwa „Erde, Sand, Schlacken, Steine, Holz, feste und schlammige Stoffe sowie tote Tiere".
[1004] Vgl. Gieseke ZfW 1964, 1 (10).
[1005] Vgl. Gieseke aaO. S. 10.

oder der von ihr zu erwartende Nutzen den Schaden des Betroffenen erheblich überstieg. Ein Benutzungsentgelt gewährte das Preußische Wassergesetz nicht.

Für die Regelung der Benutzungen hatte im *Bayerischen Wassergesetz*[1006] die Unterscheidung der Gewässer besondere Bedeutung. Das Gesetz unterschied hierbei zwischen öffentlichen[1007] und privaten[1008] Gewässern.
Bei öffentlichen Gewässern, Privatflüssen und Bächen des Staates bedurfte jede Benutzung des Wassers, die über den Gemeingebrauch hinausging oder mittels einer besonderen Anlage erfolgte, einer Erlaubnis der Verwaltungsbehörde.[1009] Diese Erlaubnis konnte unwiderruflich, auf bestimmte Zeit oder widerruflich erteilt werden.[1010] Damit entsprach die wasserrechtliche Erlaubnis des Bayerischen Wassergesetzes der Verleihung eines Benutzungsrechtes in anderen Wassergesetzen.[1011]
Bei der Erteilung der Erlaubnis hatte die Verwaltungsbehörde Bedingungen und Auflagen im Interesse bestimmter Nutzungsberechtigter[1012] festzusetzen und beim Zusammentreffen mehrerer Unternehmungen vom Standpunkt des Gemeinwohls die Wahl zu treffen.[1013] Daraus ergab sich, dass die Verwaltungsbehörde bei der Erteilung der Erlaubnis „ein optimales volkswirtschaftliches Ergebnis anzustreben“ hatte.[1014]

Dazu im Gegensatz stand die Benutzung der im Eigentum der Anlieger oder Dritter stehenden Privatflüsse und Bäche. Hier erfolgte die Benutzung aufgrund des Eigentums und unterlag Beschränkungen nur im Hinblick auf die Rechte der übrigen Ufereigentümer und der sonstigen Wasserberechtigten.[1015] Die Verwaltungsbehörde konnte zu davon abweichenden Nutzungen ermächtigen.
Auch das Zutagefördern oder Ableiten von Grund- und Quellwasser sowie die Änderung am Abfluss eines Sees oder Weihers unterlag der Erlaubnispflicht

---

[1006] Wassergesetz vom 23.03.1907.
[1007] Öffentliche Gewässer waren gemäß Art. 1 Bay. WG die Flüsse, die der Schifffahrt oder Floßfahrt dienten oder gedient hatten und bestimmte Seen.
[1008] Private Gewässer waren zunächst die „geschlossenen“ Gewässer: Wasser in Seen, Tei chen, künstlichen Wasserleitungen, aber auch in Kanälen und Gräben, sowie Grundwasser und Quellen, solange deren Wasser nicht vom Quellgrundstück abgeflossen war (Art. 16 Bay. WG). Ferner gehörten zu den privaten Gewässern die Privatflüsse und Bäche (Art. 21 Bay. WG).
[1009] Art. 42 Bay. WG.
[1010] Art. 43 Bay. WG.
[1011] Vgl. Gieseke ZfW 1964, 1 (12).
[1012] Hierunter fielen vor allem die Land- und Forstwirtschaft, die Landeskultur, die Fischerei, sowie die Industrie- und Gewerbebetriebe.
[1013] Art. 43 Abs. 2 Bay. WG.
[1014] Riederer-Sieder, Bayerisches Wassergesetz Art. 43 Anm. 52.
[1015] Art. 44, 45, 47 Bay. WG.

durch die Behörde.[1016] Die Erlaubnis konnte versagt oder an Bedingungen geknüpft werden, wenn Rücksichten auf das Gemeinwohl es erforderten.

Im *Württembergischen Wassergesetz*[1017] konnten besondere Nutzungsrechte an öffentlichen Gewässern[1018] nur durch Verleihung begründet werden.[1019] Für die Herstellung und Änderung der Benutzungsanlagen bedurfte es zusätzlich der polizeilichen Genehmigung.[1020]

Die nichtöffentlichen Gewässer[1021] waren grundsätzlich der privatrechtlichen Verfügung des Grundeigentümers überlassen.[1022] Es war sogar ausdrücklich bestimmt, dass der Grundstückseigentümer unterirdisches Wasser zutagefördern und ableiten dürfe, soweit nicht § 226 BGB Anwendung finde. Die Verwaltungsbehörde konnte jedoch die Nutzung durch den Grundstückseigentümer untersagen oder beschränken, wenn durch die entsprechende Nutzung eine Veränderung des bestehenden Zustandes herbeigeführt würde, durch welche ein „öffentliches Interesse“ verletzt würde[1023].[1024]

Die Verleihung war nicht zu erteilen, wenn das „gemeine Wohl“ durch die beabsichtigte Nutzung erheblich geschädigt worden wäre.[1025] Ebenso war sie zu versagen, wenn eine erhebliche Benachteiligung der Besitzer anderer Grundstücke oder Wasserbenutzungsanlagen mit der beabsichtigten Nutzung einhergehen würde.

Für das *Badische Wassergesetz*[1026] war der Grundsatz der Gemeinverträglichkeit der Benutzungen für alle Gewässer ausschlaggebend.[1027] Auch hier unterschied das Gesetz zwischen zwei Gruppen von Gewässern. Die erste Gruppe beinhalte-

---

1016 Art. 19 Bay. WG.

1017 Wassergesetz vom 01.12.1900.

1018 Öffentliche Gewässer waren gemäß Art. 1 Abs. 1 Württ. WG die in natürlichem oder künstlichem Bett ständig fließenden Gewässer sowie Seen, die einen solchen Abfluss hatten.

1019 Art. 31 Abs. 1 Württ. WG.

1020 Art. 31 Abs. 5 Württ. WG.

1021 Darunter fielen insbesondere das unterirdische Wasser und Quellen, deren Ablauf nicht sofort einen ständig fließenden Wasserlauf bildete, ebenso Teiche, Gräben usw..

1022 Art. 2 Württ. WG.

1023 Art. 3 Abs. 2 Württ. WG.

1024 Vgl. Gieseke ZfW 1964, 1 (14).

1025 Art. 32 Abs. 3 Württ. WG.

1026 Wassergesetz vom 26.06.1899, später mehrfach geändert und 1913 und 1936 neu veröffentlicht.

1027 Art. 14 Bad. WG.

te die öffentlichen Gewässer[1028] und die natürlichen, nichtöffentlichen Wasserläufe; die zweite Gruppe bezog sich auf die künstlichen, nicht öffentlichen Wasserläufe und die geschlossenen Gewässer.[1029]

Hinsichtlich der ersten Gruppe bedurfte es für Benutzungen, die über den Gemeingebrauch oder An- und Hinterliegergebrauch hinausgingen, der Verleihung.[1030] Für die Erteilung der Verleihung hatte die Verwaltungsbehörde „freies Ermessen", welches jedoch in vielerlei Hinsicht beschränkt wurde (§ 41). So war auch hier die Verleihung zu versagen, wenn die beabsichtigte Nutzung das öffentliche Interesse gefährdete, oder erhebliche Nachteile für andere Grundstücke oder Wasserbenutzungsanlagen herbeiführte. Auch hier konnte die Verleihung trotz entgegenstehender Interessen erteilt werden, wenn der zu erwartende Nutzen die Nachteile erheblich überstieg.[1031]

Für die zweite Gruppe war die Genehmigung das Mittel der Behörde. Dies galt für das Grundwasser jedoch nur insoweit, als es nicht nur zu vorübergehenden Zwecken oder lediglich zur Befriedigung des häuslichen, landwirtschaftlichen oder gewerblichen Kleinbedarfs genutzt wurde.[1032] Soweit danach keine Genehmigung vorgeschrieben war, war die Benutzung des Grundwassers frei.[1033]

2. Die Benutzungen und Benutzungsbefugnisse im neuen Wasserhaushaltsgesetz

Die Benutzung der Gewässer, insbesondere des Grundwassers, war danach in den Landeswassergesetzes unterschiedlich und unvollständig geregelt. Deshalb sollte im Wasserhaushaltsgesetz durch die Einführung einer Vorkontrolle für alle Gewässerbenutzungen, soweit sie nicht erlaubnisfrei sind, eine gleichmäßige Ordnung herbeigeführt werden.[1034] Nach dem nunmehr durch das WHG eingeführten Grundsatz des § 2 bedurften alle Benutzungen einer Erlaubnis oder einer Bewilligung. Lediglich Eigentümergebrauch, Gemeingebrauch, Anliegergebrauch an oberirdischen Gewässern (§§ 23, 24) und die erlaubnisfreien Benutzungen beim Grundwasser (§ 33) waren davon ausgenommen. Die Grundsatzregelung in § 2 enthielt damit nach heutiger Sicht für alle Gewässerbenut-

---

[1028] Dazu gehörten die für den öffentlichen Verkehr mit Schiffen oder ... Flößen benutzbaren Flüsse, Kanäle und Seen (§ 1).
[1029] Hierunter fielen die Seen, Teiche, Weiher, Quellen, Grundwasser usw. (§ 4).
[1030] § 40.
[1031] Vgl. Gieseke ZfW 1964, 1 (15).
[1032] § 53.
[1033] § 22.
[1034] Vgl. Begründung des RegE 1956 zu § 2, BT-Drucks. 2072, S. 21.

zungen ein repressives Verbot mit Befreiungsvorbehalt.[1035] Die frühere Einordnung als präventives Verbot mit Erlaubnisvorbehalt kann nach der Rechtsprechung des Bundesverfassungsgerichts[1036] nicht mehr als zutreffend bezeichnet werden. Der in § 2 normierte Grundsatz lehnte damit einen Rechtsanspruch auf die Erteilung der nunmehr notwendigen Erlaubnis oder Bewilligung für eine Gewässerbenutzung ab. Ein Erlaubnisverfahren mit Rechtsanspruch auf Erteilung der notwendigen Erlaubnis ist verfassungsrechtlich erst dann geboten, wenn das Verfahren die Ausübung grundrechtlich gesicherter Befugnisse zum Gegenstand hat.[1037] Schon diese Voraussetzungen lagen in Bezug auf eine Gewässerbenutzung nicht vor, da der Zugriff des Grundstückseigentümers auf das Gewässer durch ein verfassungsmäßiges Gesetz nunmehr grundsätzlich ausgeschlossen war.[1038] Ferner würde ein präventives Erlaubnisverfahren nicht ausreichen, um eine geordnete Wasserwirtschaft zu gewährleisten. Das präventive Verbot mit Erlaubnisvorbehalt würde den Gewässern nur einen Minimalschutz gewähren, der einsetzt, wenn die Grenze ihrer Belastbarkeit erreicht ist.[1039] Für ein so wichtiges und begrenztes Gut, wie das Wasser, das von lebenswichtiger Bedeutung ist, wäre eine solche Regelung nicht hinnehmbar.[1040]

Die rechtssystematische Einordnung des § 2 Abs. 1 bedeutet jedoch nicht, dass Erlaubnisse und Bewilligungen nur ausnahmsweise erteilt werden dürfen.[1041] Die Gewässer müssen für die Daseinsvorsorge, die Landwirtschaft und für industrielle oder gewerbliche Zwecke vielfältig in Anspruch genommen werden. Durch das WHG sollen diese Benutzungen im Regelfall nicht unterbunden werden. Vielmehr sollen sie in einer Weise zugelassen werden, dass das Wohl der Allgemeinheit und die Belange von Betroffenen nicht beeinträchtigt werden.[1042] Zur Verdeutlichung des Rahmencharakters des Gesetzes wurde in § 2 Abs. 1 der Zusatz angefügt: „soweit sich nicht ... oder aus den im Rahmen dieses Gesetzes erlassenen landesrechtlichen Bestimmungen etwas anderes ergibt". Damit wurde den Ländern die Möglichkeit gegeben, in notwendig erscheinenden Fällen weitere Ausnahmen von dem grundsätzlichen Erfordernis der Erlaubnis oder Bewilligung zuzulassen.[1043]

[1035] So nunmehr Gieseke-Wiedemann-Czychowski, WHG, 5. Auflage, § 2 Rn. 3; BVerfGE 58, 300 (346 f.); Papier, Maunz/Dürig, Bd. II, Art. 14 GG, Rn. 431; a. A. Witzel, WHG, § 2 Nr. 1; Krüger S. 11 „präventives Verbot mit Erlaubnisvorbehalt".

[1036] Vgl. Urt. v. 15.07.1981; BVerfGE 58, 300 (346f.).

[1037] Vgl. BVerfGE 58, 300 (347).

[1038] Vgl. BVerfGE 58, 300 (347).

[1039] Vgl. BVerfGE 58, 300 (347).

[1040] Vgl. BVerfGE 58, 300 (347).

[1041] Vgl. Gieseke-Wiedemann-Czychowski, WHG, 5. Auflage, § 2 Rn. 4; Knopp, Sieder/Zeitler/Dahme § 2 Rn. 2b.

[1042] Vgl. Gieseke-Wiedemann-Czychowski, WHG, 5. Auflage, § 2 Rn. 4; BVerwG ZfW 1976, 287 (290).

[1043] Vgl. Witzel, WHG, § 2 Nr. 3.

§ 2 Abs. 2 stellt klar, dass die Erlaubnis und die Bewilligung als Verwaltungsakte keinen privatrechtlichen Anspruch begründen. Andere vertragliche oder nachbarrechtliche Ansprüche werden durch sie jedoch nicht beschnitten, da die Erlaubnis und die Bewilligung nur öffentlich-rechtlich wirken.[1044]
Der Inhaber einer Erlaubnis oder Bewilligung hat keinen Anspruch auf Wasser in gewöhnlicher Reinheit. Er muss das Wasser so nehmen, wie es ihm zufließt und seine Benutzung entsprechend anpassen.[1045] Zusätzlich besteht kein Anspruch auf Zufluss einer bestimmten Wassermenge. Die Benutzungsbefugnisse gewähren nur das Recht, das Wasser in bestimmter Weise zu nutzen.[1046] Hinzu kommt, dass die zuständige Behörde bei der Erteilung von Erlaubnissen und Bewilligungen dafür zu sorgen hat, dass die durch die Benutzung zu erwartenden Schäden durch geeignete Einrichtungen oder sonstige Maßnahmen verhütet werden.

a) Die Benutzungen

Um klarzustellen, was das WHG unter Benutzungen versteht, sind die wichtigsten Benutzungsarten, die den Wasserhaushalt beeinflussen können, in § 3 zusammengefasst. Darüber hinaus bleibt es den Ländern überlassen, noch weitere Nutzungsmöglichkeiten den Bestimmungen des Gesetzes zu unterstellen. Benutzungen im Sinne des § 3 Abs. 1 sind danach bestimmte, zur Ordnung des Wasserhaushalts einem Verbot mit Befreiungsvorbehalt unterworfene Handlungen, die nach ihrer objektiven Eignung auf ein Gewässer gerichtet sind und sich seiner, insbesondere des Wassers als Stoff, für bestimmte Zwecke bedienen.[1047]
Da das WHG an den durch die alten Landesgesetze bestehenden Eigentumsverhältnissen nichts änderte, bedeuteten die in § 3 aufgezählten Benutzungsarten Einschränkungen der Benutzungsmöglichkeiten für die Eigentümer. Ihnen sind im Interesse des Wohls der Allgemeinheit Beschränkungen auferlegt, die von der zuständigen Behörde festgesetzt werden, es sei denn, es handelt sich um erlaubnisfreie Nutzungen im Sinne der §§ 24 und 33 WHG. [1048]
Um das Recht des Eigentümers eines Gewässers zur Verfügung über sein Eigentum anzuerkennen, hat das WHG daher die Benutzung oberirdischer Gewässer durch den Eigentümer (oder einen durch ihn Berechtigten) für den Eigenbedarf grundsätzlich zuerkannt. Zusätzlich ist die Benutzung des Grundwassers für

---

[1044] Vgl. Begründung des RegE 1956 zu § 2, BT-Drucks. 2072, S.22; Witzel, WHG, § 2 Nr. 4.
[1045] RGZ 38, 266 (268).
[1046] Vgl. Witzel, WHG, § 2 Nr. 4; Im Preußischen Wassergesetz war ein solches gesetzliches Recht auf einen bestimmten Wasserzufluss in § 42 für Triebwerke im Bereich des früheren Privatflussgesetzes vom 28.02.1843 begründet.
[1047] Vgl. BVerwG ZfW 1974, 296 (296f.); Knopp, Sieder/Zeitler/Dahme § 3 Rn. 3a.
[1048] Vgl. Witzel, WHG, § 3 Nr. 1.

Zwecke des Haushalts, des landwirtschaftlichen Hofbetriebs und der landwirtschaftlichen Bodenentwässerung erlaubnisfrei.[1049]

Zu den durch das Gesetz geregelten Benutzungen zählen das Entnehmen und Ableiten von Wasser aus oberirdischen Gewässern (§ 3 Abs. 1 Nr. 1), das Aufstauen und Absenken oberirdischer Gewässer (§ 3 Abs. 1 Nr. 2), das Entnehmen fester Stoffe aus oberirdischen Gewässern, soweit dies auf den Zustand des Gewässers oder auf den Wasserabfluss einwirkt (§ 3 Abs. 1 Nr. 3), das Einbringen und Einleiten von Stoffen in oberirdische Gewässer (§ 3 Abs. 1 Nr. 4), das Einleiten von Stoffen in das Grundwasser (§ 3 Abs. 1 Nr. 5) sowie das Entnehmen, Zutagefördern, Zutageleiten und Ableiten von Grundwasser (§ 3 Abs. 1 Nr. 6). Nach Absatz 2 gelten auch folgende Einwirkungen als Benutzungen: das Aufstauen, Absenken und Umleiten von Grundwasser durch Anlagen, die hierzu bestimmt oder hierfür geeignet sind (§ 3 Abs. 2 Nr. 1) und Maßnahmen, die geeignet sind, dauernd oder in einem nicht nur unerheblichen Ausmaß schädliche Veränderungen der physikalischen, chemischen oder biologischen Beschaffenheit des Wassers herbeizuführen (§ 3 Abs. 2 Nr. 2).
Absatz 2 beinhaltet danach die mittelbaren Einwirkungen auf die Gewässer, wie sie z. B. durch größere Erdaufschlüsse, beim Bau von Untergrundbahnen oder anderen Tiefbauarbeiten auftreten können.[1050]

b) Die Erlaubnis und Bewilligung als Benutzungsbefugnisse des Wasserhaushaltsgesetzes

Die Benutzungsbefugnisse des Wasserhaushaltsgesetzes unterlagen während der Arbeiten an den Entwürfen mehrfachen Änderungen, bevor mit der Statuierung der Erlaubnis und der Bewilligung letztendlich eine Zweiteilung der Benutzungsbefugnisse im Rahmen des Sondergebrauchs für das Wasserhaushaltsgesetz vorgenommen wurde.
Schon das Preußische Wassergesetz enthielt diese Zweiteilung in Erlaubnis und Verleihung und setzte damit den historischen Grundstein für die Einteilung der wasserrechtlichen Benutzungen im Rahmen des Sondergebrauchs. Diese Zweiteilung der wasserrechtlichen Benutzungsbefugnisse war für das Wasserhaushaltsgesetz jedoch nicht von Anfang an vorgesehen. Nach dem Vorbild des Entwurfes eines Reichswassergesetzes der Akademie für Deutsches Recht sahen die ersten Entwürfe des BWM lediglich eine Art des Sondergebrauchs in Form der wasserrechtlichen Bewilligung vor. Die Erteilung der Bewilligung als einzige Form des Sondergebrauchs an Gewässern war dabei abhängig vom Begriff des Unternehmens und den Belangen des Gemeinwohles. Da es sich um die ein-

---

1049 Vgl. Witzel, WHG, § 3 Nr. 1.
1050 Vgl. Witzel, WHG, § 3 Nr. 8.

zige Form des Sondergebrauchs an Gewässern handelte, war zusätzlich ein Rechtsanspruch auf die Bewilligung statuiert worden, der, von den vorgesehenen Ausnahmen abgesehen, die Erteilung einer Bewilligung größtenteils sicherstellte. Lediglich eine Befristung sollte die Zugriffsfreiheit auf ein Gewässer im Rahmen der Bewilligung begrenzen.
Auch der wohl richtungsweisende Entwurf eines Grundwasserschutzgesetzes vom 10.08.1954 sah die wasserrechtliche Bewilligung als einziges Instrumentarium des Sondergebrauchs an Gewässern vor. Um dennoch eine Unterscheidung der Arten des Sondergebrauchs nach ihrer wasserwirtschaftlichen Bedeutung vorzunehmen, war eine Unterteilung in widerrufliche und befristete Bewilligung vorgenommen worden, wobei die widerrufliche Bewilligung die Ausnahme darstellte. Sie sollte nur bei unbedeutenden oder vorübergehenden Einwirkungen erteilt werden. Dem standen die bewilligungsfreien Einwirkungen gegenüber, die erfahrungsgemäß nicht geeignet waren, einen Einfluss auf das Gewässer auszuüben.

Erst bei der Besprechung des Entwurfes eines Grundwasserschutzgesetzes vom 10.08.1954 wurde erstmalig über eine Zweiteilung der Benutzungsbefugnisse im Rahmen des Sondergebrauchs, wie es schon das preußische Wassergesetz vorsah, diskutiert. Mit Blick auf den Entwurf eines Reichswassergesetzes der Akademie für Deutsches Recht wurde eine solche Zweiteilung des Sondergebrauchs durch Prof. *Dr. Gieseke* abgelehnt. Die im Entwurf vorgesehene wasserrechtliche Bewilligung sei vollkommen ausreichend, um sämtliche in Betracht kommenden Sondernutzungsarten abzudecken.
Dennoch wurde im Zuge der darauf folgenden Änderungen des Entwurfes erstmalig eine zweite Form des Sondergebrauchs, die Unbedenklichkeitserklärung, in den Entwurf mit aufgenommen. Sie ersetzte die widerrufliche Bewilligung bei den unbedeutenden und vorübergehenden Einwirkungen auf ein Gewässer. Parallel zur Einführung der zweiten Form des Sondergebrauchs wurde dann die Notwendigkeit eines Rechtsanspruchs auf Erteilung der Bewilligung wieder in Frage gestellt und wieder gestrichen. War die endgültige Statuierung einer zweiten Form des Sondergebrauchs auch lange Zeit umstritten, so wurde sie dennoch mit der Zeit in den Entwürfen des BWM fest verankert und nur begrifflich mehrmals geändert, bis sie letztlich als „Erlaubnis" in das Wasserhaushaltsgesetz aufgenommen wurde.

Auch die Entwürfe eines Reinhaltegesetzes des BMV und eines Bundeswassergesetzes des BELF sahen zunächst eine Form des Sondergebrauchs mit der wasserrechtlichen Bewilligung vor, ehe das Institut der Erlaubnis als zweite Form, wie schon im Entwurf eines Grundwasserschutzgesetzes, übernommen wurde.

Die Zweiteilung der Sondernutzungsformen, wie sie das Wasserhaushaltsgesetz nunmehr vorsieht, ist in anderen Umweltgesetzen nicht bekannt. Das Erfordernis einer „einfachen“ behördlichen Erlaubnis als bloße Nutzungsbefugnis neben einer Bewilligung als subjektiv-öffentlichem Recht ist mit Blick auf die älteren Landeswassergesetze daher eher eine historisch begründete Eigenart des Wasserrechts,[1051] wie sie schon das Preußische Wassergesetz vorsah.

Die Übernahme einer Zweiteilung der Benutzungsbefugnisse im Rahmen des Sondergebrauchs ist wohl auf die Tatsache zurückzuführen, dass nur so die rechtliche Unterscheidung der Sondernutzung nach ihrer grundsätzlichen wasserwirtschaftlichen Bedeutung und Auswirkung erfolgen konnte. Die unterschiedliche Statuierung der Sondernutzungsformen diente nicht zuletzt der verfahrensrechtlichen Trennung der einzelnen Gewässernutzungen, je nachdem, welcher Art ihre Auswirkungen waren. Die alleinige Aufteilung der Bewilligung in widerruflich und befristet war hierzu wenig geeignet, zumal die Entwürfe zunächst einen Rechtsanspruch auf die Bewilligung festlegten. Für eine vorübergehende oder nur geringe Einwirkung wurde ein solcher Rechtsanspruch jedoch als zu weitgehend empfunden. Letztlich hatte das Wasserhaushaltsgesetz prinzipiell einen Rechtsanspruch auf die Erteilung der Bewilligung abgelehnt. Damit unterschied es sich vor allem vom preußischen Wassergesetz, welches einen Rechtsanspruch auf die Sondernutzung in § 47 vorsah.
Hinzu kommt, dass auch die gesicherte Rechtsstellung, welche der Bewilligung innewohnt, nur in verhältnismäßig wenig Fällen erteilt werden sollte. Grundform des Sondergebrauchs nach dem Wasserhaushaltsgesetz ist und bleibt vorrangig die Erlaubnis als behördliche Unbedenklichkeitsbescheinigung, welche jederzeit widerruflich ist.

Die schon historische Zweiteilung der Benutzungsbefugnisse im Rahmen des Sondergebrauchs ist durch das Wasserhaushaltsgesetz damit letztlich übernommen worden, auch wenn sich die Arten des Sondergebrauchs in ihrer Auswirkung von den historischen Vorbildern unterscheiden. Der anfangs, vor allem durch Prof. *Dr. Gieseke* unternommene Versuch, den Sondergebrauch in einer Benutzungsform festzuschreiben, scheiterte an den beteiligten Ministerien, Wirtschaftsverbänden und nicht zuletzt den Ländern.

aa) Die Erlaubnis

Für die Erlaubnis gibt es im WHG nur eine knappe, auf die Ausfüllung durch die Länder angelegte Sonderbestimmung in § 7. Die Erlaubnis hat danach die widerrufliche Befugnis zum Inhalt, ein Gewässer in einer bestimmten Weise zu

---

[1051] Vgl. Czychowski/ Reinhardt, WHG 8. Auflage, § 8 Rn. 1.

benutzen, ohne dass jedoch der Benutzer in seiner Rechtsstellung gesichert wird.[1052] Mit der Bezeichnung als Befugnis steht die Erlaubnis im scharfen Gegensatz zur Bewilligung, welche ein Recht gewährt[1053].[1054] Diese Unterscheidung zwischen Recht und Befugnis durchzieht das ganze WHG,[1055] sie wird auch auf bestehende Benutzungen angewendet.

Die durch die Erlaubnis erteilte Befugnis bewirkt grundsätzlich nur die Zulässigkeit einer Benutzung im Rahmen des öffentlichen Rechts,[1056] während ein Recht wie die Bewilligung gegenüber dem Staat wie gegenüber Rechtsgenossen geschützt ist.[1057]
Die Erteilung einer Erlaubnis bringt demgegenüber nach der Begründung lediglich zum Ausdruck, dass zur Zeit ihrer Erteilung Beeinträchtigungen des Wohls der Allgemeinheit nicht erkennbar sind oder, soweit solche erwartet werden, durch die festgesetzten Auflagen verhütet oder ausgeglichen werden können.[1058] Die Erlaubnis stellt sich danach als eine Art polizeilicher Unbedenklichkeitsbescheinigung dar.[1059] Mit dieser Einstufung dürfte jedoch das Wesen der Erlaubnis schon nach dem WHG nur unvollkommen wiedergegeben sein. Dies zeigt sich schon daran, dass sie beim Ausgleich (§ 18) zu berücksichtigen und einer später erlassenen Reinhalteordnung anzupassen ist (§ 27 Abs. 2).[1060] Die Erlaubnis formt damit den durch den Erlass des Wasserhaushaltsgesetzes aufgestellten Grundsatz, die Gewässer zu pflegen und zu hüten, so dass vermeidbare volkswirtschaftliche Schäden nicht entstehen.[1061]

Mag die Erlaubnis auch eine öffentlich-rechtliche Befugnis zur Benutzung der Gewässer begründen, so wird die (privatrechtliche) Rechtsstellung Dritter durch sie nicht abschließend geregelt. Das ist besonders wichtig für den Schutz des Erlaubnisinhabers gegen Störungen wie auch für Ansprüche der von nachteiligen Wirkungen seiner Benutzung Betroffenen.[1062] Der Betroffene kann also insbesondere auf Unterlassung der Benutzung, auf Beseitigung von Störungen, auf Herstellung von Schutzeinrichtungen oder auf Schadensersatz klagen.

1052 Vgl. Witzel, WHG, § 7 Nr. 1; Begründung zum RegE 1956, BT-Drucks. 2072, S. 23.
1053 Vgl. § 8 Abs. 1 WHG.
1054 Vgl. Gieseke-Wiedemann-Czychowski, WHG, 5. Auflage, § 7 Rn. 2.
1055 Vgl. §§ 13, 15 bis 17, 18, 23 Abs. 1, 27 Abs. 2 WHG.
1056 Vgl. auch BGHZ 88, 34 (40).
1057 Vgl. Gieseke-Wiedemann-Czychowski, WHG, 5. Auflage, § 7 Rn. 2.
1058 Vgl. Begründung zu § 7 des RegE 1956, BT-Drucks. 2072, S. 24.
1059 Vgl. Gieseke, ZfW 1964, 1 (17); Gässler S. 35.
1060 Vgl. Gieseke-Wiedemann-Czychowski, WHG, 5. Auflage, § 7 Rn. 2.
1061 Vgl. Begründung des RegE 1956, BT-Drucks. 2072, S. 16.
1062 Vgl. Begründung zu § 7 des RegE 1956, BT-Drucks. 2072, S. 24.

Die Erlaubnis gewährt jedoch nicht das Recht, Gegenstände, die einem anderen gehören, oder Grundstücke und Anlagen, die im Besitz eines anderen stehen, in Gebrauch zu nehmen. Eine entsprechende Regelung besteht zwar nur für die Bewilligung (§ 8 Abs. 1 S. 2), dies folgt bereits aus der schwächeren Rechtsnatur der Erlaubnis.[1063]

Die Erteilung der Erlaubnis steht nach der Begründung nicht unter dem Zwang der Durchführung eines förmlichen Verfahrens.[1064] Dies bedeutet jedoch nicht, dass die Behörden von dem allgemeinen Verwaltungsgrundsatz der Verpflichtung zur Prüfung von Anträgen einschließlich ihrer Unterlagen befreit sind. Vielmehr ist es den Ländern überlassen, für die Erlaubnis ein entsprechendes Verfahren vorzuschreiben. Da die Erlaubnis die Rechte Dritter nicht berührt und ihre Geltendmachung nicht ausschließt, kann die Behörde daher bei und nach der Erteilung der Erlaubnis die Rechte Dritter dadurch berücksichtigen, dass sie Auflagen zu ihrer Sicherung festsetzt. Die zivilrechtliche Geltendmachung dieser Rechte bleibt den Betroffenen jedoch trotz der angeordneten Auflagen unbenommen.[1065]

Gesetzliches Merkmal der Erlaubnis ist ihre Widerruflichkeit. Eine Pflicht zum Widerruf besteht für die zuständige Behörde jedoch nur bei Beeinträchtigungen des Wohls der Allgemeinheit, die nicht durch nachträgliche Auflagen beseitigt werden können.[1066] Es wurde bei Erlass des Gesetzes davon abgesehen, die Voraussetzungen der Beschränkung der Erlaubnis oder ihres Widerrufes im Einzelnen zu regeln, um keine abschließende Regelung zu treffen. Vielmehr sollte auch die Ausgestaltung dieses Verfahrens den Ländern überlassen bleiben.

Die Erlaubnis kann nach dem Wortlaut des Gesetzes befristet oder unbefristet erteilt werden, wobei die befristete Erlaubnis wohl überwiegend für Vorhaben in Betracht kommt, welche nur einem vorübergehenden Zweck dienen. Ferner kann durch die Befristung dem Unternehmer eine bestimmte Beständigkeit der Erlaubnis für eine bestimmte Zeit zugesichert werden. In einem solchen Falle bleibt es den Ländern überlassen, besondere Regelungen für den Widerruf der Erlaubnis vorzusehen.[1067]

1063 Vgl. Gieseke-Wiedemann-Czychowski, WHG, 5. Auflage, § 7 Rn. 13.

1064 Vgl. Begründung zu § 7 des RegE 1956, BT-Drucks. 2072, S. 24.

1065 Vgl. Begründung zu § 7 des RegE 1956 aaO.

1066 Vgl. Begründung zu § 7 des RegE 1956 aaO.; Gieseke-Wiedemann-Czychowski, WHG, 5. Auflage, § 7 Rn. 24.

1067 Vgl. Begründung zu § 7 des RegE 1956, BT-Drucks. 2072, S. 24.

bb) Die Bewilligung

Das Institut der Bewilligung wurde in § 8 des Gesetzes wesentlich eingehender behandelt als die Erlaubnis in § 7. Dies fand seinen Fortgang in der Verfahrensvorschrift des § 9 und in den §§ 10 - 12, die materielle Einzelheiten festlegten. Die Vorschrift des § 8 traf teils abschließende Regelungen (Abs. 1 S. 2, Abs. 6), teils ließ sie für die zu erlassenen Ausführungsgesetze der Länder einen mehr oder minder weiten Spielraum.[1068]
Die Bewilligung unterscheidet sich von der Erlaubnis durch die gesetzlichen Voraussetzungen und rechtlichen Wirkungen. Sie gewährt ein subjektiv-öffentliches Recht.[1069] Die Bewilligung ist jedoch kein dingliches oder eigentumsähnliches Recht und wird daher auch nicht durch Art. 14 Abs. 1 GG[1070] oder die Schutzbestimmungen des bürgerlichen Rechts geschützt.[1071]
Die Bezeichnung als „Bewilligung“ wurde gewählt, um das erteilte öffentliche Recht von ähnlichen Institutionen der bestehenden Landeswassergesetze, die andere Voraussetzungen und Rechtswirkungen hatten, zu unterscheiden.[1072]

Da die Bewilligung öffentlich-rechtlicher Natur ist, gewährt sie nicht das Recht, Grundstücke und Anlagen anderer zu benutzen (vgl. § 8 Abs. 1 S. 2).

Die im Rahmen der Bewilligung zu nutzenden Gewässer gehören erfahrungsgemäß zu den Grundstücken, auf denen sie sich befinden. Einer ausdrücklichen Aufnahme dieses Grundsatzes in das Gesetz bedurfte es daher nicht.[1073] Bereits in der Begründung zum Preußischen Wassergesetz wurde hierzu ausgeführt: „Dieser Grundsatz ist nicht besonders ausgesprochen, da mit § 90 der Grundbuchordnung und Artikel 1 der VO betreffend das Grundbuchwesen vom 13.11.1899 als selbstverständlich angenommen werden kann, dass die Gewässer als Grundstücke zu gelten haben.“[1074] Die Benutzung des Gewässers bedurfte mithin neben der öffentlich-rechtlichen Erlaubnis oder Bewilligung der Zustimmung des Eigentümers.[1075]

Auch die Eigentümer der Gewässer sind danach Eingriffen in ihr Eigentum ausgesetzt. Das Eigentum an allen Gewässern hat dem Wohl der Allgemeinheit zu

---

1068 Vgl. Gieseke-Wiedemann-Czychowski, WHG, 5. Auflage, § 8 Rn. 1.
1069 Vgl. Begründung zu § 8 des RegE 1956, BT-Drucks. 2072, S. 24; Gieseke-Wiedemann-Czychowski, WHG, 5. Auflage, § 8 Rn. 2; Witzel, WHG, § 8 Nr. 1; Gässler S. 36.
1070 Vgl. Gieseke-Wiedemann-Czychowski, aaO.
1071 Vgl. Begründung zu § 8 des RegE 1956 aaO.
1072 Vgl. Begründung zu § 8 des RegE 1956 aaO.
1073 Vgl. Witzel, WHG, § 8 Nr. 1.
1074 Vgl. RG 53, 98 (98).
1075 Vgl. Witzel, WHG, § 8 Nr. 1 und § 4 Nr. 1 am Ende.

dienen. Es unterliegt sozialen Bindungen wie das Eigentum an Landgrundstücken. Das Eigentum an Gewässern ist somit vorbelastet mit Nutzungen im Rahmen des Gemeingebrauchs und durch mögliche Sonderbenutzungsbefugnisse.[1076] Zusätzlich bedürfen auch die Eigentümer der Gewässer einer Erlaubnis oder Bewilligung, soweit die beabsichtigte Benutzung über den Gemeingebrauch, den Eigentümergebrauch oder die erlaubnisfreie Benutzung des Grundwassers hinausgeht. Eine Sonderstellung der Eigentümer besteht teilweise nur insoweit, als diese gegenüber widerstreitenden Anträgen eine gewisse Vorzugsstellung genießen.[1077]

Die gesetzliche Formulierung „die Bewilligung darf nur erteilt werden" beinhaltet, dass auch bei Vorliegen der Voraussetzungen kein Rechtsanspruch auf die Bewilligung besteht. Die Entscheidung über ihre Erteilung liegt vielmehr im pflichtgemäßen Ermessen der Behörde[1078] [1079].
Die in § 8 Abs. 2 Nr. 1 und 2 normierten Voraussetzungen zur Erteilung der Bewilligung stellen dabei keine abschließende Regelung dar und lassen den Ländern die Möglichkeit, weitere Voraussetzungen in den Ausführungsgesetzen zu statuieren.[1080] Die im Gesetz bereits normierten Bedingungen stellen nicht auf wasserwirtschaftliche Gesichtspunkte (Auswirkung auf den Wasserhaushalt oder Dritte), sondern in erster Linie auf die Verhältnisse beim Unternehmer ab. Die Voraussetzungen müssen nebeneinander erfüllt sein.[1081]
Die „gesicherte Rechtsstellung" in Abs. 2 Nr. 1 ist dabei als diejenige zu verstehen, die der Inhaber der Bewilligung nach dem WHG, den Ausführungsgesetzen der Länder und nach bürgerlichem Recht sowohl in öffentlich-rechtlicher wie in privatrechtlicher Hinsicht innehat.[1082] Eine Erteilung kommt daher nur dann in Betracht, wenn dem Unternehmer die Durchführung seines Vorhabens ohne gesicherte Rechtsstellung nicht zugemutet werden kann. Dies wird im Allgemeinen dann der Fall sein, wenn erhebliches Kapital investiert werden müsste und der Unternehmer sich deshalb vor der Investierung gegen zu erwartende Unter-

---

1076 Vgl. Witzel, WHG, § 8 Nr. 1; BGHZ 9, 373 (384, 386).

1077 Vgl. Gieseke-Wiedemann-Czychowski, WHG, 5. Auflage, § 8 Rn. 11; Breuer Rn. 233; wobei sich diese Sonderstellung aus den später erlassenen Ausführungsgesetzen der Länder ergab, welche Rangkriterien bei mehreren Anträgen in ihren Landeswassergesetzen aufgestellt haben.

1078 Ausnahmen hierzu: § 16 Abs. 3 und § 17 Abs. 2.

1079 Vgl. Begründung zu § 8 des RegE 1956, BT-Drucks. 2072, S. 24.

1080 Vgl. Begründung zu § 8 RegE 1956, BT-Drucks. 2072, S. 24.

1081 Vgl. Gieseke-Wiedemann-Czychowski, WHG, 5. Auflage, § 8 Rn. 23; Witzel, WHG, § 8 Nr. 3.

1082 Vgl. Gieseke-Wiedemann-Czychowski, WHG, 5. Auflage, § 8 Rn. 24.

sagungs- oder Ersatzansprüche sichern wollte.[1083] Die Vorschrift beinhaltet damit den Gedanken des Investitionsschutzes.[1084]
Eine Sicherung der Rechtsstellung schlechthin bedeutete die Bewilligung für den betroffenen Unternehmer jedoch nicht. Vielmehr kann auch die Bewilligung unter dem Vorbehalt weiterer Auflagen (§ 5), der Zulässigkeit nachträglicher Entscheidungen (§ 10), der Möglichkeit des Widerrufs (§ 12) sowie des Ausgleichs (§ 18) erlassen werden.
Die zweite normierte Voraussetzung in Abs. 2 Nr. 2 dient nicht nur als Grundlage für die behördliche Prüfung, sondern auch dem Zweck der Bekanntmachung des Vorhabens im öffentlichen Verfahren nach § 9, um den Betroffenen und den beteiligten Behörden die Möglichkeit zur Geltendmachung von Einwendungen zu geben.[1085]

Die Bewilligung darf nur erteilt werden, wenn die Benutzung einem bestimmten Zweck dient, der nach einem bestimmten Plan verfolgt wird. Neu ist dieses Tatbestandsmerkmal nicht. Schon § 48 Preußisches Wassergesetz besagte: „Die Verleihung darf nur für ein Unternehmen erteilt werden, dem ein bestimmter Plan zugrunde liegt". Die Notwendigkeit eines Plans sollte Bewilligungen entgegenwirken, die ohne einen voraussehbaren Bedarf, praktisch auf Vorrat oder rein spekulativ beantragt werden.[1086]

Der in § 8 Abs. 3 normierte Schutz der Rechte Dritter steht in enger Verbindung zu § 11.[1087] Danach können gegen eine bewilligte Benutzung keine privatrechtlichen Ansprüche, mit Ausnahme vertraglicher Ansprüche, geltend gemacht werden. Werden während des Bewilligungsverfahrens nach § 9 Einwendungen Dritter erhoben, so darf die Bewilligung nur erteilt werden, wenn die nachteiligen Wirkungen durch Auflagen verhütet oder ausgeglichen werden. Nach dem Wortlaut ist dabei ein Ausgleichsanspruch nur dann berechtigt, wenn die zu bewilligende Benutzung auf das „Recht" eines Dritten nachteilig einwirkt.[1088] Die Beeinträchtigung eines Rechts liegt dann vor, wenn der Betroffene die Unterlassung der Benutzung verlangen kann. Da nach § 11 sämtliche Unterlassungs-, Verhütungs- und Schadensersatzansprüche, soweit die nachteiligen Wirkungen

---

1083 Vgl. Begründung zu § 8 des RegE 1956, BT-Drucks. 2072, S. 24; Witzel, WHG, § 8 Nr. 3.
1084 Vgl. Breuer Rn. 225; Salzwedel, RdWWi Heft 19, 41 (41, 53); Knopp, Sieder/Zeitler/Dahme, WHG, § 8 Rn. 16.
1085 Vgl. Begründung zu § 8 des RegE 1956, BT-Drucks. 2072, S. 24; Witzel, WHG, § 8 Nr. 4.
1086 Vgl. Gieseke-Wiedemann-Czychowski, WHG, 5. Auflage, § 8 Rn. 37.
1087 Vgl. Witzel, WHG, § 8 Nr. 5.
1088 Vgl. Begründung zu § 8 des RegE 1956, BT-Drucks. 2072, S. 25; Witzel, WHG, § 8 Nr. 5.

vorhersehbar sind, ausgeschlossen sind, müssen diese Ansprüche im Bewilligungsverfahren geltend gemacht und durch entsprechende Maßnahmen ausgeglichen oder verhütet werden.[1089] Als nachteilige Wirkung ist hierbei jede nachteilige Veränderung des tatsächlichen Zustandes anzusehen, dessen Aufrechterhaltung der Betroffene verlangen kann.[1090] Diese vom BMJ als Ergänzung des Gesetzes vorgeschlagene Definition war jedoch im Wortlaut nicht in das Gesetz mit aufgenommen worden.

Kein Recht im Sinne des § 8 Abs. 3 ist eine erteilte Erlaubnis oder Bewilligung. Dies ergibt sich aus § 2, wonach Befugnisse nach dem WHG keinen Anspruch auf Zufluss von Wasser bestimmter Menge und Beschaffenheit geben.[1091]
Liegt eine Beeinträchtigung der Rechte Dritter vor und kann diese nicht durch entsprechende Maßnahmen verhütet oder ausgeglichen werden, so ist die Bewilligung zu versagen. Etwas anderes gilt nur, wenn die beantragte Wasserbenutzung, aus Gründen des Wohls der Allgemeinheit erforderlich ist, z. B. bei Errichtung eines Wasserwerks.[1092] Wird ein Recht eines anderen im letzteren Falle derart eingeschränkt, so muss er dafür nach Art. 14 GG entschädigt werden (§ 8 Abs. 3 S. 2). Art und Ausmaß der Entschädigung bestimmen sich nach § 24.

Nach § 8 Abs. 4 obliegt es den Ländern, weitere Fälle zu bestimmen, in denen nachteilige Wirkungen der Benutzung einen anderen zu Einwendungen berechtigen.

Die Bewilligung wird für eine bestimmte, angemessene Frist erteilt, die nur in besonderen Fällen dreißig Jahre überschreiten darf (§ 8 Abs. 5). Die Regelung dient vor allen Dingen der ungehemmten Entwicklung der Wasserwirtschaft.[1093] Die zuständige Behörde soll im Interesse einer geordneten Wasserwirtschaft nicht zu Entschlüssen veranlasst werden, deren Tragweite für die wasserwirtschaftliche Entwicklung schwer übersehbar sind. Der Höchstzeitraum von dreißig Jahren ist ein Zeitraum, der für die Bewirtschaftung des Wasserschatzes überschaubar ist und etwa der Frist zwischen zwei Generationen entspricht.[1094] Die Regelung, unter welchen Voraussetzungen nach Ablauf der Frist eine Frist-

---

1089 Vgl. Witzel, WHG, § 8 Nr. 5; Gieseke-Wiedemann-Czychowski, WHG, 5. Auflage, § 8 Rn. 40.

1090 Vgl. Witzel, WHG, § 8 Nr. 5; Gieseke-Wiedemann-Czychowski, WHG, 5. Auflage, § 8 Rn. 41; Begründung zu § 8 des RegE 1956, BT-Drucks. 2072, S. 25.

1091 Vgl. Witzel, WHG, § 8 Nr. 5.

1092 Vgl. Begründung zu § 8 des RegE 1956, BT-Drucks. 2072, S. 25.

1093 Vgl. Begründung zu § 8 des RegE 1956, BT-Drucks. 2072, S. 25; Gieseke-Wiedemann-Czychowski, WHG, 5. Auflage, § 8 Rn. 75.

1094 Vgl. Witzel, WHG, § 8 Nr. 8.

verlängerung zugestanden werden kann oder ob eine Neuerteilung erforderlich ist, wurde den Ausführungsgesetzen der Länder überlassen.[1095]

Die Regelung der Rechtsnachfolge in Abs. 6 war den bestehenden landesrechtlichen Regelungen nachempfunden.[1096] Eine ausdrückliche Hervorhebung war notwendig, da subjektiv-öffentliche Rechte vielfach nicht auf Rechtsnachfolger übergingen.[1097] Die Vorschrift bringt zum Ausdruck, dass die Bewilligung eine mehr dingliche Wirkung hat, dementsprechend für das Grundstück oder die Anlage als solche erteilt wird und damit unabhängig vom jeweiligen Eigentümer oder Besitzer ist.[1098]

Die nun statuierte Bewilligung ähnelt der Verleihung des preußischen, badischen und württembergischen Gesetzes sowie der Erlaubnis im bayerischen Recht. Auch die Bewilligung nach dem WHG gewährt ein Recht auf die jeweilige Nutzung, das während ihrer Geltungsdauer grundsätzlich nur aus Gründen des Gemeinwohls und gegen Entschädigung beschränkt oder entzogen werden kann. Im Unterschied zu den früheren Wassergesetzen kann sie jedoch nur zeitlich befristet erteilt werden.
Die Erlaubnis dagegen gewährt nur die widerrufliche Befugnis zu einer bestimmten Benutzung eines Gewässers. Die zwei Benutzungsarten des Wasserhaushaltsgesetzes stehen danach, wie oben gezeigt, nicht gleichrangig nebeneinander.
Die Erlaubnis als auch die Bewilligung dürfen demgegenüber nicht erteilt werden, wenn von der beabsichtigten Benutzung eine Beeinträchtigung des Wohls der Allgemeinheit zu erwarten ist, die nicht durch Benutzungsbedingungen oder Auflagen verhütet oder ausgeglichen werden kann (§ 6).

III. Die Regelungen über die Reinhaltung, die Unterhaltung und den Ausbau der Gewässer

1. Die Reinhaltung der Gewässer

Die Vorschriften zur Reinhaltung der Gewässer (§§ 26, 27) sind durch das WHG im Gegensatz zu den bestehenden Landeswassergesetzen erheblich verschärft und erweitert worden.[1099] Die Vorschrift des § 26 enthält hierbei eine der materiellen Grundentscheidungen des WHG zur Schutzwürdigkeit der von ihm

---

[1095] Vgl. Begründung zu § 8 des RegE 1956, BT-Drucks. 2072, S. 25.
[1096] Vgl. Begründung zu § 8 des RegE 1956 aaO.
[1097] Vgl. Begründung zu § 8 des RegE 1956 aaO.
[1098] Vgl. Witzel, WHG, § 8 Nr. 9; Breuer Rn. 86.
[1099] Vgl. Gieseke, ZfW 1964, 1 (18).

verfolgten wasserwirtschaftlichen Interessen.[1100] Für das Grundwasser ist die Regelung des § 34 vergleichbar.
Die nunmehr statuierte Vorkontrolle der Benutzungen gilt auch für das Einbringen und Einleiten von Stoffen in Gewässer aller Arten (§§ 2, 3). Die hierfür erteilte Erlaubnis oder Bewilligung steht unter dem gesetzlichen Vorbehalt erhöhter Anforderungen an die Beschaffenheit der Stoffe.[1101] Das Verbot, feste Stoffe in ein Gewässer einzubringen, um sich ihrer zu entledigen, ist schon aus früheren Gesetzen bekannt.[1102] Es ist nunmehr auf alle oberirdischen Gewässer ausgedehnt worden (§ 26 Abs. 1).

Zur Vermeidung von Zweifeln, ob schlammige Stoffe zu den festen oder flüssigen gehören, ist in § 26 Abs. 1 Satz 2 in negativer Erklärung festgelegt, dass schlammige, die nach ihrem Aggregatzustand an sich den festen Stoffen zugehören, wie flüssige zu behandeln seien.[1103]
Neu eingefügt wurden Verbote, Stoffe so zu lagern, abzulagern oder in Rohrleitungen zu befördern, dass eine Verunreinigung des Wassers oder sonstige nachteilige Veränderungen seiner Eigenschaften zu besorgen sind. Diese Verbote sind sowohl für das Grundwasser (§ 34 Abs. 2) als auch für die oberirdischen Gewässer (§ 26 Abs. 2) normiert worden. Die Regelung stellt eine vorsorgliche Maßnahme dar, die der Reinhaltung der Gewässer dienen soll.[1104] Das Verbot gilt dabei nicht nur für die Ablagerung direkt am Ufer, sondern auch weiter landeinwärts, soweit die Gefahr des Hineinschwemmens oder sonstiger nachteiliger Veränderungen des Gewässers besteht.[1105]

Die Vorschrift des § 27 über Reinhalteordnungen gibt dem Gedanken Ausdruck, dass die zur Reinhaltung der Gewässer erforderlichen Maßnahmen nicht nur unter dem Gesichtspunkt des Einzelfalls beurteilt werden dürfen, sondern dass viele kleine, im einzelnen möglicherweise unschädliche Benutzungen insgesamt doch große Schäden anrichten können.[1106] Das Gewässer ist hierbei als wasserwirtschaftliche Einheit zu betrachten. Deshalb solle die einzelne Zuführung von Stoffen oder das Ableiten von Wasser von der Gesamtschau auf das Gewässer

---

[1100] Vgl. Gieseke-Wiedemann-Czychowski, WHG, 5. Auflage, § 26 Rn. 1; BVerwG, ZfW 1974, 296 (300).
[1101] Vgl. Gieseke, ZfW 1964, 1 (18).
[1102] Vgl. § 19 Abs. 1 Satz 1 Preuß WG, § 38 Bayer. WG.
[1103] Vgl. Begründung zu § 29 des RegE 1956, BT-Drucks. 2072, S. 32; Witzel, WHG, § 26 Nr. 2.
[1104] Vgl. Begründung zu § 29 des RegE 1956, BT-Drucks. 2072, S. 32.
[1105] Vgl. Witzel, WHG, § 26 Nr. 4.
[1106] Vgl. Begründung zu § 30 des RegE 1956, BT-Drucks. 2072, S. 33; Gieseke-Wiedemann-Czychowski, WHG, 5. Auflage, § 27 Rn. 1.

beurteilt werden.[11] :s entspricht den Forderungen neuzeitlicher Wasserwirt-
schaft und eröffnet Möglichkeit, die zur Reinhaltung der Gewässer erforder-
lichen behördliche ßnahmen großräumig durchzuführen.[1108]
Auf Grund der unt iedlichen Verwaltungsbedürfnisse können Reinhalteord-
nungen in Form v echtsverordnungen, die sich unmittelbar an den Staats-
bürger wenden od :h nur als Verwaltungs-vorschriften, die nur die Behör-
den beim Erlass v verwaltungsakten binden, erlassen werden (§ 27 Abs. 1).
Die beim Erlass
müssen durch Ver ngsakt der Reinhalteordnung mittels Beschränkung oder
Rücknahme angep verden, bevor die Reinhalteordnung auf die Benutzungen
angewendet werde n (§ 27 Abs. 2). Das ist aus Gründen der Rechtssicher-
heit erforderlich, Inhaber von Benutzungsbefugnissen nicht übersehen
können, ob und wi sie mit ihren Benutzungen gegen eine bestehende Rein-
halteordnung verst [1109] Die Reinhalteordnungen können als Rechtsverord-
nung auch den G gebrauch an Gewässern beschränken oder von Benut-
zungsbedingungen ngig machen.[1110]

2. Die Unterhaltu d der Ausbau der Gewässer

Im Dritten Abschr s zweiten Teils haben die Vorschriften über die Unter-
haltung und den A in den §§ 28 bis 31 des Gesetzes ihren Platz gefunden.

a) Die Unterhaltun

Die Gewässerunte ng gehört zu den Aufgaben, die das WHG im Rahmen
seiner Zielsetzung lt.[1111] Der Umfang der Unterhaltung umfasst dabei die
Erhaltung des ord sgemäßen Zustandes für den Wasserabfluss.[1112] Dabei
war die Regelung nterhaltung in einem einheitlichen Wassergesetz beson-
ders problematisch s nicht nur deshalb, weil die Landeswassergesetze dar-
über unterschiedli egelungen enthielten,[1113] sondern auch wegen der Ein-
haltung der Rahm npetenz des Bundes auf dem Gebiet des Wasserrechts.
Aufgrund dessen h s WHG die Regelung der Unterhaltung weitgehend den

---

1107 Vgl. Begründung 30 des RegE 1956, BT-Drucks. 2072, S. 33; Witzel, WHG, § 27 Nr. 1.

1108 Vgl. Begründung 30 des RegE 1956, BT-Drucks. 2072, S. 33; Witzel, WHG, Vorbem. zum zweite erster Abschnitt.

1109 Vgl. Begründung 0 RegE 1956, BT-Drucks. 2072, S. 33; Witzel, WHG, § 27 Nr. 2.

1110 Vgl. Witzel, WH 7 Nr. 2.

1111 Vgl. Gieseke-Wi n-Czychowski, WHG, 5. Auflage, § 28 Rn. 2.

1112 Vgl. Witzel, WH 3 Nr. 2.

1113 Vgl. Gieseke, Zf 4, 1 (19).

Ländern überlassen, auch hinsichtlich ihres Umfangs.[1114] Bei der Schaffung des Gesetzes wurde jedoch der Weg der Trägerschaft der Unterhaltung vorgezeichnet. Einerseits lag es auf der Hand, die Unterhaltung dem Staat und den Gebietskörperschaften zu überlassen. Andererseits ist es für die Anlieger und Gewässereigentümer, besonders bei mittleren Wasserläufen, unverhältnismäßig, ihnen die gestiegenen Kosten der Unterhaltung ihrer Gewässer allein aufzubürden.[1115] Ebenso unzweckmäßig erschien es, die Unterhaltung so aufzuteilen, dass jeder Anlieger oder Gewässereigentümer nur für die ihm angrenzende oder gehörende Gewässerstrecke unterhaltungspflichtig war.[1116] Daher bedurfte die Unterhaltungslast bundeseinheitlicher Regelung und konnte nicht den Ländern überlassen werden, da die verschiedenen und oft auch unzureichenden Vorschriften der Landeswassergesetze den Anforderungen neuzeitlicher Wasserwirtschaft nicht mehr genügten.[1117] Das WHG hat deshalb für die Unterhaltungslast in § 29 vorgeschrieben, dass die Unterhaltung den Gewässereigentümern, Anliegern und denjenigen, die sie erschweren oder Vorteile davon haben, obliegt. Hierbei besteht jedoch eine kumulative Verpflichtung, so dass die Unterhaltung allen gemeinschaftlich obliegt (§ 29 Abs. 1). Diese Verpflichtung tritt jedoch nur ein, soweit die Unterhaltung nicht Aufgabe von Gebietskörperschaften, von Wasser- und Bodenverbänden oder gemeindlichen Zweckverbänden ist (§ 29 Abs. 1). In welcher Weise diese Unterhaltungspflicht zu erfüllen sein wird, kann der Regelung durch die Länder überlassen werden.
Um eine entsprechende ordnungsgemäße Durchführung der Unterhaltungspflicht zu gewährleisten, werden in § 30 die besonderen Pflichten im Interesse der Unterhaltung normiert. Eine ordnungsgemäße Unterhaltung ist meist nur unter Inanspruchnahme von Anliegergrundstücken und möglicherweise auch von Hinterliegergrundstücken möglich. Die Vorschrift gibt den Grundstückseigentümern daher auf, im Interesse der Unterhaltung bestimmte Maßnahmen zu dulden oder selber vorzunehmen. Solche Arbeiten an den betroffenen Grundstücken können im Interesse der ordnungsgemäßen Unterhaltung notwendig werden, um Uferabbrüchen vorzubeugen oder Schäden zu beseitigen, die infolge von Schifffahrt oder von Wasserbaumaßnahmen an Grundstücken entstanden sind.[1118]Die Duldungspflicht erstreckt sich daher auf Maßnahmen, die den ordnungsgemäßen Zustand des Gewässers wiederherstellen oder einen ordnungswidrigen Zustand verhüten sollen. Die Regelung der Duldungspflicht bestimmt damit Inhalt und Schranken des Eigentums im Sinne des Art. 14 Abs. 1 S. 2 GG

[1114] Vgl. Gieseke, ZfW 1964, 1 (19); Begründung zu § 31 des RegE 1956, BT-Drucks. 2072, S. 33.
[1115] Vgl. Gieseke, aaO.
[1116] Vgl. Gieseke, aaO.
[1117] Vgl. Begründung zu § 32 RegE 1956, BT-Drucks. 2072, S. 33; Witzel, WHG, § 29 Nr. 1.
[1118] Vgl. Witzel, WHG, § 30 Nr. 1.

und enthält keine Entschädigungspflichten auslösende Enteignung.[1119] Die durch Handlungen nach § 30 entstandenen Schäden sind demgemäß nach allgemeinrechtlichen Gesichtspunkten zu entschädigen. Es handelt sich folglich um einen Schadensersatzanspruch nach bürgerlichem Recht.[1120] Die Vorschrift des § 30 konkretisiert demzufolge die dem Eigentum, insbesondere dem an Grundstücken im Bereich von Gewässern, innewohnende Sozialpflichtigkeit. Der Gesetzgeber hat mit ihr eine für das Allgemeinwohl erforderliche Regelung getroffen.[1121]

b) Der Ausbau

Die Unterhaltung (§ 28 ff.) und der Ausbau (§ 31) werden in getrennten Bestimmungen behandelt, da sie sich inhaltlich und in ihren Voraussetzungen voneinander unterscheiden. Der Begriff des Ausbaus war nicht in allen Landeswassergesetzen enthalten.[1122] Er umfasst jede bauliche Maßnahme, die über die Unterhaltung hinausgeht und eine durchgreifende Umgestaltung des Gewässers oder seiner Ufer zur Folge hat,[1123] oder die Herstellung oder Beseitigung eines Gewässers bezweckt.[1124] Der Ausbau setzt damit seiner wasserwirtschaftlichen Bedeutung wegen ein Planfeststellungsverfahren voraus. Darin liegt auch der Unterschied zu den einfachen Gewässerbenutzungen. Während die im WHG normierten Benutzungen menschliche Tätigkeiten sind, die nur widerruflich oder für eine bestimmte Frist zugelassen werden, beinhaltet der Ausbau die Schaffung eines neuen Dauerzustandes, durch den das Gewässersystem in mehr oder minder weitem Umfang verändert wird.[1125] Nur in einem Planfeststellungsverfahren können daher sowohl die öffentlichen als auch die privaten Belange berücksichtigt und aufeinander abgestimmt werden.[1126]
Die Regelung des Ausbauverfahrens beschränkt sich in § 31 Abs. 2 auf die notwendige Feststellung von Art und Ausmaß der Ausbaumaßnahmen, der Einrichtungen, die im öffentlichen Interesse oder zur Vermeidung nachteiliger Wirkungen auf Rechte anderer erforderlich sein werden, sowie der Anordnung des Ausgleichs von Schäden. Die Vorschrift regelt zwingend diejenigen Maßnahmen, die zur Gewährleistung einer einheitlichen Ordnung des Wasserhaushalts und

1119 Vgl. Gieseke-Wiedemann-Czychowski, WHG, 5. Auflage, § 30 Rn. 4; Witzel, WHG, § 30 Nr. 7.

1120 Vgl. Witzel, WHG, § 30 Nr. 7; Begründung zu § 33 des RegE 1956, BT-Drucks. 2072, S. 34.

1121 Vgl. Gieseke-Wiedemann-Czychowski, WHG, 5. Auflage, § 30 Rn. 4.

1122 Vgl. Witzel, WHG, § 31 Nr. 1; Kolb § 31 Erläuterungen I, S. 160.

1123 Kolb § 31 Erläuterungen I, S. 160.

1124 Vgl. Gieseke-Wiedemann-Czychowski, WHG, 5. Auflage, § 31 Rn. 2.

1125 Vgl. Gieseke-Wiedemann-Czychowski, WHG, 5. Auflage, § 3 Rn. 82; ebenso BVerwGE 55, 220 (223); OVG Münster, ZfW 1980, 250 (251).

1126 Vgl. Witzel, WHG, § 31 Nr. 1.

zum Schutz der Betroffenen zumindest angeordnet werden müssen.[1127] Die weitere Ausgestaltung des Ausbauverfahrens kann den Ländern überlassen werden. Für Ausbauverfahren betreffend ein Gewässer, welches der Verwaltung mehrerer Länder untersteht, ist nach § 31 Abs. 3 ein Einvernehmen über den Ausbau herbeizuführen. Dies ist im Interesse der Ordnung des Wasserhaushalts und des Wohls der Allgemeinheit geboten.[1128] Kommt es zu keiner Einigung der beteiligten Länder, kann der Bund als Vermittler tätig werden. Dies geschieht jedoch nur auf Antrag eines der Länder.

IV. Die Regelungen zum Grundwasserschutz

Die Regelungen zum Schutz des Grundwassers sind nunmehr im dritten Teil des WHG in den §§ 33 - 35 niedergelegt. Dieser Teil umfasst diejenigen Bestimmungen, die über die Regelungen des ersten Teils hinaus nur für das Grundwasser gelten.

Die bestehenden Landeswassergesetze beinhalteten bis zum Erlass des WHG völlig unzureichende oder gar keine Regelungen zum Schutz des Grundwassers. Entsprechende Regelungen fanden sich nur in zwei Landeswassergesetzen.[1129] Die bestehenden Regelungen mussten für das gesamte Bundesgebiet im Interesse des Grundwasserschutzes der Entwicklung der Wasserwirtschaft angepasst oder ganz neu geschaffen werden.

Die öffentliche Wasserversorgung wurde bereits bei Erlass des WHG überwiegend aus dem Grundwasser gespeist. Der Bedarf an Wasser für die Bevölkerung wurde zu 89 % aus der öffentlichen Wasserversorgung gedeckt. Aus diesem Grunde und da die Gefahren, die dem Grundwasser drohten, u. a. durch das unkontrollierte Einleiten von Abwässern, ständig gestiegen waren, hat das WHG nunmehr den Schutz des Grundwassers durch besondere Vorschriften geordnet.[1130]

Da sich die notwendigen Maßnahmen zur Reinhaltung des Grundwassers von denen der oberirdischen Gewässer unterscheiden, müssen für beide Gewässerarten verschiedene Bestimmungen getroffen werden. Beim Schutz des Grundwassers geht es vornehmlich darum, Schäden, die insbesondere der öffentlichen Wasserversorgung durch Einleiten von Stoffen entstehen, die durch die Filterwirkung des Bodens nicht absorbiert werden können, zu verhindern, und die Gefahren, die durch eine örtliche Überbeanspruchung des Grundwassers drohen, zu vermeiden.[1131]

1127 Vgl. Witzel, WHG, § 31 Nr. 4; Kolb § 31 Erläuterungen III, S. 160.

1128 Kolb § 31 Erläuterungen IV, S. 161.

1129 So in § 22 des badischen Wassergesetzes und in Art. 16, 19 und 153 des bayrischen Wassergesetzes.

1130 Vgl. Witzel, WHG, § 33 Vorbem.; Kolb Vorbem. zu §§ 33 bis 35, S. 163.

1131 Vgl. Witzel, WHG, § 33 Vorbem.; Kolb Vorbem. zu §§ 33 bis 35, S. 163.

Die Benutzungen des Grundwassers sind zunächst auch in § 3 Abs. 1 Nr. 5 und 6 und in § 3 Abs. 2 geregelt. Nach dem Grundsatz des § 2 setzen alle diese Benutzungen eine Erlaubnis oder Bewilligung voraus. Die Vorschrift des § 33 macht hiervon Ausnahmen, die in einem Katalog festgehalten werden. Dieser Katalog ist für die Länder bindend und kann durch die Ausführungsgesetze nicht erweitert werden, was eine Einschränkung jedoch nicht ausschließt.[1132] Gerade aus Rücksicht auf die wasserwirtschaftliche Entwicklung muss den Ländern die Möglichkeit bleiben, diese Ausnahmeregelungen für bestimmte Gebiete und Benutzungsarten wieder aufzuheben (§ 33 Abs. 2 Nr. 1). Lediglich im Rahmen des § 33 Abs. 2 Nr. 2[1133] können die Länder zusätzliche Ausnahmeregelungen treffen. Eine solche bundeseinheitliche Festsetzung der erlaubnisfreien Benutzungen des Grundwassers ist für eine einheitliche Ordnung des Wasserhaushalts zwingend erforderlich.

Die erlaubnisfreien Benutzungen umfassen danach das Entnehmen, Zutagefördern, Zutageleiten oder Ableiten von Grundwasser:

- für den Haushalt, für den landwirtschaftlichen Hofbetrieb, für das Tränken von Vieh außerhalb des Hofbetriebs oder in geringen Mengen zu einem vorüber-
gehenden Zweck (§ 33 Abs. 1 Nr. 1),
- zum Zweck der gewöhnlichen Bodenentwässerung landwirtschaftlich, forstwirtschaftlich oder gärtnerisch genutzter Grundstücke (§ 33 Abs. 1 Nr. 2).

Der Katalog enthält danach solche Grundwasserbenutzungen, die den Wasserhaushalt nicht wesentlich beeinträchtigen können. Für die Ausnahmebestimmung des § 33 ist somit die verhältnismäßig geringe Bedeutung dieser Benutzungen ausschlaggebend. Aber auch die große Bedeutung der in ihr aufgeführten Wirtschaftszweige für die Allgemeinheit ist mitbestimmend.[1134]
Die landwirtschaftlichen Spitzenverbände und einzelne Länder hatten diesbezüglich gefordert, die Landwirtschaft allgemein für alle Grundwasserbenutzun-

---

[1132] Vgl. Witzel, WHG, § 33 Nr. 1; Kolb § 33 Erläuterungen I, S. 167.

[1133] **§ 33 Abs. 2:**
„Die Länder können allgemein oder für einzelne Gebiete bestimmen, dass
Nr. 1: ...
Nr. 2: für das Entnehmen, Zutagefördern, Zutageleiten oder Ableiten von Grundwasser in geringen Mengen für gewerbliche Betriebe sowie für die Landwirtschaft, die Forstwirtschaft oder den Gartenbau über die in Abs. 1 bezeichneten Zwecke hinaus eine Erlaubnis oder eine Bewilligung nicht erforderlich ist."

[1134] Vgl. Begründung zu § 37 des RegE 1956, BT-Drucks. 2072, S. 35; Witzel, WHG, § 33 Nr. 1.

gen von dem Erfordernis der Erlaubnis oder Bewilligung freizustellen. Dem konnte nicht gefolgt werden, da die Landwirtschaft erhebliche Mengen des Grundwassers benötigt, wodurch auch Nachbargrundstücke oder die öffentliche Wasserversorgung beeinträchtigt werden können. Entsprechende Benutzungen der Landwirtschaft bedürfen deshalb aus Gründen des Grundwasserschutzes der Vorprüfung im Rahmen eines Erlaubnis- oder Bewilligungsverfahrens.[1135]

Die Vorschrift des § 34 ist die Parallelvorschrift zu der Reinhaltung der oberirdischen Gewässer in § 26. Sie zielt auf den generellen Schutz der Allgemeinheit, insbesondere der öffentlichen Wasserversorgung, ab.[1136] Zusammen mit den Vorschriften der §§ 6 und 26 enthält sie eine der materiellen Grundentscheidungen des WHG.[1137] Dieser Grundentscheidung darf auch ein Gewässerausbau nicht widersprechen,[1138] da Grundwasser in besonderem Maße schutzwürdig und schutzbedürftig ist.[1139] Das Grundwasser ist gegen unmittelbare Einwirkungen anfälliger als oberirdische Gewässer. Es ist nur schwer überwachbar und entzieht sich schnell wirkenden Sanierungsmaßnahmen. Zudem regeneriert es sich äußerst langsam. Aus diesem Grunde ist ein besonderer Schutz des Grundwassers in der Weise nötig, dass jedes Einleiten von Stoffen in das Grundwasser einer Erlaubnis- oder Bewilligungspflicht unterworfen wird. Gilt für die Erteilung einer Bewilligung oder Erlaubnis für oberirdische Gewässer ein strenger Maßstab, so ist in Bezug auf das Grundwasser ein noch strengerer Maßstab anzulegen.[1140]
Aufgrund der technischen Entwicklung muss das Grundwasser auch vor Einflüssen geschützt werden, die nicht nur in dem bewussten Einleiten von Stoffen besteht.[1141] So enthält auch § 34 Abs. 2 eine Regelung über das Lagern von Stoffen oder das Befördern von Flüssigkeiten oder Gasen durch Rohrleitungen. Die Behörde hat zusätzlich die Möglichkeit, bestehende Ablagerungen oder Rohrleitungen nach § 21 zu überwachen, und es besteht bei eingetretenem Schaden eine Schadensersatzpflicht nach § 22.

[1135] Vgl. Witzel, WHG, § 33 Nr. 1; vgl. Änderungsantrag der Abgeordneten *Mauk, Gibbert, Hepp* und Genossen v. 27.06.1957, Umdruck 1235 zu TO 215 bis 218, Punkt 13, zu BT-Drucks. 3536, 2072 (BA Koblenz, B 108/7244, Akte: 56012/1, Band 18).

[1136] Vgl. Gieseke-Wiedemann-Czychowski, WHG, 5. Auflage, § 34 Rn. 2.

[1137] Vgl. BVerwG, ZfW 1974, 296 (300); so auch Gieseke-Wiedemann-Czychowski, WHG, 5. Auflage, § 34 Rn. 2.

[1138] Vgl. BVerwG, ZfW 1981, 87 (88); so auch Gieseke-Wiedemann-Czychowski, WHG, 5. Auflage, § 31 Rn. 32.

[1139] VG München, BayVBl. 1980, 412 (412).

[1140] Vgl. Gieseke-Wiedemann-Czychowski, WHG, 5. Auflage, § 34 Rn. 4.

[1141] Vgl. Witzel, WHG, § 34 Nr. 3; Kolb § 34 Erläuterung II, S. 171.

Die Regelung der Erdaufschlüsse in § 35 dient dem Zweck, das Grundwasser vor Einwirkungen zu schützen, welche die Ordnung des Wasserhaushalts beeinträchtigen können. Die nachteiligen Einwirkungen können sich hierbei auf Beschaffenheit, Höhe oder Bewegung des Grundwassers beziehen.[1142] Die Regelung der Überwachung der Erdaufschlüsse ist dabei den Ländern überlassen worden. Dennoch macht § 35 Abs. 1 es den Ländern nicht zur Pflicht, Überwachungsvorschriften zu erlassen. Sie müssen jedoch tätig werden, sobald die Ordnung des Wasserhaushalts es erfordert.

Der Schutz des Grundwassers erfordert es auch, die Beseitigung von Erdaufschlüssen anzuordnen, wenn Grundwasser unbeabsichtigt oder unbefugt erschlossen wird (§ 35 Abs. 2).

V. Die Wasserschutzgebiete

Die im WHG in § 19 geschaffene Möglichkeit, Wasserschutzgebiete zu festzusetzen, war in den Landeswassergesetzen nicht enthalten. Als die alten Landeswassergesetze erlassen wurden, bestand noch kein solcher Wassermangel, dass zu seiner Behebung Schutzmaßnahmen erforderlich gewesen wären.[1143] Geregelt waren lediglich Schutzmaßnahmen, die die öffentliche Wasserversorgung vor Verunreinigung sichern sollten und in bergigen Gebieten Abflussschäden vermeiden sollten. Zum Schutz des Wasserschatzes waren diese in den bestehenden Landeswassergesetzen[1144] und Polizeirechten statuierten Schutzmaßnahmen bei weitem nicht ausreichend.
Die nunmehr im Gesetz enthaltene Vorschrift des § 19 behandelt die für den Schutz der öffentlichen Wasserversorgung besonders bedeutsamen Wasserschutzgebiete. Die Regelung füllt damit eine immer größer werdende Lücke des Landeswasserrechts aus.[1145]

Unter Wasserschutzgebieten sind behördlich festzusetzende Zonen zu verstehen, in denen Handlungen zu unterlassen sind, die sich auf die Menge und Beschaffenheit des Wassers und die Abflussverhältnisse nachteilig auswirken können.[1146]
Die Schutzbedürftigkeit von Gewässern ergibt sich vor allem aus ihrer Ortsgebundenheit, aus ihrer Bedeutung für die Allgemeinheit und aus ihrer hohen An-

---

[1142] Vgl. Gieseke-Wiedemann-Czychowski, WHG, 5. Auflage, § 35 Rn. 1.
[1143] Vgl. Begründung zu § 23 des RegE 1956, BT-Drucks. 2072, S. 30.
[1144] Vgl. Art. 37 ff. Bayer. WG; § 19 ff. Preuß. WG.
[1145] Vgl. Schriftlicher Bericht des 2. Sonderausschusses –Wasserhaushaltsgesetz-, BT-Drucks. 3536, S. 13.
[1146] Vgl. Witzel, WHG, § 19 Nr. 1; Begründung zu § 23 des RegE 1956, BT-Drucks. 2072, S. 30.

fälligkeit gegenüber äußeren Einflüssen.[1147] Der Schutz wäre somit unvollkommen gewesen, wenn auf Grund der örtlichen Gebundenheit der Gewässer nicht auch die Grundstücke, auf oder unter denen sich das Wasser befindet, vor störenden Einflüssen bewahrt würden.[1148]
§ 19 schafft für diesen Schutz eine gesicherte Rechtsgrundlage. Er regelt in Abs. 1 die Voraussetzungen für die Festsetzung von Wasserschutzgebieten. Danach können, soweit es das Wohl der Allgemeinheit erfordert, Wasserschutzgebiete festgesetzt werden, um Gewässer im Interesse der öffentlichen Wasserversorgung vor nachteiligen Einwirkungen zu schützen (§ 19 Abs. 1 Nr. 1), das Grundwasser anzureichern (§ 19 Abs. 1 Nr. 2) oder das schädliche Abfließen von Niederschlagswasser zu verhüten (§ 19 Abs. 1 Nr. 3).
In § 19 Abs. 2 werden die in den Schutzgebieten anzuordnenden Maßnahmen normiert. Die Landwirtschaft hatte bei der Besprechung des RegE 1956 angeregt, bei den anzuordnenden Schutzmaßnahmen ausdrücklich vorzusehen, dass die Eigentümer und Nutzungsberechtigten von betroffenen Grundstücken auch zur Duldung von Maßnahmen zur Beobachtung des Bodens verpflichtet werden können.[1149] Dies fand Aufnahme in das erlassene WHG, so dass zu den Schutzmaßnahmen nach § 19 Abs. 2 nunmehr das Verbot oder die lediglich beschränkte Zulassung bestimmter Handlungen (Abs. 2 Nr. 1) und die Verpflichtung der Eigentümer und Nutzungsberechtigten von betroffenen Grundstücken zur Duldung bestimmter Maßnahmen gehörte, zu denen auch Maßnahmen zur Beobachtung des Gewässers und des Bodens zählen (Abs. 2 Nr. 2).
Die Festsetzung von Wasserschutzgebieten ist durch § 19 auf die öffentliche Wasserversorgung beschränkt worden. Es bestand kein Rechtsgrund, solche Schutzgebiete auch für andere Wirtschaftszweige, etwa für die Nahrungs- und Genussmittelindustrie, zu schaffen.[1150] Die betroffenen Industriezweige sollten ihre wasserwirtschaftlichen Interessen vielmehr durch den Kauf von entsprechenden Grundstücken sichern.[1151]

Damit die dauernde hygienische Einwandfreiheit des für die öffentliche Wasserversorgung benötigten Wassers gesichert ist, können die Schutzgebiete in Schutzzonen verschiedener Ordnung untergliedert werden, in denen stufenförmige Verringerungen der Schutzmaßnahmen vorgesehen sind. Mithin können unterschiedlich strenge Schutzmaßnahmen angeordnet werden.[1152]

1147 Vgl. Gieseke-Wiedemann-Czychowski, WHG, 5. Auflage, § 19 Rn. 2.
1148 Vgl. Gieseke-Wiedemann-Czychowski, WHG, 5. Auflage, § 19 Rn. 2.
1149 Vgl. Schriftlicher Bericht des 2. Sonderausschuss –Wasserhaushaltsgesetz-, BT-Drucks. 3536, S. 13.
1150 Vgl. Begründung zu § 23 des RegE 1956, BT-Drucks. 2072, S. 30.
1151 Vgl. Begründung zu § 23 des RegE 1956, BT-Drucks. 2072, S. 30; Witzel, WHG, § 19 Nr. 2.
1152 Vgl. Witzel, WHG, § 19 Nr. 3.

Das Gesetz hat aus rechtsstaatlichen Gründen nur Duldungspflichten der betroffenen Grundstückseigentümer normiert. Es erfolgt keine Festsetzung von Verpflichtungen der Betroffenen zu aktivem Handeln, wie z. B. Einzäunung der betroffenen Grundstücke.[1153]

Die Entschädigungsregelung des § 19 Abs. 3 beinhaltet den Grundgedanken des Art. 14 GG, wonach bei einer Enteignung Entschädigung zu leisten ist. Ob die Festsetzung eines Wasserschutzgebietes samt den getroffenen Schutzanordnungen enteignend wirkt, war umstritten. Dies resultierte daraus, dass nach bestehendem Rechtszustand die Festsetzung von Wasserschutzgebieten sowohl entschädigungslose Sozialbindung des Eigentums als auch Enteignung sein konnte.[1154] Der BGH vertrat in ständiger Rechtsprechung die durch das Merkmal des Sonderopfers modifizierte Einzelakttheorie und prägte damit einen weiten Eingriffsbegriff.[1155] Das Bundesverwaltungsgericht[1156] grenzte nach der Schwere (Erheblichkeit und Tragweite) des Eingriffs ab. Für den Gesetzgeber war es schwierig, bei strikter Anwendung der Junktim-Klausel des Art. 14 Abs. 3 S. 2 GG, vorauszusehen, ob ein Eingriff enteignend sein würde oder nicht. Dementsprechend wurden sog. salvatorische Entschädigungsklauseln, wie § 19 Abs. 3, erlassen, welche im Falle eines enteignenden Eingriffs den Anforderungen des Art. 14 GG genügen sollten.[1157]

Erst nach der Nassauskiesungsentscheidung des Bundesverfassungsgerichts im Jahre 1981[1158] erfolgte eine Einschränkung des durch den BGH bis dahin vertretenen weiten Enteignungsbegriffs. Danach sollte ein entschädigungsfähiges Sonderopfer erst dann vorliegen, wenn die angegriffene Regelung eine ausgeübte Nutzung oder eine vernünftigerweise in Betracht zu ziehende Nutzungsmöglichkeit ausschließe.[1159] Mit seinem Urteil vom 18.02.1993 erkannte der BGH im Gefolge des Bundesverfassungsgerichtes an, dass Nutzungsbeschränkungen - bei verfassungskonformer Gesetzesauslegung - keine Enteignung, sondern Inhaltsbestimmungen des Eigentums darstellen.[1160] In der Rechtsprechung war darüber hinaus in Anlehnung an die verfassungsgerichtlichen Ausführungen die Rechtsfigur der ausgleichspflichtigen Inhalts- und Schrankenbestimmung des

---

1153 Vgl. Witzel, WHG, § 19 Nr. 6.

1154 Vgl. als Überblick zu den einzelnen Meinungen: Sokoll, Festsetzung von Wasserschutzgebieten, S. 122 ff..

1155 Vgl. BGHZ 6, 270 (280); 15, 268 (271); 23, 30 (32).

1156 Vgl. BVerwGE 5, 143 (145); 15, 1 (2); BVerwG NJW 1962, 2171 (2171).

1157 Vgl. Gößl, Sieder-Zeitler-Dahme, § 19 Rn. 37.

1158 Vgl. BVerfGE 58, 300.

1159 Vgl. BGHZ 72, 211 (216f.) zu natur- und denkmalschutzrechtlichen Regelungen.

1160 Vgl. BGHZ 121, 328 (332).

Eigentums entwickelt worden.[1161] Die Schutzanordnungen des § 19 Abs. 2 stellen sich nach heutiger Sicht eher als Inhalts- und Schrankenbestimmungen des Eigentums nach Art. 14 Abs. 1 S. 2 GG dar, für die nur unter engen Voraussetzungen Entschädigung zu zahlen ist.[1162]

Die Betroffenen einer Schutzgebietsfestsetzung müssen dennoch die Möglichkeit haben, vor der Festsetzung angehört zu werden, um mögliche Einwendungen geltend zu machen. Um dies sicherzustellen, ist in Abs. 4 vorgeschrieben worden, dass die Festsetzung von Wasserschutzgebieten in einem förmlichen Verfahren erfolgen solle.[1163] Die Ausgestaltung dieses Verfahrens wird den Ausführungsgesetzen der Länder überlassen. Diese sollen dann bestimmen, dass der Plan für das Wasserschutzgebiet mit einer Fristsetzung für die Erhebung von Einwendungen öffentlich auszulegen sei.[1164]

VI. Die wasserwirtschaftlichen Rahmenpläne

Die Regelung der wasserwirtschaftlichen Rahmenpläne in § 36 solle die Forderungen neuzeitlicher Wasserwirtschaft verwirklichen helfen.[1165] Die Verknappung des Wasserdargebots im Verhältnis zum Wasserbedarf verbietet es für die Zukunft, insbesondere für Gebiete mit größerem Wasserbedarf, den Wasserverbrauch sich planlos entwickeln zu lassen. Aus diesem Grunde sieht es das Gesetz vor, dass für ganze Flussgebiete oder Wirtschaftsräume oder Teile von solchen wasserwirtschaftliche Rahmenpläne aufgestellt werden.[1166] Die einzelnen Maßnahmen an den Gewässern, wie Benutzung, Ausbau, Eindeichungen usw., sollen aus einer Gesamtschau der wasserwirtschaftlichen Zusammenhänge zu beurteilen sein.[1167]

Der wasserwirtschaftliche Rahmenplan soll für ein größeres Gebiet nachweisen:

1. das gesamte Wasserdargebot,
2. den Wasserbedarf und seine Entwicklung auf absehbare Zeit,

---

[1161] Vgl. BGHZ 102, 350 (360); teilweise auch das BVerfG Beschl. v. 02.03.1999, EuGRZ 1999, 415 (419).

[1162] Vgl. Gößl, Sieder-Zeitler-Dahme, § 19 Rn. 47; Gieseke-Wiedemann-Czychowski, WHG, 5. Auflage, § 19 Rn. 71.

[1163] Vgl. Witzel, WHG, § 19 Nr. 9.

[1164] Vgl. Witzel, WHG, § 19 Nr. 9.

[1165] Vgl. Gieseke-Wiedemann-Czychowski, WHG, 5. Auflage, § 36 Rn. 1.

[1166] Vgl. Begründung zu § 41 des RegE 1956, BT-Drucks. 2072, S. 36.

[1167] Vgl. Gieseke-Wiedemann-Czychowski, WHG, 5. Auflage, § 36 Rn. 1.

3. die Möglichkeiten der Deckung des Bedarfs aus dem Dargebot unter Berücksichtigung des Hochwasserschutzes und der Wasserbeschaffenheit.[1168]

Der Rahmenplan stellt dabei nur die Grundlage für die großräumige Bewirtschaftung des Wassers und damit auch für die wasserwirtschaftlichen Generalpläne dar. Erst in den Generalplänen wird anschließend über die einzelnen durchzuführenden Maßnahmen entschieden werden.[1169]
Die Begründung zum Gesetzentwurf unterschied zwischen wasserwirtschaftlichem Rahmenplan und wasserwirtschaftlichem Generalplan. Der Rahmenplan war hierbei das Ergebnis einer hydrologisch-wasserwirtschaftlichen Durcharbeitung eines ganzen Flussgebietes mit dem Ziel, die künftigen Möglichkeiten der Wasservorratswirtschaft, des Hochwasserschutzes und der Reinhaltung der Gewässer zu klären. Dabei war er als wasserwirtschaftlicher Großraumplan zu verstehen, jedoch nicht als zur Ausführung bestimmter Entwurf.[1170] Demgegenüber war ein Generalplan als eine Planung zu verstehen, die schon ins Einzelne gehende wasserwirtschaftliche Maßnahmen zu bestimmten Zwecken enthielt und in der Regel bald nach der Aufstellung durchgeführt werden sollte. Der Generalplan stellte damit stets einen Entwurf dar.[1171]
Der in § 36 geregelte wasserwirtschaftliche Rahmenplan ist seiner Rechtsnatur nach kein Verwaltungsakt, sondern eine Verwaltungsanweisung für die Behörden. Die für die Erteilung wasserwirtschaftlicher Befugnisse zuständigen Behörden sollen demnach die in den Rahmenplänen enthaltenen Grundgedanken als Richtlinien bei der Erteilung wasserrechtlicher Befugnisse beachten.[1172] Der wasserwirtschaftliche Rahmenplan muss dabei drei Planungselemente umfassen: die Wasservorratswirtschaft, den Hochwasserschutz und die Reinhaltung der Gewässer. Die Hauptaufgabe des Rahmenplans liegt jedoch in der Wasservorratswirtschaft. Hierbei ist zu untersuchen, ob das Wasserdargebot des betreffenden Gebiets nach einigen Jahren mengen- und gütemäßig noch ausreichen wird, um den bis dahin gestiegenen Wasserbedarf zu decken.[1173] Der wasserwirtschaftliche Rahmenplan hat keine unmittelbare Rechtswirkung auf Rechte und Befugnisse Betroffener, sondern stellt eine elastische Planung dar, die allen wesentlichen hydrologischen und wirtschaftlichen Veränderungen jederzeit angepasst werden kann.[1174]

[1168] Vgl. Begründung zu § 41 des RegE 1956, BT-Drucks. 2072, S. 35; Witzel, WHG, § 36 Nr. 1.
[1169] Vgl. Begründung zu § 41 des RegE 1956, BT-Drucks. 2072, S. 35f..
[1170] Vgl. Witzel, WHG, § 36 Nr. 1; Kolb § 36 Erläuterungen I, S. 179.
[1171] Vgl. Witzel, WHG, § 36 Nr. 1; Kolb § 36 Erläuterungen I, S. 179.
[1172] Vgl. Witzel, WHG,§ 36 Nr. 1.
[1173] Vgl. Witzel, WHG, § 36 Nr. 2.
[1174] Vgl. Witzel, WHG, § 36 Nr. 2.

Die Entwicklung des Wasserbedarfs steht in engem Zusammenhang mit der allgemeinen wirtschaftlichen Entwicklung. Daher bestimmt das Gesetz, dass die wasserwirtschaftlichen Rahmenpläne mit den Raumordnungsplänen in Einklang zu bringen sind (§ 36 Abs. 2). Dies erfordert eine enge Zusammenarbeit der Wasserwirtschaftsbehörden mit den Raumordnungsbehörden.[1175]

Häufig erstrecken sich die Räume, auf die sich wasserwirtschaftliche Rahmenpläne beziehen, über die Landesgrenzen hinaus oder es ergeben sich andere Beziehungen zu den Gebieten eines Landes. Daher ist es notwendig, Rahmenpläne nach einheitlichen Grundsätzen aufzustellen und folglich eine bundeseinheitliche Regelung zu treffen. Diese soll die Art der Zusammenarbeit der Länder untereinander, als auch erforderlichenfalls mit dem Bund, sowie Richtlinien für die Technik der Rahmenplanung behandeln.[1176] Daher ist in § 36 Abs. 3 vorgeschrieben, dass wasserwirtschaftliche Rahmenpläne von den Ländern nach Richtlinien aufzustellen sind, die die Bundesregierung mit Zustimmung des Bundesrats erlässt.

VII. Die Haftung für Änderungen der Beschaffenheit des Wassers

In früheren Landesgesetzen war ein besonderer Haftungstatbestand für Gewässerverunreinigungen nicht enthalten. Lediglich das Bayerische Wasserrecht[1177] enthielt eine Einstandspflicht für Schäden, die durch das Einleiten von Flüssigkeiten oder das Einbringen von anderen Stoffen und einer daraus folgenden Veränderung der Eigenschaften des Wassers resultierten. Als Vorläufer der Haftungsregelung des § 22 lässt sich § 24 Preußisches Wassergesetz ansehen. Dieser ließ für die unerlaubte Verunreinigung des Wasserlaufs (nicht des Grundwassers) den Unternehmer der Anlage haften, aus der die Verunreinigung stammte. Die Preußische Regelung sah jedoch eine Verschuldenshaftung mit umgekehrter Beweislast hinsichtlich des Verschuldens vor.[1178] Es bestand somit keine Haftung, wenn der Unternehmer zur Verhütung der Verunreinigung die verkehrserforderliche Sorgfalt beobachtet hatte.[1179]

In das WHG ist nunmehr mit § 22 eine bürgerlich-rechtliche Haftungsnorm eingefügt worden, die eine wesentliche Verschärfung der Haftung gegenüber dem

---

[1175] Vgl. Begründung zu § 41 des RegE 1956, BT-Drucks. 2072, S. 36; Witzel, WHG, § 36 Nr. 3.

[1176] Vgl. Begründung zu § 41 des RegE 1956, BT-Drucks. 2072, S. 36; Witzel, WHG, § 36 Nr. 4.

[1177] Vgl. Art. 37 Abs. 5 Bay. WG.

[1178] Vgl. Gieseke, ZfW 1962, 4 (5); Kolb, Die Wasserversorgung und der Gewässerschutz, S. 293.

[1179] Vgl. Gieseke-Wiedemann-Czychowski, WHG, 5. Auflage, § 22 Rn. 1.

bisherigen Rechtszustand vorsieht.[1180] Damit ist § 22 keine Rahmenvorschrift im Sinne des Art. 75 Nr. 4 GG, sondern auf Grund der Gesetzgebungszuständigkeit des Bundes nach Art. 74 Nr. 1 GG erlassen worden.[1181] Diese Vorschrift ist, so *Krüger*,[1182] deswegen eingefügt worden, weil das WHG auch das Zivilrecht in den Dienst seiner Ziele und seiner Sicherung habe stellen wollen. Der Gesetzgeber wolle mit dem WHG eine weitestgehende Erhaltung und Förderung der Quantität und Qualität der Wasservorkommen erreichen.
Der zweite Sonderausschuss hatte in seinem schriftlichen Bericht zum Entwurf eines Wasserhaushaltsgesetzes gefordert, der ständig wachsenden Gefahr aus der Verunreinigung der Wasserläufe und des Grundwassers durch eine Verschärfung und Ausdehnung der Haftung Herr zu werden.[1183] Auf dieser Grundlage fügte er in den RegE 1956 einen § 25a[1184] ein, der die in den § 29 Abs. 3 und § 39 Abs. 3 des RegE 1956 statuierte Gefährdungshaftung in einer Vorschrift zusammenzog und eine Erweiterung der Haftung beinhaltete.[1185]

Die nunmehr in § 22 statuierte Haftung ist eine Verursachungshaftung. Das beinhaltet, dass sie auch ohne Verschulden zum Ersatz entstandener Schäden verpflichtet.[1186] Die Verunreinigung eines Gewässers und die sonstige Veränderung seiner Eigenschaften muss grundsätzlich als besonders gefährliche Handlung angesehen werden, die nach den Grundsätzen der Verursachungs- oder Gefährdungshaftung auch ohne Verschulden zum Ersatz entstandener Schäden verpflichtet.[1187]
§ 22 normiert hierfür zwei Haftungstatbestände, die Handlungshaftung in Abs. 1 und die Anlagenhaftung in Abs. 2.[1188] Die Handlungshaftung erfasst hierbei das bewusste Einbringen, Einleiten und Einwirken, das eine Änderung der Beschaffenheit des Wassers zur Folge hat. Nicht ausdrücklich regelt § 22, welche Folgen Einwirkungen haben, die keine Änderung der Wasserbeschaffenheit hervorrufen, die unvermeidbar sind oder nur geringfügige Beeinträchtigungen zur Folge haben. Diese Einwirkungen lösen jedoch keinen Schadensersatzanspruch aus. Dies ergibt sich aus dem Grundsatz der Gemeinverträglichkeit und der Sozial-

---

1180 Vgl. Gieseke, ZfW 1962, 4 (4); so auch Larenz, VersR 1963, 593 (593).
1181 Wernicke, ZfW 1965, 57 (61); Czychowski, WHG, 7. Auflage, § 22 Rn. 3.
1182 Vgl. Krüger, IWL-Tagung 1961, S. 52.
1183 Vgl. Schriftlicher Bericht des 2. Sonderausschusses Wasserhaushaltsgesetz zum Entwurf eines Wasserhaushaltsgesetzes v. 23.05.1957, BT-Drucks. 3536; S. 14.
1184 Dieser wurde im Rahmen der Neukonzeption des Gesetzes vor Erlass § 22.
1185 Vgl. Schriftlicher Bericht des 2. Sonderausschusses aaO.
1186 Vgl. Witzel, WHG, § 22 Nr. 1.
1187 Vgl. Schriftlicher Bericht des 2. Sonderausschusses aaO.
1188 Vgl. hierzu ausführlich: Mankowski, Haftung nach dem WHG, S. 5ff.

adäquanz. Danach sind Handlungen, die sich im Rahmen der allgemeinen sozialen Ordnung halten, sozialadäquat und damit nicht widerrechtlich.[1189]

Bei Handlungen, die nur mittelbar auf das Gewässer einwirkten, wird eine Haftung nur unter den Voraussetzungen des Abs. 2 begründet.

Der Umfang der Schadensersatzpflicht ist weder der Höhe nach noch auf Personen- und Sachschäden begrenzt. Er umfasst Schäden an Leben, Gesundheit und Sachgütern (z.B. Fischbestand), Anlagen im und am Wasser und Schäden durch Viehtränken. Er erstreckt sich auch auf Vermögensschäden, die u.a dadurch entstehen können, dass durch Einwirkungen auf das Gewässer das Wasser nicht mehr in der bisherigen Art benutzt werden kann und deshalb besondere Aufbereitungskosten verursacht werden.[1190]
Bei der Herbeiführung des Schadens durch mehrere Verursacher im Rahmen der Handlungshaftung sollen diese als Gesamtschuldner haften (§ 22 Abs. 1 S. 2). Die Anlagenhaftung ist demgegenüber ausgeschlossen, wenn der Schaden durch höhere Gewalt verursacht wurde (§ 22 Abs. 2 S. 2).

Die Haftung nach § 22 besteht nach Abs. 3 dann nicht, wenn Schäden im Rahmen der Ausübung einer bewilligten Wasserbenutzung auftreten, da Schadensersatzansprüche für vorhersehbare Schäden dann nach § 11 ausgeschlossen sind. Für im Nachhinein aufgetretene Schäden gilt dann § 10 Abs. 2.
Ein Haftungsausschluss besteht jedoch nicht für Schäden, die im Rahmen der Ausübung eines alten Rechts auftreten. Alte Befugnisse vermögen von vornherein nicht, eine Haftung nach § 22 auszuschließen.[1191]

VIII. Das Eigentum an den Gewässern

Das WHG hatte die Eigentumsverhältnisse an den Gewässern nicht geregelt, weil das Gewässereigentum für die öffentlich-rechtliche Regelung des Wasserhaushalts ohne Bedeutung war.[1192] Es erwähnte das Eigentum an den Gewässern zwar an verschiedenen Stellen,[1193] überließ es jedoch den Ländern, dessen Inhalt näher zu bestimmen. Diese Regelungen mussten durch die Länder getroffen werden, da es ihre Aufgabe war, nicht nur den Wasserhaushalt zu regeln, sondern auch eine neue Gesamtordnung für das Wasserrecht zu schaffen. Aus den einzelnen Landeswassergesetzen ergab sich dann, wem das Eigentum an den

---

[1189] Vgl. Witzel, WHG, § 22 Nr. 2.
[1190] Vgl. Witzel, WHG, § 22 Nr. 2.
[1191] Vgl. Gieseke, ZfW 1962, 4 (15); Tratz, Die Haftung für die Veränderung der Beschaffenheit des Wassers, S. 157.
[1192] Vgl. Wüsthoff, Wasserrecht 1962, S. 60.
[1193] Vgl. z.B. § 24 Abs. 1, § 29 Abs. 1 S. 1 WHG.

Gewässern zustand und ob das Grundstückseigentum bei oberirdischen Gewässern nur das Gewässerbett oder auch die fließende Welle erfasste.[1194] Da die Gewässer durch ihre natürlichen Funktionen einer starken sozialen Bindung unterlagen, war eine vom allgemeinen Eigentumsrecht des BGB unabhängige Sonderregelung erforderlich.[1195]

1. Das Eigentum an den Gewässern in den bisherigen Landeswassergesetzen

In den bisherigen Wassergesetzen war der Begriff des Eigentums an Gewässern in verschiedenen Formen aufgetreten:

1. Gewässerbett und fließende Welle als öffentliches Eigentum[1196]
2. Gewässerbett im Privateigentum und fließende Welle als öffentliches Eigentum[1197]
3. Gewässerbett und fließende Welle als Privateigentum.[1198]

Diese in den einzelnen Gesetzen enthaltenen Begriffe ließen sich jedoch nicht so klar aus den einzelnen Vorschriften entnehmen. Vielmehr traten Mischformen davon auf oder es bestanden starke Einschränkungen der Eigentumsform. Sehr oft wurden die Eigentumsbegriffe erst durch die Kommentierungen zu den Gesetzen geprägt.[1199]
Nach allen Wassergesetzen unterlag das Eigentum verschiedenartigen Beschränkungen zugunsten des Gemeingebrauchs und durch die gesetzlich vorgeschriebene Rücksicht der Wassernutzer untereinander.[1200]
So stand in Preußen das Eigentum an Wasserläufen erster Ordnung dem Staate zu,[1201] eine Vorschrift, die auch für die öffentlichen Gewässer Bayerns, Badens und Oldenburgs galt. An den Wasserläufen zweiter und dritter Ordnung stand nach dem preußischen Wassergesetz das Eigentum den Anliegern, d.h. den Eigentümern der Ufergrundstücke anteilig zu.[1202] In einigen Landesteilen gab es davon jedoch Ausnahmen.[1203]

[1194] Vgl. Gieseke-Wiedemann-Czychowski, WHG 5. Auflage, Einl. Anm. VIII. 1.
[1195] Vgl. Wüsthoff, Wasserrecht 1962, S. 60.
[1196] So im Bayr. WG, Thüring. WG.
[1197] So im Hess. Bachgesetz Art. 1f..
[1198] So im Preuß. WG, Bad. WG, Meckl. WG und Oldenbg. WG, Sächs. WG.
[1199] Vgl. Böhm, Sammlung Wichmann, Neue Folge Heft 1, S. 6.
[1200] Vgl. Wüsthoff, Wasserrecht 1962, S. 58.
[1201] Vgl. § 7 Preuß. WG.
[1202] Vgl. § 8 Abs. 1 Preuß. WG.
[1203] So fand das Preuß. WG keine Anwendung auf Grenzwasserläufe zwischen Preußen und den Niederlanden, die nach Art. 27 des Grenzvertrages vom 26.06.1816 (GS S. 1848, Anh. S. 77) beiden Mächten gemeinschaftlich gehören (vgl. Wüsthoff, Handbuch, 7Aa, S. 391).

In Bayern standen die nicht öffentlichen natürlichen Wasserläufe (Privatflüsse und Bäche) entweder gleichfalls im Eigentum des Staates oder sie waren Bestandteile der Grundstücke, zwischen denen sie fließen.[1204] Im Badischen Wassergesetz standen die natürlichen, nicht schiffbaren Wasserläufe im Eigentum der Gemeinden, die künstlichen nicht öffentlichen Wasserläufe im Eigentum derjenigen, die sie rechtsgeschäftlich oder anderweitig erworben hatten.[1205]

Die rechtliche Struktur des Eigentums an Gewässern wurde als privat angesehen und sollte der Grundkonzeption des Eigentums im Sinne des BGB entsprechen. Das verlieh dem Eigentümer der Gewässer eine gewisse Verfügungsmacht über das Wasser (auch über das Grundwassers), das sich innerhalb der Grundstücksgrenzen befand, ähnlich der des Grundeigentümers.[1206] Somit standen dem Eigentümer gesetzlich ohne weiteres gewisse Nutzungsrechte am Wasser zu. Dazu gehörte insbesondere das Recht, Wasser zu gebrauchen und zu verbrauchen, es oberirdisch und unterirdisch abzuleiten, ferner Wasser oder andere flüssige Stoffe oberirdisch oder unterirdisch einzuleiten und den Wasserspiegel zu senken oder zu heben.[1207]

2. Staatliches Eigentum an den Wasserläufen

Eine eindeutige Einordnung des Eigentumsbegriffs als privatrechtlich gestaltete sich mit Blick auf die öffentlichen Gewässer, die im Eigentum des Staates standen, schwierig. Es stellte sich die Frage, ob dem Staat an den in seinem Eigentum stehenden Gewässern ein privatrechtliches Eigentum zustand oder ob dieses Eigentum einer anderen Einordnung unterlag. Die Festlegung der rechtlichen Struktur des Staatseigentums war lange Zeit umstritten.[1208]
So ging das Preußische Allgemeine Landrecht vom 01.06.1794 vom sog. „gemeinen" Eigentum des Staates an öffentlichen Flüssen aus.[1209] Die Preußische Praxis hat das Gemeineigentum dann als öffentlich-rechtliches Eigentum eingeordnet und die Bezeichnung als Privateigentum ausgeschlossen.[1210]
Bei Erlass der deutschen Landeswassergesetze Anfang des 20. Jahrhunderts bemühten sich einige der Gesetzgeber, an den öffentlichen Gewässern „im Interes-

[1204] Vgl. Art. 21 Bayr. WG.
[1205] Vgl. §§ 2, 3 Bad. WG.
[1206] Vgl. Wüsthoff, Wasserrecht 1962, S. 58.
[1207] Vgl. § 40 Preuß. WG.
[1208] Vgl. zur genauen Gegenüberstellung der divergierenden Auffassungen zum Eigentumsbegriff an öffentlichen Gewässern: Schwalbe, Grundfragen des Wasserrechts, S. 20ff.
[1209] Vgl. Allgemeines Landrecht für die Preußischen Staaten (ALR) §§ 21, 24 II. 14; Erkenntnis des Preußischen Obertribunals v. 17.01.1873 (Striethorst, Archiv Band. 87, S. 320); Wüsthoff, Handbuch, Abschnitt 5, Anm. 4., S. 24.
[1210] Vgl. hierzu RGZ 3, 232 (234); 32, 237 (238).

se einer klaren, sich an die Begriffe des Bürgerlichen Gesetzbuches anschließenden Konstruktion grundsätzlich ein Privateigentum anzuerkennen".[1211] Diese Rechtsstruktur des Eigentums wollte unter anderem das Preußische Wassergesetz auch an den Wasserläufen erster Ordnung, welche im Eigentum des Staates standen, anerkennen.[1212] Trotz dieses Anschlusses an die privatrechtliche Konstruktion des Eigentumsbegriffs hatten die Vorschriften des Preußischen Wassergesetzes im Grunde jedoch kein privatrechtliches Aussehen erhalten.[1213]

a) Die unterschiedlichen rechtlichen Einordnungen des Eigentumsbegriffs an öffentlichen Gewässern

Das Eigentum des Staates an den Wasserläufen wies einen anderen Charakter als das Eigentum des bürgerlichen Rechts auf. Das bürgerliche Recht gab dem Eigentümer das Recht, die Sache nach Belieben zu benutzen; es gab grundsätzlich Rechte und verpflichtete nur ausnahmsweise. Das Eigentum des Staates an öffentlichen Sachen, denen auch die Wasserläufe unterlagen,[1214] war dagegen vorwiegend auf Pflichten gegründet. Das Eigentum an öffentlichen Gewässern war durch die Beschaffenheit und die soziale Funktion des Wasserlaufs begrenzt.[1215] Das staatliche Eigentum zeigte also einen sozialen Grundzug, wohingegen das bürgerliche Eigentum einen individualistischen Charakter hatte.[1216] Der Staat hatte somit Eigentum an den Gewässern nicht zu seinem eigenen Vorteile, sondern verwaltete diese nur zum Nutzen seiner Bürger. Aufgrund dieses eingeschränkten Nutzungsrechtes hatte ein Teil der Literatur im Anschluss an das römische Recht und die französische Verwaltungsrechtswissenschaft die Ansicht vertreten, dass die öffentlichen Flüsse als öffentliche Sachen dem bürgerlichen Eigentum entzogen seien und den besonderen Grundsätzen eines verwaltungsrechtlichen Eigentumsrechtes unterstünden.[1217] Diese Auffassung (sog. Lehre vom öffentlichen Eigentum) wurde von *Mayer* noch dahingehend ausgebaut, dass das Recht des Staates an diesen Sachen als öffentlich-rechtlich zu

---

1211 Vgl. Holtz-Kreutz-Schlegelberger, Preuß. Wassergesetz, S. 77.

1212 Vgl. Schwalbe, Grundfragen des Wasserrechts, S. 21.

1213 So Schwalbe, Grundfragen des Wasserrechts, S. 21.

1214 Vgl. Schwalbe, Grundfragen des Wasserrechts, S. 21; Mayer, Deutsches Verwaltungsrecht II, § 39.

1215 Vgl. Wüsthoff, Wasserrecht 1962, S. 57; Schwalbe, Grundfragen des Wasserrechts, S. 21; Huber, Wasserrechte, S. 134.

1216 Vgl. Schwalbe aaO.

1217 So u. a.: Behr, AöR 21, 347 (348); Bornhak, Verw. Arch. 8, 1 (69f).; Bühler, Verw. Arch. 27, 283 (296 ff); Guba, Die öffentl.-rechtl. Grundlagen des Wegerechts, S. 22; Hölder, AöR 21, 308 (322 f.); Hundertmark, Göttinger Rechtswissenschaftl. Studien, Band 63, S. 35 ff.; Koehne, Verw. Arch. 8, 116 (124); Peters, Verw. Arch. 24, 167 (170).

denkendes Eigentum aufzufassen sei, was die bestehenden Rechtsverhältnisse am zwanglosesten erkläre.[1218]

Demgegenüber bestand die sog. privatrechtliche Auffassung,[1219] welche das bürgerliche Eigentum immer als Grundlage der Beurteilung der Herrschaftsverhältnisse an den öffentlichen Sachen ansah. Das bürgerliche Eigentum sei dann durch eine öffentliche Last belastet. Die Auffassung erkannte dessen ungeachtet an, dass das bürgerliche Recht zur Erklärung der bestehenden Rechtsverhältnisse an den öffentlichen Sachen nicht ausreichte.

Die Vertreter beider Auffassungen waren sich jedoch darüber einig, dass der Staat bei Enteignung oder Kauf eines künftigen Wege- oder Wassergrundstücks ein lastenfreies bürgerliches Eigentum erwarb.[1220] Erst der danach folgenden Widmung zur öffentlichen Sache wurden verschiedene rechtliche Bedeutungen beigelegt. Die Anhänger der Lehre vom öffentlichen Eigentum sahen in der Widmung den Übergang der Herrschaftsmacht der öffentlich-rechtlichen Körperschaft aus dem Privatrecht in das öffentliche Sachenrecht.[1221] Die privatrechtliche Auffassung ließ mit der Widmung nur die öffentlich-rechtliche Belastung, die sog. Wegelast, entstehen.[1222]

Beide Auffassungen wichen im Ergebnis nicht erheblich voneinander ab. Es ergaben sich lediglich verschiedene praktische Folgen, welche jedoch nicht die Grundlage für den Streit bildeten. Der Streit um das öffentliche Eigentum war im Wesentlichen daher ein Streit um die Rechtsverhältnisse an öffentlichen Sachen.[1223]

Die einzelnen Landeswassergesetze hatten dem durch sie geregelten staatlichen Eigentum an Wasserläufen ein soziales und nicht individualistisches Gepräge gegeben.[1224] Das Eigentum des Staates diente danach nur dem zweckmäßigen Ausgleich der Interessen aller. Alle Gesetzgeber der Landeswassergesetze hatten daher in den einzelnen Ausgestaltungen der Gesetze die Folgerungen aus dem öffentlichen Eigentumsbegriff ihrer Praktikabilität wegen mehr oder weniger Gesetz werden lassen. Dies galt auch für diejenigen, die (wie der Preußische Gesetzgeber) der Auffassung waren, dass staatliches Eigentum an öffentlichen Ge-

---

1218 Vgl. Mayer, Verw.R. II, S. 39 ff..

1219 So u. a.: Anschütz, Verw. Arch. 5, 1 (88); Biermann, Die öffentlichen Sachen, S. 8 f.; Gierke, Deutsches Privatrecht 2, S. 21 ff.; Jellinek, Allgemeine Staatslehre, S. 399 ff.; Meyer-Dochow, Verwaltungsrecht I, § 98 S. 460; Schultzenstein, Verw. Arch. 27, 164 (164f).; Thoma, AöR 38, 3ß7 (321 f.).

1220 Vgl. Mayer, Verw. R. II, S. 58.

1221 Vgl. Mayer, Verw.R. II, S. 58.

1222 Vgl. statt vieler Meyer-Dochow, Verwaltungsrecht II, § 98 S. 460.

1223 Vgl. Schwalbe, Grundfragen des Wasserrechts, S. 23.

1224 Vgl. Schwalbe, aaO, S. 67.

wässern privat-rechtlich sei. Nur wenige Wassergesetze erkannten an, dass ihre erlassenen Bestimmungen mit dem Wesen des bürgerlichen Eigentumsbegriffs in Widerspruch standen.[1225]
Die einzelnen Landeswassergesetze wichen jedoch in ihren Regelungen erheblich voneinander ab. Nichtsdestotrotz fand sich in ihnen die Anerkennung einzelner Grundprinzipien, die vom bürgerlichen Eigentumsbegriff grundlegend abwichen. So wurden die das Eigentum belastenden Nutzungsrechte an öffentlichen Flüssen regelmäßig in einem besonderen Verleihungsverfahren, also durch öffentlich-rechtlichen Staatsakt, verliehen. Für bürgerlichrechtliche Nutzungsrechte war teilweise ausdrücklich bestimmt worden, dass sie nicht bestellt werden können. Teilweise war auch gar keine Regelung erfolgt. Ebenfalls war die Veräußerung der Wasserläufe teilweise ausdrücklich untersagt worden,[1226] oder das Veräußerungsverbot ergab sich aus einer sinngemäßen Anwendung des Wassergesetzes. In einigen Wassergesetzen war der Streit über das Eigentum an den Wasserläufen gar durch Verwaltungsgerichte oder durch Verwaltungsbehörden zu entscheiden.[1227] Alle diese Merkmale waren dem bürgerlichen Eigentumsbegriff fremd. Ihren Grund fanden sie jedoch darin, dass die Verwaltung im Laufe der Geschichte durch Regalien und Hoheitsrechte öffentlich-rechtliche Sachenrechte als Rechtsgrundlage für ihre Verwaltungstätigkeit erworben hatte, die sie erst durch die später veränderte Begriffsbildung verloren hatte.[1228] Diese, dem bürgerlichen Eigentumsbegriff wesensfremden Merkmale zeigten, dass die öffentlich-rechtliche Lehre *Mayers* die an den öffentlichen Wasserläufen bestehenden Rechtsverhältnisse besser erklären konnte, als die privatrechtliche Auffassung.

b) Zusammenfassung

Dennoch hatte sich die Lehre vom öffentlichen-rechtlichen Eigentumsbegriff nicht durchgesetzt.[1229] Würde man bei allen Gewässern des Bundes, der Länder und der Gemeinden öffentliches Eigentum annehmen, so käme man zu verschiedenen Arten von öffentlichem Eigentum, da die öffentliche Sachherrschaft bei ihnen verschiedenen Inhalt hat. Eine klare Abgrenzung der rechtlichen Struktur des Eigentums wäre auch mit der Einführung des öffentlich-rechtlichen Eigentumsbegriffs nicht erreicht. Jede Art von Eigentum ist verschieden in ihren Ausgestaltungen und in ihren sozialen Bindungen. Auch privatrechtliches Ei-

---

[1225] So: ALR Teil II, Titel 14, §§ 21, 24; § 5 Bad. WG; § 1 Thür. WG; Art. 664 Abs. 2 schweizer. ZGB.

[1226] So § 5 Bad. WG.

[1227] Vgl. u. a. § 4 Bad. VollzugsO (GVBl. 1913, S. 311); § 9 Meckl. WG; § 1 ff. Oldenburg. WasserO.; § 154 Sächs. WG.

[1228] Vgl. Schwalbe, Grundfragen des Wasserrechts, S. 82.

[1229] Vgl. Gieseke, RdWWi Heft 9, 7 (14).

gentum kennt mehrere Arten des Eigentums, so dass der Begriff Eigentum von jeher nicht immer dasselbe bezeichnet. Versteht man das Eigentum als durch die Beschaffenheit und sozialen Funktion der beherrschten Sache bedingt an, so ergibt sich, dass sein Inhalt an den verschiedenen Arten von Sachen nicht nur verschieden sein kann, sondern verschieden sein muss.[1230] Eine solche Verschiedenheit steht zur Begriffsbildung des BGB nicht im Widerspruch. Je nach Gegenstand und Inhaber des Eigentums können verschiedene soziale Bindungen bestehen, je nachdem ob es sich z. B. um Gemeinde- oder Landeswasserläufe handelt. Eine Beibehaltung des privaten Eigentumsbegriffs ist daher für das Wasserrecht überwiegend bejaht worden.[1231] Lediglich das Baden-Württembergische Wassergesetz hat sich für den öffentlichen Eigentumsbegriff entschieden.[1232]

3. Gegenstand des Gewässereigentums

Die Frage, was als Gegenstand des Eigentums an Gewässern sei, war vielschichtig erörtert worden. Bestand es nur am Gewässerbett oder an einer gedachten Einheit von Gewässerbett und Wasser oder vielleicht sogar nur am Wasser? Das Reichsgericht hatte in einer Entscheidung zur Frage, ob das Bett eines öffentlichen Flusses im Eigentum der Uferbesitzer stehe, ausgeführt, dass jedes dauernd fließendes Gewässer aus drei wesentlichen und notwendigen Bestandteilen bestehe.[1233] Diese bilden zusammen ein integrierendes Ganzes. Daraus folge, dass die vom Gesetz dem Ganzen beigelegte rechtliche Eigenschaft allen Bestandteilen desselben beiwohne, insoweit nicht das Gesetz über die rechtliche Qualität eines einzelnen Teiles eine besondere Vorschrift enthielte. Wenn also das Gesetz sage, dass „Ströme" Eigentum sind, so erstrecke sich die Vorschrift auf alle Bestandteile des Flusses.[1234]

Diese Entscheidung bezog sich erkennbar auf die Frage des Eigentums am Gewässerbett. Ob ein Eigentum am Wasser selbst möglich ist, kann der Entscheidung schwerlich entnommen werden. Ohne Zweifel ist Eigentum am Wasser selbst möglich, solange es in stehenden Gewässern oder Gefäßen festgehalten wird, denn die vom Eigentum umfasste Sachsubstanz bleibt unverändert.[1235] An einem fließenden Gewässer ist eine solche Sachherrschaft jedoch nicht möglich,

---

[1230] Vgl. Gieseke, FS f. Lehmann, S. 314; Reinhardt/Schlemer, Verfassungsschutz des Eigentums, S. 4.

[1231] Vgl. Gieseke aaO., S. 14.

[1232] Vgl. § 5 Baden-Württemb. WG.

[1233] Vgl. RGZ 3, 232 (233); danach seien diese das fließende Wasser, das Bett, worin sich dasselbe bewegt und die Ufer.

[1234] Vgl. RGZ 3, 232 (234); so auch Wüsthoff, Wasserrecht 1962, S. 60.

[1235] So auch: Schwalbe, Grundfragen des Wasserrechts, S. 82; Zeitler, Sieder-Zeitler-Dahme-Knopp, BayWG, Art. 4 Rn. 10.

da das Wasser einem beständigen Wechsel der Sachsubstanz unterworfen ist. Einer gewissen Beständigkeit unterliegt das Wasser lediglich im Hinblick auf die Menge des auf dem Grundstück befindlichen Wassers, da für das abfließende Wasser immer neues hinzufließt. Da dem Eigentumsbegriff eine im Eigentum stehende Sache wesentlich ist, stellt sich die Frage, ob der ständige Substanzwechsel des fließenden Wassers Eigentumsrechte am Wasser begrifflich ausschließt.[1236] Hierüber gingen die Meinungen auseinander. Teilweise wurde das fließende Wasser als eigentumsfähig angesehen.[1237]

Die alten Landeswassergesetze hatten die Frage, ob Wasser selbst eigentumsfähig sei, nicht entschieden. Ihrem Wortlaut nach standen die „Gewässer" im Eigentum des Staates oder Privater.
Aus den neuen Landeswassergesetzen ergibt sich nunmehr, ob das Grundstückseigentum bei oberirdischen Gewässern nur das Gewässerbett oder auch die fließende Welle erfasst. So erstreckt sich nach dem Bayerischen Wassergesetz das Eigentum am Grundstück auf das dort oberirdisch und unterirdisch vorhandene Wasser mit Ausnahme der Solquellen.[1238] Auch im Hamburger Wassergesetz kommt die eigentumsmäßige Einheit von Grundstück und Wasser zum Ausdruck.[1239] Baden-Württemberg[1240] und Hessen regeln demgegenüber, wem das Eigentum am Gewässerbett zusteht und bringen damit zum Ausdruck, dass nur das Gewässerbett Gegenstand des Eigentums sein kann.[1241] In allen übrigen Landeswassergesetzen ist schlicht vom Eigentum an Gewässern die Rede. Wenn demzufolge in den Landesgesetzen keine Einheitlichkeit herrscht, so ist dies von untergeordneter Bedeutung.[1242]
Der Begriff des Gewässers umfasst neben der Materie des Wassers auch das Gewässerbett bis zur Uferlinie.[1243] Das Eigentum am Gewässer erstreckt sich demzufolge auf das Gewässer als eine Einheit.[1244] Das beinhaltet jedoch nicht, dass die fließende Welle selbst eigentumsfähig ist. Es besteht Übereinstimmung, dass die fließende Welle keine Sache i.S.d. BGB ist.[1245] Sie ist ihrer natürlichen Beschaffenheit nach der Beherrschung durch den Menschen unzugänglich und

1236 Vgl. Schwalbe aaO, S. 83.
1237 So: Schwalbe, Grundfragen des Wasserrechts, S. 83; Krische, Sächs. Archiv für bürgerl. Recht u. Prozeß 5, 465 (468); Riegel, BayVBl. 1977, 65 (67), Külz, Staatsbürger und Staatsgewalt, Bd. II, S. 304.
1238 Vgl. Art. 4 Bayr. WG (in der Fassung v. 26.07.1962, GVBl. S. 143).
1239 Vgl. § 4 Abs. 1 Hbg. WG (in der Fassung v. 20.06.1960, GVBl. S. 335).
1240 Vgl. § 5 Baden-Württemb. WG.
1241 So auch: Külz, Staatsbürger und Staatsgewalt, Bd. II, S. 304.
1242 So: Gieseke, RdWWi Heft 9, 7 (13).
1243 Vgl. Witzel, WHG, § 1 Nr. 1.
1244 So: Burghartz, WHG und WG für NW, § 3 Nr. 1; Zeitler, Sieder-Zeitler-Dahme-Knopp, Bayr. WG I, Art. 4 Rn. 10..
1245 Vgl. Heinrichs, Palandt, § 90 Rn. 1; Überbl. v. § 90 Rn. 8.

daher nicht fähig Objekt von Rechten zu sein. Das fließende Wasser ist nicht abgrenzbar und damit keine Sache i.S.d. BGB.[1246] Das Gewässer, welches Gegenstand des Eigentums ist, ist demnach ein von Wasser dauernd oder zeitweise bedecktes Grundstück. Das Eigentumsrecht des Eigentümers des Gewässerbetts oder der Erdoberfläche, auf der sich Wasser befindet, ohne in einem Bett zu sein, erstreckt sich auf die darüber befindliche Wassersäule. Demgegenüber besteht kein (Sonder-) Eigentum an der auf dem Grundstück befindlichen (fließenden) Wasserwelle oder Wassersäule.[1247]

4. Eigentum am Grundwasser

Auch das Eigentum am Grundwasser unterliegt einer kritischen Betrachtungsweise. Das ältere deutsche Recht in den einzelnen Ländern wies die Verfügungsbefugnis über das Grundwasser noch weitestgehend den Grundstückseigentümern zu.[1248] Dieses war nur durch das Schikaneverbot begrenzt.[1249] Wegen der zahlreichen selbständigen Staaten, die auf deutschem Boden noch bis ins 20. Jahrhundert bestanden, und ihrer voneinander abweichenden Rechtssysteme waren die Gesetze, mithin auch die Wassergesetze, in den einzelnen Staaten sehr unterschiedlich.[1250] Auch nach Erlass des Bürgerlichen Gesetzbuches verblieb die Gesetzgebung über das Wasserrecht nach Art. 65 EGBGB, auch für den Bereich privatrechtlicher Vorschriften, bei den Ländern. Diese machten jedoch davon keinen Gebrauch, so dass in einzelnen Gebieten das Verfügungsrecht des Grundstückseigentümers über das Grundwasser auch weiterhin nur durch das Verbot der Schikane begrenzt blieb.
Die Wassergesetze der Länder wichen in Bezug auf das Grundwasser dennoch erheblich voneinander ab. Einheitlich war ihnen jedoch zu entnehmen, dass dem Eigentum am Grundwasser der Vorrang eingeräumt wurde vor anderen Interessen, wie z. B. denen eines Mühlenbetriebes. Die Wassergesetze hatten es nicht verstanden, eine den Interessen gerecht werdende Regelung zu treffen.[1251] Die beginnende stärkere Beanspruchung des Grundwassers und des Oberflächen-

---

[1246] Vgl. Heinrichs, Palandt aaO; Zeitler, Sieder-Zeitler-Dahme-Knopp, Bayr. WG, Art. 4 Rn. 10; anders u. a.: Burghartz, WHG und WG für NRW, § 3 Nr 1, S. 274, welcher auch ein Eigentum an fließendem Wasser bejahen will, wenn man Eigentum an stehendem Wasser anerkennt.

[1247] So zutreffend: Zeitler, Sieder-Zeitler-Dahme-Knopp, Bayr WG, Art. 4 Rn. 10; ähnlich Freudling, BayVBl. 1966, 401 (401); Gieseke, ZfW 1967, 28 (28); BGH ZfW 1978, 219 (220 f.) für das fließende Grundwasser.

[1248] Vgl. Ausführungen von Gieseke, Eigentum und Grundwasser, S. 6.

[1249] So der Standpunkt des Römischen Rechts, welches in Deutschland rezipiert wurde, in Bezug auf Quellen und Brunnen; vgl. Gieseke, Eigentum und Grundwasser, S. 6.

[1250] Vgl. Seiler, Gewässerbenutzungen, S. 17.

[1251] Vgl. Gieseke aaO, S. 8.

wassers durch die Wasserversorgung größerer Städte oder in den dichter besiedelten und stärker industrialisierten Gegenden Deutschlands führte zu neuen Kodifikationen im Wasserrecht in einigen größeren Ländern um die Jahrhundertwende des 19. Jahrhunderts,[1252] welche jedoch keine endgültig befriedigenden Ergebnisse für das Grundwasser brachten. Die Benutzung des Grundwassers wuchs über private Interessen hinaus und wurde mehr und mehr zu einem Gegenstand des öffentlichen Interesses.[1253] Trotzdem behielten die einzelnen Wassergesetze ihre privatrechtliche, eigentumsorientierte Regelung des Wasserrechts auch in Bezug auf das Grundwasser bei.

Die fortschreitende industrielle und technische Entwicklung warf dann auch die Frage auf, ob ein solches Eigentum am Grundwasser noch zeitgemäß sei, egal welchen sozialen Bindungen im Hinblick auf öffentliche Interessen es unterlag.[1254] Dennoch trifft das Wasserhaushaltsgesetz auch heute keine Entscheidung über das Eigentum am Grundwasser, enthält jedoch enorme Einschränkungen der Herrschaftsmacht des Eigentümers. Dementsprechend führte das Bundesverfassungsgericht auch aus, dass das Wasserhaushaltsgesetz Eingriffe in das Grundwasser prinzipiell vom Inhalt des Grundeigentums ausschließe.[1255] Das Grundstückseigentum umfasse nicht die Befugnis zur Nutzung des Erdkörpers,[1256] die nur im Rahmen einer zulassungspflichtigen Grundwasserbenutzung verwirklicht werden könne. Das Wasserhaushaltsgesetz habe auf der Ebene des objektiven Rechts den Inhalt des Grundeigentums im Verhältnis zum Grundwasser für die Zukunft bundeseinheitlich neu bestimmt.

Das Wasserhaushaltsgesetz hat zu Recht den Schutz des Grundwassers als oberste Priorität festgeschrieben und sämtliche Grundwassernutzungen, mit wenigen Ausnahmen, unter behördliche Kontrolle gestellt. Die starke Einschränkung der Verfügungsrechte des Grundeigentümers führte zu einer neuen Festlegung von Inhalt und Schranken des Grundeigentums i.S.d. Art. 14 GG. Der Gesetzgeber hatte bei der vorgenommenen Festsetzung der Inhalts- und Schrankenbestimmungen sowohl die grundgesetzliche Anerkennung von Privateigentum durch Art. 14 Abs. 1 S. 1 GG als auch das Sozialgebot des Art. 14

1252 So: Preußen, Bayern, Sachsen, Württemberg, Baden, Thüringen und Mecklenburg.

1253 Vgl. Gieseke aaO; Duffing, Rechtsverhältnisse an Quelle und Grundwasser, S. 15.

1254 So Gieseke aaO, S. 14.

1255 Vgl. BVerfGE 58, 300 (337).

1256 Im Vorlagebeschluss des BGH, der dieser Entscheidung zugrunde lag, war davon ausgegangen worden, dass das Grundwasser zum Erdkörper gehöre, auf den sich nach § 905 BGB das Recht des Grundstückseigentümers erstrecke. Zum Grundeigentum gehöre daher die Befugnis, über das auf dem Grundstück vorgefundene Grundwasser zu verfügen.

Abs. 2 GG zu beachten.[1257] Die Gewährleistung des Privateigentums wird solange nicht angetastet, wenn für die Allgemeinheit lebensnotwendige Güter zur Sicherung überragender Gemeinwohlbelange und zur Abwehr von Gefahren nicht der Privatrechtsordnung, sondern einer öffentlich-rechtlichen Ordnung unterstellt werden.[1258] Dieser durch das Wasserhaushaltsgesetz beschrittene Weg, die Benutzung des Grundwassers einer vom Oberflächeneigentum getrennten öffentlich-rechtlichen Ordnung zu unterstellen, war eine Fortführung der durch das frühere Wasserrecht bereits vorgezeichneten Rechtsentwicklung. Es musste eine Berücksichtigung der modernen technischen und sonstigen Möglichkeiten der Einwirkung auf das Grundwasser stattfinden. Das Bürgerliche Gesetzbuch, das auf private Rechtsbeziehungen ausgerichtet ist, konnte diese erst nach seinem Erlass aufgetretene Problematik noch nicht in den Regelungen der §§ 903, 905 berücksichtigen.[1259]
Trotzdem kann man dem Wasserhaushaltsgesetz nicht vorwerfen, es führe zu einer „Substanzentleerung des Grundeigentums", weil dieses einer „totalen Sozialbindung" unterworfen werde. Dem Eigentum am Grundstück fehlen nicht deshalb die Merkmale der Privatnützigkeit und der grundsätzlichen Verfügungsbefugnis, weil der Eigentümer nur mit behördlicher Zustimmung auf das Grundwasser einwirken darf. Die wirtschaftliche Nutzungsmöglichkeit eines Grundstücks hängt in der Regel nicht davon ab, ob dort Grundwasser gefördert werden kann. Die verfassungsrechtliche Garantie des Grundeigentums gibt keinen Anspruch auf Einräumung gerade derjenigen Nutzungsmöglichkeit, die dem Eigentümer den größtmöglichen Vorteil verspricht.[1260]

Zum Inhalt des Eigentums i.S.d. Art. 14 GG gehört das Wasser unter einem Grundstück daher nicht. Es ist durch das WHG vom Grundeigentum und von den Rechten an ihm abgetrennt worden. Ebensowenig zwingen die Bestimmungen des BGB, das Grundeigentum auf das Grundwasser zu erstrecken. Im Anschluss an das Bundesverfassungsgericht wird teilweise sogar angenommen, dass das Grundwasser zivilrechtlicher Herrschaft ganz entzogen sei.[1261] Was somit bleibt, ist die sich aus dem Grundeigentum ergebende Verfügungsbefugnis über das Grundwasser, die den oben angegebenen Beschränkungen unterliegt.[1262]

1257 Vgl. BVerfGE 58, 300 (338).
1258 Vgl. BVerfGE 24, 367 (390); 58, 300 (339).
1259 Vgl. BVerfGE 58, 300 (341).
1260 Vgl. BVerfGE 58, 300 (345).
1261 Vgl. OLG Nürnberg, ZfW 1991, 201 (201); Rehbinder, N+R 1988, 105 (107); OLG Frankfurt, NJW-RR 1986, 819 (820); Bassenge, Palandt § 905 Rn. 2; Säcker, MüKo Bd. 4, § 905 Rn. 5.
1262 So auch BGH, ZfW 1978, 219 (220 f.)

IX. Die Straf- und Bußgeldbestimmungen

Das Strafgesetzbuch beinhaltete bereits bei Erlass des WHG mehrere wasserwirtschaftliche Tatbestände unter Strafandrohung. So drohten Zuchthaus- und Gefängnisstrafen für die Herbeiführung von Gefahrenzuständen bei Zerstörung von Bauwerken (§ 305 StGB), bei vorsätzlicher oder fahrlässiger Herbeiführung von Überschwemmungen mit gemeiner Gefahr für Leben und Eigentum (§§ 312, 313, 314 StGB), bei Gefährdung der Sicherheit des Schifffahrtsbetriebes (§ 315 StGB), bei Zerstörung oder Beschädigung von Deichen, Wehren, Dämmen und anderen Wasserbauten mit Gefahr für Leben und Gesundheit anderer (§ 321 StGB), bei gemeingefährlicher Vergiftung von Brunnen- oder Wasserbehältern (§§ 324, 326 StGB) und bei pflichtwidriger Entziehung der Hilfeleistung bei Wassernot (§ 330c StGB).
Es bestanden jedoch keine strafrechtlichen Vorschriften zum Schutze der Gewässer gegen Verunreinigung. Das WHG hat nunmehr unter der Überschrift Straf- und Bußgeldbestimmungen im fünften Teil in den §§ 38 bis 42 Tatbestände geschaffen, die eine Abgrenzung des mit Strafe bedrohten kriminellen Unrechts von dem unter Bußgeldandrohung gestellten Verwaltungsunrechts vornehmen.[1263] Die Regelungen erfassen nur diejenigen Fälle, in denen eine schädliche Verunreinigung des Gewässers oder eine sonstige Veränderung der Eigenschaften tatsächlich vorliegt. Wird lediglich die Gefahr einer Verunreinigung herbeigeführt, so liegt ein Verwaltungsunrecht vor, das unter Bußgeldandrohung gestellt ist. Qualifizierte Tatbestände sind dann gegeben, wenn durch die Verunreinigung das Leben oder die Gesundheit anderer gefährdet wird (§ 39).

Einen ausreichenden Schutz der wasserwirtschaftlichen Belange gewährleisten die Straf- und Bußgeldvorschriften dadurch, dass die Tatbestände nicht nur gegen den Täter selbst, sondern auch gegen den zur Aufsicht über den eigentlichen Täter Verpflichteten gelten. Dieser handelt ordnungswidrig, wenn er vorsätzlich oder fahrlässig seine Aufsichtspflicht verletzt (§ 42). Dieser Gedanke war bereits in bestehenden Landeswassergesetzen und in bundesrechtlichen Bestimmungen enthalten und ist insofern aus diesen entnommen worden.[1264]

X. Regelung der alten Rechte und Befugnisse

Bei der Schaffung eines einheitlichen Wassergesetzes stellte sich nicht zuletzt die Frage der Überleitung der alten Rechte und Befugnisse der Landeswassergesetze in das neue Wasserrecht.

[1263] Vgl. Witzel, WHG, § 38 Vorbem..

[1264] Vgl. § 5 des Wirtschaftsstrafgesetzes, § 151 GewO, § 376 Preuß. WG.

Bereits die bestehenden Wassergesetze wie z. B. in Preußen und Bayern enthielten Bestimmungen, die die bestehenden Berechtigungen oder mindestens die auf einem besonderen Titel beruhenden Privatrechte aufrechterhielten.[1265] Schon diese Wassergesetze fanden eine bereits ins Kleinste ausgebildete Wasserwirtschaft mit unzähligen rechtmäßig ausgeübten Wassernutzungen vor.[1266] Diese konnten nicht einfach beseitigt werden. Mit Blick auf die Übergangsregelungen, die die Wassergesetze daraufhin trafen, ist festzustellen, dass grundsätzlich alle Gesetze die alten Rechte denselben Bestimmungen wie neu zu gewährende Befugnisse und Rechte unterwarfen. Also konnten diese auch nach denselben Grundsätzen entzogen oder eingeschränkt werden.[1267]

1. Die Regelung der alten Rechte und Befugnisse im WHG

Da das Wasserhaushaltsgesetz die erschöpfende Bewirtschaftung des Grund- und Oberflächenwassers zum Ziel hatte, konnte es die bisher ausgeübten Rechte, Befugnisse und Nutzungen nicht außer Acht lassen.[1268] So hatte der Gesetzgeber des Wasserhaushaltsgesetzes ein besonderes Augenmerk den zum Teil seit Jahrhunderten überkommenen alten Rechten und Befugnissen gewidmet. In den §§ 15 bis 17 regelt er ihre Überleitung in die neuen Rechtsformen der Erlaubnis und Bewilligung.[1269] Das Wasserhaushaltsgesetz bezeichnet dabei als alte Rechte und Befugnisse Berechtigungen zu Wasserbenutzungen, die vor Inkrafttreten des WHG entstanden und grundsätzlich nur nach Durchführung eines vorgeschriebenen Verfahrens oder auf Grund eines staatlichen Hoheitsaktes erteilt worden sind.[1270] Die Regelungen der §§ 15 bis 17 WHG gehen von dem Grundsatz aus, dass bestimmte in § 15 aufgeführte Wasserbenutzungen auch künftig keiner Erlaubnis und Bewilligung bedürfen. Hierfür nimmt § 15 WHG eine Dreiteilung der alten Rechte und Befugnisse nach ihren Rechtsgrundlagen vor. Nach § 15 Abs. 1 WHG ist eine Erlaubnis oder Bewilligung nicht erforderlich für eine Benutzung:

1. auf Grund von Rechten, die nach den Landeswassergesetzen erteilt oder durch sie aufrechterhalten worden sind
2. auf Grund von Bewilligungen nach § 1 Abs. 1 S. 1 der Verordnung über Vereinfachungen im Wasser- und Wasserverbandrecht vom 10.02.1945 (RGBl. I S. 29)
3. auf Grund einer nach der Gewerbeordnung erteilten Anlagegenehmigung.

1265 Vgl. §§ 379 ff. Preuß. WG; Art. 207 ff. Bayer. WG.
1266 Vgl. Hundertmark, Göttinger Rechtswissenschaftl. Studien, Band 63, S. 20.
1267 Vgl. Wüsthoff, Wasserrecht 1962, S. 111.
1268 Vgl. Köhler, Benutzung von Gewässern, S. 136.
1269 Vgl. Kolb, Vorbem. zu den §§ 15 bis 17, S. 98.
1270 Vgl. Begründung zu § 16 des RegE 1956, BT-Drucks. 2072, S. 27.

Voraussetzungen für die Anerkennung dieser alten Rechte und Befugnisse war, dass bei Inkrafttreten der Landeswassergesetze rechtmäßige Anlagen vorhanden waren.[1271] Rechtmäßig waren dabei diejenigen Anlagen, die nach bis dahin geltendem Recht hergestellt und vorhanden waren.
Nach § 15 Abs. 2 WHG ist eine Erlaubnis oder Bewilligung ferner nicht erforderlich für Benutzungen auf Grund gesetzlich geregelter Planfeststellungsverfahren oder auf Grund hoheitlicher Widmungsakte für Anlagen des öffentlichen Verkehrs. Schließlich können die Länder gemäß § 15 Abs. 3 WHG andere in einem förmlichen Verfahren auf Grund der Landeswassergesetze zugelassene Benutzungen den in Abs. 1 genannten Benutzungen gleichstellen. Eine pauschale Unterwerfung der alten Rechte und Befugnisse unter den Grundsatz des § 2 Abs. 2 WHG wäre nicht nur unmöglich, sondern auch sinnlos gewesen, denn der Zweck des Grundsatzes, dass Gewässerbenutzungen nicht zu einer Beeinträchtigung des Wohles der Allgemeinheit führen, war bei vielen der bestehenden Benutzungen bereits eingehalten.[1272]

Die Eintragung der alten Rechte und Befugnisse ins Wasserbuch erfolgt von Amts wegen, sofern sie bekannt sind, oder auf Antrag (§ 16). Andere alte Benutzungen bedurften unter bestimmten Voraussetzungen einer Erlaubnis oder Bewilligung erst nach einer fünfjährigen Karenzzeit, in deren Ablauf die Benutzung weiter ausgeübt werden dürften (§ 17).

2. Die Schwierigkeiten bei der Überleitung der alten Rechte und Befugnisse

Die Auslegung der §§ 15 bis 17 WHG begegnete schon während des Gesetzgebungsverfahrens nicht unerheblichen Schwierigkeiten, die hauptsächlich durch die Fassung des Gesetzes bedingt waren. Die Fachausschüsse des Bundesrates hatten sich in ihren Empfehlungen zunächst darauf beschränkt, einzelne Abänderungsanträge zum Regierungsentwurf zu stellen. In seiner Plenarsitzung empfahl der Bundesrat jedoch die Streichung der Regelungen über alte Rechte und Befugnisse insgesamt.[1273] Zur Begründung führte er aus, dass die vorgesehenen Übergangsregelungen zu sehr ins Einzelne gingen und daher die Rahmenkompetenz des Bundes überschritten.[1274] Dem war die Bundesregierung mit Nachdruck entgegengetreten. Während sie sich in anderen Bereichen im Interesse der schnellen Verabschiedung des Gesetzes mit der Streichung verfassungsrechtlich angezweifelter Bestimmungen in den Ausschussberatungen abgefunden hatte,

---

1271 Vgl. Witzel, WHG, § 15 Nr. 1; Wüsthoff, Wasserrecht 1962, S. 113.

1272 Vgl. Gieseke-Wiedemann-Czychowski, WHG 5. Auflage, Vorbem. 1 zu §§ 15 – 17; Lerche, FS f. Rudolf Lukes, S. 93; Köhler, Benutzung von Gewässern, S. 136.

1273 Vgl. Protokoll der 152. Sitzung des Bundesrates v. 20.01.1956, S. 11 A.

1274 Vgl. hierzu den Änderungsantrag Bayerns (BR-Drucks. 428/3/55, S. 2), der der Abstimmung des Bundesrates zugrundelag.

betonte sie hier, dass im Interesse des Wasserhaushalts auf eine bundeseinheitliche Regelung nicht verzichtet werden könne. Die Ordnung des Wasserhaushaltes in mengen- und gütemäßiger Beziehung fordere zwingend auch eine Ordnung der überkommenen, unübersichtlichen und daher den Wasserhaushalt störenden alten Rechte und Befugnisse.[1275] Dementsprechend bestünde auch ein Bedürfnis nach bundeseinheitlicher Regelung i.S.d. Art. 72 Abs. 2 GG.
Der Sonderausschuss „Wasserhaushaltsgesetz" hatte sich in seinem schriftlichen Bericht im Einklang mit Äußerungen der Industrie, der Landwirtschaft, der Arbeitsgemeinschaft der Wasserwirtschaftsverbände und der Bundesvereinigung kommunaler Spitzenverbände den Ausführungen der Bundesregierung angeschlossen.[1276]

Die Schwierigkeit beim Erlass von Überleitungsvorschriften lag daher vorrangig in der Einhaltung der Rahmenkompetenz des Art. 75 Nr. 4 GG. Es musste für die inhaltlich der Herkunft ihrer Rechtsgrundlagen nach verschiedenartigen alten Benutzungen eine Formulierung gefunden werden, die einerseits eine Abgrenzung der Benutzungen untereinander in der Weise festschrieb, dass das mit den §§ 15 - 17 WHG verfolgte Ziel (Beachtung des Wohls der Allgemeinheit) von allen diese Vorschriften ausfüllenden Ländergesetzen angestrebt und erreicht werden konnte; andererseits musste es den Ländern jedoch gestattet sein, die alten Benutzungen vom Inhalt der Tätigkeiten her unter Wahrnehmung der sie beeinflussenden geographisch-hydrologischen und historischen Besonderheiten der Gegend einzuteilen, ohne durch die Bundesregelung eingeengt zu sein.[1277] Aus diesem Grunde hat das WHG die Definition der alten Benutzungen nur von den Rechtsgrundlagen, nicht von ihrem Inhalt her, vorgenommen. Das WHG enthält in § 15 Abs. 1 bis 3 eine entsprechende Dreiteilung der alten Gewässerbenutzungen nach ihren Rechtsgrundlagen. Diesen verschiedenartigen Rechtsgrundlagen, die auf der Zersplitterung der sie bisher regelnden Landesrechte beruhten, entsprangen die Schwierigkeiten bei der Erfassung der alten Benutzungen. Das WHG musste den durch frühere Normen oder Gewohnheitsrecht geschaffenen tatsächlichen Zustand der Wasserwirtschaft und der bestehenden Benutzungsrechte berücksichtigen und bei den neuen Vorschriften als gegeben hinnehmen.[1278] Wegen der in ihrer Gesamtheit stets weiträumigen und Ländergrenzen überschreitenden Auswirkungen wasserwirtschaftlicher Maßnahmen war ein einheitliches Wasserrecht Voraussetzung für die Ordnung des Wasserhaushaltes. Dem stand bis zur Bildung der Bundesländer der Grundsatz entgegen, dass die alten Länder sich wasserrechtlich gegenseitig als Ausland betrach-

[1275] Vgl. Begründung zu § 17 des RegE 1956, BT-Drucks. 2072, S. 27.
[1276] Vgl. Schriftlicher Bericht des 2. Sonderausschusses „WHG" v. 23.05.1957, BT-Drucks. 3536, zu § 16, S. 12.
[1277] Vgl. Sievers, WHG, S. 262 Fn. 7; Seiler, Gewässerbenutzungen, S. 14.
[1278] Vgl. Seiler, Gewässerbenutzungen, S. 17.

teten und daher bei der Ausgestaltung ihrer Wassernutzungen keine Rücksicht auf das Nachbarland nahmen, es sei denn, dies lag im öffentlichen Interesse.[1279] Ebenso vielfältig wie die Wassergesetze waren daher auch die Rechtsgrundlagen der Benutzungen.
Um die notwendige Rechtseinheit zu schaffen, hat das Wasserhaushaltsgesetz zusätzlich zur Überleitung der alten Rechte und Befugnisse die in den alten Wassergesetzen erlaubnisfreien Benutzungen beschränkt und demgemäß Benutzungen auf Grund bloßer Befugnisse, die sich aus diesen Gesetzen ergaben, dem Erfordernis einer Erlaubnis oder Bewilligung unterworfen.[1280]

Das Wasserhaushaltsgesetz spricht sich danach im Eigentlichen für eine Aufrechterhaltung der alten Rechte und Befugnisse aus. Diese sollen grundsätzlich ihrer Rechtsnatur und ihrem Inhalt nach unberührt bleiben. Aus ihrer Rechtsgrundlage kann dann entnommen werden, welcher Art das alte Recht oder die alte Befugnis ist (ob sie z. B. privat- oder öffentlich-rechtlich, widerruflich oder unwiderruflich ist). Inhalt und Umfang der alten Rechte und Befugnisse richten sich ebenfalls nach dem Grund ihrer Entstehung.[1281]
Die Unterscheidung zwischen Rechten und Befugnissen hat für die Regelung des § 15 nur theoretische Bedeutung und bedarf hier keiner weiteren Untersuchung.[1282]

Für eine Ordnung des Wasserhaushalts hat das Wasserhaushaltsgesetz auch die Beschränkung und Aufhebung der alten Rechte und Befugnisse einheitlich geregelt. Nach § 15 Abs. 4 WHG können alte Rechte und Befugnisse gegen Entschädigung beschränkt oder aufgehoben werden, soweit von der Fortsetzung der Benutzung eine erhebliche Beeinträchtigung des Wohls der Allgemeinheit zu erwarten ist. Der Gesetzgeber hatte hierbei Art. 14 Abs. 3 S. 2 GG zu beachten, da jede Beschränkung eines alten Rechts oder einer alten Befugnis als enteignungsgleicher Eingriff anzusehen war.[1283]

1279 Vgl. Seiler aaO, S. 18.

1280 Vgl. Gieseke, RdWWi Heft 7, 7 (8).

1281 Vgl. Köhler, Benutzung von Gewässern, S. 139.

1282 Vgl. Köhler, Benutzung von Gewässern, S. 141, der die Untersuchung insoweit für theoretisch hält, als nach § 15 Abs. 3 WHG die Landesgesetzgeber alle in einem förmlichen Verfahren zugelassenen Benutzungen den in Abs. 1 genannten Rechten gleichgestellt haben oder die unter Abs. 1 Nr. 1 fallenden Rechte in den Landesgesetzen ausdrücklich aufgezählt haben; dazu auch: Gieseke-Wiedemann-Czychowski, WHG, 5. Auflage, § 15 Rn. 2.

1283 Vgl. Begründung zu § 16 RegE 1956, BT-Drucks. 2072, S. 27; so auch: Köhler, Benutzung von Gewässern, S. 156.

Mit Inkrafttreten des Wasserhaushaltsgesetzes und der Landeswassergesetze wurden die früheren Wassergesetze aufgehoben, dennoch haben sie nicht an Bedeutung verloren. Das WHG und die Landeswassergesetze bestimmen nur die Rechtsgrundlagen, nach denen die alten Rechte und Befugnisse weiter wahrgenommen werden können. Für die Klärung der Frage, ob eine Benutzung überhaupt weiter ausgeübt werden darf, muss stets auf ihre wasserrechtlichen Entstehungsgründe zurückgegangen werden, um ihre Rechtsgrundlage in das System der heutigen Aufrechterhaltungsregeln einzuordnen.[1284] Aus den alten Rechtsvorschriften bestimmen sich weiterhin Inhalt und Umfang der aufrechterhaltenen Tätigkeiten und die Beziehungen zu nachbarlichen Nutzungen. Die derzeit geltenden Landeswassergesetze verweisen deshalb teilweise ausdrücklich auf frühere Vorschriften.[1285]

1284 Vgl. Seiler, Gewässerbenutzungen, S. 21.

1285 So u. a.: § 122 Abs. 2 Baden-Württemb. WG; § 136 Abs. 2 Rheinl.-Pfälz. WG; § 118 Abs. 2 Hess. WG.

G: Die Umsetzung des Wasserhaushaltsgesetzes vom 27.07.1957 in den Landeswassergesetzen

Das WHG bedurfte in mehrfacher Hinsicht der Ergänzung durch die Landeswassergesetze. Die Rahmenvorschriften mussten, um angewendet werden zu können, durch die Länder ausgefüllt werden,[1286] da zum Wasserrecht nicht nur Vorschriften gehören, die den Wasserhaushalt ordnen, sondern auch andere Regelungen materiellen Inhalts und verfahrensrechtliche Bestimmungen. So mussten die Länder selbständige Regelungen, u. a. für Maßnahmen und Anlagen, die sich auf die Gewässer und ihre Nutzung auswirken können, oder die nach Art. 65 EGBGB zulässigen privatrechtlichen Regelungen treffen, etwa wem das Eigentum am Gewässer zusteht oder welche Rechte und Pflichten sich aus dem wasserrechtlichen Nachbarrecht ergeben.[1287] Weiter war es Sache der Länder, zu bestimmen, welche Behörden für die Durchführung des WHG und der Vorschriften der Landeswassergesetze zuständig und welche Verfahren dabei einzuhalten sind. Dabei bildete das WHG als Rahmengesetz die Grenze für die landesrechtlichen Bestimmungen.[1288]

Die Länder hatten schon während der Beratungen zum WHG eine „Wasserwirtschaftliche Arbeitsgemeinschaft" gegründet, um eine möglichst einheitliche Regelung für die Landeswassergesetze im Aufbau und Inhalt zu finden. In dieser Arbeitsgemeinschaft wurde dann ein Musterentwurf eines Landeswassergesetzes erstellt, der sich im Aufbau an die alten Wassergesetze insofern anlehnte, als er von der Einteilung der Gewässer und der Regelung des Eigentums an ihnen ausging. Diesem Aufbau sind lediglich Niedersachsen[1289] und Bremen[1290] nicht gefolgt, die ihre Wassergesetze dem Aufbau des WHG anpassten und den Wortlaut der Regelungen des WHG in ihre Gesetze aufnahmen. Alle anderen Landeswassergesetze weisen in ihren Überschriften auf die Rahmenbestimmungen des WHG hin. Der Gesetzesinhalt der Landeswassergesetze ist weitgehend, teilweise auch wörtlich, identisch, die bestehenden Unterschiede in Einzelvorschriften sind auf die landschaftsspezifischen Besonderheiten der einzelnen Länder zurückzuführen.[1291]

Der durch das WHG mit Rücksicht auf die zu erlassenden Ergänzungsgesetze der Länder festgesetzte Termin des Inkrafttretens des Gesetzes vom 01.03.1959

1286 Vgl. Witzel, WHG, Einl. VI., S. 17; Czychowski, WHG, 7. Auflage, Einl. V., S. 54.
1287 Vgl. Salzwedel, Umweltrecht, S. 574.
1288 Vgl. Czychowski, WHG, 7. Auflage, Einl. V., S. 55.
1289 Vgl. Niedersächs. WG v. 07.07.1960 (GVBl. S. 105).
1290 Vgl. Brem. WG v. 13.03.1962 (GBl. S. 59).
1291 Vgl. Witzel, WHG, Einl. VII., S. 18.

konnte von den Ländern nicht eingehalten werden. Mit Änderungsgesetz vom 19.02.1959 wurde das Inkrafttreten des WHG auf den 01.03.1960 verschoben.[1292] Aber auch zu diesem Zeitpunkt gelang es den beiden größten Ländern (Nordrhein-Westfalen und Bayern) nicht, die Landeswassergesetze zu verabschieden. Also mussten sie Übergangsgesetze[1293] erlassen, in denen geklärt wurde, welche Vorschriften des bisherigen Rechts in Kraft blieben und welche durch das WHG ersetzt waren.
Nach der Wiedervereinigung Deutschlands galt das WHG auch in den neuen Bundesländern. Die neuen Bundesländer waren im gesamten Bereich des Umweltschutzes und namentlich in der Abwasserbeseitigung und der Trinkwasserversorgung auf dem Stand von 1958 und mussten Lösungen mit einem Gesetzeswerk von 1993 finden, dass sich in Richtung auf das Jahr 2000 bewegte.[1294] Die Landeswassergesetze der neuen Bundesländer berücksichtigten die langjährigen Erfahrungen in den alten Bundesländern. Sie orientieren sich im Wesentlichen an den LWG ihrer Partnerländer im Westen, bringen jedoch auch ihre landesspezifischen Belange, die sich u. a. aus der Überleitung des DDR-Wasserrechts in bundesdeutsches Recht oder Landesrecht ergeben, mit ein.

Die Länder haben im Übrigen folgende Landeswassergesetze erlassen:

Berlin: Berliner Wassergesetz vom 23.02.1960 (GVBl. S. 133) in Kraft getreten am 01.03.1960
Schleswig-Holstein: Wassergesetz des Landes Schleswig-Holstein vom 25.02.1960 (GVBl. S. 39) in Kraft getreten am 01.03.1960
Baden-Württemberg: Wassergesetz für Baden-Württemberg vom 25.02.1960 (GVBl. S. 17) in Kraft getreten am 01.03.1960 (§ 123 mit Rückwirkung)
Hamburg: Hamburgisches Wassergesetz vom 20.06.1960 (GVBl. S. 335) in Kraft getreten am 01.03.1960 (rückwirkend)
Saarland: Saarländisches Wassergesetz vom 28.06.1960 (ABl. S. 511) in Kraft getreten am 15.07.1960
Hessen: Hessisches Wassergesetz vom 06.07.1960 (GVBl. S. 69) in Kraft getreten am 01.08.1960
Niedersachsen: Niedersächsisches Wassergesetz vom 07.07.1960 (GVBl. S. 105) in Kraft getreten am 15.07.1960

1292 Vgl. BGBl. 1959 I, S. 37.

1293 So in Bayern durch Gesetz vom 22.02.1960 (GVBl. S. 15) und in Nordrhein-Westfalen durch Gesetz vom 24.02.1960 (GVBl. S. 17) mit ergänzendem Ministerialerlass vom 08.03.1960.

1294 Zu den damit verbundenen Problemen Bardenhewer/ Pipkorn, v. d. Groeben-Thiesing-Ehlermann, EU/EGV, Art. 7c, Anm. 27 ff.; BVerwG ZfW 1995, 16 (16).

Rheinland-Pfalz: Landeswassergesetz Rheinland-Pfalz vom 01.08.1960 (GVBl. S. 153) in Kraft getreten am 01.08.1960
Bremen: Bremisches Wassergesetz vom 13.03.1962 (GBl. S. 59) in Kraft getreten am 24.03.1962
Nordrhein-Westfalen: Wassergesetz für das Land Nordrhein-Westfalen vom 22.05.1962 (GVBl. S. 235) in Kraft getreten am 01.06.1962
Bayern: Bayerisches Wassergesetz vom 26.07.1962 (GVBl. S. 143) in Kraft getreten am 01.01.1963 (Art. 96, 99 mit Rückwirkung).
Mecklenburg-Vorpommern: Wassergesetz des Landes Mecklenburg-Vorpommern (LWaG) vom 30.11.1992 (GVBl. S. 669)
Sachsen: Sächsisches Wassergesetz (SächsWG) vom 23.02.1993 (GVBl. 2. 201)
Sachsen-Anhalt: Wassergesetz für das Land Sachsen-Anhalt (WGLSA)vom 31.08.1993 (GVBl. S. 477)
Thüringen: Thüringer Wassergesetz (ThürWG) vom 10.05.1994 (GVBl. S. 445)
Brandenburg: Brandenburgisches Wassergesetz (BbgWG) vom 13.07.1994 (GVBl. S. 302)

Alle Landeswassergesetze gliedern sich in zwölf Teile:

Der erste Teil stellt den sachlichen Geltungsbereich fest: Es werden die Gewässer von wasserwirtschaftlich untergeordneter Bedeutung aufgeführt. Sodann wird die Einteilung der oberirdischen Gewässer nach ihrer wasserwirtschaftlichen Bedeutung geregelt.
Der zweite Teil ordnet die Eigentumsverhältnisse an den Gewässern mit besonderen Bestimmungen für oberirdische Gewässer.
Der dritte Teil füllt die Rahmenvorschriften des WHG über Benutzungen der Gewässer und ihren Schutz aus. Er ist in mehrere Abschnitte untergliedert.
Im vierten Teil sind die Bestimmungen über den Ausbau und die Unterhaltung der Gewässer, Deiche und Dämme enthalten, während der fünfte Teil Regelungen zu Anlagen in und an oberirdischen Gewässern, zur Sicherung des Wasserabflusses, für Überschwemmungsgebiete enthält und Pflichten zur Annahme wild abfließenden Wassers statuiert.
Im sechsten Teil und siebten Teil wird die Gewässeraufsicht geordnet und Zwangsrechte statuiert.
Der achte Teil regelt das Ausmaß und die Art der Entschädigung, während der neunte Teil Zuständigkeits- und Verfahrensregelungen trifft.
Im zehnten Teil sind die Einrichtung und die Eintragungen in das Wasserbuch geordnet, während der elfte Teil Straf- und Bußgeldbestimmungen enthält.

Schließlich umfasst der zwölfte Teil die Übergangs- und Schlussbestimmungen, insbesondere die Überleitung alter Rechte und Befugnisse, ihre Anmeldung und die sonstigen aufrechterhaltenen Rechte.
Wegen weiterer Einzelheiten wird auf die Landeswassergesetze verwiesen.

Der Einfachheit halber sollen die Eigenarten der Landeswassergesetze und die spezifischen Umsetzungen der Vorgaben des WHG an drei Beispielen, dem Wassergesetz des Landes Schleswig-Holstein, dem Landeswassergesetz Rheinland-Pfalz und dem Wassergesetz für das Land Nordrhein-Westfalen kurz dargestellt werden.

I. Das Wassergesetz des Landes Schleswig-Holstein vom 25.02.1960

1. Geschichtliche Entwicklung des Wasserrechts in Schleswig-Holstein

In Schleswig-Holstein, dem Land zwischen den Meeren, spielte das Wasser seit Urzeiten eine das menschliche Dasein beeinflussende Rolle. Das galt für die vom Hochwasser gefährdeten Bewohner der Küsten ebenso wie für die häufig mit Schwierigkeiten der Vorflutverhältnisse ringenden Menschen im Binnenland.[1295] Aus diesem Grunde haben wasserrechtliche Regelungen eine lange Tradition in Schleswig-Holstein. Bis zum 20. Jahrhundert handelte es sich dabei allerdings zunächst um Einzelbestimmungen zu besonderen Sachverhalten. Später kamen dann Normierungen von Teilbereichen hinzu, für die sich nach den jeweiligen Lebensverhältnissen und wirtschaftlichen Bedingungen die Anerkennung einer bestehenden Übung oder Rechtsüberzeugung oder eine neue Rechtsetzung als notwendig erwiesen hatte.[1296]
Bei den oberirdischen Gewässern, insbesondere den fließenden Gewässern, wurde, in Übereinstimmung mit dem gemeinen Recht,[1297] zwischen öffentlichen und privaten Gewässern unterschieden.[1298] Im Hinblick auf die Hochwassergefahren der Nordsee waren schon früh Regelungen zum Hochwasserschutz erlassen worden, insbesondere im Bezug auf die im Mittelalter errichteten Deiche. Von allgemeiner Bedeutung war hierfür der Sachsenspiegel.[1299]

1295 Vgl. Naucke-Arnhold, Wasserrecht für SH, Vorwort.

1296 Vgl. Thiem, Schmalz/Ewer/v. Mutius/Schmidt-Jortzig, S. 563, Rn. 5.

1297 Vgl. hierzu: Hesse, Jher. Jahrb. 7, 179 (181 f./201f.).

1298 Vgl. Kähler, Schleswig-Holsteinisches Landesrecht, S. 271.

1299 Dieser regelte die Pflicht der durch einen Deich vor Hochwasserüberflutung geschützten Dörfer, ihren Teil des Deiches zu unterhalten, sowie die Verpflichtung aller Menschen, die in einem bei Deichbruch von der Flut bedrohten Landabschnitt wohnten, zur Nothilfe am Deich und die Sanktionsandrohung, dass seine Rechte im Deichbereich verlieren würde, wer nicht Hilfe leistete (Landrecht II 56 § 1).

Demgegenüber regelten die Siebenhardenbeliebung von 1426[1300] und das Dithmarscher Landrecht von 1447[1301] lediglich den Deichfrieden. Ein umfassenderes Deichrecht wurde zunächst jeweils regional beschränkt durch landesherrliche Rechtsetzung verstärkt seit dem 16. Jahrhundert ausgebildet.[1302] Nach der Vereinigung des Gottorfer Anteils von Holstein mit dem königlichen Anteil 1773[1303] wurde im Jahre 1800 eine einheitliche staatliche, für den gesamten Bereich der Marschen in den Herzogtümern geltende Aufsicht über Deiche, Schleusen und Wasserlösungen eingeführt.[1304] In Fortführung dieser Reform wurden 1803 die Rechte und Pflichten der Marschcommünen, adeligen Marschgüter und octroyierten Köge „ohne Rücksicht auf besondere Vergünstigungen und vermeyntliche Vorrechte ... ohne Unterschied der Jurisdiction und sonstigen bürgerlichen Verhältnisse" geregelt[1305] und die der staatlichen Deichaufsicht unterstellten Marschen unter Berücksichtigung der landschaftlichen und „sonstigen" Verhältnisse in besondere Deichbandssocietäten eingeteilt.
Das Preußische Wassergesetz vom 07.04.1913 ließ in den Marschgebieten das Deich- und Sielrecht im Wesentlichen bestehen, insoweit das Patent von 1800 und das Allgemeine Deichreglement Anwendung fanden.[1306] Nach dem Inkrafttreten der Ersten Wasserverbandverordnung vom 03.09.1937[1307] wurden die bestehenden Deichverbände aufgelöst. Ihre Aufgaben gingen auf die neu gebildeten Deich- und Hauptsielverbände über.[1308]

Neben dem Deichwesen war die Regelung der Wasserlösung zur Schaffung und Sicherung der Vorflut von großer Bedeutung für Schleswig-Holstein. Auf Grund des herrschenden Grundsatzes der Einheit von Wasser und Deich unterlag in den Marschgebieten dieser Bereich grundsätzlich dem Deichrecht. Die Aufgaben zur Wasserlösung sowie zum Bau und zur Unterhaltung der Schleusen oblagen danach, von Ausnahmen abgesehen, überwiegend den Deichverbänden. Im 19. Jahrhundert wurden dann im Zuge der gesetzlichen Neuordnung des Rechtsgebietes allgemeine Vorschriften zur Ordnung der Bodenentwässerung sowie zur

---

[1300] Vgl. hierzu: Pappenheimer, Siebenhardenbeliebung, S. 21.
[1301] Vgl. hierzu: Michelsen, Sammlung altdithmarscher Rechtsquellen, S. 8/9, § 18.
[1302] Vgl. hierzu ausführlich: Thiem, Schmalz/Ewer/v. Mutius/Schmidt-Jortzig, S. 3 ff.
[1303] Vgl. Brandt/Klüver, Geschichte SH, S. 207.
[1304] Patent, betreffend die einzuführende Aufsicht über die Deiche der sämtlichen Marschcommünen adlichen Marschgüter und octroyirten Koege in den Herzogthümern vom 29.01.1800 (Thiem, Schmalz/Ewer/v. Mutius/Schmidt-Jortzig, S. 565, Fn. 21).
[1305] Vgl. Allgemeines Deichreglement für die sämmtlichen Marschcommünen, adelichen Marschgüter und octroyirten Koege in den Herzogthümern vom 06.04.1803 (Chron.S., S. 17); dazu: Thiem, Schmalz/Ewer/v. Mutius/Schmidt-Jortzig, S. 566, Fn. 22.
[1306] Vgl. § 323 Preuß. WG.
[1307] Vgl. RGBl. 1937 I, S. 188.
[1308] Vgl. Reg. Amtsbl. Schleswig 1939, S. 342, Nr. 815; 1941, S. 173, Nr. 434; ABl. SchlH. 1955, S. 115.

Regulierung und Unterhaltung der Vorflut mit den Wasserlösungsordnungen für die Geestdistrikte der Herzogtümer Holstein[1309] und Lauenburg[1310] sowie in der Provisorischen Verfügung für die Geestdistrikte des Herzogtums Schleswig[1311] erlassen. Im Gebiet des früheren Fürstentums und späteren Landesteils Lübeck wurde die Unterhaltung öffentlicher Gewässer dagegen durch Gesetz vom 30.11.1854 geregelt.[1312]
In der preußischen Zeit wurden die Wasserlösungsordnungen ergänzt und ersetzt durch die Verordnung betreffend die Bildung von Genossenschaften zu Entwässerungs- und Bewässerungsanlagen vom 28.05.1867[1313] und das Gesetz betreffend die Bildung von Wassergenossenschaften vom 01.04.1879.[1314] Der mit steigendem Wasserbedarf und den neuen vielfältigen Möglichkeiten der Wassernutzung einhergehenden Forderung nach einer einheitlichen, umfassenden Regelung des Wasserrechts wurde durch das Preußische Wassergesetz vom 07.04.1913 Rechnung getragen. Es regelte alle damals relevanten Bereiche des Wasserrechts einschließlich der Wassergenossenschaften. Das Gesetz galt fort bis zum Inkrafttreten des Wassergesetzes des Landes Schleswig-Holstein. Die Regelungen über die Wassergenossenschaften waren demgegenüber durch die Regelungen der Ersten Wasserverbandverordnung ersetzt worden (§ 191 WVVO).

2. Die Regelungen des neuen Wassergesetzes für Schleswig-Holstein

Das neue schleswig-holsteinische Wassergesetz trägt - entsprechend der Zielsetzung des WHG - den Eigenarten des „Landes zwischen den Meeren“ Rechnung.[1315] Bei der Anwendung des Landeswassergesetzes (im folgenden LWG) müssen WHG und LWG im Zusammenhang gesehen werden.
Das Wassergesetz regelt jedoch lediglich den Wasserhaushalt der Binnengewässer und nicht die Rechtsverhältnisse am Meer und am Meeresstrand. Insofern behielten die bisherigen landesgesetzlichen Bestimmungen ihre Gültigkeit und wurden später neue Regelungen erlassen.[1316]

1309 Vgl. Prov. WasserlösungsO v. 05.06.1854 (GMBl. S. 311).

1310 Vgl. WasserlösungsO v. 22.05.1857 (GMBl. S. 135).

1311 Vgl. Prov. Vfg. v. 06.09.1863 betreffend die Ableitung und Benutzung des Wassers behufs Verbesserung der Ländereien (Chron.S., S. 232 Nr. 26).

1312 Vgl. GBl. Bd. 5, Nr. 67, S. 519.

1313 Vgl. Preuß. GS 1867, S. 769.

1314 Vgl. Preuß. GS 1879, S. 297.

1315 Vgl. Naucke-Arnhold, Wasserrecht für SH, Einl. S. IX.

1316 Das sind für Schleswig-Holstein: *PolizeiVO zum Schutze der Küstengewässer und des Meeresstrandes* v. 17.05.1943 (ABl. d. Reg. Schleswig S. 67); *Bekanntmachung des Reg. Präs. in Schleswig* v. 05.06.1943 (ABl. Ausg. B St. 24); *PolizeiVO zum Schutze der Häfen* v. 29.09.1944 (ABl. d. Reg. Schleswig S. 95); *RdErl. d. Reg. Präs. in Schleswig* v. 07.11.1940 *zu den Rechtsverhältnissen am Meeresstrand und Regelung der Eigentums-*

Allgemeine Bestimmungen (§§ 1 - 2)

Das LWG erweitert den Anwendungsbereich des WHG durch die Hinzunahme des wild abfließenden Wassers, das nicht aus Quellen gespeist wird, wie z.B. Niederschlagswasser. Andererseits hat das LWG wasserwirtschaftlich unbedeutende Gewässer von einer gesetzlichen Regelung ausgenommen (§ 1 Abs. 2 LWG). Da die einzelnen Gewässer den Wasserhaushalt mehr oder weniger stark beeinflussen, entsprach eine gleichmäßige Anwendung der Bestimmungen auf alle Gewässer nicht den praktischen Erfordernissen. So hat das LWG neben der Einteilung der Gewässer in drei Ordnungen[1317] noch die Unterteilung in schiffbare und nicht schiffbare Gewässer vorgenommen (§ 2 LWG).

Das Eigentum an den Gewässern (§§ 3 - 9)

Das LWG erhält ebenso wie das Preußische Wassergesetz weiterhin das Privateigentum an den Gewässern. Dabei kann das Privateigentum auch dem Staate zustehen, ohne dass dann von „öffentlichem Eigentum" gesprochen werden müsste.[1318] Die bisherigen Eigentumsverhältnisse hat das LWG unberührt gelassen (§ 5 LWG). Dazu kommt die grundsätzliche Feststellung, dass Bundeswasserstraßen im Eigentum des Bundes, Gewässer erster Ordnung im Eigentum des Landes stehen (§ 3 LWG) und die übrigen Gewässer den Eigentümern der Ufergrundstücke gehören (§ 4 LWG). Eine Bestimmung über das Eigentum am Grundwasser trifft das Gesetz jedoch nicht. Man wird daher, wie oben dargestellt, davon ausgehen können, dass dem Eigentümer des betreffenden Grund-

---

verhältnisse bei Neumessungen; *RdErl. d. MELF* v. 27.11.1959 *zum Schadensersatz aus Unfällen an Strandbefestigungen auf Strandstrecken*; *VO über das Zelten und über das Verhalten am Meeresstrand* v. 27.06.1961 (GVOBl. Schl.-H. S. 113); *RdErl. des MdI* v. 26.03.1964 *über die Aufrechterhaltung der öffentlichen Sicherheit und Ordnung im Badewesen* (ABl. Schl.-H. S. 204); *PolizeiVO betr. das Deich- und Wasserwesen im Ma-r schengebiet* v. 01.09.1938 (ABl. d. Reg. Schleswig S. 294).

1317 Nach dem LWG sind

Gewässer erster Ordnung:
die Bundeswasserstraßen und die in dem anliegenden Verzeichnis aufgeführten schiffbaren und nicht schiffbaren Gewässer;

Gewässer zweiter Ordnung:
die Gewässer, die neben den Gewässern erster Ordnung für die Wasserwirtschaft besonders wichtig sind und die der Minister für Ernährung, Landwirtschaft und Forsten durch Rechtsverordnung als Gewässer zweiter Ordnung bezeichnet;

Gewässer dritter Ordnung:
alle anderen Gewässer.

1318 Vgl. Naucke-Arnhold, Wasserrecht f. SH, Einl. S. XI.

stückes lediglich eine Verfügungsbefugnis über das Grundwasser in den Grenzen des Gesetzes zustehen soll.[1319]
Das Eigentum am Gewässer erstreckt sich nach dem LWG auf das Gewässer in seiner Gesamtheit, also das Gewässerbett und des darüber befindlichen Wassers, so dass im Gewässer sich bildende Inseln (Anlandungen) das Eigentum nicht verändern. Anders verhält es sich bei den Eigentümern von Ufergrundstücken, diese werden nur unter den Voraussetzungen des § 7 Abs. 1a bis 1c LWG Eigentümer von Anlandungen.
Für die Eigentümer der Gewässer hat das LWG die Pflicht statuiert, die Benutzung ihrer Gewässer durch Inhaber von Erlaubnissen und Bewilligungen unentgeltlich zu dulden (§ 9 LWG). Diese Regelung war deshalb erforderlich, weil Erlaubnis und Bewilligung nicht das Recht geben, Gegenstände, die einem anderen gehören, in Gebrauch zu nehmen.[1320] Die Duldungspflicht erstreckt sich jedoch nur auf die Benutzung als solche und gilt nicht für etwaige Anlagen, durch die die Benutzung ausgeübt wird.

Die Benutzung der Gewässer, die Genehmigung von Anlagen (§§ 10 - 36)

Was Benutzungen im Sinne des WHG sind, regelt § 3 WHG. Das LWG hat für andere als die in § 3 WHG aufgeführten Rechte zur Benutzung eines Gewässers eine Regelung in § 109 LWG[1321] getroffen.
Für die Benutzungsbefugnisse hat das LWG in Ergänzung zur Regelung der Erlaubnis in § 7 WHG mit § 11 LWG wesentliche Gesichtspunkte geregelt, die zu einem Widerruf der Erlaubnis führen können. Des Weiteren hat das LWG die Regelungen des WHG betreffend den Übergang der Benutzungsbefugnis auf den Rechtsnachfolger der Wasserbenutzungsanlage oder des Grundstücks auch für die Erlaubnis für anwendbar erklärt. Die für die Benutzungsbefugnisse nach dem WHG erforderlichen förmlichen Verfahren regelt das LWG in den §§ 81 Abs. 2, 82 und 83.
Wegen der Ordnung des Wasserhaushalts mussten ebenfalls Vorschriften darüber erlassen werden, was mit Anlagen zu geschehen hat, die für eine Benutzung errichtet worden sind, wenn die Erlaubnis oder Bewilligung erloschen ist. Nach § 14 LWG kann die Behörde nunmehr anordnen, dass solche Anlagen zum

---

[1319] Siehe oben S. 295 ff.
[1320] Vgl. Naucke-Arnhold, Wasserrecht f. SH, Einl. S. XII.
[1321] **§ 109 LWG:**
„Sonstige aufrechterhaltene Rechte
Besteht bei Inkrafttreten dieses Gesetzes ein Recht, ein Gewässer in anderer Weise zu benutzen, als es in § 3 WHG bestimmt ist, so bleibt es mit dem bisherigen Inhalt aufrechterhalten, soweit es auf besonderem Titel beruht. Das gleiche gilt für die beim Inkrafttreten dieses Gesetzes bestehenden Zwangsrechte."

Wohl der Allgemeinheit entweder weiterhin zu unterhalten oder aber zu beseitigen sind.

Das LWG regelt den Gemeingebrauch in Anlehnung an die früheren Bestimmungen des Preußischen Wassergesetzes (§§ 25 ff Preuß. WG; §§ 17 ff. LWG). Das beinhaltet, dass der Gemeingebrauch mit einigen Ausnahmen uneingeschränkt an allen natürlichen Wasserläufen ausgeübt werden kann. Ausgeschlossen ist damit der Gemeingebrauch an künstlichen Gewässern, darüber hinaus aber auch an Seen und Teichen sowie an Gewässern in Hofräumen, Gärten und Parkanlagen, die Eigentum der Anlieger sind (§ 17 Abs. 3 LWG). Der Minister für Ernährung, Landwirtschaft und Forsten kann jedoch, um Bedürfnissen der Erholung und des Sportes Rechnung zu tragen, an Seen, Teichen und künstlichen Gewässern den Gemeingebrauch zulassen. Ebenso kann die Behörde den Gemeingebrauch aufheben oder einschränken, wenn das Gewässer beispielsweise verschmutzt ist.

Ein weiterer wichtiger Punkt für die Ordnung des Wasserhaushalts ist die Hemmung des Wasserablaufs zu verschiedenen Zwecken durch Stauanlagen. Das LWG hat für ihren Betrieb und die Errichtung Vorschriften erlassen (§§ 25 ff. LWG), die durch die Behörden überwacht werden. Unentbehrlich ist hierbei die durch die Behörde zu setzende Staumarke (§ 25 LWG), an der Stauhöhen und gegebenenfalls auch die Mindeststauhöhe angegeben sein müssen.

Für die Wasserversorgungs- und Abwasseranlagen sieht das LWG eine besondere Genehmigungspflicht für die entsprechenden Anlagen vor (§ 33 LWG), obwohl schon nach dem WHG Gewässerbenutzungen in Form der Entnahme von Wasser oder der Einleitung von Abwässern der Erlaubnis- oder Bewilligungspflicht unterliegen. Ebenso ist für die Einrichtung und den Betrieb eines Hafens oder einer Umschlagstelle an schiffbaren Gewässern eine Genehmigung des Ministers für Wirtschaft und Verkehr vorgeschrieben (§ 34 LWG). Da die Gewässerkunde von außerordentlicher Bedeutung für die Wasserwirtschaft ist, schreibt § 36 LWG zusätzlich vor, dass zur Sicherstellung der ihr innewohnenden Aufgaben, der Eigentümer oder Nutzungsberechtigte eines Grundstücks es auf Verlangen der Behörde zu dulden hat, dass gewässerkundliche Messanlagen auf dem Grundstück gegen Entschädigung errichtet oder betrieben werden.

Die Unterhaltung und der Ausbau oberirdischer Gewässer, Deiche und Dämme

Das LWG hat von der in § 28 WHG enthaltenen Ermächtigung, den Umfang der Unterhaltung zu erweitern, insofern Gebrauch gemacht, als es in § 38 die Unterhaltungspflicht für ein Gewässer auf die Erhaltung der Ufer ausgedehnt hat, soweit dies erforderlich ist, um einer Behinderung des Wasserabflusses durch

Uferabbrüche vorzubeugen, Ufergrundstücke gegen Einwirkungen der Schifffahrt zu schützen oder Schäden am Ufer zu beseitigen. Die sonstigen Regelungen behandeln die den wasserwirtschaftlichen Bedürfnissen entsprechenden Unterhaltungsmaßnahmen. Entsprechend der Bedeutung der Unterhaltung hat das LWG diese zu einer öffentlich-rechtlichen Verbindlichkeit erklärt (§ 37 LWG). Damit hat der Hoheitsträger Anspruch auf Erfüllung gegenüber den Unterhaltspflichtigen.[1322] Das LWG enthält ferner besondere Vorschriften über die Erfüllung der Unterhaltungspflicht. Es lag auf Grund der historischen Entwicklung Schleswig-Holsteins nahe, damit Institutionen zu betrauen, die das Land mitgeformt und miterhalten haben: die Wasser- und Bodenverbände. Ihnen wurde in § 41 LWG die Erfüllung der Unterhaltungspflicht übertragen und zwar spätestens mit Wirkung vom 01.01.1965. Bis dahin hatte noch derjenige die Unterhaltungspflicht zu erfüllen, dem sie bisher oblag (§ 41 Abs. 4 LWG). Entsprechend der Gewässerunterhaltung ist die Unterhaltung der Deiche und Dämme geregelt (§§ 58 ff. LWG), die dem Schutz von Ländereien mehrerer Eigentümer dienen. Die Unterhaltungspflicht beinhaltet hierbei die Festigung und Sicherung des bisherigen Deichumfanges.

Die Sicherung des Wasserabflusses (§§ 63 - 68) und die Gewässeraufsicht (§§ 69 - 72)

Für Anlagen in und an oberirdischen Gewässern besteht nach dem LWG eine grundsätzliche Genehmigungspflicht, da sie die Wasserführung nachteilig beeinflussen können. Dasselbe gilt in Gebieten, die bei Hochwasser oder Sturmflut überschwemmt werden; auch hier muss der Hochwasserabfluss gesichert werden. Darüber hinaus ist der Minister für Ernährung, Landwirtschaft und Forsten (MELF) ermächtigt, durch Rechtsverordnung Überschwemmungsgebiete festzusetzen, in denen bestimmte Handlungen als genehmigungspflichtig bestimmt werden (§§ 64 ff. LWG).
Um die Ziele der Ordnung des Wasserhaushalts zu erreichen, bedarf es einer ausgedehnten und gründlichen Überwachung sowohl hinsichtlich des Gewässerzustands als auch in Bezug auf die Benutzungen. Diese Aufgabe obliegt der Wasserbehörde, mit Ausnahme der Überwachung der Verkehrseinrichtungen. Dafür und für die Durchführung der verkehrsrechtlichen Bestimmungen des LWG und der Schifffahrts- und Hafenordnung ist der Minister für Wirtschaft und Verkehr (MWV) zuständig. Das gilt jedoch nicht in Bezug auf die Bundeswasserstraßen. Um diese Aufgabenerfüllung sicherzustellen, dehnt das LWG die Duldungspflichten des § 21 WHG auf die Gewässeraufsicht aus.

[1322] Vgl. Naucke-Arnhold, Wasserrecht f. SH, Einl. S. XIX.

Die Zwangsrechte (§§ 73 - 78) und die Entschädigung (§ 79)

Den Eigentümern von Grundstücken wird durch das LWG eine Reihe von Verpflichtungen auferlegt, durch die zwangsweise bestimmte wasserwirtschaftliche Maßnahmen ermöglicht werden können. So ist u.a. in § 73 LWG die Möglichkeit geregelt, ein Zwangsrecht anzuordnen, um ein Gewässer für einen besseren Wasserabfluss zu verändern. Die Zwangsrechte beinhalten dabei eine Duldungspflicht des Grundstückseigentümers zur Durchführung bestimmter wasserwirtschaftlicher Maßnahmen. Die Betroffenen sind dabei grundsätzlich in Geld zu entschädigen.

In anderen Fällen kann die Entschädigung auch auf andere Weise erfolgen. So kann z.B. der Entschädigungsberechtigte verlangen, dass ihm Ersatzland überlassen wird. Nach dem LWG hat entweder derjenige Ersatz zu leisten, der den Eingriff veranlasst hat oder derjenige, in dessen Interesse er vorgenommen wurde. Dazu ist noch derjenige entschädigungspflichtig, der durch den Eingriff Vorteile erlangt hat. Das Verfahren hierzu regelt das LWG in den §§ 98 - 100.

Zuständigkeit, Verfahren (§§ 80 - 100)

Nach dem LWG sind grundsätzlich die Kreise und kreisfreien Städte die Wasserbehörden, denen der MELF[1323] zur Erfüllung ihrer Aufgaben Weisungen erteilen kann (§ 80 LWG).
Dazu kommen Sonderzuständigkeiten des MELF, des MWV[1324] und des MASV[1325] bei Gewässern mit besonderer Bedeutung oder bei besonders weitreichenden Benutzungen.[1326]
Die Verfahrensbestimmungen sind im LWG einheitlich zusammengefasst. Außer im Falle der Bewilligung schreibt das LWG auch für die Erlaubnis grundsätzlich ein förmliches Verfahren vor (§ 81 Abs. 2 LWG). Verfügungen der Wasserbehörde hierbei müssen meist schnell und durchgreifend vollzogen werden. Deshalb schreibt das LWG unter bestimmten Voraussetzungen die Vollziehung der Verfügungen durch Zwangsgeld oder die Durchführung der Maßnahmen durch einen Dritten auf Kosten des Pflichtigen vor (§ 87 LWG).

1323 Minister für Ernährung, Landwirtschaft und Forsten.
1324 Minister für Wirtschaft und Verkehr.
1325 Minister für Arbeit, Soziales und Vertriebene.
1326 Vgl. hierzu die Übersicht bei Naucke-Arnhold, Wasserrecht f. SH, Einl. S. XXVI ff.

Wasserbuch (§ 101), Straf- und Bußgeldbestimmungen (§§ 102 - 105), Übergangs- und Schlussbestimmungen (§§ 106 - 112)

Das Wasserbuch ist ein Register, das darüber Auskunft gibt, welche Benutzungen an den einzelnen Gewässern ausgeübt werden. Eine Beweiskraft hat es, im Gegensatz zur früheren Rechtslage, nicht mehr. Insbesondere schafft es keinen öffentlichen Glauben wie das Grundbuch.[1327]
Die Straf- und Bußgeldbestimmungen ergänzen die Regelungen des WHG, wobei vor allem die schädliche Verunreinigung eines Gewässers unter Strafe gestellt wird. Besonderes Augenmerk liegt hierbei auf den von den Wasserbehörden festzusetzenden Geldbußen (§§ 103 - 105 LWG).
Für die Überleitung der alten Rechte und Befugnisse erfolgte die in § 16 Abs. 2 WHG enthaltene Möglichkeit der öffentlichen Aufforderung zur Anmeldung alter Rechte und Befugnisse im „Amtsblatt für Schleswig-Holstein" Nr. 42 vom 19.10.1963 (S. 495).
Das LWG schließt mit dem Außerkrafttreten derjenigen Gesetze, an deren Stelle es nunmehr treten soll (§ 112 LWG).

II. Das Landeswassergesetz Rheinland-Pfalz vom 01.08.1960

1. Geschichtliche Entwicklung des Wasserrechts in Rheinland-Pfalz

Das Wasserrecht in Rheinland-Pfalz war geprägt durch die großen Flüsse des Landes, welche gerade im Bereich der Schifffahrt schon früh Bedeutung erlangten. Die schiffreichen Ströme Deutschlands, zu denen in ältester Zeit nur der Rhein (mit Mosel und Main), die Weser (samt Werra und Fulda), die Elbe, die Oder, die Weichsel und die Donau gehörten, dienten nach altem Volksrecht[1328] als gemeine Gewässer dem Gemeingebrauche aller Gebietsangehörigen. An ihnen wurden jedoch auch Nutzungsrechte der Anlieger ausgeübt.[1329] Diese Rechte erstreckten sich jedoch nur auf die Ufergewässer. Ihre Grenze „nach dem Strom" zu bestimmte sich nach deutscher Weise durch den Hammerwurf.[1330] Aus diesem alten Volksrecht, dem gewohnheitlichen Verkehr, hatte sich im Mittelalter neues deutsches Recht unter dem Einfluss der Veränderung der staatlichen und ständischen Verhältnisse gebildet. Die Reichsgesetzgebung spielte dabei nur eine geringe Rolle. So wurden auch die fließenden Gewässer mit Aus-

---

1327 Vgl. Naucke-Arnhold, Wasserrecht f. SH, Einl. S. XXIX.
1328 Bis ca. 11. Jahrhundert.
1329 Vgl. Kloess, Dt. Wasserrecht, S. 11 f.
1330 Die Hammerteilung durch die Axt oder Hammerwurf ist fast das älteste Denkmal deutschen Rechts. Der vogt und markherr wirft aus der mark in den strom, oder ins feld, der fischer der mark in das feld, der urbar machende Bauer in die mark, der hirte in den wald, imker in die mark (vgl. Grimm, S. 527).

nahme der Quellen und Quellabflüsse (Feldbäche) zu gemeinen Gewässern. Trotz dieser Bezeichnung standen die fließenden Gewässer mehr und mehr nur einem beschränkten Personenkreis zu. Sie wurden damit vom Gemeingut zum Gesamteigentum aller Anlieger. Damit näherten sie sich immer mehr der Stellung der res publicae des römischen Rechts an, welches später auch in Deutschland rezipiert wurde.

Die Gewässer wurden dabei nicht streng nach ihren rechtlichen Gesichtspunkten, z.B. den an ihnen bestehenden Privatrechten, eingeteilt, sondern nach dem tatsächlichen Gebrauch und dem Umfang der Benutzung, der sie vorwiegend dienten.[1331] Dabei spielten sowohl der Gemeingebrauch als auch die Nutzungsrechte der Anlieger eine Rolle. Rücksicht genommen wurde dabei auf die im Mittelalter bedeutsamen Gewerbszweige der Müllerei, Fischerei und Schifffahrt. Nur für diese Materien gab es ein mittelalterliches Wasserrecht. Auch hier traf der Sachsenspiegel die wichtigsten Regelungen auf dem Gebiet des Wasserrechts.[1332]

Mit der Entwicklung des Grundherrenwesens und der Lehnsherrschaft wandelten sich einzelne gemeine Gewässer später zu Lehnsgewässern um, so dass ein Eigentum daran kein vom Besitz abhängiges Verfügungsrecht, sondern ein verschieden gestaltetes vererbliches Nutzungsrecht war. Auch die Regalrechte zu besonderen Nutzungen waren einer starken Entwicklung unterworfen. Durch sie waren die Sondernutzungs-rechte an den schiffreichen Gewässern und deren Entstehungsgewässern beseitigt worden. So wurden die Gewässer durch den König und die Territorial- und Grundherren mehr und mehr der Nutzung der Anlieger entzogen. Dies war insofern eine Umgestaltung der Rechtslage, als nach ältestem Recht ursprünglich alles Land vom Volk kraft eigenen Rechtes als gemeinsames Volksland in Besitz genommen worden war. Der König als Rechtsnachfolger und Personifikation des Volkes wurde zum ersten Führer des Volkes gewählt und übernahm daher dessen Rechte. So galten denn auch die Gewässer, insbesondere die Hauptflüsse, als königliche Gewässer (königliche Reichsstraßen[1333]). Sie gehörten hinsichtlich des Uferwassers und der Inseln nicht mehr den Anliegern, sondern sie wurden exterritorial und standen unter Reichsgewalt. Sie konnten nur kraft königlicher Verleihung der Landeshoheit unterstellt werden.[1334] Diese Regal- und Bannrechte hatten gerade in den Rheinlanden sehr großen Umfang angenommen.

Mit der Rezeption des römischen Rechts in das deutsche Recht im 15./16. Jahrhundert ging eine erneute Umwandlung des Wasserrechts einher. Keine geringe Bedeutung kam dabei der wasserrechtlichen Gesetzgebung der Einzelstaaten des

---

[1331] Vgl. Kloess, Dt. Wasserrecht, S. 18.

[1332] Vgl. Sachsenspiegel, II 36 § 5, Einteilung der freien gemeinen Gewässer.

[1333] Vgl. Sachsenspiegel II, 66 § 1: des küniges straze in wazzer und in veilde.

[1334] Vgl. Kloess, Dt. Wasserrecht, S. 35.

Reiches zu, welche die Rezeption des römischen Rechts in die Wirklichkeit übersetzten. Die Gesetzgebung erstreckte sich dabei am Anfang nur auf die Regelung der freien Fischerei und des Mühlen- und Deichrechts. Das römische Recht war in Rheinland-Pfalz im umfassenderen Maße als in Mitteldeutschland rezipiert worden. Mit der Übergabe der deutschen Rheingebiete an Frankreich[1335] wurde in den betroffenen Gebieten französisches Wasserrecht eingeführt, welches jedoch nur geringe Änderungen in den Hauptgrundsätzen mit sich brachte. Neugestaltet wurden die Rechtsverhältnisse der Vorflut, Be- und Entwässerung. Auch hier wurde die Unterscheidung in schiffreiche und nicht schiffreiche Gewässer beibehalten.[1336] Die außerordentlich verbreiteten Regalrechte wurden durch den Beschluss der Nationalversammlung vom 04.08.1789 aufgehoben. Der im Rheinland geltende französische Code civil unterschied zwischen les fleuves et riviéres navigables ou flottables und non navigables on flottables (Art. 538). Wobei die ersteren mit Ausnahme der Ufer nicht im Privateigentum zu stehen vermochten, sondern mit den Rheden und Häfen am Meere und den Inseln als öffentlichen Sachen, soweit sie schiffbar und flößbar waren, dem Staate als Gemeingut (dépendances du domaine public) gehörten und eine Benutzung nur mit Genehmigung des Staates erfolgen durfte (Art. 538).[1337] Alle freien natürlichen Gewässer waren also, wie auch im deutschen Recht, Gemeingut. Das wilde, das Grundwasser und die Quellen standen, wie die geschlossenen Gewässer im Eigentum des Grundeigentümers.
In der weiteren Entwicklung erlangten dann vor allem das Preußische und das Bayerische Wassergesetz für das Gebiet von Rheinland-Pfalz Geltung. Besonders das umfangreiche Preußische Wassergesetz nahm eine umfassende Regelung der wasserrechtlichen Gegebenheiten vor. Diese Gesetze galten bis zum Erlass des Wassergesetzes von Rheinland-Pfalz fort.

2. Die Regelungen des neuen Wassergesetzes für Rheinland-Pfalz vom 01.08.1960

Allgemeine Bestimmungen (§§ 1 und 2 LWG)

Der erste Teil des LWG befasst sich mit dem sachlichen Geltungsbereich und der Gewässereinteilung. Auch hier erweitert das LWG den Geltungsbereich auf das nicht aus Quellen wild abfließende Wasser. Die Einteilung der Gewässer in drei verschiedene Ordnungen[1338] entspricht dabei der wasserwirtschaftlichen

---

1335 Elsaß-Lothringen 1648 und 1697 (nach Abtretung der Bistümer Metz, Toul und Verdau 1552 durch Moritz von Sachsen zur Erhaltung des protestantischen Glaubens), das gesamte linke Rheinufer 1795 und 1801.

1336 Vgl. Kloess, Dt. Wasserrecht, S. 91.

1337 Vgl. Kloess, Dt. Wasserrecht, S. 92.

1338 Nach § 2 Abs. 1 des LWG sind:

Grundlage für die Verteilung von Pflichten und Lasten.[1339] Das LWG hat damit die bislang in Süddeutschland übliche Einteilung der Gewässer in öffentliche und private Gewässer, in fließende und geschlossene Gewässer völlig aufgegeben. Ausgangspunkt ist nicht mehr das Gewässereigentum, sondern die wasserwirtschaftliche Bedeutung (§ 2 LWG).[1340] Von der Gewässereinteilung nach Ordnungen wurden das Grundwasser, das wild abfließende Wasser und die staatlich anerkannten Heilquellen ausgenommen; diese waren für eine solche Einteilung ungeeignet.

Die Eigentumsverhältnisse (§§ 3 - 12 LWG)

Durch das LWG werden die Eigentumsverhältnisse an den rheinland-pfälzischen Gewässern nicht geändert. Die Gewässer erster Ordnung stehen im Eigentum des Landes, soweit sie nicht als Bundeswasserstraßen dem Bund gehören. Die Gewässer zweiter und dritter Ordnung gehören in Anlehnung an das bisherige preußische und bayerische Wasserrecht den Eigentümern der Ufergrundstücke. Abweichende bisherige Eigentumsverhältnisse bleiben unberührt (§ 3 LWG). Der Begriff des Gewässers i.S.d LWG umfasst hierbei das Gewässerbett und das darin befindliche Wasser.[1341] Auch das rheinland-pfälzische Wassergesetz bestimmt entsprechende Duldungspflichten des Eigentümers gegenüber den Inhabern einer Erlaubnis oder Bewilligung (§ 12 LWG). Im Übrigen regelt das LWG die Eigentumsverhältnisse bei Überflutung, Verlandungen und Uferabrissen.

Die Benutzung der Gewässer, Heilquellen, Genehmigung von Anlagen (§§ 13 - 53 LWG)

Der dritte Teil des LWG enthält eines der Kernstücke der wasserrechtlichen Neuordnung. Das WHG hatte das grundsätzliche Erfordernis einer Erlaubnis oder Bewilligung für jede wasserwirtschaftlich bedeutsame Benutzung statuiert. So trifft das LWG in Anlehnung an diesen Grundsatz ergänzende Vorschriften

---

Gewässer erster Ordnung:
die Bundeswasserstraßen (§ 143) und die in dem anliegenden Verzeichnis Nr. 1 aufgeführten Gewässer,
Gewässer zweiter Ordnung:
die Gewässer, die für die Wasserwirtschaft von größerer Bedeutung sind. Der Minister für Landwirtschaft, Weinbau und Forsten wird ermächtigt, im Einvernehmen mit dem Minister des Innern durch Rechtsverordnung das Verzeichnis der Gewässer zweiter Ordnung aufzustellen; geschehen am 09.08.1960 (GVBl. S. 213),
Gewässer dritter Ordnung:
alle übrigen Gewässer im Geltungsbereich dieses Gesetzes.

1339 Vgl. Kirdorf, Wasserrecht, Einf. S. 3.

1340 Vgl. Mayer, Mayer/Ule, Staats- und Verwaltungsrecht in Rh.-Pf., S. 541.

1341 Vgl. Kirdorf, Wasserrecht, Einl. S. 4.

über Vorkehrungen beim Erlöschen einer Erlaubnis oder einer Bewilligung (§ 21 LWG), über Wasserschutzgebiete (§ 22 LWG) und statuiert in § 24 LWG eine Anzeigepflicht für das Lagern und Befördern von Stoffen, die geeignet sind, Gewässer zu verunreinigen. Diese Regelung war besonders wichtig wegen der zunehmenden Anzahl von Treibstoffleitungen und der Verwendung von flüssigen Brennstoffen für Industrie und Haushalt. Diesen Problemen hatte der Landesgesetzgeber seine ganz besondere Aufmerksamkeit geschenkt und Regelungen geschaffen, die sowohl die Belange des Gewässerschutzes als auch die Erfordernisse der wirtschaftlichen Praxis berücksichtigten.[1342] Daher konnten bestimmte Maßnahmen von der Anzeigepflicht ausgenommen werden (§ 24 Abs. 1 LWG). Andererseits wurden für Wasserschutzgebiete und Heilquellenschutzgebiete besondere Bestimmungen getroffen (§ 24 Abs. 4 LWG). Den Erfordernissen des Gewässerschutzes dient insbesondere § 24 Abs. 7 LWG, wonach durch Rechtsverordnung die regelmäßige Überwachung bereits bestehender baulicher Anlagen und Leitungen angeordnet werden kann. Dadurch wird insbesondere eine Kontrolle der vielen Lagerbehälter ermöglicht, die vor Erlass von Gütebestimmungen in den Boden versenkt worden sind und die im Laufe der Zeit durch Alterungsschäden das Grundwasser gefährden können.[1343]
Das LWG regelt in Ergänzung der §§ 23, 24 WHG in den §§ 26-28 wasserwirtschaftliche Benutzungen der Gewässer, die ohne ein behördliches Verfahren entweder jedermann als Gemeingebrauch oder den Eigentümern bzw. Anliegern an Gewässern auf Grund ihres Eigentumsrechtes zustehen. Die Vorschriften über die Schiff- und Floßfahrt, Häfen und Fähren (§§ 30-33 LWG) sind zwar verkehrsrechtliche Vorschriften, die aber wegen ihres Sachzusammenhanges mit dem Wasserrecht mitgeregelt werden konnten. Nach bisherigem Wasserrecht war die Schiff- und Floßfahrt auf den rheinland-pfälzischen Gewässern grundsätzlich für jedermann frei. § 30 LWG knüpft an den Begriff „schiffbare Gewässer" an. Nach § 30 Abs. 2 LWG sind dies diejenigen Gewässer, die bei Inkrafttreten des LWG für die Schifffahrt zugelassen waren oder vom Ministerium für Wirtschaft und Verkehr im Einvernehmen mit dem Ministerium für Landwirtschaft, Weinbau und Forsten zur Schiff- und Floßfahrt zugelassen werden. Diese Gewässer darf jedermann ohne besondere Erlaubnis mit Schiffen[1344] oder Flößen befahren. Die bestehenden zwischenstaatlichen Vereinbarungen mit ausländischen Staaten oder anderen Bundesländern über die Schiff- und Floßfahrt auf rheinland-pfälzischen Gewässern werden von dieser Neuregelung nicht berührt.

1342 Vgl. Kirdorf, Wasserrecht, Einf. S. 6.
1343 Vgl. Kirdorf aaO., S. 7.
1344 Schiff i.S.d. Vorschrift ist nur das Schiff mit eigener Triebkraft, also auch das Motorboot, nicht aber ein Ruderboot. Vgl. Mayer, Mayer/Ule, Staats- und Verwaltungsrecht in Rh.-Pf., S. 543, Fn. 144.

Da die Errichtung von Stauanlagen einen der stärksten Eingriffe in ein oberirdisches Gewässer darstellt, treffen die §§ 34-40 LWG einige besondere Bestimmungen, um derartige Veränderungen unter Kontrolle zu halten.[1345]

Für den wichtigen Schutz des Grundwassers hat das LWG die Regelungen der §§ 41 und 42 getroffen. Von der Ermächtigung des § 33 WHG, über den Rahmen des sog. Kleingebrauchs hinaus die Benutzung von Grundwasser in unbeschränkter Menge für Landwirtschaft, Forstwirtschaft oder Gartenbau erlaubnis- und bewilligungsfrei zuzulassen, hat der Landesgesetzgeber jedoch keinen Gebrauch gemacht. Die steigende Inanspruchnahme der Grundwasservorräte erforderte es, auch die genannten Gebrauchsarten einer behördlichen Vorkontrolle zu unterwerfen.[1346] Eine in größerem Umfange freie Grundwasserentnahme könnte bei der in Rheinland-Pfalz verbreiteten starken Parzellierung in der Landwirtschaft zu erheblichen Schwierigkeiten führen.

Für das Recht der Heilquellen (§§ 43-48 LWG) galten in den einzelnen Landesteilen noch verschiedenste Bestimmungen. Im Bayerischen Wassergesetz (Art. 20) war der Heilquellenschutz noch selbst enthalten. In den übrigen Landesteilen galten verschiedene zum Teil recht alte Quellenschutzgesetze.[1347] Das Heilquellenrecht war daher sehr unterschiedlich und entsprach nicht mehr den heutigen Anforderungen. Eine Neuordnung war daher dringend erforderlich. Da ein enger Zusammenhang mit dem allgemeinen Wasserrecht besteht, erschien eine Neuregelung im Landeswassergesetz selbst als geeignete Lösung. Das neue Heilquellenrecht regelt nunmehr u. a. die staatliche Anerkennung besonders wirksamer Heilquellen als Grundlage spezieller Schutzmaßnahmen.
Die folgenden Vorschriften (§§ 49-53 LWG) sehen besondere Genehmigungspflichten für den Bau und die wesentliche Veränderung von Wasserversorgungs- und Abwasseranlagen, die dem allgemeinen Gebrauch dienen, vor. Dasselbe gilt für private Anlagen bestimmter Größe. Dies ist im Interesse der Ordnung des Wasserhaushalts zwingend notwendig. Die wasserwirtschaftlichen Anlagen müssen im Interesse des Wohles der Allgemeinheit einwandfrei funktionieren. Aus diesem Grunde ist eine entsprechende Vorkontrolle für alle bedeutenderen Anlagen unbedingt erforderlich. Deshalb stehen diese Vorschriften in einem engen Zusammenhang mit den Erfordernissen einer geordneten Wasserwirtschaft, auch wenn sie nicht unmittelbar wasserrechtlicher Natur sind.[1348] Bestimmungen über die Bauüberwachung und die wasserbehördliche Abnahme (§§ 50 und 51 LWG) sichern den Vollzug der in der Genehmigung getroffenen Anordnungen.

[1345] Vgl. Mayer, Mayer/Ule, aaO., S. 543.
[1346] Vgl. Kirdorf, Wasserrecht, Einf. S. 8.
[1347] Z. B. Preußisches Quellenschutzgesetz v. 14.05.1908 (GS S. 105); Nassauische Verordnung betreffend den Schutz der Mineralquellen v. 07.07.1860 (Nass. VOBl. S. 137).
[1348] Vgl. Kirdorf, aaO. Einf. S. 9.

Die Unterhaltung und der Ausbau oberirdischer Gewässer, Deiche und Dämme (§§ 54 - 79 LWG)

Die Vorschriften über die Unterhaltung und den Ausbau nehmen einen besonders großen Teil des LWG ein. Das Gesetz schlägt bei der Regelung der Unterhaltungslast eine neue Richtung ein (§§ 54-68 LWG). Die meisten der älteren Wassergesetze gaben dem Eigentümer des Gewässers die Pflicht zur Unterhaltung. Bei der Vielzahl der Gewässer bestand deswegen bisher eine vielfache Teilung der Unterhaltungslasten. Diese Regelung hatte sich jedoch nicht bewährt. Vielfach waren die betroffenen Eigentümer technisch als auch wirtschaftlich nicht in der Lage, die Unterhaltung ordnungsgemäß durchzuführen. Auch die Bildung von Wasser- und Bodenverbänden brachten keine befriedigende Lösung. Das LWG überträgt deshalb nunmehr in Anlehnung an das frühere hessische Wasserrecht und an Sondervorschriften des preußischen Wasserrechts in den ehemaligen nassauischen Gebieten die Unterhaltungslast auf öffentlich-rechtliche Körperschaften, wie dem Land, den Landkreisen, kreisfreien Städten und den Anliegergemeinden (§ 56 LWG).[1349] Die Unterhaltung künstlicher fließender und stehender Gewässer obliegt dagegen weiterhin grundsätzlich den Eigentümern. Da durch diese Neuregelung eine Neubelastung im Wesentlichen für die Gemeinden entsteht, regeln die folgenden Vorschriften die Umlagemöglichkeit des Unterhaltungsaufwandes der Gemeinden auf die Eigentümer von Grundstücken und Anlagen (§ 61 LWG). Im Interesse der Unterhaltung haben die Eigentümer und Anlieger des Gewässers daher auch besondere Duldungspflichten gegenüber Arbeiten an den Gewässern.

Die §§ 75 - 79 LWG enthalten Sondervorschriften für Deiche und Dämme. Diese Anlagen dienen nicht der Benutzung des Gewässers, sondern dem Schutze vor den Gefahren des Wassers. Sie unterliegen daher nicht dem Grundsatz der Erlaubnis- oder Bewilligungspflicht. Stattdessen müssen sie auf Grund einer besonderen Planfeststellung genehmigt und errichtet werden.

Die Sicherung des Wasserabflusses (§§ 80 - 84 LWG)

Gebäude und andere Bauwerke, die nicht der Wassernutzung selbst dienen, können ebenfalls in einem engen Zusammenhang mit dem Gewässer stehen, so dass sie die Strömung, den Wasserablauf, die Ufergestaltung und dergleichen maßgeblich beeinflussen. Aus diesem Grunde hat das LWG bauliche Anlagen[1350] in

---

1349 Vgl. Kirdorf aaO., Einf. S. 10.

1350 Dies sind insbesondere: Gebäude, Brücken, Stege, Überführungen (Gas-, Wasser-, Drahtleitungen), Unterführungen, Hafenanlagen, Umschlaganlagen, Anlegestellen und Fähranlagen, Bade-, Wasch-, Bootshäuser und dergl..

oder an Gewässern einer besonderen wasserrechtlichen Genehmigungspflicht unterworfen (§ 80 LWG).[1351] Zu den Anlagen an Gewässern zählen solche, welche innerhalb einer Entfernung von weniger als vierzig Metern von der Uferlinie stehen.

Die Gewässeraufsicht (§§ 85 - 89 LWG) und die Zwangsrechte (§§ 90 - 98 LWG)

Das Schwergewicht des Vollzuges des WHG wie des LWG liegt in der Überwachung der Erfüllung der öffentlich-rechtlichen Verpflichtungen des Wasserrechts. Das LWG regelt die allgemeinen Aufgaben der Wasserbehörden im Rahmen der Gewässeraufsicht und trifft Bestimmungen über die Wasser- und Deichschau, über Verpflichtungen zur Hilfeleistung bei Wassergefahr und über die Einrichtung einer Wasserwehr.

Wesentlicher Teil der Vorschriften über die Zwangsrechte ist ein wasserrechtliches Notwegrecht. Dieses ermöglicht es, durch fremde Grundstücke hindurch den Anschluss an Gewässer zu erreichen, wenn dies auf andere Weise nicht zweckmäßig oder nur mit erheblichen Mehrkosten zu bewirken ist. Ferner gehören zu den Zwangsrechten Regelungen des Meliorationswesens (§ 91 LWG), die Duldungspflicht für den Anschluss von Stauanlagen an Ufergrundstücke (§ 92 LWG) und das Recht zur Mitbenutzung von Grundstücksentwässerungsanlagen und Abwasserbehandlungsanlagen (§ 94 LWG). Zwangsrechte werden dabei nur in einem formellen behördlichen Verfahren, das ausreichende Rechtsgarantien für die Betroffenen enthält und gegen Entschädigung erteilt. Die Regelung der Zwangsrechte erfolgte in Anlehnung an bewährte Vorschriften des Preußischen Wassergesetzes.[1352]

Zuständigkeiten (§§ 100 - 128 LWG), Übergangs- und Schlussbestimmungen (§§ 136 - 146 LWG)

Das LWG regelt im neunten Teil die Zuständigkeiten der Wasserbehörden sowie das förmliche Verfahren für Erlaubnisse, Bewilligungen, Planfeststellungen u. a., sowie die Zwangsvollstreckung. Bei diesen Regelungen hat sich der Gesetzgeber besonders bemüht, den Beteiligten gewisse Hilfen zu geben. So braucht sich der Bürger auf Grund der Regelung des § 100 Abs. 5 S. 1 LWG ohne Rücksicht auf die Behördenzuständigkeit nur an sein Landratsamt oder die

---

1351 Vgl. Mayer, Mayer/Ule aaO, S. 543.
1352 Vgl. Kirdorf aaO., Einf. S. 14.

für ihn zuständige Verwaltung der kreisfreien Stadt zu wenden, die alles weitere dann zu veranlassen hat.[1353]

Der zwölfte und letzte Teil des LWG befasst sich zunächst in Ergänzung zu § 15 WHG mit der Überleitung alter Rechte und Befugnisse, Grundsatz hierbei ist, dass der bestehende Rechtsbestand gewahrt und sinnvoll in die neue wasserrechtliche Gesamtordnung überführt wird. In diesem Sinne erschien es ebenfalls notwendig, im Zuge der Bestandsaufnahme und der Bereinigung der alten Rechte und Befugnisse die Feststellung zu ermöglichen, dass ein altes Recht oder eine alte Befugnis nicht mehr besteht (§ 136 LWG). Das LWG stellt darüber hinaus klar, dass es keine Anwendung findet, soweit Aufgaben und Zuständigkeiten des Bundes an den Bundeswasserstraßen durch besondere Gesetze begründet sind (§ 143 LWG).

III. Das Wassergesetz für das Land Nordrhein-Westfalen vom 22.05.1962

1. Geschichtliche Entwicklung des Wasserrechtes in Nordrhein-Westfalen

Lange Zeit bestand im Gebiet des Landes Nordrhein-Westfalen nur das unabhängig voneinander geregelte Recht der Wassergenossenschaften, der Privatflüsse, der Vorflutregelung, der Strombauverwaltung, der Deiche und weiterer Einzelfragen, weit verstreut in anderen Gesetzen.[1354] In Nordrhein-Westfalen hatten vor allem das Preußische Allgemeine Landrecht (A. L. R.) und der Code civil die wasserrechtlichen Regelungen bestimmt.[1355] Das A. L. R. unterschied, ebenso wie der Code civil, zwischen öffentlichen, von Natur schiffbaren Strömen und den Privatflüssen.[1356] Im A. L. R. wurde darüber hinaus erstmals das Merkmal der „Schiffbarkeit“ im Anschluss an die lateinische Übersetzung von schiffreich als navigabilis, navigable hervorgehoben. Dies machte die Einführung von Zusatzbestimmungen über die Schiffbarmachung von Gewässern notwendig.[1357]
Die Ströme wurden durch das A. L. R. zum „gemeinen Eigentum des Staates“ erklärt.[1358] Die Ströme waren danach wie im deutschen Rechte Gemeingut gleich den res publicae des römischen Rechts. Sie dienten dem gemeinen Gebrauche. Alle, über den Gemeingebrauch hinausgehenden Befugnisse und

---

1353 Vgl. Mayer, Mayer/Ule aaO., S. 544; Kirdorf aaO., Einf. S. 15.
1354 Vgl. Czychowski, Wasserrecht NW, Einf. S. VII.
1355 Vgl. Wüsthoff, Handbuch, I, Übersichtskarte 3, S. 20.
1356 Vgl. A. L. R. II, 14, 21; II, 15, 38 und 39.
1357 Vgl. Kloess, Wasserrecht, S. 85.
1358 Vgl. hierzu auch RGZ 3, 232 (234); 4, 258 (259).

Benutzungsarten an den Strömen, standen dem Staat als Rechtsnachfolger der Regalherren zu.[1359] Die Nutzungsrechte an öffentlichen Strömen, niedere Regalien,[1360] konnten von Privatpersonen und Kommunen erworben und ersessen werden.[1361] Zu ihnen gehörten die Fischerei, die Jagd und der Gebrauch des Gewässers oder Wassergrundstückes, der nicht im Gemeingebrauch enthalten war und auf ihn einzuwirken vermochte.[1362] Die Ufer der Ströme verblieben, wie schon nach deutschem Recht, den Eigentümern der anstoßenden Grundstücke. Demgegenüber waren alle nicht schiffbaren Flüsse Privatflüsse und standen im Eigentum von Privatpersonen.[1363] Dies stand im Gegensatz zu den älteren preußischen Gesetzen, welche nur die geschlossenen Gewässer als Privatgewässer bezeichnet hatten. Eine Schiffbarmachung und Verwandlung der Privatflüsse in öffentliche Ströme war jedoch zulässig. Das A. L. R. erhielt im Übrigen das bestehende Wasserrecht aufrecht, so dass alle freien Gewässer der alten Provinzen gemeine Gewässer blieben.

Das A. L. R. hatte jedoch die Rechtsverhältnisse an den Privatflüssen nicht umfassend geregelt. Da die deshalb herrschende Zersplitterung zwischen den einzelnen Provinzen zu groß war, wurde am 28.02.1843 das Gesetz über die Benutzung der Privatflüsse erlassen.[1364] Es ließ die bisherigen Privatrechte an den Privatflüssen bestehen, unter welchen es die Bäche, Fließen, die Quellen, welche das Ursprungsgrundstück verlassen und die Seen, die einen Abfluss haben, verstand (§ 1). Es sprach jedem Uferbesitzer das Recht zu, das an dem Grundstück vorüberfließende Wasser unter den im Gesetz festgestellten Bedingungen (§§ 13 f.) zu seinem besonderen Vorteile zu benutzen. Der Gemeingebrauch war an öffentlichen Uferplätzen und Wegen gestattet, solange er ohne Gefahr für das Ufer ausgeübt werden konnte (§ 2). Im Übrigen war der Gemeingebrauch im Gegensatz zum älteren deutschen Recht nicht gestattet. Das Gesetz hatte daher insofern Bedeutung, als es den Gemeingebrauch am Gewässer der Privatflüsse ausschloss und damit die Anliegerrechte erweiterte.[1365]

Im weiteren Verlauf haben das Anwachsen der Bevölkerung, die Entwicklung der Industrie und die Intensivierung der Landwirtschaft eine einheitliche Neuordnung der wasserwirtschaftlichen Verhältnisse immer mehr erforderlich gemacht. Da das Reich hierzu keine Kompetenz hatte, erließen die Länder, so Preußen am 07.04.1913 für den Bereich des späteren Nordrhein-Westfalens, eigene Wassergesetze. Obwohl das Preußische Wassergesetz in sehr umfangreicher Weise das Wasserrecht neu regelte, genügte es bald nicht mehr den gestie-

---

[1359] Vgl. hierzu ausführlich Kloess, Wasserrecht, S. 31 ff.; s. auch oben zu Rheinland-Pfalz.
[1360] Vgl. A. L. R. II, 14 § 24; II, 15 § 38.
[1361] Vgl. A. L. R. II, 14 § 26.
[1362] Vgl. Kloess, Wasserrecht, S. 86.
[1363] Vgl. A. L. R. II, 15 § 39.
[1364] Vgl. Preußische GS 1843, S. 41.
[1365] Vgl. Kloess, Wasserrecht, S. 95.

genen Anforderungen an umfassende wasserrechtliche Regelungen. Mit Inkrafttreten des Wassergesetzes für das Land Nordrhein-Westfalen trat das bis dahin geltende Preußische Wassergesetz außer Kraft.

2. Die Regelungen des neuen Wassergesetzes für Nordrhein-Westfalen

Das LWG und das WHG decken sich in ihrem Aufbau nicht. Während das WHG nach den Gewässerarten gegliedert ist, geht das LWG in Übereinstimmung mit den meisten übrigen Landeswassergesetzen von den wichtigen Sachgebieten des Wasserrechts aus.

Allgemeine Bestimmungen und Gewässereinteilung (§§ 1, 2 LWG)

Das LWG schließt von den Bestimmungen des WHG[1366] die in § 1 Abs. 2 LWG näher bezeichneten Gräben und mit Wasser bespannten Grundstücke aus. Die Gewässer werden auch hier, je nach ihrer Bedeutung, in drei Ordnungen eingeteilt, mit Ausnahme des wild abfließenden Wassers. Anknüpfungspunkt ist auch hier die wasserwirtschaftliche Bedeutung des Gewässers.[1367]

Das Gewässereigentum (§§ 3 - 12 LWG)

Das LWG hält an dem schon im Preußischen Wassergesetz enthaltenen Grundsatz des privaten Gewässereigentums fest und lässt die bestehenden Eigentumsverhältnisse unberührt. Die bisherigen Vorschriften zum Gewässereigentum sind zum größeren Teil dem Inhalte nach unverändert in das LWG übernommen worden. Danach stehen die Gewässer erster Ordnung im Eigentum des Landes, soweit sie nicht Bundeswasserstraßen sind (§ 3 LWG), und die Gewässer zweiter und dritter Ordnung im Eigentum der Ufergrundstückseigentümer (§ 4 LWG). Die weiteren Regelungen, vor allem die Duldungspflichten in § 12 LWG, sollen die Sozialgebundenheit des Gewässereigentums widerspiegeln.

1366 Mit Ausnahme des § 22 WHG.

1367 Nach § 2 Abs. 1 WG f. NW sind:
Gewässer erster Ordnung:
die in dem anliegenden Verzeichnis aufgeführten Gewässerstrecken;
Gewässer zweiter Ordnung:
die Gewässer, die in dem von der obersten Wasserbehörde durch Rechtsverordnung getrennt nach natürlichen und künstlichen Gewässern aufzustellenden Verzeichnis eingetragen sind; in dieses Verzeichnis sind die nicht zur ersten Ordnung gehörenden Strecken von Gewässern aufzunehmen, die für die Wasserwirtschaft von größerer Bedeutung sind (VO v. 18.07.1962, GV NW S. 473);
Gewässer dritter Ordnung:
alle anderen oberirdischen Gewässer.

Die Regelung der Benutzungsbefugnisse (§§ 13 - 23 LWG)

In Anlehnung an das WHG hat das LWG in den §§ 13 - 19 ergänzende Vorschriften für die Erteilung einer Erlaubnis oder einer Bewilligung geschaffen. So rückt § 13 Abs. 2 LWG die Komplexität von Wasserversorgung und Abwasserbeseitigung in den Vordergrund, indem er es den Behörden zur Pflicht macht, diesen Zusammenhang schon bei der Entscheidung über die Wasserentnahme zu beachten.[1368] Auch spezifiziert und erweitert § 17 LWG die gegen die Erteilung einer Bewilligung zu erhebenden möglichen Einwendungen über das WHG hinaus auf den Katalog des § 17 Abs. 1 Nr. 1-5 LWG. Um den Zeitverlust auszugleichen, den der Unternehmer einer Bewilligung auf Grund des förmlichen Verfahrens hinnehmen muss, ermächtigt § 19 LWG die zuständige Behörde, einen vorzeitigen Beginn der beabsichtigten Benutzung zuzulassen, wenn mit einer Entscheidung zugunsten des Unternehmers gerechnet werden kann. Geregelt wurde auch das Zusammentreffen von mehreren Erlaubnis- oder Bewilligungsanträgen, die sich gegenseitig ausschließen. Hier entscheidet zunächst die Bedeutung der beabsichtigten Benutzung für das Wohl der Allgemeinheit und dann ihre Bedeutung für die Volkswirtschaft (§ 18 LWG). Ein förmliches Verfahren für die Erteilung einer Erlaubnis sieht das LWG dagegen nicht vor. Es statuiert jedoch über die Benutzungsbefugnisse hinaus eine Genehmigungspflicht für das Außerbetriebsetzen oder Beseitigen von Stauanlagen und Anlagen zum Aufstauen, Absenken und Umleiten von Grundwasser in § 23 Abs. 1. Andere Benutzungsanlagen bedürfen dagegen grundsätzlich keiner Genehmigung bei Änderung oder Beseitigung, sie sind jedoch an die in § 23 Abs. 2 - 4 LWG geregelten Verfahren gebunden.

Der Schutz der Gewässer, Heilquellen (§§ 24 - 27 LWG)

Besondere Regelungen trifft das LWG darüber hinaus über Wasserschutzgebiete (§ 24), zum Schutz der öffentlichen Wasserversorgung (§ 25) und für wassergefährdende Stoffe in Rohrleitungen oder in Anlagen zum Lagern oder Ansammeln entsprechender Stoffe (§ 27). Hervorzuheben ist dabei die Regelung über den Heilquellenschutz in § 26 LWG. Heilquellen sind keine Quellen i.S.d. WHG, weil der Quellenbegriff des § 26 LWG sowohl oberirdisches Gewässer als auch Grundwasser umfasst.[1369] Eine Heilquelle i.S.d. LWG wird gemäß § 26 Abs. 2 staatlich anerkannt, wenn deren Erhaltung aus Gründen des Wohles der Allgemeinheit erforderlich ist. Mit der Anerkennung gehen dann möglicherweise Betriebs-, Überwachungs- und entsprechende Duldungspflichten für den Eigentümer der Quelle einher.

[1368] Vgl. Burghartz, WHG und WG f. NW, Einf. S. 76.
[1369] Vgl. Burghartz, WHG und WG f. NW, § 26 Anm. 1.

Die erlaubnisfreien Benutzungen und Stauanlagen (§§ 31 - 43 LWG)

Das LWG hat den Gemeingebrauch (§ 32 LWG) des Preußischen Wassergesetzes weitgehend übernommen. Zusätzlich wurde der durch das WHG neu geschaffene Anliegergebrauch in § 33 LWG statuiert. Erlaubnisfrei sind ferner die Benutzung zu Zwecken der Fischerei (§ 34 LWG) und zur Schiff- und Floßfahrt (§§ 35, 36 LWG).
Auch das LWG hat als wichtigen Teil der Ordnung des Wasserhaushalts Regelungen über das Aufstauen und Absenken von Wasser durch Stauanlagen und Talsperren getroffen. Wichtig waren hierbei die Anbringung einer Staumarke (§ 37 LWG) und ihre Erhaltung (§ 38 LWG). Diese Vorschriften gehören damit zu den besonderen Bestimmungen für die Benutzung oberirdischer Gewässer. So wird das unbefugte Ablassen von aufgestautem Wasser verboten und Stauanlagen als Hochwasserschutzraum bei Hochwassergefahr eingesetzt (§§ 40, 41 LWG).

Besondere Bestimmungen für das Grundwasser, Wasserversorgungs- und Abwasseranlagen (§§ 43 - 45 LWG)

In Ausfüllung des WHG hat das LWG besondere Bestimmungen zum Schutze des Grundwassers erlassen. So kann die oberste oder obere Wasserbehörde allgemein oder für einzelne Gebiete bestimmen, dass über die in § 33 Abs. 1 WHG bezeichneten Zwecke hinaus für bestimmte Benutzungen des Grundwassers keine Erlaubnis oder Bewilligung erforderlich ist (§ 43 LWG). Ferner kann die obere Wasserbehörde bestimmen, dass Erdaufschlüsse vor Beginn der allgemeinen Wasserbehörde anzuzeigen sind (§ 44 LWG).
Das LWG statuiert zusätzlich eine grundsätzliche Genehmigungspflicht für den Bau und die wesentliche Änderung von bestimmten Wasserversorgungs- und Abwasseranlagen (§ 45 LWG). Die Vorschrift gibt dem Unternehmer einen Genehmigungsanspruch für den Fall, dass das Wohl der Allgemeinheit der Genehmigung nicht entgegensteht (§ 45 Abs. 4 LWG). Darüber hinaus ist eine Entziehung oder Beschränkung von Grundeigentum oder Rechten am Grundeigentum im Wege der Enteignung möglich, wenn Zwecke der öffentlichen Wasserversorgung es erfordern (§ 45 Abs. 6 S. 1 LWG). Diese Vorschrift tritt damit an die Stelle des § 2 EnteigG[1370].[1371]

1370 Vgl. Enteignungsgesetz v. 11.06.1874 (GS S. 221).
1371 Vgl. Burghartz, WHG und WG f. NW, § 45 Anm. 6.

Die Unterhaltung, der Ausbau oberirdischer Gewässer, Deiche und Dämme (§§ 46 - 73 LWG)

Bei der Regelung der Unterhaltung stand die Unterhaltungslast Im Vordergrund. Das LWG hat für Gewässer zweiter und dritter Ordnung eine gemeinschaftliche Unterhaltungspflicht dem in § 29 WHG genannten Personenkreis auferlegt. Diesen erweitert es bei natürlichen fließenden Gewässern in Würdigung des gemeinschaftlichen Interesses aller zum Einzugsgebiet gehörenden Grundeigentümer an der Erhaltung der Vorflut um eben diese Grundeigentümer (§ 48 LWG). Die Unterhaltung der Gewässer erster Ordnung obliegt dem Staate. Das WHG überlässt die Beantwortung der Frage, wie die Unterhaltungspflicht von der Unterhaltungspflichtgemeinschaft erfüllt werden soll, dem Landesrecht. Das LWG trennt die in den §§ 48-50 LWG enthaltene Unterhaltungspflicht begrifflich von der Pflicht zur Erfüllung der Unterhaltung und gibt dem Erfüllungspflichtigen die Befugnis, die Unterhaltungspflichtigen zu dem Unterhaltungsaufwand in der in § 51 LWG geregelten Weise heranzuziehen. Erfüllungspflichtig sind nach dem LWG bei natürlichen fließenden Gewässern zweiter und dritter Ordnung die Wasser- und Bodenverbände als Unterhaltungsverbände, bei den stehenden und künstlichen fließenden Gewässern zweiter und dritter Ordnung die Eigentümer der Gewässer oder des Ufergrundstücks oder bei Gewässern, deren Unterhaltung nur durch das Land erfüllt werden kann, das Land (§ 49 LWG). Ziel des LWG ist dabei die Erfüllung der Unterhaltungspflicht durch Wasser- und Bodenverbände, deren Verbandgebiet sich mit dem seitlichen Einzugsgebiet der zu unterhaltenden Gewässerstrecke, oder im Idealfall mit dem gesamten Einzugsgebiet, deckt.[1372]
Unter die Ausbaumaßnahmen i.S.d. WHG fällt auch der Bau von Deichen und Dämmen. Das LWG hat das bisherige Ausbaumonopol der öffentlichen Hand abgeschafft und gibt nunmehr jedem Interessenten die Möglichkeit, ein Ausbauverfahren zu betreiben. Es stattet zusätzlich die Planfeststellung im Rahmen des Ausbaus mit einer ähnlichen Ausschlusswirkung hinsichtlich privater Betroffener aus wie sie für die Bewilligung gilt (§§ 10 und 11 WHG). Des Weiteren behandelt das LWG die Ausbaugenehmigung im Verhältnis zur Ausbauplanfeststellung in ähnlicher Weise wie das WHG die Erlaubnis zur Bewilligung.[1373]

Die Sicherung des Wasserabflusses (§§ 75 - 78 LWG)

Das LWG folgt in den §§ 75 - 77 den Anweisungen des Bundesgesetzgebers zur Schaffung von Überschwemmungsgebieten zur Regelung des Wasserabflusses. So stellt die obere Wasserbehörde neue Überschwemmungsgebiete fest, wäh-

---

[1372] Vgl. Burghartz, WHG und WG f. NW, Einf. S. 78.
[1373] Vgl. Burghartz, aaO. S. 79.

rend auf Grund bisherigen Rechts festgestellte Überschwemmungsgebiete als solche neuen Rechts fortgelten. Zusätzlich bedürfen bestimmte Maßnahmen in Überschwemmungsgebieten der Genehmigung der zuständigen Wasserbehörde (§§ 76, 77 LWG).
Unter Berücksichtigung der Sicherung des Wasserabflusses befasst sich § 74 LWG mit den Anlagen in und an Gewässern und unterwirft sie einer besonderen wasserrechtlichen Genehmigung. Die mit dem Wasserabfluss im Zusammenhang stehenden nachbarrechtlichen Fragen des wild abfließenden Wassers werden in enger Anlehnung an das bisherige Recht geregelt (§ 78 LWG).

Die Gewässeraufsicht, Zwangsrechte und Entschädigung (§§ 79 - 95 LWG)

Das LWG regelt die Gewässeraufsicht in ausführlicher Weise im sechsten Teil des Gesetzes. Aufgabe der Gewässeraufsichtsbehörde ist es, nach dem Aufgabenkatalog des § 79 LWG darüber zu wachen, dass der Wille des WHG und des LWG in jeder Hinsicht erfüllt wird. Hierfür stehen der zuständigen Behörde nicht nur die Mittel des allgemeinen Ordnungsrechts, sondern auch die Hilfsmittel des LWG selbst zur Verfügung.
Bei den Zwangsrechten enthält das LWG rein landesrechtliche Ergänzungsvorschriften auf Gebieten, mit denen sich das WHG nicht befasst. Die Erteilung eines Zwangsrechtes stellt dabei keine Enteignung dar, sondern ist Ausdruck besonderer Schranken, die das Eigentum, gestützt auf Art. 65 EGBGB, begrenzen.[1374]
§ 95 LWG ist Ausfüllungs- und Ergänzungsvorschrift für die Entschädigungsregelung des § 20 WHG. So kann der zu entschädigende Grundeigentümer Kauf seines Grundstücks anstelle eines angemessenen Ausgleichs des eintretenden Vermögensschadens verlangen. Weiterhin ist § 95 LWG auch auf andere Entschädigungstatbestände des LWG anzuwenden.

Die Wasserbehörden und das Verfahren (§§ 96 - 117 LWG)

Das LWG legt in § 96 den Stufenaufbau von der örtlichen über die untere, die obere zur obersten Wasserbehörde fest und regelt weiter, welche Wasserbehörde „allgemeine Wasserbehörde“ ist (§ 97). Alle Wasserbehörden werden zu Sonderordnungsbehörden erklärt, die ihnen obliegenden Aufgaben zu Aufgaben der Gefahrenabwehr (§ 98 LWG). So wird die Möglichkeit der Anwendung des Ordnungsbehördengesetzes eröffnet, soweit das LWG und das WHG nicht entgegenstehen. Weiterhin sind die Aufsicht über die Wasserbehörden und die einzuhaltenden Verfahren geregelt.

[1374] Vgl. Burghartz aaO. S. 80.

Wie die Behörden im nichtförmlichen Verfahren vorzugehen haben, ist im LWG, außer für das Erlaubnisverfahren (§ 15 Abs. 3 LWG), nichts enthalten, es gelten daher die allgemeinen Verwaltungsgrundsätze.

Wasserbuch, Straf- und Bußgeldbestimmungen und Schlussbestimmungen (§§ 118 - 136 LWG)

Das LWG erweitert in den §§ 118 ff. den Inhalt des im WHG nur grob umrissenen Wasserbuches. Es bestimmt seine Rechtsnatur und regelt Zuständigkeit und Verfahren.
Bei den Straf- und Bußgeldbestimmungen füllt das LWG die Vorschriften des WHG weiter aus oder ergänzt diese. So für den Verrat von Geschäfts- und Betriebsgeheimnissen (§ 40 WHG), wo der Verrat von Geheimnissen unter Strafe gestellt wird, die während einer Tätigkeit auf Grund des LWG erlangt wurden (§ 122 LWG). Weiterhin wird der Katalog der Ordnungswidrigkeiten durch § 123 LWG um eine Reihe schwerwiegender Verstöße gegen das LWG ergänzt.
Auch das LWG regelt die Übernahme der alten Rechte und Befugnisse in den Schlussbestimmungen des Gesetzes. So wird auf Grund des § 15 WHG der Katalog der alten Rechte und Befugnisse um die Nummern 2 und 3 des § 15 Abs. 1 WHG gekürzt.
Letztlich trifft das LWG in den Schlussbestimmungen Regelungen über Solquellen (§ 132 LWG), Sondervorschriften für Wasser- und Bodenverbände (§ 133 LWG) und regelt das Außerkrafttreten von Vorschriften (§ 134 LWG).

H: Zusammenfassung und weitere Entwicklung des Wasserhaushaltsgesetzes

I. Die Änderungen des Wasserhaushaltsgesetzes im Überblick

Von der Kompetenz zur Rahmengesetzgebung auf dem Gebiet des Wasserhaushalts hat die Bundesregierung auch nach Erlass des Wasserhaushaltsgesetzes mehrfach Gebrauch gemacht. Insgesamt kam es zu sieben Änderungsgesetzen bis zum heutigen Zeitpunkt, wobei das letzte am 18.06.2002 erlassen wurde.

Mit dem ersten Änderungsgesetz vom 19.02.1959 (ÄndG I) [1375] wurde lediglich das Inkrafttreten des WHG auf den 01.03.1960 verschoben.

Durch das zweite Änderungsgesetz (ÄndG II) vom 06.08.1964[1376], das sogenannte Pipeline-Gesetz, wurden Vorschriften über Rohrleitungsanlagen zum Befördern wassergefährdender Stoffe in das Gesetz eingeführt. Hierzu wurden die §§ 19 a bis 19 f neu in das Gesetz eingefügt und zugleich die §§ 21 und 41 geändert.
Die gewerberechtlichen Vorschriften über Pipelines, insbesondere die Verordnung über brennbare Flüssigkeiten (VbF), haben nicht die Funktion, Gewässer vor Gefahren zu schützen. Auch die bestehenden Vorschriften des WHG in den §§ 26 Abs. 2 und 34 Abs. 2 sprachen lediglich das Verbot der Beförderung von Stoffen in Rohrleitungen aus, bei dem eine schädliche Verunreinigung des Wassers oder eine sonstige nachteilige Veränderung seiner Eigenschaften zu befürchten war. Diese Vorschriften gaben daher keine Möglichkeit, schon vor der Errichtung von Rohrleitungsanlagen zu prüfen, ob von ihnen eine nachteilige Veränderung eines Gewässers ausgehen könne. Diese Möglichkeit wurde durch die §§ 19a bis 19f geschaffen.[1377]

Mit dem dritten Änderungsgesetz (ÄndG III) vom 15.08.1967[1378] waren nunmehr Bestimmungen über die Küstengewässer in das Gesetz aufgenommen worden. So wurden § 32a über erlaubnisfreie Benutzungen und § 32b über die Reinhaltung in den Dritten Teil des Gesetzes unter der Überschrift „Bestimmungen für die Küstengewässer“ und in § 3 Abs. 1 die Nr. 4a neu eingefügt. Danach fielen nunmehr auch das Einbringen und Einleiten von Stoffen in Küstengewässer unter den Begriff der Benutzungen i.S.d. WHG.

1375 Vgl. BGBl. 1959, I S. 37.
1376 Vgl. BGBl. 1964, I. S. 611.
1377 Vgl. Czychowski, WHG, 7. Auflage, Vorbem. zu §§ 19a – 19f Rn. 3.
1378 Vgl. BGBl. 1967, I S. 909.

Das vierte Änderungsgesetz (ÄndG IV) vom 26.04.1976[1379] sollte den mit dem wirtschaftlichen Wachstum der letzten Jahrzehnte gestiegenen Anforderungen an die Gewässer Rechnung tragen. Das Gesetz brachte eine Loslösung von der Prägung durch das öffentliche Sachenrecht und erhielt dadurch zunehmend den Charakter eines modernen Umweltgesetzes. Es kam zu einer umfassenden Novellierung der materiellen Vorschriften des WHG einschließlich der Straf- und Bußgeldbestimmungen.[1380] Wesentlich erweitert wurden die Wassergüteregelungen. Neu eingefügt wurden zusätzlich Vorschriften über Mindestanforderungen an das Einleiten von Abwasser in die Gewässer (§ 7a), über Anlagen zum Lagern, Abfüllen und Umschlagen wassergefährdender Stoffe (§§ 19g ff.), über die Institutionalisierung des Betriebsbeauftragten für Gewässerschutz (§§ 21a ff.), über Veränderungssperren zur Sicherung von Planungen (§ 36a) und über die Aufstellung von Bewirtschaftungsplänen (§ 36b).[1381]

Das fünfte Änderungsgesetz (ÄndG V) vom 25.07.1986[1382] strebte eine weitere Verbesserung des wasserrechtlichen Instrumentariums unter besonderer Hervorhebung des Vorsorgegrundsatzes an.[1383] Es enthielt vorwiegend Änderungen und Ergänzungen, die das Einleiten gefährlicher Stoffe in Gewässer und den Grundwasserschutz betreffen. Hauptanliegen waren die Reduzierung gefährlicher Stoffe, die in Gewässer oder in öffentliche Abwasseranlagen eingeleitet werden, durch Verfahren, die dem Stand der Technik entsprechen, sowie eine Verstärkung des Grundwasserschutzes.[1384]

Das sechste Änderungsgesetz (ÄndG VI) vom 11.11.1996[1385] passte im Wesentlichen das deutsche Wasserrecht an das EG-Recht an. Es vereinheitlichte das technische Anforderungsniveau in Bezug auf die Abwasserbeseitigung, verbesserte die Rechtsstellung des Gewässerschutzbeauftragten, vermied langwierige und kostenaufwendige Verwaltungsverfahren und erleichterte die Hochwassersituation.[1386] So wurde in einem neuen § 6a eine Verordnungsermächtigung zur Umsetzung von Gemeinschaftsrecht geschaffen und dem § 7a eine Legaldefinition des Begriffes des Standes der Technik angefügt. Zusätzlich wurden in den §§ 31, 32 und 36 neue Regelungen für einen wirksameren Hochwasserschutz geschaffen.

1379 Vgl. BGBl. 1976, I S. 1109.
1380 Vgl. Roth, HDW (Handbuch des Deutschen Wasserrechts) C9, S. 8 f..
1381 Vgl. Roth, Das Deutsche Bundesrecht III L, IV C S. 39; Riegel, NJW 1976, 783 (785).
1382 Vgl. BGBl. 1986, I S. 1165.
1383 Vgl. Breuer, N+R 1987, 49 (50 ff.); Nacke, NVwZ 1987, 185 (185 ff.).
1384 Vgl. Czychowski, WHG, 7. Auflage, Einl. 3. S. 43.
1385 Vgl. BGBl. 1996, I S. 1690.
1386 Vgl. BT-Drucks. 13/1207 S. 1, Plen. Prot. S. 9854 und 9857f.

Das siebte und vorerst letzte Änderungsgesetz (ÄndG VII) vom 18.06.2002[1387] beruhte auf der EG-Richtlinie 2000/60/EG vom 23.10.2000.[1388] Ziel der Richtlinie war die Schaffung eines Ordnungsrahmens für den Schutz der Binnenoberflächengewässer, der Übergangsgewässer, der Küstengewässer und des Grundwassers. Dadurch sollte eine weitere Verschlechterung des Zustands der aquatischen Ökosysteme vermieden werden und eine Verbesserung desselben herbeigeführt werden. Die nachhaltige Wassernutzung war auf der Grundlage eines langfristigen Schutzes der vorhandenen Ressourcen zu fördern. Zusätzlich sollte ein stärkerer Schutz der aquatischen Ökosysteme betrieben werden, indem Einleitungen, Emissionen und der Verlust von prioritären Stoffen schrittweise reduziert werden. Hierzu wurde ein neuer § 1 b in das WHG eingefügt, welcher eine Bewirtschaftung der Gewässer nach Flussgebietseinheiten vorsieht.[1389] Die Bewirtschaftung der Flussgebietseinheiten unterliegt den in den neuen §§ 25 a – 25 d formulierten Bewirtschaftungszielen und -anforderungen, die den Zielen der EG-Richtlinie entsprechen. Gleiche Regelungen finden sich in den ebenfalls neuen §§ 32 c und 33 a für die Küstengewässer und das Grundwasser.

II. Schlussbetrachtung

Das Wasserhaushaltsgesetz ist als ein bedeutender Fortschritt auf dem Gebiet des Wasserrechtes anzusehen. Mag man über die Größe des Fortschritts auch unterschiedlicher Ansicht sein, so ist dem Wasserhaushaltsgesetz nicht abzusprechen, dass es zu einer Vereinheitlichung des Wasserrechts führte.[1390] Mit seinem Erlass ging eine lang andauernde Ära der Bemühungen um ein einheitliches Wassergesetz zu Ende. Was mit der Forderung des Deutschen Landwirtschaftsrates 1880 begann und sich über die Arbeit des Wasserrechtsausschusses der Akademie für Deutsches Recht fortsetzte, kam mit der Schaffung und dem Erlass des Wasserhaushaltsgesetzes zu einem vorerst endgültigen Abschluss.

Obwohl das Wasserhaushaltsgesetz das erste einheitliche Wassergesetz für die Bundesrepublik ist, war die Schaffung eines solchen Gesetzes kein Neuland bei Beginn der Arbeiten. In der Akademie für Deutsches Recht war bereits ein vorlagereifer Entwurf eines Reichswassergesetzes erstellt worden, welcher als Grundlage für die Arbeiten an einem Bundeswassergesetz hätte dienen können. Die Bearbeiter des WHG hielten den Entwurf eines Reichswassergesetzes auf Grund seiner nationalsozialistischen Zielsetzung jedoch für nicht verwend-

---

[1387] Vgl. BGBl. 2002 I, S. 1914.

[1388] Vgl. Richtlinie 2000/60/EG vom 23.10.2000, ABl. EG Nr. L 327, S. 1.

[1389] Flussgebietseinheiten waren danach: Donau, Rhein, Maas, Ems, Weser, Elbe, Eider, Oder, Schlei/Trave, Warnow/Peene.

[1390] So im Eigentlichen auch Gieseke, RdWWi Heft 7, 7 (26).

bar.[1391] Hinzu kam die durch das Grundgesetz neu geschaffene Rahmenkompetenz, welche eine solch umfassende Regelung des Wasserrechts, wie sie der Akademieentwurf vorsah, nicht zuließ. Dennoch kann dem Entwurf eines Reichswassergesetzes ein Einfluss auf die Arbeiten am WHG nicht abgesprochen werden. So hatte Prof. *Dr. Gieseke* zunächst in den Entwürfen eines Grundwasserschutzgesetzes und eines Bundeswassergesetzes versucht, den Inhalt des Entwurfes in Bezug auf die Benutzungsbefugnisse und im Bundeswassergesetz auch bezüglich des Aufbaus zu integrieren. Das WHG statuierte jedoch letztlich seinen eigenen Aufbau und lehnte sich nur in einzelnen Regelungen an bestehende Landeswassergesetze und den Entwurf der Akademie für Deutsches Recht an.

Obwohl die Arbeiten an einem Wassergesetz frühzeitig nach Kriegsende aufgenommen wurden, krankten sie von Anfang an an den Kompetenzstreitigkeiten der beteiligten Ministerien, welche jeder für sich die Federführung auf seinem Teilgebiet beanspruchte. Ein erfolgreicher Abschluss der wasserrechtlichen Bemühungen war daher bis Anfang 1955 nicht in Sicht. Erst mit der Erweiterung des IMA und dem Eintritt von Bundesminister *Kraft*, welcher die Streitigkeiten zugunsten des unaufschiebbaren Wasserrechts beendete, stand der Wassergesetzgebung nichts mehr im Wege. Nichtsdestoweniger ist die schnelle Verabschiedung des Wasserhaushaltsgesetzes nur darauf zurückzuführen, dass in den Beratungen des Entwurfes im zweiten Sonderausschuss des Bundestages und im erweiterten IMA sämtliche umstrittene Vorschriften wieder gestrichen wurden, um eine schnelle Gesetzgebung zu ermöglichen. Dem umfassend bereinigten Entwurf standen dann keine gravierenden Bedenken der Beteiligten mehr entgegen. Zu offenen Fragen, wie der eines Wasserzinses, brauchte keine Stellung mehr genommen werden. So ließ das Wasserhaushaltsgesetz einige Fragen auf dem Gebiet des Wasserrechts zunächst ungeklärt. In der Folgezeit führten die verschiedenen Änderungsgesetze zum WHG jedoch zu einer erheblichen Erweiterung der ursprünglichen Fassung und zur Klärung der noch offenen Fragen in Bezug auch auf die weitere wasserwirtschaftliche Entwicklung.

Das Wasserhaushaltsgesetz hat in seiner Gestaltung eine möglichst umfassende Regelung des Wasserrechts als einheitliches Bundesrecht erreicht. Die Ausnutzung der Rahmenkompetenz führte daher auch zu einigen sehr detaillierten Vorschriften, welche den Ländern kaum eigenen gesetzgeberischen Spielraum ließen. Trotzdem hielt sich das Gesetz an die Grenzen der Rahmengesetzgebung, was auch nach der späteren Änderung des Grundgesetzes im Jahre 1994 noch zu bejahen war. Die Wasserwirtschaft hat in den 54 Jahren, die seit den Beratungen über das Grundgesetz vergangen sind, eine Entwicklung genommen, die damals

---

[1391] Vgl. Wüsthoff, Wasserrecht - Wassertechnik, 9 (9).

weder vorausgesehen worden ist noch vorausgesehen werden konnte.[1392] Das Wasseraufkommen der Industrie und der Abwasseranfall sind dramatisch gestiegen. Die mit der Lagerung und Beförderung von Erdöl verbundenen Probleme spielten im Jahre 1949 praktisch noch keine Rolle, nicht einmal während der Schaffung des WHG sind diese Probleme in ihrer künftigen Bedeutung erkannt worden.[1393] Genauso angestiegen sind die jährlichen wasserwirtschaftlichen Ausgaben. Aus all diesem ergibt sich ein starker Bedeutungswandel der Wasserwirtschaft.
Dass dieser Bedeutungswandel seine Berücksichtigung findet, ist in dem sehr großzügigen Auslegen der Rahmenkompetenz des Bundes für die Ordnung des Wasserhaushaltes zu erkennen. So erfolgte auch nach der Begrenzung der Rahmenkompetenz durch das Gesetz zur Änderung des Grundgesetzes vom 27.10.1994 keine Änderung des Wasserhaushaltsgesetzes dahingehend, dass den Ländern mehr Gesetzgebungsspielraum überlassen wurde.
Die Frage der Änderung der Gesetzgebungskompetenz ist grundsätzlich politisch zu verstehen. Ihre Beantwortung hängt davon ab, wie man dem föderativen Aufbau des Staates gegenübersteht.[1394] Die Änderung des Grundgesetzes 1994 hat gezeigt, dass der Gesetzgeber diese Frage grundsätzlich zugunsten der Länder beantwortet hat. Die im Anschluss an diese Grundgesetzänderungen erfolgten Kommentierungen zeigen jedoch, dass die Ausgestaltung der Regelungen des WHG diese Meinung des Gesetzgebers in Bezug auf den Wasserhaushalt nicht widerspiegelt. Unter Bezugnahme auf die herausragende Bedeutung des Wasserschatzes für die Bevölkerung und die Wirtschaft hat das WHG in einigen Bereichen weitgehende Regelungen geschaffen. Dass diese sich trotzdem an den Grenzen der Rahmengesetzgebung orientieren, wurde oben bereits dargestellt.

Das WHG ist als Rahmengesetz seiner Aufgabe gerecht geworden. Nicht zuletzt die vielen Änderungen nach Erlass des Gesetzes zeugen von der großen Anpassungsfähigkeit des Gesetzes im Rahmen seiner bedeutenden Aufgabe. Wie es wohl schon der Grundgesetzgeber wollte, so geht das WHG mit seinen Anpassungs- oder Änderungsgesetzen den einfacheren gesetzgeberischen Weg ohne Verfassungsänderung. Mag man auch die unterschiedlichen Regelungen in den einzelnen Landeswassergesetzen als unbefriedigend ansehen, so führte das Wasserhaushaltsgesetz mit seinem „Grundgerüst“ wasserrechtlicher Regelungen zu einer Einheit auf dem Gebiet des Wasserrechts, die auch durch die vielen Landeswassergesetze nicht verloren ging. Dieses „Grundgerüst“ zieht sich dann auch wie ein roter Faden durch die Landeswassergesetze und führt schon insoweit zu einer Rechtsgleichheit. Auch Rechtssicherheit ist dem WHG i.V.m. den

---

[1392] So Wiedemann, Wasserrecht und Wasserwirtschaft, Band 12, S. 65.
[1393] Vgl. Wiedemann aaO.
[1394] Vgl. Wiedemann, RdWWi Heft 16, 7 (7).

Landeswassergesetzen nicht abzusprechen. So ist jedem Wassernutzer bekannt, dass eine Gewässerbenutzung grundsätzlich der Erlaubnis bedarf. Wie das Verfahren dazu aussieht und welche Bedingungen in den einzelnen Ländern dazu aufgestellt wurden, ist dann im jeweiligen Landeswassergesetz enthalten. Nicht nur im Bereich des Wasserrechts bestehen unterschiedliche landesrechtliche Regelungen in Bezug auf Sondernutzungen oder Verbotstatbestände. Ein einheitliches Bundeswassergesetz in dem Sinne, dass es als Vollkompetenz durch den Bund geregelt wird, könnte den geographischen oder historischen Unterschieden der Länder wohl kaum gerecht werden. Die Übernahme der ehemaligen Landeskompetenz in eine Bundesrahmenkompetenz ist als eine ausreichende Möglichkeit zur Schaffung einer Rechtseinheit auf dem Gebiet des Wasserrechts anzusehen. Gerade im Wasserrecht müssen die Befindlichkeiten der einzelnen Länder Beachtung finden.
Eine Änderung der Gesetzgebungskompetenz des Bundes auf dem Gebiet des Wasserrechts erscheint unter diesem Aspekt nicht notwendig. Unter Zuhilfenahme der großzügigen Auslegung der Rahmenkompetenz auf dem Gebiet des Wasserhaushalts ist das Wasserhaushaltsgesetz eine, in den Grenzen des Möglichen umfassende, bundeseinheitliche Regelung auf diesem Gebiet.

Das Wasserhaushaltsgesetz regelt den Wasserhaushalt auf öffentlich-rechtlicher Grundlage, jedoch nicht ohne die privaten Belange angemessen zu berücksichtigen.[1395] Es ist in erster Linie Rahmengesetz, das der Ausfüllung durch die Länder bedarf und erst zusammen mit den Ländergesetzen zu einem vollständigen Gesetzeswerk wird. Seine Zielsetzung liegt in der Ordnung des Wasserhaushalts und der Schaffung einer einheitlichen Regelung auf dem Gebiet des Wasserrechts. Die Landeswassergesetze sind jedoch nicht nur Ausfüllungsgesetze. Sie enthalten auch Vorschriften über Gegenstände, die das Wasserhaushaltsgesetz nicht regelt, da die nach dem Grundgesetz bestehende Gesetzgebungskompetenz der Länder über die Ausfüllung des Bundesrahmens hinausgeht. So wurde u. a. die Regelung der Eigentumsverhältnisse gänzlich den Ländern überlassen. Nichtsdestotrotz waren auch die Länder bemüht, die angestrebte Einheit im Wasserrecht in den Landeswassergesetzen zu verankern. So bildeten sie im Zusammenhang mit der Abfassung der Landeswassergesetze eine Arbeitsgemeinschaft, welche einen Musterentwurf eines Landeswassergesetzes erarbeitete. In Anlehnung an diesen Entwurf wurden dann sämtliche Landeswassergesetze, mit Ausnahme des Niedersächsischen, erlassen. Auf diese Weise ist es gelungen, bundes- und landesgesetzliche Bestimmungen in einen Zusammenhang zu bringen.[1396] Gleichwohl unterliegen die Landeswassergesetze in ihren einzelnen Re-

---

[1395] Vgl. Begründung zum Entwurf D, S. 9.
[1396] Vgl. Gieseke, RdWWi Heft 7, 7 (11).

gelungen unterschiedlicher Ausgestaltung. Dies ist in den unterschiedlichen historischen und geographischen Gegebenheiten der Länder begründet.

Eine Vereinheitlichung ist dem Gesamtwerk Wasserhaushaltsgesetz nicht abzusprechen. Für die Benutzung der Gewässer wurde allgemein der Grundsatz statuiert, dass nunmehr eine Erlaubnis oder Bewilligung erforderlich ist, soweit nicht die besonders aufgeführten erlaubnisfreien Benutzungen Platz greifen.[1397] Die Bedeutung dieses Grundsatzes war schon während der Arbeiten am Entwurf heftig umstritten. Er ist jedoch keinesfalls so auszulegen, dass so wenig wie möglich Erlaubnisse oder Bewilligungen erteilt werden;[1398] das WHG stellt insofern kein Verbotsgesetz dar. Die Einführung einer Vorprüfung für grundsätzlich alle Gewässerbenutzungen diente vielmehr der Herbeiführung einer gleichmäßigen Ordnung[1399] und ist damit rein gesetzestechnisch zu verstehen.

Das WHG übernahm das dem preußischen Wassergesetz innewohnende Grundprinzip der Zweiteilung der Benutzungsbefugnisse, wobei eine gesicherte Rechtsstellung, im Gegensatz zu früher, nur noch in verhältnismäßig wenig Fällen erteilt werden kann. Als Gegenstück zur Bewilligung, welche ein subjektiv-öffentliches Recht gewährt, begründet die häufiger zu erteilende Erlaubnis lediglich eine widerrufliche öffentlich-rechtliche Benutzungsbefugnis, ohne gesicherte Rechtsstellung.[1400] Bewusst ausgeklammert hat das WHG einen Rechtsanspruch auf eine der Nutzungsbefugnisse, wie ihn noch das Preußische Wassergesetz enthielt.[1401] Auf Grund der sich ständig verändernden allgemeinen Wirtschaftsverhältnisse war ein solcher Rechtsanspruch, wie ihn vor allem die Industrie immer wieder gefordert hatte, nicht mehr tragbar.[1402] Ein Unternehmer wird nunmehr durch das förmliche Bewilligungsverfahren und den allgemeinen verwaltungsgerichtlichen Rechtsschutz gesichert.
Hervorzuheben sind die im WHG nunmehr verankerten Vorschriften über das Grundwasser und die gegenüber den ehemaligen Landeswassergesetzen erheblich verschärften und erweiterten Bestimmungen über die Reinhaltung der Gewässer. Insbesondere die neu eingeführten Reinhalteordnungen dienen der besseren Reinhaltung der Gewässer.

Die während der Arbeiten an einem Wasserhaushaltsgesetz aufgetretenen Probleme und Streitpunkte sind mittlerweile ausreichend geklärt. Dass der Begriff „Wasserhaushalt" i.S.d. Art. 75 Nr. 4 GG nicht nur die Wassermengenwirt-

---

[1397] Vgl. § 2 WHG.
[1398] Vgl. Gieseke, RdWWi Heft 12, 9 (17).
[1399] Vgl. Begründung zu § 2 des Entwurfes, S. 13.
[1400] Vgl. Czychowski, WHG, 7. Auflage, § 7 Rn. 2.
[1401] Vgl. § 47 Preuß. WG.
[1402] Vgl. Begründung zu § 6 des Entwurfes, S. 17.

schaft, sondern auch die Wassergütewirtschaft erfasst, ist keine offene Frage mehr und muss positiv beantwortet werden. Auch dem anfangs erhobenen Vorwurf eines Verstoßes gegen die Eigentumsgarantie kann zu Recht entgegen getreten werden. Das WHG führt lediglich zu einer neuen Festsetzung der Sozialbindung des Eigentums i.S.d. Art. 14 GG, welche innerhalb der von Art. 14 GG gesetzten Schranken liegt.[1403]

Im Sinne seiner Zielsetzung hat das WHG eine Ordnung des Wasserhaushalts herbeigeführt. Ganz nach der Bedeutung des Wortes „Haushalt" strebt das WHG einen Ausgleich zwischen dem natürlichen Dargebot an Wasser und der Fülle der möglichen Verwendungszwecke im weitesten Sinne an. Dennoch geht es dem WHG nicht nur um eine „zielbewusste Ordnung" des Wasserhaushalts durch staatliche Lenkung, sondern auch um das Fördern von Maßnahmen des Einzelnen. Letztlich ist das WHG als ein Glied in der rechtsgeschichtlichen Entwicklung anzusehen, welche mit Blick auf den wirtschaftlichen Fortschritt noch lange nicht abgeschlossen ist. So wird bereits seit Mitte der siebziger Jahre über eine Kodifikation des gesamten Umweltrechts, einschließlich des Wasserrechts, diskutiert.[1404]

Unter diesem Aspekt erarbeitete eine Gruppe von Professoren[1405] im Auftrag des Bundesministers für Umwelt, Naturschutz und Reaktorsicherheit von April 1988 bis April 1990 zunächst den Entwurf eines Umweltgesetzbuches - Allgemeiner Teil -.[1406] In Fortführung dieser Arbeiten legte die dann erweiterte Gruppe von Professoren[1407] Ende des Jahres 1993 den Entwurf eines Besonderen Teils eines Umweltgesetzbuches vor.[1408] Die neue Gesamtkodifikation soll zu einer Vereinfachung und Verbesserung des Umweltrechts führen. Hauptaufgabe ist dabei die Verbesserung des Umweltrechts durch innere Harmonisierung der einzelnen Kernbereiche[1409] des Besonderen Umweltrechts im Wege einer systematischen Einbindung in ein Umweltgesetzbuch.[1410] Auf der Grundlage der Entwürfe der Professorengruppe erarbeitete eine aus praxis- und umweltrechterfahrenen Per-

---

1403 Vgl. Gieseke, RdWWi Heft 12, 9 (15).

1404 Vgl. Umweltbericht der Bundesregierung 1976, BT-Drucks. 7/5684 Tz. 109.

1405 Hierzu gehörten: Prof. Dr. Michael *Kloepfer* (Trier), Prof. Dr. Philip *Kunig* (Berlin), Prof. Dr. Eckard *Rehbinder* (Frankfurt/M.) und Prof. Dr. Eberhard *Schmidt-Aßmann* (Heidelberg).

1406 Vgl. Kloepfer/Kunig/Rehbinder/Schmidt-Aßmann, DVBl. 1991, 339 (339 ff.).

1407 Hierzu gehörten außer Kloepfer, Kunig, Rehbinder und Schmidt-Aßmann nunmehr auch Prof. Dr. *Jarass*, Prof. Dr. *Papier* und Prof. Dr. *Salzwedel*.

1408 Vgl. Kloepfer, DVBl. 1994, 305 (305 ff.).

1409 Hierzu zählen neben dem Immissionsschutz, der Abfallwirtschaft und der Abfallentsorgung, der Kernenergie und dem Strahlenschutz, dem Bodenschutz, den gefährlichen Stoffen auch der Gewässerschutz sowie Naturschutz und Landschaftspflege.

1410 Vgl. Kloepfer, DVBl. 1994, 305 (306).

sönlichkeiten bestehende unabhängige Sachverständigenkommission „Umweltgesetzbuch“[1411] dann einen Kommissionsentwurf (UGB-KomE), welchen sie Ende 1997 vorlegte.[1412] Damit ist die Arbeit an einem Umweltgesetzbuch einen entscheidenden Schritt vorangekommen. Ob man damit aber sagen kann, dass das Umweltrecht im Ganzen kodifizierbar ist, muss einer kritischen Betrachtung unterliegen. Einer Vereinheitlichung des gesamten Umweltrechts stehen neben materiellen vor allem formale Hindernisse entgegen. Schon die Vereinheitlichung des Wasserrechts hat gezeigt, dass die durch das Grundgesetz vorgegebenen Gesetzgebungskompetenzen zu nicht unerheblichen Schwierigkeiten bei der Schaffung einheitlicher Gesetze führen kann. Eine Zusammenfassung des gesamten Umweltrechts in einem Gesetz sieht sich insofern noch größeren Schwierigkeiten gegenüber als das Wasserrecht. Infolgedessen dürfte eine endgültige Kodifizierung noch einige Zeit in Anspruch nehmen.

[1411] Mitglied waren: PräsBVerwG a. D. Prof. Dr. *Sendler* (Vors.), Prof. Dr. *Kloepfer* (stellv. Vors.), RegPräs. a. D. Prof. Dr. *Bulling*, VorsRichter BVerwG Dr. *Gaentzsch*, Prof. Dr.-Ing. *Johann*, Stadtrat a. D. Dr. *Schweikl*, RA Dr. *Sellner* und Prof. Dr. *Winter*.

[1412] Vgl. Storm, NVwZ 1999, 35 (36).

Anhang

1. Text des Entwurfes eines Gesetzes zum Schutze des Grundwassers[1413]

Stand: 10.08.1954

Inhalt

[1413] Unveröffentlichte Materialien aus dem Institut für das Recht der Wasser- und Entsorgungswirtschaft an der Universität Bonn; Entwürfe eines Gesetzes zum Schutze des Grundwassers.

§ 16 Berücksichtigung von Belangen des Naturschutzes und der Landschaftspflege
§ 17 Berücksichtigung nachteiliger Wirkungen für andere
§ 18 Zulässige Auflagen
§ 19 Verbot der Auferlegung eines Entgelts
§ 20 Festsetzung der Auflagen
§ 21 Entschädigung eines Betroffenen
§ 22 Widerrufliche Bewilligung
§ 23 Verfahren
§ 24 Anwendung von bestehenden landesrechtlichen Vorschriften

V. Abschnitt: Beaufsichtigung der Ausübung, Beschränkung, Rücknahme und Widerruf wasserrechtlicher Bewilligungen

§ 25 Beaufsichtigung der Ausübung
§ 26 Beschränkung, Rücknahme und Widerruf
§ 27 Maßnahmen zur Verhütung nachteiliger Folgen beim Erlöschen von Befugnissen

VI. Abschnitt: Entschädigung bei Versagung, Beschränkung oder Rücknahme einer wasserrechtlichen Bewilligung

§ 28 Entschädigungspflicht
§ 29 Höhe der Entschädigung
§ 30 Entschädigungsverpflichteter

VII. Abschnitt: Anpassung alter Rechte

§ 31 Festsetzung des Inhalts und der Dauer
§ 32 Nachträgliche Auflagen
§ 33 Anwendbarkeit der §§ 25 und 27
§ 34 Entschädigung in Fällen des § 31

VIII. Abschnitt: Wasserbuch

§ 35 Wasserbuch

IX. Abschnitt: Sonstiger Schutz des Grundwassers

§ 36 Schutzbereiche
§ 37 Verfahren; Vorbehalt der Nachprüfung
§ 38 Entschädigung in Fällen des § 36

Der Bundestag hat mit Zustimmung des Bundesrates das folgende Gesetz beschlossen:

I. Abschnitt
Grundwasser

§ 1
Begriff

Grundwasser im Sinne dieses Gesetzes ist alles unterirdische Wasser, auch das aus einem oberirdischen Gewässer infiltrierte Wasser, aber nicht unterirdisch verlaufende Strecken von oberirdischen Wasserläufen.

II. Abschnitt
Einwirkungen auf das Grundwasser

§ 2
Begriff

(1) Einwirkungen auf das Grundwasser im Sinne dieses Gesetzes sind:

1. Zutagefördern und Zutageleiten von Grundwasser;
2. Einbringen und Einleiten von festen, flüssigen und gasförmigen Stoffen in das Grundwasser;
3. Aufstauen und Umleiten von Grundwasser durch Anlagen, die hierzu bestimmt sind oder von denen vorauszusehen ist, dass sie eine solche Wirkung haben werden.

(2) Das Einbringen und Einleiten von Stoffen in oberirdische Gewässer unterliegt nicht den Bestimmungen dieses Gesetzes.

§ 3
Zulässigkeit

Für Einwirkungen auf das Grundwasser gelten außer den §§ 4 bis 34 die sie ergänzenden bestehenden und künftig ergehenden landesrechtlichen Vorschriften.

§ 4
Einstellung unzulässiger Einwirkungen

Die zuständige Behörde kann die Einstellung von Einwirkungen auf das Grundwasser erzwingen, die nach diesem Gesetz unzulässig sind.

III. Abschnitt
Erfordernis einer wasserrechtlichen Bewilligung

§ 5
Grundsatz

Für eine Einwirkung auf das Grundwasser ist, soweit nicht die §§ 6, 8 Abs. 1, 9 oder 10 oder landesrechtliche Vorschriften nach § 7 Nr. 2 oder § 8 Abs. 2 etwas anderes bestimmen, eine wasserrechtliche Bewilligung erforderlich.

§ 6
Einwirkungen zu einem vorübergehenden Zweck, für Haushalt und für Landwirtschaft

(1) Eine wasserrechtliche Bewilligung ist, soweit nicht landesrechtliche Vorschriften nach § 7 Nr. 1 etwas anderes bestimmen, nicht erforderlich für das Zutagefördern und das Zutageleiten von Grundwasser in geringen Mengen

1. zu einem vorübergehenden Zweck;
2. für den Haushalt oder die Landwirtschaft; dazu gehört auch die gewöhnliche Bodenentwässerung landwirtschaftlich, forstwirtschaftlich oder gärtnerisch genutzter Grundstücke.

(2) Entsprechendes gilt für das Einleiten von Abwasser in das Grundwasser.

§ 7
Landesrechtliche Ergänzungen zu § 6

Durch landesrechtliche Vorschriften kann, allgemein oder für einzelne Gebiete, bestimmt werden, dass eine wasserrechtliche Bewilligung

1. für eine in § 6 aufgeführte Einwirkung auf das Grundwasser erforderlich ist; eine solche Bestimmung soll nur getroffen werden, soweit das Gemeinwohl es erfordert;
2. nicht erforderlich ist für das Zutagefördern und das Zutageleiten von Grundwasser in geringen Mengen durch gewerbliche Betriebe geringen Umfangs oder durch einzelne Arten von gewerblichen Betrieben geringen Umfangs.

§ 8
Einwirkungen auf Grund alter Rechte

(1) Eine wasserrechtliche Bewilligung ist nicht erforderlich für eine Einwirkung auf das Grundwasser, für die

1. nach § 203 Abs. 1 des Preußischen Wassergesetzes ein Recht verliehen oder sichergestellt oder nach § 379 des Preußischen Wassergesetzes aufrechterhalten ist;

2. nach Artikel 19 Abs. 1 des Bayrischen Wassergesetzes eine unwiderrufliche Erlaubnis erteilt oder nach Artikel 207 des Bayrischen Wassergesetzes ein Recht aufrechterhalten ist;
3. nach § 53 Abs. 1 des Badischen Wassergesetzes eine Genehmigung erteilt oder nach § 113 des Badischen Wassergesetzes ein Recht aufrechterhalten ist;
4. nach § 1 Abs. 1 Satz 1 der Verordnung über Vereinfachungen im Wasser- und Wasserverbandrecht vom 10. Februar 1945 (Reichsgesetzbl. I S. 29) eine Bewilligung erteilt ist;
5. außerhalb der Gebiete, in denen die unter Nr. 1 bis 3 genannten Gesetze gelten, ein Recht auf Grund eines besonderen Titels besteht;
6. auf Grund einer vor dem Inkrafttreten dieses Gesetzes nach § 16 der Gewerbeordnung erteilten Genehmigung eine Befugnis besteht.

(2) Durch landesrechtliche Vorschriften kann bestimmt werden, dass eine wasserrechtliche Bewilligung nicht erforderlich ist für eine Einwirkung auf das Grundwasser, für die vor dem Inkrafttreten dieses Gesetzes eine nicht in Absatz 1 aufgeführte behördliche Erlaubnis oder Genehmigung erteilt ist, die nur gegen Entschädigung zurückgenommen werden kann.

(3) Die Absätze 1 und 2 gelten nicht für eine Einwirkung auf das Grundwasser, die in der Zeit zwischen dem 1. Januar 1950 und dem Tag der Verkündung dieses Gesetzes nicht ausgeübt worden ist.

(4) Rechte und Befugnisse, die in Absatz 1 aufgeführt oder durch landesrechtliche Vorschriften nach Absatz 2 ihnen gleichgestellt sind, (alte Rechte) erlöschen jedoch mit dem Ablauf von zwei Jahren nach dem Inkrafttreten dieses Gesetzes, wenn sie nicht innerhalb dieser Frist zur Eintragung in das Wasserbuch angemeldet worden sind.

§ 9

Einwirkungen auf Grund von Planfeststellungen und Betriebsplänen

(1) Eine wasserrechtliche Bewilligung ist nicht erforderlich für eine Einwirkung auf das Grundwasser, die

1. auf Grund einer gesetzlich geregelten Planfeststellung ausgeübt wird;
2. in einem von der Bergbehörde zugelassenen Betriebsplan vorgesehen ist.

(2) Bei Planfeststellungen und Zulassungen von Betriebsplänen ist, soweit eine Einwirkung auf das Grundwasser vorgesehen wird, vom Inkrafttreten dieses Gesetzes ab das Einvernehmen der für das Grundwasser zuständigen Behörde herbeizuführen. § 36 des Bundesbahngesetzes bleibt unberührt. Satz 1 gilt nicht für das Zutagefördern und das Zutageleiten von erschrotenem Grubenwasser.

(3) Vor dem Inkrafttreten dieses Gesetzes ergangene hoheitsrechtliche Widmungsakte, auf Grund derer Eisenbahnanlagen für den öffentlichen Verkehr errichtet worden sind, stehen den Planfeststellungen gleich.

(4) Befugnisse zu Einwirkungen auf das Grundwasser auf Grund von Planfeststellungen und Betriebsplänen sind, wenn nach Absatz 2 das Einvernehmen der für das Grundwasser zuständigen herbeizuführen war, zur Eintragung in das Wasserbuch anzumelden.

§ 10
Andere bei Verkündung des Gesetzes ausgeübte Einwirkungen

(1) Eine bei der Verkündung dieses Gesetzes ausgeübte Einwirkung auf das Grundwasser, für die eine wasserrechtliche Bewilligung erforderlich wird, darf zunächst ohne eine wasserrechtliche Bewilligung fortgesetzt werden. Landesrechtliche Vorschriften, nach denen eine solche Einwirkung unzulässig und strafbar ist, bleiben unberührt.
(2) Nach dem Ablauf von zwei Jahren seit dem Inkrafttreten dieses Gesetzes darf die Einwirkung nur weiter fortgesetzt werden, wenn vorher die wasserrechtliche Bewilligung beantragt worden ist.
(3) Die Einwirkung darf nicht fortgesetzt werden, wenn die für sie beantragte wasserrechtliche Bewilligung rechtskräftig versagt wird, wenn sie auf Grund landesrechtlicher Vorschriften durch eine Verfügung einer Verwaltungsbehörde untersagt wird oder wenn eine für sie erteilte widerrufliche Erlaubnis oder Genehmigung widerrufen wird. Unberührt bleiben die Wirkungen gerichtlicher Entscheidungen in einem Zivilprozess.

§ 11
Wiedereinsetzung bei Fristversäumung

Ist eine der in den §§ 8 und 10 genannten Fristen ohne Verschulden des Berechtigten versäumt worden, so ist auf Antrag Wiedereinsetzung in den vorigen Stand zu erteilen. Mit dem Antrag ist die Anmeldung zur Eintragung in das Wasserbuch (§ 8 Abs. 4) oder der Antrag auf Erteilung der wasserrechtlichen Bewilligung (§ 10 Abs. 2) zu verbinden. Der Antrag auf Wiedereinsetzung ist unverzüglich zu stellen und nur innerhalb von zehn Jahren nach dem Inkrafttreten dieses Gesetzes zulässig.

IV. Abschnitt
Erteilung der wasserrechtlichen Bewilligung

§ 12
Inhalt der Bewilligung; Änderungen

(1) Die wasserrechtliche Bewilligung wird für eine Einwirkung auf das Grundwasser erteilt, die auf einem bestimmten Grundstück ausgeübt wird und einem bestimmten nach einem bestimmten Plan zu verfolgenden Zweck (Unter-

nehmen) dient. Art, Maß und, soweit erforderlich, Zeiten der Einwirkung sind in der Bewilligung festzusetzen.
(2) Die zuständige Behörde kann ohne Durchführung eines neuen Bewilligungsverfahrens die erteilte Bewilligung bei geringfügigen Änderungen des Plans und der Zeiten der Einwirkung ändern und bei geringfügigen Erweiterungen von Maß und Zeiten der Einwirkung ergänzen.

§ 13

Befristete und widerrufliche Bewilligungen

(1) Die wasserrechtliche Bewilligung wird für eine bestimmte Frist (befristete Bewilligung) oder unter dem Vorbehalt jederzeitigen Widerrufs (widerrufliche Bewilligung) erteilt.
(2) Bei der Erteilung einer befristeten Bewilligung soll die Frist so lang bemessen werden, wie es ohne Gefährdung des Gemeinwohls möglich ist. In besonderen Fällen darf sie dreißig Jahre überschreiten.

§ 14

Antragserfordernis; Rechtsanspruch

(1) Die wasserrechtliche Bewilligung wird demjenigen, der die Einwirkung auf das Grundwasser auszuüben beabsichtigt, auf seinen Antrag erteilt.
(2) Aus anderen als den in den §§ 15 und 17 aufgeführten Gründen darf die Bewilligung nicht mit Auflagen verbunden oder versagt werden.

§ 15

Berücksichtigung des Gemeinwohls

Die wasserrechtliche Bewilligung ist mit Auflagen zu verbinden oder zu versagen, soweit von der beabsichtigten Einwirkung auf das Grundwasser eine das Gemeinwohl gefährdende Beeinträchtigung des Wasserhaushalts zu erwarten ist.

§ 16

Berücksichtigung von Belangen des Naturschutzes und der Landschaftspflege

Ist von der beabsichtigten Einwirkung auf das Grundwasser eine erhebliche Beeinträchtigung der Belange des Naturschutzes oder der Landschaftspflege zu erwarten, so kann die wasserrechtliche Bewilligung nach Maßgabe der landesrechtlichen Vorschriften deswegen mit Auflagen verbunden werden.

§ 17

Berücksichtigung nachteiliger Wirkungen für andere

Durch die landesrechtlichen Vorschriften wird bestimmt, in welchen Fällen außer bei Vorliegen des § 15 ein von nachteiligen Wirkungen der beabsichtigten Einwirkung auf das Grundwasser voraussichtlich Betroffener gegen die Erteilung der wasserrechtlichen Bewilligung Widerspruch erheben kann. Wird

Widerspruch wegen solcher Wirkungen erhoben, so ist die Bewilligung mit Auflagen zu verbinden oder zu versagen, wenn und soweit von der beabsichtigten Einwirkung auf das Grundwasser die behaupteten Wirkungen zu erwarten sind. Die Bewilligung darf nicht versagt werden, wenn der von der Einwirkung zu erwartende Nutzen den für den Widersprechenden zu erwartenden Schaden voraussichtlich erheblich übersteigen wird.

§ 18

Zulässige Auflagen

(1) Als Auflagen gemäß den §§ 15, 16 und 17 sind von dem Antragsteller zu treffende oder zu duldende Einrichtungen oder Maßnahmen zulässig, die erforderlich sind, um die in den §§ 15, 16 und 17 bezeichneten Beeinträchtigungen oder nachteiligen Wirkungen zu verhüten oder auszugleichen. Dazu gehören auch Einrichtungen und Maßnahmen zur Feststellung von Maß und Zeiten der Einwirkung auf das Grundwasser und der Einhaltung der Auflagen, ferner zur Beobachtung und Feststellung der in Satz 1 bezeichneten Folgen der Einwirkung. Zulässig ist auch die Auferlegung von Geldbeiträgen für die in Satz 1 und 2 aufgeführten Zwecke.

(2) Auflagen, die mit der Durchführung des Unternehmens nicht vereinbar oder wirtschaftlich nicht gerechtfertigt sind, sind ohne Einverständnis des Antragstellers nicht zulässig. Eine Auflage nach § 17 ist außerdem ohne Einverständnis des Antragstellers nicht zulässig, soweit die ihm dadurch entstehenden Aufwendungen die Entschädigung übersteigen würden, die er nach § 21 Abs. 1 zu leisten hätte.

(3) Wird dem Antragsteller auferlegt, Einrichtungen zu treffen, ist ihm auch aufzuerlegen, sie zu unterhalten und, soweit erforderlich, zu betreiben und zu erneuern oder die Kosten der Unterhaltung, des Betriebes und der Erneuerung zu tragen.

§ 19

Verbot der Auferlegung eines Entgelts

Für die Erteilung einer wasserrechtlichen Bewilligung darf ein Entgelt nicht auferlegt werden. Die Erhebung einer Verwaltungsgebühr ist zulässig.

§ 20

Festsetzung der Auflagen

(1) Die Auflagen sind bei der Erteilung der wasserrechtlichen Bewilligung festzusetzen.

(2) Lässt sich nicht feststellen, dass oder in welchem Umfang infolge der Einwirkung auf das Grundwasser die in den §§ 15, 16 und 17 bezeichneten Beeinträchtigungen oder nachteiligen Wirkungen eintreten werden, ist aber mit der Möglichkeit ihres Eintritts zu rechnen, so darf sich die zuständige Behörde bei

der Erteilung der Bewilligung die Entscheidung über die erforderlichen Auflagen (§ 18 Abs. 1) vorbehalten.
(3) Auch ohne Vorbehalt sind im Fall einer Bewilligung zum Einbringen oder Einleiten von Stoffen Auflagen, die erhöhte Anforderungen in Bezug auf das Unschädlichmachen der Stoffe enthalten, nachträglich zulässig.
(4) Hat ein von nachteiligen Wirkungen im Sinne des § 17 Satz 1 Betroffener ohne sein Verschulden keinen Widerspruch erhoben, so können auf seinen Antrag nachträglich wegen dieser Wirkungen Auflagen festgesetzt werden. Der Antrag ist nur innerhalb von drei Jahren nach Erlangung der Kenntnis von den nachteiligen Wirkungen und nur innerhalb von zehn Jahren nach der Erteilung der Bewilligung zulässig.

§ 21
Entschädigung eines Betroffenen

(1) Werden nachteilige Wirkungen der Einwirkung auf das Grundwasser im Sinne von § 17 Satz 1 durch Auflagen nicht oder nicht vollständig verhütet oder ausgeglichen, so hat der Antragsteller dem davon Betroffenen eine Entschädigung in Geld nach Maßgabe der landesrechtlichen Vorschriften zu leisten. Die Entschädigungspflicht besteht nur, wenn wegen der nachteiligen Wirkungen Widerspruch erhoben worden ist oder im Falle des § 20 Abs. 4 rechtzeitig ein Antrag auf Festsetzung von Auflagen oder einer Entschädigung gestellt worden ist.
(2) Die zuständige Behörde setzt die Entschädigung zugleich mit der Entscheidung über die Auflagen fest. Lässt sich in diesem Zeitpunkt nicht feststellen, ob oder in welchem Umfang eine Entschädigungspflicht besteht, so hat sich die zuständige Behörde die Entscheidung über die Entschädigung vorzubehalten.
(3) Wer eine Einwirkung auf das Grundwasser auf Grund einer wasserrechtlichen Bewilligung ausübt, kann in den Gebieten, in denen landesrechtliche Vorschriften der in § 17 Satz 1 bezeichneten Art bestehen, nach den Vorschriften des bürgerlichen Rechts wegen nachteiliger Wirkungen der Einwirkung weder auf Unterlassung noch auf Schadensersatz in Anspruch genommen werden.

§ 22
Widerrufliche Bewilligung

Für eine unbedeutende oder vorübergehende Einwirkung auf das Grundwasser oder statt einer befristeten wasserrechtlichen Bewilligung unter Vorbehalt nachträglicher Auflagen kann eine widerrufliche wasserrechtliche Bewilligung erteilt werden, wenn der Antragsteller sich damit einverstanden erklärt.

§ 23

Verfahren

(1) Die landesrechtlichen Vorschriften haben für die Erteilung einer befristeten wasserrechtlichen Bewilligung ein förmliches Verfahren vorzusehen. In diesem Verfahren ist den von nachteiligen Wirkungen der beabsichtigten Einwirkung auf das Grundwasser voraussichtlich Betroffenen Gelegenheit zu geben, ihre Belange geltend zu machen.

(2) Ist zu erwarten, dass die beabsichtigte Einwirkung auf das Grundwasser nachteilige Wirkungen für eine Bundeswasserstraße haben wird, so ist vor der Erteilung der Bewilligung das Einvernehmen der für die Bundeswasserstraße zuständigen Behörde herbeizuführen.

§ 24

Anwendung von bestehenden landesrechtlichen Vorschriften

Bis zum Erlass landesrechtlicher Vorschriften über die Erteilung einer befristeten wasserrechtlichen Bewilligung sind auf die Erteilung in den Gebieten, in denen die in § 8 Abs. 1 Nr. 1 bis 3 genannten Gesetze gelten, die Vorschriften dieser Gesetze über die Verleihung von Rechten am unterirdischen Wasser, über die unwiderrufliche Erlaubnis zum Zutagefördern und Ableiten von Grundwasser und über die Genehmigung zur Benutzung unterirdischen Wassers als Ergänzung der §§ 12 bis 23 entsprechend anzuwenden.

V. Abschnitt Beaufsichtigung der Ausübung, Beschränkung, Rücknahme und Widerruf wasserrechtlicher Bewilligungen

§ 25

Beaufsichtigung der Ausübung

Die zuständige Behörde hat darüber zu wachen, dass der Unternehmer die Einwirkung auf das Grundwasser im Rahmen der erteilten wasserrechtlichen Bewilligung ausübt und die Auflagen einhält. Soweit es zur Erfüllung dieser Aufgabe erforderlich ist, hat der Unternehmer den von der zuständigen Behörde Beauftragten die der Einwirkung auf das Grundwasser dienenden Anlagen und die ihm auferlegten Einrichtungen zugänglich zu machen und ihre Prüfung zu gestatten, ihnen Auskünfte zu erteilen und Unterlagen vorzulegen. Besteht die Einwirkung auf das Grundwasser im Einbringen oder Einleiten von Stoffen, so hat der Unternehmer den Beauftragten auch die Entnahme von Untersuchungsproben zu gestatten. Über das Ergebnis, das die Prüfung der Anlagen und Einrichtungen und die Untersuchung der entnommenen Proben gehabt hat, ist der Unternehmer zu unterrichten.

§ 26
Beschränkung, Rücknahme und Widerruf

(1) Die zuständige Behörde kann eine befristete wasserrechtliche Bewilligung beschränken oder zurücknehmen, wenn von der Fortsetzung der Einwirkung auf das Grundwasser eine erhebliche das Gemeinwohl gefährdende Beeinträchtigung des Wasserhaushalts zu erwarten ist.

(2) Eine befristete Bewilligung kann ferner zurückgenommen werden,

1. wenn die Bewilligung auf Grund von Nachweisungen, die in wesentlichen Punkten unrichtig waren, erteilt worden ist, dem Unternehmer die Unrichtigkeit bekannt war oder bekannt sein musste und von der Fortsetzung der Einwirkung auf das Grundwasser eine das Gemeinwohl gefährdende Beeinträchtigung des Wasserhaushalts zu erwarten ist;
2. wenn der Unternehmer die Einwirkung auf das Grundwasser innerhalb einer ihm von der zuständigen Behörde bei oder nach Erteilung der Bewilligung gesetzten angemessenen Frist nicht beginnt oder sie dauernd einstellt, insbesondere die auf Grund der Bewilligung errichteten Anlagen entfernt oder eingehen lässt;
3. wenn der Unternehmer die Einwirkung auf das Grundwasser trotz Abmahnung durch die zuständige Behörde wiederholt über den Rahmen der erteilten Bewilligung hinaus erheblich ausdehnt;
4. wenn der Unternehmer trotz Aufforderung durch die zuständige Behörde Auflagen in wesentlichen Punkten schuldhaft wiederholt nicht einhält.

(3) Beabsichtigt die zuständige Behörde eine befristete Bewilligung zu beschränken oder zurückzunehmen oder eine widerrufliche Bewilligung zu widerrufen, so hat sie den Unternehmer vorher darüber zu hören. Auf Verlangen ist ihm eine angemessene Frist zur Umstellung seines Betriebes zu gewähren; das gilt nicht, wenn die Gewährung der Frist eine Gefährdung des Gemeinwohls herbeiführen würde.

§ 27
Maßnahmen zur Verhütung nachteiliger Folgen beim Erlöschen von Befugnissen

Ist ein Recht oder eine Befugnis zu einer Einwirkung auf das Grundwasser ganz oder teilweise erloschen, so kann die zuständige Behörde den Unternehmer anhalten, die Anlagen, die der Ausübung der Einwirkung auf das Grundwasser gedient haben oder dienen, ganz oder teilweise zu beseitigen und den früheren Zustand wieder herzustellen oder geeignete Vorkehrungen zu treffen, soweit dies zur Verhütung nachteiliger Folgen für das Grundwasser erforderlich ist, die von dem Vorhandensein der Anlagen zu erwarten sind.

VI. Abschnitt
Entschädigung bei Versagung, Beschränkung oder Rücknahme einer wasserrechtlichen Bewilligung

§ 28
Entschädigungspflicht

Eine Entschädigung in Geld ist dem Unternehmer zu leisten,

1. wenn eine nach § 10 Abs. 2 beantragte wasserrechtliche Bewilligung zur weiteren Fortsetzung einer Einwirkung auf das Grundwasser, die nach landesrechtlichen Vorschriften nur gegen Entschädigung hätte untersagt werden können, auf Grund des § 15 ganz oder teilweise versagt wird;
2. wenn eine befristete wasserrechtliche Bewilligung nach § 26 Abs. 1 beschränkt oder zurückgenommen wird.

§ 29
Höhe der Entschädigung

(1) Die Entschädigung bemisst sich nach der Beeinträchtigung, die die im Zeitpunkt der Versagung, Beschränkung oder Rücknahme der wasserrechtlichen Bewilligung nachhaltig ausgeübte wirtschaftliche Nutzung des Betriebes, dem die Einwirkung auf das Grundwasser dient, durch eine solche Maßnahme erfährt. Außerdem sind dem Unternehmer die Aufwendungen für die in § 27 aufgeführten Maßnahmen insoweit zu ersetzen, als die zuständige Behörde diese anordnet oder als zweckmäßig anerkennt.

(2) Darüber hinaus ist dem Unternehmer der Wert von Gegenständen des Anlagevermögens, die infolge der Versagung, Beschränkung oder Rücknahme der wasserrechtlichen Bewilligung ganz oder zum Teil wertlos geworden sind, insoweit zu ersetzen, als dies bei gerechter Abwägung der Interessen der Allgemeinheit und des Unternehmers angemessen erscheint.

(3) Die Höhe einer nach § 28 Nr. 1 zu leistenden Entschädigung richtet sich nach den landesrechtlichen Vorschriften, wenn diese über die Höhe der Entschädigung bei Beschränkung oder Untersagung der Einwirkung auf das Grundwasser etwas bestimmen.

§ 30
Entschädigungsverpflichteter

Zur Leistung der Entschädigung ist das Land verpflichtet. Wird die wasserrechtliche Bewilligung im überwiegenden Interesse der Abnehmer eines Wasserversorgungsunternehmens ganz oder teilweise versagt, beschränkt oder zurückgenommen, so kann die zuständige Behörde das Wasserversorgungsunternehmen zur Leistung eines angemessenen Beitrages zu der Entschädigung heranziehen. Die Heranziehung des Wasserversorgungsunternehmens ist nur zulässig, wenn ihm im vorangegangenen Verfahren Gelegenheit gegeben war, seine Belange geltend zu machen.

VII. Abschnitt
Anpassung alter Rechte

§ 31
Festsetzung des Inhalts und der Dauer

(1) Für ein altes Recht, das rechtzeitig zur Eintragung in das Wasserbuch angemeldet worden ist (§ 8 Abs. 4), hat die zuständige Behörde festzusetzen:

1. Zweck, Art, Maß und, soweit erforderlich, Zeiten (§ 12 Abs. 1) der Einwirkung auf das Grundwasser, soweit der Inhalt des Rechts bisher unbestimmt war;
2. eine Frist, wenn das alte Recht bisher unwiderruflich und unbefristet war; § 13 Abs. 2 ist entsprechend anzuwenden.

(2) Maßgebend für die Festsetzung des Inhalts des alten Rechts nach Absatz 1 Nr. 1 ist dessen Ausübung in den letzten zwölf Monaten vor der Verkündung des Gesetzes, soweit sie zulässig war. Hiervon ist zu Gunsten des Inhabers des alten Rechts abzuweichen, soweit sich daraus für ihn trotz der Entschädigung nach § 34 Nr. 1 eine unbillige Härte ergeben würde.

(3) Für ein altes Recht, dessen Inhalt bestimmt ist oder dessen Inhalt die zuständige Behörde nach Absatz 1 Nr. 1 festgesetzt hat, gilt § 12 Abs. 2 entsprechend.

§ 32
Nachträgliche Auflagen

Für ein altes Recht, auf Grund dessen Stoffe in das Grundwasser eingebracht oder eingeleitet werden, gilt § 20 Abs. 3 entsprechend.

§ 33
Anwendbarkeit der §§ 25 und 27

Für alte Rechte gelten die §§ 25 und 27 entsprechend.

§ 34
Entschädigung in Fällen des § 31

Eine Entschädigung in Geld ist dem Unternehmer unter entsprechender Anwendung der §§ 29 Abs. 1 und 2 und 30 zu leisten, wenn

1. der Inhalt eines unwiderruflichen alten Rechts durch eine Festsetzung nach § 31 Abs. 1 Nr. 1 beschränkt wird;
2. für ein unwiderrufliches und unbefristetes altes Recht nach § 31 Abs. 1 Nr. 2 eine Frist festgesetzt worden war und eine vor Ablauf der Frist

beantragte wasserrechtliche Bewilligung zur Fortsetzung der Einwirkung auf das Grundwasser auf Grund des § 15 ganz oder teilweise versagt wird. Dies gilt nicht, wenn die Frist mehr als dreißig Jahre betragen hat oder wenn seit ihrer Festsetzung mehr als vierzig Jahre vergangen sind.

VIII. Abschnitt
Wasserbuch

§ 35
Wasserbuch

Die zuständige Behörde hat die erteilten wasserrechtlichen Bewilligungen, die nach § 8 Abs. 4 angemeldeten alten Rechte und die nach § 9 Abs. 4 angemeldeten Befugnisse sowie alle späteren Veränderungen in ein Wasserbuch einzutragen.

IX. Abschnitt
Sonstiger Schutz des Grundwassers

§ 36
Schutzbereiche

(1) Soweit das Gemeinwohl es erfordert, das Grundwasser im Interesse der Wassergewinnungsanlage eines Wasserversorgungsunternehmens gegen nachteilige Beeinflussung zu schützen, kann die zuständige Behörde einen oder mehrere Schutzbereiche festsetzen, in denen

1. bestimmte Handlungen verboten oder nur beschränkt zulässig sind;
2. die Eigentümer und Nutzungsberechtigten der Grundstücke bestimmte Einrichtungen und Maßnahmen zu dulden haben. Dazu gehören auch Einrichtungen und Maßnahmen, die zur Beobachtung des Grundwassers in dem Schutzbereich erforderlich sind.

(2) Lässt sich der Zweck einer Schutzbereichsfestsetzung (Absatz 1) auf andere Weise nicht oder nur mit erheblich größeren Kosten erreichen, so kann die zuständige Behörde auch anordnen, dass Einrichtungen und Maßnahmen nach Absatz 1 Nr. 2 von Grundstückseigentümern oder Nutzungsberechtigten zu treffen und zu unterhalten sind.

(3) Eine Schutzbereichsfestsetzung ist auch im Interesse einer Wassergewinnungsanlage zulässig, deren Errichtung in sicherer Aussicht steht.

(4) Befugnisse auf Grund einer wasserrechtlichen Bewilligung, eines alten Rechts (§ 8), einer Planfeststellung (§ 9 Abs. 1 Nr. 1), eines ihr gleichgestellten

hoheitsrechtlichen Widmungsaktes (§ 9 Abs. 3) oder eines Betriebsplans (§ 9 Abs. 1 Nr. 2) werden durch eine Schutzbereichsfestsetzung nicht berührt.

§ 37
Verfahren; Vorbehalt der Nachprüfung

(1) Die landesrechtlichen Vorschriften haben für die Schutzbereichsfestsetzung ein förmliches Verfahren vorzusehen. In diesem Verfahren ist dem Unternehmer der Wassergewinnung und den voraussichtlich betroffenen Grundstückseigentümern, Nutzungsberechtigten und Bergbauberechtigten Gelegenheit zu geben, ihre Belange geltend zu machen.
(2) Bei der Schutzbereichsfestsetzung ist vorzusehen, dass innerhalb zu bestimmender Fristen von Amts wegen nachzuprüfen ist, ob ihre Voraussetzungen noch vorliegen. Für das Verfahren der Nachprüfung gilt Absatz 1 entsprechend.

§ 38
Entschädigung in Fällen des § 36

(1) Entstehen infolge einer Schutzbereichsfestsetzung dem Eigentümer oder dem Nutzungsberechtigten eines im Schutzbereich liegenden Grundstücks oder dem Inhaber einer im Schutzbereich liegenden Bergbauberechtigung wirtschaftliche Nachteile, so ist ihm dafür eine Entschädigung in Geld zu leisten. Zu ihrer Leistung ist der Unternehmer der Wassergewinnung verpflichtet.
(2) Die Entschädigung bemisst sich nach der Beeinträchtigung, die die von dem Betroffenen im Zeitpunkt der Schutzbereichsfestsetzung nachhaltig ausgeübte wirtschaftliche Nutzung des Grundstücks, eines darauf befindlichen Betriebes oder der Bergbauberechtigung dadurch erfährt, dass Handlungen verboten oder nur beschränkt zulässig werden oder der Betroffene zum Dulden oder Treffen von Einrichtungen oder Maßnahmen verpflichtet wird. Hat der Betroffene Einrichtungen oder Maßnahmen zu treffen oder zu unterhalten, so sind ihm die dafür notwendigen Aufwendungen gleichfalls zu ersetzen.
(3) Wird durch eine Schutzbereichsfestsetzung die Bebauung eines Grundstücks oder die Gewinnung von Bodenbestandteilen oder Mineralien verhindert und ist glaubhaft gemacht, dass sie ohne die Schutzbereichsfestsetzung stattfinden würde, so ist eine zusätzliche Entschädigung zu leisten, wenn dies bei gerechter Abwägung der Interessen der Allgemeinheit und des Betroffenen angemessen erscheint.
(4) Wird das Lagern von Stoffen wie Müll, Schutt, Schlacken oder Flüssigkeiten verboten oder beschränkt, so sind dem Betroffenen unbeschadet der Ansprüche nach Absatz 2 außerdem die einmaligen Aufwendungen zu ersetzen, die dadurch notwendig werden, dass er für das Lagern der Stoffe ein anderes geeignetes Grundstück in Anspruch nehmen und herrichten und die Stoffe, die auf dem im Schutzbereich liegenden Grundstück lagern, auf das andere Grundstück fortschaffen muss.

(5) Die Entschädigung wird von der zuständigen Behörde auf Antrag des Betroffenen zugleich mit der Festsetzung des Schutzbereichs festgesetzt. Wegen der Höhe der Entschädigung kann innerhalb einer Frist von drei Monaten nach ihrer Festsetzung der Rechtsweg vor den ordentlichen Gerichten beschritten werden.

§ 39

Erdaufschlüsse

(1) Durch landesrechtliche Vorschriften kann für bestimmte Gebiete, in denen das Grundwasser eines besonderen Schutzes bedarf, angeordnet werden, dass bestimmte Arbeiten, die über eine bestimmte Tiefe hinaus in den Boden eindringen, vor Beginn anzuzeigen sind.

(2) Die zuständige Behörde kann eine auf Grund von Absatz 1 für anzeigepflichtig erklärte Arbeit mit der Wirkung beanstanden, dass die Arbeit vorläufig nicht begonnen werden darf und eine begonnene Arbeit vorläufig einzustellen ist. Ist die Anzeige erstattet, so ist die Beanstandung nur innerhalb einer Frist von zwei Wochen nach Eingang der Anzeige zulässig.

(3) Die zuständige Behörde kann, soweit das Gemeinwohl es zur Verhütung einer nachteiligen Beeinflussung des Grundwassers erfordert, innerhalb eines Monats nach der Beanstandung Auflagen für die Ausführung der beanstandeten Arbeit festsetzen oder die Arbeit ganz oder teilweise untersagen. Dem Auftraggeber der Arbeit und dem Unternehmer, der sie ausführt, kann auch die Verpflichtung zur laufenden Berichterstattung über den Fortgang der Arbeit auferlegt werden. Wenn nicht innerhalb der Frist von Satz 1 die Auflagen festgesetzt werden, oder die Arbeit untersagt wird, tritt die Beanstandung außer Kraft.

(4) Die zuständige Behörde hat darüber zu wachen, dass die Arbeit im Rahmen der erstatteten Anzeige ausgeführt wird und die Auflagen eingehalten werden. Soweit es zur Erfüllung dieser Aufgabe erforderlich ist, ist den von der zuständigen Behörde Beauftragten die Arbeitsstätte zugänglich zu machen, sind ihnen Auskünfte zu erteilen und Unterlagen vorzulegen.

(5) Werden Arbeiten, die auf Grund von Absatz 1 für anzeigepflichtig erklärt worden sind, von Bundes- oder Landesbehörden ausgeführt, so gelten die Absätze 2 bis 4 nicht. Für die Ausführung ist das Einvernehmen der für das Grundwasser zuständigen Behörde herbeizuführen.

(6) Entstehen infolge der Untersagung einer Arbeit (Absatz 3) dem Eigentümer oder Nutzungsberechtigten eines Grundstücks wirtschaftliche Nachteile, so hat das Land ihm dafür eine Entschädigung in Geld in solcher Höhe zu leisten, dass sie bei gerechter Abwägung der Interessen der Allgemeinheit und des Betroffenen angemessen erscheint. § 38 Abs. 5 Satz 2 ist anzuwenden.

§ 40
Verhältnis des § 39 zu anderen Vorschriften

(1) § 39 gilt nicht für Erdaufschlüsse und Tiefbohrungen, die der Aufsicht der Bergbehörde unterliegen. Ist von solchen Arbeiten eine nachteilige Beeinflussung des Grundwassers zu erwarten, so hat die Bergbehörde vor ihrer Zulassung das Einvernehmen der für das Grundwasser zuständigen Behörde herbeizuführen.

(2) Die landesrechtlichen Vorschriften über den Schutz von Heilquellen (Mineralquellen, Thermalquellen) bleiben unberührt. Das gleiche gilt für andere Gesetze über Bohrungen und sonstige in den Boden eindringende Arbeiten sowie für die auf Grund solcher Gesetze erlassenen Vorschriften.

§ 41
Zufällige Erschließung von Grundwasservorkommen

(1) Ist ein Grundwasservorkommen erschlossen worden, ohne dass eine Einwirkung auf das Grundwasser im Sinne des § 2 Abs. 1 Nr. 1 und 3 vorliegt, so kann die zuständige Behörde, wenn das Gemeinwohl es erfordert, dem Besitzer des Grundstücks aufgeben, die Erschließung zu beseitigen. Satz 1 gilt nicht, wenn der Besitzer der Bund oder ein Land ist.

(2) Das Land hat die für die Beseitigung erforderlichen Aufwendungen zu ersetzen; das gilt nicht, wenn bei den Arbeiten, die zu der Erschließung geführt haben, schuldhaft die Anzeigepflicht (§ 39 Abs. 1) verletzt oder einer Beanstandung oder Untersagung (§ 39 Abs. 2 und 3) oder einer in § 40 Abs. 2 aufgeführten Vorschrift zuwidergehandelt worden ist.

§ 42
Quellen und Grundwasseraustritte

(1) Für die Benutzung von Quellen und Grundwasseraustritten gelten die §§ 4 bis 35 entsprechend, außerdem die zu ihrer Ergänzung für Quellen und Grundwasseraustritte getroffenen landesrechtlichen Vorschriften. Ausgenommen sind

1. Quellen und Grundwasseraustritte, die den landesrechtlichen Vorschriften über Wasserläufe (Flüsse, Bäche usw.) unterstehen oder unterstellt werden;
2. Solquellen, die den Berggesetzen unterstehen.

(2) Durch landesrechtliche Vorschriften kann die Anwendung der §§ 5 bis 35 auf Heilquellen (Thermalquellen, Mineralquellen) ganz oder teilweise ausgeschlossen werden.

X. Abschnitt
Strafbestimmungen

§ 43
Gefährdung des Lebens oder der Gesundheit anderer

(1) Wer vorsätzlich

1. unbefugt feste, flüssige oder gasförmige Stoffe in das Grundwasser einbringt oder einleitet,
2. innerhalb eines Schutzbereichs eine Handlung vornimmt, die nach einer Anordnung auf Grund des § 36 Abs. 1 Nr. 1 nicht zulässig ist und durch eine dieser Handlungen Gefahr für das Leben oder die Gesundheit anderer herbeiführt, wird mit Gefängnis bis zu zwei Jahren oder mit Geldstrafe bestraft. Dies gilt im Falle der Nr. 2 jedoch nur, sofern die Anordnung oder Verfügung ausdrücklich auf die Strafbestimmungen dieses Gesetzes verweist.

(2) Der Versuch ist strafbar.

(3) Wer eine in Absatz 1 unter Strafe gestellte Handlung fahrlässig begeht, wird mit Geldstrafe bis zu 10. 000 Deutsche Mark oder Haft bestraft.

§ 44
Verrat von Betriebsgeheimnissen

Angehörige und Beauftragte der zuständigen Behörde, die im Verfahren zur Erteilung einer wasserrechtlichen Bewilligung mitwirken oder die Ausübung einer Einwirkung auf das Grundwasser beaufsichtigen, werden bestraft:

1. wenn sie unbefugt Betriebsgeheimnisse offenbaren, die ihnen bei ihrer Tätigkeit bekanntgeworden sind, mit Geldstrafe bis zu 10.000 Deutsche Mark oder mit Gefängnis bis zu drei Monaten;
2. wenn sie absichtlich zum Nachteil der Betriebsunternehmer Betriebsgeheimnisse offenbaren, die ihnen bei ihrer Tätigkeit bekanntgeworden sind, oder geheimgehaltene Betriebseinrichtungen oder Betriebsweisen nachahmen, die ihnen bei ihrer Tätigkeit bekanntgeworden sind, solange diese Betriebsgeheimnisse sind, mit Gefängnis bis zu zwei Jahren. Tun sie dies, um sich oder einem anderen einen Vermögensvorteil zu verschaffen, so kann neben Gefängnis auf Geldstrafe bis zu 10.000 Deutsche Mark erkannt werden.

Im Falle der Nr. 1 tritt die Verfolgung nur auf Antrag des Betriebsunternehmers ein.

§ 45
Ordnungswidrigkeiten

(1) Ordnungswidrig handelt, wer vorsätzlich oder fahrlässig

1. außer im Falle des § 43 Abs. 1 Nr. 1 unbefugt eine Einwirkung auf das Grundwasser ausübt;
2. bei einer Einwirkung auf das Grundwasser, für die eine wasserrechtliche Bewilligung erteilt worden ist, einer Auflage zuwiderhandelt, die nach den §§ 15, 16, 17, 20 oder 32 festgesetzt worden ist oder die für das alte Recht gilt;
3. einer Verpflichtung auf Grund des § 25 Satz 2 oder 3 oder § 39 Abs. 4 Satz 2 zuwiderhandelt;
4. außer im Falle des § 43 Abs. 1 Nr. 2 innerhalb eines Schutzbereichs eine Handlung vornimmt, die nach einer Anordnung auf Grund des § 36 Abs. 1 Nr. 1 nicht zulässig ist, eine Einrichtung oder Maßnahme nicht duldet, die auf Grund des § 36 Abs. 1 Nr. 2 angeordnet worden ist, oder einer Anordnung auf Grund des § 36 Abs. 2 zuwiderhandelt;
5. eine Anzeige nicht erstattet, zu der er nach einer landesrechtlichen Vorschrift auf Grund des § 39 Abs. 1 verpflichtet ist;
6. durch unrichtige Angaben die Beanstandung oder Untersagung einer Arbeit (§ 39 Abs. 2 und 3) verhindert;
7. eine Arbeit beginnt oder fortsetzt, die auf Grund des § 39 Abs. 2 beanstandet oder auf Grund des § 39 Abs. 3 untersagt worden ist, oder einer Auflage zuwiderhandelt, die auf Grund des § 39 Abs. 3 festgesetzt worden ist;
8. einer Anordnung auf Grund des § 41 zuwiderhandelt.

(2) Die Ordnungswidrigkeit und der Versuch einer Ordnungswidrigkeit können mit einer Geldbuße bis zu 10. 000 Deutsche Mark geahndet werden. Dies gilt jedoch, falls sich die Zuwiderhandlung gegen eine Anordnung oder Verfügung richtet, die auf Grund dieses Gesetzes erlassen worden ist, nur, sofern die Anordnung oder Verfügung ausdrücklich auf die Bußgeldbestimmungen dieses Gesetzes verweist.

(3) Das Unterwerfungsverfahren nach § 67 des Gesetzes über Ordnungswidrigkeiten ist zulässig.

§ 46
Landesrechtliche Bußgeldbestimmungen

Die Länder können Bußgeldbestimmungen für Verstöße gegen die von ihnen erlassenen Vorschriften treffen, soweit solche nicht schon in diesem Gesetz enthalten sind.

XI. Abschnitt
Schlussbestimmungen

§ 47
Gewohnheitsrecht

Zu den landesrechtlichen Vorschriften im Sinne dieses Gesetzes gehört auch das in einem Land geltende Gewohnheitsrecht.

§ 48
Inkrafttreten

(1) Dieses Gesetz tritt am 1. .... in Kraft.

(2) Zu dem in Absatz 1 angegebenen Zeitpunkt treten alle diesem Gesetz widersprechenden bundes- und landesgesetzlichen Vorschriften außer Kraft. Nach diesem Zeitpunkt kann eine Verleihung oder Sicherstellung oder die Erteilung einer Erlaubnis, Genehmigung oder Bewilligung nach den in § 8 Abs. 1 Nr. 1 bis 4 aufgeführten Vorschriften für eine Einwirkung auf das Grundwasser nicht mehr erfolgen. Durch eine nach diesem Zeitpunkt erteilte Genehmigung auf Grund des § 16 der Gewerbeordnung wird keine Befugnis zu einer Einwirkung auf das Grundwasser begründet.

§ 49
Geltung in Berlin

Dieses Gesetz gilt nach Maßgabe des § 13 Abs. 1 des Gesetzes über die Stellung des Landes Berlin im Finanzsystem des Bundes (Drittes Überleitungsgesetz) vom 4. Januar 1952 (Bundesgesetzbl. I S. 1) auch im Lande Berlin.

2. Text des Entwurfes eines Gesetzes zur Ordnung des Wasserhaushalts (Wasserhaushaltsgesetz)[1414]

Stand: 15. April 1955

Inhalt

I. Abschnitt: Einleitende Bestimmung

II. Abschnitt: Gemeinsame Bestimmungen für die Benutzung der Gewässer

---

[1414] Unveröffentlichte Materialien aus dem Institut für das Recht der Wasser- und Entsorgungswirtschaft an der Universität Bonn; Entwürfe eines Bundeswassergesetzes.

III. Abschnitt: Erlaubnisfreie Benutzungen, Schutz und Ausbau oberirdischer Gewässer

Kapitel 1: Erlaubnisfreie Benutzungen

§ 20 Gemeingebrauch
§ 21 Anliegergebrauch

Kapitel 2: Reinhaltung oberirdischer Gewässer

§ 22 Zuführen von Stoffen
§ 23 Reinhalteordnungen

Kapitel 3: Unterhaltung der Wasserläufe

§ 24 Umfang der Unterhaltung
§ 25 Träger der Unterhaltung
§ 26 Duldungspflichten im Interesse der Unterhaltung

Kapitel 4: Ausbau der Wasserläufe

§ 27 Ausbauverfahren

Kapitel 5: Hochwasserabfluß

§ 28 Hochwasserabfluß

IV. Abschnitt: Benutzung und Schutz des Grundwassers

§ 29 Erlaubnisfreie Benutzungen
§ 30 Der Benutzung gleichgestellte Einwirkungen
§ 31 Zuführen von Stoffen
§ 32 Schutzbereiche
§ 33 Entschädigung in Fällen des § 32
§ 34 Erdaufschlüsse
§ 35 Quellen

V. Abschnitt: Wasserwirtschaftliche Rahmenpläne; Wasserbuch

§ 36 Wasserwirtschaftliche Rahmenpläne
§ 37 Wasserbuch

VI. Abschnitt: Straf- und Bußgeldbestimmungen; Verwaltungszwang; Schlussbestimmungen

§ 38 Gefährdung des Lebens und der Gesundheit
§ 39 Verrat von Betriebsgeheimnissen
§ 40 Ordnungswidrigkeiten
§ 41 Verletzung der Aufsichtspflicht
§ 42 Verwaltungszwang
§ 43 Aufhebung von Vorschriften
§ 44 Inkrafttreten
§ 45 Geltung in Berlin

I. Abschnitt: Einleitende Bestimmung

§ 1
Geltungsbereich

(1) Den Bestimmungen dieses- Gesetzes unterstehen folgende oberirdischen (a) und unterirdischen (b) Gewässer:

a) *Wasserläufe*: die in natürlichen oder künstlichen Betten ständig fließenden Gewässer mit ihren unterirdisch verlaufenden Strecken;

Bundeswasserstraßen: die Binnen- und Seewasserstraßen des Bundes;

Seen und Teiche: die in natürlichen oder künstlichen Betten oder Becken stehenden oder fließenden Wasseransammlungen mit Ausnahme von nur zeitweilig mit Wasser bespannten Grundstücken;

b) *Grundwasser:* unterirdisches Wasser einschließlich seiner oberirdisch sichtbar werdenden Teile mit Ausnahme von unterirdischen Strecken oberirdischer Wasserläufe.

Quellen: aus dem Boden natürlich oder infolge künstlicher Erschließung aus eigener Kraft zutage tretendes Grundwasser;

(2) Die Gewässer sind wegen ihrer Wichtigkeit für die Wasserversorgung, die Fruchtbarkeit des Bodens, die Gesundheit von Mensch und Tier und wegen der Abwehr der Gefahren des Wassers, mithin für den Wasserhaushalt allgemein so zu verwalten, daß sie der Allgemeinheit am besten dienen.

II. Abschnitt: Gemeinsame Bestimmungen für die Benutzung

§ 2
Allgemeine Regel

(1) Die Gewässer dürfen nur so benutzt werden, daß keine das Gemeinwohl gefährdende Beeinträchtigung des Wasserhaushalts zu besorgen ist. Jede nutzlose Verschwendung und jede unbefugt ungleichmäßige Verwendung des Wassers, und jede unbefugte Verunreinigung des Gewässers ist zu vermeiden und auf die Rechte anderer Beteiligter Rücksicht zu nehmen.

(2) Eine Benutzung der Gewässer außerhalb des Gemeingebrauchs (§ 20) und des Anliegergebrauchs (§ 21) und der erlaubnisfreien Benutzung des Grundwassers (§ 30) und jede wesentliche Änderung einer solchen Benutzung ist nur auf Grund einer Erlaubnis der zuständigen Behörde oder der Verleihung eines Rechtes zulässig.

(3) Privatrechtliche Beziehungen werden durch dieses Gesetz nicht berührt, soweit sich nicht aus den §§ 6 und 7 etwas anderes ergibt.

§ 3
Erlaubnis

(1) Die Erlaubnis wird erteilt für unbedeutende oder vorübergehende Benutzungen oder für Benutzungen, bei denen der Zustand des Gewässers nicht wesentlich verändert wird und die Rechte anderer Beteiligter nicht beeinträchtigt werden.
(2) Die Erlaubnis hat Art, Maß und Zeit der Benutzung zu regeln; sie kann unter Auflagen erteilt werden.
(3) Werden die in der Erlaubnis bezeichneten Anlagen geändert, so ist eine erneute Erlaubnis erforderlich. Das gleiche gilt, wenn sich eine Änderung des Zwecks oder der Betriebsweise des Unternehmens auf eine erlaubte Benutzung auswirkt. Sind die Änderungen oder ihre Auswirkungen geringfügig, so kann die erteilte Erlaubnis geändert oder ergänzt werden.
(4) Durch die Erlaubnis werden Rechte anderer nicht berührt.
(5) Die Erlaubnis kann widerrufen werden, wenn ihre Voraussetzungen nicht mehr vorliegen.

§ 4
Verleihung

(1) Eine über die Voraussetzungen des § 3 Abs. 1 hinausgehende Benutzung bedarf der Verleihung eines Rechts zur Benutzung.
(2) Die Verleihung darf nur für ein Unternehmen erteilt werden, dem ein bestimmter Plan und Zweck zugrunde liegt.
(3) Die Verleihung darf nur erteilt werden, wenn die Folgen der Benutzung für den Wasserhaushalt sich mit genügender Sicherheit beurteilen lassen. Lassen sich nachteilige Wirkungen nicht durch Auflagen verhüten oder ausgleichen, ist die Verleihung zu versagen.
(4) Sind von der Benutzung nachteilige Wirkungen für das Recht eines anderen zu erwarten, so darf gegen den Widerspruch des Betroffenen die Verleihung nur erteilt werden, wenn die nachteiligen Wirkungen durch Auflagen (§ 5) verhütet oder ausgeglichen werden können. Ist dies nicht möglich, so darf die Verleihung dennoch erteilt werden, wenn Gründe des Gemeinwohls vorliegen und der Betroffene entschädigt wird (§ 7); dient das Unternehmen wirtschaftlichen Zwecken, so muß außerdem der Vorteil, der dem Unternehmer durch die Benutzung ermöglicht wird, den zu erwartenden Schaden des Betroffenen erheblich übersteigen. Im Übrigen finden die Vorschriften des § 3 Abs. 2 und 3 entsprechende Anwendung.
(5) Die Verleihung gibt ein Recht zur Benutzung für den in der Verleihungsurkunde bezeichneten Zweck und gemäß den in dieser gemachten Auflagen; sie gibt jedoch keinen Anspruch auf einen Zufluß von Wasser bestimmter Menge und Güte.

(6) Die Verleihung wird für eine bestimmte Frist erteilt; sie soll so lange bemessen werden, als es ohne eine das Gemeinwohl gefährdende Beeinträchtigung des Wasserhaushalts möglich ist. Auf die Wirtschaftlichkeit des Unternehmens ist Rücksicht zu nehmen. In besonderen Fällen darf sie 30 Jahre überschreiten. Nach Ablauf der Frist kann der Unternehmer die Verlängerung der Verleihung beanspruchen, soweit nicht überwiegende Rücksichten des Gemeinwohls oder überwiegende wirtschaftliche Rücksichten entgegenstehen.
(7) Das durch die Verleihung begründete Recht geht mit dem Grundstück oder der Wasserbenutzungsanlage, für welche es verliehen ist, auf den Rechtsnachfolger über, soweit nichts anderes bestimmt ist.

§ 5
Auflagen

(1) Dem Unternehmer kann auferlegt werden, Maßnahmen zu treffen oder zu dulden, die erforderlich sind um eine das Gemeinwohl beeinträchtigende Gefährdung des Wasserhaushalts oder nachteilige Wirkungen für andere zu verhüten oder auszugleichen, wenn diese Maßnahmen mit dem Unternehmen vereinbar und wirtschaftlich gerechtfertigt sind. Zulässig sind auch Maßnahmen, durch welche Beeinträchtigungen oder nachteilige Wirkungen beobachtet oder festgestellt werden können.
(2) Dem Unternehmer kann auch auferlegt werden, die Aufwendungen zu tragen, die durch Maßnahmen der zuständigen Behörden oder von Wasser- und Bodenverbänden für die in Absatz 1 aufgeführten Zwecke entstehen.
(3) Dem Unternehmer können auch Maßnahmen der Selbstüberwachung auferlegt werden; hierzu gehört insbesondere die Bestellung verantwortlicher Betriebsbeauftragter, die Aufstellung selbstschreibender Geräte oder die Schaffung sonstiger Einrichtungen, durch die Art, Maß und Zeiten der Benutzung sowie die Einhaltung der Auflagen festgestellt werden können.
(4) Soweit der Unternehmer nach Abs. 1 und 3 verpflichtet wird, Einrichtungen herzustellen, hat er sie zu unterhalten und zu betreiben, soweit dies zur Erreichung des mit der Auflage erstrebten Zweckes notwendig ist.
(5) Auch nachträglich und ohne Vorbehalt bei der Verleihung sind zulässig, die zusätzliche Anforderungen an die Beschaffenheit einzubringender oder einzuleitender Stoffe enthalten oder die eine mit Rücksicht auf den Wasserhaushalt gebotene sparsamere Verwendung des Wassers ermöglichen oder schädliche Wirkungen der Wasserbenutzung verhindern oder der Beobachtung der Ausübung und der Folgen der Wasserbenutzung dienen sollen, wenn diese Maßnahmen mit dem Unternehmen vereinbar und wirtschaftlich gerechtfertigt sind.

§ 6
Entschädigung des Betroffenen

(1) Wird die Beeinträchtigung des Rechts eines anderen durch Auflagen nicht oder nicht vollständig verhütet oder ausgeglichen, so hat der Unternehmer den Betroffenen für die durch die verliehene Benutzung eintretenden Vermögensnachteile zu entschädigen.
Hat das verliehene Recht für den Betroffenen zugleich Vorteile zur Folge, so sind diese im Rahmen des Zumutbaren anzurechnen.
(2) Bei der Pestsetzung der Entschädigung ist von der Wertminderung auszugehen, die der nachhaltige Ertrag oder die nachhaltige Nutzung des Rechts durch die verliehene Benutzung erleidet; sind hieraus keine brauchbaren Maßstäbe für die Ermittlung der Wertminderung zu gewinnen, so ist von dem Verkehrs- oder Vermögenswert des Rechts auszugehen.
(3) Die Entschädigung kann mit Zustimmung des Entschädigungspflichtigen ganz oder teilweise in wiederkehrenden Leistungen festgesetzt werden. In der Entscheidung über die Entschädigung kann vorbehalten werden, in einem späteren Verfahren nach Ablauf einer bestimmten Zeit die Höhe der wiederkehrenden Leistungen zu ändern.
(4) Die Entschädigung wird von der Behörde festgesetzt, die die Verleihung erteilt. Wegen der Entschädigung kann jede Partei binnen 3 Monaten nach der Zustellung des Bescheides Klage vor den Zivilgerichten erheben. Parteien in dem Rechtsstreit sind der Unternehmer und der Betroffene. Klagt der Unternehmer, so fallen ihm in jedem Falle die Kosten des ersten Rechtszuges zur Last.
(5) Einem Betroffenen, der durch Naturereignisse oder andere unabwendbare Zufälle verhindert worden ist, die Frist nach Abs. 4 einzuhalten, kann auf Antrag die Nachholung der Frist zugebilligt werden, wenn er den Antrag auf gerichtliche Entscheidung binnen eines Monats nach Beseitigung des Hindernisses einreicht und die Tatsachen, welche die Nachholung der Frist begründen, glaubhaft macht. Gegen die Entscheidung über den Antrag findet die sofortige Beschwerde an das nächst höhere Gericht statt. Nach Ablauf eines Jahres von dem Zeitpunkt der versäumten Frist an gerechnet, kann der Antrag nicht mehr gestellt werden.

§ 7
Duldungspflicht

Wenn durch die Ausübung von Benutzungen, für die eine Verleihung erteilt ist, das Recht eines, anderen beeinträchtigt wird, so kann der davon Betroffene weder die Unterlassung der Ausübung noch die Beseitigung der Anlagen verlangen.

§ 8

Verleihungsverfahren

(1) Die Verleihung eines Benutzungsrechts kann nur in einem förmlichen Verfahren erfolgen. In diesem sind die von nachteiligen Wirkungen voraussichtlich Betroffenen und die Behörden zu hören, deren Interessen von der beabsichtigten Benutzung berührt werden.

(2) Ist über die Verleihung für mehrere Unternehmen zu entscheiden, die auch bei Teilung der verfügbaren Wassermenge oder bei Pestsetzung verschiedener Benutzungszeiten oder geeigneter Betriebseinrichtungen nicht nebeneinander bestehen können, so ist für ihre Erteilung zuerst die Bedeutung des Unternehmens für das Gemeinwohl und danach ihre wirtschaftliche Bedeutung entscheidend.

(3) Stehen hiernach mehrere Unternehmen einander gleich, so gebührt zunächst bestehenden vor neuen, sodann an einen bestimmten Ort gebundenen vor denen anderer Personen der Vorzug.

§ 9

Nachträgliche Entscheidungen

(1) Hat ein Betroffener gegen die Verleihung des Rechts Einspruch erhoben und läßt sich zur Zeit der Entscheidung nicht feststellen, ob und in welchem Maße Beeinträchtigungen seines Rechts eintreten werden, so ist die Entscheidung über die deswegen festzusetzenden Auflagen und Entschädigungen einem späteren Verfahren vorzubehalten.

(2) Ist ein Betroffener durch Naturereignisse oder andere unabwendbare Zufälle verhindert worden, gegen die Verleihung rechtzeitig Einspruch zu erheben, so können auch nach der Verleihung auf seinen Antrag Auflagen und Entschädigungen festgesetzt werden, Der Antrag ist innerhalb eines Monats nach dem Portfall der Hinderungsgründe zu stellen; er ist ausgeschlossen, wenn seit der Verleihung ein Jahr verstrichen ist.

(3) Wird das Recht eines anderen durch die Verleihung beeinträchtigt, ohne daß dies während des Verfahrens nach § 8 vorausgesehen werden konnte, so kann der Betroffene verlangen, daß dem Unternehmer nachträglich Auflagen gemacht werden oder ihm die Zahlung einer Entschädigung nach § 6 auferlegt wird. Der Antrag ist nur innerhalb eines Jahres nach dem Zeitpunkt zulässig, an dem der Betroffene von der Beeinträchtigung Kenntnis erhalten hat;
er ist ausgeschlossen, wenn seit der Verleihung 10 Jahre verstrichen sind.

§ 10

Beschränkung und Zurücknahme des verliehenen Rechts

(1) Unter Festsetzung einer Entschädigung kann das verliehene Recht beschränkt oder zurückgenommen werden, wenn durch die Portsetzung der Benutzung eine erhebliche das Gemeinwohl gefährdende Beeinträchtigung des Was-

serhaushalts zu erwarten ist und die Beeinträchtigung nicht durch nachträgliche Auflagen verhütet oder ausgeglichen werden kann oder wenn die Anpassung an eine Reinhalteordnung (§ 23) oder einen wasserwirtschaftlichen Rahmenplanes (§ 36) es erfordert. Die entschädigungslose Anpassung nach § 5 Abs. 5 bleibt unberührt.

(2) Das verliehene Recht kann ohne Entschädigung zurückgenommen werden, wenn der Unternehmer

1. die Verleihung auf Grund von unrichtigen Nachweisen erhalten hat, deren Unrichtigkeit ihm bekannt war oder bekannt sein mußte,
2. die Benutzung innerhalb einer ihm gesetzten angemessenen Frist nicht beginnt oder sie einstellt und drei Jahre hintereinander nicht ausübt, oder
3. die Benutzung trotz einer mit der Androhung der Rücknahme verbundenen Warnung wiederholt über den Rahmen der Verleihung hin aus erheblich ausdehnt oder verändert oder
4. trotz Aufforderung in der gesetzten Frist Auflagen in wesentlichen Punkten wiederholt nicht einhält,

(3) Wird das verliehene Recht beschränkt oder zurückgenommen, so kann der Unternehmer verpflichtet werden, die von ihm geschaffenen Anlagen zur Verhütung nachteiliger Folgen zu beseitigen und den früheren Zustand wieder herzustellen oder andere geeignete Vorkehrungen gegen solche Folgen zu treffen.

§ 11

Entschädigung für Beschränkung oder Zurücknahme des verliehenen Rechts

(1) Wird ein verliehenes Recht unter den Voraussetzungen des § 10 Abs. 1 beschränkt oder zurückgenommen, so erhält der Unternehmer eine Entschädigung, Kann mit wirtschaftlich vertretbaren Mitteln durch wasserwirtschaftliche Einrichtungen oder sonstige Maßnahmen der Unternehmer in eine wirtschaftliche Lage versetzt werden, die seiner bisherigen gleichwertig ist, so soll die Entschädigung durch solche Einrichtungen und Maßnahmen geleistet werden. Ist dies nicht möglich, wird der Unternehmer in Geld entschädigt.

(2) Die Entschädigung in Geld bemißt sich danach, wie die vor der Beschränkung oder Zurücknahme ausgeübte und nachhaltig mögliche wirtschaftliche Nutzung des Betriebes dem die Wasserbenutzung dient, durch eine solche Maßnahme, beeinträchtigt wird. Darüberhinaus sind dem Unternehmer die Minderung des nach handelsrechtlichen Grundsätzen ermittelten Werts von solchen Gegenständen des Anlagevermögens, die im Zeitpunkt der angeordneten Maßnahme noch nicht genutzt worden und infolge der Maßnahme ganz oder zum Teil wertlos geworden ist, insoweit zu ersetzen, als dies bei gerechter Abwägung der Interessen der Allgemeinheit und des Unternehmens angemessen erscheint. Dem Unternehmer sind auch die Kosten von Maßnahmen zu ersetzen, die gemäß § 10 Abs. 2 angeordnet werden.

(3) Von der Berechnung der Entschädigung nach Abs. 2 kann zu Gunsten des Unternehmers abgewichen werden, wenn auf Grund der von ihm getroffenen Anstalten mit hoher Wahrscheinlichkeit eine Steigerung der wirtschaftlichen Nutzung des Betriebes zu erwarten gewesen wäre.
(4) Die Entschädigung wird durch die für die Verleihung zuständige Behörde festgesetzt. Wegen der Höhe der Entschädigung kann der Unternehmer binnen drei Monaten nach der Zustellung des Bescheides Klage vor den Zivilgerichten erheben. § 6 Abs. 5 gilt entsprechend. Klagt der Unternehmer, so fallen ihm jedenfalls die Kosten des ersten Rechtszuges zur Last.

§ 12
Sondervorschriften für Planfeststellungen

(1) Wird in einem bundesrechtlich oder landesrechtlich geregelten Planfeststellungsverfahren auch über Benutzungen im Sinne dieses Gesetzes entschieden, so ist für diese Benutzungen eine Erlaubnis oder eine Verleihung nicht erforderlich. Die für das Wasser zuständige Behörde ist jedoch vor dem Erlaß der zu treffenden Entscheidung als Beteiligte zu hören.
(2) Hält die zuständige Behörde es für erforderlich, Benutzungen im Sinne des Abs. 1 den Vorschriften einer Reinhalteordnung (§ 23) anzupassen oder sie mit Rücksicht auf den Wasserhaushalt, insbesondere einen wasserwirtschaftlichen Rahmenplan (§ 36) zu beschränken oder zu untersagen, so ist auf ihren Antrag hierüber in einem neuen Planfeststellungsverfahren zu entscheiden.
(3) Befugnisse nach Absatz 1 sind zur Eintragung in das Wasserbuch (§ 37) anzumelden.
(4) Absatz 1 Satz 1, Absatz 2 und 3 gelten auch für Benutzungen die auf Grund eines bundesrechtlich oder landesrechtlich geregelten Planfeststellungsverfahrens bei Inkrafttreten dieses Gesetzes bereits ausgeübt werden.
(5) Zulassungen von Betriebsplänen durch die Bergbehörde und hoheitsrechtliche Widmungsakte auf Grund deren Anlagen für den öffentlichen Verkehr errichtet worden sind, stehen den Planfeststellungen gleich.

§ 13
Befugnisse der Wasser- und Bodenverbände

Wasser- und Bodenverbände sind verpflichtet, auch dann um die Erteilung von Erlaubnissen und Verleihungen nachzusuchen, wenn sie Benutzungen im Rahmen ihrer gesetzlichen oder satzungsgemäßen Aufgaben ausüben oder ausüben wollen

§ 14
Alte Befugnisse

(1) Wer bei Inkrafttreten dieses Gesetzes auf Grund

1. einer unwiderruflichen Befugnis nach Landeswasser- oder Landesberggesetzen oder
2. einer Genehmigung nach § 16 der Reichsgewerbeordnung oder
3. einer Bewilligung nach § 1 Absatz 1 Satz 1 der Verordnung über Vereinfachungen im Wasser- und Wasserverbandsrecht vom 10. Februar 1945 (Reichsgesetzbl. I S.29)
4. oder eines sonstigen Rechtstitels

ein Gewässer außerhalb des Gemeingebrauchs (§ 20), des Anliegergebrauchs (§ 21) und der erlaubnisfreien Benutzung des Grundwassers (§ 30) benutzt, bedarf für die Dauer der Gültigkeit seiner bisherigen Befugnisse keiner Erlaubnis oder Verleihung.

(2) Die in Absatz 1 genannten Befugnisse (alte Befugnisse) sind binnen zwei Jahren nach dem Inkrafttreten dieses Gesetzes bei der zuständigen Behörde anzumelden. Nicht angemeldete alte Befugnisse dürfen nach Ablauf von zehn Jahren nach dem Inkrafttreten dieses Gesetzes nicht mehr ausgeübt werden, sofern sie nicht infolge Fristablaufs oder aus anderen Rechtsgründen schon vor diesem Zeitpunkt erlöschen.

(3) Die alten Befugnisse können unter den im § 10 angegebenen Voraussetzungen beschränkt oder zurückgenommen werden. Für die Entschädigung gilt § 11 entsprechend. Wird eine alte Befugnis einer Reinhalteordnung oder einem wasserwirtschaftlichen Rahmenplan angepasst, so kann der Inhaber der alten Befugnis eine Entschädigung nur beanspruchen, wenn die ihm durch die Anpassung auferlegte Beschränkung nach dem bei dem Inkrafttreten dieses Gesetzes geltenden Recht nicht oder nur gegen Gewährung einer Entschädigung zulässig war.

(4) Sind für ein rechtzeitig (Abs.2) angemeldetes Recht Zweck, Maß und Zeiten bisher nicht bestimmt oder war es bisher unbefristet, so hat die zuständige Behörde Zweck, Maß und, falls erforderlich, Zeiten und bei unbefristeten Rechten eine Frist festzusetzen. Maßgebend für die Festsetzung des Inhalts des alten Rechts ist dessen zulässige Ausübung in den letzten zwölf Monaten vor Inkrafttreten dieses Gesetzes. Hiervon ist zu Gunsten des „Inhabers des alten Rechts abzuweichen, soweit sich daraus für ihn trotz einer Entschädigung eine unbillige Härte ergeben würde.

§ 15
Sonstige alte Benutzungen

Wer bei Inkrafttreten dieses Gesetzes nach den bisherigen Vorschriften ein Gewässer über den Gemeingebrauch (§ 20) den Anliegergebrauch (§ 21) und die erlaubnisfreie Benutzung des Grundwassers (§ 50) hinaus benutzen konnte, ohne daß hierzu eine Befugnis der zuständigen Behörde erforderlich war, hat, sofern nicht die Voraussetzungen der §§ 12 und 14 vorliegen, einen Antrag auf Erteilung der Erlaubnis oder der Verleihung binnen zwei Jahren nach dem Inkrafttreten dieses Gesetzes zu stellen. Bis zur rechtskräftigen Entscheidung über den Antrag darf die Benutzung weiter ausgeübt werden. Wird der Antrag nicht rechtzeitig gestellt, so darf die Benutzung nach Ablauf der Frist nicht mehr ausgeübt werden. Andere Rechtsgründe, die der Ausübung der Benutzung entgegenstehen, bleiben unberührt.

§ 16
Auskunftspflicht

Wer an einem Gewässer eine Benutzung ausübt oder auszuüben beabsichtigt, hat, soweit es die Durchführung dieses Gesetzes erfordert, seine Anlagen, Einrichtungen, Schiffe oder Grundstücke der zuständigen Behörde oder ihren Beauftragten zugänglich zu machen, Ihnen Auskünfte zu erteilen, Unterlagen zur Verfügung zu stellen sowie die Ermittlungen und Prüfungen der Behörde oder ihrer Beauftragten zu dulden. Die notwendigen Kosten der Ermittlungen und Prüfungen können dem Unternehmer auferlegt werden.

§ 17
Notstandsmaßnahmen

(1) In Notstandsfällen kann aus allen Gewässern Wasser entnommen werden.
(2) In Zeiten natürlichen Wassermangels kann die zuständige Behörde bestehende Wasserbenutzungen ohne Entschädigung beschränken und das Wasser unter billiger Abwägung der beteiligten Interessen für andere, dringlichere Bedürfnisse verwenden.

§ 18
Arbeiten im öffentlichen Interesse

(1) Wegen vorübergehender Behinderung oder Unterbrechung einer auf Erlaubnis, Verleihung oder einer alten Befugnis beruhenden Benutzung infolge von Arbeiten im öffentlichen Interesse, wie zur Bodenverbesserung, Gewässerunterhaltung, Vorkehrungen bei Naturereignissen und dergleichen hat der Berechtigte keinen Anspruch auf Entschädigung.
(2) Wird der Berechtigte durch solche Arbeiten in seiner Benutzung bleibend oder unverhältnismäßig benachteiligt und kann er seine Anlagen nicht oder nur mit großen Kosten anpassen, so steht ihm bei einem verliehenen Recht (§ 4) oder einer alten Befugnis (§ 14) eine Entschädigung nach § 11 zu.

§ 19
Ausgleichsverfahren

(1) Art, Maß und Zeiten der Ausübung von Benutzungen an Gewässern können auf Antrag eines Beteiligten oder von Amts wegen durch die zuständige Behörde in einem Ausgleichsverfahren geregelt, auch können in diesem Verfahren Entschädigungen festgesetzt werden, wenn das Wasser eines Gewässers oder zusammenhängender Gewässer nach Menge und Beschaffenheit nicht für alle befugten Benutzungen ausreicht oder wenn sich diese beeinträchtigen.
(2) Im Ausgleichsverfahren kann auch einem Nutzungsberechtigten auferlegt werden, seine Anlagen einem anderen Unternehmer gegen Entschädigung zur Mitbenutzung zur Verfügung zu stellen, sofern ihm daraus keine unzumutbaren Nachteile erwachsen.

III. Abschnitt: Erlaubnis freie Benutzungen, Schutz und Ausbau oberirdischer Gewässer

Kapitel 1: Erlaubnisfreie Benutzungen

§ 20
Gemeingebrauch

(1) Jedermann darf oberirdische Gewässer in einem Umfange benutzen, wie es nach Landesrecht als Gemeingebrauch gestattet ist, soweit es ohne rechtswidrige Benutzung fremder Grundstücke geschehen kann.
(2) Durch den Gemeingebrauch dürfen andere nicht erheblich beeinträchtigt werden. Der Gemeingebrauch ist insoweit eingeschränkt, als er mit der Ausübung erlaubter (§ 3), verliehener (§ 4) oder alter Befugnisse (§ 14) unvereinbar ist.

§ 21
Anliegergebrauch

(1) Die Besitzer der an Wasserläufe in natürlichen Betten angrenzenden Grundstücke dürfen das Wasser für nichtgewerblichen Eigenbedarf so benutzen, daß dadurch andere nicht beeinträchtigt werden oder eine nachteilige Verunreinigung des Wasserlaufs oder eine wesentliche Verminderung seiner Wasserführung oder eine sonstige Beeinträchtigung des Wasserhaushalts vermieden wird.
(2) Durch landesrechtliche Vorschriften kann der Anliegergebrauch geregelt, für bestimmte Gebiete, Gewässer oder Benutzungszwecke beschränkt oder untersagt oder auf Grundstücke ausgedehnt werden, denen nach Lage, Beschaffenheit und Zweckbestimmung das Wasser nutzbar gemacht werden kann, soweit das Gemeinwohl oder überwiegende Interessen der Beteiligten eine solche Anordnung verlangen.

(3) An Bundeswasserstraßen findet ein Eigentümergebrauch nicht statt.

Kapitel 2: Beinhaltung oberirdischer Gewässer

§ 22
Zuführen von Stoffen

(1) Es ist verboten, feste Stoffe in ein Gewässer einzubringen; andere Stoffe, die ein Gewässer verunreinigen oder die Eigenschaften des Wassers nachteilig verändern, dürfen einem Gewässer nur zugeführt werden, soweit hierzu Befugnisse erteilt sind. Sie dürfen an ihm auch nicht gelagert werden, wenn die Gefahr besteht, daß sie hineingeschwemmt werden oder hineinfallen können.
(2) Befugnisse nach Absatz 1 Satz 1 sind nur unter Auflagen zulässig, die den Reinheitsgrad der Stoffe vorschreiben mit dem Ziel, eine Verunreinigung zu verhindern oder so herabzusetzen, daß sie praktisch unschädlich bleibt; dabei ist Rücksicht zu nehmen auf die technischen Möglichkeiten, das Selbstreinigungsvermögen des Gewässers und, soweit es mit dem Ziel vereinbar ist, auf die entstehende wirtschaftliche Belastung. Für nachträgliche Auflagen gilt § 5 Absatz 5.

§ 23
Reinhalteordnungen

(1) Wird die Beschaffenheit eines Gewässers durch das Zuführen verunreinigender oder schädlicher Stoffe oder durch die Entnahme von Wasser oder durch sonstige Einwirkungen wesentlich beeinträchtigt (belastet) oder ist eine solche Beeinträchtigung (Belastung) zu erwarten, so können durch Rechtsverordnungen (Reinhalteordnungen) Vorschriften über die Reinhaltung des Gewässers erlassen werden.
(2) Eine Reinhalteordnung soll erst erlassen werden, wenn die Belastung sowie ihre Auswirkungen ermittelt oder durch Erfahrungswerte ausreichend belegt sind.
(3) Reinhalteordnungen können auch für Teile eines Gewässers erlassen werden.
(4) Für Inhaber einer Erlaubnis (§ 3), eines verliehenen Rechts (§ 4) oder einer alten Befugnis (§ 14) sowie für diejenigen, die eine Benutzung auf Grund des Gemeingebrauchs ausüben (§ 20), werden die jeweiligen Reinhalteordnungen nur nach Maßgabe neuer Verwaltungsakte wirksam, durch die von der gesetzlichen Möglichkeit der Anpassung, der Beschränkung, der Zurücknahme oder der Untersagung Gebrauch gemacht wird.
(5) Für Befugnisse auf Grund bundesrechtlich oder landesrechtlich geregelter Planfeststellungen werden die Reinhalteordnungen nach Maßgabe der Planfeststellungen im Sinne des § 12 Abs.2 wirksam.

Kapitel 3: Unterhaltung der Wasserläufe

§ 24
Umfang der Unterhaltung

(1) Wer zur Unterhaltung eines Wasserlaufs verpflichtet ist, hat Bett und Ufer in einem ordnungsgemäßen Zustand zu erhalten. Hierzu gehören alle Maßnahmen zur Erhaltung eines ungehinderten Wasserabflusses, insbesondere die regelmäßige Räumung von Hindernissen und die Unterhaltung baulicher Einrichtungen, die dem Schutz des Wasserlaufs dienen, ferner Maßnahmen zum Schutz der Ufer, bei schiffbaren Wasserläufen auch die Erhaltung der Schiffbarkeit und der Schutz der Ufer gegen Einwirkungen der Schiffahrt.
(2) Die Verpflichtung zur Unterhaltung ist eine öffentlich-rechtliche Verbindlichkeit.
(3) Die Erhaltung der Schiffbarkeit erstreckt sich nur auf das für den öffentlichen Verkehr bestimmte Fahrwasser, nicht jedoch auf Zufahrten zu außerhalb des Fahrwassers liegenden Verkehrsanlagen und nicht auf die Aufeisung.
(4) Ist der ordnungswidrige Zustand eines Wasserlaufs von einem anderen als dem Unterhaltungspflichtigen verursacht, so hat die zuständige Behörde, soweit tunlich, diesen zur Beseitigung des ordnungswidrigen Zustandes oder zur Kostenübernahme heranzuziehen.
(5) Die Eigentümer von Ufergrundstücken sind berechtigt, zum Schutze ihrer Grundstücke Ufersicherungsarbeiten oberhalb und unterhalb der Uferlinie mit Genehmigung der zuständigen Behörde vorzunehmen.
(6) Für den Umfang der Unterhaltung von ausgebauten Wasserläufen gelten die vorstehenden Bestimmungen insoweit, als die Planfeststellung (§ 27) oder die auf Grund des bisherigen Rechts erlassenen entsprechenden Bestimmungen nichts anderes enthalten.

§ 25
Träger der Unterhaltung

(1) Soweit die Unterhaltung nicht von Gebietskörperschaften oder Wasser- und Bodenverbänden durchgeführt wird, ist sie so zu regeln, daß eine den Belangen des Wasserhaushalts entsprechende Unterhaltung der Wasserläufe gewährleistet ist.
(2) Diejenige Gebietskörperschaft, der nach der Größe und der wasserwirtschaftlichen Bedeutung des Gewässers dessen Unterhaltung am ehesten zuzumuten ist, kann zur Unterhaltung verpflichtet werden.
(3) Soweit Gebietskörperschaften die Unterhaltung übernehmen, können sie die Eigentümer von Grundstücken und Anlagen nach Maßgabe der Vorteile, die ihnen die Unterhaltung bietet, oder die durch Befreiung von einer bisher bestehenden Unterhaltungspflicht eintreten, zu Kostenbeiträgen heranziehen.

§ 26
Duldungspflichten im Interesse der Unterhaltung

(1) Soweit es zur ordnungsmäßigen Unterhaltung eines Wasserlaufs erforderlich ist, haben die Eigentümer von Grundstücken, die an den Wasserlauf angrenzen oder in seiner Nähe liegen, auf Verlangen zu gestatten, daß die Unterhaltungspflichtigen die Grundstücke betreten, vorübergehend benutzen und aus ihnen Bestandteile für die Unterhaltung gegen Entschädigung entnehmen, wenn sie anderweitig nur mit unverhältnismäßigen Kosten beschafft werden können.
(2) Die zuständige Behörde kann, um die Unterhaltung zu sichern, die Bepflanzung und Bewirtschaftung der Ufer regeln.

Kapitel 4: Ausbau der Wasserläufe

§ 27
Ausbauverfahren

(1) Eine über die Unterhaltung hinausgehende nicht nur einer Benutzung dienende Maßnahme zur Umgestaltung, Herstellung oder Beseitigung eines Wasserlaufs und seiner Ufer (Ausbau) erfordert die vorherige Feststellung des Planes durch die zuständige Behörde (Planfeststellung).
(2) Die Planfeststellung tritt an die Stelle aller Verwaltungsakte, die nach diesem Gesetz oder anderen Rechtsvorschriften für die Durchführung des geplanten Unternehmens notwendig sind.
(3) Die Länder können für Ausbaumaßnahmen, bei denen eine Beeinträchtigung des Wasserhaushalts nicht zu befürchten ist oder die Interessen anderer nicht wesentlich berührt werden, von der Durchführung eines Planfeststellungsverfahrens absehen.
(4) Die zuständige Behörde kann den Ausbau durch den Unterhaltungspflichtigen anordnen, wenn dies notwendig ist, um eine Beeinträchtigung des Wasserhaushalts zu verhüten. Ausgeschlossen sind solche Anordnungen gegenüber dem Bunde oder einem Lande.
(5) Drohen von dem Ausbau erhebliche Nachteile für Grundstücke oder Wasserbenutzungsanlagen, so hat die zuständigen Behörde Maßnahmen zur Verhütung oder zum Ausgleich von Schäden anzuordnen, wenn diese mit dem Ausbauunternehmen vereinbar und wirtschaftlich gerechtfertigt sind, im anderen Fall den Ausbauunternehmer zur Entschädigung (§ 6) zu verpflichten.
(6) Zu den Kosten des Ausbaus können die Vorteilhabenden nach dem Maßstab ihres Vorteils herangezogen werden.
(7) Für das Planfeststellungsverfahren gilt § 8 Abs. 1 entsprechend.

Kapitel 5: Hochwasserabfluß

§ 28

Hochwasserabfluss

(1) Zur Regelung des Wasserabflusses in Gebieten, die vom Hochwasser bedroht sind, kann die zuständige Behörde bestimmte Flächen zum Überschwemmungsgebiet und im Bedarfsfall den Teil des Überschwemmungsgebiets, der für den Abfluß des Wassers erforderlich ist, zum Hochwasserabflußgebiet erklären.

(2) Innerhalb des Überschwemmungsgebiets dürfen ohne Genehmigung der zuständigen Behörde weder Anlagen und Bauten errichtet, noch Änderungen daran und an Grundstücken vorgenommen werden, die auf den Wasserabfluß oder auf die Höhe des Wasserstandes Einfluß haben können. Innerhalb des Hochwasserabflußgebietes dürfen Maßnahmen nach Satz 1 nur genehmigt werden, wenn der unschädliche Hochwasserabfluß gesichert ist.

IV. Abschnitt: Benutzung und Schutz des Grundwassers

§ 29

Erlaubnisfreie Benutzungen

(1) Eine Erlaubnis ist, soweit nicht landesrechtliche Vorschriften etwas anderes bestimmen, nicht erforderlich für die Benutzung des Grundwassers in geringen Mengen durch Zutagefördern oder Zutageleiten und Wegleiten nach Benutzung

1. für den Haushalt oder die Landwirtschaft; dazu gehört auch die gewöhnliche Bodenentwässerung landwirtschaftlich, forstwirtschaftlich oder gärtnerisch genutzter Grundstücke
2. vorübergehend auch für einen sonstigen Zweck.

(2) Durch landesrechtliche Vorschriften kann die erlaubnisfreie Benutzung auch für gewerbliche Betriebe geringen Umfangs oder einzelne Arten solcher Betriebe zugelassen werden, wenn eine Gefährdung des Wasserhaushalts nicht zu befürchten ist.

(3) Einer Erlaubnis bedarf es für das Zutagefördern von Grundwasser durch Bergwerksbetriebe nicht, wenn das Zutagefördern in einem Betriebsplan zugelassen ist. Der Betriebsplan darf erst zugelassen werden, nachdem die für das Wasser zuständige Behörde ihm zugestimmt hat.

§ 30

Der Benutzung gleichgestellte Einwirkungen

Eine Benutzung des Grundwassers im Sinne des § 2 Abs. 2 ist auch das Aufstauen, Verdrängen und Umleiten von Grundwasser durch Anlagen, die hierzu bestimmt sind oder von denen vorauszusehen ist, daß sie eine solche Wirkung haben werden; ferner auch Änderungen der physikalischen, chemischen und biologischen Beschaffenheit des Grundwassers durch Anlagen, von denen vorauszusehen ist, daß sie eine solche Wirkung haben werden

§ 31
Zuführung von Stoffen

(1) Stoffe, die das Grundwasser verunreinigen oder die Eigenschaften des Grundwassers nachteilig verändern, dürfen dem Grundwasser nur zugeführt werden, wenn hierzu eine Befugnis erteilt ist.
Sie dürfen auch nicht so gelagert oder befördert werden, daß die Gefahr besteht, daß sie direkt oder indirekt in das Grundwasser gelangen können.
(2) Befugnisse nach Abs.1 Satz 1 sind nur unter Auflagen zulässig, die den Reinheitsgrad der Stoffe vorschreiben mit dem Ziel, eine Verunreinigung des Grundwassers zu verhindern oder so herabzusetzen, daß sie praktisch unschädlich bleibt; dabei ist Rücksicht zu nehmen auf die technischen Möglichkeiten, die Filtrierfähigkeit des Bodens und, soweit es mit dem Ziel vereinbar ist, auf die entstehende wirtschaftliche Belastung. Für nachträgliche Auflagen gilt § 5 Abs. 5.

§ 32
Schutzbereiche

(1) Soweit der Wasserhaushalt es erfordert, können zum Schutze des Grundwassers vor nachteiligen Einflüssen, zur Anreicherung des Grundwassers und zur Verhütung schädlichen Wasserabflusses Schutzbereiche festgesetzt werden, in denen

1. bestimmte Handlungen verboten oder nur beschränkt zulässig sind;
2. bestimmte Einrichtungen und Maßnahmen auf Grundstücken zu dulden sind; dazu gehören auch Maßnahmen, die zur Beobachtung des Grundwassers in dem Schutzbereich erforderlich sind.

(2) Ein Schutzbereich kann auch im Interesse einer Wassergewinnungsanlage festgesetzt werden, deren Errichtung in sicherer Aussicht steht.
(3) Läßt sich der Zweck eines Schutzbereichs auf andere Weise nicht oder nur mit erheblich höheren Kosten erreichen, so kann auch angeordnet werden, daß Maßnahmen nach Abs. 1 Nr.2 von Grundstücksbesitzern zu treffen und Einrichtungen zu unterhalten sind.
(4) Für die der Bundeswasserstraßenverwaltung gehörenden Grundstücke werden Maßnahmen nach Abs. 1 bis 3 von der für die Bundeswasserstraße zuständigen Behörde nach Anhörung der für das Wasser zuständigen Behörde angeordnet oder getroffen.
(5) Befugnisse auf Grund einer Verleihung (§ 4) oder alte Befugnisse (§§ 14, 15) werden durch die Festsetzung eines Schutzbereichs nicht berührt.

(6) Der Schutzbereich ist in einem Verfahren nach § 8 festzusetzen; die Festsetzung ist öffentlich bekannt zu machen.

§ 33

Entschädigung in Fällen des § 32

(1) Wird in Folge der Festsetzung eines Schutzbereichs die Nutzung. der darin liegenden Grundstücke und Bergbauberechtigungen beeinträchtigt, so hat die zuständige Behörde Maßnahmen anzuordnen, welche die Nachteile verhindern oder ausgleichen, wenn aber solche Maßnahmen mit dem Zweck der Anordnung des Schutzbereichs nicht vereinbar oder wirtschaftlich nicht tragbar ist, eine Entschädigung in Geld festzusetzen. Zur Leistung ist derjenige verpflichtet, in dessen Interesse der Schutzbereich festgesetzt wird, wenn ein bestimmter Begünstigter fehlt, das Land.
(2) Die Entschädigung in Geld bemißt sich danach, wie die vor der Festsetzung des Schutzbereichs ausgeübte und nachhaltig mögliche wirtschaftliche Nutzung des Grundstücks, eines darauf befindlichen Betriebes oder der Bergbauberechtigung dadurch beeinträchtigt wird, daß Handlungen verboten oder nur beschränkt zulässig werden, oder der Betroffene zum Dulden oder Treffen von Maßnahmen verpflichtet wird. Hat der Betroffene Maßnahmen zu treffen oder Einrichtungen zu unterhalten, so sind ihm die dafür notwendigen Aufwendungen zu ersetzen.
(5) Wird durch die Festsetzung eines Schutzbereichs die Bebauung eines Grundstücks oder die Gewinnung von Bodenbestandteilen oder Mineralien verhindert und ist glaubhaft gemacht, daß sie ohne die Festsetzung eines Schutzbereichs stattfinden würde, so ist eine zusätzliche Entschädigung zu leisten, wenn dies bei gerechter Abwägung der Interessen der Allgemeinheit und des Betroffenen angemessen erscheint.
(4) Wird das Lagern von Stoffen wie Müll, Schutt, Schlacken oder Flüssigkeiten verboten oder beschränkt, so sind dem Betroffenen unbeschadet der Ansprüche nach Abs. 2 außerdem die einmaligen Aufwendungen zu ersetzen, die dadurch notwendig werden, daß er für das Lagern der Stoffe ein anderes geeignetes Grundstück in Anspruch nehmen und herrichten und die Stoffe, die auf dem im Schutzbereich liegenden Grundstück lagern, auf das andere Grundstück fortschaffen muß.

§ 34

Erdaufschlüsse

(1) Durch landesrechtliche Vorschriften kann mit Rücksicht auf den Wasserhaushalt angeordnet werden, daß bestimmte Arbeiten, die über eine bestimmte Tiefe hinaus in den Boden eindringen, vor Beginn der für das Wasser zuständigen Behörde anzuzeigen sind.

(2) Wird bei Arbeiten nach Abs. 1 oder unbeabsichtigt ein Grundwasservorkommen erschlossen, so kann die Behörde, wenn Rücksichten auf den Wasserhaushalt es verlangen, die Beseitigung der Erschließung anordnen.
(3) Für Erdaufschlüsse und Tiefbohrungen, die der Aufsicht der Bergbehörde unterliegen, gilt Abs. 1 nicht; es kann bestimmt werden, daß die Bergbehörde vor ihrer Zulassung das Einvernehmen mit der für das Wasser zuständigen Behörde herbeizuführen hat, wenn Rücksichten auf den Wasserhaushalt es verlangen.
(4) Die landesrechtlichen Vorschriften über den Schutz der Heilquellen, Mineral- und Thermalquellen und die bergrechtlichen Vorschriften über die Solquellen bleiben unberührt.

§ 35
Quellen

Quellen, deren Ablauf sofort einen in einem Bett ständig fließenden Wasserlauf bildet, unterliegen den Bestimmungen über Wasserläufe; andere Quellen, mit Ausnahme der in § 54 Abs.5 bezeichneten, unterliegen den Bestimmungen über das Grundwasser.

V. Abschnitt: Wasserwirtschaftliche Rahmenpläne Wasserbuch

§ 36
Wasserwirtschaftliche Rahmenpläne

(1) Wenn es zur Sicherstellung des für die wasserwirtschaftliche Entwicklung notwendigen Wassers und zur großräumigen Anpassung wasserwirtschaftlicher Maßnahmen in einzelnen oder mehreren Flußgebieten oder Wirtschaftsgebieten aufeinander oder in Teilen von solchen Gebieten notwendig ist, sollen die zuständigen Behörden wasserwirtschaftliche Rahmenpläne aufstellen und sie der Entwicklung fortlaufend anpassen.
(2) Die wasserwirtschaftlichen Rahmenpläne sind von den zuständigen Behörden bei der Entscheidung über die Benutzung der Gewässer und bei anderen Verwaltungsakten zu beachten, die die Benutzung von Gewässern regeln.

§ 37
Wasserbuch

Zur Klarlegung der Rechtsverhältnisse an den Gewässern sind Wasserbücher zu führen.

VI. Abschnitt: Straf- und Bußgeldbestimmungen; Verwaltungszwang; Schlußbestimmungen

§ 38
Gefährdung des Lebens und der Gesundheit

(1) Wer

1. unbefugt oder unter Nichtbefolgung einer Auflage Stoffe in ein Gewässer einbringt oder einleitet,
2. innerhalb eines Grundwasserschutzbereichs eine Handlung vornimmt, die nach einer Anordnung auf Grund des § 32 Abs. 1 Nr.1 nicht zulässig ist,
3. den Vorschriften der §§ 22 Abs. 1 Satz 2 und 29 Abs.1 Satz 2 zuwiderhandelt

und durch eine dieser Handlungen Gefahr für das Leben oder die Gesundheit anderer herbeiführt, wird mit Gefängnis bis zu zwei Jahren oder mit Geldstrafe bestraft, sofern nicht andere Vorschriften eine höhere Strafe androhen.
(2) Der Versuch ist strafbar.
(3) Wer eine in Abs.1 unter Strafe gestellte Handlung fahrlässig begeht, wird mit Gefängnis bis zu sechs Monaten oder mit Geldstrafe bestraft.

§ 39
Verrat von Betriebsgeheimnissen

(1) Wer ein Betriebsgeheimnis, das ihm bei seiner Tätigkeit auf Grund dieses Gesetzes bekanntgeworden ist, unbefugt offenbart oder verwertet, wird mit Gefängnis bis zu sechs Monaten und mit Geldstrafe oder mit einer dieser Strafen bestraft.
(2) Handelt der Täter gegen Entgelt oder in der Absicht, sich oder einem anderen einen rechtswidrigen Vermögensvorteil zu verschaffen oder jemanden einen Nachteil zuzufügen, so ist die Strafe Gefängnis bis zu zwei Jahren. Daneben kann auf Geldstrafe erkannt werden.
(3) Die Absätze 1 und 2 gelten nur, soweit nicht in anderen Vorschriften eine schwerere Strafe angedroht ist.
(4) Die Strafverfolgung tritt auf Antrag des Verletzten ein.
(5) Die Offenbarung von geheimzuhaltenden Tatsachen an die zuständige Verwaltungsbehörde zum Zweck der Verfolgung einer Straftat nach § 38 oder einer Ordnungswidrigkeit nach § 40 ist nicht unbefugt.

§ 40

Ordnungswidrigkeiten

(1) Ordnungswidrig handelt, wer vorsätzlich oder fahrlässig

1. eine der in § 38 Abs. 1 Nr. 1 bis 3 bezeichneten Handlungen vornimmt, ohne dadurch Gefahr für das Leben oder die Gesundheit anderer herbeizuführen;
2. einer Auflage oder sonstiger Bedingung, die ihm durch die Erlaubnis oder Verleihung oder die alte Befugnis auferlegt ist, zuwiderhandelt;
3. eine Anordnung zur Beseitigung von Anlagen gemäß § 10 Abs. 2 nicht befolgt;
4. Auskünfte, zu denen er nach § 16 verpflichtet ist, ganz oder teilweise verweigert oder nicht rechtzeitig erteilt oder unrichtige oder unvollständige Angaben macht.

(2) Die Ordnungswidrigkeit kann mit einer Geldbuße bis zu 10 000 Deutsche Mark, bei Fahrlässigkeit mit einer Geldbuße bis zu 5000 Deutsche Mark geahndet werden. Dies gilt jedoch, falls sich die Zuwiderhandlung gegen eine Anordnung oder Verfügung richtet, die auf Grund dieses Gesetzes erlassen worden ist, nur, sofern die Anordnung oder Verfügung ausdrücklich auf die Bußgeldbestimmungen dieses Gesetzes verweist.

§ 41

Verletzung der Aufsichtspflicht

Wird die Ordnungswidrigkeit nach § 40 in einem Betrieb begangen, so kann gegen den Inhaber oder Leiter und, falls der Inhaber des Betriebes eine juristische Person oder eine Personengesellschaft des Handelsrechts ist, gegen diese eine Geldbuße bis zu 10 000 Deutsche Mark festgesetzt werden, wenn der Inhaber oder Leiter oder der zur gesetzlichen Vertretung Berechtigte vorsätzlich oder fahrlässig seine Aufsichtspflicht verletzt hat und der Verstoß hierauf beruht.

§ 42

Verwaltungszwang

Die zuständige Behörde kann die Einstellung von Handlungen, die nach diesem Gesetz unzulässig sind oder auf Grund dieses Gesetzes verboten werden, sowie die Vornahme von Handlungen, die auf Grund dieses Gesetzes angeordnet werden erzwingen.

§ 43

Aufhebung von Vorschriften

(1) Mit Inkrafttreten dieses Gesetzes treten außer Kraft

1. die Verordnung über die Vereinfachung der wasserrechtlichen Verwaltungsverfahren vom 28. August 1942 (Reichsgesetzbl. I S.542),

2. die Verordnung über vordringliche Aufgaben der Wasser- und Energiewirtschaft vom 30. März 1944 (Reichsgesetzbl.I S-75),
3. die Verordnung zur Regelung der Wasserversorgung vom 30. September 1944 (Reichsgesetzbl. I S. 241),
4. die Verordnung über Vereinfachung im Wasser- und Wasserverbandsrecht vom 10. Februar 1945 (Reichsgesetzbl.I S.29).

(2) In § 16 Abs. 2 der Gewerbeordnung vom 26. Juli 1900 (Reichsgesetzbl.S.871) werden die Worte „Stauanlagen für Wassertriebwerke (§ 23)", in § 23 wird Abs. 1 gestrichen.

§ 44

Inkrafttreten

Dieses Gesetz tritt am 1. .... in Kraft.

Nach diesem Zeitpunkt kann eine Befugnis nach den bisherigen Landeswasserrechten, soweit sie diesem Gesetz nicht entsprechen, nicht mehr erteilt werden.

§ 45

Geltung in Berlin

Dieses Gesetz gilt nach Maßgabe des § 15 Abs.1 des Gesetzes über die Stellung des Landes Berlin im Finanzsystem des Bundes (Drittes Überleitungsgesetz) vom 4. Januar 1952 (Bundesgesetzbl. I S.1) auch im Lande Berlin.

Quellenverzeichnis

I. Unveröffentlichte Materialien aus dem Institut für das Recht der Wasser- und Entsorgungswirtschaft an der Universität Bonn

1. Protokolle der Sitzungen des Interministeriellen Ausschusses „Wasser“

08. Sitzung	20.05.1952 Tagungsort unbekannt
09. Sitzung	16.06.1952 im Bundesministerium für Wirtschaft
Sitzung	16.06.1953 im Bundesministerium für Ernährung, Landwirtschaft und Forsten

2. Protokolle der Sitzungen des erweiterten Interministeriellen Ausschusses „Wasser“

01. Sitzung	09.03.1955 im Bundeshaus
02. Sitzung	22.03.1955 im Bundesministerium der Justiz
03. Sitzung	10.05.1955 im Bundesministerium des Innern
04. Sitzung	17.05.1955 im Bundesministerium für Ernährung, Landwirtschaft und Forsten
05. Sitzung	20.05.1955 im Bundesministerium für Wirtschaft
06. Sitzung	27.05.1955 im Bundesministerium für Verkehr
07. Sitzung	08.06.1955 im Bundesministerium der Justiz
08. Sitzung	10.06.1955 im Bundesministerium des Innern
09. Sitzung	13.06.1955 im Bundesministerium für Wirtschaft
10. Sitzung	15.06.1955 im Bundesministerium für Ernährung, Landwirtschaft und Forsten
11. Sitzung	16.06.1955 im Bundesministerium für Verkehr
12. Sitzung	20.06.1955 im Bundesministerium der Justiz
13. Sitzung	04.07.1955 im Bundesministerium des Innern
14. Sitzung	07.07.1955 im Bundesministerium für Ernährung, Landwirtschaft und Forsten
15. Sitzung	08.07.1955 im Bundesministerium der Justiz
16. Sitzung	11.07.1955 im Bundesministerium für Wirtschaft
17. Sitzung	12.07.1955 im Bundesministerium für Verkehr
18. Sitzung	14.07.1955 Tagungsort unbekannt
19. Sitzung	15.07.1955 im Bundesministerium für Ernährung, Landwirtschaft und Forsten
20. Sitzung	18.07.1955 im Bundesministerium für Justiz
21. Sitzung	21.07.1955 im Bundesministerium für Verkehr
22. Sitzung	20.09.1955 im Bundesministerium für Ernährung, Landwirtschaft und Forsten

23. Sitzung	10.10.1955 im Bundesministerium für Wirtschaft
24. Sitzung	02.11.1955 im Bundesministerium für Ernährung, Landwirtschaft und Forsten
25. Sitzung	03.11.1955 im Bundesministerium für Ernährung, Landwirtschaft und Forsten
26. Sitzung	04.11.1955 im Bundesministerium für Ernährung, Landwirtschaft und Forsten
27. Sitzung	07.11.1955 im Bundesministerium für Wirtschaft
28. Sitzung	21.11.1955 im Bundesministerium für Wirtschaft
29. Sitzung	24.11.1955 im Bundesministerium der Justiz
30. Sitzung	01.12.1955 im Bundesministerium für wirtschaftliche Zusammenarbeit

Sitzungen des IMA mit Vertretern der Länder am 03.05 und 12.05.1955 und 17./ 18.11.1955

Sitzung des IMA mit den Spitzenverbänden am 15.11.1955 im Bundeshaus

3. Entwürfe

a) Reichswassergesetz

Entwurf eines Reichswassergesetzes von 1941 nebst Begründung

Gegenentwurf zum Entwurf eines Reichswassergesetzes von 1943 nebst Begründung

Gegenentwurf zum Entwurf eines Reichswassergesetzes von 1944 nebst Begründung

b) Entwürfe eines Gesetzes zum Schutze des Grundwassers des Bundesministeriums für Wirtschaft

Entwurf eines Gesetzes zur Sicherung der Wasserversorgung vom 28.04.1952

Überarbeitung des Entwurfes eines Gesetzes zum Schutze des Grundwassers vom 15.07.1952

Entwurf eines Gesetzes zum Schutze des Grundwassers vom 11.11.1952 Referentenentwurf

Entwurf eines Gesetzes zum Schutze des Grundwassers vom 10.12.1952 Referentenentwurf

Entwurf eines Gesetzes zum Schutze des Grundwassers vom 07.05.1953

Entwurf eines Gesetzes zum Schutze des Grundwassers vom 01.07.1953

Entwurf eines Gesetzes zum Schutze des Grundwassers vom 07.07.1953

Entwurf eines Gesetzes zum Schutze des Grundwassers vom 04.11.1953

Entwurf eines Gesetzes zum Schutze des Grundwassers vom 14.11.1953

Entwurf eines Gesetzes zum Schutze des Grundwassers des Referats für Gewerberecht vom 22.02.1954
Entwurf eines Gesetzes zum Schutze des Grundwassers vom 03.03.1954
Entwurf eines Gesetzes zum Schutze des Grundwassers vom 01.07.1954
Entwurf eines Gesetzes zum Schutze des Grundwassers vom 10.08.1954 nebst Begründung
Entwurf eines Gesetzes zum Schutze des Grundwassers vom 26.03.1955 nebst Begründung

c) Entwürfe eines Reinhaltegesetzes des Bundesministeriums für Verkehr

Entwurf eines Gesetzes zur Reinhaltung der Bundeswasserstraßen v. 30.07.1952
Entwurf eines Gesetzes zur Reinhaltung der Bundeswasserstraßen v. 25.09.1952
Entwurf eines Gesetzes zur Reinhaltung der Bundeswasserstraßen v. 28.11.1952
Entwurf eines Gesetzes zur Reinhaltung der Bundeswasserstraßen v. 03.07.1954 nebst Begründung
Entwurf eines Gesetzes zur Reinhaltung der Bundeswasserstraßen v. 24.11.1954 nebst Begründung
Entwurf eines Gesetzes zur Reinhaltung der Bundeswasserstraßen v. 31.03.1955
Rechtsgutachterliche Stellungnahme zum Entwurf eines Reinhaltegesetzes vom 15.12.1952

d) Entwürfe eines Gesetzes zur Förderung der Hygiene der Wasserversorgung und Abwasserbehandlung des Bundesministeriums des Innern

Entwurf eines Gesetzes zur Förderung der Hygiene der Wasserversorgung und Abwasserbehandlung vom 03.05.1955
Rechtsgutachterliche Stellungnahme zum Entwurf eines Wasser- und Abwasserhygienegesetzes vom 31.03.1954

e) Entwürfe eines Bundeswassergesetzes des Bundesministeriums für Er nährung, Landwirtschaft und Forsten

Entwurf eines Rahmengesetzes über den Wasserhaushalt vom 26.04.1952 nebst Begründung
Entwurf eines Gesetzes zur Ordnung des Wasserhaushaltes vom 23.06.1952
Entwurf eines Wassergesetzes vom 23.01.1953
Entwurf eines Wassergesetzes vom 01.10.1953
Entwurf eines Gesetzes zur Ordnung des Wasserhaushaltes vom 15.04.1955

f) Entwürfe eines Wasserhaushaltsgesetz

Entwurf eines Rahmengesetzes über den Wasserhaushalt vom 02.07.1955
Entwurf eines Gesetzes zur Ordnung des Wasserhaushaltes vom 20./ 21.07.1955 nebst Begründung
Entwurf eines Rahmengesetzes über den Wasserhaushalt vom 24.10.1955
Entwurf eines Gesetzes zur Ordnung des Wasserhaushaltes vom 08.11.1955
Entwurf eines Gesetzes zur Ordnung des Wasserhaushaltes von 1956 (BR-Drucks. 428/ 55)

g) Wasserwirtschaftsgesetz

Entwurf eines Wasserwirtschaftsgesetzes nebst Begründung von Prof. *Dr. Gieseke*

4. Sonstige Unterlagen

Schriftwechsel der Ministerien
Schriftwechsel Prof. *Dr. Giesekes*
Stellungsnahmen des Bundesrates
Stellungnahmen der Länder
Stellungnahmen der Ministerien
Stellungnahmen der (Spitzen-) Verbände
Stellungnahme des Bundesverbandes der Deutschen Industrie e.V. in Zusammenarbeit mit dem Deutschen Industrie- und Handelstag zum Entwurf eines Gesetzes zum Schutz des Grundwassers vom 10.11.1955
Empfehlungen des Unterausschusses des Agrarausschusses
Schreiben des Instituts für Raumforschung
Notizen über die Ressort-Besprechungen „Grundwasserschutzgesetz" am 14.09.1954, 29.09.1954, 02.11.1954, 19.11.1954, 17.12.1954 und 20.04.1955
Notizen über die Sonderbesprechung über Fragen der Enteignung und Entschädigung im Entwurf eines Gesetzes zum Schutze des Grundwassers am 18.11.1954
Denkschrift der Vertretung des Trink-, Brauch- und Abwasserwesens im Wirtschaftsministerium der Bundesrepublik Deutschland vom 15.11.1949
Niederschrift über die Sitzung der Länderreferenten vom 12.05.1955
Protokoll der Ländersitzung vom 30.06. bis 01.07.1955

II. Bundesarchiv Koblenz

1. Protokolle der Sitzungen des Länderausschusses „Wasser“

1. - 5. Sitzung 07.12.1948 in Frankfurt - 18.01.1951 in Bonn
(B 102/ 14103 Heft 1-3)

2. Protokolle der Sitzungen des Interministeriellen Ausschusses „Wasser“

01. Sitzung	29.04.1949 in Offenbach	(B 142/ 1109)
02. Sitzung	18.10.1949 in Offenbach	(B 142/ 1109)
03. Sitzung	18.01.1950 in Frankfurt	(B 142/ 1109)

3. Protokolle der Sitzungen des erweiterten Interministeriellen Ausschusses „Wasser“

39. Sitzung 25.03.1957, Tagungsort unbekannt
(B 108/7242, Akte 56012/1 Bd. 14)
10.04.1957, Tagungsort unbekannt
(B 108/7242, Akte 56012/1 Bd. 14)

4. Protokolle der Sitzungen des 2. Sonderausschusses „Wasserhaushaltsgesetz“ des Bundestages

1. - 26. Sitzung 08.05.1956 – 31.05.1957 im Bundeshaus
(B 108/ 7243, Akte 56012/ 1 Band 15)

5. Protokolle des Unterausschusses des 2. Sonderausschusses „Wasserhaushaltsgesetz“ des Bundestages

1. Sitzung 24.04.1957 im Bundeshaus
(B 108/ 7243, Akte 56012/ 1 Band 16)
2. Sitzung 25.04.1957 im Bundeshaus
(B 108/ 7243, Akte 56012/ 1 Band 16)
3. Sitzung 26.04.1957 im Bundeshaus
(B 108/ 7243, Akte 56012/ 1 Band 16)
4. Sitzung 04.05.1957 im Bundeshaus
(B 108/ 7243, Akte 56012/ 1 Band 16)

6. Entwürfe eines Gesetzes zur Förderung der Hygiene der Wasserversorgung und Abwasserbehandlung des Bundesministeriums des Innern

Entwurf eines Gesetzes zur Förderung der Hygiene der Wasserversorgung und Abwasserbehandlung vom 19.07.1951 (B 142/ 72, Akte: 4245-05)
Entwurf eines Gesetzes zur Förderung der Hygiene der Wasserversorgung und Abwasserbehandlung vom 29.10.1951 (B 142/ 72, Akte: 4245-05)
Entwurf eines Gesetzes zur Förderung der Hygiene der Wasserversorgung und Abwasserbehandlung vom 02.11.1951 (B 142/ 72, Akte: 4245-05)
Entwurf eines Gesetzes zur Förderung der Hygiene der Wasserversorgung und Abwasserbehandlung vom 18.03.1952 (B 142/ 72, Akte: 4245-05)
Entwurf eines Gesetzes zur Förderung der Hygiene der Wasserversorgung und Abwasserbehandlung vom 16.04.1952 (B 142/ 72, Akte: 4245-05)
Entwürfe eines Gesetzes zur Förderung der Hygiene der Wasserversorgung und Abwasserbehandlung von Mai, Juli, Oktober, Dezember 1952 (B 142/ 72, Akte: 4245-05)
Entwurf eines Abwassergesetzes von 1952 (B 142/ 72, Akte: 4245-05)
Entwurf eines Gesetzes zur Förderung de Hygiene der Wasserversorgung und Abwasserbehandlung vom 20.06.1953 (B 142/ 72, Akte: 4245-05)

7. Sonstiges

Vereinbarung der Vertreter der Verwaltung für Ernährung, Landwirtschaft und Forsten, der Verwaltung für Wirtschaft und der Verwaltung für Verkehr vom 04.05.1948 (B 102/ 14103 Heft 1)
Vermerk des 2. Sonderausschusses vom 27.11.1956 (B 108/ 7242, Akte 56012/ 1 Band 13)
Denkschrift zur Bundeswassergesetzgebung und zum Entwurf eines Gesetzes zur Ordnung des Wasserhaushaltes - vorgelegt durch den Bundesverband der Deutschen Industrie e.V. in Zusammenarbeit mit dem Deutschen Industrie- und Handelstag im April 1956 (B 108/ 7243, Akte 56012/ 1 Band 15)
Niederschrift über die Sitzung des Unterausschusses „Wasserhaushaltsgesetz“ des Ausschusses für Innere Angelegenheiten vom 10.01.1956 (B 108/ 7244, Akte 56012/ 1 Band 19)
Niederschrift über die Sitzung des Unterausschusses „Wasserhaushaltsgesetz“ des Ausschusses für Wiederaufbau und Wohnungswesen vom 11.01.1956 (B 108/ 7244, Akte 56012/ 1 Band 19)
Niederschrift über die Sitzung des Unterausschusses „Wasserhaushaltsgesetz“ des Rechtsausschusses vom 09.01.1956 (B 108/ 7244, Akte 56012/ 1 Band 19)

Leitsätze der Trinkwasserversorgung vom Deutschen Verband der Gas- und Wasserfachmänner (B 142/ 1096)

III. Parlamentaria

1. Bundesratsdrucksachen

Bundesratsdrucksache Nr. 137/ 52 (Beschluss) vom 26.04.1952
Bundesratsdrucksache Nr. 428/ 55 vom 30.12.1955 nebst Nebenanträgen (B 108/ 7241, Akte 56012/ 1 Band 10)
Bundesratsdrucksache Nr. 325/ 56 vom 14.09.1956
Bundesratsdrucksache Nr. 278/ 57 vom 28.06.1957

2. Bundestagsdrucksachen

Bundestagsdrucksache Nr. 137, 2. Wahlperiode 1953 (Band 26)
Bundestagsdrucksache Nr. 561, 2. Wahlperiode 1953, vom 28.05.1954 (Band 30)
Bundestagsdrucksache Nr. 1432, 2. Wahlperiode 1953, vom 03.06.1955 (Band 35)
Bundestagsdrucksache Nr. 2072, 2. Wahlperiode 1953, vom 04.02.1956 (Band 40)
Bundestagsdrucksache Nr. 2988, 2. Wahlperiode 1953, vom 07.12.1956 (Band 47)
Bundestagsdrucksache Nr. 3158, 2. Wahlperiode 1953, vom 01.02.1957 (Band 48)
Bundestagsdrucksache Nr. 3536, 2. Wahlperiode 1953, vom 23.05.1957 (Band 52)
Umdruck 1201 als Anlage zum stenographischen Bericht der Verhandlungen des Deutschen Bundestages, 216. Sitzung vom 27.06.1957 zu Bundestagsdrucksachen 3536, 2072 vom 25.06.1957 (B 108/ 7244, Akte 56012/ 1 Band 18)
Umdruck 1235 als Anlage zum stenographischen Bericht der Verhandlungen des Deutschen Bundestages, 216. Sitzung vom 27.06.1957 zu TO 215 bis 218 - Punkt 13 vom 27.06.1957 (B 108/ 7244, Akte 56012/ 1 Band 18)
Umdruck 1220 als Anlage zum stenographischen Bericht der Verhandlungen des Deutschen Bundestages, 216. Sitzung vom 27.06.1957 zu TO 215 bis 218 - Punkt 13 vom 27.06.1957 (B 108/ 7244, Akte 56012/ 1 Band 18)
Bundestagsdrucksache Nr. V/ 3515, 5. Wahlperiode, vom 18.11.68 (Band 125)
Bundestagsdrucksache Nr. VI/ 1298, 6. Wahlperiode, vom 20.10.1970 (Band 143)
Bundestagsdrucksache Nr. 7/ 887, 7. Wahlperiode, vom 09.07.1973 (Band 177)

Bundestagsdrucksache Nr. 7/ 5684, 7. Wahlperiode (Band 225)
Bundestagsdrucksache Nr. 12/ 6633, 12. Wahlperiode (Band 488)
Bundestagsdrucksache Nr. 12/ 7109, 12. Wahlperiode (Band 494)
Bundestagsdrucksache Nr. 13/ 1207, 13. Wahlperiode (Band 526)

3. (Stenographische) Sitzungs- bzw. Verhandlungsberichte

a) Bundesrat

Stenographischer Bericht der Verhandlungen des Bundesrates, 83. Sitzung, 25.04.1952
Stenographischer Bericht der Verhandlungen des Bundesrates, 152. Sitzung, 20.01.1956
Sitzungsbericht des Bundesrates, 180. Sitzung vom 12.07.1957

b) Bundestag

Stenographischer Bericht der Verhandlungen des 2. Deutschen Bundestages, 130. Sitzung vom 23.02.1956
Stenographischer Bericht der Verhandlungen des 2. Deutschen Bundestages, 216. Sitzung vom 27.06.1957

4. Drucksachen des 2. Sonderausschusses „Wasserhaushaltsgesetz“ des Bundestages

Ausschussdrucksache Nr. 8 (B 108/ 7243, Akte 56012/ 1 Band 13)
Ausschussdruckssache Nr. 22 (B 108/ 7243, Akte 56012/ 1 Band 15)
Ausschussdrucksache Nr. 26

IV. Sonstige

Schreiben des Rechtsanwalts Gäßler vom 18.07.1955
Bericht über die 108. Sitzung der Nationalversammlung, Band 330

Literaturverzeichnis

Anschütz, Gerhard: Die Verfassung des Deutschen Reiches vom 11. August 1919, 14. Auflage, Heidelberg 1933 (zitiert: Anschütz, Die Verfassung des Deutschen Reiches)

Anschütz, Gerhard: Der Ersatzanspruch aus Vermögensbeschädigung durch rechtmäßige Handhabung der Staatsgewalt in: Verwaltungsarchiv, Band 5, S. 1 - 136, Berlin 1897 (zitiert: Anschütz, Verw. Arch. 5)

Behr, Christian: Buchbesprechung zu: Biermann, Die öffentlichen Sachen, Gießen 1905 in: Archiv für öffentliches Recht: Band 21, S. 347 - 350, Tübingen 1907

Biermann, Johannes: Die öffentlichen Sachen, Gießen 1905

Böhm, Martin: Eigentum und Eigentumsgrenzen an Gewässern nach den Landes-Wassergesetzen in: Sammlung Wichmann, Neue Folge, Heft 1, Karlsruhe 1963

Bornhak, Conrad: Das Verwaltungsrecht in Preußen unter der Herrschaft des Bürgerlichen Gesetzbuches in: Verwaltungsarchiv, Band 8, S. 1 - 88, Berlin 1900

Brandt, Otto / Klüver, Wilhelm: Geschichte Schleswig-Holsteins; ein Grundriß, 8. Auflage, Kiel 1981

Breuer, Rüdiger: Öffentliches und privates Wasserrecht, 2. Auflage, München 1987/ München 1976 (1. Auflage) (zitiert: Breuer)

Breuer, Rüdiger: Das Wasserhaushaltsgesetz nach der 5. Novelle - Analyse und Kritik in: Natur und Recht 1987, S. 49 – 60 (zitiert: Breuer, N+R 1987)

Burghartz, Franz-Josef: Wasserhaushaltsgesetz und Wassergesetz für das Land Nordrhein-Westfalen, Kommentar, München, Berlin 1962 (2. Auflage, München 1974)

Bühler, Ottmar: Otto Mayers Deutsches Verwaltungsrecht (Zweite Auflage), seine Bedeutung für die Praxis und die kommende Zeit der Verwaltungsreform in: Verwaltungsarchiv, Band 27, S. 283 - 313, Berlin 1919

Czychowski, Manfred: Wasserhaushaltsgesetz unter Berücksichtigung der Landeswassergesetze und des Wasserstrafrechts, Kommentar begründet von Paul Gieseke und Werner Wiedemann, 7. Auflage, München 1998 (zitiert: Czychowski, WHG, 7. Auflage)

Czychowski, Manfred / Reinhardt, Michael: Wasserhaushaltsgesetz unter Berücksichtigung der Landeswassergesetze, Kommentar begründet von Paul Gieseke und Werner Wiedemann, 8. Auflage, München 2003 (zitiert: Czychowski/Reinhardt, WHG 8. Auflage)

Czychowski, Manfred: Wasserrecht Nordrhein-Westfalen, Vorschriftensammlung in: Kommunale Schriften für Nordrhein-Westfalen, Sammlung kommunaler Gesetze, Nummer 16, 2. Auflage, Köln 1968 (zitiert: Czychowski, Wasserrecht NW)

Diller, Karl: Die Notwendigkeit eines deutschen Wasserrechts in: Deutsche Wasserwirtschaft 1934, S. 26 – 27

Duffing, Klaus: Die Rechtsverhältnisse an Quelle und Grundwasser nach deutschem und schweizerischem Recht, Freiburg i. Br. 1963

Erler, Adalbert / Kaufmann, Ekkehard / Werkmüller, Dieter: Handwörterbuch zur Deutschen Rechtsgeschichte, V. Band, Straftheorie - Zycha, Register, Berlin 1998

Forsthoff, Ernst: Fragen der Zuständigkeit des Bundes auf dem Gebiet des Wasserrechts, Rechtsgutachten in: Schriftenreihe „Gegenwartsfragen der Wasserwirtschaft“, Heft 2, Köln 1957 (zitiert: Forsthoff, Fragen der Zuständigkeit des Bundes)

Forsthoff, Ernst: Lehrbuch des Verwaltungsrechts, Erster Band „Allgemeiner Teil“, Dritte Auflage, München, Berlin 1953 (zitiert: Forsthoff)

Frank, Hans (Hrsg.): Jahrbuch der Akademie für Deutsches Recht, 1./2. Jahrgang 1933/34

Freudling, Fritz: Rechtsfolgen aus dem Eigentum an Gewässern in: Bayerische Verwaltungsblätter 1966, S. 401 - 404

Gässler, Willi: Leitfaden zur Einführung in die Gesetzgebung zur Ordnung des Wasserhauhalts sowie zur Reinhaltung der Luft, Band 1: Das Gesetz zur Ordnung des Wasserhaushalts (Wasserhaushaltsgesetz), Wiesbaden 1958

Gierke, Otto von: Deutsches Privatrecht, 2. Band: Sachenrecht, Leipzig 1905

Giese, Friedrich: Grundgesetz und Wasserrecht in: Erste Vortragsveranstaltung am 22./23.10.1953, Institut für das Recht der Wasserwirtschaft an der Universität Bonn, S. 18 - 26, Bonn 1953 (zitiert: Giese, Grundgesetz und Wasserrecht)

Giese, Friedrich: Der Wasserhaushalt als Gegenstand der Bundeskompetenz, Rechtsgutachten, Falkenstein 1953 (zitiert: Giese, Der Wasserhaushalt als Gegenstand der Bundeskompetenz)

Giese, Friedrich: Die Bundeswasserstraßen als Gegenstand der Bundeskompetenz, Rechtsgutachten, Bielefeld 1955 (zitiert: Giese, Die Bundeswasserstraßen als Gegenstand der Bundeskompetenz)

Gieseke, Paul: Sozialbindungen des Eigentums im Wasserrecht in: Festschrift für Heinrich Lehmann zum 80. Geburtstag „Das deutsche Privatrecht in der Mitte des 20. Jahrhunderts", Berlin, Tübingen, Frankfurt a. M. 1956, S. 308 - 327 (zitiert: Gieseke, FS f. Lehmann)

Gieseke, Paul: Umfang und Behandlung der alten Rechte und Befugnisse nach dem Wasserhaushaltsgesetz in: Das Recht der Wasserwirtschaft, Veröffentlichungen des Instituts für das Recht der Wasserwirtschaft an der Universität Bonn, Heft 7, S. 7 - 26, München 1959 (zitiert: Gieseke, RdWWi, Heft 7)

Gieseke, Paul: Rechtseinheit im Wasserrecht? in: Das Recht der Wasserwirtschaft, Veröffentlichungen des Instituts für das Recht der Wasserwirtschaft an der Universität Bonn, Heft 9, S. 7 - 26, München 1961 (zitiert: Gieseke, RdWWi, Heft 9)

Gieseke, Paul: Stand der wasserrechtlichen Entwicklung in der Bundesrepublik in: Das Recht der Wasserwirtschaft, Veröffentlichungen des Instituts für das Recht der Wasserwirtschaft an der Universität Bonn, Heft 12, S. 9 - 25, Köln, Berlin, Bonn, München 1962 (zitiert: Gieseke, RdWWi, Heft 12)

Gieseke, Paul: Wasserrecht und Wasserwirtschaft in: Zeitschrift für Wasserrecht 1964, S. 1 - 21 (zitiert: Gieseke, ZfW 1964)

Gieseke, Paul: Die Haftung für Änderungen der Wasserbeschaffenheit nach dem neuen deutschen Wasserrecht in: Zeitschrift für Wasserrecht 1962, S. 4 - 25 (zitiert: Gieseke, ZfW 1962)

Gieseke, Paul: Eigentum und Grundwasser in: Arbeitsgemeinschaft für Forschung des Landes Nordrhein-Westfalen, Geisteswissenschaften, Heft 79, Köln, Opladen 1959 (zitiert: Gieseke, Eigentum und Grundwasser)

Gieseke, Paul: Kolloquium über Fragen des Wasserrechts der Wasserwirtschaft, 115. Kolloquium am 21.01.1966 in: Zeitschrift für Wasserrecht 1967/ 68, S. 28 - 33 (zitiert: Gieseke, ZfW 1967)

Gieseke, Paul / Wiedemann, Werner: Wasserhaushaltsgesetz unter Berücksichtigung der Landeswassergesetze, Kommentar, München, Berlin 1963 (zitiert: Gieseke-Wiedemann, WHG)

Gieseke, Paul/ Wiedemann, Werner: Wasserhaushaltsgesetz unter Berücksichtigung der Landeswassergesetze, Kommentar, 2. Auflage, München, Berlin 1971 (zitiert: Gieseke-Wiedemann, WHG, 2. Auflage)

Gieseke, Paul/ Wiedemann, Werner / Czychowski, Manfred: Wasserhaushaltsgesetz unter Berücksichtigung der Landeswassergesetze und des Wasserstrafrechts, Kommentar, 5. Auflage, München 1989 (zitiert: Gieseke-Wiedemann-Czychowski, WHG, 5. Auflage)

Gramm, Christof: Zur Gesetzgebungskompetenz des Bundes für ein Umweltgesetzbuch - Zugleich ein Beitrag zur Auslegung von Art. 75 Abs. 2 GG - in: Die öffentliche Verwaltung 1999, S. 540 - 549

Grimm, Jakob: Deutsche Rechtsaltertümer, Leipzig 1899

Groeben, Hans von der / Thiesing, Jochen / Ehlermann, Claus-Dieter (Hrsg.) Kommentar zum EU-/ EG-Vertrag, Band 1 Art A - F EUV, Art. 1 - 84 EGV, 5. Auflage, Baden - Baden 1997

Guba, Paul: Die öffentlich-rechtlichen Grundlagen des Wegerechts, Diss.- iur., Leipzig 1917

Hattenhauer, Hans: Vom Reichsjustizamt zum Bundesministerium der Justiz in: Vom Reichsjustizamt zum Bundesministerium der Justiz, Festschrift zum 100jährigen Gründungstag des Reichsjustizamtes am 01. Januar 1877, S. 9 - 117, Köln 1977 (zitiert: FS Reichsjustizamt)

Hattenhauer, Hans: Die Akademie für Deutsches Recht (1933 - 1944) in: Juristische Schulung 1986, S. 680 – 684 (zitiert: Hattenhauer, JuS 1986)

Herrfahrdt: Kommentar zum Bonner Grundgesetz, (Losebl.) Band 7, Art. 75 - 88, 1950 ff.

Hesse: Grundzüge des Wasserrechts nach gemeinem Rechte in: Jahrbücher für die Dogmatik des heutigen römischen und deutschen Privatrechts (Hrsg: R. Jhering), Band 7, S. 179 - 317, Jena 1865

Holtz, Leo / Kreutz, Franz / Schlegelberger, Paul: Das preußische Wassergesetz, Erster Band, Berlin, Köln 1955

Hölder, E.: Amt, Selbstverwaltung und juristische Person in: Archiv für öffentliches Recht, Band 21, S. 308 - 346, Tübingen 1907

Hollmann, Michael: Die Kabinettsprotokolle der Bundesregierung, Kabinettsausschuss für Wirtschaft, Band 2, 1954 - 1955, München 2000

Hollmann, Michael / Jena, Kai von: Die Kabinettsprotokolle der Bundesregierung, Band 8, 1955, München 1997

Huber, Max: Die Wasserrechte nach dem Entwurf des schweizerischen Zivilgesetzbuches in: Züricher Beiträge zur Rechtswissenschaft, Band 12, 2., Zürich 1906

Hüllbüsch, Ursula: Die Kabinettsprotokolle der Bundesregierung, Band 9, 1956, München 1998

Hundertmark, Dieter: Die Rechtsstellung der Sondernutzungsberechtigten im Wasserrecht in: Göttinger Rechtswissenschaftliche Studien, Band 63, Göttingen 1967

Jellinek, Georg: Allgemeine Staatslehre, 3. Auflage, Berlin 1922

Kähler, Otto: Das Schleswig-Holsteinische Landesrecht, 2. Auflage, Glückstadt 1923

Kirdorf, Wilhelm: Zusammenarbeit der Länder in Wasserrecht und Wasserwirtschaft in: Wasser und Boden 1967, S. 234 - 236 (zitiert: Kirdorf, WuB 1967)

Kirdorf, Wilhelm: Wasserrecht in Rheinland-Pfalz, 2. Auflage, in: Kommunale Schriften für Rheinland-Pfalz, Sammlung kommunaler Gesetze, Nummer 7, Mainz 1963 (zitiert: Kirdorf, Wasserrecht)

Kloepfer, Michael: Zur Kodifikation des Besonderen Teils eines Umweltgesetzbuches (UGB-BT) in: Deutsches Verwaltungsblatt 1994, S. 305 - 316

Kloepfer, Michael / Kunig, Philip / Rehbinder, Eckard / Schmidt-Aßmann, Eberhard: Zur Kodifikation des Allgemeinen Teils eines Umweltgesetzbuches (UGB-AT) in: Deutsches Verwaltungsblatt 1991, S. 339 - 346

Kloess, Arno: Das Deutsche Wasserrecht und das Wasserrecht der Bundesstaaten des Deutschen Reiches, Grundzüge der geschichtlichen Entwicklung und des Systems auf Grund der deutschen Rechtsquellen, Literatur und der Wasser-, Mühlen- und Fischereigesetzgebung der Bundesstaaten, Halle a. S. 1908

Kolb, Fritz: Das Gesetz zur Ordnung des Wasserhaushaltes; Kommentar, Köln 1958 (zitiert: Kolb)

Kolb, Fritz: Die Wasserversorgung und der Gewässerschutz im Bundes- und Landesrecht, Band 1 der Reihe: Wasserrecht und Wasserwirtschaft, Berlin 1960 (zitiert: Kolb, Die Wasserversorgung und der Gewässerschutz)

Köhler, Helmut: Die Gesetzgebungszuständigkeit des Bundes im Wasserrecht, 1954 (zitiert: Köhler, Die Gesetzgebungszuständigkeit des Bundes im Wasserrecht)

Köhler, Jürgen M.: Die Benutzung von Gewässern nach dem Wasserhaushaltsgesetz, (Diss.- iur.), Würzburg 1970 (zitiert: Köhler, Benutzung von Gewässern)

Koehne: Ist die laufende Verwaltung der Ortsstraßen im preußischen Landrechtsgebiete ein Ausfluß privaten oder öffentlichen Rechts? in: Verwaltungsarchiv, Band 8, S. 116 - 135, Berlin 1900

Krische: Der Rechtsbegriff des öffentlichen Wasserlaufs nach sächsischem Rechte in: Sächsisches Archiv für bürgerliches Recht und Prozeß, Band 5, S. 465 - 508, 1895

Krüger, Herbert: Grundfragen einer rechtsstaatlichen Wassergesetzgebung, Rechtsgutachten in: Gegenwartsfragen der Wasserwirtschaft, Heft 3, Schriftenreihe der Arbeitsgemeinschaft zur Förderung der Industrie-Wasserwirtschaft im Bundesverband der Industrie, 1957 (zitiert: Krüger)

Krüger, Herbert: Das neue Wasserrecht als Mittel zur Ordnung des Wasserhaushalts in: Bericht über die IWL-Vortragstagung „5 Jahre Industrielle Wasserwirtschaft und Luftreinhaltung“ am 14./15. 06. 1961 in Köln (zitiert: Krüger, IWL-Tagung)

Külz, Helmut R.: Zu Fragen des Eigentums und der Enteignung im neuen Wasserrecht in: Staatsbürger und Staatsgewalt, Verwaltungsrecht und Verwaltungsgerichtsbarkeit in Geschichte und Gegenwart, Band II, Jubiläumsschrift, S. 293 - 314, Karlsruhe 1963

Lammers, Hans-Heinrich / Simons, Walter: Die Rechtsprechung des Staatsgerichtshofs für das Deutsche Reich und des Reichsgerichts auf Grund des Artikel 13 Absatz 2 der Reichsverfassung, Band I, 1920 bis 1928, Berlin 1929

Larenz, Karl: Die Schadenshaftung nach dem Wasserhaushaltsgesetz im System der zivilrechtlichen Haftungsgründe in: Versicherungsrecht 1963, S. 593 - 605

Lerche, Peter: Zum Zugriff auf wasserrechtliche Benutzungsrechte in: Festschrift für Rudolf Lukes zum 65. Geburtstag, Köln, Berlin, Bonn, München, 1989, S. 87 - 95

Linckelmann, Karl: Wer ist der künftige Gesetzgeber des Wasserrechts? in: Die Wasserwirtschaft 1948/49, S. 197 - 199

von Mangoldt, Hermann: Das Bonner Grundgesetz, Berlin, Frankfurt a. M. 1953

von Mangoldt, Hermann / Klein, Friedrich: Das Bonner Grundgesetz, Band II, 2. Auflage, Berlin, Frankfurt a. M. 1964 (zitiert: v. Mangoldt/Klein, Bd. II)

von Mangoldt, Hermann / Klein, Friedrich: Das Bonner Grundgesetz, Band III, 2. Auflage, München 1974 (zitiert: v. Mangoldt/Klein, Bd. III)

Mankowski, Dietrich: Haftung nach dem Wasserhaushaltsgesetz und Haftpflichtversicherung in: Veröffentlichungen des Seminars für Versicherungswissenschaft der Universität Hamburg und des Versicherungswissenschaftlichen Vereins in Hamburg e. V., Neue Folge - Heft 25, Karlsruhe 1964

Maunz, Theodor: Rahmengesetze des Bundes in: Bayerische Verwaltungsblätter 1955, S. 2 - 5

Maunz, Theodor / Dürig, Günter: Grundgesetz, Kommentar, (Losebl.) Band II, Art. 12 - 20, München 1960 ff. (zitiert: Bearbeiter, Maunz/ Dürig, Bd. II)

Maunz, Theodor / Dürig, Günter: Grundgesetz, Kommentar, (Losebl.) Band IV, Art. 53a - 88, München 1960 ff. (zitiert: Bearbeiter, Maunz/ Dürig, Bd. IV)

Maunz, Theodor / Zippelius, Reinhold: Deutsches Staatsrecht, Ein Studienbuch, 30. Auflage, München 1998

Mayer, Otto: Deutsches Verwaltungsrecht, Zweiter Band, 3. Auflage, Berlin 1924

Mayer, Franz / Ule, Carl Hermann / Duppré, Fritz / Stich, Rudolf: Staats- und Verwaltungsrecht in Rheinland-Pfalz, Stuttgart 1969

Meyer, K.: Die Akademie für Deutsches Recht in: Deutsche Juristen-Zeitung 1933, S. 1528 - 1534

Meyer, Georg / Dochow, Franz: Lehrbuch des deutschen Verwaltungsrechts, Teil 1 und 2, 4. Auflage, München 1913/15

Michelsen, Andreas / Ludwig Jakob: Sammlung altdithmarscher Rechtsquellen, Altona 1842/ Neudruck, Aalen 1969

Münchener Kommentar zum Bürgerlichen Gesetzbuch, Band 6 Sachenrecht (§§ 854 - 1296), 3. Auflage, München 1997

Münch, Ingo von (Begr.) / Kunig, Philip (Hrsg.): Grundgesetz - Kommentar, Band 3 (Artikel 70 bis Artikel 146 und Gesamtregister), 3. Auflage, München 1996

Nacke, Hans Hermann: Die 5. Novelle des Wasserhaushaltsgesetzes in: Neue Zeitschrift für Verwaltungsrecht 1987, S. 187 - 189

Naucke, Kurt / Arnhold, Heinrich: Wasserrecht für Schleswig-Holstein in: Kommunale Schriften für Schleswig-Holstein, Sammlung kommunaler Gesetze, Nummer 6, Kiel 1964

Nisipeanu, Peter: Abwasserrecht, München 1991

Palandt, Otto: Bürgerliches Gesetzbuch, 63. Auflage, München 2004

Pappenheim, Max: Die Siebenhardenbeliebung vom 17. Juni 1426, in: Festschrift zur Fünfhundertjahrfeier auf Veranlassung des vorbereitenden Ausschusses, Flensburg 1926

Parlamentarischer Rat: Hauptausschuss, Kurzprotokolle 1. - 39. Sitzung, Bonn 1948 f.

Peters: Die Ersitzbarkeit von Gegenständen öffentlich-rechtlichen Eigentums in besonderer Beziehung auf Stücke aus Archiven des Staates oder anderer öffentlich-rechtlicher Körperschaften in Preußen in: Verwaltungsarchiv, Band 24, S. 167 - 183, Berlin 1916

Pichinot, Rainer: Die Akademie für Deutsches Recht - Aufbau und Entwicklung einer öffentlichen Körperschaft des Dritten Reiches -, Diss.- iur., Kiel 1981

Poetzsch-Heffter, Fritz: Handkommentar der Reichsverfassung vom 11. August 1919, Ein Handbuch für Verfassungsrecht und Verfassungspolitik, 3. Auflage, Berlin 1928

Rehbinder, Eckard: Ersatz ökologischer Schäden - Begriff, Anspruchsberechtigung und Umfang des Ersatzes unter Berücksichtigung rechtsvergleichender Erfahrungen in: Natur + Recht, Zeitschrift für das gesamte Recht zum Schutze der natürlichen Lebensgrundlagen und der Umwelt 1988, S. 105 - 115

Reinhardt, Rudolf / Schlemer, Ulrich: Verfassungsschutz des Eigentums, Tübingen 1954

Riegel, Reinhard: Die neuen Vorschriften des Wasserhaushaltsgesetzes in: Neue Juristische Wochenschrift 1975, S. 783 - 787 (zitiert: Riegel, NJW 1975)

Riegel, Reinhard: Das Eigentum am Wasserrecht in: Bayerische Verwaltungsblätter 1977, S. 65 - 71 (zitiert: Riegel, BayVBl. 1977)

Rönnau, Claudia: Die Beratungen des Wasserrechtsausschusses der Akademie für Deutsches Recht zu einem Reichswassergesetz (1934 - 1941), ein Beitrag zur Dogmatik der Begriffe *Gemeingebrauch* und *Sondergebrauch* in der Zeit des Nationalsozialismus, Rechtshistorische Reihe, Bd. 240; Zugl. Diss.- iur., Kiel 2000, Frankfurt a. M. 2001

Roth, Horst: Wasserhaushaltsgesetz und Abwasserabgabengesetz, Textausgabe mit Einführung, Schriftlichen Berichten des Innenausschusses des Deutschen Bundestages und Sachregister, Berlin 1977

Salzwedel, Jürgen: Grundzüge des Umweltrechts, Berlin 1982 (zitiert: Salzwedel, Umweltrecht)

Salzwedel, Jürgen: Studien zur Erhebung von Abwassergebühren, Rechtsvergleichende Übersicht - Untersuchungen über das zweckmäßigste System der Erhebung von Abwassergebühren in der Bundesrepublik Deutschland - Entwurf eines Gesetzestextes, Gutachten, erstattet im Auftrag des Bundesministers des Innern, in: Wasserrecht und Wasserwirtschaft, Band 13, Berlin 1972 (zitiert: Salzwedel, Studien zur Erhebung von Abwassergebühren)

Salzwedel, Jürgen: Wasserrecht und Investitionsschutz - Tendenzen der Bewilligungspraxis der Wasserbehörden - in: Das Recht der Wasserwirtschaft Heft 19, S. 41 - 60, Köln, Berlin, Bonn. München, 1975 (zitiert: Salzwedel, RdWWi Heft 19)

Salzwedel, Jürgen: In Memoriam Paul Gieseke, Bonn 1969

Schlegelberger, Paul: Wasserrecht - Bericht über die ersten Beratungen des Ausschusses für Wasserrecht der Akademie für Deutsches Recht in: Zeitschrift der Akademie für Deutsches Recht 1934, S. 245 - 246 (zitiert: Schlegelberger, ZADR 1934)

Schlegelberger, Paul: Die Vorbereitung des Reichswassergesetzes in: Jahrbuch der Akademie für Deutsches Recht 1935, S. 147 - 152, München, Berlin, Leipzig 1935 (zitiert: Schlegelberger, Jahrb. ADR)

Schmalz, Hans-Joachim / Ewer, Wolfgang / von Mutius, Albert / Schmidt-Jortzig, Edzard: Staats- und Verwaltungsrecht für Schleswig-Holstein, Baden-Baden 2002

Schmidt-Bleibtreu, Bruno / Klein, Franz: Kommentar zum Grundgesetz, 9. Auflage, Neuwied, Frankfurt a. M. 1999

Schmuck, Herbert: Reinhaltung der Bundeswasserstraßen, Kritische Bemerkungen zur Entscheidung des Bundesverfassungsgerichts vom 30.10.1962 -2 BvF 2/60- in: Die öffentliche Verwaltung 1964, S. 73-78

Schröder, Gerhard: Das Wasser im Grundgesetz in: Die Wasserwirtschaft 1963, S. 44-46

Schubert, Werner: Akademie für Deutsches Recht 1933 - 1945, Protokolle der Ausschüsse, Band I, Ausschuss für Aktienrecht, Berlin, New York 1986 (zitiert: Schubert, ADR Bd. I)

Schultzenstein: Besprechung von Friedrichs: Eigentum an öffentlichen Wegen in: Verwaltungsarchiv, Band 27, S. 164 - 165, Berlin 1919
Schwab, Hermann: Rechtsprobleme der Abwasserbeseitigung (Diss.- iur.), Würzburg 1975
Schwalbe, Karl: Grundfragen des Wasserrechts (Diss.- iur.), Marburg 1929
Seiler, Harald: Die Gewässerbenutzungen und ihre Rechtsgrundlagen im Verlauf der Geschichte des Wasserrechts - Ein vergleichender Überblick -, (Diss.- iur.), Bonn 1976
Sieder, Frank / Zeitler, Herbert / Dahme, Heinz: Wasserhaushaltsgesetz und Abwasserabgabengesetz (Losebl.), München 1964 ff
Sieder, Frank/ Zeitler, Herbert/ Dahme, Heinz/ Knopp, Günther-Michael: Bayerisches Wassergesetz und Bayerisches Gesetz zur Ausführung des Abwasserabgabengesetzes, Band I, (Losebl.) München 1971 ff.
Sievers, Rudolf: Zum Wasserhaushaltsgesetz der Bundesrepublik in: Festschrift zum 70. Geburtstag von Dr. jur. Paul Gieseke, S. 259-288, Karlsruhe 1958
Sokoll, Günther: Die Festsetzung von Wasserschutzgebieten und ihre Rechtswirkungen, Diss.- iur., Münster 1965
Storm, Peter-Christoph: Umweltgesetzbuch (UGB-KomE): Einsichten in ein Jahrhundertwerk in: Neue Zeitschrift für Verwaltungsrecht 1999, S. 35 - 40

Thiem, Hans: Wasserrecht Schleswig-Holstein - Systematische Darstellung des geltenden Wasserrechts mit einem Anhang der wichtigsten Rechtsvorschriften - in: Kommunale Schriften für Schleswig-Holstein, Nummer 6, 2. Auflage, Kiel 1972
Thierack, Otto: Zehn Jahre Akademie für Deutsches Recht in: Zeitschrift der Akademie für Deutsches Recht 1943, S. 121 - 122
Thoma, Richard: Die Gasröhrenkonzession und die Rechtslage des Röhrennetzes nach Ablauf der Konzessionsdauer in: Archiv für öffentliches Recht, Band 38, S. 307 - 372, Tübingen 1918
Tratz, Dieter: Die Haftung für die Veränderung der Beschaffenheit des Wassers nach 22 WHG, Würzburg 1968
Turegg, Kurt Egon von: Lehrbuch des Verwaltungsrechts, 1. Auflage, Berlin 1950

Wernicke, Konrad: Buchbesprechung zum Wasserrecht: Kommentar von Frank Sieder und Herbert Zeitler, Band I WHG in: Zeitschrift für das Wasserrecht 1965, S. 57 - 63 (zitiert: Wernicke, ZfW 1965)
Wernicke, Konrad: Gesetzgebungsbefugnisse des Bundes auf dem Gebiet des Wasserrechts (Westzonen) in: Der Betriebs-Berater 1951, S. 43-45 (zitiert: Wernicke, BB 1951)

Wiedemann, Werner: Erfordernis einheitlicher Regelung bei Vorschriften über die Benutzung der Gewässer sowie über den Schutz gegen Verunreinigung in: Wasserrecht und Wasserwirtschaft, Band 12, Berlin 1971 (zitiert: Wiedemann, Wasserrecht und Wasserwirtschaft, Band 12)

Wiedemann, Werner: Notwendigkeit und Möglichkeiten einer gezielten Vereinheitlichung wasserrechtlicher Vorschriften in: Das Recht der Wasserwirtschaft, Heft 16, Veröffentlichungen des Instituts für das Recht der Wasserwirtschaft an der Universität Bonn; S. 7 - 20, Köln, Berlin, Bonn, München 1969 (zitiert: Wiedemann, RdWWi Heft 16)

Witzel, Gustav: Die künftige Gestaltung des Wasserrechts in: Erste Vortragsveranstaltung am 22./23.10.1953, Institut für das Recht der Wasserwirtschaft an der Universität Bonn, S. 27 - 44, Bonn 1953 (zitiert: Witzel, Die künftige Gestaltung des Wasserrechts)

Witzel, Gustav: Gesetz zur Ordnung des Wasserhaushalts (WHG); Erläutert, Berlin, Frankfurt 1958 (zitiert: Witzel, WHG)

Wüsthoff, Alexander: Wasserwirtschaft und Wasserrecht im Bonner Grundgesetz in: Neue Juristische Wochenschrift 1950, S. 578 - 581 (zitiert: Wüsthoff, NJW 1950)

Wüsthoff, Alexander: Einführung in das deutsche Wasserrecht, 3. Auflage, Berlin 1962 (zitiert: Wüsthoff, Wasserrecht 1962)

Wüsthoff, Alexander: Handbuch des Deutschen Wasserrechts, Erster Band; Berlin, Bielefeld, Detmold 1949 (zitiert: Wüsthoff, Handbuch)

Wüsthoff, Alexander: Verschärfte Strafen gegen Betriebsleiter wegen unzulässiger Abwassereinleitung? in: Der Betriebs-Berater 1953, S. 133 - 135 (zitiert: Wüsthoff, BB 1953)

Wüsthoff, Alexander: 40 Jahre praktische Anwendung des Preußischen Wassergesetzes, Wasserrecht-Wassertechnik, Beilage zur „Die Müllerin" 1955 Nr. 10, S. 9 - 10 (zitiert: Wüsthoff, Wasserrecht - Wassertechnik)

FSC
www.fsc.org
MIX
Papier | Fördert gute Waldnutzung
FSC® C083411

Kolibri 360 GmbH
Ferdinand-Jühlke-Straße 7
99095 Erfurt, Deutschland
produktsicherheit@kolibri360.de

Druck:
CPI Druckdienstleistungen GmbH
im Auftrag der
Kolibri 360 GmbH
Ferdinand-Jühlke-Str. 7
99095 Erfurt